人力资源管理

——宏微观人力资源管理相通探索

杨俊青　等编著

中国财经出版传媒集团

经济科学出版社
Economic Science Press

图书在版编目（CIP）数据

人力资源管理：宏微观人力资源管理相通探索/
杨俊青等编著 . —北京：经济科学出版社，2020.6
ISBN 978 - 7 - 5218 - 1664 - 8

Ⅰ. ①人…　Ⅱ. ①杨…　Ⅲ. ①人力资源管理
Ⅳ. ①F243

中国版本图书馆 CIP 数据核字（2020）第 110763 号

责任编辑：于　源
责任校对：杨　海
责任印制：李　鹏　范　艳

人力资源管理
——宏微观人力资源管理相通探索
杨俊青　等编著
经济科学出版社出版、发行　新华书店经销
社址：北京市海淀区阜成路甲 28 号　邮编：100142
总编部电话：010 - 88191217　发行部电话：010 - 88191522
网址：www. esp. com. cn
电子邮件：esp@ esp. com. cn
天猫网店：经济科学出版社旗舰店
网址：http://jjkxcbs. tmall. com
北京季蜂印刷有限公司印装
787×1092　16 开　34.5 印张　860000 字
2020 年 9 月第 1 版　2020 年 9 月第 1 次印刷
ISBN 978 - 7 - 5218 - 1664 - 8　定价：96.00 元
（图书出现印装问题，本社负责调换。电话：010 - 88191510）
（版权所有　侵权必究　打击盗版　举报热线：010 - 88191661
QQ：2242791300　营销中心电话：010 - 88191537
电子邮箱：dbts@ esp. com. cn）

前　言

我们知道：企业的"企"字，上面是个"人"字，下面是个"止"字；去掉"人"字，就剩下"止"了。这表明"人"在企业中的重要性，人在企业中处于首位，企业无人则止。尽管"人"重要，但重要的"人"并不见得都能在企业中发挥重要作用，对"人"管理不好则人不能尽其才、物不能尽其用，人与岗不能得到最优匹配或人与岗虽得到最优匹配但人的积极性不能充分调动、人的潜能不能得到最大发挥，就很可能使企业在日益激烈的竞争中被淘汰，甚至会给社会财富造成毁灭性破坏。企业如何拥有所需人才，拥有所需人才后，如何实现人岗最佳匹配，最佳匹配后，如何使人的潜能最大发挥，劳动积极性、主动性、创新性得到最大激励，符合社会需求的劳动生产率达到最大？构成人力资源管理所要研究的重要问题。

目前，我国关于人力资源管理的书可谓种类繁多，每本书因作者的知识背景与实践经历不同而彰显出不同特色。正是这些特色，使实际从事人力资源的管理者、教育者与被教育者都有了其行动纲领，使人力资源管理的制度化、规范化与科学化显著提高。在人力资源管理的理论丰富化、实践规范化的同时，一些问题也日益显现。例如，人力资源管理中的制度化、规范化、科学化与艺术性结合问题，公共行政部门、事业单位与企业人力资源管理的相同与不同问题，组织外人力资源的市场配置与组织内人力资源管理思想的相通性问题等。

本书是对笔者 2009 年 12 月在经济科学出版社出版的《人力资源管理——宏微观人力资源管理相通探索》的修订，是在笔者现有的知识与视野范围内，力图解决组织外人力资源的市场配置与组织内人力资源管理思想的相通性问题。用市场是供求买卖双方相互作用而使资源得到有效配置的手段与方式这一定义为主线，完成人力资源管理理论研究的谋篇与布局。将原书五篇十五章，修改为六篇二十一章。其中，第六篇人力资源管理学术论文撰写常用工具包含的第十七章常用构念及其测量、第十八章常用理论分析、第十九章人力资源管理研究方法的进一步阐释、第二十章人力资源管理理论的进展、第二十一章人力资源管理未来展望，主要为本科生与研究生撰写学术论文提供帮助，第三篇第七章人力资源需求侧——企业解析，目的是为读者解读企业本质。

第一篇为导论篇，导论篇主要包含三章。第一章主要阐述人力资源管理要解决的主要问题，与解决这些问题应包含的主要内容、学习研究这些内容的方法；第二章主要是对学习人力资源管理所需的经济管理基础理论进行回眸，通过回眸使学习者了解人力资源管理理论的来源与出处，人力资源管理、经济学、管理学的关系，并能够运用经济学、管理学理论进一步研究探讨与理解人力资源管理中的有关问题，使学生在后续学习中不仅知道怎样管，且知道为什么这样管，使学生将来走向社会能根据实际进行权变管理。掌握了人力资源管理要解决的主要问题、包含的主要内容及学习研究人力资源管理应该具有的经济管理理论知识后，需进一步知晓任何人力资源管理都是在一定的组织体制下进行，导论篇中的第三章主要阐述人力资源管理的组织体制，掌握组织体制概念、组织体制应包含内容与两种典型组织体制的特征。使学习者知晓任何人力资源管理都是在一定的组织体制环境下进行的，并能够运用组织体制包含内容更深刻理解人力资源管理的制度本质、运用人力资源管理的制度本质设计好人力资源管理的组织体制。在不同组织体制比较中，感受中国特色社会主义制度的优势，自觉做到"两个维护"，坚定"四个自信"。

第二篇为人岗匹配的微观组织外部机制——劳动力市场。微观组织内人力资源的获取需通过组织外劳动力市场来进行。掌握微观组织外劳动力市场的运行规律，对组织内获取优质人力资源具有重要意义，同时通过学习本篇内容要为学习者打下市场思维奠定基础、为下面各篇用市场思想进行微观人力资源管理做好铺垫。本篇共包含四、五、六章。第四章为劳动力市场初论，主要掌握劳动力市场概念及影响劳动力市场供求的因素、劳动供求变动与劳动供求量的变动及劳动供求的简单均衡；第五章为微观劳动力市场，主要阐述市场经济条件下，以利润最大化为目标的企业的劳动需求与以效用最大化为目标的劳动供给行为及供求双方的相互作用与均衡；第六章为宏观即全社会的劳动力市场，在阐述古典宏观劳动力市场与凯恩斯劳动力市场基础上，根据我国"民工荒"实际，提出了"工资上升——就业模型"即工资激励职能对凯恩斯劳动力市场及相关理论的发展，使学习者学会如何根据我国实际提出问题，在对国内外相关理论评述基础上，实现理论创新。

第三篇为微观人力资源管理的人力资源的需求方分析。在对人力资源需求方——企业本质解析基础上，主要是对人力资源的需求方——企业的行为进行分析，这构成了一般人力资源管理应包含的主要内容——岗位分析、招聘、培训、绩效评估与薪酬。

第四篇为微观人力资源管理的人力资源的供给方分析。主要是对人力资源的供给方——人力资源如何进行职业生涯管理与如何获得职业的成功进行分析。

　　到此，我们就分别分析了人力资源需求方的管理行为与人力资源供给方的供给管理行为。即人力资源的需求方根据自己的战略进行岗位分析、招聘、培训、绩效考评与发放薪酬，人力资源供给方根据需求进行职业生涯管理并努力获取职业的成功。但人力资源供求双方本身就是一对矛盾，这一矛盾如何协调？方能实现双方的合作共赢？构成本书第五篇要论述的人力资源供求双方的协调。

　　第五篇为人力资源供求双方的协调。本篇共有两章，第十五章阐述了劳资关系相关理论，对在劳动关系双方确立的过程中，如何妥善协调双方之间的劳动关系，构建和谐的劳资关系进行了分析，提出了"人本管理学与合作共赢"劳资关系模型、实现了对劳资关系对应理论的发展。在微观企业组织中，团队是基础，团队建设的好坏一定程度上代表了企业的发展潜力和前景，第十六章主要是对团队——这一协调个人利益和组织利益的重要基础进行分析，提出在团队建设的基础上构建优秀团队的难点与策略。

　　第六篇为人力资源管理学术论文撰写常用工具，包含的第十七章阐述了构念及其测量的含义与本质，划分为个体与工作特征类构念与测量、工作态度与情感类构念与测量、工作行为类相关构念与测量、团队与组织类相关构念与测量；第十八章阐述了人力资源方面论文撰写常用的社会认知理论、自我决定理论、资源保存理论等几个具有代表性的理论，分别介绍了各个理论的来源、主要内容及其在研究中的运用；第十九章是在第一章我们介绍了人力资源管理的基本学习研究方法基础上，说明这些方法要在研究中使用，还必须对其进行进一步阐释，这就是还必须进一步阐释问卷调查方法、案例研究方法、实验研究方法；第二十章在前面系统介绍人力资源管理的基本理论基础上，对这些理论的最新进展加以阐释，为学生掌握学科理论前沿奠定基础；第二十一章阐释人力资源管理的未来研究展望，主要是伴随互联网、物联网、人工智能、大数据发展，人类社会进入信息化、智能化时代，呼唤新的人力资源管理方式与新的人力资源管理理论，鉴于此，本章对未来人力资源管理做一展望。

　　本书的主要创新点表现在：

　　1. 用市场是供求双方相互作用而使资源得到有效配置的手段与方法，将宏观人力资源的市场配置与微观人力资源管理相统一。

　　2. 把人力资源管理置于经济学与管理学的理论体系中，通过回眸经济管理理论明白人力资源管理在经济学与管理学中的地位与作用，从而使学习者知晓人力资源管理的来龙去脉与知晓怎么做与为什么这样做的问题。

　　3. 增加了人力资源管理的组织体制一章。使学习者与管理实践者知晓任何管理都是在特定的组织体制中，组织体制变化了相应的管理就应发生变化。

　　4. 在本书整体、各章、各节讲解中都力图首先让读者明白这门课程、这一章、这一节要解决的主要问题与围绕解决这一问题应包含的主要内容与主要论述方法。通过这样讲解的目的是：（1）使学习者感到读这本书与读别的书、听课与自己看书的不同；（2）在学习中为今后从事管理工作奠定好的思维，即不论从事何种工作还是做人都应该有明确目标，为实现这些目标或解决这些问题须具备哪些条件或资源，在这些条件与资源约束下有哪些解决问题的方法，在这些方法中哪种方法能使成本最小、收益最大；同时能实现个人目标与团队目标、个人与组织、组织与社会的共赢。

5. 实现了经济学、管理学、人力资源管理的渗透与融合。管理学与经济学都建立在一个基本的前提假设——所有的资源都是稀缺的假设之上。正是由于资源的稀缺性，才存在着如何配置资源，方能实现用最少的花费取得最大收益的问题；正是由于资源的稀缺性，也才存在着对一定组织资源进行有效整合以实现组织目标与履行责任的动态创造性活动。前者如何配置资源的问题，一般认为是经济学研究的主要问题；后者对一定组织资源进行有效整合的问题，一般被认为是管理学研究的主要问题。不论是如何配置资源还是资源的有效整合，也就是不论是管理学还是经济学其实质与共同之处都是研究资源的有效配置问题。所不同的是，管理学是通过"看得见的手"实现资源的有效整合，经济学是通过"看不见的手"实现资源的有效配置。当"看不见的手"失灵时需政府管理即需宏观的"看得见的手"进行管理；而当市场存在交易费用时，产生了企业，在企业内部依靠行政权威协调资源配置即通过微观的"看得见的手"进行企业管理，企业管理的核心是人力资源的管理。当"看不见的手"与"看得见的手"都失灵时，需"道德"调节。现实中是"看不见的手"与微宏观"看得见的手"及"道德"调节同时进行。

6. 各章突出管理的实践性，这就是在阐述清楚各章要解决的主要问题与包含的主要内容后，在各章后都编写了案例，这些案例要求学习者会运用所学内容进行剖析；最后以提出使学习者感悟到的问题结束每一章。

7. 为人力资源管理学术论文撰写提供了常用工具。

在本书撰写的过程中，参考了众多相关资料与最新研究成果，在此对有关作者表示衷心的感谢！基于笔者的知识背景与实践经历，著作中的疏漏与不足之处在所难免，诚请读者批评指正。

杨俊青

2020 年 3 月 6 日

于山西财经大学

目 录

第一篇

导 论

第二篇

人岗匹配的微观组织外部机制——劳动力市场

第三篇

人力资源管理的人力资源需求方分析

第四篇

人力资源管理的人力资源供给方分析

第五篇

人力资源供求双方的协调

第六篇

人力资源管理学术论文撰写常用工具

导　论

　　作为导论篇主要探讨本门课程的主要任务、要解决的主要问题及研究与学习本课程的方法与应该具备的基础理论知识和进行人力资源管理的组织体制分析，导论篇共包含三章。其中，主要任务、要解决的主要问题及研究与学习本课程的方法在第一章中阐述，研究与学习人力资源管理应该具备的基础理论知识在第二章进行阐述，人力资源管理的体制分析在第三章中进行。

第一章 人力资源管理概述

人力资源概述一章主要包含人力资源管理的主要任务、要解决的主要问题及研究与学习本课程的方法。

第一节 人力资源管理的主要任务

企业的"企"字，上面是个"人"、下面是个"止"，去掉"人"字，就剩下"止"了。表明"人"在企业中的重要性，企业无人则止。企业如何招聘到所需员工？招聘到员工、有了人后，如何使得每个"人"都能在企业中发挥出重要作用？就需要对人进行管理。对"人"管理不好则人不能尽其才、物不能尽其用，人与岗不能得到最优匹配或人与岗虽最优匹配但不能充分调动人的积极性、人的潜能不能得到最大限度的发挥，就很可能使企业在日益激烈的竞争中被淘汰，甚至给社会财富造成毁灭性破坏。如何使人力资源得到最优配置（人、财、物得到最佳配置或人与岗得到最佳匹配），最优配置后又如何使人的潜能充分发挥、人的积极性充分调动、使符合社会需要的劳动生产率最高？如何使人的需求得以满足、使相关利益者效益最大化？构成人力资源管理所要研究的主要问题。

因此，人力资源管理的主要任务，也就是人力资源管理研究的主要问题是，如何实现人和岗的最佳匹配？实现最佳匹配后，如何使人的潜能得到最大限度发挥、积极性显著提高，符合社会需求的劳动生产率能够达到最大？

人岗匹配有两层含义：一是岗位所要求的能力需要有人完全具备，即岗需其才；二是某人具备的能力完全能胜任此岗位的要求，即人需其岗。人岗匹配的核心是，使人岗的匹配达到最合理的状态，即人员在此岗位上能发挥最有效的作用。同时，此岗位能给人员以最大的满足，从而获得最佳绩效。

此外，人岗匹配还蕴含着三重相互对应的关系：一是每个岗位都有特定要求与相应的报酬，二是员工想胜任某一岗位，就应具备相应的才能与动力；三是工作报酬与个人动力相匹配。人力资源管理的任务就是通过实现人和岗的匹配，使企业增强对员工的吸引力，激励员工提高工作业绩，达到员工对岗位的满意度，开发员工的潜能，使企业形成一个充满活力的系统。

为了实现人岗匹配，企业人力资源管理担当了特定任务，主要有"引、育、用、留"等几个方面，具体如下：

一、吸纳人力资源

根据企业战略、企业组织结构和工作要求，选拔出符合组织要求、契合组织文化和组织发展的优质应聘者，为企业注入新鲜血液。根据个人不同的特质和组织的岗位相匹配，为企业选择和储备最适合的人力资源，满足组织的长期发展要求。这是人力资源管理承担的基础性任务之一。

二、开发人力资源

任何一个人，并非天生作为人力资源要素发挥作用，要成为企业需要的人力资源要素，就需对人力资源进行开发。教育是形成人力资源，使之具有劳动能力、成为企业需要的人力资源要素的决定因素。当一个人进入职业工作空间之后，为适应工作要求，适应科学技术进步，掌握最新知识和技能，尚需企业不断进行再培训、再教育的人力资本投资，这正是企业人力资源开发管理承担的一项重要任务。

特别需要指出，鉴于员工全面发展已成为现代企业目标之一，作为个人发展重要内容的员工职业生涯开发已引起企业高度重视。企业根据员工的职业意愿和要求，帮助员工制定切实可行的个人职业计划并获得职业成功，并且依据企业计划目标，培训员工职业生涯发展所需要的能力素质，适时进行职业变动与调适，使组织与个人的职业计划相匹配，这已构成现代企业人力资源开发与管理的重要任务，也是当今人力资源开发与管理的创新之处。

三、调控与用好人力资源

在市场经济体制下，企业外劳动力的供给与需求通过市场机制实现，企业内是通过行政权威实现人岗匹配。在市场竞争中，员工作为劳动力的所有者，有权支配自身劳动力，出于某种原因，可以离开企业。而作为劳动力需求方的企业，也有权依据自己生产经营的需要及员工能力和工作表现，吸纳、调配或释放劳动力。对于劳动力在企业内外之间的这种流动，企业需要做好组织、管理、调配工作。

即企业"用"人，企业吸纳、开发员工是为了更好地实现人岗匹配，从而既有效率又有效益的实现组织的战略目标。企业通过调配人与岗，不仅可以提高生产率，而且可以使员工得到多方面的发展。每位员工都不是完美的，核心就是用其长避其短，最大限度发挥员工的主动性与工作热情。

企业"用"人还包括对知识与信息的管理、心理授权与增加员工自我效能感，使员工能够获取信息和资源、在组织中共享，自信地充分发挥主观能动性下的应用拥有的最少资源、创新性地创造更大效益。

四、留住人力资源

要想留住企业人力资源，就要充分激励人力资源，了解其动机，满足其需求，如提供全面报酬，包括管理员工生活，使其工作家庭平衡；调节企业人际关系；和谐劳资关系等方面。

首先，管理薪资收入分配。根据员工付出劳动多少、绩效大小，制定合理的薪资收入分配制度，并使职工收入随企业的发展和效益的提高而不断增长；此外，制定公平合理的奖酬制度，激励员工爱岗敬业，在为企业多作贡献的过程中实现自我发展、自我升华，这有利于企业目标的全面实现。

其次，人力资源管理实质是调节人与事、人与人的关系。调整、理顺企业人际关系，是企业人力资源管理的实质性任务。在企业内部，人际关系呈多元化、多层次、复杂化，既有企业与员工的劳动关系，现实生活中表现为劳动者使用者（经理、总裁）与劳动者的关系，又有管理者与被管理者的关系，领导与其部属关系等。反映在组织机构上，在正式组织工作群体之间的关系，如公司董事会与各职能部门之间的关系，各职能部门之间、职能部门与车间、车间与车间、车间与班组、班组之间等多层次、多侧面、多角度的生产经营运行过程中的人与人关系；有正式组织群体与非正式组织群体之间的关系，还有非正式组织群体之间的关系等。

在诸多关系中，尤以企业与员工的劳资关系最为重要，这是决定企业存在的根本，是企业中牵动全局的最基本的关系，也是企业的基本矛盾。管理任务在于不断处理，调整企业内错综复杂的各种关系和矛盾，特别要调试好企业的劳资关系，充分调动方方面面的积极性，使大家团结一心，为实现企业的目标而努力奋斗。

最后，要想真正留住员工，还要发挥心理契约的作用、提供组织支持，进行文化管理，这种软规范可以让员工自觉遵守，提高企业认同感，增加组织承诺。

第二节　人力资源管理的主要内容

人力资源管理的主要内容围绕人力资源管理的主要任务展开。首先根据企业战略制定人力资源战略。所谓战略是指总的发展规划，企业战略是指企业的总的发展规划，企业人力资源战略是根据企业战略制定的企业人力资源规划。实现企业战略，需设计为完成企业战略即企业总的发展规划的组织结构和职位。在确定了企业组织结构后用面谈法、工作日志写实法、调查问卷法进行职位说明、职位规范即工作分析。工作分析就是分析工作，解决的核心问题是，谁来做、做什么？何时做、何地做？如何做、为什么做？为谁做？知道了工作分析解决的核心问题和收集到工作分析的资料后，撰写工作说明书（或称岗位或职务说明书），而后要分析说明完成岗位说明书的内容所需人员的资格条件即撰写工作规范书并对不同岗位进行岗位评价，这是人力资源管理的基石，人力资源管理的一切工作都以岗位分析为基础。接下来进行现有人员分析，若企业现有人员超过了完成企业战略所需人员则就需现有人员下岗；若企业现有人员与企业所需人员基本平衡，再看是否需结构调整；若企业现有人员不能满足完成企业战略所需人员则需招聘。招聘则需通过人力资源管理的人岗匹配外部机制——劳动力市场，本书第二篇包含了劳动力市场初论与微宏观劳动力市场三章，招聘到企业的员工需进行培训，培训后上岗，工作一段时间后对其完成岗位说明书的情况进行绩效评价和考核，据绩效评价与考核情况支付相应薪酬，这就是本书第三篇从人力资源需求侧的分析；第四篇从人力资源供给侧分析，是员工根据企业与社会发展需求做好职业生涯规划、学习与应用好职业成功理论；在厘清人力资源管理需求与供给侧应包含内容后，第五篇阐释在企业内部需协调好人力资源供求双方相互关系——劳资关系、人力资源个体与团队关系——团队管理；有了这些人力资源管理基础理论后，需根据我国经济社会尤其是企业管理与发展实践中遇到难题进行理论创新，这就需阐释人力资源管理领域学术研究常用工具，构成了本书第六篇要讲述内容。要更好更深入的理解、掌握、发展与应用以上理论，需具备经济学、管理学基础理论与深入学习研究微观企业人力资源管理的体制，这就是第一篇人力资源管理导论中除对人力资源管理概述外，要阐释的人力资源管理经济管理理论基础和组织体制；在掌握人力资源管理基本知识、基础理论与基本方法后，为帮助本科生尤其是研究生撰写学术论文，本书增加了第六篇：人力资源管理学术论文撰写常用工具，包括：常用构念及其测量、常用理论分析、常用方法评述、现有研究进展、未来研究展望。其核心内容如下：

一、进行组织结构设计

企业组织结构即构成组织的各个部门间相互依存、相互依赖的要素系统。组织结构的本质是为了实现组织目标而采用的一种分工形式，需要根据组织战略进行设计及根据战略的变化而及时调整。组织结构形式可以是直线式、直线职能式、事业部式等。

二、明确岗位设置、做好岗位分析

人力资源管理，首先要清楚企业需要有哪些岗位？岗位的设置应当围绕企业要做的事或企业的战略目标来设置。其方法是根据企业战略目标选择和确定企业的组织结构，根据组织结构确定每个部门的岗位数量，进行岗位分析（也称作职位分析、工作分析），岗位分析是人力资源管理的基石。制定岗位说明（或职位说明），其实质是说明岗位（或说明职位、工作），即说明此岗位是做什么、何时做、何地做、谁来做、如何做、为谁做和为什么做。

岗位说明书不仅要有岗位描述，还要撰写岗位规范——说明要完成岗位说明书的内容，人力资源应具备的资格或素质。岗位规范书可以确定每一个工作和岗位对员工的具体要求，包括技术及种类、范围和熟悉程度；学习、工作与生活经验；身体健康状况；工作的责任、权利与义务等方面的情况。岗位规范书不仅是招聘工作的依据，也是对员工的工作表现进行评价的重要参考内容，进行员工培训、调配、晋升等工作的依据。

三、现有人员分析

看企业有无胜任这一岗位的人员，这需要对企业的现有人员进行分析。从数量上来说，如果组织中的现有人员多于完成企业战略所需的人员，就存在下岗分流问题。下岗分流可以采取不同的方式进行，对于高素质、高技能的劳动者，可以通过内部劳动力市场（优等劳动力市场）加以解决；对于非熟练、技术水平一般的劳动者，可以暂时分流到社会。如果现有人员不能满足企业完成战略目标的需要，企业就需要进行员工招聘。

四、员工招聘

招聘分为企业内部结构调整和职员晋升与从企业外部的招聘，招聘目标初次选定后需对初次选定人员进行人员素质测评，在测评基础上面试招聘。

员工招聘主要包括以下四个步骤：

第一，根据组织的发展战略和经营计划，评估组织的人力资源现状及发展趋势，收集和分析人力资源供给与需求方面的信息和资料，预测人力资源供给和需求的发展趋势，制订人力资源招聘计划。根据招聘计划选择招聘的方式，利用各种方法和手段，如接受推荐、刊登广告、举办人才交流会、到职业介绍所登记等发布招聘信息，从组织内部或外部吸引应聘人员，接收报名表格。

第二，资格审查，如接受教育程度、工作经历、年龄、健康状况等方面的审查，从应聘人员中初选出一定数量的候选人。

第三，进行笔试，合格者进入面试。面试时通过评价中心、情景模拟等方法进行筛选，确定最后录用人选。

第四，对最后录用人员进行素质测评，针对其性格特点和个人能力，安排合适的岗位。

五、人员培训与开发

根据培训人员的特点和岗位要求，企业开展人员培训、开发活动。培训、开发的内容一般包括企业文化、先进人物、产品介绍、先进技术工艺等。

六、职业生涯规划

人力资源管理部门和管理人员有责任鼓励和关心员工的个人发展，帮助其制订个人发展计划，并及时进行监督和考察。这样做有利于促进组织的发展，使员工有归属感，进而激发其工作积极性和创造性，提高组织效益。人力资源管理部门在帮助员工制定其个人发展计划时，有必要考虑它与组织发展计划的协调性或一致性。也只有这样，人力资源管理部门才能对员工实施有效的帮助和指导，促使个人发展计划的顺利实施并取得成效。

七、绩效评价

绩效考核，就是对照工作岗位职责说明书和工作任务，对员工的业务能力、工作表现及工作态度等进行评价，并给予量化处理的过程。这种评价可以是自我总结式，也可以是他评式的，或者是综合评价。考核结果是员工晋升、接受奖惩、发放工资、接受培训等的有效依据，它有利于调动员工的积极性和创造性，检查和改进人力资源管理工作。

八、薪酬保障与激励

合理、科学的薪酬体系关系到组织中员工队伍的稳定与否，是吸引、激励、保留员工的有效手段和方式。人力资源管理要从员工的资历、职级、岗位及实际表现和工作成绩等方面，来为员工制定相应的、具有吸引力的薪酬制度。员工薪酬应随着员工的工作职务升降、工作岗位的变换、工作表现的好坏与工作成绩进行相应的调整，不能只升不降。企业也不能只关注物质报酬的发放，要考虑总体报酬，即薪酬、福利、工作—生活平衡、绩效与认可、职业与发展机会等。

九、和谐劳资关系建设

劳资关系的良好与否，关系到生产秩序、社会安定及国家安全，是极其重要的。构建良好的劳资关系是人力资源管理的重要内容之一。特别是共享经济时代，劳务提供者与平台型企业的从属关系弱化，劳资关系多元化，这就要求完善相关法律，保护劳资双方的合法权益，建立合作共赢劳资关系。

十、人力资源管理学术论文撰写常用工具

上述 10 个方面就是本书将要阐释的人力资源管理的主要内容。人力资源管理工作需结合企业的内外部环境，其主要工作可用图 1 - 1 表示如下：

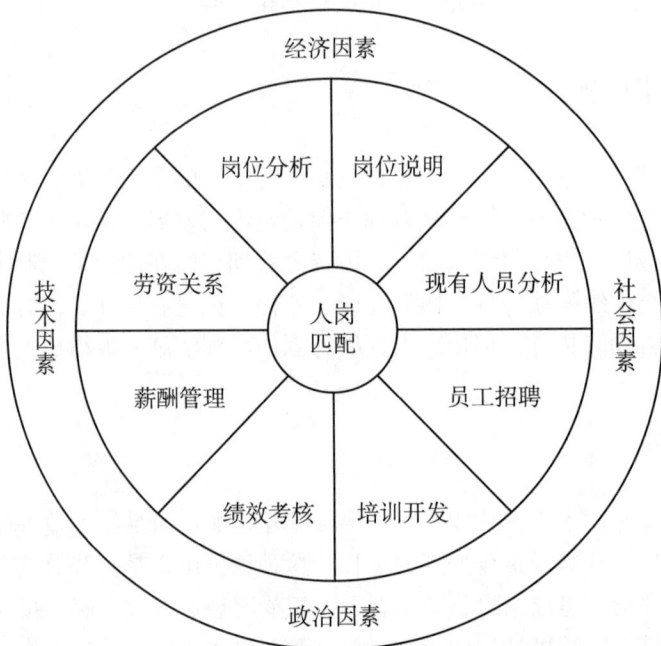

图 1 - 1   人力资源管理工作的主要内容

第三节　人力资源管理相关概念阐释

学习和研究人力资源管理，必须先对其重要概念加以理解和掌握，明确其内涵与外延，掌握其内容。

一、人口与人口红利

人口是指生活在特定社会、特定地域范围的某一时点具有一定数量和质量的人的总体。人的出生、死亡、婚配，处于家庭关系、民族关系、经济关系、政治关系及社会关系之中，一切社会活动、社会关系、社会现象和社会问题都同人口发展过程相关。人口按居住地可以划分为城镇人口和农村人口，按年龄、性别、职业、部门等构成划分为不同的群体。人口是社会物质生活的必要条件，是全部社会生产行为的基础和主体。

人口红利是指劳动适龄人口占总人口的比重，是一种有利于经济发展的人口结构。学术界将人口红利发展分为三个阶段：第一人口红利、第二人口红利、新人口红利。

第一人口红利，通常是指人口转变过程中由于劳动年龄人口占总人口比重增加，从而导致经济增长的现象。劳动年龄人口持续增长、比重不断提高从而保证劳动力充分供给。

第二人口红利，则是指人们由于预期到人口年龄结构的变化，调整个人消费储蓄行为，做出有利于资本积累的个人决策，使个人的资本占有率和收入都处于较高的水平，并最终使得经济产出水平增加的现象[①]。

新人口红利，是人口红利概念的丰富。定义为：由于人口转变带来的人力资本存量和增量的变化，这种人力资本结构性变化将对整个社会经济发展产生较为深远的影响并可能带来一些革命性变化。产生新人口红利的途径为增加人力资本投资，提高劳动者的素质和技能[②]。

人口红利不仅体现为大量充足的劳动力供给、更多储蓄带来的资本积累，随着经济社会的发展和进步，人口将实现数量向质量的转变，人口素质将成为影响经济发展的核心因素，因此人力资本的投资和积累才是未来最具革命性的人口条件的改善，它对整个国家的影响将是长久而深远的。

二、人力资源及其生产

（一）人力资源

人力资源是指一定时期、一定范围内的人口中具有劳动能力和未来具有劳动能力的人的总称。或者说是指能够推动经济和社会发展的具有智力和体力劳动能力的人的总称。人力资源主要包括以下几个要点：

---

① 蔡昉. 未来的人口红利——中国经济增长源泉的开拓 [J]. 中国人口科学, 2009 (1): 2 - 10.
② 孙晓芳. 人口红利理论研究与扩展——中国特色人口转变的视角 [J]. 云南财经大学学报, 2012 (5): 22 - 27.

第一，人力包括体质、智力、知识和技能四个部分。它们可以被看作是推动生产资料的各种具体能力。体质包括力量、速度、耐力和柔韧度、灵敏度等人体运动的功能状态，以及对一定劳动负荷的承受能力和消除疲惫的能力，智力是人们认识事物、运用知识、改造客观世界的能力。知识是人们在学习和实践活动中所掌握的各种经验和理论。技能是人们运用知识经验并经由练习而习惯化了的动作体系。这四种能力的不同匹配的比例，形成了丰富内容的人力资源。

第二，人的体力和智力是人力资源的基础性内容。

第三，人力资源所具有的劳动能力存在于人体之中，是人力资本的存量，只有劳动时才能发挥出来。

第四，人力资源是一定时期与范围内有劳动能力的人口的总和。它涵盖工商企业，公共管理部门和农村人口等。

第五，人力资源的载体是人。人力资源是一种可再生的资源，而且在经济活动中是居于主导地位的能动性的资源，并且人力资源具有时效性，人力资源的形成、开发和使用都有具体时间方面的限制。

第六，人力资源也就是我们通常所说的劳动力资源，劳动力资源是指能够从事各类工作的劳动力人口，是劳动力人口的数量和其平均质量的乘积。我们不应当只看到劳动力人口的数量，而且应当看到劳动力人口的平均质量，这是从内涵上讲。从外延上讲人力资源有潜在的人力资源和现实的人力资源之分。

潜在人力资源是指一个国家或地区在一定的时期与范围内拥有的具有劳动能力但还未参加劳动的劳动适龄人口的总和。主要包括以下几个部分：处于劳动年龄内，具有劳动能力，但目前没有参加社会劳动，并要求参加社会劳动的人口，即"求业人口"；处于法律规定劳动年龄内，有劳动能力，但正在军队服役的人口，即"服役人口"；处于法律规定劳动年龄内，有劳动能力，但正在从事学习的人口，即"上学人口"。

现实人力资源是指一个国家和地区在一定时期内实际可以动用的劳动力人口数，包括劳动适龄人口内与劳动适龄人口外实际参加劳动的人力资源。

一个国家或地区的社会人力资源或其全部人力资源 = 现实的人力资源 + 潜在的人力资源。

（二）人力资源的生产或开发

刚来到世间的婴儿并不拥有人力资源，培养人力资源需要一个过程。人力资源的生产过程是一个生理上的自然成长过程和社会过程的统一。一方面，人生下来就要消费物质产品和精神产品，通过这种物"人化"的自然过程，逐渐成长为具有劳动能力的人；另一方面，人们总是生活于一定的社会中，就不能不受社会关系的制约，它又是一个社会过程。人力资源生产的自然过程在不同的社会制度下差别不大，但人力资源生产的社会过程因社会制度的不同而不同。

人力资源生产有三方面的含义：

其一，体力与脑力的恢复。劳动一段时间后，感到饥饿和劳累，此时需要吃饭与休息，吃饭与休息后，解除了饥饿和劳累，恢复了体力与脑力。

其二，接受教育与培训。工业经济、知识经济、数字经济条件下，要成为一名合格人力资源，劳动者需接受教育和培训，教育与培训是人力资源生产的重要内容。

其三，新生命诞生。任何一个人力资源是依着于一个生命体上，任何一个生命体都有一个产生、发展、成熟、衰老与逝世，这就需有新生命诞生，需养活家属、培育新的生命。

（三）人力资源的生产部门

人力资源生产部门与物质产品的生产部门不同，生产的对象是人力资源自身，在生产中需要耗费物质产品。在物质产品的生产过程中，"生产者物化"；而在人力资源的生产中，"生产者所创造的物人化"。

人力资源管理理论认为，人力资源的生产部门主要由家庭、医疗卫生部门和教育部门组成：

其一，家庭是人力资源的综合性生产部门，不仅在物质生活上培养子女健康成长，而且又要通过教育使他们成为人力资本。家庭的收入水平、居住环境和教育状况，对人力资源的生产有重要影响。

其二，医疗卫生部门是为了保护人力资源的健康，使其保持劳动能力，不会因为缺乏治疗而丧失劳动能力或缩短人力资源的使用年限。

其三，教育部门是最重要的人力资源生产部门，教育的目的是提高和发展人力资源的体力和智力。随着新技术革命、数字经济、人工智能、互联网、物联网、区块链的发展，对人力资源素质要求越来越高，教育部门作为人力资源的生产部门作用也越来越重要。

其四，企业，企业在人力资源的使用中承担着对人力资源进行培训即在职培训。常见的在职培训分为普通培训和特殊培训。普通培训是指培训所获得的技能对各个雇主同样有用，形成通用型人力资本。特殊培训是指培训所获得的技能只对提供培训的企业有用，形成专用型人力资本。

其五，社会，人力资源的生产不能不受社会的影响，不同的社会关系、社会文化、社会风气，社会价值观会产生不同的人力资源。社会也提供了人力资源生产所必需的社会公共服务，如城市建设、公用交通、公共生活设施等。

三、人力资源的价值

马克思主义政治经济学理论论认为商品的价值是生产这种商品时，所花费的抽象的无差别的人类劳动，其价值量大小由生产这种商品的社会必要劳动时间决定。人力资源是特殊的商品（其在使用过程中能够生产比自身价值更大的价值）。因此，人力资源的价值也是生产人力资源这种特殊商品时所花费的抽象的无差别的人类劳动。生产人力资源的含义如上所述，包括：人的体力与脑力恢复、接受教育与培训、新生命诞生，相应其价值应包括：人力资源自身所需生活资料费用、接受教育与培训费用、养活家属及其子女所需费用，其大小由其生产这些内容时的社会必要劳动时间决定，在市场经济中，工资就是人力资源价值的转化。

四、人力资本与新人力资本

人力资本是一种资本，资本是能够带来剩余价值的价值，即一种资源的使用，如果是为了增值的，则就成为了资本；为卖而买的 G－W－G1 过程中的 G 就是资本，为买而卖 W－G－W1 过程中的 G 则是货币而非资本。马克思根据资本在生产剩余价值过程中作用的不同，将资本分为了不变资本与可变资本；根据资本周转快慢不同，将资本分为固定资本与流动资本。

人力资本是由诺贝尔奖获得者舒尔茨、贝克尔提出，其含义是一个人的才能不是与生俱来的，它是通过后天的努力学习取得的，要学习就需投资，人力资本就是指投资于人身上的教育、培训、迁移、医疗卫生的价值总和。这个定义至少可理解和延伸为以下六层意思：

第一，具有劳动能力的劳动者都具有人力资本的依附基础。全社会有劳动能力的人都拥有人力资本，研究人力资本不仅是企业的人力资本，还有整个社会的人力资本。

第二，人们的体力和智力是由于营养、保健、医疗和教育、培训、自学等形成的，需要花费资金，即投资形成的，而投资者应包括个人、家庭、国家、工作单位。所有劳动者的劳动能力都是通过这种投资获得的。

第三，人力资本是通过人的有效劳动创造的价值体现出来的，失去劳动能力的人或不参加劳动的人，因为不能创造价值，因而也就失去了人力资本。

第四，按照市场经济法则，谁投资谁受益，因而人力资本创造的经济效益，应按投资比例分配给个人、国家和工作单位。那些创造较高人力资本收益的企业家和技术创新者，理所当然地应该获得较多的经济收入和社会荣誉。应该特别指出的是，人力资本投资的收益率，大大高于物质资本投资的收益率，因而人们一般地更愿意投资于人力资本。

第五，所有劳动者在劳动过程中获得社会给予的平均工资、福利、社会保障等，至少要等价于他们个人的平均投资成本，才能使劳动者的劳动能力（体力和智力）得以维持。否则，社会劳动能力不能维持并逐步下降，直到社会劳动力枯竭。

第六，人力资本对于个人是从小到大直到老年，从投资、产出直到分配，从获得、增长直到降低、消失的全过程。对于社会人力资本则是食宿、教育、就业、医疗、保健、社保投资、经济发展等社会经济生活的系列工程。

随着对人力资本研究的深入，2010 年美国经济学年会专门以人力资本新进展作为其中一个小组议题进行学者讨论，提出了新人力资本的概念。新人力资本更加强调非认知能力的作用，包括能力（认知和非认知能力）、技能（教育或在职培训），以及健康（身体健康和心理健康）等要素。认知能力是指通过后天的教育培训等方式形成的包括数学运算、读写、加工处理信息等能力的综合；先天的动机、气质、偏好、个体的情感、社会适应性、人际沟通能力等个人潜在特质构成了非认知能力的内容。认知能力在 10 岁左右趋于稳定，而非认知能力在二十几岁依然具有可塑性，同时扮演非认知能力培养主要角色的还是儿童早期成长的家庭环境[1]。

五、人才与天才

（一）人才

《辞海》中把人才定义为有才智或有高尚品德的人。国家人事部自 1982 年起把具有中

---

[1] 李晓曼，曾湘泉. 新人力资本理论——基于能力的人力资本理论研究动态 [J]. 经济学动态，2012 (11)：120－126.

专以上学历或初级以上专业技术职称者，作为人才的统计口径。还有人认为，市场经济条件下，人才的标准应该由市场来决定，认为市场化的人才具有将知识转化为财富的特质。当前对于人才的定义主要有以下四种：

其一，人才，是指在一定社会条件下，能以其创造性劳动，对社会发展、人类进步做出较大贡献的人。

其二，人才，是指那些具有良好的内在素质，能够在一定条件下通过不断地取得创造性劳动成果，对社会的进步和发展产生较大影响的人。

其三，人才，是指在对社会有价值的知识、技能和意志方面有超常水平，在一定社会条件下做出较大贡献的人。

其四，人才，应当是具有一定的知识或技能，能够进行创造性劳动，为物质文明、政治文明、精神文明建设做出积极贡献的人。

2003 年《中共中央国务院关于进一步加强人才工作的决定》指出，我国人才队伍的主体为：党政人才、企业经营管理人才和专业技术人才[1]。党政人才的评价重在群众认可，企业经营管理人才的评价重在市场和出资人认可，专业技术人才的评价重在社会和业内认可。

2010 年《国家中长期人才发展规划纲要》对人才有了新的定义：指具有一定的专业知识或专门技能，进行创造性劳动并对社会做出贡献的人，是人力资源中能力和素质较高的劳动者。进一步把人才分为党政人才、企业经营管理人才、专业技术人才、高技能人才、农村实用人才以及社会工作人才等。并提出人才发展指导方针："服务发展、人才优先、以用为本、创新机制、高端引领、整体开发"[2]。

一般而言，人才具有以下特点：

第一，有才能，具有超过他人的才干和能力。至少在某一方面独具专长，胜过别人。

第二，有远见，至少在专长方面有远见卓识，对问题的了解比一般人深入；有较强的分析和判断能力，善于透过现象看本质，善于抓住事物的变化规律和发展趋势。

第三，有开拓精神和创新能力。有所发现，有所发明，有所创造，独具一格。

我们对人才应有如下理念：

1. 用发展的眼光看待人才，现在没有达到组织人才标准的人，经过培训、学习、后天的努力，也会成为人才。所谓"士别三日当刮目相待"，要用发展的眼光看待每一位员工，成为人才的过程也是量变到质变的过程，不可受制于刻板印象。

2. 只要人与岗得到最佳匹配，人人都可以成才。垃圾也是放错了地方的资源，要换个角度看待那些"差员工"，每个人在合适的岗位上都可以充分发挥自己的优势，成为人才。

3. 要更加尊重那些智商一般但通过勤奋努力成才的人。天才的成功固然让人欣赏，但是天才也是"百分之一的灵感加百分之九十九的汗水"。大多数人都是智商一般的人，但是不乏普通人经过努力成才；而有些天才不勤奋，不利用自己的资源和优势，使天分逐渐被埋没。因此，我们应该更加尊重那些智商一般但是勤奋努力，最终成为有用之才的人。

（二）天才

我们尊重那些智商一般但通过勤奋努力成才的人，但也需承认天赋。天才就是指某人力

① 《中共中央国务院关于进一步加强人才工作的决定》（2003 年 12 月 26 日），中国政府网 http：//www.gov.cn。
② 《国家中长期人才发展规划纲要（2010～2020 年）》，http：//www.most.gov.cn/tztg/201108/t20110816_89061.htm。

资源在某方面具有一定的天赋，表现在该方面学习比其他人学的快，由此在这方面易产生兴趣，由此在该方面付出其他人难以付出的劳动，取得其他人难以取得的成绩的人才。即天才指拥有一定的天赋（先天的天分或表现在学习某一方面的知识、技能比一般人快），包括：卓绝的创造力、想象力，及天然的资质的人（如体质、声音等）；一般认为，智商到达 130 就可以称作天才，天才仅仅拥有天赋是不能算作天才资源的，必须经过勤奋学习和不懈努力才能成为真正意义上的天才资源。现实中恰恰由于某人的天赋而对某一方面产生浓厚兴趣，由此在这方面付出常人难以想象的勤奋，达到了常人难以达到的地步或取得常人难以取得的成绩。

第四节　人力资源管理的研究方法

通常我们说，方法得当、事半功倍，方法不当、事倍功半。说明学习与研究方法的重要性，要学习与研究人力资源管理，须掌握人力资源管理研究方法。

一、实证分析与规范分析

（一）实证分析

1. 实证分析的定义

实证分析方法是在一定的前提假设下，研究人力资源的行为是什么、怎么样（做什么选择、是什么结果、怎么样），而不对人力资源的行为结果进行评判的分析方法。对结果的好坏进行评价需用规范分析的方法。

实证分析所力图说明和回答的问题是：

（1）人力资源是什么？人力资源的现状如何？

（2）有几种可供选择的方案，将会带来什么后果。它不回答是不是应该做出这样的选择的问题，即它企图超脱和排斥价值判断（即关于社会的目标应该是什么，经济事物是好是坏，对社会有无意义的价值判断），实证分析所研究的内容具有客观性，是说明客观事物是怎样的实证科学。

实证分析方法认为，人力资源的行为是由一系列前提决定的，前提变了，行为就会变。同理，相同类型的人（类型的划分是多样的）有同样的考虑。所以在同样的条件（环境）下，他们在行动上会有一致的反映。这种一致性就是"规律"存在的依据，就是实证分析方法科学性的依据。

2. 实证分析的步骤

（1）根据一定个别现象，使用一定理论或数理公式进行推论，提出假设，建立预测人力资源行为的数理模型。数理模型是一组能够表达某一人力资源管理理论的函数式或坐标上的几何图形，这一理论的主要内容是模型制作者对人力资源在一定前提假设下所能做出选择的逻辑推理，以及一组经济变量之间的数量关系分析。例如，维克托·H. 弗鲁姆的期望理论认为员工在工作中的积极性或努力程度 M 是效价 V 和期望值 E 的乘积，即：$M = V \times E$。

（2）用计量经济学等方法检验数理模型所表达的理论是否符合现实。具体做法是，先收集资料数据，据资料数据估算出模型中各参数的具体数值，然后验证估算的结果是否符合建立模型所依据的理论。如不完全符合，则先检查假设条件是否充分，再修正数理模型，直到理论与现实相符。

（3）用检验过的数理模型，预测人力资源的行为和结果。

（二）规范分析

规范分析方法是以一定的价值判断作为出发点和基础，对人力资源的行为结果及产生这一结果的制度和政策进行评判，回答人力资源的行为应该是什么的问题。

规范分析方法研究和回答的人力资源问题是：

（1）人力资源行为"应该是什么"或人力资源问题应该怎样解决；

（2）什么方案是好的，什么方案是不好的；

（3）采用某种方案是否应该，是否合理，为什么要做出这样的选择。

规范分析方法涉及对人力资源行为和结果的影响和评价问题，涉及是非善恶，合理与否问题，与伦理学、道德学相似，具有根据某种原则规范人们行为的性质。由于人们的立场、观点、伦理和道德观念不同，对同一行为、同一过程会有迥然不同的意见和价值判断。对于应该做什么，应该怎么办的问题，可能会有完全不同结论。

（三）应用范例

在人力资源管理中，实证分析与规范分析是经常用到的。例如，岗位说明就是说明岗位（或说明职位、工作），即说明此岗位应该做什么、应该何时做、应该何地做、应该谁来做、应该如何做、应该为谁做、为什么应该这样做。回答应该是什么的问题，从这个意义看属于规范分析。

绩效评估是人力资源管理的重要环节，是一种正式的员工评估制度，也是人力资源开发与管理中一项重要的基础性工作，旨在通过科学的方法、原理来评定和测量员工在职务上的工作行为和工作效果。即员工在这个岗位上是否完成了岗位说明书中的内容？做了什么？完成了多少？回答是什么的问题属于实证分析。评判这种行为好与不好时又属于规范分析。

同时，规范分析、实证分析对我们分析应该做什么样的人、做什么样的人做得怎么样？应该做什么事、做这个事做得怎么样？应该做什么样的研究、做这个研究做得怎么样？即对我们做人、做事、做学问都有重要意义。

二、均衡分析和非均衡分析

（一）均衡分析与非均衡分析本意

1. 均衡分析

经济学是研究人力资源管理的基础。长期以来，经济学家在分析各种产品和各种生产要素的需求者和供给者的行为时，都假设有一个个单个市场上的千千万万对需求者和供给者构成的经济系统，最终总会以价格为唯一信号，趋于供求平衡的。瓦尔拉设计出一个所有市场在一个价格体系下同时达到供求平衡的模型，称作一般均衡模型。从此，这种用模型去分析经济行为人的方法，就被称为一般均衡方法，或瓦尔拉均衡方法。但这种一般均衡分析方法，现代经济学家发现是有问题的。尤其是近半个世纪以来，政府对经济的干预增加了，市场上价格机制的作用越来越多的受到限制，市场经济普遍向"混合经济"发展，实行产品经济的国家干脆不用市场机制，而用中央的行政指令代替价格向导。经济学家们于是感到传统的均衡分析方法已经很难用来分析经济行为人的行为了。于是一种被称为"非均衡分析"的方法逐步形成并发展起来。

2. 非均衡分析方法

所谓"非均衡"实际上是相对于传统的狭义均衡而言的。如果把"均衡"的概念作广义的理解，这种方法仍然是一种均衡方法，经济学家称它为"非瓦尔拉均衡"。"非瓦尔拉均衡"认为，所谓"均衡"，是指这样一种倾向：经济系统内部不存在变动的力量，即不管市场出于什么状态，只要这些状态通过各种有关变量的数值的调整。不断向某一点收敛，在这一点处，由于经济行为人考虑到了所有信号，使各自的行为相互协调，经济不再变动，那么这些市场就应该被认同是趋向"均衡"的市场。

"非瓦尔拉均衡"把瓦尔拉均衡作为一种特殊情况包括在内，只是取消了瓦尔拉均衡中强调的价格有完全弹性和交易各方的供给数量和需求数量对交易活动不起调节作用这样两个假设，而是设定：除了各种可能的价格外，交易双方的供给数量和需求数量也对被考察的行为的有效需求或者有效供给有影响作用，因而对双方的交易起调节作用。取消了不切实际的假设之后的新的均衡分析方法，使传统的均衡分析方法适用范围增大了。

"非均衡分析方法"认为，如果经济行为人的有效需求（或有效供给）不是根据充分弹性的价格信号确定，而是根据交易双方的有限的供给数量（或需求数量）来确定的话，那么这个交易不是按自然的"短边原则"成交，就是要靠某种配给制度来"成交"。所以这种方法对产品经济体制的运作机理的分析也在相当大的程度上是适用的。

（二）人力资源管理视角的均衡与非均衡分析

不论宏观人力资源管理还是微观人力资源管理，核心都是人力资源得到最优配置。要使人力资源得到最优配置，就必须进行人力资源的需求与供给方分析（或者叫做需求与供给方管理）。宏观人力资源的需求方管理就是要考虑影响人力资源需求的因素，供给方管理就是要考虑影响人力资源供给的因素。微观人力资源需求方管理就是要进行岗位说明和岗位规范，供给方管理就是要对人力资源供给者进行职业生涯管理。不论宏观人力资源的供求管理还是微观人力资源管理的供求管理都是假定人力资源的需求方追求利润最大化、人力资源的供给方追求效用最大化。作为人力资源管理者来说，就是要站在企业战略的高度满足供求双方。在人力资源需求曲线上的任何一点都应该是人力资源需求方利润最大化的点，人力资源供给曲线上的任何一点都应该是人力资源供给方实现效用最大化的点，在供求曲线的交点上就既是需求方实现利润最大化又是供给方实现效用最大化。这应该是人力资源管理者追求的最好管理境界，就是所谓的均衡分析。非均衡就是人力资源管理的宏观管理杠杆（工资）受到了限制，缺乏弹性，富有了刚性或人力资源的需求与供给方受到了供求限制，此时，只能按短边法则实现均衡。

（三）应用范例

研究人力资源管理经常需要融合应用均衡分析和非均衡分析的方法。人力资源市场与其他市场相比是价格刚性（工资刚性）最明显、数量限制（如从供给方看的人口限制）最经常的市场。这一市场仅用侠义的均衡分析方法分析是十分困难的，因此，人力资源过剩（即失业）、人力资源短缺，以及人力资源过剩与人力资源短缺并存等问题一直困扰着我们。凯恩斯用非均衡分析的方法分析了人力资源市场，解释了"非自愿失业"现象的存在，为人力资源管理找到了一条出路。所以均衡分析和非均衡分析是对人力资源管理有特殊意义的分析方法，必须予以重视。

三、静态分析、比较静态分析和动态分析

静态分析、比较静态分析和动态分析与均衡分析是密切相关的，也是西方经济学所采用的方法，从一个角度来看是均衡分析；从另一角度来看，就是静态分析、比较静态分析和动态分析。它们对于研究和学习人力资源管理也是大有裨益的。

（一）静态分析

静态分析就是分析人力资源现象的均衡状态以及有关的经济变量达到均衡状态所具备的条件，它完全抽象掉了时间因素和具体的变化过程，是一种静止地、孤立地考察某种人力资源的方法。如研究均衡价格时，舍掉时间、地点等因素，并假定影响均衡价格的其他因素，如人力资源偏好、收入及相关商品的价格等静止不变，单纯分析人力资源的供求达到均衡状态的供给量和价格。

（二）比较静态分析

比较静态分析就是分析在已知条件发生变化以后人力资源的均衡状态发生相应变化，以及有关的经济变量在达到均衡状态时的相应变化，即对人力资源现象的有关变量一次变动（而不是连续变动）的前后进行比较。比较静态分析不考虑人力资源变化过程中所包含的时间阻滞。例如，已知人力资源的供求状况，可以考察其供求达到均衡时的价格和数量。现在，由于人力资源的收入增加而导致人力资源供给增加，从而产生新的均衡，使价格和数量发生变化。这里，只把新的均衡所达到的价格和数量与原均衡的价格和数量进行比较，这便是比较静态分析。

（三）动态分析

动态分析是对人力资源变动的实际过程所进行的分析，其中包含分析有关变量在一定时间过程中的变动，这些人力资源变量在变动过程中的相互影响和彼此制约的关系，以及它们在每一个时点上变动的速率等等。动态分析法的一个重要特点是考虑时间因素的影响，并把人力资源现象的变化当作一个连续的过程来看待。动态分析因为考虑各种人力资源变量随时间延伸而变化对整个经济体系的影响，因而难度较大。

四、归纳法和演绎法

管理学和经济学是人力资源管理的两大基础。均衡分析和非均衡分析、静态分析、比较静态分析和动态分析更多的是侧重于从经济学的角度研究人力资源问题，那么，除了实证分析和规范分析外还有什么分析方法是管理学领域常用的呢？它就是逻辑研究的方法。其中，学者们经常使用的是归纳法和演绎法，从两个方向来建构或检验理论。演绎从一个抽象的合乎逻辑的概念关系出发，朝向具体的实证证据推进。归纳则是从观察现实世界出发，朝向更为抽象的经验通则和概念推进。

（一）归纳法

归纳是从特殊到一般的分析方法。即首先观察某些现象并依次得到结论并将不同结论归纳为一般规律的过程。换言之，根据所观察得到的事实，逻辑性地建立一般性的命题。

经验归纳是指人们通过对特定自然或社会现象进行大量经验观察的资料累计中总结出关于该现象的普遍性命题。在管理研究中遵循归纳原则最大的好处是保证研究结论能够建立在经验事实的基础上，为建立普遍性命题打下基础。但研究者常常无法观察到某一现象的所有情况，因此仅靠归纳法得出来对某一现象的普遍性概括是具有缺陷的。

在管理学领域，最早应用归纳法的代表人物是泰罗。他从 22 岁到钢铁公司学徒，在技术水平、管理能力上得到过锻炼，后来被提拔为工头、中层管理人员和总工程师。泰罗的经历使他对生产现场很熟悉，对生产基层很了解。针对当时生产效率低下的问题，他认为要提高工作效率，工人就必须运用科学的操作方法，合理利用工时。于是，从执行同种工作的工人中他挑选身体最强壮、技术最熟练的一个人，把他的工作过程分解为多个动作，用秒表测量完成每个动作所消耗的时间，然后按照经济合理的原则加以分析研究，对其中合理的部分加以肯定，不合理的部门进行改进或省去，制定出标准的操作方法，并规定除完成每一标准动作的时间，制定出劳动时间定额。

（二）演绎法

演绎是用一般理论分析特殊现象，指通过逻辑性推广已知事实，经过推理获得结论过程。例如，所有工作绩效好的人对自己所从事的工作的熟练程度很高，张三的工作绩效很好，他的工作熟练程度也很高。

假设演绎法是从观察开始，通过资料搜集形成理论，然后提出假设，经过进一步搜集资料并加以分析，进而演绎。

只要逻辑演绎能站得住脚，并且认可假设的真实性，那么就可以得出结论的逻辑真实性。如果结论是在满足其他条件不变的前提下提出的，那么结论的经验真实性就很难得到保证。例如，历史资料可以证明结论，但是经营环境、制度的变化都会影响理论对未来的预测能力，在人力资源管理中尤为明显。

比如，在人力资源管理中，企业对人力资源的预测是基于已有资料和经验的，当其他条件没有发生变化的情况下这种演绎得出的结论是基本准确的，但是当环境或政策发生变化时，演绎的结果如不经过修正则必然不准确。

（三）归纳—演绎

归纳与演绎是两种相互联系、相互补充的方法。归纳法的研究是从个别到一般，即通过对个别事物或现象的分析，得出一般性结论（或规律）。而演绎法的原理正好与归纳法相反，是从一般到个别，即从已知的一般知识或理论出发，通过合理的逻辑推理，推导出未知的结论，或对个别事物做出论断。将归纳与演绎两种方法简单划分是十分勉强的，很少有研究方法是纯粹的归纳法或纯粹的演绎法，通常都是运用了归纳—演绎的分析方法，这种方法涉及假说的形成、理论的演绎和运用资料检验理论等方面。如果资料不能证明理论，那么就需要修正假设，再做理论检验，循环往复形成科学结论。

许多研究都运用归纳—演绎的分析方法得出结论，例如，著名的霍桑试验就是梅奥等人在芝加哥西方电气公司的霍桑工厂所做的一项实验，在试验中通过改变工作条件、工资制发放等，试图找出工作条件对生产效率的影响，以寻求提高劳动生产率的途径。经过研究他们归纳出以下主要结论：生产率不仅受物理的生理的因素影响，而且受社会环境、社会心理的影响。从此基础上，马斯洛经过进一步研究演绎出需要层次理论，赫兹伯格演绎出双因素理论，从而推动行为科学学派的发展。

五、实验研究

（一）现场试验

现场试验（Field Experiment）是在自然环境下进行的有控制的实验。即在自然环境下对自变量进行操控，观察其对因变量的影响，从而发现其中的因果关系。比如，人力资源管理中想要探究上级主管对员工辱虐之后对员工绩效的影响，就选择某个企业的两个部门，第一个部门主管对员工进行辱骂、讥讽、批评等；第二个部门主管对其员工实施非辱虐的管理方式，然后对两个部门的员工绩效进行分析，检验是否上级主管的辱虐管理影响了员工的绩效。但是这种方法受到外界无关因素影响较大，如上例现场试验中，可能第一个部门中员工之间关系较差或者正在进行一个较难完成的项目，从而导致员工的绩效比第二个部门低，而不全是主管的辱虐导致的结果。

（二）实验室实验

实验室研究（Lab Experiment）指将实验对象随机分配到实验组和控制组，对其他因素进行控制只改变自变量来观察因变量的变化。在实验室内，可以对实验过程和影响因素进行有效控制，可以尽量排除已知的干扰因素。比如，检验主管辱虐对员工绩效的影响，我们把参加试验的人随机分到第一组和第二组，做相同的工作，让第一组的主管对其余人员进行辱虐管理；第二组用非辱虐的管理，记录员工的绩效。这种方法设计简单、实验费用较低，但是由于在一个"非自然态"的环境中，可能影响被试的状态。实验的目的是想得出一般性的结论，这一方面实验室研究就不能保证此实验的结论可以代表普遍的现象。

（三）准实验研究

准实验（Quasi Experiment）研究相较于实验研究，不同点在于没有把实验对象随机分

宏微观人力资源管理相通探索

配到实验组和控制组，而是根据对问题认识的相近度将实验对象分为实验组和控制组。实验研究中一些关键的变量是难以控制的，以至于随机分配的两组结果不一定能有效区分。准实验研究可以在现场灵活的协调和控制实验对象，按照实验过程的自然结果（Natural Consequence）来推断最接近真实的答案①。

六、案例研究

普莱特（Jennifer Platt，1992）将案例研究定义为，是一种研究设计的逻辑，必须要考虑情境与研究问题的契合性。案例研究包含特有的设计逻辑、特定的数据收集和独特的数据分析方法，案例研究和教学案例、企业中的案例记录不同，案例研究侧重的是人力资源管理学术研究中的一种方法，包括探索性（Exploratory）、描述性（Descriptive）、因果性（Causal）案例研究三类。探索性案例研究为正式研究提供基础，是在研究假设和研究工具不是很了解时所进行的初步研究。描述性案例研究是为了提升对研究问题的认识，对案例进行更仔细的描述和说明。因果性案例研究旨在观察因果关系，了解不同现象间确切的函数关系②。

选取案例很重要，既要新颖又不能只关注知名企业，不要以为强调案例的适用情境，要体现研究发现的普遍意义。有趣的案例一般具备以下特征：（1）案例所展示的结果出乎意料或者是反直觉的、极端的；（2）现有理论不能解释该案例或认为该案例不可能存在，弥补理论缺口；（3）能够为以往没有研究过的现象提供启示③。

七、扎根研究

扎根理论（Grounded Theory）被认为是定性研究方法中最科学的一种（Hammersley，1990），1967年，Glser等首次提出了扎根理论。扎根理论的主要宗旨是从经验资料的基础上建立理论。研究者在研究开始之前一般没有理论假设，直接从实际观察入手，从原始资料中归纳出经验概括，然后上升到理论。并在长期的发展中出现了三大学派：（1）以Glaser等为代表的经典扎根理论学派；（2）以Strauss等为代表的程序化扎根理论学派；（3）以Charmaz为代表的建构型扎根理论学派。三大扎根理论学派都一致遵循着理论源于实践、实践检验理论的认识论原则④。经典扎根理论强调避免研究者任何的先入为主的假定，程序化扎根理论则强调用一些技巧探寻数据中的规律。建构型扎根理论认为数据是可以被人们建构和认知的。程序化扎根理论是其中最早引入我国的，可操作性更强，主要步骤一般包括：理论抽样、收集数据、开放性编码、主轴编码、选择性编码、形成理论模型等。

八、调查与统计分析研究

调查研究（Investigation）是研究者为了了解某一事物的客观实际状况而进行的调查和分析，是通过研究者自己的体验和深入了解获得一手资料，进而分析出一般规律指导实践的

①② 陈晓萍，徐淑英，樊景立. 组织与管理研究的实证方法［M］. 北京：北京大学出版社，2012.

③ 李高勇，毛基业. 案例选择与研究策略［J］. 管理世界，2015（2）：133－136.

④ 贾旭东，衡量. 基于"扎根精神"的中国本土管理理论构建范式初探［J］. 管理学报，2016，13（3）：336.

过程，调查可以分为普查、抽样调查和典型调查。比较常用的是问卷调查法、实验法和实地访谈法。在人力资源管理实践中，企业要想对员工进行有效的培训和开发，首先就要对员工的培训需求进行调查，分析出员工实际工作中真正需要的培训内容，进行最有针对性的培训。在学术研究中，调查时采用的问卷是由前人开发出的量表，有较高的信度和效度。

统计分析方法就是对收集到的资料进行分析的过程中所运用到的方法，常用的有描述性统计（集中趋势、离散程度等）；方差分析（单因素方差分析、双因素方差分析等）；回归分析（一元线性回归、多元线性回归、时间序列等）；相关分析（线性相关、偏相关等）等。

九、矛盾分析法

矛盾分析是对事物内部矛盾的分析。如人力资源管理中的劳资关系分析，从资本主义早期开始，劳方想要以最少的劳动获得最多的工资与资方利润最大化目标之间的矛盾，使得劳资双方就是对立的关系。

十、博弈论

博弈论是一种决策论，或称对策论。在参与人决策过程中考虑到其他参与者决策对自己的影响，从而做出自己的最优决策。企业中人力资源管理的过程实际是劳资双方进行博弈的过程，均衡工资就是双方博弈的结果。

思考题：

1. 人力资源管理的主要任务是什么？
2. 人力资源管理的主要内容有哪些？
3. 结合自身实际，谈谈什么是人力资源的价值？
4. 研究人力资源管理的方法有哪些？
5. 试分析人力资源、人才、天才间的区别与联系？

案例分析

美的集团的人力资源管理项目

美的集团是一家以家电业为主，涉足房产、物流等领域的大型综合性现代化企业集团，是中国最具规模的白色家电生产基地和出口基地。在美的集团业务快速发展，不断壮大员工队伍的情况下，企业原有的依靠经验、较少采用科学的管理工具的做法已经不能适应企业需求。特别是对核心员工的管理已成为企业人力资源管理中的重中之重，但目前缺乏有效的管理手段与工具。

同时，从企业的战略发展考虑，战略性人力资源管理、集团性人力资源管理、收购兼并等要求人力资源管理工作要与公司的战略规划和发展方向相结合，要求人力资源专业化管理水平进一步提高。而这一切并非单纯依靠人力资源管理软件能够解决。

实际上，员工招聘的分权管理在给各经营单位用人自主性与灵活性的同时，资源分散、缺乏共享平台、招聘成本增加较快等问题也日益突出。建立集团内部共享的招聘平台应成当务之急。

根据以上实际情况，2005 年美的集团启动建设 HR 项目，首先从当前人力资源基础工作着手，提升人力资源管理水平，进而促进人力资源信息系统的建设，实现美的集团人力资源管理的整体提升。

1. 理清基础的人力资源信息

美的集团的人力资源管理系统项目的实施依照"统筹规划，分步实施"的原则推进，分步骤引进各咨询模块，完成一项，实施一项。

在第一阶段，美的集团主要实施了基础管理工作咨询和建设基础的人力资源信息系统。这一阶段的目的是通过准确的数据和优化的流程提升人力资源的管理水平和决策效率。

将人力资源部门从大量的基础人事工作中解放出来，从而更有效地成为企业的策略伙伴也是第一阶段的目的。通过这一阶段的项目实施，集团人力资源管理人员可有更多时间从人才的选、用、育、留方面考虑问题，进而成为业务部门的策略伙伴，而不是简单的人事管理。

通过管理和提供专业咨询意见，直接帮助企业提升绩效。这样，人力资源管理部门从人力资源的专业角度参与企业经营战略的制定。

同时，通过岗位类别的重新分类和界定，为其他人力资源管理工作打下坚实的基础。岗位清晰、职责明确后，对于该岗位由什么样的人员适合担任、工作绩效如何考核、岗位薪资如何核准、培训需求如何确定，都可以用科学、客观、合理的方法进行，可以改变以往种种不规范、不科学的做法。

建立共享招聘平台的成效不言而喻，既提高了招聘效率，又降低了招聘成本。

2. 建立中高层人员选拔机制

美的集团人力资源管理系统第二个阶段的建设内容是，建立中高层人员的选拔机制和人力资源信息系统的支持部分。

按照规划，这一阶段的信息化建设完成后，人力资源管理系统可以极大地适应公司的变革。对于组织结构的分析、人员结构的分析、薪酬分析、绩效的考核和评估都可以提供强大的支持。

通过中高层人员选拔机制的建立和完善，可以使公司在选拔、考评、约束对公司经营影响较大的人员上，有一套科学的标准，不仅仅依靠主观的判断。同时该机制又作为公司考核体系重要组成部分，可以有序地对目前责任制考核体系进行有益的补充，使对经营单位的考核从单一的财务指标向综合的、平衡的指标方向过渡，促进公司平衡的发展。

值得一提的是，建立核心胜任能力模型，确定美的高绩效员工的能力模型，作为人员选择、评价与培训的基础是这一阶段的亮点。

3. 最终全面实现智能化管理

智能化管理是人力资源管理的理想状态。具体而言，就是建成完善的绩效管理体系，实现多方位的绩效管理，包括对经营单位、对高管人员、对中层人员和一般人员等。同时，通过员工自助使全体员工均可通过 HRMS 参与人力资源管理，提高全员的凝聚力和归属感。信息系统的智能化功能，可以为高管人员提供多种形式的分析功能，发现公司人力资源管理各方面的变化趋势，并可以和财务分析系统进行集成，通过预先设定的标准和指标对各经营单位、人员进行评估和考核。这个阶段实施后，企业将明显地提升人力资源管理水平，建立智能化的人力资源信息系统，为企业的发展提供更为科学、客观的支持。

（资料来源：根据中国树仁教育网《企业战略的"发动机"》改写）

请结合案例分析：

1. 你认为美的集团启动人力资源项目时，最成功的地方是什么，为什么？
2. 人力资源管理对于企业发展的重要性？

参考文献

［1］杨俊青. 劳动经济理论研究［M］. 北京：中国经济出版社，1998.

［2］廖泉文. 人力资源管理［M］. 北京：高等教育出版社，2003.

［3］肖焰，蔡晨. 基于能力理论的人力资本研究综述［J］. 中国石油大学学报：社会科学版，2017，33（6）：21－26.

［4］陈晓萍，徐淑英，樊景立. 组织与管理研究的实证方法［M］. 北京：北京大学出版社，2012.

［5］蔡昉. 未来的人口红利——中国经济增长源泉的开拓［J］. 中国人口科学，2009（1）：2－10.

［6］孙晓芳. 人口红利理论研究与扩展——中国特色人口转变的视角［J］. 云南财经大学学报，2012（5）：22－27.

［7］李晓曼，曾湘泉. 新人力资本理论——基于能力的人力资本理论研究动态［J］. 经济学动态，2012（11）：120－126.

［8］李高勇，毛基业. 案例选择与研究策略［J］. 管理世界，2015（2）：133－136.

［9］贾旭东，衡量. 基于"扎根精神"的中国本土管理理论构建范式初探［J］. 管理学报，2016，13（3）：336.

第二章 学习人力资源管理所需的 经济管理基础理论回眸

第一章我们概览了人力资源管理的主要任务与主要内容，但要学习研究好人力资源管理理论，要在实际管理工作中较好地进行人力资源管理还需明白人力资源管理与其他经济管理理论的关系；我们要弄清怎么管与为什么这样管的问题？就必须要有深厚的经济管理理论基础。本章对经济管理基础理论做一梳理概览，为学好人力资源管理奠定基础。

第一节 经济学、管理学产生的基础——《国富论》

如上所述，研究人力资源管理理论必须有深厚的经济管理理论基础，而亚当·斯密被认为是经济学、管理学的鼻祖。亚当·斯密的《国民财富的性质和原因的研究》（以下简称《国富论》）奠定了经济学、管理学的理论基础。《国富论》奠定了经济学理论基础，是因为《国富论》中提出了"看不见的手原理"，"看不见的手原理"提出后，经济学理论沿着两条线索发展，一条主要围绕论证"看不见的手"原理的正确性为主要内容的"西方经济学"；另一条主要是批评"看不见的手"原理的盲目性、自发性，揭示人类社会演进的一般规律的马克思主义政治经济学。《国富论》中研究了通过分工提高劳动生产率，因而也奠定了管理学基础。

一、亚当·斯密与《国富论》

亚当·斯密（1723～1790年）是英国古典政治经济学的主要代表人物之一。《国富论》是他的代表作。在这本名著里，斯密缔造了古典政治经济学的理论体系，概括了古典政治经济学在它的形成阶段的理论成就，最先系统阐述了政治经济学的各个主要学说，对资产阶级政治经济学的形成和发展起了极其重要的作用。

亚当·斯密1748年毕业于牛津大学，1751年返回格拉斯大学开始研究政治经济学。斯密长期实地观察苏格兰工业中心的经济生活，积极参加当地的社会活动，特别是参加当地的经济学会活动。1764年，斯密辞去了大学教授的职务，到欧洲大陆旅行。在巴黎，他认识了法国启蒙学派代表人物伏尔泰、重农学派主要代表魁奈和杜尔阁等名流，这对他的经济学说的形成有很大影响。1767年，他返回家乡专心致力于《国富论》的写作。经过10年的刻苦努力，终于在1776年完成了这部巨著。

《国富论》的内容极为丰富，涉及了许多方面的经济管理理论。在《国富论》里，斯密关于分工、交换和货币的学说，关于生产劳动和非生产劳动的学说，关于社会再生产学说以及基于"国际分工"的自由贸易学说，都有深远的影响。对资产阶级经济学影响最大的主要是他的经济自由主义思想。对管理思想的影响则主要体现在提出了劳动分工，提高劳动生产效率上。

二、"看不见的手"与西方经济学

亚当·斯密提出的"看不见的手"原理构成了西方经济学的理论基础。斯密从"经纪人"观念出发，系统论述了经济自由主义的理论和政策，他认为，"各个人都不断地努力为他自己所能支配的资本找到最有利的用途"，这与西方经济学中消费者剩余理论和生产者利润最大化理论如出一辙；同时他认为，每个人"只想得到自己的利益"，但是又好像"被一只无形的手牵着去实现一种他根本无意要实现的目的，……他们促进社会的利益，其效果往往比他们真正想要实现的还要好。"① 人们受"一只看不见的手"的支配，在追求个人利益时却使整个社会获得最大利益，亦即个人在以某种方式追求自身利益的过程中，同时产生对社会都有利的益处。在"自然秩序"下，能使个人利益与社会利益协调，促进社会财富增长。国家的职能是保护国家和个人的安全，建设并维护私人无力办或不愿办的公共事业，起"守夜人"的作用。

《国富论》中看起来似乎杂乱无章的自由市场，实际上是个自行调整机制，自动倾向于生产社会最迫切需要的商品种类的数量。例如，如果某种需要的产品供应短缺，其价格自然上升，价格上升会使生产商获得较高的利润，由于利润高，其他生产商也想要生产这种产品。生产增加的结果会缓和原来的供应短缺，而且随着各个生产商之间的竞争，供应增长会使商品的价格降到"自然价格"即其生产成本。谁都不是有目的地通过消除短缺来帮助社会，但是问题却解决了。整个西方经济学主要就是在围绕论证亚当·斯密在《国富论》中提出的"看不见的手"原理。

三、劳动价值论与政治经济学

亚当·斯密在《国富论》中系统地探讨了劳动分值论，亚当·斯密从分工引出交换，再从交换引出价值并第一次明确使用了使用价值和交换价值两个概念。亚当·斯密关于劳动价值论有以下论述："劳动是衡量一切商品交换价值的真实尺度"②。此外，亚当·斯密的价值理论又是二元的。一方面，他认为，"劳动是衡量一切商品交换价值的真实尺度"，商品的价值决定于"获得它的辛苦与麻烦"，即决定于生产商品所耗费的必要劳动量；另一方面，他又认为商品价值"等于它使他们能够购买或支配的劳动量"，或等于它所能购买到的"劳动的价值"。

斯密看来，国民财富的源泉是劳动，国民财富的增长取决于劳动生产力的增进，而后者又取决于分工。斯密进而以交换来解释分工产生的原因，指出分工的程度取决于交换的能力或市场范围，货币只是一种流通工具。斯密区分了商品的交换价值和使用价值，认为只有劳

---

① 亚当·斯密. 国民财富的性质和原因的研究（下卷）［M］. 北京：商务印书馆，2002.
② 亚当·斯密. 国民财富的性质和原因的研究（上卷）［M］. 北京：商务印书馆，2002.

动才是价值的普遍尺度和正确尺度，然而他又认为商品的真实价格由工资、利润、地租三部分构成，由此他第一次将社会分为无产阶级、资产阶级和地主阶级。他认为，资本积累是发展生产的另一必备条件。

斯密认为，政治经济学的目的在于"第一，给人民提供充足的收入或生计，或者更明确地说，使人民能给自己提供这样的收入或生计；第二，给国家或社会提供充足的收入，使公务得以进行。总之，其目的在于富国裕民"。于是，研究国民财富的性质和原因就成为《国富论》的主题。

第二节 围绕论证《国富论》主要思想正确性的西方经济学

现代西方经济学以效用价值论为基础，以解决资本主义经济发展中的现实问题为目的。所谓效用价值论，就是认为商品的价值大小由商品的效用和稀缺性决定。效用是商品或劳务能够给人们心理带来的满足程度。西方经济学假设所有资源（包括劳动力、资本、土地）都是稀缺的，因而，劳动力、资本、土地都决定商品价值的大小。在分配上坚持要素分配说，即所谓的要素价值论，这与马克思的劳动价值论及物化劳动只转移价值形成鲜明的对比。在这一要素价值论的基础上，在人都是合乎理性的人、资源是稀缺的、信息是完全的、企业是已经存在的前提假设下，西方经济学中的微观经济学证明亚当·斯密"看不见的手"原理，但由于市场存在失灵，所以又有以宏观经济理论为基础的宏观经济原理。

西方经济学从时间上划分大致可分为 1929～1933 年经济危机出现之前的古典自由主义学派和这次危机出现之后的凯恩斯学派。凯恩斯学派之后出现的新自由主义学派和新凯恩斯主义学派主要还是围绕古典自由主义与凯恩斯学派来进行的进一步研究。自由主义学派经济学家在完全竞争市场条件下证明了斯密"看不见的手"原理的正确性即证明了：在"看不见的手"原理也就是市场机制的作用下，从微观看，每个人（包括自然人和企业），都在追求自身利益的同时就能实现人人都满意的效果；从宏观看，全社会总供给与总需求永远会相等且相等于充分就业处。但 1929～1933 年西方市场经济国家爆发了震撼世界的经济危机，所谓经济危机，从微观看是消费者个体的有效购买力不足、企业破产、工人失业；从宏观看是全社会总需求不足。面对此种情况，古典自由主义经济学家既不能解释也提不出解决问题的方法。而凯恩斯针对经济危机于 1936 年出版了《就业、利息与货币通论》，提出了解决经济危机要政府调控的宏观经济政策。政策的实行，缓解了经济危机。但政府宏观经济政策长期实行的结果，又出现了经济危机与通货膨胀并存的"滞胀"。"滞胀"的出现促使了新自由主义学派的出现。针对新自由主义学派，根据经济发展的现实实际，继续论证国家宏观调控经济必要性的学派就是新凯恩斯主义学派。目前，西方经济学界主要就是新自由主义与新凯恩斯主义两大学派还在争论着。这是围绕证明斯密"看不见的手"原理正确性的西方经济学发展线索。

尽管西方经济学存在一定的局限性，但是它对于我们社会主义市场经济体制的建设有重要的借鉴意义，是我们建立人力资源管理学科体系、研究人力资源管理理论所必须掌握的基础课程。

第三节　对《国富论》主要思想进行批判的马克思主义政治经济学

马克思主义政治经济学以劳动价值论为基础，以揭示人类社会发展规律为目的，认为商品的价值由生产这种商品的社会必要劳动时间来决定，人类社会的发展一般要经过原始社会、奴隶社会、封建社会、资本主义社会、社会主义社会到共产主义社会，随着苏联、东欧的巨变，有些人对马克思这一理论产生动摇，认为20世纪80年代，社会主义遭遇失败。其实我们的社会主义实现条件与马克思设想的未来社会主义实现条件有所不同。马克思所预见的未来社会主义是建立在生产力高度发达、物质财富极大丰富和人们的思想觉悟空前提高的基础上的，而苏联、东欧及我国的社会主义脱胎于经济落后的社会。所以，说社会主义失败、否定马克思主义是站不住脚的。

马克思对未来社会主义的描述是不存在商品、货币关系的社会主义；今天我们的社会主义是存在商品、货币的社会主义，我国处于并将长期处于社会主义的初级阶段。在《资本论》中，马克思对资本主义商品、货币、工资、资本等概念，以及它们的运行对于我们在社会主义市场经济条件下建设有中国特色社会主义仍具有重要的理论和实践意义。

但马克思在阐述资本主义商品、货币、工资、资本等概念及它们的运行时，是为了说明在资本主义市场机制作用下即在"看不见的手"原理作用下必然出现经济危机为出发点的。即批判自由竞争市场机制、批判"看不见的手"原理的马克思政治经济学为《资本论》，《资本论》又名《政治经济学批判》即批判古典政治经济学家——亚当·斯密的《国富论》。对《国富论》批判的核心主要集中在资本主义市场经济国家在《国富论》中提出的"看不见的手"原理作用下，会出现周期性的经济危机。

马克思对资本主义市场经济危机的解释与解决对策主要体现在《资本论》中。在《资本论》中，马克思认为，在生产资料的私人所有制下，资本所有者追求利润的内在动力及外部竞争的压力，资本所有者把工资当作成本、采取了尽可能压低劳动者工资进行资本积累与积聚以扩大再生产，于是出现了社会财富越来越向资本所有者手中集中，劳动者收入越来越低的状况，也就是马克思所说的生产无限扩大的趋势与人们的购买力相对缩小的矛盾，导致资本主义市场经济条件下的经济危机。经济危机的表现是资本主义市场经济运行出现周期性的衰退、萧条、复苏、高涨，使社会财富在周期性的经济危机中被大量浪费。经济危机根源在于资本主义私有制，彻底解决资本主义经济危机的方法是全世界无产阶级联合起来通过革命的方式推翻资本主义私有制，建立以公有制为基础的社会主义国家。

马克思对资本主义市场经济运行的分析极其深刻。资本主义国家认识到周期性经济危机的破坏力，为避免革命的发生：一方面对劳动者的管理采取了由过去"大棒式"管理到"胡萝卜＋大棒式"管理方式的转变；另一方面逐渐使生产资料的单一私人所有制向合作制、有限责任公司、股份有限公司过渡。这在很大程度上缓解了劳资矛盾，在一定程度上解决了生产的社会化与生产资料的资本主义私人所有制之间的矛盾。

马克思在《资本论》中，对资本主义劳资关系的分析、对资本主义周期性经济危机根源的分析对于我们处理好劳资关系、使我国经济走上全面、协调与可持续发展道路具有重要理论与实践应用价值，构成了我们学习人力资源管理的又一基础理论。

第四节 "看不见的手"失灵后的"看得见的手" 作用的基础——《管理学》

人力资源管理是管理学理论的重要组成部分，人力资源管理理论的产生、发展都与管理学有着密切的联系，因此，学习和研究人力资源管理必须掌握足够的管理学知识和相关理论。

一、管理学与经济学的区别与联系

管理学与经济学都建立在一个基本的前提假设——所有的资源都是稀缺的假设之上。正是由于资源的稀缺性，才存在着如何配置资源，方能实现用最少的花费取得最大收益的问题；正是由于资源的稀缺性，也才存在着对一定组织资源进行有效整合以实现组织目标与履行责任的动态创造性活动。前者如何配置资源的问题，一般认为是经济学研究的主要问题；后者对一定组织资源进行有效整合的问题，一般被认为是管理学研究的主要问题。不论是如何配置资源还是资源的有效整合，也就是不论是管理学还是经济学其实质与共同之处都是研究资源的有效配置问题。所不同的是，管理学是通过"看得见的手"实现资源的有效整合，经济学是通过"看不见的手"实现资源的有效配置。当"看不见的手"失灵时需政府管理。当市场存在交易费用时，产生了企业，在企业内部依靠行政权威协调资源配置，实现企业管理，企业管理的核心是人力资源的管理。当"看不见的手"与"看得见的手"都失灵时，需"道德"调节。

具体说，管理学是系统研究管理活动的基本规律和一般方法的科学。管理学是适应现代社会化大生产的需要产生的，它的目的是研究在现有的条件下，如何通过合理的组织和配置人、财、物等因素，提高生产力的水平，是一门综合性的交叉学科。

二、管理理论的发展

在人类历史上，自从有了有组织的活动，就有了管理活动。管理活动的历史可以被视为同人类历史一样悠久，管理活动的出现促使一些人对这种活动加以研究和探索。经过长期的积累和总结，逐渐形成了一些朴素的、零散的管理思想。随着社会的发展、科学技术的进步，人们将管理思想加以提炼和概括，找出管理中带有规律性的东西，并将其作为一种假设，结合科学技术的发展，在管理活动中进行检验，继而对检验结果加以分析研究，从中找出属于管理活动普遍原理的东西。这些原理经过抽象和综合就形成了管理学理论。[①]

在过去的一个多世纪的时间里，管理理论经历了古典管理理论阶段、行为科学阶段和现代管理理论阶段，出现了社会系统学派、决策理论学派、管理过程学派、系统管理学派、经

---

① 周三多. 管理学 [M]. 北京：高等教育出版社，2000.

验主义学派、管理科学学派、经理角色学派、权变理论学派等诸多流派，已经发展成为具有庞大知识体系和学科分支的复杂学科。

任何一个初学者在学习管理学的时候，可能都会对这些众多的管理学流派感到头昏脑涨，为什么管理学会存在管理理论混杂，被孔茨称为"管理理论丛林"的现象呢？我们该如何解决"管理理论丛林"问题呢？

孔茨认为，每一个学派都对管理学理论做出了贡献，但他认为不应把管理方法与管理学的基本内容混淆起来。孔茨把不同的管理理论学派看成是研究和分析管理学的不同方法，一切最新的管理思想都能纳入某一管理职能中。他认为的管理方法有：经验的或案例的方法、人际行为方法、集体行为方法、协作社会系统方法、社会技术系统方法、决策理论方法、系统方法、数学的或"管理科学"的方法、权变方法、管理作用方法以及经营方法。

管理学之所以存在如此之多的不同却又无法用一个统一的管理理论来相互解释管理流派的存在，唯一的解释只能是，这些流派是从不同的角度来研究管理，每个学派都侧重于管理的某个方面，对管理的真正实质却未能正确揭示。

三、管理学的实质（管理学的研究内容）

管理学作为一门系统地研究管理活动的基本规律和一般方法的科学，不仅运用于工商企业，也用于医院、学校、军队、机关以及科研单位的管理，是一门应用性的学科。管理学既然是一门应用科学，就应该有应用科学研究的共性，而不应该有例外。典型的应用学科，其知识体系基本上都是围绕两个问题展开的，即"这门学科是什么或干什么的？"和"这门学科是如何应用的？"第一个问题属于认识论的问题，而第二个问题属于方法论的问题。相应地，管理学的知识体系同样也是围绕这两个问题，即"管理是什么？"和"如何进行管理"而展开的。

事实上，对于管理学的研究内容，尽管由于不同的学派对管理学内容的理解角度和归纳的思路不同、侧重不同，理论体系的建立有所不同，但都是围绕着这两个问题展开的。如管理过程学派重点研究"管理是什么？"这个问题，而经验主义学派重点研究"如何进行管理"的问题。

在这两个问题中，"管理是什么"是属于认识论的问题。"如何进行管理"是属于方法论的问题。认识论是基础，方法论是目的。对于管理学的这两个问题，我们应该首先研究管理学的认识论即"管理学是什么"的问题，在此基础上，再解决管理的方法论的问题。在不了解管理的概念、本质和特征的情况下，研究管理方法是舍本求末，无法达到研究管理学的研究目的。

"管理是什么"主要涉及管理的内容和原理等。管理的内容包括管理的概念、管理的本质、管理职能以及管理行为的性质、特征等。

"如何进行管理"主要涉及管理的方法，如任务管理法、人本管理方法、目标管理方法、系统管理方法以及各种研究方法等。管理是一门应用性的学科，管理方法是现代管理研究中最引人注目的领域，科学的管理学更是以此为根本的研究目的。

综上所述，管理学的研究内容可以归为以下几个方面，即管理的内容、管理原理、管理方法等。

管理的内容。它研究管理的概念、行为、职能、本质、性质和特征等，其中管理的各种行为和职能既体现管理的基本任务，又反映了管理的全过程，而且管理的原理、原则都是要通过管理的职能发挥作用的。

管理原理。管理原理、原则是一个具有层次结构的理论体系，是实施管理职能的理论依据，是人们进行管理活动的行动指南，是管理学研究的重要部分。必须进行深入的研究。

管理方法。管理的宗旨在于运用有限的人力、物力和财力取得最佳经济效益和社会效益，而管理这一功能的执行和完成、是靠管理方法来实现的。管理的这一功能的充分发挥和管理目标的顺利达成，也都是正确运用各种有效的管理方法来实现的。因此，对管理方法的研究是现代管理学中最引人注目的领域。

除此之外，人们对管理学的研究还应包括管理学的历史，研究从管理的产生、性质，到古代—近代—现代各种管理思想的出现和管理理论的沿革，通过历史人们可以更好地研究管理学，知古鉴今。

第五节　经济学与管理学中对"人"的假设——人力资源管理中的人性基础

人力资源管理关心的是"人"的问题，其核心是认识人性、尊重人性，秉承人人都可成才的理念，强调组织管理"以人为本"。这就要求研究人力资源管理的"人性"基础。

一、人性的内容

人性，即人的本性或本质，是通过自己的社会性的生命活动，形成或获得的全部属性的综合，亦即现实生活中的人所具有的全部规定性。这种多方面的属性或规定性，概括为两方面的内容。

（一）自然属性

人所具有的自然属性又称为生物属性，主要是指人生来就具有的先天之性，即作为自然人的体质、生理构造，形态和由生存本能而滋生的一系列本能欲望与追求，如食欲、性欲、获得欲等。

人是自然界的产物，其生活于自然界中，这就决定了人永远不能也不可能摆脱外部自然和内容自然（即自身本能）的制约、影响和控制。人的本能的欲念、冲动、渴望、追求往往支配于人，常常成为人的行为的内在驱动力。虽然人与动物同源，在生物属性方面两者有相同或相似之处，然而，两者也有着根本不同。动物的一切行动完全由自然本能所驱使，对外部自然则被动地服从、适应。而人绝不甘心让本能主宰自己的命运，成为自然本性的奴隶；相反，他自觉、主动地利用、控制自己的本能，利用、改造外部自然，让自然界愈益人性化的同时，也使自己的生物本性越来越带有一系列精神文化特征，打上了社会的烙印。生物属性是人性不可缺少的部分，是人及其人性存在的基础，人的其他的更高级属性亦是在此基础上发展而来的。

（二）心理属性

心理属性，即人的感觉、知觉、记忆、思维、想象、意志、需要、动机等一切心理现象的总和。这是人性的重要构成部分，是人性的本质。人的心理属性或心理现象总括为四方面：心理过程、心理状态、个性心理特征和个性意识倾向。

1. 心理过程。心理过程是人的心理活动的基本形式，也是人心理现象的重要方面。人的认知活动、情感活动和意志活动相互联系和影响，构成人的心理过程。认知活动是接收、储存、解读和处理外部信息的过程，是人的头脑对客观物质世界的观象和本质的反映过程。它包括感觉、知觉、记忆、思维、想象等。情感活动是人在认识客观物质事物时，对现实事物所持的态度和产生某种主观体验，以及相应的行为反应，其表现为喜、怒、哀、乐等过程。意志活动则是人在认识客观物质世界的活动中，自觉地确定目的，并为实现目的而自觉支配和调节行为、克服困难的心理活动。

2. 心理状态。与心理过程和个性心理不同，心理状态是心理活动在一定时间内独有的心理特征，如注意、分心、喜悦、振奋、疲劳、消沉、紧张、松弛等。它具有一定的持续性，其持续时间介于个性差异与心理过程之间。此外，任何一种心理状态既有感知，记忆等各种心理过程的成分，又有个性心理差异色彩，情绪是心理状态的主要成分。多种成分在心理过程中占有不同的地位，具有不同的作用，形成心理状态完整的结构性。

3. 个性心理特征。认知、感情、意志，人皆有之，是人类共同的心理特征。在人的心理活动过程中，每个人有各自独有的特点，表现出各种迥然不同的个性差异。个性，是指个体在社会关系中形成的带有倾向性的、本质的、稳定持久的心理特征的总和。个性心理特征则是个体在能力、气质和性格等方面表现出的个性差异。正是因为这些个性心理特征差异，人与人之间方彼此区别开来。

4. 个性意识倾向。它是指一定社会条件下所形成的个人需要、动机、兴趣、态度、理想、信念、价值观等意识倾向。它是个性的核心部分。需要产生动机，动机激发人的行为，而人的兴趣、态度、理想、信念、价值观又对人的行为产生巨大影响。因此，个人意识倾向是人们行为的心理因素，制约着人的全部心理活动和行为的方向与社会价值，反映着人与人之间精神世界的差异。

而经济学与管理学是两门最依赖于人性假设的学科，前者研究的是人的经济行为，后者研究的是人的管理行为。但由于经济学与管理学二者研究对象的不同，导致他们在人性假设上的不同。

二、西方经济学中对"人"的假设

在经济学的发展历程中，其人性假设主要表现为"经济人"假设以及对该假设作出的一系列批判和修正上。

（一）传统经济学中的"人性假设"

市场经济在西方国家中已经运行了300多年，市场经济理论较为系统、完善。纵观其全貌，不论是微观经济学中的亚当·斯密"看不见的手"原理，还是宏观经济学中的"供给会创造需求"的定理；不论从古典经济学派到凯恩斯革命，还是凯恩斯革命到新自由主义理性预期学派对凯恩斯学派提出的宏观经济学的微观基础质问，无不提出了为西方经济学承认的基本前提假设，即西方经济学理论的基本前提假设之——人是从合乎理性的人或经济人。人是合乎理性的人或经济人就是以利己为动机来从事经济活动的人，泛指一切追求自己的目标并且能以明智的方式追求这一目标的人，也可以解释为"恶本好利"的人。"恶本"是厌恶成本的意思，希望成本在取得一定利益时尽可能小；"好利"是希望所得利益在既定成本下尽可能大，即利用一切机会（包括市场信息在内）来寻求最大利益的人。

在这一基本前提假设下，亚当·斯密在《国富论》中写道："每个人都在力图应用他的资本来使其生产品达到最大的价值。一般地说，他并不企图增进公共福利，也不知道他所增进的公共福利为多少。他所追求的是他个人的安乐，仅仅是他个人的利益。在这样做时有一只看不见的手引导他去促进另一种目标，而这种目标并不是他所追求的东西。由于追逐他自己的利益，他经常促进了社会利益，其效果要比他真正想促进社会效益时所得到的效果为大。"[1] 这就是我们常说的"看不见的手"原理，它构成了西方经济学论证和引用的核心，被认为是经济学领域最为伟大的发现。西方国家正是在公开承认人是合乎理性的人的前提假设下，设计构建了他们自己的政治、经济、文化体制，对人的这一特性加以诱导、利用，使他们在追求自我价值的过程中，增进整个社会的福利。

但"看不见的手"原理讲的是"经常"的情况，不"经常"的情况也时有发生，这就存在着在追求自身利益时，可能使他人受损的情况。正是所谓的市场失灵，西方国家为减少这些情况的发生，在制度上设立相互制约、相互监督的体制，在文化上有宗教信仰。但西方国家制度体制并不适合我国，我国为避免"看不见的手"的副作用——市场失灵情况的发生，选择过有计划产品经济体制，有计划产品经济体制通过工农业价格剪刀差，实现了工业化原始积累，消灭了资本主义国家试图通过战争方式将新生的社会主义国家扼杀在摇篮中的梦想，取得了巨大成就。但由于只有公有制的生产资料所有制超越了生产力水平，在分配上个人利益长期不能实现，劳动者积极性受挫，再加上连年的群众运动，使经济发展滞后；我们选择改革开放，建立中国特色社会主义制度，发挥市场在资源配置中的决定性作用，更好地发挥政府作用。党的十八大后，中国特色社会主义进入新时代，以习近平同志为核心的党中央建立起了中国特色社会主义制度监督体系。

（二）现代经济学中对"人"的假设

在经济学的进一步发展历程中，随着研究对象的扩展和研究地不断深入，"经济人"假设受到来自各方经济学家的批判和修正。尤其是随着行为经济学和实验经济学的深入研究，传统经济学的"理性经济人"假设受到了很大冲击。

行为经济学家和实验经济学家提出了许多著名的"悖论"，如"阿莱悖论""股权风险溢价难题""羊群效应""偏好逆转"等，当以传统的"理性经济人"的假定无法揭示现实人的经济生活与他们的经济行为时，越来越多的研究人员开始尝试用实验的方法与实验心理的方法来研究经济行为问题，并以此来修改和验证已有的经济学假设。

行为经济学是从实证和实验的角度，提出了"非理性人"假设，认为生活中的大多数人既非

---

① 亚当·斯密. 国富论（上卷）[M]. 北京：商务印书馆，2002.

完全理性，也不是凡事皆从自私自利的角度出发，人也有生性活泼的另一面，人性中也有情感的、非理性的、观念引导的成分。"非理性人"主要有三个表现，一是人们不具备稳定和连续的偏好以及使这些偏好最大化的无限理性；二是即使人们知道效用最大化的最优解，也有可能因为自我控制意志力方面的原因而无法做出相应的最优决策；三是人们在做出经济决策的过程中包含了相当的非物质动机和非经济动机权重，"事实上，人们经常愿意牺牲自己的利益去帮助他人"[1]。

诺贝尔经济学奖得主丹尼尔·卡内曼作为行为经济学的奠基人，他将心理学研究的视角与经济科学结合起来做了许多实验和调查，表明人们会做出在理论上看上去是理性的行为实际上是非理性行为，而这些非理性的行为又不是完全无章可循的。通过实验对比发现，大多数个体并不总是理性的和风险规避的，人们面对不确定性时多是非理性的、偏好反复无常的。1982年在其所著的《不确定状况下的判断：启发式和偏差》中描述了在不确定性条件下人们的判断是如何偏离标准理论的，"在某些情境下，人们通常没有能力对环境做出经济学的和概率推断的总体严格分析，在这种情境下，人们的判断往往靠的是某种顿悟或经验，所以会导致系统性偏差。"[2]

同时，实验经济学的大量研究表明，现实中人的选择行为经常背离传统经济人理性行为的一系列假设前提，其并不是有着完全理性的经济人，而是有着各种心理偏好和偏差的"有限理性"人或"认知"理性人。

诺奖得主弗农·史密斯教授在20世纪60年代就敏锐地觉察到了实验经济理论的作用。他在亚利桑那大学11个班级进行了长达6年的实验，验证了竞争均衡理论。据此实验所撰写的论文《竞争市场行为的实验研究》在1962年的《政治经济学杂志》发表，标志着实验经济学的诞生。实验经济学抛弃了"社会科学不可实验"的旧论，认为经济理论完全具备实验检验的条件，实验经济学家尝试用实验心理的方法来研究经济学，并试图以此来修改和验证各种基本的经济学假设。他们以可犯错误、有学习能力的行为人取代以往的"理性经济人"假说，用数理统计的方法取代单纯的数学推导，解决以往实证研究的高度抽象、简单化与现实世界不一致的问题。实际生活中的人并非完全理性，人类的决策总是这样或那样地偏离标准的经济学理性假设的行为模式。

综上，行为经济学和实验经济学给传统经济学带来的冲击与挑战，使传统经济学需要重新审视和反省其理论基础假设，标志着经济学的人性假设从"理性经济人"假设向重视人的"非理性人"假设转变，推动了经济学的进一步发展和深化。

三、西方管理学中对"人"的假设及在管理中的应用

管理学中对"人"的假设历经了经济人、社会人、复杂人等一系列发展历程，逐渐形成富有时代特色的"以人为本"的思想。

（一）经济人假设及在管理中的应用

1. 经济人假设

以"科学管理之父"泰勒的科学管理理论为首的古典管理理论认为，人是经济人。泰

---

① Mullainathan Sendhil and Thaler Richard H. Behavioral Economics. MIT Dept. of Economics Working Paper No. 00 – 27.
② 丹尼尔·卡内曼. 不确定状况下的判断：启发式和偏差 ［M］. 北京：中国人民大学出版社，2008.

勒是"经济人"观点的典型代表。古典管理理论认为人是"经济人",把人当作"经济动物"来看待,认为人的一切行为都是为了最大限度满足自己的物质利益,工作的目的只是为了获得经济报酬。古典管理理论的"经济人"假设与经济学中的"经济人"假设是不同的,古典管理理论的"经济人"是指只追求物质利益的人,是相对于行为科学理论的社会人而言的,而经济学中的"经济人"则是指企图用最小的成本取得最大受益的人。

古典管理理论中"经济人"假设的基本观点包括以下四点:

(1)职工基本上都是受经济性刺激物的激励的,不管是什么事情,只要能向他们提供最大的经济收益,他们就会去干。

(2)由于经济性刺激物在组织的控制之下,所以员工的本质是一种被动的因素,要受组织的左右、驱使和控制。

(3)感情,按其定义来说,是非理性的,因此必须加以防范,以免干扰人们对自己利害的理性权衡。

(4)组织的设计方式要能够中和并控制人们的感情,即要控制住人们的那些无法预计的品质。

2. 经济人假设下的管理策略

(1)管理工作的重点在于提高生产率、完成生产任务,而对于人的感情和道义上应负的责任,则是无关紧要的。简单地说,就是重视完成任务,而不考虑人的情感、需要、动机、人际交往等社会心理因素。从这种观点来看,管理就是计划、组织、经营、指导、监督。这种管理方式叫作任务管理。

(2)管理工作只是少数人的事,与广大工人群众无关,工人的主要任务是听从管理者的指挥拼命干活。

(3)在奖励制度方面,主要是用金钱来刺激工人生产积极性,同时对消极怠工者采用严厉的惩罚措施,即"胡萝卜+大棒"的政策。

(二)社会人假设及在管理中的应用

1. 社会人假设

以梅奥为代表的行为管理理论提出了社会人假设。社会人假设认为人并不是一味地追求经济利益,人与人之间关系的和谐可以促进劳动生产率的提高。

梅奥在其1933年出版的《工业文明中的人的问题》一书中,总结了霍桑试验的经验成果,阐述了与古典管理理论不同的观点——"工人是社会人,而不是经济人。"科学管理学派认为金钱是刺激工人的唯一动力,把人看作经济人,而梅奥则认为工人是社会人,除了物质方面的条件外,他们还有社会、心理方面的需求,即追求人与人之间的友情、安全感、归属感和受人尊敬等,而后者更为重要。因此,不能单纯从技术和物质条件着眼,而必须从社会心理方面考虑合理的组织与管理。同时梅奥提出生产率的提高主要取决于工人的工作态度以及他和周围人的关系。梅奥认为提高生产率的主要途径是提高工人的满足度,即工人对社会因素,特别是人际关系的满足程度。如果满足度高,则工作的积极性、主动性和协作精神就高,即士气高,从而生产率就高。

2. 社会人假设下的管理方式

(1)管理者关心生产任务的完成情况,但是主要通过满足员工的需求、关心员工的方式来完成。

（2）管理者高度重视员工之间的关系，培养和形成员工对企业的归属感和整体感。

（3）提倡集体奖励制度，不主张个人奖励制度。

（4）管理职能不断完善和变化。管理人员不是只执行计划、指挥、监督、组织和控制的传统职能，而是在员工与领导者之间起联络作用，既倾听员工的意见与要求，又将其直接汇报、反映给领导者。

（5）实施员工参与管理的新型方式，让员工或下属在不同程度上参与企业决策的研究和讨论。

（三）自我实现人假设及在管理中的应用

1. 自我实现人假设

自我实现人又称为自动人，是马斯洛、麦格雷戈等美国著名心理学家提出来的一种人性假设，其中马斯洛的影响最大。

所谓自我实现人，是指人都需要发挥自己的潜力，充分展示和发挥个人才能，实现个人理想与抱负，以及人格趋于完整的一种人性假设。这一人性假设认为，自我实现人是人最高层次的需要，只有使每个人都能有机会将个人才能、智慧发挥出来，才能最大限度地调动人的积极性。

2. 在管理中的应用

自我实现人假设的专注点是工作环境、内在激励，要求管理应当创造一个适宜的工作环境，根据不同人的不同需求分配其富有意义和挑战性的工作，采用内在激励的方式激发员工积极性，实施管理权下放，建立决策参与制度、提案制度、劳资会议制度及制定发展计划，将个人需要同组织目标相结合。

（四）复杂人假设及在管理中的应用

1. 复杂人假设

复杂人假设主要指人的需求是多方面的，而需求又决定了人的行为动机，所以，不能简单地说人是怎么样的，在管理中没有绝对的标准，就像权变理论所说的那样，在管理实践中具体问题具体分析。复杂人假设综合了经济人假设和社会人假设的观点，认为人性是复杂的，不仅是人们的需要与潜在的欲望是多种多样的，而且这些需要的模式也是随着年龄和发展阶段的变迁，随着所扮演的角色的变化，随着所处境遇及人际关系的演变而不断变化的。其主要观点是：

（1）人的需要是分成许多类的，并且会随着人的发展阶段和整个生活处境的变化而变化。这些需要与动机对每一个人会根据变化了的情况，形成一定的等级层系，并且这种层系本身也是变化的，会因人而异、因情境而异、因时间而异的。

（2）由于需要和动机彼此作用并组合成复杂的动机模式、价值观和目标，所以人们必须决定自己要在什么样的层次上去理解人的激励。

（3）职工可以通过他们在组织中的经历，学得新的动机。这就意味着一个人在某一特定的事业生涯中或生活阶段上的总的动机模式和目标，乃是他的原始需要与他的组织经历之间一连串复杂交往作用的结果。

（4）每个人在不同的组织中或是在统一组织内不同的下属部门中，可能会表现出不同的需要；一个在正式组织中受到冷遇的人，可能在工会中或非正式工作群体中，找到自己的社交需要和自我实现的需要。

（5）人们可以在许多不同类型的动机的基础上，成为组织中生产率最高的一员，全心全意的参加到组织中去。

（6）职工们能够对多种互不相同的管理策略做出反应，这要取决于他们自己的动机和能力，也决定于工作任务的性质。换句话说，不会有什么在一切时间对所有的人全能起作用的唯一正确的管理策略。

2. 在管理中的应用

（1）超 Y 理论

超 Y 理论是 1970 年由美国管理心理学家约翰·莫尔斯（J. J. Morse）和杰伊·洛希（J. W. Lorscn）根据"复杂人"的假定，提出的一种新的管理理论。它主要见于 1970 年《哈佛商业评论》杂志上发表的《超 Y 理论》一文和 1974 年出版的《组织及其他成员：权变法》一书中。

超 Y 理论认为，没有什么一成不变的、普遍适用的最佳的管理方式，必须根据组织内外环境自变量和管理思想及管理技术等因变量之间的函数关系，灵活地采取相应的管理措施，管理方式要适合于工作性质、成员素质等。超 Y 理论在对 X 理论和 Y 理论进行实验分析比较后，提出一种既结合 X 理论和 Y 理论，又不同于 X 理论和 Y 理论，是一种主张权宜应变的经营管理理论。实质上是要求将工作、组织、个人、环境等因素作最佳的配合。

基本观点是：

①人们带着许多不同的需要和动机加入组织，但最主要的是实现其胜任感。

②由于人们的胜任感有不同的满足方法，所以对管理要求也不同，有人适用 X 理论管理方式，有人适用 Y 理论管理方式。

③组织结构、管理层次、职工培训、工作分配、工资报酬和控制水平等都要随着工作性质、工作目标及人员素质等因素而定，才能提高绩效。

④一个目标达成时，就会产生新的更高的目标，然后进行新的组合，以提高工作效率。

（2）Z 理论

美籍日裔教授威廉·大内于 1980 年出版了《Z 理论——美国企业家怎样迎接日本的挑战》一书，正式提出 Z 理论。这一理论的提出是鉴于美国企业面临着日本企业的严重挑战。大内选择了日、美两国的一些典型企业（这些企业在本国及对方国家中都设有子公司或工厂）进行研究，发现日本企业的生产率普遍高于美国企业，而美国在日本设置的企业，如果按照美国的方式管理，其效率便很差。根据这一现象，大内提出了美国的企业应结合本国的特点，向日本企业的管理方式学习，形成自己的一种管理方式。他把这种管理方式归结为 Z 型管理方式。

Z 理论是对麦格雷戈提出的 X 理论和 Y 理论的又一次突破。X 理论意味着强势管理，假设下属逃避责任、不愿意动脑筋，甚至很讨厌上司给他分派工作，碰到这种下属，就需要一种强势管理。这种强势管理可以对员工产生约束力，提高企业生产效率；Y 理论则认为如果下属愿意接受任务，也喜欢发挥自己的潜力，喜欢有挑战性的工作，作为一名管理者你应该给这样的下属一些机会，让他们参与管理。而 Z 理论则认为人不可能完全处于 X 或 Y 的状态下，应该综合考虑其行为因素。

Z 理论的中心议题是，怎样才能使每个人的努力彼此协调起来产生最高效率？围绕着这个中心议题，"Z 理论的第一部分是信任"，即要研究出一种管理制度，是雇员之间、部门之间、上下级之间保持相互信任；"Z 理论的第二部分是微妙性"，即废除按照资格来分配工作的方法，是根据个人工人之间的微妙关系组成效率最高的搭档，或者废除工长的指挥和监督而由工人小组自己管理工艺，以便充分捕捉微妙性来提高生产率；"Z 理论的第三部分是亲密性"，即要在工作单位培育这种亲密性。如果缺少这三点，没有哪一个人能够获得成功。

（3）人本管理

20 世纪 90 年代以后，信息技术迅猛发展，科技转化能力空前提高，企业发展获取优势所依赖的内容不再是资金等传统要素，而是企业整体员工能力的高低，企业要发展就必须依靠掌握科学技术前沿的人才，创新至关重要。我们对"人"的假设也越发综合，人本管理成为大势所趋。

什么是"人本"？从本原上来讲，以人为本实际上是"人本主义"的一个必然要求，而"人本主义"又是针对"资本主义"提出的。众所周知，早期的企业都是以资本为中心建立起来的，资本积累和扩大再生产是企业谋取更多的剩余价值的最主要手段。因此，这一时期的管理是以"资"为"本"的。然而随着资本主义生产方式的进步，尤其是 20 世纪 50 年代以后，人对企业生产率的贡献越来越大，从而将企业中的人提升到一种比物力资本更为重要的地位上来。于是，"人本主义"就逐渐地取代了"资本主义"在企业中所占的主导地位，以人为本的管理方式也就应运而生。现代企业人本管理的核心是，对组织中的人应当视为人本身来看待，而不仅仅是将他们看作一种生产要素或资源。因此，从严格意义上讲，以人为本之中的"本"实际上是一种哲学意义上的"本位""根本""目的"之意，它是一种从哲学意义上产生的对组织管理本质的新认识。

人本管理就是以人为本的理念，以人性为中心，将人的目标实现作为管理的根本和目的来进行管理的管理方式。人本管理的人性假定是"主观理性人"，这一观念融合了以上几种假设。它认为人具有客观理性——人的行为的客观后果是有利于最充分实现自身的利益；且具有主观理性——每一个人都依据自我偏好来对各种事物做出独立的主观价值判断，并依照这种主观价值判断做出趋利避害的行为决策，力求能最大化地实现自己的利益。这种客观与主观相统一的人性假定，既承认个体主观效用的多维性，又认识到客观上满足需要的实际效果，便于人本管理采用多种激励方法，运用经济的物质手段或非经济的精神手段，最大限度地创造组织员工的主观能动性。在现实中，这种"主观理性人"假设更符合个人价值取向多元化的现状，体现个人目标理性与工具理性的辩证关系，从而为组织人本管理奠定了较为全面且真实的思想基础。

据此，我们进一步认为，人有着一种固有的全面实现自身目标并形成新目标的内在动力，人生的价值与意义在于不断实现心中的目标，人工作的意义也正在于不断形成和实现心中的目标，从而不断促进自我的发展。当然，正如马克思所言，"人的本质并不是单个人所具有的抽象物，实际上，它是一切社会关系的总和"，个体的自我概念具有社会性，其自我概念的发展既是社会发展的一个重要方面，也是社会发展的源泉。

"主观理性人"假设，认为人是以自我目标和价值评价为依据，来选择行为的，因此，人本管理就是去了解人的不同的自我目标和价值定位，按照人的目标方向和价值实现途径给予支持，使员工在追求自身目标或价值实现的过程中，成为组织的一个任务角色。

四、我国传统文化中对"人"的假设与管理[①]

我国具有五千多年的历史，其传统文化可谓博大精深、源远流长，对人的假设与管理仁者见仁、智者见智，概括其精要主要有：

（一）性善论与管理

孟子认为，人本质是善的。"人性之善也，犹水之就下也，人无有不善，水无有不下。"[②] 即人天生本为善，善良不仅是人所共好，而且是人所共有。儒家从人性善、性纯出发，同时目睹当时各国政治纷乱、不恤民情的状况，极力提倡道德管理，主张治理国家不能偏于一端，既要刑律整治，又要道德感化。孔子的"仁者爱人"提出了以人为中心的儒家管理思想。他认为，用政令来诱导人民，用刑法来统一人民，人民就只想幸免犯罪，却不觉得做坏事可耻；用道德来诱导人民，用礼教来统人民，人民就会知道羞愧而心服。孟子又提出"恻隐之心，人皆有之；羞恶之心，人皆有之；恭敬之心，人皆有之"的观点，提倡在管理中注重人与人之间的信任与仁爱。贾谊在《新书·大政》中也说道："闻之于政也，民无不为本也，国以为本，君以为本，吏以为本。"民是国之本、君之本，当然要重之、爱之、仁之。

"以人为本""得民心者得天下""水能载舟，也能覆舟"是我国古代性善论管理的精髓。

正是人本性中存在着为他人，为社会着想的性善方面，以利他文化为基础的道德管理才行得通、得人心，激励着无数仁人志士、企业家、学者为他人、为社会抛头颅、洒热血，尽社会责任，探索社会、自然与宇宙规律与奥妙。

（二）性恶论与管理

荀子认为，人本性恶，人与生俱来有贪欲、情欲。"人之性恶，其善者伪也，今人之性，生而有好利焉，顺是，故争夺生而辞让亡焉；生而有疾恶焉，顺是，故残贼生而忠信亡焉；生而有耳目之欲，有好声色焉，顺是，故淫乱生而礼仪文理亡焉。"[③] 同时他也认为，人性虽恶，但可以经过教化而变善。在管理中主张用礼仪所产生的教化功能，使人受节制而免于贪欲。他认为，就是圣人贤者其本性也是恶的，其圣是道德修养的结果。

法家在人性恶假设下，则认为，在管理中的德治、礼治难以适应社会的需要，提出法治。主张依靠公正、通俗、可行、强调依法治国，赏罚分明，并无功不赏、无罪不罚，因能授官、量功授爵。

现实中的人确实存在性恶的面，在管理中通过教育上与法制使人拟恶行善。

① 杨俊青. 论中西方文化中对人的假设与管理. 中国管理思想与实践 [M]. 北京：中国财政经济出版社，2012.
② [清] 焦循. 孟子正义 [M]. 北京：中华书局，1987.
③ [清] 王先谦. 性恶篇第二十三. 荀子集解卷十七 [M]. 北京：中华书局，1988.

（三）"善恶混合论""非善非恶论"与管理

汉代董仲舒等人认为：人天生就有着与善与恶的本性，人性中善恶集杂，而非独善或独恶，其行为全在一个"养"字。养即后天的塑造培养。后天养以善行，就使善性不断增长；养以恶性，就使恶性膨胀。[①] 告子认为，人性无善无不善，"人生之无分于善不善，犹水之无分于东西也。"[②] 人性如水，盛何器皿，就成何形状，注入杯中就是杯的形状，注入碗中，就是碗的形状。

"善恶混合论"与"非善非恶论"的共同之处在于，人天生的独善、独恶、善恶并存或非善非恶并不重要，关键在于后天的塑造与培养。在管理中为实现组织目标，更多时候是强迫式教育，行政命令执行。

可见，中国传统文化中对人的假设是多元的，即有性善论、性恶论、善恶混合论、非善非恶论，但不论哪种对人的假设，其管理的核心是"扬善拟恶"，扬善主要是通过道德修养与教育，拟恶则是在道德修养与教育的同时，辅之以法制。

五、我国革命与建设和改革开放时期对"人"的假设与管理

（一）我国革命与建设时期对"人"的假设与管理

在我国革命与建设时期，为实现建立新中国的伟大己任与完成工业化的积累，我党集我国传统文化中的儒、法、道、兵等诸家对人的假设与管理思想之优长，结合我国、我党的实际情况，对人的假设建立在下列假设之下，在下列假设下通过思想文化教育管理军队、企业与国家。

1. 人是具有很高觉悟、大公无私、无私奉献、全心全意为人民服务的人

以人是具有很高觉悟、大公无私、无私奉献、全心全意为人民服务的人为前提假设，方能保证：在革命时期，战胜敌人、推翻三座大山、建立新中国，做到"生命诚可贵，爱情价更高。若为自由故，二者皆可抛"；在建设时期，完成对资本主义工商业改造，与工业化的原始积累，并在生产资料公有制条件下，任何个人不会凭借生产资料的占有权、使用权和支配权获得特殊利益，任何个人为了集体财富的增长而自觉努力劳动。

但现实与此前提假设相距甚远。为满足这一前提建设，我们对个人利益或个人理性采取了限制与教育改造的方法，在全社会进行全心全意为人民服务的社会主义思想教育。在革命年代，集中表现在：1939年毛泽东在《纪念白求恩》文中所指出的："我们大家要学习他毫无自私自利之心的精神。从这点出发，就可以变为大有利于人民的人。一个人能力有大小，但只要有这点精神，就是一个高尚的人，一个纯粹的人，一个有道德的人，一个脱离了低级趣味的人，一个有益于人民的人。"[③] 1944年毛泽东在《为人民服务》的文章中又指出："我们的共产党和共产党所领导的八路军、新四军，是革命的队伍。我们这个队伍完全是为

---

① 廖泉文. 人力资源管理［M］. 北京：高等教育出版社，2003.
② ［清］焦循. 告子上//孟子·正义卷二十二［M］. 北京：中华书局.
③ 毛泽东. 纪念白求恩［M］. 北京：人民出版社，1964.

着解放人民的，是彻底地为人民的利益工作的。"① 在建设时期，以榜样的力量激发人民群众建设社会主义的巨大热情，表现在："农业学大赛"、"工业学大庆"，1963 年 3 月 5 日毛泽东主席又发出"向雷锋同志学习"的号召，兴起了"学雷锋、做好事"的全国性高潮，周总理对雷锋精神做了十分全面的描述。他的题词为："向雷锋同志学习憎爱分明的阶级立场，言行一致的革命精神，公而忘私的共产主义风格，奋不顾身的无产阶级斗志"。老一代无产阶级革命家是这样说与号召的，他们各自也都率先垂范。可谓"其身正，不令则行；身不正，虽令不行"。若还有人的思想与行为与全心全意为人民服务的宗旨不一致，则通过群众大会加以批判。

2. 在建设时期计划经济体制下的人具有完全信息

典型的计划经济体制的特征是，所有资源都掌握在一个社会中心（计划中心）的手里，消费、生产、投资中所需的资源均由这个中心依据自己所掌握的信息，按行政程序调拨配给。单个生产单位生产的产品直接是社会总产品的部分，并且由计划中心直接分配给单位和个人。所有资源包括生产资源与消费资源，在这种体制下，都只有使用价值，没有交换价值，他们是"财富"，但不是用来谋利的"财产"。

这一特征要求：计划中心的人必须准确全面地掌握总需求和总供给、需求结构和供给结构、需求层次与供给层次及人们的供给偏好，否则就会造成社会资源的浪费、社会成本增大，社会经济效益不高。实际上，由于产品的纷繁多样、需求千变万化及人们的偏好差异，计划中心的人要满足完全信息的前提假设是根本不可能的，即使掌握了较全信息，也会由于计划中心决策的缓慢性，致使做出决策的时点与掌握信息的时点出现时差，使生产与消费相脱节。为了保证社会生产顺利进行，计划中心使用行政命令强制管理的方式，将生产下的产品强制分配给消费者，限制了生产者与消费者的自主权，致使社会经济运行缺乏活力，经济效益不佳。

3. 生产力较为发达，人的物质财富较为丰富

在建设时期的计划经济体制，以生产资料公有制（实际是一种国有制）为其本质特征，这种较高水平的生产关系形式要求较高的社会生产力和物质财富较为丰富与之相适应。但所有实行计划经济体制的国家，生产力都相对不发达，人的物质与精神财富较为贫乏，生产关系严重偏离了（超前了）生产力现实状况。但生产资料的公有制，决定了生产产品归集体所有，割断了生产产品与单个个人利益的直接联系，从体制上确保国家以低价收购农产品与农村集体以高价购买农用生产资料时无人阻拦，实现了利用"工农业价格剪刀差"完成工业化原始积累的体制保障；全心全意为人民服务的教育弥补着人的物质财富的贫乏，努力确保公有制下的财产安全。

从中可以看出，革命与建设时期对人的三个假设与现实中的人都相距甚远，但在思想文化上靠全心全意为人民服务的教育与领导者的率先垂范，再辅之以群众斗争。党带领全国人民在难以想象的情况下，突破了千难万险，战胜了常人难以克服与想象的困难，建立了新中国，完成了工业化的原始积累，成功研制发射了"两弹一星"。但长期的牺牲个人利益，维护与保障国家与集体利益，进行的高积累、低消费，导致人民群众积极性受到极大挫伤，到改革开放前，国民经济几近崩溃。由此我们开始了改革开放的伟大探索，这一伟大探索开始于解决劳动者的动力机制，其标志是农村联产承包制中的"交够国家的、留足集体的、剩

---

① 毛泽东. 为人民服务 [M]. 北京：人民出版社，1964.

下就是自己的"，其实质是在管理中注重利用个人利益激励劳动者积极性。在这一过程中，西方文化与管理对我国文化与管理具有重要影响①。

（二）我国改革开放时期对"人"的假设与管理

针对我国革命与建设时期，长期的牺牲个人利益，维护与保障国家与集体利益，进行的高积累、低消费，导致人民群众积极性受到极大挫伤，到改革开放前，国民经济几乎处于崩溃的边缘。我国开始从实际出发，激励劳动者积极性，提高劳动生产率与经济效益。借鉴西方文化对人的假设与管理，我国改革开放中对人的假设与管理可概括为：

1. 人是合乎理性的人或"经济人"

所谓人是合乎理性的人或"经济人"就是自然人和法人都在追求自己利益，且在追求自己利益时，力图以最小的花费取得最大的收益。认为个人理性是一种人性的表现，市场经济以互利为基础的等价交换原则是以个人理性为基础的，体现了一种人性。

不承认个人理性，实际是不承认每个人都有相对独立的自我利益。不承认独立的个人利益，市场机制就不能发挥作用，市场经济就会成为句空话。在市场上，价格上扬后，为什么需求量会减少，供给量会增加？这正是供求双方维护和增进个人利益的必然选择，也正是个人理性的这种选择，才使供给与需求趋于一致。

在社会主义市场体系还不健全、物质文明与精神文明还不高的情况下，承认个人理性，自然人与法人有可能为了眼前利益，不顾长远整体利益，为了一己之私利，不惜损害他人和公共利益。为了社会主义市场经济正常运行，这就必须用法律对自然人和法人的行为予以规范，保护个人、组织、国家利益不受损害，同时加强思想教育以提高人们的思想道德水平。

2. 多个自然人与法人掌握的信息比计划经济时期一个社会中心的人掌握更多信息

马克思当年分析资本主义经济危机时认为，由于商品生产者不知道社会需要什么、需要多少，常常出现生产出的商品与提供的劳务不是社会需要的，消费者需要的商品和劳务又没有生产与提供出来，造成社会资源与财富的巨大浪费。马克思设想由一个社会中心有计划、按比例的组织整个社会的生产、交换、分配与消费。但有计划产品经济的实践证明，在现有生产力水平下，一个社会中心的人不可能比多个自然人与商品生产者（法人）掌握更多信息。因而依靠市场配置资源相比依靠一个社会中心的人配置资源更有效率。

3. 生产力不发达、人的物质财富不丰富

由于生产力水平低、不平衡，所以需变革有计划产品经济时期单一的公有制，实行公有制为主体、多种经济成分并存；由于人的物质财富不丰富，所以我国现阶段的主要矛盾是人们日益增长的物质文化需求与落后的社会生产力之间的矛盾。

正是在以上假设下，管理中利用"经济人"追求物质财富的动机，极大地调动了全国人民的积极性。在短短30年时间内，我国取得了令世人惊叹的成就。持续30余年，国民经济以两位数的经济增长，在全球少见。与此同时，一些人为了追求物质财富进行坑、蒙、拐、骗、偷、以次充好、以权谋私，社会上假冒伪劣产品盛行，图财害命、草菅人命的事时有发生。社会缺乏安全、诚信、正义与公平。解决这些问题，固然法制建设、体制改革、思想教育非常重要，但在我国国情下，领导者率先垂范、政府诚信尤为重要。

---

① 杨俊青. 论中西方文化中对人的假设与管理. 中国管理思想与实践［M］. 北京：中国财政经济出版社，2012.

六、中西方文化中"人性假设"对比①

综合分析中西方文化中对人的假设与管理可以得出如下结论：

第一，中西方文化对人的假设的相同之处表现在：在理论上都有人认为，人有积极向上，为他人为社会做事（性善）的一面；又有追求自身利益的"经济人"（性恶）的一面。

第二，中西方文化对人的假设与管理的不同之处表现在：西方文化在总体上是建立在人是"经济人"的假设之上，公开承认申明人是"经济人"或合乎理性的人，在这样的假设下，西方国家在管理中试图利用个人理性，使人在追求个人利益中，增加社会与他人福利；为预防个人在追求自身利益时，损坏他人、与社会利益，他们在管理中设计了三权分立、互相制衡的政治体制，在企业推行公司制，使股东、董事、董事长、职业经理人通过董事会、股东会、工会、监事会互相监督与制衡，再用宗教文化从思想上使人在追求个人利益时，不能伤害他人、与社会利益，否则会受到上帝的惩罚。以此确保运用个人利益激励员工潜能，提高员工积极性，使员工在追求自身利益时，也不忘增加他人与社会福利，至少不给他人与社会造成伤害。在我国传统文化中，"性善论"、"性恶论"、"善恶并存"难以分出伯仲，但总体上尊崇儒家文化，提倡君子之交淡如水，君子言义不言利、舍生取义等来教育自己的臣民。在管理实践中，通过"扬善拟恶"——扬善主要是通过教育与道德修养，拟恶则是在道德修养与教育的同时，辅之以法制。力主整体利益，教诲人们以整体利益为主，通过整体利益来谋求个人的利益。

第三，在我国革命与建设时期，对人的假设与要求很高，现实与之差距又很大，但在依靠全心全意为人民服务的思想教育与领导者的率先垂范，再辅之以群众"批斗会"，可谓将我国传统文化中对人的假设与管理的思想应用到了极致。建立了新中国、完成了工业化的原始积累、成功研制发射了"两弹一星"等事实说明在一定时期，为了共同愿景，依靠先进的文化与领导者的身体力行，可以克服常人难以克服的困难，取得难以想象的成就。但长时期的单向只讲整体利益或称利他的文化，个人利益没有在整体利益或称利他的文化中得到基本满足，也会挫伤劳动者的积极性，影响经济与社会发展。

第四，改革开放以来，在"经济人"假设下，利用"经济人"追求物质财富的动机，极大地调动了全国人民的积极性。在短短 30 年时间内，我国取得了令世人惊叹的成就。但也出现了十分严重的问题，解决这些问题固然法制建设、体制改革、思想教育必不可少，但在我国国情下，领导者"先天下之忧而忧，后天下之乐而乐"，率先垂范、政府诚信、公平、公正，尽好维护社会安全职责尤为重要。

第五，改革开放中，我们在"经济人"假设下，承认个人理性，承认每个人都有独立的自我利益，也并非人人的个人理性都表现得一样。有的人在利益面前先人后己，以整体利益为主；有的人在追求自己利益，实现自我价值时，给他人、给社会带来益处；有的人为了一己私利，不惜损人利己。在社会主义市场经济条件下，我们在管理中坚持的价值准则应是互利，即在实现个人利益的同时，给他人和社会应带来好处，提倡的是为了他人和社会利益舍生取义，打击损人利己。以此为基础，建立社会主义市场经济条件下的合作共赢文化与管理准则，实现我国经济与社会的合作、共赢与全面协调、可持续发展。

---

① 杨俊青. 论中西方文化中对人的假设与管理. 中国管理思想与实践［M］. 北京：中国财政经济出版社，2012.

七、AI 时代，"人性"的一些变化

人工智能的出现，很大程度上改变了人们的生活方式和习惯，尤其是对体力劳动和基础脑力的解放，无数职业将会被重新塑造。同时，人工智能激发和放大了人性本质，我们越来越依赖人工智能。

人类发明人工智能技术的目的是解放生产力、提高工作效率、做人类做不到的事情。只有放弃低效繁杂的活，我们才会以更高的效率做更主要工作。至少在三个领域，我们不会被人工智能取代：一是创造性工作，如对科学与艺术和对未来的探索等；二是设置关键绩效指标（KPI）和价值观的工作，AlphaGo 围棋上战胜人类，但是它赢棋的目标是由人来设定的；三是情绪劳动，这个与爱及心理相关的概念，是由美国社会学家霍赫希尔德提出的。在短期内，像医生、厨师、驾驶员、教师这样专业性和情感性较强的工作，人工智能是无法替代的。这也从侧面说明了，人工智能和人类还是有本质区别的。想要不被大时代趋势淘汰，就应该正视这个趋势，摆正态度，加强学习，提高自身本领。

我国国务院在"十三五"期间（2017 年）颁布了《新一代人工智能发展规划》。该规划明确提出智能教育的概念，并指出，未来要利用智能技术加快推动人才培养模式、教学方法改革，构建包含智能学习、交互式学习的新型教育体系；要开展智能校园建设，推动人工智能在教学、管理、资源建设等全流程应用；要开发立体综合教学场及基于大数据智能的在线学习教育平台；要开发智能教育助理，建立智能、快速、全面的教育分析系统；要建立以学习者为中心的教育环境，提供精准推送的教育服务，实现日常教育和终身教育的定制化。

人工智能应该以更自然的方式融入人类社会，作为一种"伴侣"而存在。人类作为一个种群的未来取决于我们如何使日益增长的知识与运用这些知识的智慧保持平衡。那么，技术与人性的平衡在哪里？未来智能时代的教育，仍应是一种"人性"的教育，德行和情感等人性特有的东西应受到极大的重视。

思考题：

1. 如何理解亚当·斯密《国富论》对经济学的影响？
2. 简要分析经济学与管理学的不同与互补。
3. 什么是"人本管理"？

案例分析

科龙病了吗？

潘宁担任科龙总裁的时代，是科龙从无到有、从小到大的 14 年。这 14 年，王国端一直担任副手。潘宁卸任，王国端接任，主管科龙是理所当然。

王国端上任后，干得也不错：A 股上市，收购华宝，都很成功。大家对王国端在执行潘宁时代的 10 年计划上的努力，也是有口皆碑的。拿到 1999 年末的财务报表，投资人是满意的。

王国端的变革震动了科龙

1998 年 11 月 30 日，王国端接任科龙集团董事长兼总裁。1999 年，家电行业的价格大战硝烟滚滚，王国端已感到这场暴风雨来临的气息。

王国端作为当家，有些坐不住了，开始筹划如何应对。在 1999 年 10 月，他在去参加上海《财富论坛》时，就有目的地去向国际名家请教："要把企业做大做强，靠什么？在战略上，是始终坚持专业化，还是走多元化道路？"从他在会议上的行动表现，特别是他在众多专题会中选择参加"人才吸纳和留用"的专题会议，已感受到企业要拔高靠现有人才不行，要走国际化道路。

2000 年的 3 月 1 日，王国端的运筹付诸实施了。因此，这一天也就非同寻常。科龙正式宣布，原来和潘宁一起打天下的 5 位副总裁不再留用。只留下有香港背景的财务总监李国明，并升任为第一副总裁。

人们称之为"空降部队"的两位外人，则同时进入科龙，成为副总：一位是原派力公司总经理、营销界名人屈云波，到科龙担任营销副总裁；一位是原德国罗兰·贝格顾问公司中国总经理，并接受科龙委托进行策划咨询的宋新宇，他被任命为战略总监，据称也是王总的顾问。屈云波和宋新宇成了王总新棋局的两个至关重要的棋子。

2000 年 3 月，也是个不寻常的 3 月，正值全国上下兴起互联网热的时候。在宋新宇和李国明的推动下，科龙制订了向电子商务进军的计划。初投 2 亿元起动，科龙挑头，小天鹅加盟，易达世网站宣告成立。

不久，在宣布科龙转型的新闻发布会上，王国端正式推出了自己的发展战略计划。

不到三个月，新科龙来了

2000 年 6 月（离王国端宣布自己计划只有 3 个月），科龙又有新闻了，宣布组织转型，要实现多元化（"不熟不做"的潘宁思想到此结束），并提出营销转型等一整套方案。

2000 年 6 月 28 日，王国端宣布引退，不做总裁，只任董事长。此时，科龙发布公告称，这是为了实现科龙决策层和经营执行层的彻底分开。从此，王国端便从公众活动中消失了。投资人认为，这不是有信服力的解释。

王国端的去职，成为媒体追踪的谜。公司内人士称，王退居二线，原想以退为进，孰料竟然弄假成真了。

经科龙董事会任命，接任王国端总裁之职的是原主管工业的副镇长徐铁峰。

徐主管进科龙后，王的两员大将消失了，一位是为科龙几番上市获得成功立下汗马功劳的、有香港背景的李国明，另一位就是战略总监宋新宇，但留下了屈云波。

徐铁峰公开称："新科龙从今天开始出现了。"给人印象是，一端是潘宁领导 14 年的旧科龙——"完美科龙"；另一端就是从 7 月起，财务不断下滑、内外交困、充满"阶级斗争"火药味、徐铁峰上任的新科龙。中间却是一脚踩过去，一脚踩未来的王国端。

2000 年 6 月 29 日，徐铁峰宣布在安徽芜湖市建立科龙工业园。

2000 年 8 月，屈云波透露，科龙将投资 1.2 亿元建立新营销网络。

2000 年 9 月 6 日，科龙宣布启动"世纪品牌工程"，与美、日和香港联手推介科龙品牌。

2000 年 10 月，科龙宣布投资小家电；冰箱一厂、二厂合并；实施网上采购，批发代理政策改为直销；160 多个品种全面降价……连连制造新闻。

2000 底，科龙是与以前大不相同了，一改稳健，连出重拳，海外不理解之声四起：一年前质朴有力，简单完美，而一年后频频调整，重拳连击，业绩却一落再落！投资人不解又担忧。

2001 年 1 月 10 日，科龙举行新企业形象识别系统（CI）推荐会，拉开了科龙新商标设计的大幕，将沿用多年的红色基调改为蓝色。

徐说："谁说资本市场对我们有压力？你感觉到了吗？我没感觉到。"徐在预警亏损后的这次会上首次陈述整体战略："科龙的转型方向是实现以家电为主的相关多元化、高科技产品发展战略，其中包括小家电和智能家居系统等多个领域。"

现在走进科龙厂区，一边是潘宁时代的竖排红色标语——"当好科龙人，做最好的"，一边则是横排蓝色的出自新总裁徐铁峰手笔的："诚信、合作、学习、创新。"

此时，王国端正在外地旅游，潘宁则远在加拿大安度晚年。

GE 被科龙"多动症"惊呆了

美国 GE 在香港的基金经理说："我们一直看好科龙，也买了不少科龙的 H 股。购买前后，我们也一直收集科龙经营信息。从业绩看，大家都看好科龙。可我们搞不懂，为什么一下子就不行了？不知道它发生了什么事，太让人费解了，这是一场不同寻常的突变。"

GE 基金经理还说："科龙突变，只有半年，我们就亏损 40%，我们已经全部斩仓。"他还不给面子地对 TCL 电脑的人说："我们对 TCL 也不看好。"在交流中，他们明显表示出了对整个中国家电企业的不信任。

跑过多个国家，询问过 10 多家基金会的 TCL 电脑公司总经理杨伟强深有感慨地说："中国的企业，'故事'太多！变化太大！后来的企业要想再取得外国投资者的信任，要比过去付出更高的代价！"1997 年的科龙曾是内地企业在香港上市的巨大支撑，而今天的科龙，却又为后来者带来了许多无形的障碍。

（资料来源：根据思一. 科龙病了吗？[J]. 中外管理，2001 改写）

请结合案例分析（从人力资源管理角度）：

1. 科龙存在的问题有哪些？如何解决？
2. 在企业发展的过程中如何避免"科龙式"问题？

参考文献

[1] 马克思. 资本论：第 1 卷 [M]. 北京：人民出版社，1975.

[2] 马克思. 资本论：第 2 卷 [M]. 北京：人民出版社，1975.

[3] 马克思. 资本论：第 3 卷 [M]. 北京：人民出版社，1975.

[4] 小艾尔弗雷德·D. 钱德勒. 看得见的手——美国企业的管理革命 [M]. 北京：商务印书馆，1987.

[5] 亚当·斯密. 国民财富的性质和原因的研究上卷 [M]. 北京：商务印书馆，1972.

[6] 亚当·斯密. 国民财富的性质和原因的研究下卷 [M]. 北京：商务印书馆，1974.

[7] 逄锦聚. 政治经济学 [M]. 北京：高等教育出版社，2002.

[8] 杨俊青. 西方经济学 [M]. 北京：电子工业出版社，2002.

[9] 杨俊青. 管理学通论 [M]. 北京：经济科学出版社，2008.

第三章 人力资源管理的组织体制

任何管理都是在一定的组织体制中进行的，人力资源管理也不例外。本章将主要阐述组织体制的相关理论及概念，并剖析中国特色社会主义组织管理体制机制。

第一节 组织体制的概念与剖析

一、组织体制的含义

"组织体制"其内涵究竟怎样概括，不同的体制究竟怎样分类？在学术界一直是仁者见仁，智者见智，难以统一认识。

本书认为，组织体制是指在一个组织里一起运行的一系列组织制度所组成的网络。它是多种制度的集合，但不是一种杂乱无章的集合，它排斥那些与总体特征不相容的制度，是与基本特征相容的那些制度的有机集合。

这里的"组织"是一个名词，是指有明确目标的并且在内部对资源进行配置的团体，组织大可指一个国家或一个民族，小可指一个企业、车间或班组，视研究的对象而定。如果研究国家的组织体制，这个组织就指一个国家；如果研究一个省、市、县的组织体制，这个组织就指省、市或县；当然这个组织也可指一个企业或行政事业单位。

这里所谓的"网络"，是指这些组织制度之间并非彼此鼓励，而是相互联系、相互依存，以合力的方式来发挥作用的。人力资源管理理论可以用抽象的方法对其中的某一制度单独进行分析和评价，但只有与整个体制的总体的分析和评价联系起来才有意义。

二、制度与新制度经济学

（一）制度的含义

1. 制度与组织制度的含义

在组织体制定义里，关于"组织体制"的概念较难理解，学者们也大多难以统一认识。因此我们先从制度的定义来理解。

制度是关于交易双方当事人或相关利益者"权利"的一种"安排"。组织制度，就是组织方面各种权利的安排。例如，资源分配决策制度就是对资源分配决策权的一种安排，财产制度就是对财产权的一种安排。这些安排形成一种权利结构，在这个结构内，权利与权利之间或互为前提，或相互冲突，于是把信息和激励从此传导到彼，又从这彼传导到那彼，形成一种有机的联系。人们常说的所谓"信息传导机制"和"激励机制"，就是对权利之间相互作用方式的一些概括。因此我们认为，所谓组织制度，就是组织方面的权利的某种安排及相应的作用机制的选择。

2. 管理、治理与制度的关系

对管理与治理关系的讨论，实际上探讨的就是制度设计与制度执行的关系，治理是相关利益者的一种权利安排，即对组织内部的制度进行设计。管理是在既定的制度下进行计划、组织、领导、协调、激励、控制等活动。在一个组织中只有协调好管理与治理的关系才能最大化地发挥组织制度的作用。

3. 新制度经济学

罗纳德·科斯于1937年发表的《企业的性质》一文首次将交易成本的概念引入到了经济学领域，标志着新制度经济学的诞生。在科斯看来，新制度经济学就是用经济学的研究方法来探究制度因素对经济增长贡献的一门学科，到今天，新制度经济学的发展已初具规模，已形成制度变迁理论、交易费用理论、产权理论、委托—代理理论、国家理论、企业理论、法与经济学、公共选择理论、新经济史学、宪政经济学、演化经济学等几个支流。

（二）制度与制度变迁理论①

道格拉斯·诺思在20世纪70年代提出了制度变迁理论，解释了制度因素对经济增长的巨大推动作用，诺思也因为对新制度经济学的贡献获得了1993年度诺贝尔经济学奖。

诺思在他的代表作《西方世界的兴起》中提到："一个有效率的经济组织在西欧的发展正是西方兴起的原因所在"。而经济组织效率的决定因素便是制度。一种能够对个人提供有效激励的制度是保证经济增长的决定性因素。诺思提出的制度变迁理论从制度安排、制度环境、制度变迁等角度阐述了制度因素的重要作用。

1. 制度变迁理论中的制度安排

诺思所定义的制度安排"是一系列被制定出来的规则、服从程序和道德、伦理的行为规范"，与前述的"制度"概念最为接近。制度变迁理论认为组织中的制度安排无论是正式或非正式的、暂时或长期的都是为了组织目标的实现，比如，组织可以通过制定不同薪酬制度与绩效制度，来激励、引导组织内的经济行为人（员工）帮助组织实现目标。但组织目标的实现不能仅仅依靠单一制度的力量，需要组织整体制度有机地形成一股合力即组织体制得到组织。组织制度的设计者的目标必须是有效的对组织的制度进行安排才能使组织体制适应于组织的发展要求，使组织不断地实现发展目标。

2. 制度与制度环境的不同

我们所阐述的制度是构成组织体制的"组织制度"，与概括经济关系时提到的诸如"社会主义制度""资本主义制度"等中的"经济制度"是两种含义完全不同的概念。"主义"是一种意识形态的集中表述，"社会主义制度""资本主义制度"等，是用一种特定的意识形态对一种相应的经济关系所做的理论概括，这与制度变迁理论提出的制度环境概念相似，

---

① 马广奇. 制度变迁理论：评述与启示［J］. 生产力研究，2005（7）：225－227，230－243.

道格拉斯·诺思所提出的制度环境概念是指，由政治经济制度、社会道德规范、法律法规等决定的社会基本制度规则，是社会中从事生产经营活动的组织和人所接受的行为规范。与其他制度安排相比，制度变迁的改变是相当缓慢的，制度环境为组织的生产活动提供了较为稳定的外部环境。

我们所讲的"制度"与意识形态中的"制度"不同，但又要根据意识形态中的制度即制度环境来确定组织体制中当事人的权利和义务。因为任何组织内部制度作用的有效发挥离不开对外部制度环境的适应，所以在设计组织制度体系时不能简单地依靠"拿来主义"，因为任何在其他制度环境下有效的组织制度体系都可能难以适应新的制度环境。

3. 组织制度与制度变迁

如前所述，一项制度体系不可能适应所有的制度环境。当制度不能适应制度环境以符合组织发展目标时，组织就需要打破旧制度框架并对现有制度体系进行创新，抛弃不适应当前环境的旧制度，并补充新的内容。诺思所描述的制度变迁过程就如同活着的生命体一般有着"生、老、病、死"的过程。

制度变迁的含义实际上就是在一个组织中的制度体系是随着外部制度环境的改变和组织目标的转移而不断改变的，不断对交易双方当事人或相关利益者"权利"进行重新安排，即重新界定产权关系，使新的产权结构能够适应组织发展的现状。

三、权利与产权理论

（一）权利及经济权利的含义

权利是指凭借（或拥有）权力，须尽一定的义务，根据尽义务的多少和好坏领取相应的报酬，合起来就称为权利。换句话说权利是"权力"与凭借权力所获"利益"这两项内容的总称。义务可视为负利益，包含在权利之中。

经济权利，归根到底是指对经济资源的一定形式的所有权、占有权和支配权（或称处置权）以及凭这三项权利或其中的一项权利取得的利益。在经济活动中，生产资料（物质资本）是经济资源，劳动力（人力资本）也是一种经济资源，信息、技术、管理才能等无形的生产要素也是经济资源，对这些资源的所有权、占有权、支配权以及凭这三权获取的利益，都构成某种经济权利。

（二）产权理论

1991年诺贝尔经济学奖获得者罗纳德·科斯在1937年发表的《企业的性质》代表着现代产权理论的诞生。科斯所关注的不是传统微观经济学所研究的核心问题——经济运行本身，他所关注的是经济运行的制度基础，即是怎样的财产权利结构能够使经济有效运行。

现代经济学中的产权理论把所有的经济权利都视为一种产权进行交易和安排。产权的定义是，产权不是指人与物之间的关系，而是由于物的存在以及它们的使用者所引起的人们之间相互认可的行为关系。产权安排确定了人们相应于物时的行为规范，每个人都必须遵守他与其他人之间的相互关系，或承担不遵守这种关系的成本。因此，对共同体中通行的产权制度可以描述为：它是一系列用来确定每个人相对于稀缺资源使用时的地位和社会关系。

产权是组织中制度的核心所在。诺思的制度变迁理论也认为产权是促进经济增长的制度因素中最重要的一个，"产权"是人们把自己拥有的一定量资源视为一定量使用价值，而且把它视为一种可以与人进行等价交换的权利时，才产生出来的法律概念。赋有这种权利（它是一种社会关系）的资源与一般的、纯自然意义的"资源"不同，它成了拥有者的"财产"。这个拥有者可能是法人，也可能是自然人，所以，产权首先意味着一种通过法律界定给参与交换的当事人的"所有权"。这种所有权包含凭其拥有的资源（这里准确地讲是"财产"）换取加之相当的一定量另一种资源的收益权，同时也包含着所有者对自己所拥有资源的排他的自由使用权和自由处置权。

例如，产权经济理论在处理工业污染所产生的外在化效应时，就把拥有未被污染的环境视为被害人的一种产权，享受未被污染的环境是他们凭这种产权所获得的利益。企业家要污染这一环境，就要付费，以购买受害人拥有的享受未被污染环境的权利。

第二节 组织体制的构成要素与相互关系

组织体制的构成要素包括权利结构、运行机制和经济行为人的行为目标。

一、权利结构

由于任何一种制度，它的实际内容无非是对一组当事人的权利和义务的规定，所以"组织体制"是由一个权利系统，或称权利结构构成的。一项制度就是一项权利安排，这一点在那些最简单的制度，如"考勤制度"中都可以得到证明。考勤制度规定的是雇主与雇员这两位当事人的如下权利和义务：雇员的权利是，只要出勤，就有权向雇主领取规定的工资，此外，在规定的范围内可以请假，其义务是只要不是雇主方面的原因影响出勤，在非请假范围内必须出勤；雇主的权利是，如雇员无故（既非雇主方面的原因，又不在允许请假的范围内）不出勤，雇主就有权扣发其工资，雇主的义务是必须按规定为雇员提供应由雇主承担的不影响出勤的必要条件，并在雇员出勤之后，按规定支付工资。

如上节所述，现代经济学中的产权理论把所有的经济权利都视为一种产权进行交易和安排。我们如果用产权结构来观察商品组织体制，无疑是很方便的。因为这一体制就是以"产权"这种形式来体现资源的所有权的。但用产权结构来观察产品组织体制，就不方便了，那里没有产权理论。所以我们选择了含义可以更宽的"权利结构"这一概念。它既可以包容以"产权"形式体现出来的所有权、使用权、处置权，又可以包容以"行政权"体现出来的对资源的所有权、占有权、处置权（或称分配权）。

二、运行机制

（一）运行机制的构成

运行机制主要由决策机制、信息传导机制、激励机制（或称动力机制）、约束机制等四种机制构成。

1. 决策机制：回答的是资源分配决策（包括资源在消费、生产、投资等所有方面进行分配的决策），是用怎样的方式作出的问题。其中包括决策权是怎样分布的，怎样转移的，各种决策权是怎样相互关联的等等问题。

2. 信息传导机制：描述的是信息的收集、传递、加工、存储、取出、分析、应用等全过程。收集、传递的方式不同，便构成了不同的信息机制。

3. 激励机制：指的是决策者用来推动有关当事人按其决策行事的方式。例如，用物质刺激的方式还是精神鼓励的方式。

4. 约束机制：指的是决策者采用何种方式进行约束，根据决策推行后的反馈信息进行再决策、再激励的方式，如采用硬约束或软约束等。

一种组织体制能否正常运行，即资源的需求和供给能否平衡，资源的分配能否按公认的标准进行，关键在运行机制能否正常地发挥作用。

（二）企业的组织结构

罗宾斯将组织结构定义为一个组织内正式的工作安排，也就是对组织中各个部门、层级之间排列方式进行的组织设计。组织结构是一个组织的运行机制能否高效运转的先决条件。组织结构通常表现为组织内部权利、职责、工作内容、人力资源等要素及配套制度体系的组合。而一个组织结构的好坏与否主要取决于它能否适应组织的战略、规模、技术特点以及外部环境的不确定性。

下面将从组织结构的设计的六要素、机械式和有机式组织结构、典型的组织结构形式三方面对组织结构进行详细的介绍。

1. 组织结构设计的六要素

组织结构设计的基本原理来自早期管理学者的研究成果，如亨利·法约尔的 14 条管理原则，以及马克斯·韦伯的官僚行政组织理念至今仍为组织结构设计者提供着有价值的见解。在这些管理思想的基础上对组织结构设计必须考虑以下六个因素：工作专门化、部门化、指挥链、管理跨度、集权和分权、正规化。

工作专门化描述是组织中把工作活动划分为若干单独工作任务的细化程度；在对工作任务进行步骤细分之后，就需要对不同类别的工作任务进行分组以便更好的协调与管理，而工作任务分类的基础是部门化，部门化指的是对工作岗位组合的方式；指挥链则是指从组织的最高层延伸到最底层，用以界定谁向谁汇报工作的职权链；管理跨度指的是一个管理者能够有效率的、有效果的管理多少名员工，一般来说，在其他条件不变的前提下，管理跨度越大，组织就越有效率；集权是决策发生在组织高层的程度，分权则是指底层组织成员提供或作出的实际决策数量；正规化指的是一个组织中各项工作的标准化程度以及员工行为受规则和程序指导的程度。

2. 机械式和有机式组织结构

机械式和有机式的组织结构是两种典型的组织结构形式，代表着两种不同的组织结构特征，而非两种具体的组织结构形式，基本的组织结构设计都围绕着这两种组织结构形式展开。

机械式组织结构的具体特征有以下几点：高度的专门化、刻板的部门化、清晰的指挥链、狭窄的管理跨度、具有集权化特征以及高度的正规化。

有机式组织结构的具体特征有以下几点：跨职能、跨层级组建工作团队、信息的自由流动程度高、宽泛的管理跨度、具有分权化特征以及较低的正规化。

这两种组织结构形式同时也是人力资源管理研究中衡量组织结构特征的主要变量，可以通过成熟的量表进行测度。在人力资源管理研究中，主要通过组织的集权化和正规化程度衡量组织结构是机械式还是有机式，集权化反映决策权集中于企业高层的程度，正规化反映组织使用正式的规则和程序来规范员工行为的程度。因此，在机械式组织结构里，工作比较具体，工作流动标准化、集权度较高、规则和制度相对较正规化，因此，这类组织中的员工在既定的规范中工作①。相反，机械式组织结构正规化和集权化程度均较低，组织中的员工拥有较多的自治权和自主权②。

3. 典型的组织结构形式

大多数初创企业在决定组织的组织结构时，都会选择简单的组织结构，但一种组织结构不能始终适应组织发展的要求，随着组织规模的扩大，组织结构只有不断进化才能适应组织发展的需要。

（1）直线制，是一种最早也是最简单的组织形式。它的特点是企业各级行政单位从上到下实行垂直领导，下属部门只接受一个上级的指令，各级主管负责人对所属单位的一切问题负责。

（2）职能制，是各级行政单位除主管负责人外，还相应地设立一些职能机构。这种结构要求行政主管把相应的管理职责和权力交给相关的职能机构，各职能机构就有权在自己业务范围内向下级行政单位发号施令。

（3）直线—职能制，它是在直线制和职能制的基础上设计出的一种组织结构，也是目前大多数企业所采用的组织结构形式。这种组织结构形式是把企业管理机构和员工分为两类，一类是直线领导机构和人员，按命令统一原则对各级组织行使指挥权；另一类是职能机构和人员，按专业化原则，从事组织的各项职能管理工作。直线领导机构和人员在自己的职责范围内有一定的决定权和对所属下级的指挥权，并对自己部门的工作负全部责任。而职能机构和人员，则是直线指挥人员的参谋，不能对直接部门发号施令，只能进行业务指导。

（4）事业部制，一个企业按地区或按产品类别分成若干个事业部，从产品的设计，原料采购，成本核算，产品制造，一直到产品销售，均由事业部及所属工厂负责，实行单独核算，独立经营，公司总部只保留人事决策，预算控制和监督大权，并通过利润等指标对事业部进行控制。它适用于规模庞大，品种繁多，技术复杂的大型企业。

（5）矩阵制，是为了改进直线职能制横向联系差，缺乏弹性的缺点而形成的一种组织形式。矩阵制组织结构，把既有按职能划分的垂直领导系统，又有按产品（项目）划分的横向领导关系的结构。

（二）机制设计理论③

机制设计理论的最初思想可以追溯到 20 世纪 20 年代末 30 年代初兰格与哈耶克等之间

---

① Morgeson F. P., Dierdorff E. C., Hmurovic J. L. Work designin situ：Understanding the role of occupational and organizational context [J]. Journal of Organizational Behavior，2010，31（2）：351 – 360.

② 程德俊. 试论学习战略，组织结构与人力资源管理系统的选择 [J]. 外国经济与管理，2010（5）：40 – 47.

③ 朱慧. 机制设计理论——2007 年诺贝尔经济学奖得主理论评介 [J]. 浙江社会科学，2007（6）：188 – 191.

的关于市场社会主义经济体制可行性的著名论战。这场持续了几十年也没有结果的辩论，使经济学家们意识到其所固守的经济分析框架已无力满足对现实经济的解释需求，经济学家们开始思考一个更加一般化的问题，即什么样的经济机制才是好的？

由赫维茨提出并经由马斯金和迈尔森进一步发展的机制设计理论回答了这一问题，机制设计理论的核心思想是在信息分散和信息不对称的条件下设计激励相容的机制来实现资源的有效配置。信息有效性和激励相容性被整合到机制设计理论框架之下，为各种不同的资源配置机制的设计和比较提供了一般性分析工具。

机制设计理论如今已成为现代经济学中最为重要和活跃的研究领域。并且，在管理学、金融学、法学、行政学等多个学科的多个领域得到了广泛的应用，为各类社会目标的执行和实现提供了重要理论支持。公司制企业是当今最普遍的组织形式，通过对机制设计理论基本原理以及相关的委托—代理理论、激励理论、信息理论的学习，可以帮助我们更好地理解公司制企业运行机制有效运转的关键所在。

1. 组织结构与信息传导机制①

机制设计理论要求人们在评判一个制度的优劣时，要充分考虑机制运行的激励相容和信息成本的问题。信息效率是关于经济机制实现既定社会目标所要求的信息量多少的问题，即机制运行的信息成本问题，它要求所设计的机制只需要较少的关于消费者、生产者以及其他经济活动参与者的信息和较低的信息成本。任何一个经济机制的设计和执行都需要信息传递，而信息传递是需要花费成本的，因此对于制度设计者来说，提高信息效率是制度设计的重要任务。

具体到一个组织中的信息效率无非是纵向信息传递与横向信息传递两方面的问题，分别纵向横向考虑信息传递问题，组织结构便是重要的影响因素。组织结构在不断演进的发展历程大致经过了任务小组、直线制、直线职能制、事业部制、矩阵制、网络式等组织结构。随着外部市场经济环境的改变，组织结构与组织内的各种制度仍然在不断发展，但组织结构的演进不是一个替代消亡的过程，并没有最优的组织结构，只有更适合组织的组织结构。组织结构的设计者要选择能够提高组织运行效率的组织结构，并使组织中各种制度有机结合起来产生 $1+1>2$ 的效果，才能提高纵向和横向的信息效率进而提高组织效率。

2. 激励相容原理与激励机制

激励相容原理指的就是制度或规则的设计者在不了解所有个人信息的情况下，设计者所要掌握的一个基本原则，就是所制定的机制能够给每个参与者一个激励，使参与者在最大化个人利益的同时也达到了所制定的目标。

组织中激励相容的制度能够使每个理性经济人在追求个人利益最大化目标时，也恰好能实现制度设计者所期望达到的目标，使个人目标与组织目标同时实现，在企业中，针对员工的激励机制主要是由符合激励相容原理的薪酬奖励制度所构成。

与针对员工的激励机制不同，现代公司制企业具有所有权与经营权分离的特点，这决定了针对代理人的激励制度具有特殊性，若不能设计出激励相容的制度有效激励和约束企业代理人，会影响企业决策机制的有效运行，损害组织的利益。针对这一关键问题，在机制设计理论基础上发展而来的委托代理理论则回答了如何在两权分立的现代公司制企业中对代理人

---

① 王永春，胡河宁. 组织结构与组织信息传播效率研究 [J]. 华东经济管理，2007 (7)：86 - 90.

进行有效激励。

3. 委托代理理论与决策机制

主要考虑激励相容问题的委托代理理论，是机制设计理论具体应用的一个实例。在现代企业制度下，企业的所有权与经营权的分离产生了代理费用问题，由于个人理性的存在，掌握经营决策权的代理人在追求自我利益最大化的同时可能会损害所有者的利益。因此，组织决策机制的有效性就取决于能否有效的激励代理人，委托代理理论的核心任务就是在利益冲突和信息不对称的环境下解决所有者与代理人之间的代理问题。基于该理论，为了避免可能的道德风险，企业需要建立与完善对经理人的激励与约束机制。有效的激励制度应该是激励相容的，也就是说使掌握经营决策权的代理人能够在追求个人利益最大化目标的同时，也恰好能实现所有者所期望的组织目标。

如何有效地激励公司代理人一直是企业管理实践中的难题，国内外学者也以委托代理理论为基础对此问题进行了大量的研究，通过对有关文献的总结我们可以看到，在委托代理关系中，必须满足三个基本条件才能使激励机制有效运行，首先要有良好的外部制度环境并且使激励机制与之相适应；其次要有科学合理的绩效评价体系作为激励依据；最后也是最重要的激励机制就是代理人的薪酬安排，要制定满足激励相容原理的代理人薪酬制度。

在满足三个基本条件前提下的具体解决对策如下[①]：第一，要培育和完善针对经理人的竞争性劳动力市场，促使具有理性的代理人在市场机制的作用下，以更好的工作业绩和市场形象来获取更高的市场价值以及未来的收入；同时，为委托人选择代理人提供了信息便利，减少委托人与代理人之间的信息不对称，降低选择代理人的决策风险。第二，建立科学合理的绩效评价体系应当是多元的，除了财务指标外还应使用诸如顾客满意度、创新力等可以促进企业长期盈利的非财务指标；其次，虽然对代理人业绩绝对量的衡量能在一定程度上反映其贡献，但是很难鉴别这种绝对量的增长受行业增长多大的影响，因此，应借鉴"锦标制度"理论，通过与同行业内部代理人之间的比较，以绝对量和相对量两个角度对代理人的实际贡献进行衡量，使业绩评价更加客观、准确。第三，由于短期薪酬激励在短期内具有显著的激励作用，但有导致代理人短期化行为的风险。而股权激励则通过让渡部分剩余索取权，将代理人与委托人的利益捆绑，风险共担。股票期权以报酬激励和所有权激励极大调动了代理人的工作积极性。因此，在长期委托代理合同中，应采用长期股权激励为主，短期薪酬激励为辅的方式，设计针对代理人的激励机制。

在长期委托代理合同中，股权激励明显优于薪酬激励。所谓股权激励是指委托人授予代理人未来以一定的价格购买企业股票的权利，作为股权持有人的代理人可以获得股票市价与规定价格即行权价之间的差价，以此促使代理人将自己的利益与委托人的利益紧密联系起来，通过努力工作谋求企业价值持续增长的一种长期激励方式。股权激励的机理在于通过让渡部分剩余索取权，使代理人与委托人目标趋同、利益共享、风险同担，从而调动代理人的工作积极性。股票期权的作用包括报酬激励和所有权激励两个方面。报酬激励的作用表现在：若企业经营得好，其股票市价就会上涨，代理人行权时就可获利。因此，代理人要想获利，就必须努力提高企业的经营管理水平，以良好的业绩推动企业股价上升。所有权激励的作用表现在：代理人行权后即成为企业股东之一，使代理人目标与委托人目标统一。由此可

① 黄文彦，蓝海林. 委托代理关系中激励机制的设计 [J]. 华南理工大学学报（社会科学版），2005（1）：34–37.

见，股票期权作为一种长期激励方式，可以使代理人与委托人成为利益共同体，从而可以防范代理人机会主义行为倾向和道德风险。

三、经济行为人的行为目标

以上两要素如果说是组织体制的躯体的话，那么，组织体制的灵魂则是在体制内活动着的人的自身要素，即经济行为人的行为目标。

许多经典理论对经济行为人的行为目标的决定因素进行了假设，其中最早的是经济学鼻祖亚当·斯密提出的"经济人"假设，斯密将经济人定义为追求物质利益的人，他认为人的行为动机根源于经济诱因，人都要争取最大的经济利益，工作就是为了取得经济报酬。在斯密之后追随其脚步不断证明"看不见的手"正确性的西方经济学所提出的"理性人"假设实际上是对"经济人"假设的延续与发展，西方经济学所认为的经济人（理性人）是恶本好利、合乎理性的人，是企图用最小的花费取得最大收益的人。梅奥从他著名的"霍桑实验"中得出了与"经济人"假设不同的"社会人"假设，梅奥认为，人是有思想、有感情、有人格的活生生的"社会人"，人不是机器和动物。作为一个复杂的社会成员，金钱和物质虽然对其积极性的产生具有重要影响，但是起决定因素的不是物质报酬，而是职工在工作中发展起来的人际关系。"经济人"假设与"社会人"假设从不同角度解释了经济行为人行为目标的决定因素，也作为经济学与管理学的基本前提支持了多种理论的发展，但实际上究竟是经济因素还是社会因素主导了经济行为人的目标并没有定论，70年代企业文化与组织心理学领域的开创者和奠基人艾德佳·沙因提出了"复杂人"假设，沙因认为人与人是有差异的。因此，无论是"经济人"、"社会人"，还是"自我实现人"的假设，虽然各有其合理性的一面，但并不适用于一切人。

正如"复杂人"假设所阐述的一样，经济行为人的行为目标究竟由何种因素决定并没有定论，但权力结构和运行机制都要通过这一体制中活动的人的具体行为体现出来。而这里的"人"只要是个理性的人，即有理智的人，那么，他的行为总是受他事先确定的目标支配的，所以经济行为人的目标是组织体制的灵魂。

四、构成要素间的相互关系

组织体制的三个构成要素即权力结构、运行机制和行为目标，三者不是彼此孤立地发挥作用的，而是相互联系的。

（1）权力结构与运行机制的相互联系。举一个例子，如果谁想在商品经济条件下，引进一点行政方式，例如局部地使用上级向下级传导指示的方式，在政府与企业之间传递信息，那么与此同时，权力结构也就发生了微妙的变化了，因为这种做法实际上意味着企业的资源支配权受到了某种侵犯。产品组织体制的基本权利结构是资源的支配权集中在上级行政部门，资源的使用权在下级行政部门，因此其信息是以下级向上级汇报情况和上级向下级传达指示的方式进行传导的。这种方式就是所谓的"行政机制"。同样的，谁想在这种体制中引进市场机制，即让企业可以部分地凭借市场信息组织生产，那么与此同时，权力结构实际上也在发生变化，因为这种做法意味着政府把部门资源支配权下放给了企业。一种组织体制能否正常运行，即资源的需求和供给能否平衡，资源的分配能否按公认的标准进行，关键在运行机制能否正常地发挥作用。因此，运行机制是权利结构的衍生物，这一点，现在可以说的更清楚了。例如，有资源支配权者才有资源分配决策权，所以决策机制显然是以权利结构为依据的。又如，商品组织体制中的基本权力结构是当事人各自拿出自己有权处置的资源（或投入品、或消费品都一样）与对方相交换，然后从交换中各获其利，所以这种体制的信息是通过成交前彼此互表需求意愿和供给意愿的方式（即通常所说的讨价还价方式）进行传导的。这种方式就是所谓的"市场方式"，所以我们说商品组织体制基本的信息传导机制是"市场机制"。

（2）行为目标是在权利结构和运行机制之间发挥作用的。首先行为目标是经济行为人在理智情况下，依据他的权利确定的；理智，根据我们的理性假设，即"恶本好利"，所以每个经济行为人只要是理智的，都会在现有条件下为自己谋取最大效用。而权利则正好为行为人规定了他的行为的局限条件和他所能追求的利益，从而规定了他的行为目标。这个目标，具体地讲就是，用最小代价（成本）确保自己的权利，以最大的可能获取凭这一权利可获得的利益。例如，商品组织体制下的劳动者加在权力结构中的地位是，他有支配自己的劳动力（一种资源）的权利，并可以凭这一权利获得一种货币利益——定量工资以及一些非货币利益，例如一定量闲暇。这个劳动者如果是有理智的（理性假设设定，每个劳动者都是有理智的），他就会用最小的代价去获取最大的效用，他的代价就是为保住他的职位（这是他确保其充分利用自己权利的唯一机会）所要付出的努力，他的效用就是凭自己的权利可获得的那两项利益。所以，在这种体制下，劳动者的行为目标就是用最小的努力争取最理想的工资和闲暇。

（3）运行机制要从当事人的行为中体现出来。例如，市场机制就要在千百万对追求效用最大化的买卖双方的交易活动中表现出来；行政机制则要在下级服从上级的行为中表现出来。例如，行为人的行为不端正，在商品组织体制下，其买方的行为目标不是效用最大化，而是不计成本地无限购进，那么需求信息就无法确定，市场机制应有的正确传递供需信息的作用就不能正常发挥作用，本应由供求均衡确定的价格就会无限上涨。在产品组织体制条件下也是一样，在这种体制下，如果某下级行为不端正，不服从上级的指令自行按别的信息（如市场需求）组织生产，那么行政机制应有的保证国家生产计划的作用就不能正常发挥。

（4）端正的行为目标应当与权力结构相符。上面例子中那个买者的行为之所以被认为是不端止的，就是因为他的行为超出了商品组织体制的权利结构给买者规定的权利范围，在这种体制下，买者只拥有占有与他的预算（即权利范围）相等价值的产品的权利，没有无限购进的权利，这个买者破坏了商品组织体制应有的权力结构，当然也就破坏了由这一权利结构衍生出来的运行机制。有关产品组织体制的那个例子也是这样，那个下级的行为之所以被认为不端正，也是他的行为超出了产品组织体制的权力结构给下级规定的只有按规定方向进行生产的资源使用权，没有决定资源使用方向的资源支配权的权利范围。从而也破坏了这种权力结构衍生出来的决策机制。

根据上述分析，可以看出三者的联系是，权利结构是组织体制的深层内容，它决定了在这一体制下活动的经济行为人的目标，衍生出由按既定目标活动的行为人的行为所表现出来的运行机制。即权利结构决定了行为目标和运行机制，行为目标和运行机制对权利结构又具有反作用。这种由深层逐级上升到表层的三层次结构是研究、分析、描述、改革组织体制的公式，许多比较组织体制的著作对组织体制的分析不深刻，就是因为这些著作往往只抓住了组织体制的表层，他们仅按运行机制的不同对体制进行分类，没有看到不同体制的深层差别，即权利结构的差别。

第三节　中国特色社会主义管理体制

小到一个企业，大到一个国家，只要是一个有明确目标的团体，都可以称其为一个组织，而当把国家作为一个整体来看时，其组织体制的特征主要表现在其经济体制的构成要素与发展变化上，而中国特色社会主义组织管理体制脱胎于两种典型的组织管理体制：古典市场经济体制与有计划产品经济体制，这两种经济体制在不同的经济制度环境下均能有效地实现对人的激励与约束，但在中国的制度环境下直接使用则各有其优势与缺陷，不能完全符合中国的经济发展要求。中国在改革开放 40 年的经济发展实践中实现了对两种组织体制的有机融合，构建了有中国特色的组织管理体制，能够在中国的改革与发展进程中对社会中的经济行为人实现有效的激励与约束。

一、古典市场经济体制的内在机制

（一）古典市场经济体制的特征

市场上存在大量单个的商品生产者和消费者，他们自主投资、自主消费、自我发展、自我约束，以货币为媒介实行等价交换，以满足各自的需求，这就是典型的市场经济体制，由市场来配置资源。

市场经济作为一种经济运行模式，不具有独立的社会性质。市场经济可存在于不同的社会制度中，有其一般性，也有其特殊性。具有以下五大特征：

1. 一切经济活动都离不开市场关系。市场是商品生产者和经营者发生联系的场所、渠道和领域，企业的所有活动、企业的生存和发展都依赖于市场。

2. 市场经济是一种开放经济。市场经济要求各种资源能在全社会范围内自由流动，打破地区和部门的界限，形成统一的国内市场，同时，为了加强国与国之间的经济交往，也要求形成统一的世界市场。

3. 企业拥有经营自主权。只有拥有经营自主权，才能按照市场的需要进行生产和经营，及时对市场信号做出灵敏的反应。企业的自主权包括有权拥有和支配资金，有权安排自己的产销活动，有权决定用工办法和工资奖励形式，有权规定产品价格等。

4. 整个经济运行有一个比较健全的法律基础。企业的经营活动按照市场经济的法规进行。市场关系使自由平等的交换关系，但市场的运转也是有序有规则的，如公平竞争就是基本规则。要有一整套的法律体系，保证市场运行有序。

5. 政府部门不直接干预企业生产经营的具体事务。市场经济并不完全排斥政府对社会经济的调节；反而，在现代市场经济中，政府要通过不同的方式干预经济生活，实现政策性的调节，如通过税收、财政、金融等政策规范调节企业的经济活动。

（二）古典市场经济体制的构成要素

1. 古典市场经济体制的权利结构

古典市场经济体制的权利结构是一种产权结构。是对一定经济资源的所有、占有、支配和使用，以及放弃了这些权利后的回报权。

产权的大小是用所有者拥有的资源的交换价值来计量的，所以市场经济体制必定是一种等价交换体制。在这种体制下，如发生不等价交换，就意味着有一方当事人侵占了另一方当事人的产权，即发生了"侵权行为"。因此，如果在某种体制下（例如按相等效用的行政权）的交换，那么这种体制的权力结构就不是产权结构，而是另一种权力结构（如行政权力结构），这种体制一定不是市场经济体制，而是另一种体制（如仍然是产品经济体制）。

在古典市场经济体制下，每一个经济行为人，即每一个参与交换的生产单位和消费单位，都对一种或几种资源拥有有限的所有权（包括相应的收益权、使用权和处置权），所以，所谓产权结构实际上就是一个从数量上和种类上看，社会经济资源的所有权在所有经济行为人中如何分配的结构。

根据这种权利结构，古典市场经济体制下的每个经济行为人的预算都是硬约束的，因为每个经济行为人所拥有的资源所有权在数额上是有限的。

根据这种权利结构，古典市场经济体制下的利益分配（其货币形态即收入分配）方式只能是"投入—报酬"方式，即谁拥有，并在生产和交换中投入什么资源，谁就收取什么报酬，投入多少资源，就按这项资源在生产和交换中体现出来的价值（新古典学派经济学用该资源的边际生产力即"贡献大小"来计量它）收取多少报酬。例如，某经济行为人拥有并投入的是土地，那么他就收取地租，投入多少土地，便按这些土地在生产和交换中体现出来的价值（土地的边际生产力）收取多少地租；某些经济行为人拥有并投入的是资金，那么他就收取利息，投入多少资金，便按这些资金在生产和交换中体现出来的价值（资金的边际生产力）收取多少利息；某经济行为人拥有并投入的是劳动，那么他就收取劳动报酬——工资，投入多少劳动，便按这些劳动在生产和交换中体现出来的价值（劳动的边际生产力）收取多少工资，以此类推那些拥有货物、不动产、信息、技术、知识、管理才能、信息等资源的经济行为人，便分别收取与这些资源的种类和价值（边际生产力）相当的报酬。

2. 古典市场经济体制的运行机制

唯产权的权利结构决定了古典市场经济体制的运行机制是市场机制，也就是说，决策是完全分散进行的，每个经济行为人就是一个有与其产权相适应的决策权的决策人；决策所依靠的信息是在市场交换中获得的，由市场供求均衡决定的价格信号；激励对方购买（或出卖）自己的产品（即设法让别人服从自己的决策）的手段是提高对方的效用（例如降低成本，提高质量，改换品种规格，给额外的精神方面或物质方面的优惠，等等）或改变对方的偏好（如做广告）。欺骗和强制手段是遭排斥的，因为在这种体制下，欺骗和强制能害人，也能害己，归根到底是于大家都不利的。在经济人的前提假设下，市场主体的行为往往是满足个人的利益、追求、欲望，约束机制主要采取硬约束，即通过市场机制来实现优胜劣汰。这一套运行机制就好像一只看不见的手，每时每刻都在不停地协调着每个当事人的供给行为和需求行为，使他们都能通过交换各得其所，各获其利。

3. 古典市场经济体制下，经济行为人的行为目标

产权的权利结构决定了古典市场经济体制中的所有经济行为人都以价值为尺度，在有限预算的约束下，追求最大的效用；或以价值为尺度，用最小的成本去取得等量的效用。不同的市场经济主体有着不同的行为目标，政府的行为目标是作为好的守夜人，公平的裁判，用最小的成本提供最大化的服务。而企业的行为目标，在业主体制下，由于所有权和经营权合一，行为目标比较单一，就是追求利润的最大化；在公司制下，与业主制相比较，所有权和经营权得到分离，具有产权明晰、权责明确、政企分开、管理科学的特点。企业的行为目标具有二元性，即所有者（股东）的行为目标是追求利润最大化、而经营者（职业经理人）的行为目标则是追求效用最大化，如追求企业的规模最大化、产品的市场占有率最大化、提高自身的知名度等。劳动者的目标则是时间效用最大化，该效用包括货币效用和非货币效用，例如工资收入和闲暇的价值。

（三）古典市场经济体制对人的激励与约束

古典市场经济体制下，激励机制的核心问题是业已形成的企业收益如何分配。企业的经营行为之所以能进行，是由若干关联主体的协同动作作为前提的，政府、出资者、经营者或其集体、员工，构成了企业收益分配的主体架构。当然，在合格收益分配的过程中，既要充分调动经营者的积极性，也要有利于防止经营者的背德行为。必须保证经营者的行为与所有者的目标相一致，还要确保经营者的行为长期化，即使经营者的年薪与企业长期的收益水平联系起来，而不只是与当年的企业收益水平相联系。一般而言，经营者行为短期化，意味着其为短期或限期的收入高，而不惜牺牲所有者的长期利益。为此，在收益分配中，必须将其现实的收入物化或固化在企业中，使其现时的收入转化为未来才可得到收入；使其现实的收入转化为潜在的收入，这种收入能否取得还要看经营者在未来能否保证企业的收益稳定增长。在这个收入的转化过程中，一般采用期股、期权等激励方式。

古典市场经济体制下，由于经营者与所有者可能出现利益不一致的情况，有背叛所有者的可能性，因此对所有者而言，即使建立了有效的激励机制，使经营者努力经营，取得很高的企业收益，但只要未能建立有效约束的机制，仍然可能使所有者的资本被经营者瓜分掉，或者使经营者赚取的企业收益被经营者瓜分掉，所有者仍然颗粒无收。为此，必须建立对经营者的约束机制，而建立约束机制的关键就是要建立公司的内部治理结构。

狭义地说，公司内部治理结构是指公司内部股东大会、董事会、监事会的分权或三个主体的分权结构和内部制衡关系。还可以包括董事会与总经理的经营决策权与执行权的分权结构和内部制衡关系。所有者或股东大会授权监事会从事监督活动，监事会对经营者或其集体的活动进行监督，董事会拥有决策权，总经理或其集体拥有执行权，两个主体的权责相互制约。这一治理结构，既保证了经营者不得违背所有者的利益，同所有者保持一致，又保证了公司的经营者决策科学、有效。

二、有计划产品经济体制的内在机制

（一）有计划产品经济体制的特征

有计划产品经济体制的最根本的特征是，所有资源都掌握在一个社会中心手里，消费、

生产、投资中所需要的资源均由这个社会中心按行政程序调拨、供给。这种体制不需要交换，生产、投资、消费都由社会中心直接根据社会需要组织，单个生产单位生产的产品直接是社会总产品的一部分，并且由社会中心直接分配给每个需要这种产品的单位和个人。所有资源，包括生产资源和消费资源，在这种体制下，都只有使用价值，没有交换价值，它们是"财富"，但不是可以用来谋利的"财产"。在这种情况下国家就是一个大型企业，此时存在的企业（国有制、集体制）仅起到了"生产车间"的作用，只负责生产与经营，销售与分配的工作由社会中心即当时的计划委员会负责。

有计划产品经济体制的具体特征有如下几点：

1. 公有制经济在所有制结构中占据主导地位。本质上就是生产资料公有化和国有化的过程。

2. 国家对经济活动采取直接指令性行政管理。中央计划经济体制的一个主要指标是国家或中央政府成为经济运行的核心主体，而企业由于只执行既定的生产计划成为政府的附属物。

3. 经济决策权高度集中。国家不仅要负责宏观方面的资源配置，甚至对微观的企业和个人的收入和支出都做出计划，以实现资源在微观主体间的配置。

4. 社会资源的计划配置。计划配置资源的一个核心机制在于行政命令替代价格机制。在中央计划经济体制下，市场通过价格机制对资源的配置作用被压低到最小的范围。

5. 行政分权程度不断提高的中央与地方政府关系。

（二）有计划产品经济体制的构成要素

1. 有计划产品经济体制的权利结构。这种体制没有产权概念，只承认管理资源的行政权力，因而其权利结构是一种唯行政结构，是对一定经济资源的行政管辖权。企业是行政机构的附属物。

这种"行政权"具体体现为一种对社会资源的掌管权，包括征收权、保管权、制定比例执行分配的分配权、使用权以及对多余资源和残存资源的处置权。"掌管权"又是也被人们称为"所有权"，例如说这些"财产"（资源）归全民"所有"，是国家"财产"等，但这只是对产权结构中貌似概念的借用，其内涵同产权结构中的财产"所有权"毫无共同之处。

有计划产品经济体制的权利结构十分简单明了，它只有两类经济行为人，一是"社会中心"，它是一个庞大的，有层次的结构；二是劳动者个人，包括工人、在社会机构中工作的所有工作人员和执行管理任务的各级官员（干部）。社会中心拥有全部的资源掌管权。它的义务是，组织生产、投资、消费，满足劳动者个人的需要。劳动者个人的权利是根据需要向社会中心领取生产资料和消费资料，他们的义务是根据社会中心的指令，提供一定数量、质量的有效劳动。这一结构中的地方、部门、企业等单位都不是独立的经济行为人，它们只是社会中心的分支机构，是社会中心执行其权利、义务的组织手段，因而没有自己独立的权利和义务。

2. 有计划产品经济体制的运行机制。根据其权利结构，这一体制的决策机制是高度集中的，必须服从上级命令。生产、投资、消费、决策集中由社会中心做出，这些决策包括消费者消费哪些产品（劳务），消费多少，生产者生产哪些产品，生产多少，生产某产品用哪些投入品，各种投入品用量多少，投资品留多少，投到哪些项目，每项目投资多少，等等。决策具体到产品的品种规格和质量。社会中心进行决策时所需要的需求信息和供给信息通过行政渠道传递，主要依靠行政命令，纵向传递，可以自上而下，也可以自下而上。其信号不是"价格"，而直接是"意见"，可以叫作"行政信号"。激励行为人按社会中心的决策行事的手段是用行政指令直接规定行为人的行为（即用指令直接规定行为人可以干什么、不可以干什么，任何无现成指令的事都要经过"报批"才能确定能干还是不能干）和用政治思想影响工作影响行为人的思想，使其相信决策人决策的正确性。明了决策人决策的重大意义，提高按决策人决策行事的自觉性。激励机制主要包括正面激励和负面激励两种。正面激励是主要靠榜样的力量来达到教育效果，如提倡向雷锋同志学习；负面激励是通过负面典型的惩罚和批评来达到教育大众的目的，如召开批斗会。约束机制主要采取软约束，即指在这种体制下，通过高度的计划来组织经济生活，对计划的确定、执行等环节缺乏外部监督和约束。有计划产品经济体制的这套运行机制可以称作"行政机制"。

3. 有计划产品经济体制下，经济行为人的行为目标。这种体制中的社会中心，作为一种理智的经济行为人（包括其各级机构），其行为目标是，在义务，即责任一定的情况下，希望自己的资源掌管权越大越好；在资源掌管权一定的情况下，希望自己的义务，即责任越小越好。在现实经济生活中，人们常常遇到的"扯皮"现象和"行政便利"，就是这种行为目标的反映。

这种体制中的每个理性的劳动者的行为目标则是，充分享有其根据需要分享社会产品（包括生产资料和消费资料）的权利，尽可能减少自己要付出的劳动，或称"努力"。工人的目标是这样，各级干部的目标也是这样。区别只在于，工人要付出的是生产产品、提供服务的劳动；干部要付出的是管理劳动，"管理"实际上也是一种劳务。在这种体制中，劳动者可享有的权利如果没有政治等等非经济因素影响的话，仅受生产水平的限制，也就是说，如果生产水平是已知的，那么劳动者可享用的权利的大小也就一定了。因此，在现实经济生活中，劳动者个人的行为目标，一般地表现为权利一定条件下，个人付出的劳动越少越好，这种目标可概括为"闲暇最大化"目标，它是一种负的，或反向的效用最大化目标。当然对个别人来讲，由于其效用观，或称偏好正好与一般的效用观或偏好相反，例如从事业心或荣誉、地位出发，他把劳动视为乐趣，即"效用"，把享受消费资料和闲暇视为耻辱，即"成本"，于是，他的行为目标反过来，变成劳动最大化目标这是可能的。但从总体来看，根据这一体制的权力结构，人们总是把劳动视为谋生手段，即视为成本，而把消费和闲暇视为效用。因此，"闲暇最大化"是这一体制的总体特征之一。

（三）有计划产品经济体制对人的激励与约束

有计划产品经济体制下，通过行政权力体系，以国家计划的方式对企业进行管制，企业主要领导会得到行政升迁的激励和行政处罚的约束。

首先，就激励方式而言，对经营者收入分配的办法基本上沿用了行政工资分配的办法，企业主要负责人或者采用行政级别工资，或者以行政级别工资为基础，增加与企业挂钩的弹性部分，但十分有限。在经营者收入分配办法没有根本变化的条件下，为了调动其积极性，就是以行政调动、升迁的方式对优秀经营者进行鼓励，并冠以各种名誉称号。这实际上造成了两种不利的后果。

一是把经营者这一经济人变成了行政人。对经营者的责任目标是经济的，而对经营者的收益分配方式是行政的，两者很不一致，何以能保证经营者的行为具有经济化的特征。经营者的收入与企业经营的好坏相关性不强，何以保证经营者能为资本增值不懈努力。

二是以名誉称号代替对经营者的收入分配。理论上，名誉称号是对经营者经营业绩的肯定，但不能由此而代替经营者应分收入的份额。两者应正相关，就是经营者所分的收入份额越多，得到名誉的可能性越大，经营者得到的收入越多，越有可能将收入的一部分捐赠给社会、国家，相应得到名誉的可能性越大。

由于以政代资，以行政方式建立对经营者的激励机制，经营者收入分配行政化、名誉化，到头来，经营者感到自己创造的收入与所分得的收入很不相称，以致产生一种极强的经济失落感，而自然而然采取各种方式捞回一部分收入。在对经营者的这种行为大多在退休、退职之前发生，称之为58岁（或称57岁等）现象。现在，经营者的新生代吸取前人的经验，不是把捞回收入的行为集中在58岁左右，而是从接任开始就分散地、逐渐地捞取收入。我们必须明确经营者是一个经济人，他代表所有者经营其财产，对资本保值增值负责，我们应该按经济人的角色对其确定收入分配的方式，而不能按行政人和名誉人的角色对其确定收入分配的方式。

激励方式也涉及对企业本身如何分配和再分配。企业作为一个独立的法人需要自我发展，从分配上看，这种自我发展必须有两个基本条件：一是为了保证企业简单再生产的进行，企业用于成本补偿的资金或称补偿资金必须留足；二是为了保证企业扩大再生产的进行，企业必须要有一定的资金用于积累，也即要有一定的积累资金。如果单单从所有者的立场出发，实现这两个条件是必然的，所有者对资本保值增值的要求，使得企业在提取补偿资金时往往采取谨慎原则，也就是确保补偿后才考虑盈利的计算。在盈利分配时，为保证企业自我发展的能力，所有者往往将可分配利润留足企业。但是，在政资不分、以政代资的情况下，政府往往从行政目标实现的要求出发，对企业补偿和积累提出政策要求。特别是当政府实现行政目标、履行行政责任所需的资金不足时，政府可能不仅不考虑给企业留足积累资金，甚至企业应提的补偿资金也不难充分提足，而是使企业存量资产中留有少量的潜亏，得不到补偿，到后来，不得不使潜亏挂账，并逐渐由政府核销或补偿。

就约束方式而言，在政资不分、以政代资的情况下，对经营者或企业的约束显然是通过政府行政主体进行的，采取的约束方式基本上是行政约束（政绩和党纪约束）。在这种体制下，政府行政管理者习惯于以行政方式，也易于运用行政体系和行政法规对经营者和企业进行约束。结果导致：当经营者经营失败时，无非只承担行政责任，或调动，或降职，或撤职，而不承担经济责任（经营者的收入并不能减少）或刑事责任。尤其对企业或经营者的经营和财务行为进行约束方面，更具有行政特色，如对企业经营者的坐车标准，对企业各类人员的差旅费标准等最先都是按行政标准制定或比照执行的。后来的实践证明，这种标准是不适合企业经营的，就充分放权由企业自行规定，结果导致差旅费和轿车的相关费用居高不下，甚至出现企业严重亏损，而企业经营者或其他人员游山玩水，购买高级轿车的现象屡见不鲜。在20世纪90年代初的国企改革中，出现了对企业或经营者的约束，一收就按行政方式约束，结果导致政企不分，把企业约束死；一放就无人约束，导致所有权约束缺位，把企业搞乱。究其症结，就是约束主体不能明确区分为政府行政管理者和国家所有者或其代表，约束方式不能明确区分为行政约束和经济约束，并且后者为前者所代替。

三、中国特色社会主义组织管理体制的发展历程与内在机制

（一）两种典型经济体制的积极意义与缺陷

中国特色社会主义管理体制是在两种典型经济体制的基础上发展而来的，我们需要清楚在我国特殊国情下两种典型经济体制的优点与缺陷，对两种典型经济体制做到"取其精华、去其糟粕"，才能逐步发展出了能够适应于本国国情的中国特色社会主义组织管理体制。

1. 有计划产品经济体制的积极意义与缺陷

（1）计划产品经济体制践行了马克思主义的社会主义理论。马克思通过对资本主义的剖析，揭示出资本主义经济危机的根源在于资本主义社会的基本矛盾，这一矛盾的解决最终必须用一种新的制度取代资本主义制度，这一新制度就是社会主义制度。

（2）计划产品经济体制有利于集中人力、财力、物力办大事，进行保卫国家的战争（如集全国之力打击侵略者），克敌制胜具有无与伦比的优势，起到了至为主干的作用。

（3）计划产品经济体制是经济落后国家实现工业化进程中进行原始积累的一种有效体制。它利用工、农业产品价格"剪刀差"将农业的财富无偿地转向工业，进行工业化的原始积累。这种原始积累方式，为我国建立较完整的工业化体系奠定了基础。

有计划产品经济体制的缺陷。计划经济体制的弊端就在于所有者缺位、激励约束机制失灵，价格对经济没有指示性，而权力又过于集中，存在企业利润软约束，吃"大锅饭"等现象过多考虑公平，影响了效率的提高。由此导致劳动积极性低、市场资源得不到合理配置，最终结果是经济得不到发展，人民生活水平下降。

2. 古典市场经济体制的积极意义与缺陷

（1）古典市场经济体制的积极意义。在现有的生产力水平下，市场机制能使资源得到更加有效的配置，从而有利于实现产出的最大化。在社会化大生产条件下，资源配置有计划和市场两种方式。冲破了多年来人们在计划和市场关系认识上的思想束缚，是对马克思主义经济理论的继承和创新。

（2）从更广泛的意义上讲，市场机制除了作为一种经济组织形式以外，还是一种社会组织形式，它冲破了封建社会自给自足的狭隘的生产方式对社会经济发展的严重束缚，扩大了人们之间的联系和依赖，促进了生产和交换的社会化，调动了生产者的主动性和创造性，极大地推动了社会的进步。

古典市场经济体制的缺陷。市场机制有利于资源配置，但市场经济体制并非是万能的，也存在市场失灵，如公共产品问题、外在化问题、垄断、市场缺位、信息不完全等。市场失灵需要国家借助宏观经济政策来协调，企业则需要根据宏观经济政策做出相应的决策。

（二）中国特色社会主义组织管理体制的发展历程

我国在 20 世纪 70 年代经历了十年动乱后，百废待兴。在 1978 年党的十一届三中全会上以邓小平为核心的中国共产党第二代领导集体做出了以经济发展为中心的判断，把全党的工作重点转移到经济建设上来。经济体制的改变是经济发展的先导条件，经济体制本身也是经济增长的重要源泉。中国自此开始了以体制改革为先导的改革开放道路。

经济体制改革以来，我国经过了有计划产品经济——计划经济为主，市场调节为辅——有计划商品经济——社会主义市场经济的改革路径，逐步扩大了市场在资源配置中的基础性作用，在计划产品体制的基础上，吸收了市场经济体制的优点发展出了有中国特色的组织管理体制。我国有计划产品经济体制的变迁，主要体现在国有企业的改革上，中国特色社会主义组织管理体制也随着国有企业改革的不断深入而不断发展。

中国国有企业改革总体上经过了五个阶段。第一阶段是放权让利改革阶段；第二阶段是承包制改革阶段；第三阶段是公司制改革即建立现代企业制度阶段；第四阶段是国资委监管下的深化改革与制度完善阶段；第五阶段是国有企业分类改革深化阶段。

1. 放权让利改革阶段（1978～1984年）

为了改变过去国有企业没有经营自主权、企业没有生产积极性的弊端，1978～1984年我国对国有企业进行了"放权让利"的改革，其主要内容是由政府下放给企业一定的自主权，允许企业一定水平的留利，以调动国有企业的生产积极性。通过改革，国家与企业的关系有了初步的调整，企业由原来行政机关的附属物的地位转变为具有一定的经营自主权和相对独立利益的经济实体，在一定程度上实现了政企分开。

通过放权让利，中央政府对地方政府实现了一部分经济决策权的下放和财政上的"分灶吃饭"；在政府与企业层次上，企业通过留利制度拥有了对企业利润的一部分支配权，调动了企业和职工的积极性；企业开始逐步确立了厂长在企业的中心地位和法定代表人的地位，职工代表大会及工会的地位和权利得到明确和加强；同时，国有企业的认识管理权进一步下放，激励与约束机制开始引进企业。

但是，这种改革思路的缺陷主要是它教条主义地套用了马克思主义经典作家的"社会大工厂"理论，试图在"社会大工厂"模式的前提下，通过放权让利，加大激励，来改善国有企业运营状况，没有把企业当成一个相对独立的商品生产者来对待，企业应有的经营自主权与经济利益难以落实。因此，这种改革方法是存在很大局限性的，首先，它只着眼于给企业"松绑"，还企业一部分经营自主权，并没有使企业从行政性的扩权中得到独立的财产权利，也不承担国有资产经营的责任，原有企业产权关系并未受到触动。其次，改革使企业扩大了经营自主权，有了一定的活力，但同时也带来了所有权对经营权约束不利，从而造成和强化了"内部人控制"的现象。此外，这种改革方法也存在着各个企业之间利润留成方法不够完善，企业留利比例的确定要与国家进行一对一的谈判，企业上交利润苦乐不均，形成"鞭打快牛"的局面，损害了先进企业的生产积极性等弊端。

2. 承包制改革阶段（1984～1992年）

承包制是在坚持国有企业全民所有制基础上，按照所有权与经营权分离的原则，以承包经营合同形式确定国家与企业的责权利关系，使企业建立自主经营、自负盈亏的制度，实施承包制改革（1984～1992年），力图在一定期限内通过承包合同理清国家与企业之间的收益分配关系，调动了企业、职工积极性，并减少了经常性、非常规性的行政干预。

在我国，承包制是从农村开始的，称为农村联产承包责任制，它是我国农村生产关系的一次重大调整，带来了农村生产力的一次迅速提高。从制度角度分析，联产承包责任制是对农村长期以来的大锅饭和平均主义分配方式的一种根本变革，有着科学、合理、适当的产权基础。在农村联产承包责任制的规定中，除了土地是国家的以外，其他的生产资料都是农民自己生产和投入的。由于土地是不可以买卖和变现的，农民除了借助土地生产农作物、获取收益外，不可以通过土地获取其他好处，特别是通过土地这一国有资产以获得农民自身收益的做法完全不存在发生的可能性。所以，以农民是否能从国有资产中捞取好处的角度看，因农民不可能从土地这唯一的国有资产中捞取好处，加之其他生产资料都是农民自己投入的，所以农村联产承包责任制的产权制度基础是两权合一，而不是两权分离。农民利用自己投入的生产资料进行耕作，所获收入除了上交国家外，全部归己。这种产权制度下的制度效益达到了最佳，或者说，农民自己经营自身投入的资产，所获收入归自己，多劳多收多得。

当我们把承包制从农村引入城市，从农业引入工业的时候，我们发现两者有着完全不同的产权制度基础，在城市，国有企业的经营承包责任制是以两权分离为基础的。在国有企业不仅土地是国家所有，而且固定资产和流动资产也是国家所有，或国家银行贷款形成的，国有银行的贷款具有某种资本性特征，一旦国有企业不能偿还，最终的责任仍归于国家或政府身上。企业的经营者不承担出资责任，只承担经营责任，相应也享有经营权利。但是，由于经营者实际行使法人所有权，实际占有、使用国有资产，并对国有资产拥有处置和分配权。加之，固定资产和流动资产都具有可变现性，这就为经营者从国有资产或其运用中捞取好处提供了前提，造成国有资产流失，或者经营亏损也不承担责任，或者经营成功也不能获得应有的报酬。

承包制阶段的改革，虽然在国有企业的改革上迈出了重要一步，比放权让利阶段的改革给予了企业更大的自主权，但仍然存在很大的局限性。主要是承包制扭曲了法人财产制度，未能使企业拥有法人财产权，不能彻底解决所有权与经营权分离的问题。

3. 建立现代企业制度阶段与市场经济构建阶段（1992～2002年）

我国国有企业的改革经历了放权让利、两步利改税、承包制及租赁制等阶段的改革后，开始了在国有企业中建立现代企业制度，即现代公司制度改革。本意在于通过构建新的产权制度基础，以形成企业的内部治理结构，强化企业的内部治理，保证经营者或企业行为的合法、合理和科学化。

通过公司制改革，形成了所有者拥有股权和最终控制权，确立了企业法人财产权，即对股东和公司负责的企业法人财产的经营权。建立了完善的企业法人制度，使企业真正成为独立享有民事权利、承担民事责任的法人实体。这样既保障了国家作为所有者的权利，又将经营权还给了企业，为企业成为独立的市场主体创造了条件。

在深化国有企业改革，建立现代企业制度的过程中，凡实行公司制的企业，都将原来的厂长负责制改为股东大会、董事会、监事会为一体的公司法人治理结构，这是公司管制制度的重大变革。

4. 国有企业治理的完善与发展混合所有制经济阶段（2003年至今）

多元投资、交叉持股、融合发展是混合所有制的内涵，发展混合所有制经济是深化国有企业改革必然的道路，混合所有制经济可以通过分类混合、分层混合、双向混合，实现转换机制、放大国有资本的功能，将国有资本的实力与民营企业的活力结合，提升混合所有制企业的竞争力。而混合所有制的混合对象包括各类非公资本、非公企业、社会资本、自然人资本（员工持股）等，在混合所有制经济发展的同时使混合资本共同获益，实现国民共进。

国家于2003年成立了国务院国有资产监督管理委员会（以下简称国资委）。之后的十多年里国有企业在国资委的领导下坚持了"抓大放小"和"战略性重组"的国企改革思路，并且在继续完善国有企业的现代企业制度方面做了以下几方面的实质性工作。第一，进一步推进了国有企业的股份制改革，并且着重推进股权分置改革。第二，从企业治理的角度规范企业组织结构，进一步完善董事会制度。第三，进一步实现主辅分离、辅业改制。最后，继续实施政策性关闭破产。

2015年8月，《中共中央、国务院关于深化国有企业改革的指导意见》明确指出，根据国有资本的战略定位和发展目标，结合不同国有企业在经济社会发展中的作用、现状和发展需要，将国有企业分为商业类和公益类。通过界定功能、划分类别，实行分类改革、分类发展、分类监管、分类定责、分类考核，提高改革的针对性、监管的有效性、考核评价的科学性，推动国有企业同市场经济深入融合，促进国有企业经济效益和社会效益的有机统一。党的十九大报告进一步规划了下阶段的国有企业改革，要完善各类国有资产管理体制，改革国有资本授权经营体制，加快国有经济布局优化、结构调整、战略性重组，促进国有资产保值增值，推动国有资本做强做优做大，有效防止国有资产流失。深化国有企业改革，发展混合所有制经济，培育具有全球竞争力的一流企业。

改革至今，从经济体制改革的角度来说我国国有企业内部治理结构的基本框架已经形成，有助于构建对经营者的激励和约束机制，但两个基本层面上的经济体制问题仍然没有得到完全的解决：一是在保证两权分离的前提下，如何恰当界定股东大会、董事会和监事会的职责、权限，尚未形成健全有效的规范。在现实生活中，国家控制的企业常常是董事会操纵，股东大会的作用十分有限，上市公司尤其如此。实际上，在两权分离的前提下，股东大会代表全体出资者，而董事会履行经营者职责，在国家拥有股份的情况下，谁来代表国家所有者行使权利，行使怎样的权利，确实需要进一步解决。二是一旦明确了股东大会、董事会和监事会的职责、权限，就需要进一步建立健全所有者或其代表对经营者的激励和约束机制。现有的激励机制仍然具有很强的行政特征，约束机制仍然具有较多的人治或权制特点，往往不能通过经营者的行为过程和企业经营过程，建立对经营者的约束。约束机制本身不具操作性或有效性。"冰冻三尺，非一日之寒"，国有企业经济体制改革仍然是一项艰巨的任务。

（三）中国特色社会主义管理体制运行的内在机制①

在庆祝改革开放40周年大会的重要讲话中，习近平总书记强调指出，"改革开放40年的实践启示我们：中国共产党领导是中国特色社会主义最本质的特征，是中国特色社会主义制度的最大优势。"在中国共产党领导下，发挥市场在资源配置中的决定性作用；更好发挥政府作用，就是中国特色社会主义的基本管理体制。我国改革开放40年的成功实践证明，中国特色社会主义的基本管理体制的运行机制，就是在中国共产党领导下，"看不见的手""看得见的手"与以人民为中心、全心全意为人民服务可以更好融合、更好发挥作用。

1. "看不见的手"的内涵意义

经济学鼻祖亚当·斯密在1776年出版的《国民财富的性质和原因的研究》一书中，提出了"看不见的手"，将其表述为：每个人都试图应用他的资本，来使其生产品得到最大的价值。一般来说，他并不企图增进公共福利，也不清楚增进的公共福利有多少，他所追求的仅仅是他个人的安乐，个人的利益，但当他这样做的时候，就会有一双看不见的手引导他去

---

① 杨俊青.中国特色社会主义管理体制运行的内在机制［N］.山西日报，2019－01－08（010）.

达到另一个目标，而这个目标绝不是他所追求的东西。由于追逐他个人的利益，他经常促进了社会利益。

西方国家在"看不见的手"原理作用下，取得了巨大发展。马克思指出，资本主义在它的不到一百年的时间里，所创造的生产力，比过去一切世代创造的全部生产力还要多，还要大。我国改革开放 40 年取得举世瞩目的成就，就是在中国共产党领导下，逐步发挥市场在资源配置中的基础性、决定性作用，更好发挥政府作用的结果。国内外历史与当代实践都说明：在相当长的时期内，在一定生产力水平下，发挥"看不见的手"在资源配置中的基础性、决定性作用，对促进经济社会发展具有很高效率与效益。

但"看不见的手"发挥作用时，存在很多外部不经济效应，这正是亚当·斯密在表述"看不见的手"内涵时，提到的"由于追逐他个人的利益，他经常促进了社会利益"中使用"经常"二字中暗含的"不常常"情况，即每个人在追求自我利益时，可能存在损害他人和社会利益的行为，致使"看不见的手"失灵。"看不见的手"失灵，极大地损害了人民利益与党和国家声誉；"看不见的手"失灵，使得稀缺资源不能得到有效配置，阻碍着经济社会发展。

2. 对"看不见的手"失灵的预防

西方国家为预防与抑制"看不见的手"失灵，在政治上设立了"三权分立"即立法、司法、行政互相监督制衡的政治体制，在文化上信仰宗教，若做了对不起他人与损害社会的事就要受到上帝惩罚，在法律上对危害他人与社会的行为严惩不贷。但西方"三权分立"的政治与文化体制并不适合我国国情。

十月革命一声炮响，给我们送来了马克思列宁主义，诞生了中国共产党，在中国共产党领导下建立了中华人民共和国。中华人民共和国成立后，为避免"看不见的手"失灵与其作用下资本主义社会爆发的周期性经济危机，尽快实现我国工业化原始积累，加快建立我国经济社会发展所需的工业基础设施，我们选择了有计划产品经济体制。在有计划产品经济体制下，很快完成了我国工业化原始积累，建立了我国经济社会发展所需的基础设施。

1978 年，党的十一届三中全会后，在农村普遍实行了联产承包责任制，建立了"交够国家的、留足集体的，剩下就是自己的"激励机制，极大地调动起亿万农民的积极性，经济管理的体制机制由有计划产品经济到计划经济为主、市场调节为辅，再到有计划商品经济和社会主义市场经济。由于与有计划产品经济相适应的约束机制不复存在，与市场经济相适应的约束机制没有建立起来，出现了许多问题。面对这些问题，人们对市场经济与中国共产党领导的相融性产生了疑问，就有人试图回到有计划产品经济的封闭僵化老路或改旗易帜的邪路上去。在这一严峻形势下，以习近平同志为核心的党中央高举中国特色社会主义伟大旗帜，探索出了中国共产党全面领导下，充分发挥市场在资源配置中的决定性作用，更好发挥政府作用的新时代中国特色社会主义管理体制与运行机制，出现了中国之治与西方之乱的景象，打破了发展中国家对西方国家现代化的路径依赖，为世界经济发展提供了中国经验与中国智慧。

中国共产党自诞生起，就以全心全意为人民服务为宗旨，以实现共产主义为目标，这一理念与目标就是我们的初心。中国特色社会主义进入新时代的今天，习近平总书记将其概括为：为人民谋幸福、为中华民族谋复兴！而"看不见的手"是要在追求个人利益时，经常增加他人与社会福利。由此可见，中国共产党人全心全意为人民服务宗旨和为人民谋幸福、为中华民族谋复兴初心与"看不见的手"之间存在共同的内在机制，主要表现在：

一是实现目标与作用结果有相同之处。中国共产党人主动自觉以人民为中心，以实现全心全意为人民服务为宗旨，以为人民谋幸福、为中华民族谋复兴为目标和初心；"看不见的手"则是每个自然人与法人在市场机制作用下，在追求自我利益时，经常不自觉地增加了他人与社会福利。中国共产党人在以人民为中心，以实现其全心全意为人民服务宗旨，为人民谋幸福、为中华民族谋复兴的初心时，很好地使用通过市场发挥作用的"看不见的手"的资源配置机制，不断增加广大人民群众的获得感、安全感和幸福感。

二是动力机制互补。全心全意为人民服务以实现理想、信念为动力，个人在全心全意为人民服务中被人民、组织和社会认可，从而会得到人民、组织与社会的关心、关怀；"看不见的手"以追求个人利益为动力，在追求个人利益时，常常增进他人与社会福利，有利于全心全意为人民服务动力的实现。但在追求个人利益，"常常"增进了他人与社会福利时，"不常常"情况即在追求个人利益时，损害他人与社会的行为时有发生，这是"看不见的手"缺陷；而中国共产党人的全心全意为人民服务根本宗旨，对"看不见的手"的缺陷具有强大的抑制作用。之所以对"看不见的手"的缺陷具有强大的抑制作用，皆由于全心全意为人民服务的根本宗旨，站在了道德的制高点上，受到了最广大人民群众的衷心拥护。

三是中国特色社会主义监督约束机制在管理体制上预防了"看不见的手"的负效应。以习近平同志为核心的党中央，探索出了在中国共产党领导下，充分发挥市场在资源配置中的决定性作用，更好发挥政府作用时的中国特色社会主义监督约束机制，这就是党委的主体责任、纪委的监督责任，成立的监委对所有公职人员都要监督约束；作为领导既要管好自己、又要管好自己部门同志，自己犯错与自己管辖范围同志犯错，领导都要负责的监督管理体系。

习近平总书记在庆祝改革开放 40 周年大会的重要讲话启迪我们，有了习近平新时代中国特色社会主义思想的根本指针，有了中国共产党的坚强领导，有了中国特色社会主义管理体制运行机制的良好运作，到 2020 年我们一定能全面建成小康社会，到 2035 年我们一定能基本实现社会主义现代化，到 2050 年我们一定能把我国建设成为富强、民主、文明、和谐与美好的社会主义现代化强国。

思考题：

1. 制度与组织体制的本质区别是什么？
2. 请对一个成功进行组织体制改革的国有企业进行分析，归纳其组织体制构成要素的特征。
3. 谈谈您对中国特色社会主义管理体制形成与运行的内在机制的认识。

案例分析

在 2018 年底举办的庆祝改革开放 40 周年大会上，海尔集团党委书记、董事局主席、首席执行官张瑞敏作为注重企业管理创新的优秀企业家代表入选了 100 名改革先锋，习近平总书记为张瑞敏佩戴改革先锋奖章并颁发证书。组织体制变革是管理创新的核心，海尔自 1984 年以来的组织体制变革历程，是改革开放 40 年来中国企业管理创新的真实写照。

海尔集团的前身青岛电冰箱总厂，在 1984 年是一家只有一种产品，职工人数不到 800 人，亏空 147 万元的小厂。当时电冰箱总厂的资本是由城镇集体资本金和企业法人资本金为主体构成。在 1985 年著名的"砸冰箱"事件后海尔定下了"名牌战略",经过数年的发展后于 1989 年实行了股份制改革,成立了青岛海尔股份有限公司,加入了内部职工股,极大地激发了职工的工作积极性,并实施了全面质量管理,为今后规模的扩张与腾飞积蓄了管理的经验与人才。

1991 年,在改革开放不断深入与市场竞争日益激烈的背景下,为了落实新确立的多元化发展战略,海尔首先着手解决了体制创新和组织结构调整问题,合并了青岛电冰柜总厂和青岛空调器总厂,在三厂基础上以青岛海尔股份有限公司为核心组建了青岛海尔集团公司,海尔历史上第一次真正实现了彻底的体制变革。1993 年,海尔在上海证交所上市,至此在海尔集团内部也逐步形成了适应经营特点的联合体制框架,下属企业也按《公司法》进行产权规范,建立了母公司与子公司,子公司与子公司之间相互交叉持股、参股的多元投资主体的产权关系。

在理清产权结构的同时,海尔也在不断地推进其管理模式升级,在全面质量管理的基础上提出了"日事日毕、日清日高"的管理口号,开发出了被国内许多企业所效仿 OEC 管理模式;在国际化战略下,海尔以 OEC 管理为平台,形成使上下工序和岗位之间相互咬合,能够自行调节运行的"市场链管理模式";在互联网时代的网络化战略下,海尔开始探索"人单合一"的管理模式,而"人单合一"就是把每一个员工和用户结合到一起,让员工在为用户创造价值的同时实现自身价值。

为了配合管理模式升级的需求,海尔也在一次又一次地调整内部的组织结构:最初的直线职能制、支撑多元化战略的矩阵结构与事业部制、支持国际化战略的市场链结构、支持全球化品牌战略的倒三角结构、支持网络化战略的网络化结构。

海尔用一次又一次成功的组织体制变革使自身的制度体系与产权基础能与其生产经营状况相适应,保证了集团发展战略的成功实施,实现了产权清晰、责权明确的现代企业制度的要求。

(资料来源:http://www.haier.net/cn/about_haier/history/根据海尔集团官网发展历程改写)

请结合案例思考:

1. 什么是组织体制?海尔在哪些方面改变了组织体制?

2. 在变革历程中海尔采用过的组织结构有何特点与优势?

3. 为何组织体制变革能带给海尔持续的竞争优势?

参考文献

[1] 斯蒂芬·P. 罗宾斯,玛丽·库尔特. 管理学(第 13 版)[M]. 北京:中国人民大学出版社,2017.

[2] 逄锦聚,景维民,何自力,刘凤义,周云波等. 中国特色社会主义政治经济学通论[M]. 北京:经济科学出版社,2017.

[3] 杨瑞龙. 社会主义经济理论(第三版)[M]. 北京:中国人民大学出版社,2018.

第二篇

人岗匹配的微观组织外部机制——劳动力市场

我们知道：微观组织内人力资源的获取需通过组织外劳动力市场来进行。掌握微观组织外劳动力市场的运行规律，对组织内获取优质人力资源具有重要意义。同时通过学习这一篇要为学习者具备市场思维奠定基础、为下面各篇用市场思想进行微观人力资源管理做好铺垫。本篇包括第四、五、六章。

第四章　劳动力市场初论

作为劳动力市场运行初论一章，主要阐述劳动力市场运行基本理论。要弄清劳动力市场运行基本理论，需阐述与劳动力市场相关的一些概念。

第一节　劳动力市场及相关概念阐述

一、劳动、劳动力及人力资源阐释

（一）劳动阐释

劳动是人类社会存在与发展的基础，人们为了生存必须付出劳动，例如我们在汽车制造厂上班需要付出劳动、在土地上工作需要付出劳动、在学校里教学也需要付出劳动、在快餐店打工同样需要付出劳动，通俗点来说，劳动指人们在生活当中花费在生产过程中的时间和精力，无论是在哪种技术水平上，任何的工作和任务都离不开劳动，都是由劳动完成的。对于一个发达工业化国家来说，劳动曾一度是最熟悉和最重要的生产要素。从总体上看，劳动应该包含下面含义：

1. 人类创造物质或精神财富的活动，是体力劳动与脑力劳动的统称：在这里劳动有体力劳动和脑力劳动之分。其中体力劳动是指以消耗体力为其主要形式的生产劳动，如工人、农民、手工业者以及其他从事各种生产性或服务性的劳动；脑力劳动是"体力劳动"的对称，是劳动者以消耗脑力为主的劳动，是在原始社会向奴隶社会过渡中从体力劳动中分离出来，并与体力劳动相对立。在社会主义社会中，脑力劳动者是工人阶级的一部分，脑力劳动与体力劳动虽然还存在本质差别，但它们之间不再相互对立。

2. 专门指体力劳动，如我们平时进行的跑步、跳操等体育锻炼及在田间、车间等进行的体力劳动。

3. 专门指脑力劳动，如科学家进行的科学研究工作。

在这里我们需要注意的是，劳动是专属于人和人类社会的范畴，是人类对自然界的积极改造，其根本标志在于制造工具。劳动是整个人类生活的第一个基本条件，它既是人类社会从自然界独立出来的基础，又是人类社会区别于自然界的标志。马克思很早就提出了劳动价值论和劳动二重性学说，劳动的二重性指出劳动可以分为具体的劳动和抽象的劳动，其中具体劳动是指劳动者生产不同的产品需要付出不同的劳动，抽象劳动是指除了具体劳动以外的无差别的人类劳动。我们要注意的是，具体劳动和抽象劳动是统一的，这是因为商品生产者在从事具体劳动的同时，也就支出了抽象劳动。具体劳动和抽象劳动是商品生产者的同一劳动过程的不可分割的两个方面。同时，具体劳动和抽象劳动又是有差别、有矛盾的。首先，具体劳动是从生产商品的劳动具有某种特定的有用性和具体形式来考察的；而抽象劳动是抽掉了劳动的有用性和具体形式，单纯从劳动是人的脑力和体力支出来考察的。其次，生产各种商品的具体劳动，在性质上是不相同的；而生产各种商品的抽象劳动在实质上是相同的，只存在量的差别。再次，具体劳动所反映的是人与自然的关系，它是劳动的自然属性；而抽象劳动所反映的是商品生产者的社会关系，它是劳动的社会属性。除此之外，我们还应该了解到，劳动是可以创造价值的，价值是凝结在商品当中的无差别的人类劳动，正是因为劳动可以创造价值，才出现了资本家雇用劳动为自己创造价值这种状况，从而出现了资本家和劳动者之间的矛盾纠纷，这种纠纷一直延续到现在，目前很多企业中还存在着雇主和劳动者之间关系的不和谐，笔者在后面的章节会相继做出介绍。

综上所述我们可以得出劳动的具体含义：劳动是人类为了获取维持自身生存和发展的物质和精神财富，充分利用自己占有的生产资料，进行的一种有目的的活动。劳动是人类特有的最重要的实践活动，也是人类区别于其他动物的最本质的特征。

（二）劳动力阐释

简单地说，劳动力就是一个人所具有的劳动能力，是脑力和体力的总和。从数量上看，蕴藏在人体内的劳动力指一个社会全部人口中具有劳动能力的人口。在实际统计中，考虑劳动年龄和劳动能力这两个因素的指标有劳动年龄人口和社会劳动力资源总数。二者的关系是：

社会劳动力资源总数 = 劳动年龄人口 + 劳动年龄之外实际参加劳动人数 – 劳动年龄内不可能参加劳动人数 = 劳动年龄内的劳动力资源总数 + 劳动年龄之外实际参加劳动人数。

在这里我们要注意的是劳动力是一种特殊的商品，它和其他商品一样具有使用价值和价值。具体来说我们可以从以下几个方面来把握劳动力的概念：

1. 劳动力是人类特有的一种能力，自然界的任何能力都和劳动力的性质是不一样的，都不可能模仿和代替劳动力，我们不能把它们混为一谈。

2. 劳动力是人在劳动过程中所运用的能力。也就是说只有在劳动过程当中运用的能力才是劳动力，这样就把劳动力和人类所具备的其他能力区别开来。也就是说并不是人的所有能力都是劳动力，人的能力包括很多部分。劳动力只是人的能力当中的一个部分。

3. 劳动力是存在于活的人体中的能力。在这里我们需要强调的是"活的人体当中的能力"，劳动力的存在是以人的生命和健康的身体为基础的。人是劳动力的承担者，但是并不是任何人都可以承担劳动力，不能进行劳动的人不具备劳动能力，具有劳动力的人只是社会总人口中的一部分。

4. 劳动力是人在劳动中运用的体力和智力的总和。劳动力是一个集合体，是由体力和智力集合起来的，很多人把劳动力和体力劳动混为一谈，实则不然。劳动力由体力和智力两部分组成，人的躯体活动产生体力、人的头脑活动产生智力。躯体活动受到脑力活动的指挥和控制；而头脑活动的实现要通过对躯体的支配来反映和实现。因此，一切活动都是体力与智力的结合。

除了以上几点之外，我们还应该知道：

劳动力是一种特殊的商品，它具有使用价值和价值两重属性。

1. 劳动力的使用价值：劳动力在使用过程中具有的一种成为价值源泉的属性。同其他商品相比，劳动力商品有一个很大的特点，即它有一种独特的使用价值，它的使用能成为创造价值和剩余价值的源泉。一般商品被消费或使用时，随着使用价值的逐渐消失，它的价值也逐渐丧失，或随着新的使用价值的形成，原有价值转移到新的产品中去，但并不能增加价值。劳动力这种特殊商品则不同，它在消费过程即劳动过程中，能创造出新的价值，而且这个新价值比劳动力自身的价值更大。劳动力的价格是劳动力价值的一种货币表现形式。而劳动力这个特殊商品的价值，也不能跳出商品范畴之外，它也是由生产和再生产劳动力所需要的社会必要劳动时间决定的。

2. 劳动力的价值是指生产、发展、维持和延续劳动力所必需的生活资料的价值。同任何其他商品的价值一样，劳动力的价值也是由生产和再生产劳动力这一特殊商品所必需的劳动时间决定的。由于劳动力只是作为活着的劳动者的能力才能存在，它揭露了剩余价值的来源和工资的实质，因此，劳动力的生产要以劳动者的生存为前提，劳动者的生存和维持，则需要有一定数量的生活资料。劳动力的使用能创造出超过劳动力价值的价值，这样，生产劳动力所需要的劳动时间，也就是生产这些生活资料所需要的劳动时间。因此，劳动力的价值，就由维持劳动力所有者的生活资料的价值所构成的。劳动力商品的价值是由生产和再生产劳动力商品的社会必要劳动时间决定的。

劳动力商品的价值主要包括三部分：

（1）维持劳动者自身生存必需的生活资料的价值。劳动者为了维持自身的生活，必须消费一定数量的生活资料，如食物、衣服、燃料、住房等等，这些生活资料的价值构成劳动力价值的重要组成部分；

（2）维持工人家属、子女即劳动力的替补者所必需的生活资料的价值。工人总有一天会丧失劳动能力乃至死亡的，必须有新的劳动力来补充。由于工作日的延长和劳动强度的提高所造成的劳动力的过度耗损，因此，生产和再生产劳动力所必需的生活资料中要包括工人的补充者即工人子女的生活资料，这些生活资料的价值也是劳动力价值的组成部分；

（3）劳动力的教育费用。要使劳动者施展自己的劳动力并获得一定的技能和技巧，就需要经过一定的教育、培训，这要花费一定数量的物质资料；劳动力的教育培训等的费用支出，劳动力的教育费用因劳动力性质的复杂程度不同而有多有少，从事复杂劳动的劳动力所需的教育费用较高。这种教育和训练费用也是劳动力价值的一个构成部分。

（三）劳动和劳动力及人力资源的区别与联系

1. 劳动和劳动力的区别：在前面的部分我们已经初步了解到了劳动和劳动力的概念，也大体上能够了解这两者的区别和联系。我们在这里简单地再介绍一下：劳动力是指人的劳动能力，即蕴藏在人们身体中的脑力和体力的总和，它是存在于活的人体内的劳动能力，劳动则是劳动力在生产过程中的耗费和发挥；劳动力的存在以健康人的生存为条件，而劳动的实现必须以生产资料和劳动力相结合为条件；劳动力在任何社会中都是生产的基本要素，在一定的历史条件下，可以成为商品，而劳动则在任何条件下，都不能成为商品。举个例子来说，你是一个劳动力，而你去打工就是进行劳动。除此之外，我们还应该注意，劳动创造的价值与劳动力的价值是两个不同的量，其差额是剩余价值，而资本主义的工资形式正是掩盖了资本主义的剥削关系，使工人的全部劳动都表现为有偿劳动。最后还应该注意的是劳动力是可以再生的。

2. 劳动力和人力资源的区别和联系。我们先来看一下人力资源的相关知识。

人力资源是指一定时期一定范围内的人口所具备的劳动能力的总称。或者说是指能够推动社会和经济发展的具有智力和体力劳动能力的人的总称。人力资源主要包括以下几个要点：①

（1）人力包括体质、智力、知识和技能四个部分。它们可以被看作是推动生产资料的各种具体能力。体质包括力量、速度、耐力和柔韧度、灵敏度等人体运动的功能状态，以及对一定劳动负荷的承受能力和消除疲惫的能力，智力是人们认识事物、运用知识、改造客观世界的能力。知识是人们在学习和实践活动中所掌握的各种经验和理论。技能是人们运用知识经验并经由练习而习惯化了的动作体系。这四种能力的不同匹配的比例，形成了丰富内容的人力资源。

（2）人的体力和智力是人力资源的基础性内容。

（3）人力资源所具有的劳动能力存在于人体之中，是人力资本的存量，只有劳动时才能发挥出来。

（4）人力资源是一定时期与范围内有劳动能力人口的总和。它涵盖工商企业、公共管理部门和农村人口。

（5）人力资源的载体是人。

人力资源是一种可再生的资源，而且在经济活动中是居于主导地位的能动性的资源，并且人力资源具有时效性，人力资源的形成、开发和使用都有具体时间方面的制约性。

人力资源也就是我们通常所说的劳动力资源，其不等同于劳动力，劳动力资源是指能够从事各类工作的劳动力的人口，是劳动力人口的数量和其平均质量的乘积。我们不应当只看到劳动力人口的数量，而且应当看到劳动力人口的平均质量，这是从内涵上讲。从外延上讲人力资源有潜在的人力资源和现实的人力资源之分。

所谓潜在的人力资源是指一个国家和地区在一定的时期与范围内拥有的具有劳动能力但还未参加劳动的适龄人口的总和。主要包括以下几个部分：处于劳动年龄内，具有劳动能力，但目前没有参加社会劳动，并要求参加社会劳动的人口，即"求业人口"；正处于法律规定的劳动年龄内，有劳动能力，但是完全从事家务劳动的人口，即"家务劳动人口"；处于法律规定劳动年龄内，有劳动能力，但正在军队服役的人口，即"服役人口"；处于法律规定劳动年龄内，有劳动能力，但正在从事学习的人口，即"求学人口"；处于法律规定劳动年龄内，有劳动能力，但未从事社会劳动的其他人口，即"其他人口"。

现实的人力资源是指一个国家和地区在一定时期内实际参加劳动的劳动力资源，既包括劳动年龄内实际参加劳动的劳动力资源又包括劳动年龄外实际参加劳动的劳动力资源。其与潜在的人力资源存在一定的关系，具体的关系式表示如下：

现实的人力资源 + 潜在的人力资源 = 社会人力资源

从以上的分析我们可以明显地看出，一个国家的人力资源不同于该国家的劳动力。社会

① 赵曼. 人力资源开发与管理［M］. 北京：中国劳动社会保障出版社，2001.

劳动力是指实际参加劳动的人口的数量。而人力资源是一个更为宽泛的概念，它不仅包括实际参加劳动的人口，而且包括具有劳动能力的没有参加社会劳动的人口，其两者是有一定的区别的。同时，我们也可以看出两者之间的关系，一个国家的劳动力是该国家人力资源的一个组成部分。

二、市场

市场是社会生产和社会分工的产物。没有社会生产和社会分工就不可能出现市场这个概念。人们对市场的认识也是随着生产力的不断发展和社会分工的不断扩大而不断深化、充实和完善。市场是商品经济的产物，哪里有社会分工和商品生产，哪里就有市场，在不同的历史时期，不同的场合，和不同的经济状态下，市场有着不同的含义。

（一）政治经济学中的市场

在马克思主义政治经济学中市场的含义是指商品交易的场所，人类社会关系的总和。

在政治经济学中，市场被看作是商品交换的场所。不同的劳动者占有不同的生产资料，在自己的能力范围内生产自己能生产的物品，当产品不能满足自己的需求的时候，劳动者就会用自己的劳动成果去和其他的劳动者在一定的场所进行交换，从而引发了市场的概念。其中的"市"就是买卖，"场"买卖就是商品交换的场所，"市场"即买者和卖者于一定的时间为了换取到自己需要的商品聚集在一起进行交换的场所。因此，市场就是交易的场所，这是市场最古老的定义。因为当时的生产力水平低下，货币还没有出现，人类只能通过物物交换来满足自己需要的产品，这样就要求交换的双方必须在约定的时间和地点进行交换。一定的时间和空间为物物交换创造了条件，但又同时限制了物物交换。所谓人类社会关系的总和就是表面上看是物与物的交换，而实际是人的劳动与劳动的交换，即反映的是人们的劳动关系，也就是人与人的关系。

（二）西方经济学中的市场

随着科学技术的进步，劳动分工变得更加精细，生产力也进一步提高，货币职能开始进一步完善，商品的交换也开始不固定局限在某些场所，人们可以通过电话、电报、邮汇、电汇、传真等多种形式和方式达到商品交换的目的，随着这些变化的出现，市场这一定义，又发生了根本的变化。从微观市场学观点看，即从卖方立场来研究买方市场。卖方生产出产品，必须是基于买方的需求，并且能刺激买方的购买欲望，换言之，市场是由那些具有特定需求或欲望，而愿意通过交换来满足这种需求或欲望的全部的潜在顾客所构成。从宏观市场学观点看，市场是商品供求关系的总和。在宏观市场里，不仅考虑买方市场，还要考虑卖方市场，市场是买卖双方相互作用的结果。从而把市场的概念定义为：市场是具有需求欲望和购买能力而进行交易活动的个人、企业和组织这一需求主体与商品所有者这一客体的关系。也就是说，在西方经济学中，可以把市场定义为是一切与商品交换有关的关系的总和，或供求买卖双方相互作用而使资源得到有效配置的手段或方式。

（三）市场营销学中的市场

市场营销是指个人或集体通过交易其创造的产品或价值以获得所需物实现双赢或多赢的

过程。在市场营销过程中，目标消费者位居于中心地位。企业识别总体市场，将其划分为较小的细分市场，选择最有开发价值的细分市场，并集中力量满足和服务于这些细分市场。

微观经济学是从买方的角度来理解和认识市场的，而市场营销学是从卖者的角度来认识和理解市场的含义，它要研究的是如何采取有效的措施，来满足消费者需求，消费者的需求包括现实的需求和潜在需求。卖方不仅要做到满足买方的现实需求，还要激发买方潜在的需求。可以说，在市场营销学的范畴里，"市场"即等同于"需求"。

从企业这个微观的主体上来看市场。企业作为产品的卖方，其最终的目的是销售出自己的产品；而顾客作为产品的买方，是希望能买到自己满意的产品。而且现在的市场大部分是买方的市场，也就是说顾客占主导地位的市场，企业要想卖出自己生产的产品就必须能激发顾客购买愿望，也就是要使顾客产生需求，因此，在市场营销学中，有无需求被看作是市场最主要的因素。

（四）人力资本中的市场

人力资本把人当作一种可以增值的资本。这时候，人就与其他资本一样，成为生产的要素。这首先是对员工地位的一种高度承认。而人力资本最主要的观点则就是通过对人的投资，来使人的价值达到最大化，从这个观点出发，人力资本中的市场就被定义为一切社会关系的总和。

三、劳动力市场及其在我国的发育

（一）劳动力市场

劳动力市场指在劳动力管理和就业领域中，按照市场规律自觉运用市场机制调节劳动力供求关系，从而实现对劳动力合理配置的手段或方式。

（二）我国劳动力市场的发展过程

第一阶段：新中国成立初期至第一个五年计划完成。这是劳动力市场从存在到消失阶段。这一期间的劳动力就业基本上是通过市场竞争机制来实现的，当时的劳动力市场曾解决了相当部分的劳动力就业。

第二阶段：第一个五年计划完成至党的十一届三中全会前。劳动力市场逐步消失，到"文化大革命"期间，我国劳动力市场完全消失。这期间的劳动力就业实行国家统包统配。如前所述，传统的统包统配的管理体制虽然在一定程度上能够集中力量办几件大事，由于存在着指挥者不可能获得被指挥者的全部信息及因为利益主体的差别而存在着价值判断差异，其效率低和效益差，造成劳动力的巨大浪费和损失。

第三阶段：党的十一届三中全会至今。劳动力市场从无到有。我国劳动力市场源于20世纪70年代末大量知识青年回城找工作给政府造成的压力，政府为了减轻失业的压力，实行了政府、社会、个人"三结合"的就业方针。从那时起，传统的统包统配被打破；到80年代末，随着农村改革取得成功，大量的农村劳动力涌入城市，劳动力市场进一步膨胀和扩大。

（三）我国劳动力市场现在存在的问题

劳动力市场是企业人力资源管理实践的外部大环境，其成熟、健全与否直接关系到企业人力资源管理的方方面面。随着市场经济体制的初步建立，我国的劳动力市场也在不断完善。但是在目前情况下，我国的劳动力市场还存在着很多的问题，具体表现在以下几个方面：

1. 劳动力市场信息不对称，信息传递的速度慢。正是由于这种原因的存在，使得劳动力市场上摩擦性失业问题严重，很多求职者并非是不具备一定的技能，而是因为信息的获取有难度而解决不了自己的就业问题。

2. 我国的劳动力市场制度不健全不完善。目前我国的大部分劳动力市场不是一个单独的健全的机构，而是大多数劳动行政部门的一个分支机构，很多劳动力市场的建立只是为了迎合国际市场发展的需求。

3. 劳动力的流动幅度过慢。在现行的计划经济体制下，国家通过高度统一的工资和社会保障制度以及户籍管理等行政的手段，对劳动力在不同的工作单位或者是工作部门之间的流动进行了严格的限制，致使劳动力的流动率很低，随着就业制度的改革和劳动力市场建设的加快，我国的劳动力流动率有所上升，但与发达国家的流动率还有很大的差距，其中这也是我国民工荒存在的一个很重要的因素。

（四）培育和发展我国劳动力市场的措施

1. 由于摩擦性失业问题的存在，要建立完善的劳动力市场就必须要解决劳动力市场信息不对称问题，充分发挥劳动力市场信息功能的需要，因此我们就必须加快劳动力市场建设特别是强化劳动力市场的信息收集，整理和传递，尽可能使处于不同职业不同领域的求职者尽快获取相同的信息。从而逐步消除信息不对称产生和存在的基础，为实现充分就业创造必要的信息条件。

2. 建立统一、开放的劳动力市场体系，形成多方位、多层次、多渠道的市场网点。大力发展多种形式劳动力中介组织，包括信息、咨询、介绍、培训在内，但同时要对这种机构加强监督力度，以防止劳动者受欺骗的现象发生，这是扩大市场、调节空间、降低成本的关键。

3. 要大力发展教育事业，提高劳动者的素质，我们可以通过以下几个方面来提高劳动者的素质：转变领导的教育观念，是提高员工素质的前提与基础；在员工中开展学政治、学法规、学技术、学工艺、学管理的活动，及时借鉴国内外企业的典型经验和教训，并从中获益，从而使员工的思想观念精神面貌和生活方式都朝着有利于自身素质的提高方向发展。采用课堂教学、实操演练、案例分析、现场模拟、研讨交流等多种教学方法，强化培训质量，因人施教，分层施教，力求以员工易于接受培训内容的教学模式开展培训，全面增强培训效果和提高培训质量。完善机制运作，是提高员工素质的重要的推动力。最后，企业还应该建立完善的机制并确保机制的有效运作，强化教育与培训管理，提高员工素质，健全机制、规范落实是提高员工队伍素质的动力与活力。

4. 建立健全社会保障体系，社会保障体系是我国社会主义市场经济体制的重要支柱，关系改革、发展和稳定的全局。"十五"计划建议和国务院《关于完善城镇社会保障体系的试点方案》均明确提出了完善社会保障体系的总目标："建立独立于企业事业单位之外、资金来源多元化、保障制度规范化、管理服务社会化的社会保障体系"。完善我国社会保障体系的重点是城镇职工基本养老保险、基本医疗保险、失业保险和城市居民最低生活保障四项社会保障制度的改革和建设。首先，建立有效的基本生活保障体系，将失业保险、下岗人员基本生活费与社会保险并轨，完善以实际生活水平为标准的一体化救济体系，全面落实城市居民最低生活保障，探索建立农村养老、医疗和最低生活保障制度，确保国民的基本生活。二是劳动者作为主体，具有充分择业自主权。三是改变国家管理部门的职能，既不直接决定企业用人，也不包揽劳动者就业。现阶段政府仍然要行使管理职责，既要提供市场规范，制定法律法规；又要组织供求联系，对市场进行监督、调控。因此，劳动保险、社会保障对促进劳动力市场培育发展，有极其重大的作用。

5. 加强法制建设，维护劳动者权益。以《公司法》和《劳动法》为基础，完善有关法律法规，确立劳动力市场基本规则和行为规范，尽快调整修正不符合国际惯例或不符合新形势要求的法规，同时要在全面提高执法人员队伍素质的基础上加大执法力度，改进监管方式方法。市场经济是法制经济，整个市场经济运行和各种经济关系的处理，都要纳入法制轨道，劳动力市场也不例外，它的发展在于调剂劳动力的供求关系，保证劳动者获取应得的收入，并且使劳动力市场得到合理的配置。如何使劳动力市场运行符合客观经济规律和劳动者的迫切要求，一定要制定出所需要的法律、法规。社会主义市场经济的建立和完善，必须有完备的法制来规范和保障，要高度重视法制建设，做到改革开放与法制建设的统一，必须适时修改和废止与社会主义劳动力市场不相适应的法律和法规。

第二节　劳动力的需求行为

所谓劳动力的需求是指雇主对劳动力的需求，在这里我们需要了解的是雇主对劳动力的需求是一种派生的需求，派生需求是由阿弗里德·马歇尔在其《经济学原理》一书中首次提出的经济概念，是指对生产要素的需求，意味着它是由对该要素参与生产的产品的需求派生出来的，又称"引致需求"。也就是说雇主雇佣劳动力的原因是为了让劳动力生产出雇主需要的产品。

一、影响劳动力需求的因素

影响厂商对劳动力需求的因素很多，但主要因素是：工资率、对产品的需求量、可利用的技术及资本的供给条件、消费者偏好的变化、劳动力的流动性，以及经济社会总需求的变化对劳动力需求的影响等。不过，本章考察劳动力需求主要在于揭示一个或多个企业的劳动力需求在假设上述其中三个因素不变的情况下，如何受另一个因素的变化的影响。

二、劳动力需求行为

（一）产品需求量、技术与资本供给不变，劳动力需求受工资率变化的行为

工资变化后，厂商需要的雇员数量（或总劳动时间）是如何变化的呢？

1. 工资的增加必然带来成本的增加，厂商为了降低总成本，则将增加的成本转移到产品的价格上，由消费者承担。产品价格的上升，引发消费者降低购买，厂商则会减少库存，降低产量。而产量的降低，则会带来劳动力的闲置，降低厂商的雇佣水平——规模效应就发生了。

2. 工资上升，厂商会尽量采用依靠资本而更少雇佣劳动力的技术以降低成本。因此，若工资上升，由于生产模式更加"资本密集化"，需要的雇员的数量下降。这种效应称为"替代效应"，因随工资上升，生产过程中需要资本代替劳动。

工资变化对雇佣水平的影响，可以采用每一种工资水平下的劳动需求量来表示，表 4－1 就是这样一种需求表。依表 4－1 可绘制出图 4－1 的劳动力需求曲线，该曲线的斜率为负，说明工资越高，劳动力需求量越低。

表 4－1　　　　　　　　　　　　**某行业的劳动需求**

工资率（W）	需要的雇佣水平（L）	工资率（W）	需要的雇佣水平（L）
3	250	6	130
4	190	7	100
5	160	8	70

注：雇员水平的衡量，可采用需要的雇员数量或工时数量，这里选用雇员数量。

图 4－1 的劳动需求曲线告诉我们：在对产品的需求量、资本的供给条件、可利用的技术条件不变的情况下，工资变化与劳动需求量的变化呈反向变化，这一变化表现为劳动需求曲线上点的移动。

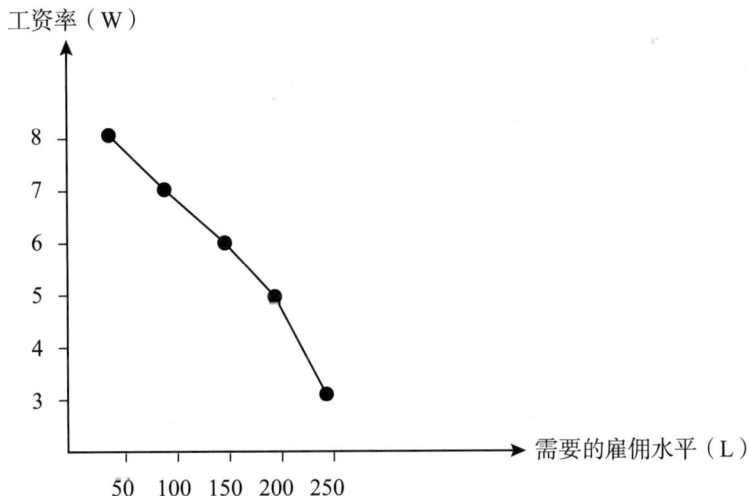

图 4－1　劳动需求曲线

（二）在工资率相同，影响劳动需求的其他因素之一发生变化的情况下的劳动需求行为

1. 假定对某个特定行业的产品需求增加，而劳动需求的其他因素不变，考察产品需求量变化对劳动需求的影响。显然,随着对产品需求量的增加,规模效应将增加劳动的需求量(由于假定资本和劳动的相对价格不变,故不存在替代效应)。如何应用需求曲线描述劳动需求的上述变化呢? 由于可利用的资本和劳动供给的条件不变,因而在相同的工资率下,对产品需求的增加,将会雇佣更多的劳动者,在曲线上表现为整个劳动力需求曲线向右移动,如图 4-2 所示,劳动需求曲线从 D_1 向 D_2。

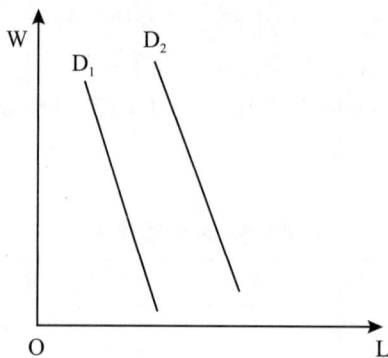

图 4-2

2. 相同工资率下,若资本供给发生变化,比如,资本价格下降至前期水平的 50%,而其他影响劳动力供给的因素不变。那么,资本价格的下降时如何影响劳动需求呢?

(1) 当资本价格下降,生产成本势必下降,下降的成本刺激生产的扩张,在相同工资率下,生产的扩张势必提高雇佣水平。在曲线上表现为整个劳动需求曲线的右移,如图 4-3 所示。

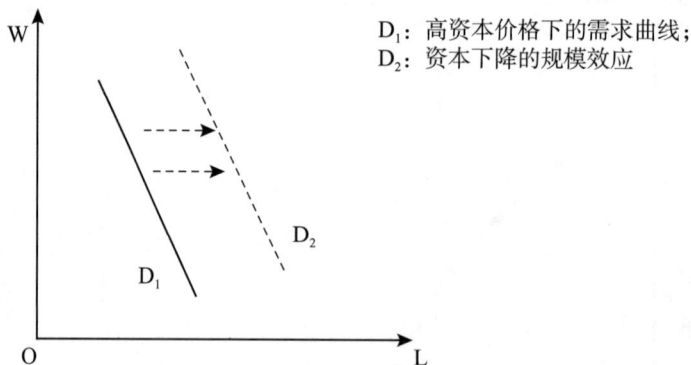

D_1: 高资本价格下的需求曲线;
D_2: 资本下降的规模效应

图 4-3

(2) 资本价格下降产生的替代效用,由于资本更加便宜,企业将采用资本更加密集型的技术,用资本替代劳动,生产一定量的产品,劳动的需求量比以前减少。在相同的工资率下,劳动需求量下降,劳动的需求曲线向左移动,如图 4-4 所示。

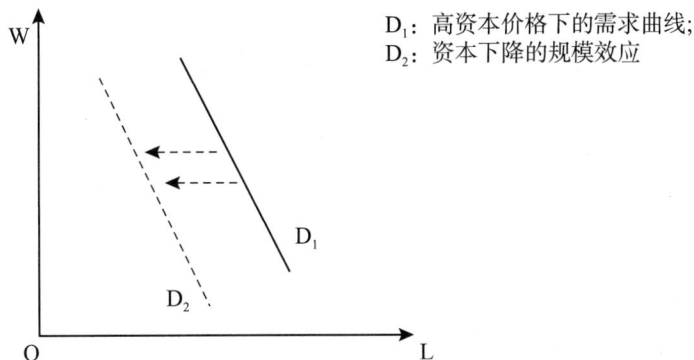

D₁: 高资本价格下的需求曲线;
D₂: 资本下降的规模效应

图 4 - 4

在实际中，整个劳动需求曲线是右移还是左移，取决于规模效用和替代效用二者相互作用的结果，若规模效用强于替代效用，表现为曲线右移；若替代效用强于规模效用，则曲线左移。

上述讨论的工资率产品需求和资本供给的假定变化，会引起劳动需求量的变化，重要的是区分需求曲线的变化和沿着需求曲线的移动，劳动需求曲线的图示表明，劳动需求量是工资率的函数（纵轴表示工资，横轴表示劳动需求量）。若工资率变化，其他因素不变，移动沿着需求曲线发生移动，这些因素与工资不同，不能直接通过劳动需求曲线表示出来，因此，当它们发生变化时，就出现工资率与雇佣量的另一种关系，表现为劳动曲线的移动，在任何既定的工资率的情况下，如果劳动需求量增加，那么曲线向右移动；若劳动需求量下降，则需求曲线向左移动。

三、市场、行业和企业的劳动需求行为

对劳动的需求可分为市场劳动需求、行业劳动需求和企业劳动需求三个层次。此三个层析的劳动需求由于规模和替代效用的影响程度不同，劳动需求曲线的斜率有所差别，但企业、行业和市场劳动需求都是负斜率。

另外，劳动需求曲线有长短期之分。短期内，雇主难以用资本替代劳动，所以短期内的劳动需求曲线世纪是在资本不变下的劳动需求；长期内，资本被认为是可变的，长期劳动需求求曲线被认为是资本可变条件下的劳动需求曲线，以后各章对此要详加研究。此处仅指出，无论长期还是短期，工资率的提高都会减少劳动需求，只不过减少的数量不同。

第三节 劳动力的供给行为

（一）影响劳动力供给变动的因素分析

研究影响劳动力供给因素的问题，实际上是研究劳动者选择什么职业，将自己的劳动供给哪种职业因素，影响劳动力的供给因素主要有以下三个方面：

1. 劳动者供给的偏好，也就是劳动者愿意从事哪方面的工作。

2. 本职业的工资率的高低，在其他条件相同的前提下，本职业的工资率越高，劳动者就愿意到本职业就职。相反，本职业的工资率越低，劳动者就不愿意到本职业就职。

3. 其他职业工资率的高低，在其他条件相同的前提下，其他职业的工资率越高，劳动者就愿意到其他职业就职。相反，其他职业的工资率越低，劳动者就不愿意到其他职业就职。

（二）研究劳动者供给的假设前提

研究劳动力供给的一个基本假设前提就是假设工人已决定供给劳动，问题是选择什么样的职业，职业选定后，选择哪个雇主，以及供给时间。

（三）研究劳动力供给分三个层次

1. 职业选择

职业选择面向的是整个社会，所以职业选择的劳动供给曲线就是市场劳动力供给曲线。以我们速记员市场为例得出市场劳动力供给曲线，若影响劳动力供给的其他因素不变，速记员的工资率提高，那么会有更多的劳动者希望成为速记员。如有 100 个高中毕业生，他们可以选择做保险代理人或速记员。其中一些人，即使速记员的报酬丰厚，也愿意做保险代理人，因为他们喜欢推销工作的挑战性和社交性；另一些人，即便速记员的报酬相对低廉，也愿意做速记员，因为他们讨厌推销员工作的压力。不过，很多人可能认为做任何工作都行，对他们来说，决策的关键是这两个职业工资的高低。如果速记员的工资较高，会有更多的人愿意选择这一职业；如果保险代理人的工资较高，选择保险职业的人数增加，速记员的供给下降。

因此，若影响劳动力供给的其他因素不变，那么，某一特定职业市场的劳动供给与该市场现行工资率具有正相关（即如果保险代理人的工资和劳动供给者的偏好不变而速记员的工资上升，就会有更多的人愿意选择这一职业），如图 4-5 所示。

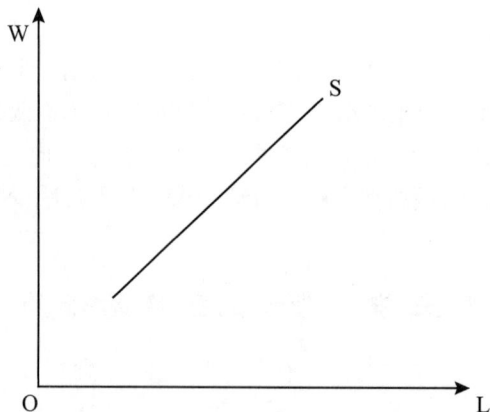

图 4-5

与需求曲线一样，每个职业市场供给曲线的描绘，是以假定其他职业市场的价格或工资不变为前提。如果一个或一个以上职业市场的价格或工资发生变化，将引起供求曲线的移动。如在本职业的工资率及劳动者的供给偏好不发生变化的情况下，其他职业的工资率升高，则在本职业原来的工资率下，愿到本职业就业的人数减少。表现为原来劳动供给曲线的向左移动。如图4-6所示，劳动供给曲线从S移动到S′。

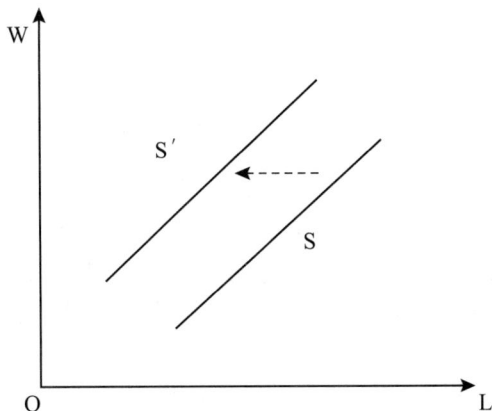

图 4-6

2. 雇主选择

如果已决定当速记员，那么个人就要决定选择哪个雇主。假定所有雇主提供的速记员职位差不多相同，这种选择就取决于工资。若某个企业不够明智，支付的工资低于其他企业，就会发现难以吸引任何雇员，或者，至少难以吸引任何高质量雇员。也没有哪一个厂家那么愚蠢，支付的工资高于市场工资，因为为了吸引呵护需要数量和质量的雇员，企业不必支付那么高的工资。因此，企业的劳动供给曲线，即劳动者选择哪个雇主的劳动供给曲线是水平的，如图4-7所示。单个企业的水平劳动供给曲线意味着，按市场工资率，企业可以获得需要的劳动者。

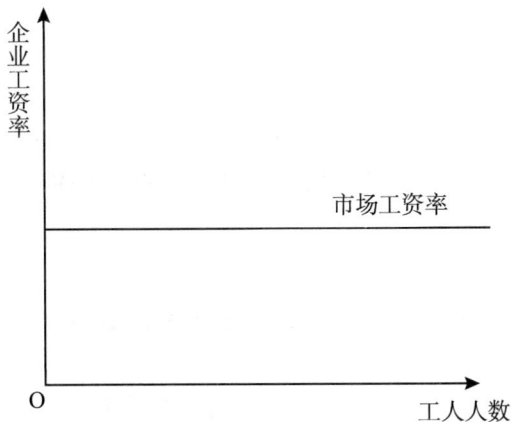

图 4-7

市场供给曲线与企业供给曲线斜率的不同，直接与工人面临的选择类型有关。当工人决定是否进入速记员劳动市场时，必须权衡报酬和替代选择的职业要求。若速记员工资下降，就没有什么人进入速记员市场。不过，并非一切人都想退出这一市场，因为保险代理人和速记员并非完全可以替代的。工资下降后，仍有一些人做速记员，因为他们不喜欢保险代理人的职业要求。

3. 劳动量供给选择

职业与企业选定后，个体劳动者是参加领导还是选择闲暇要受收入效应和替代效用的影响。当工资率上升时，劳动者会更加富裕，从而有能力享受更多的闲暇，为工资率变化的收入效应；同时工资率上升时，闲暇的机会成本增大，劳动者愿意提供更多的劳动，为工资率变化的替代效用。

对同一个劳动者来说，工资率的变化既有收入效应也有替代效用，但两种效用作用的方向相反。一般的情况是，在工资率比较低的情况下，替代效用的作用可能更大一些，即工资上升，劳动者希望工作的时间上升，即劳动者供给曲线的斜率是正的。在工资率较高的情况下，收入效用的作用更大，工资率上升时，劳动者希望工作的时间下降，即劳动者供给曲线的斜率是负的。因此，个人劳动力供给曲线就如图4-8所示。在工作低于 W 时，斜率为正；在工资超过 W 时，斜率为负，经济学家把这种曲线成为"向后弯曲的曲线"。

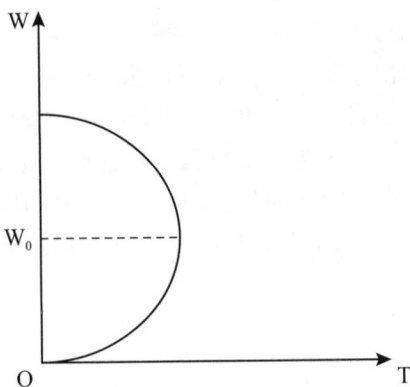

图 4-8

第四节　劳动力供给和需求的相互作用

一、劳动供求双方作用的劳动力市场所确定的均衡工资

在弄清劳动力需求和供给行为的基础上，我们考察劳动力供给和需求的相互作用下的劳动力市场。就某个特定的劳动力市场而言，无论是否存在工会，市场工资都要受到需求和供给的重大影响。不过，由于工会是改变市场结果的劳动力市场结构，这里先撇开工会这个因素。讨论非工会劳动力市场的工资决定。我们已知，市场需求曲线表示，假定资本价格和消

费者收入不变，对应于每一种工资率，雇主需要多少工人；市场供给曲线表示，假定其他职业的工资不变，对应于每一种工资率，有多少工人进入市场。此两条曲线可在同一图形上描绘出来，从中可得到一些有意义信息，如图4-9所示。

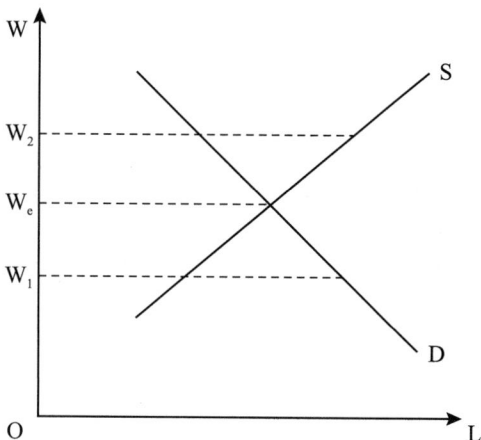

图 4-9

假设市场工资定位 W_1，在这种低工资水平上，劳动需求大于劳动供给。在此情形下，雇主之间在劳动力市场展开竞争，存在劳动力短缺。企业为吸引更多的雇员，必然增加工资，从而推动该市场整个工资水平的上升。工资上升后，出现两种情况：第一，更多的人愿意进入这一市场求职（沿着供给曲线移动）；第二，工资上升引起雇主需要更少的工人（沿着需求曲线移动）。若工资上升到 W_2，且非所有希望就业的人都能找到工作，出现劳动力剩余。任何职位空缺都会有大量的求职者。雇主很快认识到，即使降低工资，他们也仍能得到合格的求职者以填补职位空缺；在工资降低的情况下，雇主会希望雇佣更多的人。一些人，若仅能找到一个工作岗位，会乐意地接受这一降低的工资；另一些人，工资下降后，离开这一市场而到他处求职。因此，随着工资从 W_e 处下降，供给和需求逐渐趋向均衡。

需求和供给相等时的工资率是市场出清或均衡时的工资。在图4-9中的 W_e 点，雇主所有的职位空缺都有人填补，该市场所有愿意工作的人都能找到工作。在 W_e 点既无劳动剩余也无领导短缺，劳动的供需双方都感到满意，不存在改变工资的因素。在 W_e 点市场处于均衡状态。均衡工资是市场最终的通行工资。低于 W_e 工资不会成为通行工资，因为来的短缺的存在引起雇主抬高工资；高于 W_e 的工资也不会成为通行工资，因为来的剩余的存在导致降低工资。

因此，市场出清工资 W_e 是单个雇主和雇员面临的现行工资，也就是说，工资率有市场决定并"公布"于单个参与者。图4-10（a）描绘了市场供给和需求，图4-10（b）是与之相应的该市场一个典型企业的需求和供给曲线，市场上的所有企业都支付 W_e 的工资，且总雇佣量 L 等于每个企业的雇佣量之和。

微观劳动力的需求分析也就是单个企业对劳动力的需求分析，其内容与行业的需求分析基本相同，在此我们就不再赘述。

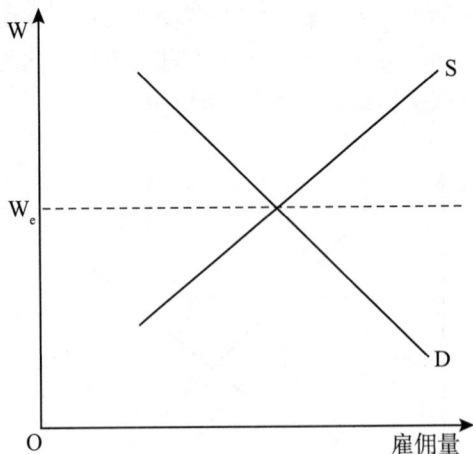

图 4 – 10 （a）

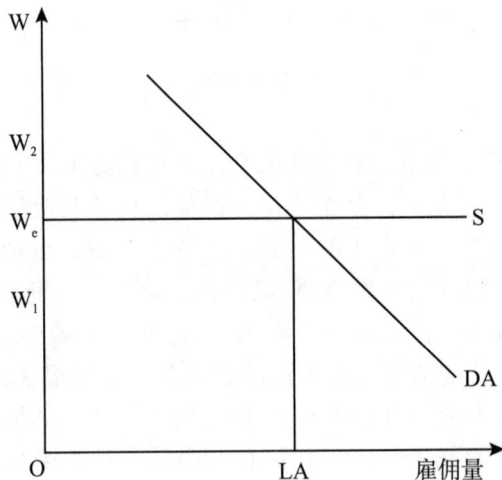

图 4 – 10 （b）

二、劳动供求双方相互作用及劳动力市场均衡的破坏

一旦取得均衡状态，什么变化可以改变均衡工资呢？回答是需要需求或供给曲线的转移。我们以妇女在管理及其他有声望的职业领域就业机会改善对速记员（假设市场上多数速记员是女性）工资的影响为例，女性在这些可供选择的职业中就业的增加和工资的提高可能导致一些女性离开速记员市场去其他市场求职，如图 4 – 11 所示，速记员市场供给曲线向右移动。

由图 4 – 11 可知，供给曲线变化后，W_e 不再是市场出清工资，现在，在 W_e 存在速记员短缺（需求大于供给），由于职业市场上雇主之间的竞争，工资上升，在 $W'_e > W_e$。因此，女性在管理部门就业机会的改善导致速记员供给减少，为了填补速记员职位空缺，工资率必然提高。其他领域就业机会改善的最终结果是速记员工资上升。

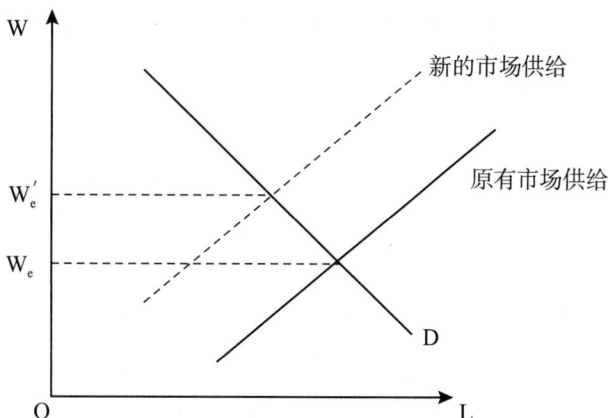

图 4－11

需求曲线右移也会引起工资上升。例如，假定政府对企业的管制更加严格，文件工资增加，企业需要更多的速记员，如图 4－12 所示，这种需求的增加表现为需求曲线的右移。在任何工资水平上，速记员需求增加，在原均衡 W_e 供给与需求不再相等，速记员市场出现短缺从而迫使雇主提高工资，最终工资上升到 W_e'。

供给左移和需求右移最初都造成劳动短缺，短缺引起市场工资率上升。但供给曲线左移导致就业下降（相对于原就业水平而言），需求曲线右移导致就业增加。当然，均衡工资也可能下降。尽管货币工资很少下降，但在几个上涨时期，实际工资迅速。加入非农业生产工人货币工资上升 8%，同期价格上升 11%，实际工资下降 3%。一种职业的货币工资相对于其他职业而言也可能下降。

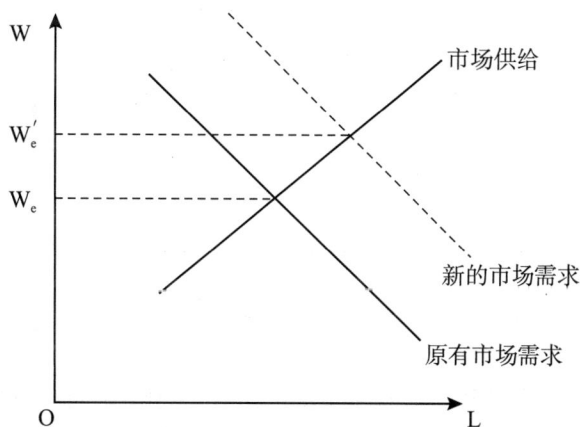

图 4－12

所以，我们谈工资下降，不仅是指货币工资率的下降，而且指相对于产品价格或其他职业工资而言的下降。若供给增加或需求减少，就会出现均衡工资率下降。供给曲线右移表示供给增加，在每种工资率下，有更多的人进入这一劳动市场。如图 4－13 所示，在原有均衡工资水平 W_e 出现劳动力剩余，迫使均衡工资降至 W_e''，此时，均衡就业水平上升。供给曲线右移的原因是对速记员来说，在每种工资率下，可能有更多的人希望成为速记员，或者是相关职业工资的下降。

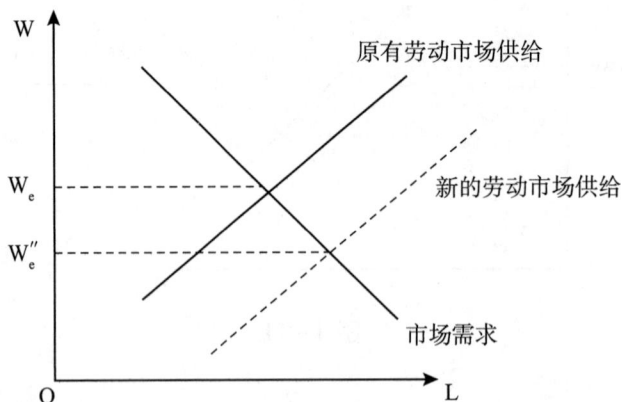

图 4 – 13

需求减少也引起均衡工资下降，不过这伴随着就业水平下降，如图 4 – 14 所示。需求曲线右移导致在原有均衡 W_e 出现劳动剩余，企业发现求职者与职位空缺的比例高于正常比例，工人发现难以找到工作，降低工资的压力便随之出现，市场出清工资降低至 W_e^{**}。

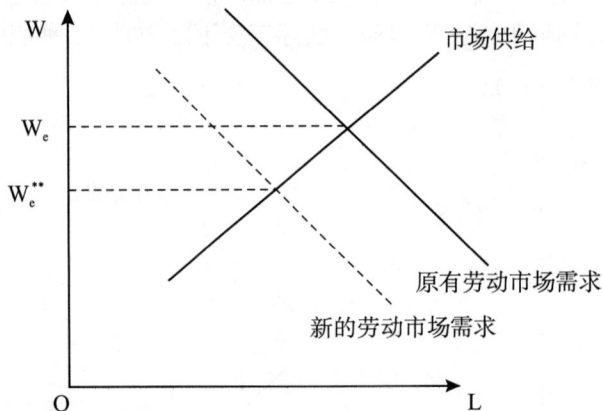

图 4 – 14

均衡的破坏也可能是供给和需求的同时变化，两者的作用方向相同，也可能相反。当需求左移，供给右移，两者作用方向相同，如图 4 – 15 所示，仅需求曲线左移，工资从 W_{1-1} 降至 W_{2-2}。

两者也可能作用相反。例如，由于录音设备的发明与传播，速记员需求减少，同时，女性在其他职业的就业就会增加，就难以预测速记员工资受到的影响，如图 4 – 16 所示，需求的左移形成降低工资的压力，而供给的左移形成提高工资的推力，最终的影响取决于两种力量的对比。如图 4 – 16（a）所示，需求收缩形成的力量占优势，均衡工资从 W_{1-1} 降至 W_{2-2}，而在图 4 – 16（b）中，供给收缩形成的力量占优势，工资从 W_{1-1} 升至 W_{2-2}。

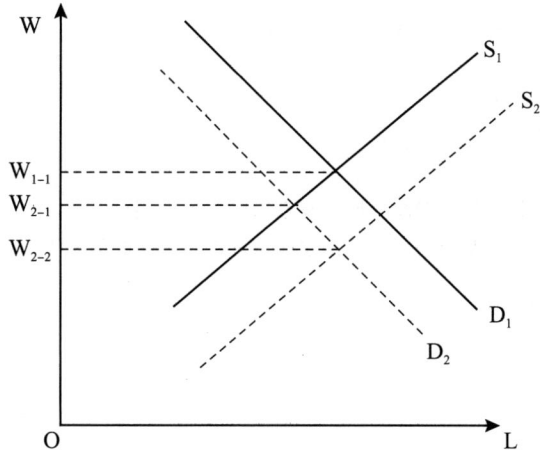

图 4 – 15

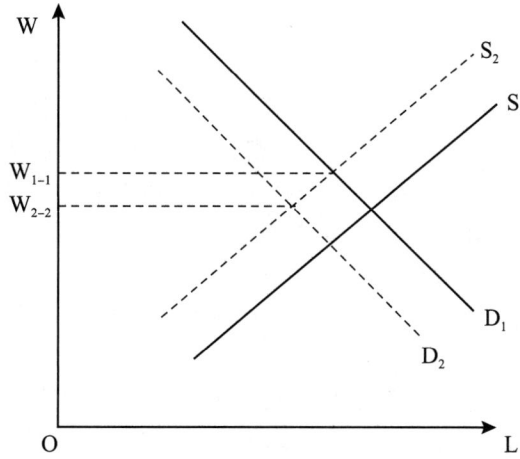

图 4 – 16（a）

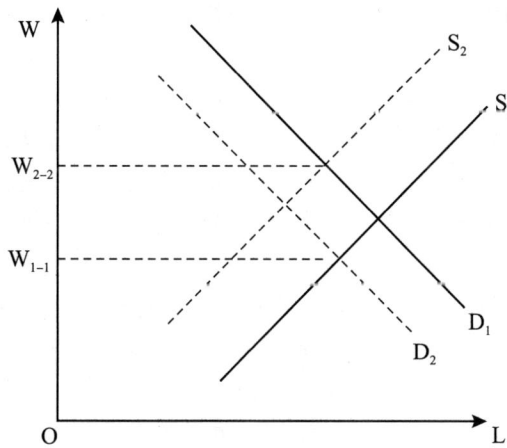

图 4 – 16（b）

思考题:

1. 什么是劳动力?什么是市场?
2. 简析劳动力和人力资源的区别与联系?
3. 我国劳动力市场的现状?
4. 分析个体劳动力供给曲线向后弯曲的原因及在管理中的应用。
5. 结合劳动力市场的配置问题分析民工荒出现的原因以及解决的对策?

案例分析

由"民工荒"带来的启示

从 2003 年开始,我国沿海发达地区出现了一个改革开放二十多年来从未有过的令人费解的现象——很多民营企业为招不到员工而发愁,不少工厂由于工人不足而被迫减产甚至停产,即出现了所谓的"民工荒"。特别是在珠江三角洲和闽南金三角地区,从事基础作业操作的一线工人缺口非常大。许多民营企业抱怨,仿佛一夜之间有些民工都从沿海地区"蒸发"了,而且即使这些企业通过劳务机构到经济落后地区招工,应征者寥寥无几,其效果也不明显。偶尔有一小批的民工南下,也立即成为各家民营企业的"捕捉对象"而被一抢而光。

在福建省经济较发达的泉州地区,根据福建省企业调查队的一项调查结果显示,2004 年春节过后由于民工返城、外出打工的数量减少等原因,晋江市工业企业的开工率只有 80%~85%,其中陶瓷行业的开工率不足 50%。整个泉州地区在最严重时期民工的缺口达到 20 万人以上①。福建省内其他地区的劳动力市场也出现了求大于供的状况。浙江省的情况也是如此,据估算,2004 年到浙江省打工的民工数比去年同期减少了 10%~20%。这是 20 年来浙江省首次出现民工涌入数量减少导致供不应求的状况。

一线操作工人的短缺已经严重影响到企业正常的生产经营活动。我国沿海发达地区的民营企业大多数从事劳动密集型产品的生产,而且很多产品直接出口。对于劳动密集型行业来讲,在缺乏劳动力的情况下生产就很难进行。沿海发达地区很多民营企业的劳动力都来自中西部落后地区,因此只要外出打工的民工数量减少,这些民营企业的工人数量就会下降,在沿海地区很难寻找到替代民工的当地劳动者。许多民营企业为了解决这一问题只能实行"三班倒"的工作制度,硬性地延长工人的劳动时间。对于出口企业来说,民工的欠缺势必会导致工人工资的上升,从而提高企业产品的成本,在出口竞争压力越来越大、出口产品价格下降的情况下,企业的利润就将减少②。

分析:我国是一个人口大国,一直以来劳动力资源丰富是我国的一大优势,在我国这样

---

①② http://www.lunwenk.cn/vnke/jinji/2007-7-24/MinGong.

一个劳动力资源极大丰富的人口最多的国家，出现"民工荒"这种状况是另人难以置信的，依我国目前的发展状况，我国正处在青壮年劳动力大幅增长的时期，劳动适龄人口不仅数量庞大而且由于基数大增长十分迅速。相比于我国现有的经济发展水平，青壮年寻求劳动机会的欲望应该相当强烈，不可能会出现劳动力紧缺的情形。从我国的就业状况来看，人才市场上存在着很多的就业求职者，那么民工荒是否真的意味着我国真的出现了人才短缺的状况呢？是否说明我国出现了人才危机呢，其实不然，"民工荒"的出现有着很多的政治经济原因，而且还说明了我国的劳动力市场存在着严重的配置不合理的问题，笔者分析了"民工荒"问题出现的原因，并提出了相应的对策。

一、民工荒出现的原因分析

（一）待遇太低

各地政府都制定了最低工资标准，但这个"标准"对农民来说形同虚设，有的甚至拿不到最低工资标准的一半。如石家庄市的个体餐馆，一般服务员的月薪大多在 300~350 元之间，在乡下最多只能拿到 300 元，西部山区一带的民工日工资只有 8 元上下。至于社会保险、各种补贴、带薪休假等福利待遇，农民工更是想也不敢想。

（二）劳资关系紧张

劳资关系紧张是出现民工荒的一个很重要的因素，尤其是在劳动密集型的企业当中，很多的雇主只是为了追求自己利润的最大化，从而不顾及员工的感受，很少关心员工的工作环境以及心理压力，为了降低成本，进一步提高自己的收益，很多的雇主甚至变相的体罚员工，延长工作时间，恶意对员工提出无理要求，从而使得劳资关系更为紧张。

（三）农业收益变化的结果

在市场经济的影响下，我国的农产品价格近来出现大幅度上涨的现象，今年上半年居民消费品价格同比上升 3.6%，其中食品价格上升 9.5%。很多外出打工的农民在外打工，其基本工资非但没上涨，还面临着消费上涨的趋势，这无疑会使得大部分农民放弃在外打工的机会，回家务农。

（四）恶意拖欠克扣工资

很多单位为了寻求更多的流动资金，赚取更多的经济利益，恶意拖欠员工的工资，并寻找各种借口来克扣工资，致使许多打工者对外出打工失去信心。

（五）制度本身以及导向问题

制度规范不合理也是造成"民工荒"的一个重要原因。而导致这些有缺陷和不合时宜的制度安排和政策的长期存在与实施有两个根本原因，第一是观念和理念的陈旧。造成人口迁移流动"推拉力"弱化的根本原因在于作为民工流入地和接受地的广东没有因应形势条件的变化而变化，缺乏与时俱进的创新，仍然固守二十多年基本没有更新的民工就业、安置和待遇模式。这种模式最大的弊端是以服从经济发展为主导，忽略了社会协调发展的观念导向；它注重的是廉价民工资源的索取与利用，没有同等关注民工的切身利益、生活质量和人力资本的培育提升。如果说它过去曾行之有效，则今天它已不适应以人为本的科学发展观指导下的市场经济发展新阶段新环境的要求了。非国有企业需要新的观念和理念指导下的创新的民工就业、安置和待遇等方面的制度、政策与模式，寻求经济与社会发展的协调与平衡，保证劳动力要素在不断完善的市场经济条件下的畅顺流动，实现其最优组合。

二、解决"民工荒"的对策建议

（一）根据传统古典理论——把劳动和资本看作完全对立，通过压低劳动者工资，增大资本方或企业自身利润的方法不是长久之计

要实现我国非国有企业的长期、可持续发展，就必须像非完全古典假设下的二元经济结构转化模型那样——通过提高工资激励劳动者的积极性，提升劳动生产率，使劳动者在单位时间内生产更多使用价值，生产的更多使用价值中的单位使用价值生产所花费的个别劳动时间尽管低于社会必要劳动时间，但按社会必要劳动时间来出售，从而提高工资的厂商会获得更多新价值，更多新价值除补偿工资上升外还会有更多剩余，更多剩余用于资本积累，吸纳更多剩余劳动力。同时使厂商有能力支付较高工资，雇用到素质较高的劳动者，为企业和社会创造更多财富！实现劳资双方及人与自然的和谐相处。

（二）提高农民工工资，改善生产条件方能消除我国经济发展中的需求约束，提高非国有企业在国际市场中的竞争力

从各国经济发展阶段来看，只依靠投资拉动的经济增长迟早会受到消费的制约，因而在投资、消费、出口三驾马车中，应由投资拉动型转变为投资、消费共同拉动型。如何转变呢？提高农民工工资，将会启动我国巨大的农村消费市场。而生产条件的改善，将会推动吸纳我国农民工的载体——非国有企业融入国际市场中，积极应对国际劳动标准、社会责任标准等一系列发达国家的贸易壁垒和真正实现以人为本的管理方略。

（三）调整用工标准，适当放宽年龄、性别、地域、经验等限制，扩大用工范围

民工荒主要发生在劳动力密集型的企业，而这些企业招工的条件基本一致，主要集中在18~25周岁，高中或中技以上文化。若将年龄放宽到18~40周岁、民工供给数量会在现有的基础上增加3倍；若将1:10或1:5的男女比例调整为1:1，符合条件的民工供给数量会增加5倍；若将河南、四川、湖北、江西等已满或不招的条件去掉，符合条件的民工供给量至少会增加1倍；若将两年以上经验改为一年以上或不需要经验，符合条件的民工供给量会增加2倍。20~40岁的民工都可以胜任的岗位，为什么一定要用25岁以下的民工，发生民工荒的企业可否根据实际情况改变一下招聘条件，值得深思。事实上，当前所谓的民工荒，在很大程度上都是指年龄、性别、地域和技能性民工荒，若能根据具体情况，适当调整招工条件，许多企业的民工荒都能得到一定程度的解决。

（四）提高民工待遇，改善生产生活环境，尊重民工价值

当前的民工工资实在太低了。不算账不知道，仔细一算吓人一跳，辛辛苦苦上一个月

班，纯收入只有几十元，若不精打细算，上班还会倒亏钱。当时各地的最低工资标准大多是300~400元。吃饭得150元，早餐1元，中晚餐各2元，每日5元，这是最低标准，实际上工人快餐都是3~5元，一般每月生活费都在200元左右，并且若天天吃快餐，身体难以支持长时间的体力劳动。如果不吃快餐，自己做饭，估计每月的工资勉强够吃饭和住宿，稍不节俭就会亏本。煤气65元一瓶，大米1.5元一斤，猪肉8元一斤，加上买菜钱、调料钱、水电费、房租费、洗刷用品、理发、交通费等，每月至少要花350元。部分提供食宿的企业，每月扣取员工的生活费、房租、水电费也都在200元左右。出门千里辛苦劳动的民工，连自己都养活不了，更不要说看病、赡养老人、扶养小孩了，这种惨劣的生活处境，民工荒当然会发生。最低工资是基本生活保障，而许多企业包括某些知名企业都以最低工资标准来发放员工的工资，很多企业每年盈利数千万元，而辛勤劳动的员工连生活都难以维持，估计这种现象都是"民工潮"惹的祸。企业的利润和社会的财富都是广大劳动者共同创造的，劳动者应分享社会的发展成果，获得相应的劳动报酬。在生产、生活环境良好的情况下，民工的工资大约在600~1000元才比较符合社会现实。果真如此，当前的民工荒一定能暂时解决。民工荒的发生在很大程度上就是最低工资标准太低惹的祸，员工每月的纯收入几乎都是靠加班费来获取。

（五）加强职业技能培训，增加符合需求的劳动力供给，提高劳动生产率

通过职业技能培训不仅可以提高现有劳动力的劳动生产率，还可以将非劳动力或潜在的劳动力转化为现实的劳动力。比如说，部分上肢完好的残疾人，虽然下肢行动不便，或者还有一些其他先天缺陷，若对生活能够自理，具备一定沟通能力的残疾人进行职业技能培训，就能将此部分残疾人转化为现实的劳动力。此种做法，不仅可以解决残疾人就业问题，还能在一定程度上缓解民工荒的问题，一举多得。侨兴集团在这方面做得很好，值得参考借鉴。侨兴集团建有残疾人培训就业基地，现有300多个残疾员工在此培训就业。残疾员工参加工作，减轻了家庭和社会的负担，不仅能够解决自己的生活费，还能够将工资寄到家中，解决家里温饱问题，实现了扶贫、助残、培训、就业一体化。对于部分边远山区的劳动力，只有体力没有智力的现状，企业可以组织技能培训，将没有满足条件的劳动力转化为符合条件的劳动力。

（资料来源：高瑞. 关于"民工荒"现象的理性思考 [J]. 山西农业大学学报（社会科学版），2006（4）.）

案例分析题：

1. 谈谈你对"民工荒"产生原因的认识？
2. 如何解决"民工荒"问题？

参考文献

[1] 杨俊青. 非完全古典假设下的非国有企业与二元经济结构转化 [M]. 北京：经济科学出版社，2009.

[2] 杨俊青，刘姗姗. 劳动经济理论研究 [M]. 北京：中国经济出版社，1998.

[3] 廖泉文. 人力资源管理 [M]. 北京：高等教育出版社，2003.

[4] 赵曼. 人力资源开发与管理 [M]. 北京：中国劳动社会保障出版社，2001.

第五章　微观劳动力市场

在上一章阐述了市场、劳动力市场及劳动力市场运行的基本机理后，本章主要分析微观企业的劳动需求与个体劳动供给行为。

第一节　企业劳动需求行为分析

一、劳动需求的含义

所谓劳动需求实际是对劳动的需求。对劳动的需求可分为微观组织对劳动的需求与社会对劳动的需求。微观组织对劳动的需求分析是微观劳动力市场要研究的内容，社会对劳动的需求分析是宏观劳动力市场要研究的内容。劳动需求是一种派生需求，西方学者认为，产品市场的需求和生产要素市场的需求具有不同的性质。产品市场的需求是直接需求，这种需求来自消费者。消费者购买产品是为了直接满足自己的需要。与此不同，生产要素市场的需求是引致需求，或称派生需求，因为它是厂商为了生产产品满足消费者的需求而产生的对生产要素的需求，这种需求不是为了本身自己的消费。本章仅分析微观企业组织对生产要素之一的劳动的需求。

二、研究企业对劳动需求行为的核心

研究企业对劳动需求的核心是要研究企业需要多少劳动方能实现利润最大化、实现利润最大化的条件及企业的劳动需求曲线。对这一问题的研究可分为以下四种情况：

1. 产品市场和劳动力市场都是完全竞争市场。
2. 产品市场完全竞争、劳动力市场非完全竞争。
3. 产品市场非完全竞争、劳动力市场完全竞争。
4. 产品市场和要素市场都是非完全竞争市场。

作为人力资源管理研究中的微观劳动力市场一章，本章仅研究产品市场与劳动力市场都是完全竞争市场的情况。

三、企业劳动需求

在这里，我们尽可能地考虑短期劳动需求，所谓短期劳动需求是只有劳动是可变的，其他

生产要素不变情况下的劳动需求（长期劳动需求参看笔者所著的《劳动经济理论研究》[①]）。

（一）边际收益与劳动的边际产品价值

1. 边际收益

指产品的边际收益，即每增加单位产品的销售所引起的收益的增加。用公式表示为：

$$MR = \frac{\Delta TR}{\Delta Q} = \frac{dTR}{dQ} \tag{5-1}$$

由于 $TR = P \cdot Q$

$$MR = \frac{dTR}{dQ} = P \text{（在完全竞争市场下）}$$

2. 劳动的边际产品价值

VMP_L 表示厂商每增加一个单位劳动所增加的收益。若劳动的数量用 L 表示，则劳动的边际产品价值为：

$$VMP_L = \frac{dQ(L)}{dL} \cdot \frac{dTR(L)}{dQ(L)} = ML_L \cdot MR_L \tag{5-2}$$

式中　　　　　　　　　　$Q = f(L)，\ TR = f(Q) = P \cdot Q$

在完全竞争市场条件下，$MR = \frac{dTR(Q)}{dQ} = \frac{dPQ}{dQ} = P$

代入式（5-2）有　　　　　$VMP_L = MP_L \cdot P \tag{5-3}$

由于 MP_L 即劳动的边际产品是递减的，那么随着劳动使用量的不断增加，在其他要素不变的情况下，MP_L 一开始增加，达到最大值后开始下降，所以 $VMP_L = MP_L \cdot P$，即劳动的边际产品价值同 MP_L 变化相同。当 $P > 1$ 时，MP_L 与 VMP_L 曲线如图 5-1 所示。

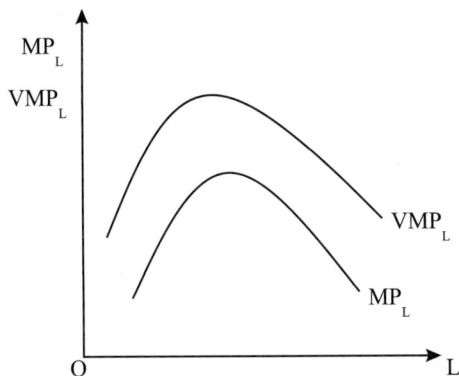

图 5-1　厂商边际产品和劳动边际产品价值

（二）边际成本与边际要素成木

1. 边际成本 MC 指产品的边际成本。由成本函数 $C = C(Q)$ 求产品的边际成本，即每增加单位产品而引起的成本增量，$MC = dC(Q)/dQ$。

---

① 杨俊青，刘姗姗. 劳动经济理论研究 [M]. 北京：中国经济出版社，1998：115.

2. 边际要素成本指每增加一单位生产要素而引起的成本的增量，由 $C = C(Q) = C[Q(L)] = C(L)$（若 L 为劳动者数量，设其他生产要素不变），则劳动这一要素的边际成本为

$$\frac{dC(L)}{dL} = \frac{d(WL + \gamma \overline{K})}{dL} = W$$（W 为劳动者工资，劳动力市场假设为完全竞争市场）。

（三）利润最大化目标的原则

企业使用生产要素遵循利润最大化的行为目标，即 $MR = MC$。在完全竞争条件下，企业使用要素的边际成本等于要素价格 W，而使用要素的边际收益就是所谓的边际产品价值 VMP_L，所以完全竞争时企业使用要素的原则表示为：

$$VMP_L = W \tag{5-4}$$

而 $VMP_L = MP_L \cdot P$（以劳动要素为例）

所以 $\qquad\qquad MP_L \cdot P = W$ 即：$MP_L = W/P \tag{5-5}$

当式（5-5）满足时，完全竞争条件下，企业利润达到最大化，此时使用的要素数量为最优要素数量。

若这一要素为劳动，则企业实现利润最大化时对劳动需求的条件就可解释为：劳动的边际产品价值与支付给劳动者的货币工资相等，或劳动的边际产品与支付给劳动者的实际工资相等。

（四）企业的劳动需求曲线

企业对劳动的需求曲线反映劳动者的工资和劳动需求量间的关系，同时在需求曲线上应满足在劳动者工资下购买的劳动数量应使企业的利润最大，而 $W = VMP_L$ 就满足了这两点，所以 VMP_L 曲线向下倾斜的部分就是完全竞争市场下的企业对劳动的需求曲线。（由于劳动者的工资上升，企业对劳动的需求量减少，所以我们仅取 VMP_L 向下倾斜的部分），如图 5-2 所示。

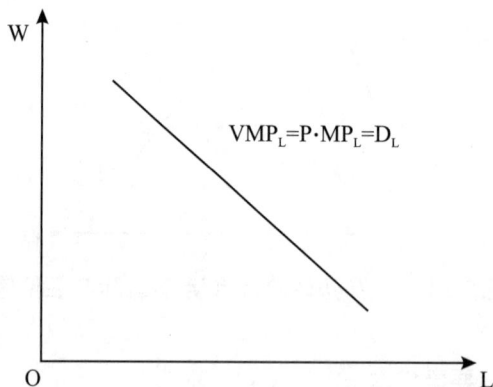

图 5-2　完全竞争企业的劳动需求曲线

（五）完全竞争市场的劳动需求曲线

我们前面讨论的单个厂商对要素的需求曲线就是要素使用者的边际产品价值曲线，其前

提假定其他厂商对要素的需求量和使用量都不发生变化。而现实要素价格的变化所引起的全体厂商的产量变动将改变产品的供给曲线，在需求量不变时，将改变产品的价格。产品价格的改变反过来使每一个厂商的边际产品价值曲线发生改变。在考虑了其他厂商调整要素需求量与使用量后的完全竞争厂商的要素需求曲线也是向下方倾斜但要陡峭一些。将这些更为陡峭的完全竞争厂商的需求曲线水平相加即可得到市场的要素需求曲线，如图 5-3 所示。

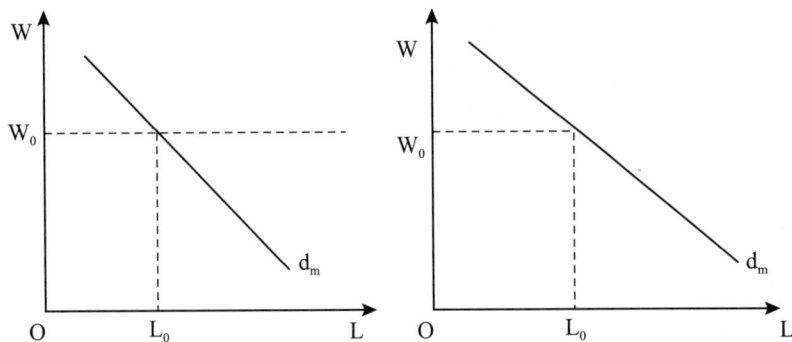

图 5-3　单个厂商和整个市场的要素需求曲线

四、规 模 效 应 与 替 代 效 应

规模效应又被称为产出效应，它是指工资率变动通过首先直接作用于生产规模或产出规模，进而影响劳动力需求量的作用过程及其结果。假如其他条件（技术、资本供给条件、产品价格和产品需求的关系等）不变而仅仅是工资率上升了，那么，工资率的上升就意味着企业的成本上升，从而导致企业缩减生产规模。而生产规模的缩减就意味着企业要降低雇佣水平，即劳动力需求数量的减少。然而，工资率下降也同样会导致规模效应的出现，只不过在其他条件不变的情况下，工资率的下降会导致企业规模的扩大，而企业规模的扩大又会导致劳动力需求量的上升。

工资率上升的替代效应则是指工资率变动通过影响资本和劳动力之间的相对投入比例，而对劳动力需求量产生影响的作用过程及其结果。在其他条件不变的情况下，由于代表劳动力价格的工资率上升，而另外一种生产要素——资本的价格却没有发生变化，因此，劳动力的相对价格就上升了。在这种情况下，雇主势必会更多地依赖资本来进行生产，而更少地使用劳动力，即会出现资本替代劳动的现象，从而导致企业向"资本密集化"的生产方式转变。类似地，工资率的下降同样会导致替代效应，只不过在其他条件不变而工资率下降的时候会形成劳动力的价格相对于资本价格下降的局面，从而导致以利润最大化为目标的雇主用劳动力来替代资本，结果造成劳动力需求数量的增加。

从上面的分析可以看出，工资率变动的替代效应和规模效应对劳动力需求的影响方向是相同的，即在长期内，工资率上升的替代效应和规模效应都使劳动力需求减少，工资率下降的替代效应和规模效应都使劳动力需求增加。所以，工资率变动对长期劳动力需求的影响是两种效应所引起的变化之和。长期劳动力需求曲线的走向也因此只能是向右下倾斜的，其斜率为负。

第二节　个体劳动供给行为分析

上一节主要研究了微观企业的劳动需求行为，本节主要研究个体劳动的供给行为。

一、研究个体劳动供给的核心

研究个体劳动供给的核心是研究个体劳动供给者供给多少劳动方能实现效用最大化，实现效用最大化的条件以及个体劳动供给者的劳动供给曲线。

二、个体劳动供给实现效用最大化的原则

（一）效用函数及无差异曲线

假设一个人的目标是从其可能的有限资源中获得最大限度的满足。在购买商品和劳务的市场中以及在出售劳务的市场中，个人是价格的接受者。可用时间、市场工资率和非劳动收入基本上决定了个人的资源。在短期中，个人的工资是既定的；而在长期，教育和培训却是影响个人收入能力的重要因素。效用函数正规的表达了个人综合利用其资源以产生效用的方式。经济学假定，能够给人们带来满足的东西有两大类：一是闲暇，人们可以用闲暇来享受生活；二是货币收入，人们可以用货币购买其他商品或服务用于消费。

效用函数告诉我们：效用是如何与货币收入和闲暇的不同组合联系的。我们用下式表示效用函数：

$$u = u(g \cdot h) \tag{5-6}$$

如图 5-4 所示，u 表示效用或经济福利水平，g 表示货币收入，h 表示闲暇的小时。

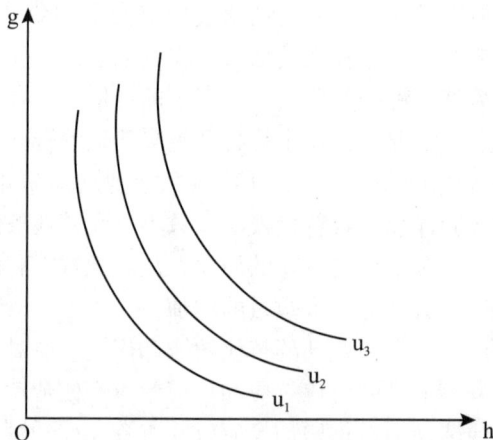

图 5-4　无差异曲线

由于人们的偏好是不同的，在闲暇和货币收入的选择过程中，人们会通过两者之间的替

代来实现满足即效用。图 5 - 4 中的三条曲线表示无差异曲线。在同一条曲线上每一点所显示的货币收入与闲暇组合所带来的总效用或满足程度都是相同的。它们都具有负斜率，并且凸向原点。离原点越远的曲线所代表的效用水平越高。沿每一条无差异曲线，闲暇时间和劳动获得的货币收入的不同组合所产生的效用都是一样的。由于无差异曲线的斜率为负，在同一条曲线上，在效用水平保持不变的条件下，要增加劳动收入必须减少闲暇。

（二）预算约束线

由于人们可以支配的资源总是有限的，所以个体就只能消费有限的货币和闲暇，并在消费中争取实现效用最大化。将所有这些反应在同一资源总量下可能得到的不同资源配置状态的点联结起来，就可以得到一条曲线，如图 5 - 5 所示。在该图中纵轴表示劳动者的货币收入，横轴表示劳动者的闲暇时间。假设个体将时间全部用于工作，则其获得的货币收入为 g_1，闲暇为零；而若其将全部时间 h_1 全部用于闲暇，则其货币收入为零（在这里没有考虑非货币收入，考虑非货币收入的预算约束线，参见笔者的《劳动经济理论研究》[①]）。

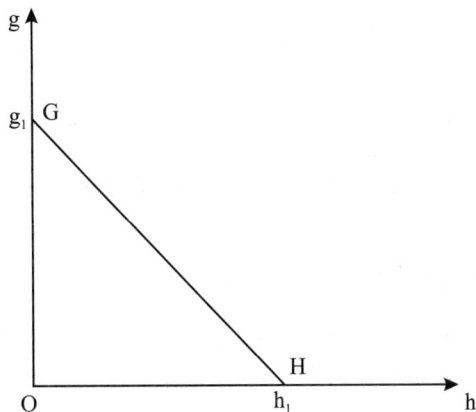

图 5 - 5 预算约束线

（三）个体劳动供给的原则

前面我们讲述了无差异曲线和个人预算约束线，而个人的目标是达到预算约束允许的最高的无差异曲线，亦即实现效用最大化。由于无差异曲线说明了个人的偏好，预算约束线说明了个人决策时所面对的资源约束。结合两者如图 5 - 6 所示，预算约束线与无差异曲线相切于 K 点，这个切点所确定的收入与闲暇的组合，即是在既定资源约束下个体实现效用最大化时的收入与闲暇的组合。在图 5 - 6 中，u_1、u_2、u_3 代表个体劳动者三条不同效用水平的无差异曲线，GH 为预算约束线，GH 与 u_1 相交于 A、B 两点，不是劳动者在 GH 预算约束下的效用最大化的点，而在 GH 的预算约束线下，无法达到 u_2 这么大的效用。这样在效用最大化的目标下，劳动者的最终决策点会定在 K 点。在 K 点，预算约束线的斜率与无差异曲线的斜率相等，K 点所对应的劳动者闲暇时间为 h_1，劳动时间应为劳动者在一天内可使用的全部时间减去闲暇时间 h_1。在这样的劳动时间下，个体劳动者获得的货币收入为 g_1。

---

① 杨俊青，刘姗姗. 劳动经济理论研究 ［M］. 北京：中国经济出版社，1998.

劳动者将决策点定于 K 点的原因：首先，由于该劳动者获得的效用水平限制在预算约束线范围内，所以位于预算约束线 GH 之外的 u_3 所代表的货币收入与闲暇的组合对于该劳动者来说不可能达到。其次，GH 与 u_1 相交于 A、B 两点，虽然其组合对于劳动者来说都可以选择，但显然这两点不是最优点，AB 两点所代表的效用均低于 K 点代表的效应。同时在预算约束线的其他点也没有效用水平大于 K 点所代表的效用水平，因此 K 点是最优点。这说明当预算约束线与无差异曲线相切时，劳动者个人效用达到最大化，如图 5-6 所示。

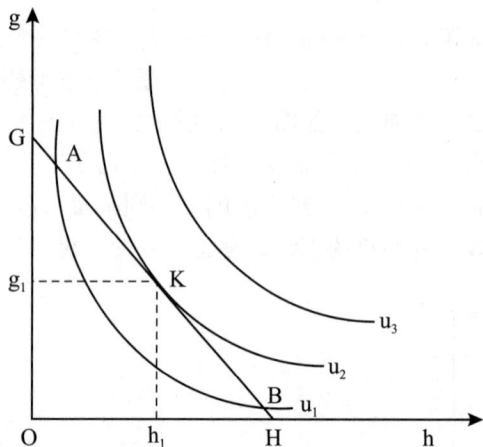

图 5-6　个人劳动供给决策

（四）个体劳动供给曲线的得出

由预算约束线可知，对于不同的要素价格 W 会有不同的预算约束线，不同的预算约束线与不同的无差异曲线会有不同的切点，这些切点对应着不同的劳动时间，即为个体劳动者供给劳动的数量，将个体劳动者的工资与供给劳动的数量描述于坐标系中即为个体劳动供给曲线，如图 5-7 所示。

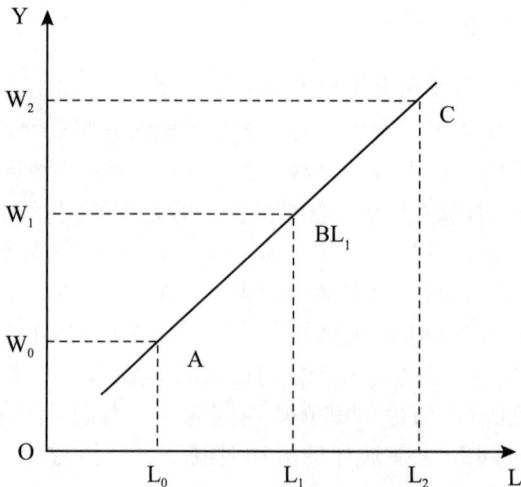

图 5-7　个体劳动供给曲线

以上得出这一向右上方倾斜的个体劳动供给曲线仅仅是对一般个体劳动者收入水平较低情况下的劳动供给曲线。当个体劳动者收入水平较高情况下，个体劳动供给曲线可能向右下方倾斜。这是由工资上升的收入效应与替代效应决定的。

（五）收入效应与替代效应

1. 收入效应

工资率的提高，表示劳动者可以获得比原来更高的货币收入。货币收入的增加，意味着劳动者有能力享受更多闲暇。因此，工资上升后，劳动者实际上获得了类似于"非劳动收入"的货币收入，而在其他条件不变的情况下，非劳动收入的增加会导致劳动者供给劳动时间的减少。所以工资率上升的收入效应，会促使劳动者减少劳动力供给时间，以享受闲暇。相反工资率下降的收入效应，则导致劳动者失去一定的货币收入，为了维持原有的收入水平，劳动者会增加劳动力的供给量。

2. 替代效应

工资率的提高同时也提高了闲暇的消费的机会成本，因为现在如果多从事一个小时的市场劳动，则能够比过去从事同样一小时的工作获得更高的工资，而如果享受闲暇则比过去享受闲暇的成本更高了。这种情况会促使劳动者减少闲暇时间的消费，转而增加市场劳动力的供给时间，从而获得更高的收入。因此，替代效应可定义为：当闲暇的价格上升时，人们对闲暇的需求应该下降，导致劳动者每周工作更多的工作时数。替代效应的实质是当闲暇的价格上升时，劳动者将会用较昂贵消费转向工作更多的工作时数。

第三节 劳动供求双方的相互作用——微观劳动力市场的均衡

在研究清楚了个体劳动的需求与供给行为后，我们研究劳动供求行为的相互作用即微观劳动力市场的均衡。

西方学者认为，工资或工资率是劳动的价格，或者说，工资是劳动这一生产要素的劳务的报酬。工资是劳动市场上的劳动供给曲线和劳动需求曲线的交点决定的。

一、劳动的供给曲线

西方经济学认为，劳动市场上的供给曲线不同于厂商所提供的投入品的市场供给曲线。在后一场合，供给量只是价格的函数。

随着投入的价格的提高，投入的供给量就会增加。所以，市场供给曲线为正斜率，曲线向右上方倾斜。与此不同，劳动供给曲线先为正斜率，然后为负斜率，是一条向后弯曲的曲线。这条曲线表示，劳动要素的供给量先随劳动这一生产要素的价格提高而增加，然后又随劳动价格的提高而减少。

根据西方学者的研究，劳动供给曲线之所以是向后弯曲，是因为劳动供给不仅是工资率的函数，而且是闲暇愿望的函数。因此，工资率的提高对劳动供给有两种效应：替代效应和收入效应。两种效应共同作用的结果，形成一条向后弯曲的劳动供给曲线。

    劳动要素所有者在不同的工资率下愿意供给的劳动数量决定于他对工资（或收入）和闲暇的评价。工资收入给劳动要素所有者带来效用，闲暇也给他带来效用；另外，劳动（闲暇的反面）会给他带来负效用，即痛苦或不舒适的感觉。收入和闲暇之间存在着替换关系。

    当工资达到一定的高度时，单个劳动者的劳动供给曲线便会从向右上方倾斜而向左上方弯曲，如图5－8所示的S线的形状。把单个劳动者的供给曲线加在一起而形成的市场劳动供给曲线也会具有图5－8的S曲线的形状。

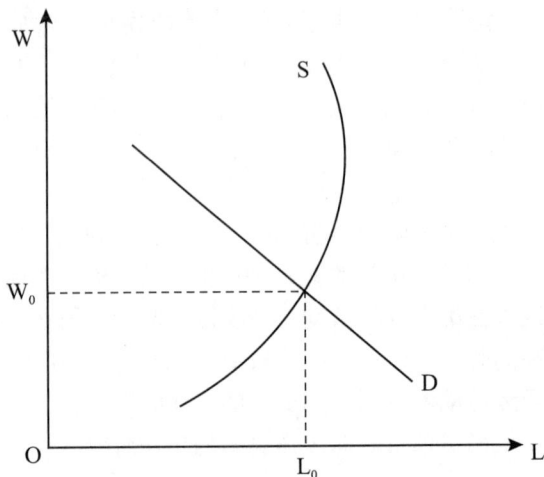

图5－8　劳动市场的均衡

二、个体劳动的需求曲线

    本章第一节的研究结果表明，单个厂商对个体劳动的需求曲线就是劳动的边际产品价值曲线或劳动的边际收益产品曲线的向下倾斜部分。把各个企业对劳动的需求曲线加在一起即形成向右下方倾斜的市场劳动需求曲线。

三、微观劳动市场的均衡和工资的决定

    将向右下方倾斜的市场劳动需求曲线和部分向后弯的市场劳动供给曲线置于一个图形中，便可以得到劳动力市场的均衡点，如图5－8所示。

    图5－8中劳动需求曲线和劳动供给曲线的交点是微观劳动市场的均衡点。这个均衡点决定的劳动价格为W_0，均衡的劳动数量为L_0。均衡劳动价格就是劳动需求量和劳动供给量相等时的工资。这就是说，工资是由劳动市场的供求关系决定的。

    思考题：

    1. 个体劳动供给曲线为什么向后弯曲？

    2. 你在实际中是如何处理劳动与闲暇的关系以实现自身效用最大化的？

3. 我国体力劳动者的工资能完全由劳动力市场调节吗？为什么？

案例分析

某市规定，汽车修理工必须经过严格考试方能上岗，试作图分析其对修理工工资与就业的影响。

（资料来源：笔者原创）

参考文献

［1］高鸿业，吴易风．西方经济学［M］．北京：经济科学出版社，1990.

［2］杨俊青．西方经济学［M］．北京：电子工业出版社，2002.

［3］杨俊青，刘姗姗．劳动经济学［M］．北京：中国经济出版社，1998.

［4］戴园晨，陈东琪．劳动过剩经济的就业与收入［M］．上海：上海远东出版社，1996.

［5］邓一鸣．中国农业剩余劳动力利用与转移［M］．北京：中国农村读物出版社，1991.

［6］符钢战．中国：劳动力市场发育的经济分析——从微观到宏观［M］．上海：上海人民出版社，1992.

第六章　宏观劳动力市场

宏观劳动力市场是相对于微观劳动力市场而言，宏观劳动力市场主要是研究整个社会劳动需求与全社会劳动供给及全社会劳动供求双方的相互作用。它是实现全社会人力资源优化配置的市场机制。研究宏观劳动力市场还得从古典劳动力市场模型谈起。

第一节　古典宏观劳动力市场

所谓古典学派劳动力市场主要是指古典宏观经济模型中的劳动力市场。所谓古典宏观经济模型是指凯恩斯之前在西方经济学界占统治地位的边际主义学派，有关整个社会的产量、就业、消费、储蓄、投资、利率、工资和价格水平的理论。其主要内容主要是在完全竞争市场情况下论证供给会创造自己需求的萨伊定律。即利用价格、工资、利息率等经济杠杆的自由涨落来证明为什么资本主义市场经济总是处于充分就业状态。作为与人力资源管理有关的内容，我们主要介绍古典宏观经济模型中的劳动力市场。

古典宏观经济模型的劳动力市场理论认为劳动供给与劳动需求都是实际工资的函数，即 $N_S = N_S(W/P)$、$N_d = N_d(W/P)$，且劳动供给（N_S）是实际工资的增函数，劳动需求（N_d）是实际工资的减函数。用图 6 - 1 表示如下：

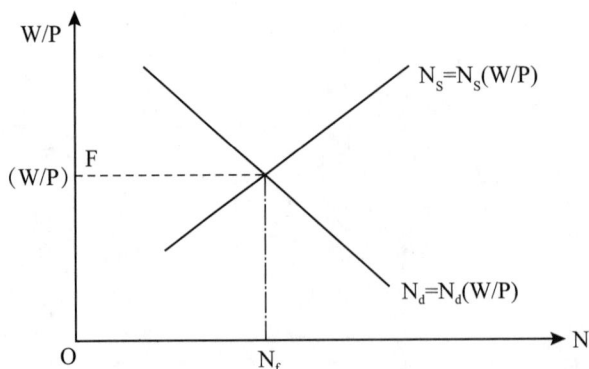

图 6 - 1　古典劳动力市场

资料来源：杨俊青. 西方经济学 [M]. 北京：电子工业出版社，2002.

在劳动供给与需求都是实际工资的函数和货币工资与价格水平都会随供求变化自由涨落的前提假设下，古典宏观经济理论认为：在市场机制作用下，货币工资与价格水平的自由涨落会使劳动供求相等于充分就业处，不会出现经济危机。但 1929～1933 年爆发的经济危机使古典宏观经济学家既不能解释又提不出解决问题的对策。于是有凯恩斯对古典劳动力市场修正基础上形成的凯恩斯对经济危机的解释与解决的劳动力市场。

第二节　凯恩斯劳动力市场

凯恩斯劳动力市场是继古典劳动力市场发展起来的又一劳动力市场，它与古典的劳动力市场的不同之处在于，凯恩斯劳动力市场的前提假设是劳动者存在"货币幻觉"，而且劳动者的工资是富有刚性的。所谓的富有刚性，是认为货币的工资水平是只能上升而不能下降。在这样的前提假设条件下，凯恩斯解决失业问题与古典的劳动力市场不同，它是通过提高价格水平而降低实际工资的方法来扩大就业量，从而解决失业问题。在凯恩斯的理论当中，对传统的劳动需求曲线并没有提出异议，他反对的是劳动供给曲线，他认为，劳动供给曲线不是实际工资的函数，而应该是货币工资的函数，之所以提出这样的观点是因为：

1. 一定的实际工资决定一定的劳工供给量的说法就等于说：在货币工资不变的情况下，价格水平稍微有提高劳动者的供给量就会减少。凯恩斯认为，这与实际不相符。

2. 工会与雇主协议时，他们所规定的只能是货币工资，至于由于货币工资而导致的实际工资的高低还要取决于其他的因素，例如价格水平。既然无从确切地知道实际工资水平的高低，也就谈不到劳动供给量取决于实际工资的劳动供给曲线。

鉴于以上的原因，凯恩斯对劳动力的供给曲线给出了新的观点：由于劳动者具有"货币幻觉"，所以劳动的供给量是货币工资的函数，而不是实际工资的函数，这一劳动供给函数用图 6-2 表示如下：

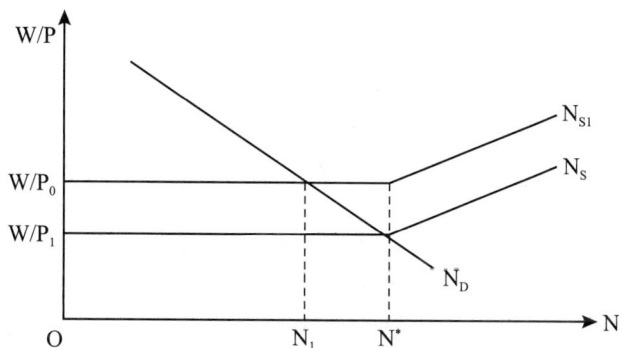

图 6-2

在图 6-2 当中，N_{S1} 和 N_S 就是凯恩斯的劳动供给曲线。该曲线表明，当货币工资为 W 而价格水平为 P_0 的时候，在现有的货币工资条件下，劳动者愿意提供由 0 到 N^* 之间的任何劳动数量，当然我们在这里假设劳动的供给是无限的。当货币工资不变而价格水平上升到 P_1 时，实际工资（W/P_1）小于原有的工资（W/P_0），在这个时候，由于"货币幻觉"，所以劳动者提供的劳动数量和原有的相同。图 6-2 中的 N_D 曲线为凯恩斯所接受的传统的劳动需求曲线。当货币工资为 W 而价格水平为 P_0 时，N_D 与 N_{S1} 的交点所对应的 N_1 就是当时的就业量，此时的非自愿失业量为 $N^* - N_1$，因为，根据凯恩斯主义的劳动供给曲线，此时愿意接受的现有货币工资（W）而从事劳动的人数为 N^*，就业的实际人数为 N_1。

存在着 $N^* - N_1$ 的非自愿失业人数，凯恩斯是怎样解决这一问题的呢？凯恩斯的前提假设是工资是富有刚性的，这一工资是货币工资，也就是说劳动者所能接受的只能是货币工资水平的上升而不可能是下降，基于这一假设，凯恩斯认为，只有提高总体的价格水平，将价格水平由原来的 P_0 提高到 P_1，使实际的工资水平下降到 W/P_1。这样，N_0 和下降之后的 N_S 所对应的交点就是充分就业时的就业量 N^*，在该点的时候非自愿的失业为零。在凯恩斯之前的古典的劳动力市场理论在解决失业问题时，由于其前提的假设条件与实际不相符合，所以难以有效的解决失业问题，凯恩斯对古典的劳动力市场有了很大的发展，但凯恩斯提出的通过提高价格水平来降低实际工资从而解决失业的方法难以长期有效。因劳动者在短期内存在货币幻觉，长期内这一幻觉会消失。所以凯恩斯解释与解决失业问题的理论仅仅在短期内有效。于是杨俊青（2005）在研究我国二元经济结构转化问题时，对凯恩斯劳动力市场进行了发展，提出了解释与解决失业问题的长期模型——"工资上升—就业模型"。

第三节　工资激励职能对凯恩斯劳动力市场的发展

杨俊青对凯恩斯劳动力市场的发展起因于他研究我国二元经济结构转化问题时，他认为西方古典学派（刘易斯、费景汉、拉尼斯、托达罗）的二元经济理论都建立在把工资压低在仅能维持生存的且保持不变的水平上，新古典学派（乔根森）的二元经济理论则认为发展中国家农村不存在 $MP_L = 0$ 的剩余劳动力。

我国二元经济结构向现代城市一元经济结构转化，如果从改革开放开始的 1978 年算起，已近 30 年，在这近 30 年间，城市化率从 1978 年的 17.92% 提高到 2008 年的 45.68%，这一进程仍在继续。但目前出现的一个新的问题是，农村虽然依然存在大量的剩余劳动力，但非农产业部门支付劳动者仅能生存的或仅高于农业收入 30% 的工资，已不足以吸纳所需要的劳动力。2004 年春天开始出现的"民工荒"虽然原因很多，但非农产业支付民工的工资偏低不能不说是重要原因之一。这是一个明显的信号，说明只要支付低工资就可以吸纳农村转移劳动力的时代将要结束，而只有非农产业将工资提高到一定的程度，才足以增强对农村劳动力转移的吸引力。这无疑对西方经济学有关的理论——古典二元经济学家的和新古典二元经济学家的理论提出了挑战，动摇了这两种理论关于在二元经济结构转化为现代城市一元经济结构之前，古典二元经济理论坚持维持不变的较低工资水平就能雇佣到企业所需劳动力，以及新古典二元经济理论的劳动力供给是有限的假定前提。实践呼唤着理论的创新，必须探索适合我国国情的二元经济结构转化理论和道路。由此杨俊青在他的《我国二元经济结构转化的理论与模型》[①] 一文中，提出了非完全古典假设下的二元经济结构转化模型：

若用 W、P_L、£、L 分别表示劳动者的货币工资、劳动生产率、企业利润和企业吸纳的

---

① 杨俊青．我国二元经济结构转化的理论与模型［J］．南开学报，2007.

农业劳动力数量。则非完全古典假设下的二元经济结构转化理论的中心思想可表述为下面的联立方程模型：

$$\begin{cases} P_L = f(W) \\ \pounds = g(P_L) \\ L = h(\pounds) \end{cases}$$

其中，$dp_L/dW > 0$，$d\pounds/dp_L > 0$，$dL/d\pounds > 0$。

　　其意义是，在非完全古典假设下的二元经济结构转化模型中，要求非农产业部门不论在短期还是长期内，货币工资都应该上升，且货币工资的上升速度要达到使劳动者感觉到实际工资在上升和能最大限度地调动劳动者积极性的水平。能够使劳动者感觉到实际工资上升的货币工资（W）的提高，会激励劳动者提高劳动生产率（P_L）；劳动生产率（P_L）提高，厂商的利润（$\pounds$）会增加；利润（$\pounds$）增加，企业吸纳农业劳动力的数量（L）会增加。

　　将这一模型应用到凯恩斯对 1929～1933 年西方资本主义国家爆发的震撼整个世界的资本主义经济危机解释与由此提出解决经济危机问题的凯恩斯劳动力市场上，有对凯恩斯劳动力市场发展的杨俊青劳动力市场与杨俊青提出的解决经济危机问题的长期方法。这一方法被认为是杨俊青对"凯恩斯革命的革命"。

　　我们还是用图形来分析一下该理论的内容。如图所示，图 6-3 是在图 6-2 的基础上发展起来的，通过货币工资的上升，从而导致实际工资上升为 W/P_2（货币工资上升后，由于价格水平不仅受到成本的影响，而且受到产品市场供求的影响，所以价格水平可能是上升，也可能是下降，还有可能就是不变，但不论价格水平如何，货币工资上升的速度必须要快于价格水平变化的速度，确保实际工资的上升），实际工资上升到 W/P_2 之后，我们要分两种情况来讨论就业问题的解决（在这里我们需要注意的是，我们接受了凯恩斯关于劳动需求是实际工资的函数，劳动供给是货币工资的函数的假定）：

　　1. 如图 6-3 所示，实际工资上升到 W_1/P_2 之后，劳动供给曲线上升为 N_{S2}，N_{S2} 与原来的需求曲线 N_D 相交对应的实际就业量为 N_1；但是在此实际工资（W_1/P_2）下，假定劳动者仍是愿意提供从 0 到 N^* 之间的任何数量的劳动的情况（在这种情况下，我们假定全社会的劳动人数是 N^*），在此种情况下，全社会的非自愿失业的人数是（$N^* - N_1$）。又由于货币工资和实际工资的上升激励了劳动者的积极性，使得劳动的边际生产力提高，从而劳动的边际生产力曲线即劳动的需求曲线会上升为 N_{D1}，N_{D1} 与 NS_2 的交点对应的就业量为 N^*，非自愿失业人员消失，就业问题被解决。

　　2. 如图 6-4 所示，实际工资上升到 W_1/P_2 后，劳动供给曲线上升为 N_{S2}，N_{S2} 与原来的需求曲线 ND 相交对应的实际就业量为 N_1，但在此实际工资（W_1/P_2）的条件下，劳动者愿意提供 $0-N^{**}$ 之间任意数量的劳动情况（在这里我们需要注意的是，$N^{**} > N^*$，因为全社会的劳动者的数量大于 N^*，实际工资上升后愿意参加工作的人数增加），从而存在的非自愿失业人数（$N^{**} - N_1$）。但由于在此种情况下，很好地使用了货币工资和实际工资的上升对劳动者的激励作用，更好地激励了劳动者的积极性，使劳动的边际生产力提高很多，从而劳动的边际生产力曲线也就是劳动的需求曲线会上升为 N_{D2}，N_{D2} 与 N_{S2} 的相交点对应的就业量为 N^{**}，非自愿的失业人员消失，就业达到充分状态。

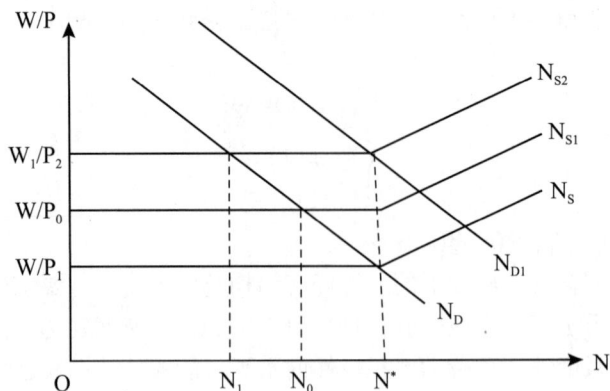

图 6 − 3

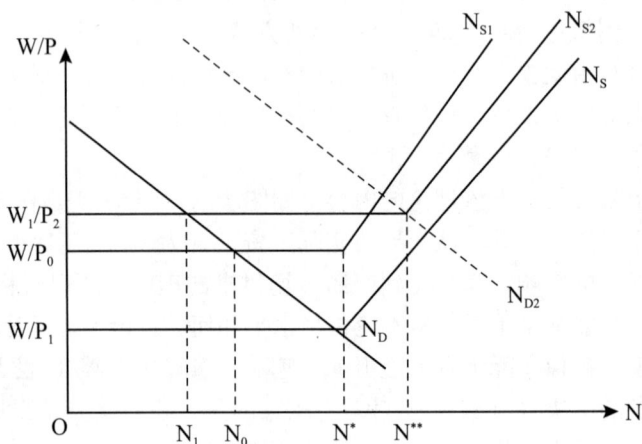

图 6 − 4

由此可见，杨俊青解决就业问题的思路与凯恩斯之前的传统理论及所谓的"凯恩斯革命"解决就业问题思路的不同。传统理论和凯恩斯都是通过降低实际工资解决就业问题，所谓的"凯恩斯革命"只不过是认为货币工资富有刚性，通过提高价格水平和利用劳动者的"货币幻觉"降低实际工资，解决就业问题。这种解决就业问题的思路，在短期内有效，在长期内，伴随劳动者"货币幻觉"的消失，实际工资的下降会使劳动供给数量减少，根据全社会的总产出是就业人数的函数即 $Y = f(L, K)$ 可知，全社会的总产出会减少即整个社会增长乏力，难以实现就业与经济增长相协调。而杨俊青则是通过提高货币工资和实际工资以激励劳动者的积极性，提高劳动的边际生产力，增大劳动需求以解决就业问题，这一解决就业问题的思路既适用于短期，又适用于长期，同时能实现就业与经济增长相协调，并且由于劳动者收入的提高而增大整个社会的总需求、拉动经济增长、保证社会再生产的持续运行；避免传统理论和凯恩斯理论的降低实际工资的长期实施可能导致的社会有效需求不足，社会再生产难以为继的情况的发生。所以被认为是对"凯恩斯革命"的革命。

思考题：

1. 古典宏观劳动力市场主要观点是什么？
2. 如何理解凯恩斯解决就业的观点？

3. 比较古典劳动力市场、凯恩斯劳动力市场和杨俊青对凯恩斯劳动力市场的发展的劳动力市场有何区别与联系？

案例分析

微软研究院的人才管理方式

作为世界上最著名的计算机软件公司，微软研究院在人力资源管理方面有很多独到之处，摘录几点如下：

1. 引导，但不控制

微软研究院研究的项目、细节、方法、成败，都由研究员自己来决定。对于细节，领导层可以提出自己的意见，但决定权在研究员手中。研究员在研发过程中得到领导层的全力支持，即使领导层并不认同他们的决定。

2. 自由、真诚、平等

微软研究院不允许官僚作风、傲慢作风和明争暗斗的存在，鼓励不同资历、级别的员工互信、互助、互重，每一员工都能够对任何人提出他的想法。就算是批评、争论，也是在互信、互助、建设性的前提下做出的。

3. 员工的满足

很多人可能认为待遇是员工最大的需求。当然，良好的待遇是重要的，但对于一个研究员来说更重要的是能够有足够的资源来专门从事研究，能够得到学术界的认可，并能有机会将技术为成功的产品。微软是这样做的：

丰富的研究资源。用公司的雄厚资本，让每一个研究员没有后顾之忧，能够全心全意地做研究。这种资源是多元性的，如不但包括计算机、软件、仪器、实验，还包括足够的经费去出国开会、考察或回校学习。微软深知研究员更希望全神贯注地做他热爱的研究，而不必做他不热衷也不专长的工作，所以，微软研究院雇用了多名技术支持人员、行政助理、图书管理员、数据搜索员等来支持研究员的工作。

研究队伍。一个研究队伍，除了数名研究员之外，还有多名副研究（类似博士后）、实习生、开发人员和访问学者。这样一个多元的队伍能够很快地做出成果。

学术界的认可。有了开放的环境，员工不必担心因公司把他们的重大发明变为公司机密，而丧失了与国外学者交流，或被认可（获得论文奖）的机会。

4. 发掘人才

人才在信息社会中的价值，远远超过在工业社会中。原因很简单，在工业社会中，一个最好的、最有效率的工作，或许比一个一般的工人能多生产20%或30%。但是，在信息社会中，一个最好的软件研发人员，能够比一个一般人员多做出500%甚至1000%的工作。例如，世界上最小的Basic语言是由比尔·盖茨一个人写出来的。而为微软带来巨额利润的

Windows 也只是由一个研究小组做出来的。既然人才如此重要，微软研究院是如何去发掘人才的呢？

找出有杰出成果的领导者。这些领导者，有些是著名的专家，但有时候最有能力的人不一定是最有名的人。许多计算机界的杰出成果，经常是由一批幕后研究英雄创造的。无论是台前的名教授，还是幕后的研究英雄，只要他们申请工作，微软都会花很多的时间去理解他们的工作，并游说他们考虑到微软研究院工作。

找出最有潜力的人。在中国，因为信息技术起步较晚，所以，现阶段杰出的成果和世界级的领导者比起美国要少得多。但是，基于中国年轻人（如应届硕士或博士生）的聪明才智、基础和创造力，微软专门成立了中国研究院，在中国寻找专家，寻找潜力。

5. 吸引、留住人才

很多人认为，雇用人才的关键是待遇。更多的人认为，微软来到中国可以"高薪收买人才"。微软认为，每一个人都应该得到适当的待遇，但是除了提供有竞争性的（但是合理的）的待遇之外，微软更重视研究的环境。微软为研发人员开辟的环境极富吸引力，包括：充分的资源支持，让每个人没有后顾之忧；最佳的研究队伍和开放、平等的环境，让每个人都有彼此切磋、彼此学习的机会；造福人类的机会，让每个人都能为自己的研究所开发的产品自豪；长远的眼光和吸引人的研究题目，让每个人都热爱自己的工作；有理解并支持自己研究的领导，让每个人都能得到支持，在紧随公司的大方向的同时，仍有足够的空间及自由去发展自己的才能，追求自己的梦想。

所以，微软认为，如果只是用高的待遇，或许可以吸引到一些人，但只有一个特别吸引人的环境，才能吸引到并且长期留住所有最佳的人才。在微软全部三个研究院中，人才流失率不到 3%（美国硅谷的人才流失率在 12% 左右）。人们在微软的最大感触是，每一个人都特别快乐，特别热爱和珍惜他的工作。

（资料来源：转载于 https：//www.cnblogs.com/wangsaiming/archive/2011/06/14/2080397.html）

请结合案例分析：

1. 微软研究院在人力资源管理的独到之处的核心是什么？

2. 如果你是微软研究院在中国分部的人力资源主管，你将在哪些方面加强人力资源开发与管理工作？

参考文献

[1] 杨俊青.非完全古典假设下的非国有企业与二元经济结构转化 [M].北京：经济科学出版社，2009.

[2] 杨俊青，刘姗姗.劳动经济理论研究 [M].北京：中国经济出版社，1998.

[3] 张建国，陈晶瑛.现代人力资源管理 [M].成都：西南财经大学出版社，2005.

[4] 赵曼.人力资源开发与管理 [M].北京：中国劳动社会保障出版社，2002.

[5] 贝德尔别尔格和麦可多噶尔.宏观经济学 [M].纽约：麦克劳 – 希尔公司，1968.

[6] 凯恩斯.就业、利息和货币通论 [M].北京：商务印书馆，1963.

[7] 蔡昉，都阳，王美艳.劳动力流动的政治经济学 [M].上海：上海人民出版社，2003.

第三篇

人力资源管理的人力资源
需求方分析

在第一篇我们概括了人力资源管理的主要任务、主要内容、学习人力资源管理所需的经济管理理论基础，第二篇阐述了实现人力资源管理任务的组织外人力资源配置机制——劳动力市场。本篇将对组织内人力资源管理的人力资源需求方进行分析。

第七章 人力资源需求侧
——企业解析

人力资源管理主要是对企业人力资源进行管理，要管好企业人力资源，需掌握企业是什么？企业边界在哪里？企业所有权与经营权分离原因？企业绩效与企业产权关系如何？

第一节 工商企业的概念与特征

一、概念

古典企业理论认为企业是以盈利为目的，把各种生产要素组织起来，经过转换，为消费者或其他企业提供产品或劳务的经济实体。新古典主义经济理论认为在信息确定和无成本的情况下企业是生产函数的代名词——以利润最大化为目标，只是简单地将投入转变为产出，是投入产出的关系反映，即 $y = f(L, K)$，式中 y 为产出，L、K 为分别代表劳动、资本的投入要素。最新的企业理论研究认为建立企业之所以有利可图，是因为使用价格机制存在一定成本，而企业中通过组织生产这种成本会减少，这种成本包括发现市场相关价格的成本、每个市场交易谈判和达成合约的成本、不确定性和风险态度付出的成本。简而言之，企业的出现是为了节约交易成本。新制度经济学认为：企业是市场交易费用的内在化。

企业的种类包括：

1. 个人企业：由单个人独资经营的厂商组织。
2. 合伙企业：指两个人以上合资经营的厂商组织。
3. 公司企业：指按公司法建立和经营的厂商组织。

二、企业特征

在市场经济中，企业又是最重要的市场活动主体。作为市场的主体，它必须具备以下三个基本特征。

第一，企业必须自主经营。企业只有自主经营，才可能对市场信号灵敏地作出反应，并根据市场的变化迅速作出恰当的经营决策。

第二，企业必须自负盈亏。只有自负盈亏的企业才能成为独立的利益主体，才能在物质利益的驱动下积极主动地按照市场的变化及时调整自己的生产和经营。

人力资源管理

第三，企业的产权必须明晰。只有这样，企业财产的有效利用才会真正受到产权所有者的关注和保护，使自主经营和自负盈亏真正落到实处。

三、企业的功能

企业的基本功能是实现要素在形态和功能上的转换，使其形成产品；但这不是它存在的唯一理由，它具有更重要的功能：分工协作提高效率、节约交易费用，表现为集体生产效率。这些功能是使它区别于个体生产者的重要特征。

企业的基本功能是完成要素的转换。企业把从要素市场上购买的各种要素，经过生产和经营，完成形态和功能上的转换。

这种转换在个体生产的条件下也可以实现。那么，企业存在有何意义呢？这就涉及到企业其他的主要功能。

企业存在的理由是它在配置资源的过程中起作用——生产和分配货物和劳务。企业存在的意义在于，它可以促进资源的有效利用，表现为：分工协作可以提高效率。现代生产经常体现为综合性的、多工艺和多工序的生产，在分工的条件下，可以使用专门的设备，或者简化操作技能，从而提高生产效率。单就"分工"而言，个体生产也可以实现，但是因为个体生产在空间上的相对分散，不能很好地协调整个生产过程的连续性和各个分工之间的比例关系，因而在"协作"上，它不能有很好的表现。而一个企业组织，它可以把一个完整的生产过程组织在一个相对集中的空间环境里，在高度分工的条件下，又能保证协作性。所以，企业是一个满足分工和协作的效率要求的经济组织。

第二节　企　业　理　论

企业是人、物质资产和信息（技术的、销售的、协调的等等）的结合体。与企业直接有关的人包括股东、经理、劳动者、供给者和消费者。除了这些直接的参与者，全社会都间接地与企业的经营有关，因为企业使用的是可作他用的社会资源；企业盈利时，要支付税收；提供就业，生产社会所需要的物质产品等。

一、企业价值的定义

1. 企业短期目标，兼顾各集团利益

企业的短期目标是多样化的。由于企业是社会的一个细胞，企业的生存和发展，离不开与企业相联系的各个集团，而这些集团又都有各自的利益，所以企业只有兼顾各个集团的利益，才能调动各方面的积极性，促使企业兴旺发达。

（1）投资者。企业不能没有投资者，投资者在企业投资是希望得到合理的回报，因此，企业必须有足够的利润，来满足投资者的要求，不然投资者就可能把资金抽走，改投其他地方。

（2）顾客。顾客既是企业利润的源泉，也是企业生存发展的土壤。企业的成败，关键取决于能否拥有顾客；顾客多，生意就兴隆；没有顾客，企业就要倒闭。为此，就要求企业必须时刻关注顾客的需求，以顾客需求为导向，切实维护顾客的利益，只有如此，才能赢得顾客的信赖。

（3）债权人。债权人是指向企业出借资金的人。有些债权人向企业赊销了原材料或供应品，另一些债权人则借钱给企业。对这些人，企业必须到期偿还债务，并支付一定的利息。如果做不到这一点，企业的信用就会受到影响，不利于企业的经营，严重的甚至会导致企业破产。

（4）职工。职工是生产经营活动的主体。职工希望有优厚的报酬、满意的福利和良好的工作条件，如果企业不能满足这些要求，有才能的职工就有可能离开这里到待遇更高的企业去工作。如果企业留不住有才能的职工，就会在竞争中处于劣势。

（5）政府。企业必须遵守政府的法令，并照章纳税。政府用来管制企业的法令有很多，例如有关产品质量的法令、反不正当竞争的法令、防止污染的法令、有关劳动方面的法令等。如果企业不能遵守这些法令和照章纳税，就会受到政府的制裁，甚至被勒令停业。

（6）社会公众。企业应该与社会公众保持良好的关系，力求在社会上树立良好的形象和生育，这也是企业发展的必要条件。为此，对企业的要求是，按公平、合理的价格出售产品；保持环境的清洁；参与本地或全国性的社团及慈善组织的一些活动等。

2. 企业长期目标，企业价值最大化

企业的长期目标是实现"企业价值"的最大化。在这里，企业价值是指企业未来预期利润收入的现值之和。企业价值也定义为企业预期未来现金流量的现值。就现在而言，现金流量也等同于利润。因此，企业今天的价值，即现值，就是其预期未来利润以一适当的利率折算为现在的价值。企业的价值用公式来表示就是式（7-1）或式（7-2）：

企业的价值 PV = 预期未来利润的现值

$$= \pi_1/(1+r) + \pi_2/(1+r)^2 + \cdots + \pi_n/(1+r)^n \qquad (7-1)$$

式中：PV 表示企业价值，π_{1-n} 表示企业在考察的 n 年中每一年的预期利润，r 表示利润的折现率，t 表示时间。

由于利润等于总销售收入（TR）减去总成本（TC），所以上述方程又可表示为计算公式：

$$PV = \sum \left[(TR_t - TC_t)/(1+r)^t \right] \qquad (7-2)$$
$$t = 1, \cdots, n$$

式中：TR_t 表示企业在第 t 年的总销售收入；TC_t 表示企业在第 t 年的总成本；t 表示第几年。

把企业价值最大化作为企业目标，与传统经济学认为的企业目标就是利润最大化相比，主要有以下三大优点。

（1）有利于瞻前顾后管理理念的确定。企业不仅要生存，更要发展。如果企业的目标是利润最大化，管理人员就可能只关注眼前而不关注长远发展。如果目标是企业价值最大，管理人员就要考虑眼前的行为会给将来的利润带来什么影响，从而促使管理人员在决策时要有长远考虑。

（2）有利于强化"时间就是金钱"的观念。根据利润最大化目标，管理者在决策时，往往只选择投资总收益最大的方案，而不考虑收益在时间上的差异。但企业价值最大化目标，则要求管理者在决策时必须考虑收益的时间性。

（3）有利于强化管理决策的风险意识。利润最大化目标是不考虑风险因素的，企业价值最大化目标则要考虑经营（或投资）的风险性。因为经营风险越大，资金成本（利息率）就越高，企业价值就会越小，这就促使决策者在选择方案时，必须在收益和风险之间进行权衡。

企业的市场营销部门对销售负主要责任，生产部门对成本负主要责任，财务部门主要负责获取企业活动所需要的资本，因而要对式（7-2）的分母中的贴现要负责。这些职能部门有许多重要的联系。例如，市场营销部门能通过增加消费者的订单数量和时间来帮助生产部门降低成本；生产部门通过提高产品质量和生产出新产品来促进销售。企业其他部门，如会计、人事、运输、工程等部门则为扩大销售和成本控制提供信息或服务。企业中不同部门的作用可用它的对企业价值所产生的影响来评价。

二、各种约束条件与企业理论

管理决策很少是孤立地做出的。为了取得企业价值的最大化，经理必须考虑各种外部约束条件对其实现组织目标的能力的影响。因此，管理决策就意味着在一个或更多的约束条件下使某个目标函数的价值最大化。

管理决策中的约束条件多种多样，概括起来可分为三类：一是资源约束，二是产品数量和质量的约束，三是法律约束。

企业和其他社会组织（如医院、学校和政府机构）常常面临投入不足的问题。这种资源约束包括劳动力、关键的原材料、能源、机械、仓库和其他因素的约束。企业经理还常常面临资本的约束。

管理决策也受产品订购数量的约束。为了满足购货者的要求，企业常常生产某一最低程度的产量。另外，产品也必须满足最低的质量要求。

法律约束在管理决策中也起着重要作用。最低工资法、保健和安全法规、排污法规、燃料效率要求、公平的价格和市场竞争法规都限制了管理决策的灵活性。

各种约束条件在管理决策中所起的重要作用，使得"约束条件下的最优化"成了管理经济学中的基本论题。我们将着重分析研究这些重要的决策，并讨论各种约束条件本身的重要经济影响。这种分析是非常重要的，因为企业价值最大化和社会生产分配效率正是取决于对有限经济资源的有效利用。

因此，企业在短期目标上为兼顾各集团利益（包括投资者、顾客、债权人、职工、政府、社会公众等）以及受约束条件影响，只能追求约束条件下的企业价值最大化。企业价值最大化只能是企业长期目标。

三、市场交易费用与企业边界和科斯定理

（一）市场交易费用与企业边界

新制度经济学认为，由于市场上存在边际费用，市场交易费用内部化产生了企业，在企业内部通过行政权威调配资源。将市场交易费用内部化到企业过程中，一开始给企业带来的

边际受益（MR）大于边际成本（MC），伴随市场交易费用持续内部化，逐渐会使边际受益逐渐较少，边际成本逐渐加大，当 MR ＝ MC 时，企业边界或企业规模就确定了。

（二）市场交易费用与科斯第一、第二定律

1. 科斯第一定律：如果市场交易费用为零，那么企业财产的法律所有权与企业运行效率无关。

现实社会中市场交易费用不为零，于是有：

2. 科斯第二定律：由于市场交易费用不为零，那么企业财产的法律所有权与企业运行效率密切相关。

第三节　企业组织变革方向：虚拟企业与现代企业制度

一、虚拟企业

（一）虚拟企业的概念

虚拟企业相对于传统企业，是指某些厂商、客户或同行业的企业，利用信息技术构建的临时组织，其目的是技术共享、费用分摊。

虚拟企业与传统企业相比，不同之处在于传统企业需要具备特定的要素：设备、工程技术人员、核心技术、销售系统等等。虚拟企业是现代经济发展的产物，它可能没有自己的生产设备、工程技术人员、科研人员，甚至没有自己的销售人员，但是它同样在市场上提供产品和服务。显然用传统的观念很难把它判断为一个企业，因此就产生了"虚拟企业"的概念。

（二）虚拟企业的特点

1. 功能高度专门化

多数虚拟企业都建立在一个生产平台或者经济平台上。假设一个企业想生产电脑，它没有生产设备和生产线，它可以采购一些标准化的组件和一些标准化的软件，委托一个专门的总成企业，把这些标准化的组件和标准化的软件组装起来，然后在网上获得采购的消息，也就是获得订单，然后再通过一个专门的配送企业把产品配送出去。那么，这家企业就可以算作虚拟企业了。虚拟企业在这个生产平台上所组织的各企业都具有专门的生产功能。

2. 运作的合作化

虚拟企业的运作，需要大量的提供标准件的企业。没有这些生产标准件，或者制造标准化模块的企业，虚拟运作很难实现。因为最终的产品是物质产品，最终的劳务是实实在在的一种劳务。这就要求虚拟运作的企业同生产标准化模块和组件的企业紧密结合在一起，互相合作。这种合作不同于以往的那种承包和下承包的合作方式。过去的承包和下承包的合作方式，是由总成企业提供图纸，下承包的企业按照总成企业的图纸进行生产，然后把生产出的

零部件交给总成企业进行装配，然后销售。在传统的这种分包制当中，下承包的企业，它所生产出的零部件，只能交给总成企业去装配和销售，因为这些产品都是按照特殊的技术模式进行生产，是按照特殊的标准进行生产的，如果总成企业不购买这些元器件，分包企业的产品就可能没有市场，因此在传统的生产协作过程当中，总成企业具有明显的支配价格的能力。

在虚拟运作中，所有的企业都是平等的、合作的关系。每一个虚拟运作的企业，当它要购买标准化组件的时候，它所要寻找的是那些性能最好，成本最低的一些标准化组件。那么生产标准化组件的企业，也可以采取这样的态度去选择零部件的企业，相互之间有一个选择的可能，以确保良好的合作关系。与传统的生产组织模式相比较，虚拟企业之间的合作关系更为密切。

3. 组织的网络化

所有进行虚拟运作的企业互相协作、密切联系，而且它们之间的关系大多是通过技术联系方式体现出来的。

目前，一般的虚拟企业都大量利用互联网技术。它们在网上下订单，提出工艺要求、质量要求和完成期限，在网上进行电子商务，完成货款的交割。组织的网络化还有另外一个体现，就是所有参与虚拟运作的企业，在网络上都呈多结点的、放射性的状态。

传统的生产组织方式，要求所有的分工协作企业都要服从总企业的技术安排，它所体现的实际上是一种上下级之间的关系，而所有参与虚拟运作的企业在网络上都是自主、平等地选择合作伙伴，结果是形成一个生产技术的协作网。

现代社会对优秀企业的评价是企业是否能充分发挥优势、如何做自己最擅长的事，而虚拟企业恰恰反映了通过虚拟联合发挥自身优势、专心做自己最擅长的事的新的企业发展模式。它同时也印证了经济学的企业不是越大越好这一观点。

二、现代企业制度

（一）现代企业制度界定

在现有生产力水平下，社会上普遍使用的一种企业制度，是关于董事会、监事会、股东、工会等相关利益者的一种权利安排。企业制度属于生产关系的范畴。

（二）现代企业制度分类

现代企业制度又称公司制，公司分为：股份有限公司、有限责任公司。

（三）公司制或现代企业制度的特征

与古典企业相比：所有权与经营权分离。

（四）所有权与经营权分离原因

1. 生产力与生产关系的矛盾运动；
2. 所有者与经营者能力不对称；

3. 1841 年美国的火车出轨事件；

4. 异地办企业。

（五）古典企业到现代企业制度的意义

1. 资本主义经济危机的根本原因与表现

资本主义经济危机的根本原因是资本主义的基本矛盾：生产资料的资本主义私有制与生产的社会化。

其表现：生产无限扩大趋势与人们购买力相对缩小，出现经济危机。由此需改变资本主义私人所有制。

2. 改变资本主义生产资料私有制方式：革命或变革

资本主义国家选择了：单个私人所有→合伙制→有限责任公司→股份有限公司，使生产资料社会化，可见，现代企业制度缓解了资本主义社会基本矛盾。

（六）现代企业制度下的资本市场

古典企业的所有、占有、支配与使用权合一，现代企业制度下所有权与占有、支配和使用权发生了分离，所有权以股份的形式游离出来，形成资本市场。资本市场出现后，相继出现了资本所有者股东、董事会、董事长与职业经理人，资本所有者与职业经理人目标发生了分离，资本所有制始终追求利润最大化，职业经理人可能追求企业规模最大化或自身知名度最大化，如何激励与监督职业经理人，股份制设计者试图通过股票价格变化与股票期权来监督与激励职业经理人，相继形成了委托代理理论、公司治理理论与博弈论和信息经济学。

第四节 企业利润与决策

一、利润（profit）的作用及产生途径

（一）利润的作用

（1）利润是血液。企业生存和发展都需要依赖企业的利润循环投入，因此利润是企业正常运转的血液。

（2）可吸引资本（资金、人力）。企业经营的好坏主要通过利润来评价，因此企业如果获得了丰厚的利润将获得社会的高度评价，进而吸引更多的资金和优秀人才。

（3）利润是管理的手段。现在很多企业实行事业部制，将各部门经营权下放，进行独立核算，这使得利润成为企业考核各部门的主要指标。

（二）产生利润的途径

产生利润的途径概括来讲有两条：

（1）供不应求—高价格—市场机会

供不应求拉动市场价格上升，判断什么领域会出现供不应求的状况或趋势，需要经营者善于捕捉机会。

（2）高效率—低成本—管理水平

较低的成本，是产生利润的一个条件。较低的成本，主要来自效率的提高。效率的提高又有赖于高素质的管理水平。

每个人在现实生活中，都会遇到很多机会，发现机会之后，能不能把握它，是最终能不能使企业发展起来的一个非常重要的问题。如果一个企业家有能力发现机会，但是没有能力把握机会，现实的收益就不属于这个企业家。所以从利润的角度，可以得出这样的结论：一个成功的企业家，不仅要有发现机会的能力，还要有利用机会的能力。

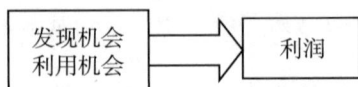

```
┌──────────┐        ┌──────────┐
│ 发现机会  │───────▶│   利润    │
│ 利用机会  │        │          │
└──────────┘        └──────────┘
```

二、利润的类型

对利润的概念我们并不陌生，在经济学和会计学中都有过论述。在这里，主要从管理决策的角度，即在市场经济条件下资源优化配置的角度，来考虑企业利润的种类及其在决策中的作用。

（一）会计利润和经济利润

企业利润可以分为会计利润和经济利润。所谓会计利润，是指在企业的会计账目上反映出来的企业已经实现的经营成果。所谓经济利润，是指在企业的会计账目上没有反映出来的企业有可能取得的利润潜力。会计利润反映企业的过去，经济利润反映企业的未来，而决策是面向未来的。所以，在管理决策中，决策者应该考虑的是经济利润而不是会计利润。

会计利润与经济利润可用公式表述如下：

（1）会计利润 = 销售收入 - 会计成本

会计利润，是企业已经取得的销售收入减去会计账目上已经发生的各种费用的差。这种利润是企业已经取得的经营成果，不管对其怎样计算，只要计算方法正确，其结果不会有任何改变。

（2）经济利润 = 销售收入 - 会计成本 - 隐性成本（机会成本）

经济利润，是企业在获得相同销售收入的条件下，减去企业有可能付出的代价即机会成本。这种利润与资源的配置状况有关，资源配置的方式和水平不同，其经济利润可能有较大差异。

只有经济利润才是决策的基础，会计利润是不能用于决策的。决策者的重要职责就在于通过资源的合理配置，将企业内部蕴藏的利润潜力源源不断地挖掘出来，并将其转化为账面利润。

（二）机会成本

理解经济利润的关键在于把握机会成本的概念。所谓机会成本，简单地说就是某种经济资源因用于某特定用途而放弃了该经济资源在其他用途使用中可能获得的最高收益。也即人们通常所说的有利必有失。经济活动中之所以有得必有失，是由资源的稀缺性决定的。尽管资源的用途十分广泛，但在一定的条件下，资源的用途又是唯一的，即某一资源用于某一用途得利于收入，就放弃了这种资源用在别的用途上得利于收入的机会。如果一项资源能用于甲用途，又能用于其他用途，那么资源用于甲用途的机会成本，就是资源用于次好的、被放弃的其他用途本来可以得到的净收入。决策者的重要任务之一就是对资源的用途进行科学选择，即合理配置资源，也就是将有限的资源使用在最有价值的地方，或者说要将有限的资源使用在企业为此所付代价最小的地方。为此，就要求决策者必须充分挖掘企业各种资源的潜力，做到人尽其才、物尽其用、财尽其效。

下面是几种特殊情况下机会成本的计算方法：

（1）业主用自己的资金办企业的机会成本，等于如果把这笔资金借给别人他可能得到的利息。

（2）业主自己兼任经理（自己管理企业）的机会成本，等于如果他在别处从事其他工作可能得到的薪水收入。

（3）机器如果原来是闲置的，现在用来生产某种产品的机会成本是零。

（4）机器如果原来是生产产品 A，可得一笔利润收入，现在改用来生产产品 B 的机会成本，就是它生产产品 A 可能得到的利润收入。

（5）过去买进的物料，现在市价变了，其机会成本就应当按市价来计算，即这批物料如不用于生产，而用于出售可能得到收入。

（6）使用按目前市场价购进的物料、按目前市场工资水平雇用的职工以及按目前市场利息率贷入的资金的机会成本与其会计成本是一致的。

（7）机器设备折旧的机会成本是该机器设备期初与期末可变卖价值之差。

下面举例说明机会成本的计算和应用。

例 1：甲用自己的钱 1000 元办工厂（如果这笔钱借出去，每年可获得利息 100 元）。乙则从银行借钱 1000 元办同样的工厂，每年支付利息 100 元。试求甲、乙的会计成本和经济成本。

解：甲：会计成本 = 1000 元，经济成本 = 1100 元；

乙：会计成本 = 1100 元，经济成本 = 1100 元。

也就是说，从会计观点看，甲的会计成本低于乙，甲的方案似乎比乙的好。但从经济观点看，两个方案的成本相等，说明两个方案是一样的。

例 2：甲自己当经理管理工厂，不拿工资，但如果他在其他单位工作，每月可得工资 120 元。乙聘请别人当经理来管理工厂，每月付工资 120 元，试求甲和乙管理工厂的会计成本和经济成本。

解：甲：会计成本 = 0 元，经济成本 = 120 元；

乙：会计成本 = 120 元，经济成本 = 120 元。

也就是说，从会计观点看，甲的管理费用低，其方案似乎较优；但从经济观点看，两个方案的成本相同，说明两个方案不分优劣。

例3：企业甲每年耗用钢材 100 吨，用的是库存材料，当时价格为 100 元／吨。企业乙每年也耗用钢材 100 吨，用的现购材料，市价为 120 元／吨。试求企业甲和企业乙的会计成本和经济成本。

解：企业甲：会计成本 $= 100 \times 100 = 10000$（元）；

经济成本 $= 100 \times 120 = 12000$（元）。

企业乙：会计成本 $= 100 \times 120 = 12000$（元）；

经济成本 $= 100 \times 120 = 12000$（元）。

从会计观点看，企业甲的成本较低；但从经济观点看，两个企业的经济成本是相同的，说明两种做法在决策上不分优劣。

三、企业的重要决策（Decision）

既然经济资源具有稀缺性，人类的需求又是无止境的，那么在现实经济中，就需要解决一系列的问题。

（一）现实经济中经常遇到的问题

（1）生产什么？

经济学的目标是，用稀缺的资源去生产人们非常需要的物品，使人们的需求得到最大限度地满足。所以，我们首先要确定，在经济资源总量有限的前提下，应该用这些资源来生产什么产品，提供什么样的劳务，避免生产人们不太需要或完全不需要的产品。

（2）生产多少？

尽可能使各种产品在数量上与各自的需求量保持一致。数量过多的产品会出现积压，过少的产品则不能充分满足人们的需求，也就没有达到最大限度地满足人们需求的目的。

（3）怎样生产？

这个问题实际上就是选择什么样的生产方式的问题。不同的技术水平，不同的生产组织形式，都决定了资源使用效率的高低。为使效率达到最高，应该选择合适的生产组织形式和追求更高的技术水平。

（4）为谁生产？

这个问题要回答：我们生产出来的产品，或者说这个社会产生的财富，以什么样的方式进行分配。如果分配方式合理，多数人的需求都可以得到满足；否则，可能只有一部分人的需求得到满足；同时还有一部分产品和资源严重闲置，而另外一部分人的需求却得不到满足。

（二）解决以上问题的途径

解决"生产什么"和"生产多少"的问题，主要通过合理配置来解决。合理配置的标准是，在各个产品的生产上，既不存在资源的闲置，也不存在资源的紧缺。实现合理配置，首选就要在量的比例上满足各个方面的需求。

解决"怎样生产"的问题，最重要的是提高资源的使用效率。选择适当的方式，以实现有效利用。实现了有效利用，也就提高了资源的使用效率。

"为谁生产"的问题，实际上是一个分配问题，只有通过公平的分配，都能最大限度地调动人们的主观能动性，积极有效地利用资源。

（三）企业的重要决策问题

决策就是对实现目标的各种可行方案作出的选择。只要存在着选择就需要决策，别无选择则不需要决策。而企业的生产经营活动到处都存在着选择，如生产什么样的产品？采用什么方式生产？生产多少？使用多少工人？发放多少报酬？实现多少利润？等等。因此，可以说企业的生产经营过程就是决策的过程。正像美国管理学家西蒙所说的，管理就是决策，决策贯穿于管理的全过程；所以要提高管理的水平，首要的就是提高决策水平。

1. 为谁生产、生产什么

顾客是企业利润的贡献者，是企业生存发展的不竭源泉，离开了顾客，企业就成了无水之鱼、无本之木，既谈不上生存，更谈不上发展。但是顾客是众多的，企业不可能为所有的顾客服务，更不可能拥有所有的顾客，只能在众多的顾客中作出选择。所以，为谁生产的问题实质上是企业的顾客决策问题。同样，顾客的需求是多样的，企业不可能满足顾客的所有需求，只能在顾客的众多需求中作出选择。所以，生产什么的问题实质上是企业的产品决策问题。

通俗地说，为谁生产、生产什么，其核心就是企业到底想赚谁的钱以及用什么手段去赚钱的问题。这实质上就是企业的市场定位决策。

2. 生产多少

众所周知，企业生产的产品过多，会导致产品积压、资源浪费；生产的产品过少，又会造成市场脱销、消费者需求得不到满足。因此，企业怎样才能做到产量不大也不小，既不积压也不脱销，仍然是企业管理决策过程中必须加以研究的重要决策问题。那么，企业到底生产多少呢？看起来这个问题很简单，似乎与企业的生产能力或生产愿望有关，事实上，企业生产多少，取决于市场需求量的大小。所以，企业要作出正确的生产多少的决策，就必须认真研究市场供求的基本规律，从这个角度说，产量决策既与企业内部有关，更与外部市场供求状况有关。

3. 怎样生产最为经济

企业是一个经济组织，其主要任务不仅仅是生产出适销对路的产品，更重要的是要通过产出来补偿投入，并取得回报。因此，企业在生产出市场需要的产品同时，还必须选择最经济的生产方式，争取以最少量的要素投入、最优的要素投入组合、最恰当的转换方式来实现最大的产出。为此，就要求企业必须进行经济核算，作出正确的生产方式决策。

（四）使用薪酬激励职能实现劳动者、企业与社会合作共赢

企业在做好经济核算同时，要很好使用薪酬激励职能激励劳动者积极性，提高劳动生产率，使劳动者在单位时间内能够生产出更多使用价值，生产出更多使用价值中的单个使用价值的个别劳动时间会低于社会必要劳动时间，但仍然按照社会必要劳动时间销售，从而使用了薪酬激励职能企业获得超额利润，超额利润再投资扩大企业规模或创造新的部门，在资本有机构成不变下，会吸纳更多劳动者就业，从而实现了劳动者、企业与社会的合作共赢[①]。

---

① 杨俊青，陈虹．非国有企业薪酬激励能够实现劳动者、企业与社会的合作共赢吗［J］．南开管理评论，2017（4）.

思考题：

1. 为什么说经济利润是决策的基础？
2. 虚拟企业这种形式，对于我们在优化资源配置的观念转换中，具有哪些启示？
3. 什么是企业价值？将企业的目标定位于企业价值最大化的意义何在？

案例分析

创造虚拟企业，加速自身发展

A公司生产某种文化艺术商品，公司信誉良好且具有一定的行业垄断性，产品销售利润率较高。1994年以前，公司只生产一些常规产品，产品品种少。完全由公司自己对产品进行设计、生产、加工、销售。公司有自己的设计部门、生产部门、销售部门。由于产品销路较好，因此对新产品的开发不够重视，造成产品的品种比较单一。产品的生产对职工的技术要求不高，产品质量也不高。后来由于市场发生变化，产品销量发生下降，造成了一定的产品积压，全年销售收入只有4000万元左右。

疲软的市场要求企业重新进行市场定位，A公司通过对市场的分析，提出要开发适销对路的新产品，树立变化的观念。随着市场经济的逐步完善，产品更新换代越来越快，产品一投放市场，就要把它看成老产品，去积极开发新的品种，提高产品质量，降低产品成本。经过产品重新定位，调动职工的积极性和创造性，吸取各种新思路、新举措、新办法，及时协调解决存在的问题，从产品的选题、设计、印刷、加工、发运各个环节以高度负责的精神，克服困难，集思广益，勇于探索，博采众长，不断开拓创新，开发中、高档次的产品，提高产品的技术含量，增加产品品种。同时对公司的各个部门进行了相应地调整。将生产、加工等技术含量低的生产过程完全委托外部生产、加工。公司同几家加工企业签订了生产加工合同，由公司提供原材料和设计图纸，加工厂按设计要求进行生产、印制、加工，然后由公司市场销售部门将产品发往全国。经过调整，公司业务量迅速增长，1995年销售收入1.2亿元。随着公司业务的扩展，公司原有设计部门的设计力量不足，于是公司就决定将产品的设计也委托外单位进行，根据产品需要向外征稿，由设计部门对外来稿件进行审定后付给设计者稿酬。原材料供应从以前完全由公司供应转变为由加工厂采购，部分特殊材料由公司提供。调整后公司节约了大量原材料资金占用。特别在1997年公司为一大型活动制作产品，时间紧，人员少，产品要求又比较高，仅仅依靠公司本身和少量几家生产规模比较小的工厂根本无法完成任务，因此公司同全国几家大型加工企业签订了临时加工合同，同时进行生产。这次生产需用纸量2000多吨，完全由厂家按公司要求从全国各地及国外订购，公司没有占用资金，由公司生产部门对生产进行监控，以确保产品质量。生产、加工后，由销售部门从生产厂直接发往全国各地进行销售。从设计到销售整个过程在不到半年的时间内就完成了。公司这一项业务收入就达到了 2.5 亿元。其他产品的生产也采取了基本相同的做法。通过结构调整，在设计、生产、加工、销售人员没有增加反而相应减少的情况下，业务不但没有萎缩，而且产品品种增加几十个，产品质量也有很大提高，产品产量和销量都大幅度增加，1997 年业务收入达到 4.5 亿元。公司就是通过市场供求关系，突破企业自身的行政界限，扩大企业资源优化配置范围，借船出海、借鸡下蛋，在人员少、任务多的情况下，学会利用各方面的力量，通过互利互惠达到自身的目的。公司用 3 年的时间，将业务提高了10 倍。

（资料来源：李宝山，黄海主编．中国人民大学 MBA 案例．管理经济学卷［M］．北京：中国人民大学出版社，1999.）

请结合案例分析：

企业顺应市场要求，从发展的需要出发，在转变组织形式，进行资源配置时应考虑哪些因素？其目标是什么？

参考文献

［1］杨俊青，梅莉．管理经济学［M］．化学工业出版社，2011.

［2］杨俊青，陈虹．非国有企业薪酬激励能够实现劳动者、企业与社会的合作共赢吗［J］．南开管理评论，2017.

第八章　人力资源需求的基石
——职位分析

我们已经知道，人力资源管理是对人的管理，在组织内部这种管理并不是抽象的，它总是以组织所承担或所从事的活动为基础来进行的，而一个组织所进行的活动最终都要落实在具体的职位上，表现为职位所对应的工作。因此，为了更好地进行人力资源管理，必须对组织内部各个职位的工作活动进行充分的了解，而这正是职位或工作分析所要完成的任务。

第一节　职位分析概述

一、职位、职位设计与职位分析

（一）职位的定义

职位也称岗位，是一定组织赋予每个职工的职务与责任，它是职工职务与责任的统一，是人力资源管理的基本单位。在组织里，每个人对应一个岗位，即有多少职位就有多少人员。职位具有以下的特点①：

1. 职位是以"事"为中心而设置，不因人而转移，即先有职位后有相应工作人员。当没有适当的职工时，就会出现职位空缺的现象。

2. 职位的数量取决于该企业的工作性质、任务大小、复杂程度、工作责任大小等因素。

3. 职位是变化的，随着工作任务和责任的变化而发生变化。

需要注意的是，工作即职务，是同类职位或岗位的总称。一项工作由组织为达到目标必须完成的若干任务组成。一项工作可能需要1个人完成，如总裁的工作；也可能需要75人来完成，如某大公司中的数据录入人员的工作。如在由一个由1名管理者、2名高级职员和4名操作工人组成的工作小组中，有3项工作和7个职位。

（二）职位设计

在了解了组织中职位分析的问题之后我们需要看一下职位是如何设计的，即在进行职位设计时所遵循的原则有哪些。有了职位才能进行职位分析，合理地进行职位设计是非常必要

---

① 张建国，陈晶瑛. 现代人力资源管理［M］. 成都：西南财经大学出版社，2005.

的，各组织内部的职位设计是否合理，直接关系到组织的整体绩效。"因事设职"是职位设计的总原则，职位设计的具体原则如下：

1. 职位设计应在明确企业的战略目标后，根据企业的战略目标，确定企业的组织结构，根据组织结构和企业战略目标设计职位。

2. 职位设计的全部职位的总和应能覆盖组织的总任务。

3. 职位设计的全部职位构成的责任体系应能保证组织总目标的实现。

4. 职位设置的数目应能体现数量最小化原则。

5. 职位设置应符合平衡、协调的原则。

（三）职位分析的定义

职位分析，又称岗位分析，或工作分析，实际就是分析职位、分析岗位、分析工作。职位分析是全面了解一项具体工作或具体职务的管理活动，是确定完成组织中各项工作所需技能、责任和知识的系统过程。具体来说，职位分析就是要为管理活动提供与工作有关的各种信息，这些信息可以用"6W1H"加以概括：Who，谁来完成这些工作？What，这一职位具体的工作内容是什么？When，工作的时间安排是什么？Where，这些工作是在哪里进行？Why，从事这些工作的目的是什么？For Who，这些工作的服务对象是谁？How，如何来进行这些工作？

作为人力资源管理的一项职能活动，职位分析同样也具备任何一种活动所必备的基本要素，这一活动的主体是职位（工作）分析者，客体是组织内部的各个职位，内容是与各个职位有关的情况，结果是工作说明书，也可以叫作职位说明书或岗位说明书[①]。

二、职位分析的目的[②]

职位分析的目的，即工作分析的目的是明确完成组织的战略目标需要什么岗位？这些岗位需要做什么？做这些需什么样的人，具体来说：

（一）为人力资源规划提供相关信息

职位分析为人力资源规划的制定提供了以下的信息：员工的年龄结构、知识结构、能力结构、培训需求和工作安排。

（二）为招聘和甄选提供依据

工作分析得出的工作说明书为招聘提供了清晰的指导性文件，为负责招聘的人员提供了统一的选择标准。

（三）为人力资源开发提供指导

职位分析得出的职位规范中明确规定了完成各项工作所需的特定的知识、技能和经验；工作说明则描述了员工应完成的基本工作的内容。所以，职位分析为人力资源培训与开发指

---

① 廖泉文. 人力资源管理［M］. 北京：高等教育出版社，2003.

② 张建国，陈晶瑛. 现代人力资源管理［M］. 成都：西南财经大学出版社，2005.

出了明确的方向。

（四）辅助制定绩效考核指标

职位分析中对各岗位要求和职责的准确说明为设计合理的绩效标准和考核指标提供了科学的依据。考核的过程就是将员工的实际工作业绩同考核指标进行比较，从而对员工的工作得出客观、全面评价的过程。

（五）为薪酬设计提供参考标准

职位分析的结果是生成职务说明书和工作规范，而职务说明书和工作规范又是制定和设计薪酬标准的重要依据。

三、职位分析的意义

在不断变化的工作环境中，新的职位不断产生，旧的工作职位要重新设计，适当的职位或工作分析体系对组织人力资源管理来说是至关重要的。

职位分析可以帮助组织觉察环境变化，职位分析中的数据对人力资源管理职能的每一方面都有影响[①]。

（一）职位分析是人力资源计划的基础

组织内的任何工作或职务都是根据组织的需求来设置的。每项工作的责任、任务、工作时间、工作条件等因素决定其所需的人力，以及每项工作所需的不同的知识、技能和能力。显然，有效的人力资源计划必须以职位分析为基础。

（二）职位分析对企业员工的选拔和任用具有指导作用

如果组织没有职位说明和工作规范对招聘员工工作进行指导，那将很难选拔和任用符合工作需要与工作要求的合格人员。只有工作要求明确，才能保证工作安排准确。

（三）职位分析将有利于人力资源开发

职位分析所形成的职位工作规范对人力资源开发的需求信息的确很有用。当工作规范指出某项工作需要特殊的知识、技能或能力，而在该职位上的人又不具备所需要的条件时，就有必要对员工进行培训和开发，这种培训可帮助员工履行先有的职位工作说明中所规定的职责，并为其升迁到更高的工作职位做好准备，这样既能提高员工的工作效率，又能做到人尽其才。

（四）职位分析为员工绩效评价提供有效的标准

工作说明中规定了工作职责与要求以及任职资格，使员工的绩效评估工作有了客观依据。否则，这种评价很大程度上就会带有不公正性，进而影响到员工的工作积极性。

---

① 赵曼. 人力资源开发与管理 ［M］. 北京：中国劳动社会保障出版社，2002.

宏微观人力资源管理相通探索

（五）职位分析有利于提高工作和生产效率

通过工作分析，一方面，由于有明确的工作任务要求，建立起规范化的工作程序和结构，使工作职责明确，目标清楚；另一方面，明确了关键的工作环节和作业要领，能充分地利用和安排工作时间，使干部和职工能更合理的运用技能，分配注意和记忆等心理资源，增强他们的工作满意感，从而提高工作效率。

（六）职位分析有助于实现科学、合理的薪酬体系

职位分析明确了工作责任，也就明确了该工作在组织中的重要程度或相对价值。一般地，工作的职责越重要，工作就越有价值。需要有更多的知识、技能和能力的工作对公司来说应该更具价值。以此为依据制定的薪酬计划容易实现组织内与组织间薪酬的相对公平。

（七）职位分析对考虑员工的安全和健康也很有价值

工作说明和工作规范文件一般反映工作的环境与条件，如说明某项工作是否具有危险性。工作分析为企业对在某些危险工作中的工人提供安全设施和措施提供了依据。

（八）职位分析有助于人力资源研究

职位分析的有关信息为管理者进行人力资源研究提供了依据。如管理者在确认出色员工和平庸员工的促动因素时，研究者就只需要研究那些执行同样工作说明或工作规范的员工即可。

四、职位分析的内容[①]

（一）工作是什么

这一问题主要包括职位的名称、级别；岗位设置的目的；职位工作内容、任务、职责；职位主要的工作权利；职位需要的工作条件；本职位与其他职位的关系；职位在企业组织结构中的位置。

（二）谁适合这份工作

这一问题包括适合这份工作所需人员的基本学历和专业要求；在某一领域的工作经验；必须具备的基本能力；必须接受的培训项目、培训时间；年龄和性别要求；性格和性向要求。

（三）谁最适合这个工作

这一问题包括具备哪些经历的人员可以优先；哪些专业可以优先；怎样的资格可以优先；有过哪些培训的可以优先。

---

① 廖泉文. 人力资源管理［M］. 北京：高等教育出版社，2003.

（四）谁来做职位分析

组织中谁来做岗位分析呢？可以是人力资源管理专家负责总体的规划和审定；或主管人员结合组织实践参与或组织人员编写；或在岗员工结合个人实践提供经验编写；或人力资源部门做出规范、完整、系统的岗位分析。

（五）何时做职位分析

一般在下列情况下可以进行职位分析：新组织投入运行时；组织战略调整、业务发展时；工作内容与工作性质发生变化时；组织兼并、扩充、增加生产线时；组织改变编制、重新定岗员工时；组织引进设备、工艺、技术时；组织建立相应的制度时。

五、职位分析的步骤

进行职位分析主要有两个阶段，即进行职位调查和撰写工作说明书与职位工作规范书，具体如下：

1. 职位调查的概念

职位调查就是要调查这一职位的工作内容，简单说来就是要调查这一职位是干什么的，从事这一职位需要什么样的人。

2. 职位调查的步骤

（1）明确调查目的。（2）确定调查对象与单位。（3）确定调查项目。（4）确定调查表格和填写说明。（5）确定调查时间、地点和方法。

3. 职位调查的方法

（1）面谈法

即调查人员与管理人员或者了解此职位的人员等进行面对面的交谈，了解这一职位的工作内容，从而了解从事这一职位需要什么样的人。

（2）实地考察

即调查人员实际参与到这一工作中，亲临现场来了解这一职位的工作内容。

（3）书面调查

即调查人员通过设计调查问卷等书面形式，发放到组织的管理人员或相关人员手中，通过整理并分析问卷调查结果来确定这一职位的工作内容，确定所需要的人员具备的条件。

4. 职位调查所包含的调查项目和基本内容

在此可以设计成表格的形式由被调查者来填写，表格内容包括以下几部分：

（1）基本资料

包括：①姓名、性别、年龄。②职称、部门、学历。③现任职务。④直接上级和直接下级。⑤薪酬等级与收入。⑥任职时间。

（2）工作时间

包括：①正常工作时间。②休息时间。③加班时间。④出差情况。⑤工作时间的忙碌分布程度。

（3）岗位工作内容

包括：①工作目标。②岗位工作概述。③岗位工作程序。④工作事项。

（4）工作责任

包括：①风险控制责任。②成本控制责任。③协调责任。④指导监督责任。⑤组织人事责任。⑥工作结果责任。⑦决策责任。

（5）任职者所需的知识技能

包括：①最低学历要求。②知识面要求。③熟练期的要求。④工作的复杂性。⑤工作经验。⑥文字水平。⑦逻辑思维能力。⑧综合能力。

（6）工作的劳动强度

包括：①工作压力大小。②精力集中程度。③体力要求。④创新与开拓要求。⑤工作紧张程度。

（7）工作环境

包括：①工作时间特征。②是否易形成职业病。③工作环境的舒适度。④工作环境的危险性。

第二节　职位分析方法

职位分析内容确定之后，则应该选择适当的分析方法和工具进行职位分析。职位分析方法主要有以下几点。

一、资料分析法

为了降低工作分析的成本，应当尽量利用现有资料，例如，岗位责任制文本等，以便对每个工作的任务、责任、权利、工作负荷、任职资格等有一个大致的了解，为进一步调查奠定基础①。

岗位责任制是国内企业特别是大中型企业十分重视的一项制度。但是，岗位责任制只规定了工作的责任与任务，没有规定该工作的其他要求，如工作的社会条件、物理环境、聘用条件、工作流程以及任职条件等。如果根据各企业的具体情况，对岗位责任制添加一些必要的内容，则可形成一份完整的工作描述与任职说明书。表8-1是一份较完整的岗位责任制，对工作分析有较大的参考价值。

表8-1可为工作描述与任职说明提供许多有用的信息。另外，我们还可通过作业统计，如对每个生产工人出勤、产量、质量、消耗的统计，对工人的工作内容、负荷有更深的了解，它是建立工作标准的重要依据。人事档案则可提供任职者的基本素质资料，如性别、年龄、文化程度、专业技能等。

---

① 董克用等.人力资源管理概论［M］.北京：中国人民大学出版社，2004.

人力资源管理

表 8－1	某炼铁厂计划科综合统计员的岗位经济责任制

职责

在科长的领导下，按照专业管理制度和上级有关规定，负责全厂生产、经济、技术指标综合统计工作，归口数据管理。

工作标准

（1）综合统计、编制报表、图表。月报于次月 6 日前报出，季报、年报表于季后第 1 月 7 日前、次年 1 月 10 日前报出，每月 15 日前完成图表上墙，每月 28 日前提出产品、品种及主要经济指标预测，准确率达 9 项。

（2）负责结算炼铁厂生产原料、燃料耗用量。每月 1 日与烧结厂、原料处结算烧结矿、废铁数量，做到准确无差错。

（3）负责收集国内外同行业有关生产经济指标等资料。每月 20 日前将 16 个单位主要指标登入台账，填写图表上墙。

（4）负责提出统计分析，每月 28 日前完成。

（5）建立健全数据管理制度，建立厂级数据库，使全厂数据管理系统化、规范化。

任职条件

必须熟悉上级有关统计规章制度、统计方法，并严格执行，懂得炼铁生产工艺及主要设备生产能力；掌握企业管理的一般知识和工业统计理论知识及统计计算技能。

资料来源：徐纪良．现代人力资源概论［M］．上海：上海人民出版社，2000.

二、观察法

观察法是工作分析人员到现场实地去查看员工的实际操作情况，并予以记录、分析、归纳，整理为适用的文字资料的方法。在分析过程中，应经常携带员工手册、分析工作指南，以备参考运用。分析人员观察工作时，必须注意员工在做什么，员工如何做，员工为何要做，以及原工作的技能好不好？而对于可以改进、简化的工作事项，也应予以纪录说明。当观察完某工作场所人员如何执行某工作后，最好再在其他两三处工作场地再予观察，以证实其工作内容，避免因所观察工人个人习惯所产生的小缺点。分析人员应注意的是，研究的目的是工作而不是个人的特性。

观察法在从事动作研究的时候，虽常为工业工程师所运用，但在工作分析时，如果仅运用此方法，所获得资料往往不足以供撰写职务说明或职务规范之用。所以实际上，观察法多应用与了解工作条件、危险性或所使用的工具及设备等项目方面。其优缺点如下：

优点：

通过对工作的直接观察和工作者介绍能使分析人员更多、更深刻地了解工作要求，从而使所获得的信息比较客观和正确。但是也要求观察者要有一定的实际操作经验。

缺点：

1. 不适用于工作周期长和主要是脑力劳动的工作。

2. 不易观察紧急而又偶然的工作，例如处理紧急情况。

三、面谈法

面谈法是由分析人员分别访问工作人员本人或其主管人员，以了解工作说明中原来填写的各项目的正确性，或对原填写事项有所疑问，以面谈方式加以澄清的方法。因此，面谈的作用一是对于观察所不能获得的资料，可由此获得；二是对已获得的资料加以证实。该方法也是美国企业界使用最广的方法之一。尽管它不像问卷调查具有完善的结构，但具有问卷调查不可替代的作用。

（一）面谈的内容

1. 工作目标，组织为什么设立这一职务，根据什么确定对职务的报酬。
2. 工作内容，任职者在组织中有多大的作用，其行动对组织产生的后果有多大。
3. 工作的性质和范围，是面谈的核心。主要了解该工作在组织中的关系、其上下属职能的关系、所需的一般技术知识、管理知识、人际关系知识、需要解决问题的性质以及自主权。
4. 所负责任，涉及组织、战略政策、控制、执行等方面。

（二）面谈的形式

面谈的形式可分为个人面谈、集体面谈和管理人员面谈三种。由于有些工作可能主管与现职人员的说明不同，分析人员必须把双方的资料合并在一起，予以独立的观察与证实的权衡。这不仅需要运用科学的方法，还需要有可被人接受的人际关系技能。因此，应该把这三种方式加以综合运用，这样才能对工作分析真正做到透彻了解。

（三）面谈应该注意的问题

1. 尊重工作者，接待要热情，态度要诚恳，用语要适当。
2. 营造一种良好的气氛，使工作者感到轻松愉快。
3. 分析人员应该启发和引导，对重大原则问题，应避免发表个人看法和观点。

（四）该方法的优缺点

1. 优点

用这种方法可以获得标准和非标准的资料，也可获得体力和脑力劳动的资料。由于工作者本身也是自己行为的观察者，因此，他可以提供常常不易观察到的情况。总之，工作者可以提供从任何其他来源都无法获得的资料。

2. 缺点

分析人员对某一工作固有的观念会影响相对分析结果的正确判断。而工作者，可能出于自身利益的考虑，采取不合作的态度或有意无意地夸大自己所从事工作的重要性、复杂性，导致工作信息失真。若分析人员和被调查者相互不信任，应用该方法具有一定的危险性。因此，面谈法不能单独作为信息收集的方法，只适合与其他方法一起使用。

四、问卷调查法

当工作分析牵涉到分布较广的大量员工时，问卷调查法是最有效率的方法。问卷法是一种应用非常普遍的职位分析方法。其基本过程是首先设计并分发问卷给选定的职工，要求在一定的期间内填写，以获取有关的信息。问卷表主要有两种：一种的内容具有普遍性，适合于各种职务内容；另一种是专门为特定的工作职务设计的。问卷表还可以分成职务定向和人员定向两种。职务定向问卷比较强调工作本身的条件和结果；人员定向问卷则集中于了解职工的工作行为。

问卷法通常是比较节省职位分析人员的时间与经费的一种方法，也是可用于数目较大的被调查者获得信息的方法。问卷法的成败至少取决于三个方面：一是问卷的设计能否包括一切问题；二是各个问题设计是否适当、贴切，从而使回答者可以在要求的范围内正确的给予相当标准化的答案；三是如果答卷无强制性，则问卷会不会因太详尽而影响回收率。

一个在理论上十分完备、实际上又可行的问卷设计乃是问卷法中最重要环节。在一定程度上，一份周详的问卷可以将回答者所可能造成的无意误差减至最小。但是由于没有问卷设计者在身边解释，这种误差仍不能避免。其好处则是没有心理压力，所得的某些答案有时又较面谈法理想。此法也不能避免人为地有意误差，而且答案的准确性又取决于回答者的耐心、文化水平、表达能力及所掌握的资料等因素，同时由于陈述与表达的方式不同，职务分析者整理起来也比较麻烦。

美国普渡大学（Purdue University）的研究员曾研究出一套数量化的工作描述法。这就是"职位分析问卷"（PAQ），虽然它的格式已定，但仍可用来分析许多不同类型的工作。该表由 194 个项目或职务要素构成，这些项目可分为六个主要方面：信息输入（员工在何处及怎样得到某职务所需要的信息）、心理过程（完成职务所需的推理、计划、决策等）、工作输出（员工操作所需的体力活动及他们所使用工具和设备）、人际活动（人际信息交流、人际关系、个人联系、管理和相互协调等）、工作情境与职务关系（工作条件、物资和社会环境）、其他方面（工作时间安排、报酬方法、职务要求、具体职责等）。每一个项目既要评定其是否一个职务的要素，还要在一个评定量表上评定其重要程度、花费时间及困难程度。PAQ 给出了 6 个计分标准，即信息使用度（U）、耗费时间（T）、适用性（A）、对工作的重要程度（I）、发生的可能性（P）、特殊计分（S）。在使用职位分析问卷时，用这六个评价因素对所需分析的职务一一分析核查，按照 PAQ 给出的计分标准，确定职务在职务要素上的得分。

职位分析问卷的不足主要表现在以下两个方面：

第一，阿维·伯格勒的研究指出，由于没有对职务的特殊工作活动进行描述，因此，职务中行为的共同之处就使任务之间的差异变得模糊了。

第二，PAQ 的可读性差，具备大学阅读水平以上者才能够理解其各个项目，任职者和主管人员如果没有受过 10～12 年以上的教育就难以使用这种问题。

尽管如此，PAQ 仍是劳动心理学领域中，使用最广泛，最受欢迎的职务分析问卷之一。

五、典型事例法

典型事例法由 J. C. Flannagan 在 1954 年发展起来的，其主要原则是认定员工与职务有关的行为，并选择其中最重要、最关键的部分来评定其结果。它首先从领导、员工或其他熟悉职务的人那里收集一系列职务行为的事件，然后，描述"特别好"或"特别坏"的职务绩效。这种方法考虑了职务的动态特点和静态特点。对每一事件的描述内容，包括：

1. 导致事件发生的原因和背景；
2. 员工的特别有效或多余的行为；

3. 关键行为的后果；

4. 员工自己能否支配或控制上述后果。

在收集这些描述以后，可以对他们做出分类，并总结出职位的关键特征和行为要求。关键事件法既能获得有关职务的静态信息，也可以了解职务的动态特点。

关键事件法的主要优点是研究的焦点集中在职务行为上，因为行为是可观察的、可测量的。同时，通过这种职务分析可以确定行为的任何可能的利益和作用。

但这个方法也有两个主要的缺点：

一是费时，需要花大量的时间去搜集那些关键事件，并加以概括和分类。

二是关键事件的定义是显著的对工作绩效有效或无效的事件，但是，这就遗漏了平均绩效水平。而对工作来说，最重要的一点就是要描述"平均"的职务绩效。利用关键事件法，对中等绩效的员工就难以涉及，因而全面的职务分析工作就不能完成。

第三节　职位（工作）说明书与职位（工作）规范书的撰写[①]

一、工作说明书的撰写

（一）工作说明书的含义

工作说明书又称岗位说明（描述）书或职位描述书，是指用书面形式对组织中各类岗位的工作性质、工作任务、工作职责与工作环境等所做的统一要求。

例如，让员工了解该做什么，如何做，为什么做。另外，工作内容描述还可以作为薪酬管理、员工招聘、培训、员工工作评价的依据。

（二）工作说明书的内容

工作说明书的内容一般包括以下几项：

1. 工作识别

包括职务名称（工作名称）、所属部门、工作编号及日期。之所以要求列出日期，是因为工作内容具有时效性，并且便于以后工作内容的重新评定和改进。

2. 工作内容摘要

提供一些简短的描述，使员工初步了解工作内容。

3. 工作任务

这是工作说明书的核心部分，要求列明该工作的各项具体任务，目的是告诉员工该做什么，如何去做，为什么要这么做。

4. 领导、监督关系

包括接受和给予监督，指出与某一具体岗位的员工有直接联系的上司和下属，以及该员

---

① 张建国，陈晶瑛. 现代人力资源管理［M］. 成都：西南财经大学出版社，2005.

工在组织中的地位和联系等。

5. 与其他职工或工作的关系

指出某项工作与本部门的其他工作，或其他部门的工作之间的关系，并指出职位的升迁步骤。

6. 工作条件

描述工作地点的环境，如卫生设备、热度、是否从事户外工作、工作中可能出现的危险等。

7. 所使用的工具

指出完成本工作必须使用或操作的工具、设备等。

8. 工作专用术语

注明一些专门或不常见的工作专用术语的定义。

9. 备注

如有需要，对上述说明再进行补充解释。比如，对于一些专业名词或内行人才懂的术语要尽可能加以解释。

10. 签署与认可

由领导与员工分别签名，认同工作说明书的内容。

（三）工作说明书示例

表 8 – 2 是工作说明书的一个范例，表 8 – 3 是某公司秘书的工作说明书。

表 8 – 2　　　　　　　　　　　**工作说明书范例**

部门		职位		员工编号	

工作概况

工作职责

所需技能					
所需教育程度					
所需培训					
其他辅助工作					
与其他工作关系					
从哪项工作晋升					
晋升到哪项工作					
接受哪项工作					
监督哪项工作					

表 8 – 3	某公司秘书的工作说明书

某公司秘书的工作说明书

职务名称：秘书
上　　级：经理
职务摘要：从事一般秘书工作，包括口述的笔录、打字、处理书信和文件、安排预约等事项。
任　　务：（1）笔录口述的信息或录音留言的信息。
　　　　　（2）抄写或用打字机打出信件、备忘录或报告文件。
　　　　　（3）在会议上负责记录工作。
　　　　　（4）拆阅外来文件并分送有关部门。
　　　　　（5）为经理接听、拨打电话。
　　　　　（6）记录重要的电话留言。
　　　　　（7）处理零用经费。
　　　　　（8）招待顾客并安排预约。
　　　　　（9）负责办公用品的保管和领用。
　　　　　（10）处理机密文件。
机器设备：打字机、口述录音机　工作环境：一般办公室环境　危险实务：无

资料来源：余凯成．人力资源管理［M］．大连：大连理工大学出版社，1999.

二、工作规范书的撰写

（一）工作规范的含义

工作规范也称岗位规范或任职资格，是指任职者要胜任该项工作必须具备的资格与条件。

（二）工作规范包含的内容

工作规范一般包括以下几方面的内容：
（1）工作任务（做什么？怎样做？为什么做？）；（2）工作责任；（3）相关工作经验；（4）受教育的程度；（5）培训；（6）判断能力；（7）主动性；（8）体力、动作；（9）工作技能；（10）胜任工作所需要的心理要素等要求。

（三）工作规范书示例

工作规范的格式可参照表 8 – 4。
以上讲的是传统的工作说明书的编写方法和注意要点，近几年来，工作说明书又有了新的发展趋势。
随着外部竞争环境的日趋激烈，很多企业都是在改变传统的工作方式，进行着以客户为导向的工作流程的改造和重组。在这一浪潮的冲击下，传统的以"命令—执行"为特征的工作方式正转变为以"服务"为特征的工作方式。这种工作方式中，企业内部的每一个职位都以服务者和被服务者的双重身份出现，需要接受上游职位的工作输入，又要对下游职位进行工作输入，工作的链条关系越来越重要。为了反映这种关系，结合工作流程编写"履行职责"已经成为一个趋势。

表 8 – 4　　　　　　　　　　公司秘书岗位的工作规范

公司秘书岗位的工作规范

职务名称：秘书
隶　　属：经理
教育程度：大学毕业或同等学力
工作环境：一般办公室环境
专业训练：至少半年的秘书实践训练，包括打字及速记训练
技　　巧：双手及手指的正常活动足以胜任微机操作。每分钟打字速度不少于 40 字
适应能力：能适应工作的经常变化，例如打字、草拟文件、接待、访客、翻阅档案等工作的变换
判断能力：有足够能力判断访客的重要性、事情的轻重缓急，并决定是否立即呈报上司或延缓为之
仪表谈吐：仪表端正，谈吐文雅

资料来源：张建国，陈晶瑛等著. 现代人力资源管理［M］. 成都：西南财经大学出版社，2005.

　　结合工作流程编写"履行职责"就是在搞清楚工作链相互关系的基础上，在描述职责的任务时加入对象状语，也就是说加入工作输入和工作输出即可。结合工作流程的描述可以提炼成下面的格式，"输入的对象和内容 + 动词 + 宾语 + 输出的对象和内容 + 目的状语"。例如，招聘主管拟定招聘计划的职责，结合工作流程就可以这样描述了，"接受各部门的招聘需求信息，拟定招聘计划，提交给经理审批，以保证招聘工作的顺利进行"。

　　第二个趋势就是企业越来越重视工作规范，尤其是其中的能力和素质要求，以"素质模型"为主要标志的新的招聘标准正在逐步形成。这是因为在新经济条件下，人的因素已经变得越来越重要，拥有优秀的员工已成为企业成功的关键，为了招聘到合格的人员，必须对任职资格条件做出详细的规定，因此，工作规范就变得越来越重要。

第四节　职位评价

一、职位评价的含义及内容

　　职位评价又称职位评估、工作评估或岗位测评，是在职位分析的基础上，对各岗位的责任大小、工作强度、工作复杂性、所需资格条件等特性进行评价，以确定岗位相对价值的过程。

　　职位评价的内容主要包括工作的任务和责任、完成工作所需要的技能、工作对组织整体目标实现的相对贡献大小、工作的环境和风险等。这些内容恰恰是工作分析所提供的信息，因此，职位分析是职位评价的基础[①]。

　　职位评价的组织和参与者包括：

　　1. 由专门委员会进行组织，委员会的构成取决于被评价工作的类型和要求。

　　2. 人力资源部负责岗位评价项目的管理和实施。

　　3. 专门的人力资源顾问机构负责进行评价。

---

① 张德. 人力资源开发与管理［M］. 北京：清华大学出版社，2004.

4. 聘用的外部顾问对企业人力资源管理部门人员进行培训，指导他们完成评价工作。

二、职位评价遵循的基本原则

岗位评价是一项技术性强、涉及面广、工作量大的活动。也就是说这项活动不仅需要大量的人力、物力和财力，而且还要触及许多学科的专业技术知识，牵涉到很多的部门和单位。为了保证各项实施工作的顺利开展，提高岗位评价的科学性、合理性和可靠性，在组织实施中应该注意遵守以下原则。

（一）系统原则

所谓系统，就是有相互作用和相互依赖的若干既有区别又相互依存的要素构成的具有特定功能的有机整体。其中各个要素也可以构成子系统，而子系统本身又从属于一个更大的系统。系统的基本特征有：整体性、目的性、相关性、环境适应性。

（二）实用性原则

职位评价还必须从目前企业生产和管理的实际出发，选择能促进企业生产和管理工作发展的因素评级因素。尤其要选择目前企业人力资源管理基础工作需要的评价因素，使评价结果能直接应用于企业人力资源管理实践中，特别是企业劳动组织、工资、福利、劳动保护等基础管理工作，以提高岗位评价的应用价值。

（三）标准化原则

标准化是现代科学管理的重要手段，是现代企业人力资源管理的基础，也是国家的一项重要技术经济政策。标准化的作用在于能统一技术要求，保证工作质量，提高工作效率和减少劳动成本。显然，为了保证评价工作的规范化和评价结果的可比性，提高评价工作的科学性和工作效率，岗位评价也必须采用标准化。

岗位评级的标准化就是衡量劳动者所耗费的劳动的大小的依据以及岗位评价的技术方法一特定的程序或形式做出统一规定，在规定范围内，作为评价工作中共同遵守的准则和依据。岗位评价的标准化具体表现在评价指标的统一性、各评价指标的统一评价标准、评价技术方法的统一规定和数据处理的统一程序等方面。

（四）能级对应原则

在管理系统中，各种管理功能是不相同的。根据管理的功能把管理系统分成级别，把相应的管理内容和管理者分配到相应的级别中去，各占其位，各显其能，这就是管理的能级对应原则。

一个岗位能级的大小，是由它在组织中的工作性质、繁简难易、责任大小、任务轻重等因素所决定的。功能大的岗位，能级就高；反之就低。各种岗位有不同的能级，人也有各种不同的才能。现代科学化管理必须使具有相应才能的人得以处于相应的能级岗位，这就叫作人尽其才，各尽所能。

一般来说，一个组织或单位中，管理能级层次必须具有稳定的组织形态。稳定的管理结构应是正三角形。对于任何一个完整的管理系统而言，管理三角形一般可分为四个层次：决策层、管理层、执行层和操作层。这四个层次不仅使命不同，而且标志着四大能级差异。同时，不同能级对应有不同的权利，物质利益和精神荣誉，而且这种对应是一种动态的能级对应。只有这样，才能获得最佳的管理效率和效益。

（五）优化原则

所谓优化，就是按照规定的目的，在一定的约束条件下，寻求最佳方案。上至国家、民族，下至企业、个人都要讲究最优化发展。企业在现有的社会环境中生存，都会有自己的发展条件，只要充分利用各自的条件发展自己，每个工作岗位、每个人都会得到应有的最优化发展，整个企业也将会得到最佳的发展。因此，优化的原则不但要体现在岗位评价各项工作环节上，还要反映在岗位评价的具体方法和步骤上，甚至落实到每个人身上。

三、岗位（职位）评价的特点

（一）岗位评价以企业劳动者的生产岗位为评价对象

岗位评价的中心是"事"不是"人"。岗位评价虽然也会涉及到员工，但它是以岗位为对象，即以岗位所担负的工作任务为对象进行的客观评比和估计。作为岗位评价的对象——岗位，较具体的劳动者具有一定的稳定性，同时，它能与企业的专业分工、劳动组织和劳动定员定额相统一，能促进企业合理的制定劳动定员和劳动定额，从而改善企业管理。由于岗位的工作是由劳动者承担的，虽然岗位评价是以"事"为中心，但它在研究中，又离不开对劳动者的总体考察和分析。

（二）岗位评价是对企业各类具体劳动的抽象化、定量化过程

在岗位评价过程中，根据事先规定的比较系统的全面反映岗位现象本质的岗位评价指标体系，对岗位的主要影响因素逐一进行测定、评比和估价，由此得出各个岗位的量值。这样，各个岗位之间也就有了对比的基础，最后按评定结果，对岗位划分出不同的等级。

（三）岗位评价需要运用多种技术和方法

岗位评价主要运用劳动组织、劳动心理、劳动卫生、环境监测、数理统计知识和计算机技术，适用排列法、分类法、评分法、因素比较法等4种基本方法，才能对多个评价因素进行准确的评定或测定，最终做出科学评价。

四、职位评价的基本方法[①]

（一）排列法

排列法是一种最为简单、最易操作的职位评价方法，也是较早使用的非分析方法之一。

---

① 参见新营销（www. marktingcn. com）。

排列法是采用非分析和非定量的方法，由评定人员凭着自己判断，不将工作内容分解为组成要素，而只是根据工作岗位的相对价值按高低次序进行排列，从而确定一个工作岗位与其他工作岗位的关系。这种方法主要的优点在于能尽快确立新的工作岗位等级，有时也被作为鉴别不合理工资差异的初步措施。但由于主观性太强，随着分析法在岗位评价中的应用，它将逐步被淘汰。

1. 排列法的运用步骤

（1）岗位分析

由有关人员组成评价小组（最好有企业领导干部、主管部门领导、劳动人事干部和职工代表参加），并做好相应的各项准备工作。

同时对工作岗位情况进行全面调查，收集有关岗位方面的资料、数据，并写出调查报告，其中要特别说明基本的工作要素：任务、责任、与其他工作岗位的联系、工作条件、技能和能力要求等。

（2）选择标准工作岗位

评定人员对各岗位的资料、数据收集齐全后，通常要选择若干个标准工作岗位作为参照系数。由于其他岗位的排列顺序是以标准岗位作为参照对象，因此标准岗位的选择是一项十分重要的工作。它必须满足两个条件：

第一，必须广泛分布与现有的岗位结构中，同时其彼此之间的关系需要得到广泛的认同。

第二，必须能代表岗位所包括的职能特性和要求。

标准岗位的数量没有统一规定，但通常要选取总岗位个数的10%～15%作为标准岗位。在对工作岗位详细调查之后，标准岗位的选取先由班组和车间等基层部门着手进行，然后再由评定小组根据以上两个条件综合后确定。

评定小组在甄选标准工作岗位的同时，要建立起一个用以排列其他岗位的结构框架，其余的工作岗位在与一个或两个标准工作岗位比较后，确定其相对的位置。

（3）工作岗位排列

在确定标准工作岗位之后，通过与标准工作岗位的比较，对其余的工作岗位进行综合评估。对本企业同类岗位中的各岗位的重要性或者其要求的潜力、智力和技能条件是大于、小于或等于标准工作岗位，从而做出评判。这种情况是基于工作基本相同，或在同一单位或部门，用非分析方法对工作岗位进行比较相对比较容易。而对于估计两个不相仿或不相关的岗位，就比较困难，难以确定。

因此，如何正确选择标准工作岗位，对于岗位排列而言是一个关键。只有正确地选择标准工作岗位，在对其他大多数岗位的比较和测评就有了一个指导标准，从而使排列工作岗位不会特别困难。

同时，评定人员依照标准工作岗位对工作岗位进行排列时，还必须对有关工作进行全面了解，如果评定人员不熟悉该工作，应征求工作执行者及其同事和直接上级等有关人员的意见。

总而言之，对工作岗位排列情况的综合判断是复杂的，尤其是很难说某个岗位实际上应该排在与其相邻的岗位之前还是之后。所以，在实际排列过程中，岗位不仅要与标准岗位相比，也要同已排列好的岗位相比，那么做出判断就会容易些。事实上，许多岗位处于同等的地位，通过排列建立起来的岗位等级呈金字塔形。

（4）岗位定级。

按评定人员事先确定的评判标准，对各岗位的重要性做出评判，然后将每个岗位经过所有评定人员的评定结果汇总，得到序号和除以评定人数得到每一岗位的平均序数。

最后，按平均序数的大小，由小到大评定出岗位的相对价值的次序。

例如，有甲、乙、丙三人组成的评定小组对 A、B、C、D、E、F、G 等 7 个岗位进行评定，结果如表 8-5 所示。

表 8-5 岗位评定表

岗位	A	B	C	D	E	F	G
甲评定结果	1	3	4	2	5	6	7
乙评定结果	2	1	4	3	—	5	—
丙评定结果	1	—	2	3	6	4	5
评定序数和	4	4	10	8	11	15	12
参加评定人数	3	2	3	3	2	3	2
平均序数	1.3	2	3.3	2.67	5.5	5	6
岗位相对价值的次序	1	2	4	3	6	5	7

根据表 8-5 的结果可知，被评定的 7 个岗位的相对价值，按重要性由大到小排列其次序应为 A、B、C、D、E、F、G。也就是说依据其重要程度把工作岗位排列成一种等级结构。但为确定某一种工资结构，对这些工作岗位进行定级时应注意，排列法本身并不能对等级划分提供依据，通常还要按照管理上的要求与组织和各层次中的责任相符的等级；排列法本身对工作等级之间的差异程序没有精确的指标，不能成为一种衡量尺度。在实践中不同等级之间的工资级别和标准通常是通过劳资谈判来确定。总之，在任何情况下，都要谨慎地给那些岗位确定起点工资标准，以便在一个适当的工资水平上达成协议。因为工资数一经确定，便成为今后工资管理的基础。

采用这种方法对岗位进行评定时，其最大的优点就是简便易行。一旦标准工作岗位及其相应位置被确定后，排列其他岗位就相对简单。另一个优点是每个岗位是作为一个整体来进行评定的，从而避免了对工作要素的分解而引起的矛盾和争论。总之，排列法采用这种直观的方法，对数量不太多的互相联系的工作岗位进行测评往往能得出正确和满意的结果。

2. 排列法的不足之处

（1）由于大企业岗位分布呈金字塔形，需要定级的工作岗位数量多并且不相近，评定结果最终又必须依靠评定人员的判断。因此难于找到对工作内容都相当熟悉的评定人员。而且评定人员的组成和各自的条件、能力并不是一致的，这势必会影响评定结果的准确程度。

（2）由于这种方法完全是凭借评定人员的知识和经验主观的进行评价，缺乏严格的、科学的评判标准，使评价结果弹性大，容易受其他因素的干扰。

（3）由于工作岗位没有进行因素比较，方法相对简单、粗糙，它只适用生产单一、岗位较少的中小企业。

为克服这些缺陷，改进排列法的最新办法就是制定某些参考因素。对工作岗位进行排列时，先依据每一因素对工作进行排列，再根据因素排列的平均结果确定工作岗位排列的顺序。虽然这种改进并没有从根本上改变排列的特性，但依据它所建立起来的岗位等级更加精确。

（二）分类法

分类法是排列法的改革，又称归级法。它是在岗位分析基础上，采用一定的科学方法，按岗位的工作性质、特征、繁简难易程度、工作责任大小和人员必须具备的资格条件，对企业全部（或规范范围内）岗位所进行的多层次的划分，即先确定等级结构，然后再根据工作内容对工作岗位进行归类。

这种方法中，最关键的一项工作是确定等级标准。各等级标准应明确反映出实际上各种工作在技能、责任上存在的不同水平。在确定不同等级要求之前，要选择构成工作基本内容的基础因素，但如何选择因素或选取多少则依据工作性质来决定。在实际测评时，应注意不能把岗位分解成各构成要素，而是要作为整体进行评定。岗位分类同企业单位以外的职业分类标准存在密切的联系。各类职业分类标准是以企业单位、国家机关岗位分类为基础制定的。一旦这类标准建立之后，企业单位在进行岗位分类时，便可依据、参照或执行这类标准。

1. 分类法的具体操作步骤

（1）岗位分析

和其他方法一样，岗位分析是基础的准备工作。由企业内专门人员组成的评定小组，收集各种有关的资料、数据，写出调查报告。

（2）岗位分类

按照生产经营过程中各类岗位的作用和特征，首先将全部岗位划分为若干个大类。然后在划分大类的基础上，再进一步按每一大类中各种岗位的性质和特征，划分为若干种类。最后，再根据每一种类中反映岗位性质的显著特征，将岗位划分为若干小类。

（3）建立等级结构和等级标准

由于等级数量、结构与组织结构有明显的关系，因此这一步骤比较重要和复杂。它包括以下三个方面：

第一，确定等级数量。等级的数量取决于工作性质、组织规模、功能的不同和有关人事政策。不同企业根据各自的实际情况，选择一定的等级数量，并没有统一的规定和要求。但无论是对单个的职务还是对组织整体都要确定等级数量。

第二，确定基本因素。通过这些基本因素测评每一职位或工作岗位的重要程度。当然，不同的机构选择的因素也不同，应根据实际情况灵活处理。

第三，确定等级标准。因为等级标准为恰当的区分工作重要性的不同水平以及确定工作评价的结果提供了依据，所以它是这一阶段的核心。在实际操作中，一般是从确定最低和最高的等级标准开始的。

（4）岗位测评和列等

等级标准确定后，对岗位的测评和列等就根据这些标准，将工作说明书与等级标准逐个进行比较，并将工作岗位列入相应等级，从而也评定出不同系统、不同岗位之间的相对价值和关系。

对小企业来说分类法的实施相当简单，若应用到有大量工作人员的大企业，则会变得很复杂。

2. 分类法的优点

（1）比较简单，所需经费、人员和时间也相对较少，这种方法在工作内容不太复杂的部门，能在较短的时间内得到满意的结果。

（2）由于等级标准都参照了制定因素，使其结果比排列法更准确、客观。当出现新的工作或工作进行变动时，按照等级标准很容易确定其等级。

（3）由于等级的数量以及等级与组织结构之间的相应关系在各个工作列等之前已经确定下来，因此采用分类法分出的等级结构能如实反映组织结构的情况。

（4）由于分类法应用起来比较灵活，适应性强，为劳资双方谈判解决争端留有余地。

3. 分类法的缺点

（1）由于确定等级标准上的困难，对不同系统的岗位评比存在着相当大的主观性，从而导致许多难以定论的争议。

（2）由于等级标准常常知道分类结果之后才能被确定，从而影响了评定结果，使其准确度较差。据有关资料介绍，目前欧美及日本等国家的企业一般不再采用分类法。

（三）配对比较法

配对比较法也称相互比较法，就是将所有要进行评价的职务列在一起，两两配对比较，其价值较高者可得1分，最后将各职务所得分数相加，其中分数最高者即等级最高者，按分数高低顺序将职务进行排列，即可划定职务等级，由于两种职务的困难性对比不是十分容易，所以在评价时要格外小心。

表8-6、表8-7为配对比较法操作的示意图。

表8-6   配对比较法操作示意

比较职务	被比较职务							得分合计
	A	B	C	D	E	F	G	
A		1	1	0	1	1	1	5
B	0		0	0	1	0	1	2
C	0	1		0	1	1	1	4
D	1	1	1		1	1	1	6
E	0	0	0	0		0	0	0
F	0	1	0	0	1		1	3
G	0	0	0	0	1	0		1

表 8 - 7　　　　　　　　　　　配对比较法操作示意

职务	分数	序列顺位
D	6	1
A	5	2
C	4	3
F	3	4
B	2	5
G	1	6
E	0	7

（四）要素计点法

要素计点法又称点数加权法、点数法，是目前大多数国家最常用的方法。这种方法是先选定若干关键性评价要素，并确定各要素的权数，对每个要素分成若干不同的等级；然后给各要素的各等级赋予一定分值，这个分值也称为点数；最后按照要素对岗位进行评估，算出每个岗位的加权总点数，便可得到岗位相对价值。

1. 要素计点法的具体步骤

首先，确定评价要素及其权数；

其次，定义评价要素，划定要素等级；

再次，各评价要素等级的点数配给；

最后，岗位评价，计算点数，确定岗位相对价值。

2. 要素计点法的优点

第一，主观随意性较少，可靠性强；

第二，相对客观的标准使评价结果易于为人们接受；

第三，通俗，易于推广。

3. 要素计点法的缺点

第一，费时，需投入大量人力；

第二，评价要素定义和权重的确定有一定技术难度；

第三，不完全客观和科学，要素的选择、等级的定义和要素权重的确定都有一定的主观因素。

第五节　人力资源需求预测

一、人力资源需求预测的含义

人力资源需求预测，是指以企业的战略目标、发展规划和工作任务为出发点，综合考虑各种因素的影响，对企业未来的人力资源数量、质量和时间等进行估计的活动。进行人力资源需求预测是为了实现组织目标所需人员的数量与类型，它为组织撰写职位说明书提供依据，也是组织人员招聘选拔的起点。

二、人力资源需求预测程序

人力资源需求预测在实践应用中，采用自上而下的预测程序，具体程序为：

（一）预测组织未来生产经营状况

从根本上说，组织未来生产经营状况决定着人员需求量。一般来说，对未来生产经营状况的预测，可直接从组织发展战略规划中提炼出来。组织未来生产经营状态，可由各种具体职能活动的水平和分类计划表示，如各职能的增减及职能领域的扩大或缩小、产品结构的改变、目标市场的变化和市场占有率的增减、新技术的引进或应用、销售额的水平变化、生产力水平变化等。为了能准确地预测人力需求，上述各种活动和指标要定量描述。

（二）估算各职能工作活动的总量

未来生产经营目标是由各职能活动来实现的，因而必须估算各职能活动的总量及其在不同活动层次的活动总量分布。例如，对销售职能活动总量的估算，可根据以往销售活动资料的统计分析和未来目标销售额来估算。根据以往销售活动资料的统计分析，我们得到每销售千元货物需 1 人/小时，若在未来第五年预计销售额为 1840 万元，则可得到 1.84 万人/小时的销售活动总量（$1840 \div 1000 = 1.84$（万人/小时））。此时，若不考虑其他因素的影响，则可估算出销售人员需求量为 10 人（按每年 230 个工作日，每天工作 8 小时计算，1.84 万人/小时 $\div 230 \div 8 = 10$（人））。

但是，仅有各职能未来活动总量的估算还是不够的，因为这些活动是不同数量或等级的。因此，在总量确定以后，还要将其分配到该职能的不同层次上。还以上例为准，可以把销售活动总量分配到市场推销、市场研究、宣传广告、销售管理等不同领域上，从而为预测各类销售人员需求量提供基础。

（三）确定各职能及各职能内不同层次类别人员的工作负荷

由于生产技术基础在不断改善，工作效率在不断提高，在预测时必须充分考虑各因素变化对工作效率的影响，据此确定各职能及各职能内不同层次类别人员的工作负荷。工作效率与工作负荷在不同条件下相关性是不同的。在生产环节，新技术的采用或人员积极性的高度发挥，会使工作效率提高，而工作负荷可以不变或减少。但在销售环节，随市场竞争的激烈，尽管提高了工作效率，而推销单位价值货物的活动量却可能增加，导致工作负荷增加。因此，在确定各类人员工作负荷时，要充分考虑各种变量的影响，不能仅从主观愿望出发进行推测。

（四）确定各职能活动及各职能活动内不同层次类别人员的需求量

如若上两步预测活动的结果相当可靠，则这步活动就相当简单了，只需进行简单的转换即可。有一点需要注意的是，要留有充分的余地，以防情况的突变。

三、人力资源需求预测方法

企业可以采用的人力资源需求预测方法有：[①]

（一）管理人员判断法

管理人员判断法是由企业的各级管理人员，根据自己工作中的经验和对企业未来业务量增减情况的直觉考虑，由下而上地确定未来所需人员的方法。

具体做法是：先由各业务经营和职能管理等部门的基层管理人员根据本部门在未来各时期业务量或工作量增减情况和自己的经验提出本部门各类人员的需求量，再由上一级管理者估算平衡，最终由该部门的负责人对本部门的人力资源需求进行总体预测和决策，然后由企业的人力资源部门根据企业的发展战略目标、任务和最高管理层有关人力资源工作的决策和政策，综合考虑各部门的人力资源需求情况，制订出具体的执行方案。这是一种粗略的、简便的人力资源需求预测方法，主要适用于短期预测。

（二）德尔菲法

德尔菲法是由有经验的专家依赖自己的知识、经验和分析判断能力，对企业的人力资源管理需求进行直觉判断与预测。专家可以是来自基层的管理人员或有经验的员工，也可以是中高层管理者；既可以是企业内部的，也可以是企业外请的。专家的选择基于他们对所研究问题的了解程度。

德尔菲法的具体操作步骤为：首先，选择 20 人左右熟悉人力资源问题的专家组成一个预测小组，并为他们提供相关的背景资料；其次，提出一系列有关人力资源预测的具体问题，以匿名问卷的形式请专家们以书面形式回答，使专家们在背靠背、互不通气的情况下回答问题；再次，进行第一轮预测，并将各位专家的预测意见集中归纳，把归纳的结果反馈给各位专家，请他们修改并提出预测意见，然后再将修改后的意见进行归纳，经过三到四次的重复，直至专家们的意见趋于稳定；最后，汇总专家们的意见，经过数据处理，得出最终结果。

德尔菲法是在每个专家均不知除自己以外的其他专家的任何情况下进行的，因而避免了由于彼此身份地位的差别、人际关系以及群体压力等原因对意见表达的影响，充分发挥了各位专家的作用，集思广益，预测的准确度相对较高，因此这种方法的应用范围比较广泛。

（三）转换比率分析法

转换比率分析法是根据历史数据，把企业未来的业务活动量转化为人力资源需求的预测方法。具体做法是根据过去的业务活动量水平，计算出每一业务活动量所需的人员的相应增量，再把对实现未来目标的业务活动增量按计算出的比例关系，折算成总的人员需求增量，然后把总的人员需求量按比例折算成各类人员的需求量。

---

① 廖泉文. 人力资源管理［M］. 北京：高等教育出版社，2003.

　　例如，某商场根据过去的经验，在一年中每增加1000万元的销售额，需增加15人，预计一年后销售额将增加1亿元，如果管理人员、销售人员和后勤服务人员的比例是1:5:2，则新增的150人中，管理人员约为19人，销售人员约为94人，后勤服务人员约为37人。计算方法是：

　　第一步，计算分配率，150/(1 + 5 + 2) = 150/8；

　　第二步，分配，管理人员约为 1 × 150/8 = 19（人），销售人员约为 5 × 150/8 = 94（人），后勤服务人员约为 2 × 150/8 = 37（人）。

　　转换比率分析法的关键是找出企业业务增量与人力资源增量和企业主体人员与辅助人员的比例关系，由此，推断出企业各类人员的需求量。

（四）一元回归分析法

　　一元回归分析法是根据数学中的回归原理对企业的人力资源需求进行预测。企业人力资源的需求水平通常总是和某个或某些因素具有高度确定的相关关系，这样就可以用数理统计的方法定量地把这种关系表示出来，从而得到一个回归方程，并用此方程预测人力资源需求量。这一方法的关键在于找出与人力资源需求高度相关的变量。使用这一方法时，这些变量的历史数据必须是全面的。回归分析法有两种情况，一种是求一个变量对另外一个变量的回归问题分析，即一元回归分析；另一种是求一个变量对多个变量的回归分析，即多元回归分析。影响人力资源需求量的因素往往是多个，因此多元回归分析法在人力资源需求预测中的应用范围是比较广的，但也是比较困难的，因为确定回归方程并非容易。下面举例说明一元线性回归分析在人力资源预测中的应用。

　　一元线性回归方程为：$Y = a + bX$

式中，X 是自变量；Y 是因变量即要预测的变量；a、b 为回归系数。回归系数 a、b 的计算公式如下：

$$b = (\sum x_i y_i - n\bar{x}\bar{y})/(\sum x_i^2 - n\bar{x}^2)$$
$$a = \bar{y} - b\bar{x}$$

式中，$\bar{y}$ 为 y_i 的平均值；$\bar{x}$ 为变量 x_i 的平均值；n 为时期数。

　　例如，某商场经过调查研究与分析，确认该商场的销售额和所需销售人员成正相关关系，根据过去7年的统计报表得到表8-8。

表8-8　　　　　某商场2001~2007年销售额与销售人员情况

	2001 年	2002 年	2003 年	2004 年	2005 年	2006 年	2007 年
销售额（万元）	320	380	420	400	480	560	720
销售人员（人）	30	31	33	33	35	37	40

　　根据商场发展计划，该商场2008年销售额将达到1000万元，那么此时需要多少名销售人员？如果用 X 代表销售额，用 Y 代表销售人员数，这样就可以建立起回归预测计算表，如表8-9所示。

表 8 - 9 某商场销售人员回归预测计算

年份	X_i	Y_i	$X_i Y_i$	X_i^2
2001	320	30	9600	102400
2002	380	31	11780	144400
2003	420	33	13860	176400
2004	400	33	13200	160000
2005	480	35	16800	230400
2006	560	37	20720	313600
2007	720	40	28800	518400
$\sum$	3280	239	114760	1645600

经计算可得：$\bar{x} = 3280/7 = 469$，$\bar{y} = 239/7 = 34$。

回归系数：$b = (114760 - 7 \times 469 \times 34)/(1645600 - 7 \times 469^2) = 3138/105873 = 0.03$；

$\qquad a = 34 - 0.03 \times 469 = 19.93$。

因此，可以得到一元线性回归预测模型：$Y = 19.93 + 0.03X$。

用此模型可以预测当销售额达到 1000 万元时，该商场需要的销售人员数为：

$Y = 19.93 + 0.03 \times 1000 = 50$（人）。

因此，该商场 2008 年为实现 1000 万元的销售额目标，需要增加 10 名销售人员。

思考题：

1. 什么是职位分析？它有什么意义？
2. 职位分析的步骤是什么？每一步需要完成什么任务？
3. 工作说明书由哪些部分组成？
4. 什么是职位评价？它有哪些通用的原则？
5. 职位评价的方法有哪些？熟悉每一种方法的内容。
6. 人力资源需求预测有几种方法？分别是什么？

案例分析

工作分析的四大误区[①]

在实际工作中，多数企业对工作分析的理解和运用仍停留在表层，难免走入工作分析的误区雷阵，往往事倍功半。现在，我们就来分析以下工作分析容易陷入的误区有哪些，并讨

---

① 葛玉辉等编著. 人力资源管理［M］. 北京：清华大学出版社，2006.

论避免走入这些误区的解决之道。

误区一：重技术，轻理念

工作分析的实质就是以某职位的任职资格条件、工作环境等外部条件作为工作输入，分析经过怎样的工作流程、工作关联等进行工作转换后，应该输出什么样的工作结果，并确定如何评估其工作结果的过程。

很多人力资源工作者认为，工作分析是一项技术性很强的工作，需要在工作说明和工作规范中，清晰界定每一职位的工作范围、工作职责，揭示出相关职位之间的工作流程、权利链的运行等，因而认为只要掌握工作分析的各种方法，如访谈调查法、问卷调查法等，便可以把工作分析做好，陷入"重技术，轻理念"的实用主义误区。任何的管理活动都不能没有相应的管理理念的支撑，否则再高超的管理技巧与管理方法只能是无本之木，无花之果，没有灵魂和持久的生命力。

工作分析同样需要首先确定一个企业的管理理念，可以是抽象化的管理思想也可以是具体的管理目标，比如通用性的"以人为本""以职位为核心的人力资源管理整体解决方案"，或依据企业自身特点而定的"激励头鸟""实现人岗匹配""明确职责权限""组织变革"等。在管理理念和具体工作目标指导下开展的工作分析，才可能选择恰当的方法，运用恰当的分析技术，有的放矢，遇到问题时才能够有解决问题的思路。

误区二：重结果，轻过程

工作分析的结果是一套科学、合理的工作说明书，一般既包括工作说明又包括工作规范。工作说明书的编写是在职位信息的收集、比较、分类的基础上进行的，是工作分析的最后一个环节。

实践中，一些企业的老总甚至很多人力资源工作者都认为工作分析的重要性和工作成果只体现在最后生成的工作说明书上，动辄要求整个功过分析工作在十几个工作日之内完成，主观认为只要最后得到一套工作说明书，工作分析的过程如何进行并不重要。事实上工作分析过程的优化程度决定其结果的质量。

一般地，职位分析包括进行职位调查和撰写工作说明书和工作规范两个阶段。在一定意义上，进行职位调查的工作成效直接决定工作分析的成败。在这一阶段争取获得企业高层领导和各部门员工的倾力配合，尽可能地获得撰写工作说明书和工作规范的资料信息。如果缺少这一阶段的工作，而由人力资源部闭门造车式编写工作说明书也很难在实际工作中得到高层的认可和广大员工的认同，推广应用的难度可想而知。

误区三：重繁复，轻简洁

一直以来，众多人力资源管理教科书中讲述的工作说明书都是比较繁复的，现今流行的几种版式的工作说明书一般都包括工作识别、工作摘要、工作职责、工作关系、工作标准、工作环境等等内容。人力资源管理者在实际操作中往往参照这几种版式，无视企业的具体特点和个性需求，以为只有繁复的工作说明书才能最大限度地说明问题、解决问题，一味求多求全，陷入"重繁复，轻简洁"的形式主义误区。

工作分析的目的决定工作说明书的撰写风格。若工作分析的目的是为了有效选拔和使用所需要的人员，则在明确工作职责的基础上，重点说明具有何种资格的人才能适应职位的要求，其他的部分可以适当弱化分析。简洁的工作说明书可以节约工作分析时间和分析成本，也可针对具体的工作分析目的而有效解决问题，易使高层领导见到人力资源管理成效，节约管理成本。对于一般员工和操作工人，工作说明书更是力求简洁通俗，尽量使用工作说明书使用者能够理解的语言和表达。

误区四：重形式，轻应用

实际工作中，一些企业虽然进行了工作分析，得出了一套工作说明书，但却束之高阁，权当作人力资源部曾经完成的一项工作任务，从未有效利用工作分析的结果开展其他人力资源管理工作。只把工作说明书当成一种形式，不重视其应用，就好比病人去医院开了治病良药却将之供奉起来，以为只要良药在手，即使不服用也能"药到病除"。但是，纵是仙丹妙药，也需切实服用才能真正发挥作用，否则闲置的良药只能是一种资源的浪费，于病情毫无疗效可言。

工作分析最忌讳只重形式不重应用。企业的工作说明书在制定和使用中使用了"两张皮"的现象，工作说明书形同虚设，没有发挥应有的作用，人力资源管理工作也无法以工作分析为良好开端有序进行。工作分析的效用大打折扣，必将影响后续性人力资源。

（资料来源：摘自葛玉辉主编.人力资源管理［M］.北京：清华大学出版社，2012.）

结合案例思考：

1. 从案例中你获得哪些启示？

2. 从案例看，工作分析应注意什么？

参考文献

［1］姚裕群.人力资源管理［M］.北京：中国人民大学出版社，2004.

［2］张德.人力资源开发与管理［M］.北京：清华大学出版社，2004.

［3］董克用.人力资源管理概论［M］.北京：中国人民大学出版社，2004.

［4］张建国，陈晶瑛.现代人力资源管理［M］.四川：西南财经大学出版社，2005.

［5］赵曼.人力资源开发与管理［M］.北京：中国劳动社会保障出版社，2002.

［6］廖泉文.人力资源管理［M］.北京：高等教育出版社，2003.

第九章 人力资源需求的实现方式
——招聘

通过第八章对组织内人力资源需求的岗位分析，我们弄清了组织为完成自己的战略目标所需人力资源的状况。为实现组织所需的人力资源，组织需要招聘。本章主要阐述人力资源需求的实现方式——招聘。

第一节 招 聘 概 述

人员招聘是指通过各种方式把具有一定技巧、能力和其他特长的申请人吸引到企业空缺岗位上的过程。它是一个互动的过程，是一个企业与应聘者双向选择和匹配的动态过程。

一、招聘的目的

招聘的直接目的就是获得企业需要的人才，达到员工个人与岗位的匹配，即人与事的匹配，以最终实现企业的战略目标。这种匹配包含两层含义，一是岗位要求与员工个人素质相匹配；二是工作报酬与员工个人的努力相匹配。这里的报酬包括在同行业中不低的工资待遇和福利、便捷的工作地点、优雅的工作环境、良好的公司声望、较好的人际关系和雇佣关系、开明的领导、具有挑战性和趣味性的工作、快捷的晋升机会、国内或国外的培训进修机会以及公司规范的管理，等等。

除此外，招聘还有一些潜在的目标：

（一）树立企业形象

招聘过程是企业代表与应聘者直接接触的过程，在这一过程中，负责招聘的人的工作能力、招聘过程中对企业的介绍、散发的材料、面试小组的性别组成、面试的程序以及招聘、拒绝什么样的人等都会成为应聘者评价企业的依据。招聘过程既可能帮助企业树立良好的形象、吸引更多的应聘者，也可能损害企业形象、使应聘者失望。

（二）降低受雇佣者在短期内离开公司的可能性

企业不仅要把人招来，更要能把人留住。能否留住受雇佣者，既要靠招聘后对人员的有效培养和管理，也要靠招聘过程中的有效选拔。那些认可公司的价值观、在企业中能找到适合自己兴趣、能力的岗位的人，在短期内离开公司的可能性比较小一些。而这就有赖于企业在招聘过程中对应聘者的准确评价。

（三）履行企业的社会义务

企业的社会义务之一就是提供就业岗位，招聘正是企业履行这一社会义务的过程。[1]

二、招聘的原则

（一）能力与岗位匹配的原则

能岗匹配原理指人的能力与岗位要求的能力完成匹配，它包含两个方面的含义，一方面是指个人的能力完全能胜任该岗位的要求，即所谓人得其职；另一方面是指岗位所要求的能力这个人完全能达到，即所谓职得其人。这种匹配包含着"恰好"的概念，二者的对应使人的能力发挥得最好，岗位的工作任务也完成得最好。即职得其才，才得其职，才职匹配，效果最优。

（二）公平的原则

公平就是确保选拔制度给予合格应征者平等的获选机会。要做到公平，就应注意以下两点：

1. 一项公平的制度应该包括统一和有效的标准。无论是对内部候选人还是对外部候选人，无论是对公司总经理推荐的候选人还是对一些没有后台背景来应聘的候选人，企业都要有统一的标准进行招聘。

2. 同一职位对所有应征者都应该使用同样的、与工作有关的各项能力作为录用考核的标准，而与工作无关的能力，不予考虑。

（三）公开的原则

招聘信息、招聘方法应公之于众，并且公开进行。这样做，一方面可将录用工作置于公开监督之下，以防止不正之风；另一方面可以吸引大批的应聘者，从而有利于招到一流的人才。

三、招聘的程序

（一）制定招聘决策

招聘决策是企业在招聘工作正式开展前，对招聘工作的具体行动进行计划的过程。在招聘决策中企业要决定招聘类型、招聘人数、招聘渠道、招聘标准、招聘时间地点、招聘经费以及招聘具体实施方案。

其中，招聘类型是指企业是雇佣固定员工，还是其他一些灵活的雇佣方式，如小时工等

---

[1] 张德. 人力资源开发与管理（第二版）[M]. 北京：清华大学出版社，2001.

等。招聘人数是在企业进行人力资源需求预测的基础上决定的，第八章中具体说明了如何进行人力资源需求预测。招聘的标准就是确定录用什么样的人，包括年龄、性别、工作经验、工作能力、个性品质等等。招聘具体实施方案包括确定招聘工作小组的组成、制定招聘章程、考核方案和择优选聘的条件、规定招聘工作的进程等。

下面具体阐述招聘渠道的确定。

在人力资源需求预测与招聘需求得到批准的基础上，人力资源部要做好招聘渠道的选择。招聘渠道通常有外部招聘和内部招聘两种。要根据各种因素综合考虑，选择最有效而且成本合理的招聘渠道。

选择人才招聘渠道需考虑的因素：

1. 企业经营战略。当企业处在发展阶段，根据未来发展战略和业务拓展要求，需要大批量人才，此时内部选聘已不能满足需求，应采取外部招聘的方式获得人才。若企业采取的是维持战略，出现空缺职位时，从外部招聘可能会增加较多的人工成本，而内部又有较合适的人选，此时可采用内部选聘。

2. 企业现有人力资源状况。当空缺职位比较重要，现有人员中没有合适人选，且无可以培养的对象，或者有培养对象但培养所需成本较高时，可从外部招聘。若现有人员中有可培养的对象，且培养的成本不高，则可内部选聘填补空缺。

3. 招聘的目的。当招聘的目的不仅仅是为了找到较合适的人来填补空缺，更重要的是出于管理考虑，通过招聘增加新鲜血液，带来新思想、新观点，激发现有员工队伍活力，为老员工带来新的竞争，来达到提高员工积极性，转变经营观念和工作方式，改变工作态度和行为等目的，则可采用外部招聘方式。

4. 人工成本。当空缺职位是高级职位时，外聘高明可能要价很高。在这种情况下，若企业从长远发展角度以及外聘人员的贡献与作用来看，还是外聘较好；但若企业规模较小，短期内担负不起这种高人工成本，则宜从内部考虑。

5. 企业的用人风格。企业领导的用人风格对企业招聘渠道的选择起决定作用。有些企业领导人喜欢从外部引进，而有的企业领导人则对内部培养感兴趣。

6. 企业所处的外部环境。包括人才市场建立与完善状况、行业薪资水平、就业政策与保障法规、区域人才供给状况、人才信用状况，等等。这些环境因素决定了企业能否从外部招聘到合适的人选。若企业所处区域的人才市场发达、政策与法规健全、有充足的人才供给、人才信用良好等，在不考虑其他因素的情况下，外部招聘不仅能获得理想人选，且方便快捷。若企业外部环境与上述相反，则宜采用内部选拔培养，这样既可节约招聘成本，又可避免招聘风险。

（二）人员的招募

人员招募就是指通过各种渠道发布招聘信息，最大可能地获取职位候选人。企业吸引的职位候选人越多，获得一流人才的可能性就会越高。人员招募的来源一般有两个，一个是企业现有的内部员工，另一个是企业外部的人员。内部招募和外部招募各有优劣，企业应从企业自身情况出发，系统分析人才市场状况、相关人才政策与法规、行业人才状况和薪资水平等外部环境，再结合企业自身经营战略和管理风格，以及现有人力资源状况，选择适合自己的招募方式。招募的方法也有很多，如广告法，档案法，借助中介机构等等。

（三）人员的选拔

人员选拔就是从应聘者中选出企业需要的人的过程。一般来说企业获得的候选人的数量会多于所要聘用的人数，那么就需要多选些候选人进行选拔，以保证聘用人员的质量。人员选拔是招聘过程中最关键的一步，也是技术性最强的一步，有很多方法可实施这一过程，首先是对简历进行筛选，其次有面试、能力与个性测验、情境性测评、知识技能考试等多种方法，可以根据具体情况选用合适的方法。

（四）人员的录用

在经过笔试、面试或心理测试后，招聘录用工作进入到决定性阶段。这一阶段的主要任务是通过对甄选评价过程中产生的信息进行综合评价与分析，确定每一位应试者的素质和能力特点，根据预先确定的人员录用标准与录用计划进行录用决策。

测评数据资料的综合分析是通过专门的人事测评小组或评价员会议进行的。测评小组共同讨论每个评价维度的行为表现，得出对某一求职者有关这方面情况的一致评价意见。在对每一评价维度都进行了类似的综合后，评价员们就要考虑勾画出该求职者在所有评价维度上的长处和弱点，然后作出最后的录用决策。

（五）招聘评估

在录用人员入职后，企业的招聘工作并不能说就告一段落了，还要对招聘工作进行评估，包括对招聘成本的评估和所录用人员的评估，并做出招聘小结。

第二节 招聘的步骤与方法

人员招聘就是指通过各种渠道发布招聘信息，最大可能地获取职位候选人。

一、人员招聘的步骤

（一）发布招聘信息

完整的招聘信息包括：工作岗位的名称、有关职责阐述、完成工作的技巧能力和知识经验、工作条件、工作报酬和福利、申请此岗位的时间和地点以及如何申请等内容。

（二）接待应聘者，获取企业所需的应聘者相关资料

这一过程就是接收应聘者的申请表，申请表中应包括这样一些内容，欲申请的单位、个人简历、是否愿意从事其他岗位、对工资的要求及家庭成员组成等，其次还应附带一些证明材料，包括学历证书、技能及成果证书、身份证原件及复印件等。

（三）选择人员招聘的来源及方法

人员招聘的来源不外乎内部招聘和外部招聘两个，企业要根据招聘目的、岗位要求、内

外环境等各种因素来选择合适的招聘来源。不同的来源有不同的招聘方法，内部招聘有档案法、内部广告法、主管推荐法及职业生涯规划法。外部招聘有广告法、借助中介机构校园招聘、内部员工推荐及互联网招聘等各种方法。

（四）人员甄选

人员甄选是指利用心理学、管理学等学科的理论、方法和技术，对候选人的任职资格和对工作的胜任程度，即与职务的匹配程度进行系统的客观的预测和评价，从而做出录用决策。

二、人员招募的来源及其方法

（一）内部招募

内部招募是指企业的岗位空缺由企业的那些已经被确认为接近提升线的人员或通过平级调动来补充。企业内部候选人的来源主要有公开招募、内部提拔、横向调动、岗位轮换、重新雇佣等。公开招募是面向企业全体员工，内部提拔、横向调动和岗位轮换则局限于部分人员，重新雇佣就是吸引那些因企业不景气等原因而被企业裁撤或在竞争中被暂时淘汰出去的人。

内部招募的方法：

1. 档案法。即通过查询企业人力资源信息系统，包括书面档案和计算机系统，来搜寻候选人。

2. 内部广告法。招聘广告通常针对组织中所有雇员，通过醒目的广告来通告企业的职位空缺。一般招聘广告能够为雇员发展提供机会；为雇员晋升提供平等的机会；通过使所有雇员了解这些机会，在组织中创造一个更开放的环境；增强雇员对工资等级、工作描述、晋升条件与职务调动程序的了解，并使之认识到突出的工作绩效由哪几方面因素所构成；当允许个人在组织中自我选择最适合自己的工作时，把组织目标告诉每个员工，最终有利于实现组织目标。现在企业可以利用的广告媒体越来越多，如内部电视、电子邮件、企业网站、张贴海报等。

3. 主管推荐法。部门主管对于其部门中的员工往往比较了解，当企业中有空缺的岗位时，主管的推荐也是一种较常用的内部招募方法。

除了以上三种内部招聘法外，职业规划法也是一种较有潜力的方法，它是指规划师用科学的方法引导咨询者了解自我、了解劳动力市场，帮助他们在此过程中看到各种机会，从而做出决定，并助其实施。这种方法应用到内部招募中时，企业要起到规划师的作用，如企业聘请专用的规划师为企业员工做职业规划等。但是职业规划是一个长期的过程，要想做好，必须从员工进入企业的第一天就开始。除此外员工也常常通过一些非正式的内部招募法成为空缺职位的候选人，如上司、同事简单的口头要求等。

（二）外部招聘

外部招聘也就是吸引企业之外的人员来企业应聘，外部招聘的来源很多，应届毕业大学生、熟人介绍来的、中介机构介绍来的、自己找上门的，等等。

外部招聘求职者的常用方法：

1. 广告法。发布广告是企业从外部招募人员最常用的方法之一。使用这种方法招募人员主要考虑两个问题：一是媒体选择，二是广告设计。

媒体广告的种类包括报纸广告、杂志广告、电视广播广告、网络广告、散发印刷品广告等等。每种媒体都各有利弊，企业要综合考虑空缺岗位、广告价格、潜在应聘者所在的地域、工作特性等因素，来确定合适的媒体。

除此，选择媒体时还要注意以下问题：

（1）一个媒体的受众是哪些人很重要，因为这关系到到底会有多少潜在的职位候选人在看企业的广告。例如，一份专业化的报纸可能比一份大众性的报纸的读者要少得多，但是对于你所要寻找的专业职位候选人来讲，专业化的报纸可能是他们更容易看到的。

（2）还要看所要选择的媒体上有没有招聘广告，有没有职位相当的招聘广告。因为求职者往往希望在一个媒体上看到比较多的适合自己的职位，如果你选择的媒体根本就不刊登招聘广告，请慎重选择。另外，某个媒体上的广告刊登的职位多是一些与本企业职位水平不相当的广告，也一定要慎选。

（3）有条件的企业可以同时利用两种以上的媒体广告，这样可以收到更好的效果。

招聘广告的内容要完整，一般包括公司情况的介绍、职位情况的介绍、应聘者应做哪些准备、应聘方式和联系方式及应聘的时间地点等。

招聘广告的设计也要有一定的要求，概括起来即所谓的注意—兴趣—愿望—行动四（AIDA）原则：

（1）必须能够引起受众的注意。

（2）要能够引起受众对广告的兴趣。

（3）要能够激起求职者申请工作的愿望。

（4）广告要具有让人看了之后立刻采取行动的特点。

2. 借助中介机构。企业招聘人员可以借助的中介机构包括职业介绍所、劳动力就业服务中心、人才交流中心、猎头公司等。这些人才中介机构都是用人单位和求职者之间的桥梁，为用人单位推荐用人，为求职者推荐工作。这样的定位，使得中介机构能够掌握大量的关于求职者和用人单位的信息。一般来说企业在这些中介机构中获得的职位候选人多是较低职位的职员或者是特殊技能的工人，还有临时工。但是猎头公司是例外。

猎头公司是指那些以受托招聘为主要业务的公司。通常用来招聘高级人才，比如高级管理人才和技术专家等职位。因为这些人才数量相对较少，而且主动求职的愿望比较低，所以一般的公开招聘方法很难获得这样的人才。此外，猎头公司的收费很高，大约相当于所荐人年薪的25%~35%。

3. 参加人才招聘会。人才招聘会是一种比较传统的招聘方式，它有很多优势，如企业与应聘者直接接触，招聘人员可以针对一些问题对应聘者直接提问，使其对应聘者有更多了解；企业还能够借此机会，做好自身相应的商业广告宣传，吸引在场其他企业的目光。但是对于大多数公司而言，人才招聘会有效性比较低。在人才招聘会上可能收到很多简历，但真正合适的不多。所以在利用招聘会进行招聘应注意选择对本企业有价值的招聘会、要了解招聘会面对的对象是什么人、招聘会的组织者是什么单位、招聘会的信息是否在媒体上做了宣传，等等。

4. 互联网招募。互联网招募是如今企业人员招募的一种很普遍的方法。它有很多的优点，如网上招募可接触的范围广、效率高、成本低、不受时间限制、存储和检索简历更加容易等多中其他招募方式所不拥有的优点。

互联网招募一般有两种主要的方式，一是通过专业性的职业招聘网站，这些招聘服务网站同时为企业和个人服务，能够提供大量的招聘信息，并且也提供网上的招聘管理和个人求职管理服务。人才招聘网站上的简历库能够提供大量的求职者信息，因此企业可以不发布招聘广告而直接搜索网络上的简历库。现在有越来越多的公司愿意通过现成的人才数据库来检索自己感兴趣的人员，这是一种非常有效率的方法。

企业在选择专业招聘网站时要注意一些问题：

（1）招聘网站的覆盖面；

（2）招聘网站的点击率；

（3）招聘网站的数据库；

（4）招聘网站数据库内求职信息的有效性。

另外还有一种方式，就是公司自己建立网站，发布招募信息，进行招聘。有长远眼光的公司都会将相当多的时间与金钱投入到公司的网站上，很多国际知名的大公司在公司的网站上提供了各种有关公司的信息，如公司的历程、产品、业务范围、理念、文化等，在公司的网站上放一些本行业的专业信息对专业人才是一个很好的办法。而且，从效果和费用的角度讲，网络招聘是极具优势的。

除了上述四种较常用方法外，还有校园招聘、内部员工推荐、应聘者自荐、特色招聘如接待日或电话招聘等。

（三）内部招聘与外部招聘优缺点的比较

内部招聘和外部引进都是企业空缺岗位候选人的来源。它们各有各的优势和劣势，但两者基本上是互补的。

1. 内部招聘的优缺点

如今，越来越多企业招聘倾向于内部人员，那么为什么会使用内部招募的方式呢？是因为内部招募具有很多突出的优势。首先，内部招募能为员工发展和晋升提供平等的机会，有利于在组织中营造一个更加开放、更为宽松的环境。内部晋升的机制一旦形成，可以激励被提升者更加努力、提高工作效率；同时，也可以激励和鼓舞其他员工，提高他们的工作士气。其次，企业和被选人之间的信息是对称的，企业对被选人的工作态度、素质能力以及发展潜能等方面有比较准确的认识和把握，不会存在"道德风险"等问题。再次，内部员工对企业文化有较高认可度。现有员工对企业的历史、文化以及业务状况等非常了解，已融入企业文化之中，与企业具有共有的价值观与使命感，相互之间能充分了解和信任，员工的忠诚度较高。此外，与外部招聘相比，现有的员工由于熟悉企业业务、管理方式以及企业文化因此更容易接受指挥和领导，易于沟通和协调，易于贯彻执行方针决策，易于发挥组织效能。最后，内部选拔可以节约外部招聘昂贵的招聘成本（包括时间成本）和费用；另外，一般来说，内部候选人已经认可企业现有的薪酬体系，其工资待遇要求会更符合企业的现状。

当然内部招聘也存在一些不足。首先，内部招募来源于企业内部，所选择的范围很小，失去了从外部获得更合适更优秀人才的概会，因此招聘到一流人才的概率也就小一些。其次，更重要的是内部招募容易出现"近亲繁殖"的现象。内部员工在推荐人选时往往推荐与自己关系密切的人，时间长了，就可能会出现"裙带关系"，滋生组织中的"小帮派""小团体"，从而削弱组织效能。此外，内部招聘有时会由于操作不公或员工心理原因造成其他员工的不满意，员工之间的矛盾，进而引起工作积极性的下降。

2. 外部招聘的优缺点

外部招募与内部招募正好相反，成为互补。外部招募有这样一些优势，首先外部招聘是一种有效的与外部信息交流的方式，企业可借此树立良好的外部形象。其次，新员工的加入，会给企业带来的不同的价值观和新观点、新思想和新方法，他们没有太多条条框框的束缚，工作起来可以放开手脚，此外，由于他们新近加入组织，没有上级或下级历史上的个人恩怨关系，从而在工作中可以很少顾忌复杂的人情网络，这都有利于企业经营管理和技术创新，防止僵化。外部招募会给企业带来"鲶鱼效应"，外聘人才的进入无形地给原有员工带来压力，造成危机感，可激发他们的斗志和潜能；另外，通过相互学习有利于共同进步，又可避免近亲繁殖。外部招聘还可以缓解内部竞争者之间的紧张关系。由于空缺职位有限，企业内可能有几个候选人，他们之间的不良竞争可能导致钩心斗角、相互拆台等问题发生；一旦某员工被提升，其他候选人可能会出现不满情绪，消极懈怠，不服管理。外部招聘可以使内部竞争者得到某种心理平衡，避免组织内部成员间的不团结。最后，外部招聘的人才来源广，挑选余地大，能招聘到许多优秀人才，尤其是一些较为稀缺的复合型人才，这样还可以节省内部培养和业务培训的费用。

但是外部招聘也有其缺点：

（1）由于信息不对称，往往造成筛选难度大，成本高，容易被应聘者的表面现象（如学历、资历等）所蒙蔽，而无法清楚了解其真实能力。

（2）外聘员工需要花费较长时间来进行培训和定位，对组织的了解需要一个过程，可能会影响组织的整体绩效。

（3）"外聘人员"有可能出现"水土不服"的现象，无法接受企业文化。

（4）招聘企业可能成为外聘员工的"培训基地"、"中转站"。

（5）若组织内部有胜任的人未被选用，而从外部招聘会使他感到不公平，容易产生与外聘者不合作的态度。

从以上分析可以看出外部引进和内部培养各有千秋，不能简单笼统地谈论某种方式优于另一方式。要从企业自身情况出发，系统分析人才市场状况、相关人才政策与法规、行业人才状况和薪资水平等外部环境，再结合企业自身经营战略和管理风格，以及现有人力资源状况，综合考虑外部招聘和内部选拔的优缺点，选择适合企业自身状况的、特定时期和特定条件下的不同职位的招聘渠道和方式，不能固化于某种单一模式。

第三节　人员甄选

人员甄选是指利用心理学、管理学等学科的理论、方法和技术，对岗位候选人的任职资格和对工作的胜任程度，即与职务的匹配程度进行系统的、客观的预测和评价，从而做出录

人力资源管理

用决策。

一、人员甄选的步骤

人员甄选的步骤如图 9－1 所示。

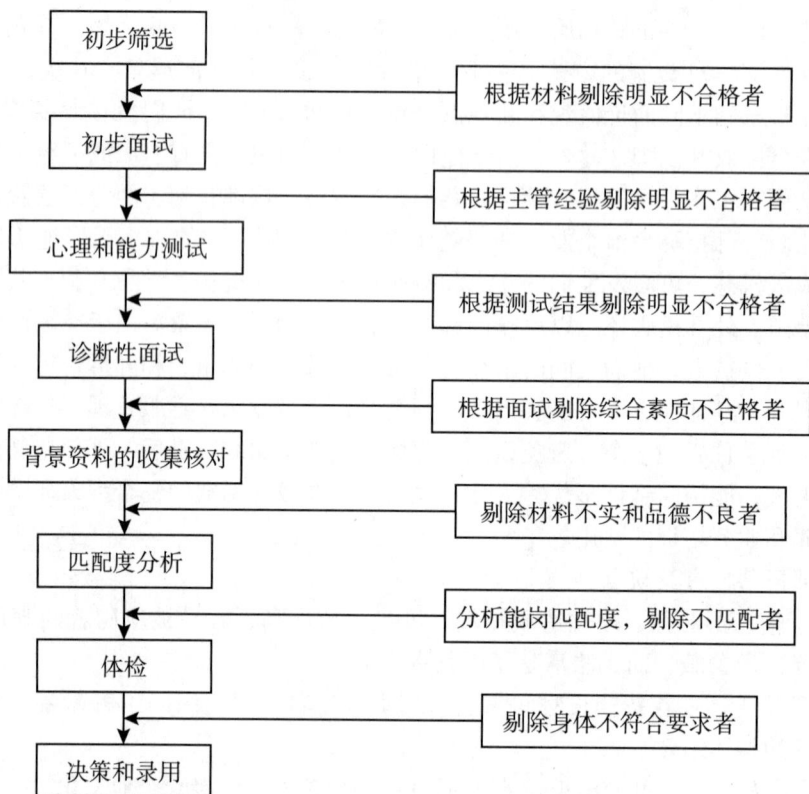

| 初步筛选 |
| 根据材料剔除明显不合格者 |
| 初步面试 |
| 根据主管经验剔除明显不合格者 |
| 心理和能力测试 |
| 根据测试结果剔除明显不合格者 |
| 诊断性面试 |
| 根据面试剔除综合素质不合格者 |
| 背景资料的收集核对 |
| 剔除材料不实和品德不良者 |
| 匹配度分析 |
| 分析能岗匹配度，剔除不匹配者 |
| 体检 |
| 剔除身体不符合要求者 |
| 决策和录用 |

图 9－1　人力资源甄选步骤

资料来源：廖泉文．人力资源管理［M］．北京：高等教育出版社，2003．

二、甄选测试常用的方法

（一）面试

面试是企业最常用的，也是必不可少的测试手段。据不完全统计，99％的企业在招聘中都会采用这种方法。

企业的面试一般要包括如下内容，仪表风度、求职动机与工作愿望、专业知识与特长、工作态度、事业进取心、语言表达能力、综合分析能力、反应能力、自我控制能力、人际交往能力以及个人的活力、兴趣和爱好等。

1. 面试的分类

（1）根据面试的结构化程度，可将面试分为结构化面试和非结构化面试。结构化面试，也称标准化面试，是根据所制定的评价指标，运用特定的问题、评价方法和评价标准，严格遵循特定程序，通过测评人员与应聘者面对面的言语交流，对应聘者进行评价的标准化过程。由于吸收了标准化测验的优点，也融合了传统的经验型面试的优点，结构化面试的测验结果比较准确和可靠。这种面试适用于招聘一般员工和一般管理人员。非结构化面试则是漫谈式的，即主试人与应试人随意交谈，无固定题目，不限定范围，让应试者自由地发表议论。这种面试意在观察应试者的知识面、价值观、谈吐和风度，了解其表达能力、思维能力、判断能力和组织能力等。这种面试适用于招聘中高级管理人员。

（2）根据面试的形式，可将面试分为个别面试、成组面试和会议面试。个别面试就是指一个主试人面试一个应试人，是一对一的。而成组面试就是说成立一个或多个面试小组，每个小组面试几个人。会议面试一般是针对高级职位的招聘，若干个企业代表会见一个职位候选人。

2. 面试题目的类型

（1）行为性问题。行为性问题的假设前提是一个人的过去的行为最能预示其未来的行为通过提问行为性问题，探测被面试者过去的经历，从而评价被面试者是否能够胜任这个岗位。如"你是否遇到过根本无法满足的时间限制？当时的情况是怎样？你又是怎样解决的？""请你描述一下你过去的工作当中……的经历。"

（2）开放性问题。开放性问题是让被面试者在回答中提供较多信息的面试题目，这种面试题目不是让被面试者简单的回答一个"是"或"否"，而是要求被面试者用相对较多的语言做出回答。开放性问题可以鼓励被面试者说话，引发主试者与被面试者进一步讨论有关问题，可以更好地了解被面试者的语言表达能力和沟通能力。

（3）假设性问题。这类问题就是提供给被面试者一个与未来的工作情境相关的假设情境，让被面试者回答他们在这种情境中会怎样做。假设性问题提供给被面试者一个表现自我的舞台，在被面试者的回答中，主试者可以对其思维推理能力、价值倾向、态度、创造性、工作风格等方面做出判断。

（4）封闭性问题。封闭式问题是指被面试者用非常简短的语言，甚至是"是"或"否"来回答问题。封闭式问题之后往往需要进行探索性追问。

（5）探索性问题。探索性问题通常在面试者希望进一步挖掘某信息时使用，一般是在其他类型的问题后面做继续追问。因为一个被面试者很难在一个回答中就让主试者得到他想要的全部信息，而且被面试者的回答往往还能继续引发出一些面试者感兴趣的话题，所以就要求主试者对被面试者做出追问。如"你已经讲了……，那么接卜来发生了什么？"

3. 面试技巧

（1）避免提出一些让被面试者描述自己的能力、特点、个性的题目。如"你认为自己最主要的优点是什么？"他可能回答，"我很善于分析问题。"这样的答案对于主试人没有任何价值，因为无法验证被面试人的回答是否真实。比较好的提问应该是提出一些行为性的问题，如"讲述一下你……的具体例子。""你有过……经历吗？请讲述一下。"这样被面试者就必须讲出自己经历中的实例来证实自己的答案。

（2）避免问一些多项式选择的问题，如"你是怎样分派任务的？是分派给已经表现出有能力完成任务的人，还是分派给表现出对此任务有兴趣的人？或者是随即分派？"应该将这些问题改为开放性的问题或行为性的问题，如上面问题的更合适的问法可以是"请描述一下你是怎样分派任务的，并举例说明。"

（3）避免提出一些引导性的问题，如"当你接受一项很难完成的任务时，会感到害怕吗？"这样问题的答案是没有意义的，因为你无从判断答案的真实性。

（4）主试人要做到积极有效的倾听。如少说多听，善于提取被面试者答案中的要点，并且善于进行总结；应尽量避免对应试者带有个人偏见。另外，主试人还应注意被面试者的非语言信息，即他的一些姿态语。

4. 面试中容易出现的弊端

（1）先入为主。所谓先入为主，就是面试官在面试刚一开始就对应聘者有了一个比较固定的印象。这种印象很难在短时间内改变。比如说，面试官对应聘者的第一印象是诚实和友善的，那么当发现应聘者的第一个谎言时，会认为是无心之过或是过分紧张，是可原谅的；而如果面试官对应聘者的第一印象是油滑和伪善的，那么当发现应聘者的第一个谎言时，会认为是习惯使然或是有意为之，是不可原谅的。

（2）晕轮效应。面试官常常会由于应聘者的某一项突出的优点，而草率做出整体的判断。比如在招聘项目开发负责人时，某位应聘者显示出高超的软件开发能力，面试官就有可能误认为他是项目开发负责人的合适人选。但实际上，担任项目开发负责人一职，更为重要的是要具备团队协调能力和项目管理能力，而不仅仅是有软件开发能力。

（3）对比效应。面试者在评价正在接受面试的候选时容易与前一个接受面试的候选人进行比较，如果第一个得到了极好的评价，而第二个的表现不如第一个，那么面试者往往给出的评价要比实际表现要更差一些；如果第一个表现一般，而第二个表现很出色，则第二个候选人的成绩往往超出了其实际表现。

（4）面试官对面试情况没有及时记录或记录不全。在面试的过程中进行适当的及时的记录是非常必要的。但很多面试过程中，面试官只是在应聘者的面试考核表上做了一个很概括的综述总评性质的记录，通常还只是寥寥数笔，甚至干脆是什么也不写，在脑子里记着，等全部面试完后再一气呵成。这样的做法在应聘者少的时候问题不是很大，但同时对几个同一岗位应聘者进行面试时，面试官往往就只能对第一个人和最后一个人印象比较深刻，而对其他应聘者的印象就比较模糊。在面试结束后，仅凭面试官头脑中的模糊印象和几句简单的总评，对应聘者进行分类，决定取舍，显然有失公允且准确性差。同时，也不利于进行事后监督和总结面试结果。

（5）面试者不专业，提问毫无章程。如提出一些无关的问题，或者重复提问，或者由于对相关知识的缺乏而遗漏一些重要的信息等等。

（二）心理测验

所谓心理测验是指在控制的情境下，向被面试者提供一组标准化的刺激，以所引起的反应作为代表行为的样本，从而对其个人做出评价。心理测验分为两大类，一种是认知性的，另一种是非认知性或情绪性的。认知性的心理测验包括智力、性向、成就、语言、视动协调等几大类；非认知性的心理测验包括人格、兴趣、动机、态度和价值观。企业常用的心理测验有如下几种：

1. 智力测验。智力测验长久以来即是广泛被使用的一种甄选工具，用来测量一个人的思维能力、学习能力和适应环境的能力。常见的智力测验包括卫氏成人智力量表（Wechsler

Adult Intelligence Scale)、汪德利克人事测验（Wonderlic Personnel Test）。由于一般雇主认为智力的高低与工作表现有关，因此智力测验大多用来为雇主淘汰部分智力较低，无法胜任组织工作的人。企业中如采用智力测验选取人才时，应先考工作性质及要求，不能唯测验结构马首是瞻，只有这样才能招取适合之人选。

2. 性向测验。所谓性向是指一个人的潜在能力，即可能的发展前景或可能具有的能量。性向测验就是用来推估受测者的某一方面潜在能力。一般而言，性向测验依其内容可分为两大类，包括综合性向测验和特殊性向测验。其中，综合性向测验用以鉴别个人多种特殊潜在能力，如美国著名的"区别性向测验"包括语文推理、数字推理、抽象推理、空间关系、机械推理、文书速度与准确度、语文拼字习惯和语文造句习惯，测验后根据个人在各个分测验所得分数，评估其哪些方面性向较高。特殊性向测验只鉴别个人在某一方面具有的特殊潜能。

3. 个性测验。个性也称为人格，就是人们所具有的个体独特的、稳定的对待现实的态度和习惯化了的行为方式，是一个人区分于其他人的稳定的心理特征。个性对工作成就的影响是极为重要的，不同气质、性格的人适合不同种类的工作。测量个性有很多方法，在招聘中常用的是自陈式量表法，另外，投射性测验和情境性测验在招聘选拔中也有一定的应用。

4. 职业兴趣测验。职业兴趣是人们对具有不同特点的职业的喜好和从事该类职业的愿望。在人员选拔中，应该考虑候选人的职业兴趣和所招聘的职业类型是否匹配。

（三）评价中心法

评价中心是一种综合性的人员测评方法，它综合使用了各种测评技术，包括个性测验、能力测验等心理测验方法，也包括面试的方法。评价中心的主要组成部分以及它的最突出的特点就是它使用了情境性的测验方法对被测评者的特定行为进行观察和评价。这种方法通常是将被测评者置于一个模拟的工作环境中，采用多种评价技术，有多个评价者观察和评价被评价者在这种模拟工作情境中的行为表现。下面是不同的管理技能与其相应的最佳测试方法：

经营管理技巧：公文处理练习；

人际关系技巧：无领导小组讨论法、商业游戏法；

智力状况：笔试方法；

工作的恒心：公文处理练习、无领导小组讨论、商业游戏；

工作动机：想象能力测验法、面试；

职业发展方向：想象能力测验法、面试、性格考查；

依赖他人的程度：想象能力测验法。

其中，公文处理法具体做法是首先向被测试者介绍有关的背景材料，然后告知他现在所处的职位，让应试者全权处理文件篓里的所有公文材料。无领导小组讨论是对一组人进行测试的方法。主持者给一组被测试者一个与工作有关的题目，并简单地交代被测试者，叫他们就这个题目展开一场讨论。商业游戏，是在一个真实的公司经营管理案例中，参加游戏者可自行其是，无人为他们分配角色，最后根据各自在小组中的表现评分。想象能力测验的通常做法是，给被测试者一个刺激物，然后让他们自己去不受约束地做出一定的反应，主试者根据他们的反应，就可以了解其是怎样进行想象推测的，从而对这个人的个性做出判断。

三、甄选测试的信度与效度分析

信度与效度是对测试方法的基本要求，只有信度和效度达到一定水平的测试，其结果才适于作为录用决策的依据，否则将误导主试者，影响其作出正确的决策。

信度是指测试结果的可靠性或一致性，也就是说测评的结果不能随测评者、时间、地点的变化而变化。信度主要有再测信度、复本信度、内部一致性信度和评分者一致性信度这四种类型。再测信度是指用同一种方法对一组应聘者在两个不同时间上进行测试的结果的一致性。对于具有较高稳定性的测试内容，如个性、基本能力倾向等，测试方法的再测信度是十分重要的。复本信度是指用两个测验复本，即功能相同但题目内容不同的测试，来测验被测试者在两个测验中的一致性。内容一致性信度主要反映的是一个测验内部的题目之间的关系，考察一个测验中想要测量相同内容或特质的各个题目是否真正测量了相同的内容或特质。评分者一致性信度指的是不同评分者使用同一测评工具时所评分数间的一致性。测试信度主要受主测者、被测者、测试内容、实践测试情境等一些因素影响。

效度即有效性或精确性，是说明测评工具能否测量出它要测评的东西。一个测评工具也许很可靠，但是并不能保证它一定有效，如一个考驾照的笔试，应试者多次考试，成绩都很稳定，但如果仅仅进行笔试，不涉及任何操作技能，则它只能是无效的测量工具。在招聘选拔中的测评工具中，主要的效度指标一般有内容效度、构想效度和效标关联效度。内容效度是测量方法能真正测出想测内容的程度。例如，对一个测评逻辑思维能力的测验来说，内容效度就是指它是否测量的是被测者的逻辑思维能力而不是别的什么。构想效度是指测验能够测量到理论上的构想或特质的程度。效标关联效度是指选择工具能否根据重要标准准确预测工作表现，或根据测试标准得到的测试分数与根据实际工作标准得到的标准分数直接的关系。测试的效度受到测试组成、测试实施、被测试者反应等方面的影响。

第四节　人　员　录　用

一、录用决策的程序

经过一系列测试，企业就应该做出录用决策，下面给出录用决策的程序：

（一）做出初步录用决策

在运用面试、心理测试和情境性测评方法等多种对职位候选人进行甄选评价之后，就得到了关于他们的胜任表现的信息，根据这些信息，可以做出初步的录用决策。

（二）背景调查

在整个招聘选拔过程中，所有的信息都是从应聘者那里直接获得的。尽管在选拔人员的时候，最关键的是这些从应聘者这里直接获得的信息，最重要的是应聘者的胜任力特征，但是也不排除应聘者的其他一些背景信息的重要性。背景调查就是对应聘者的与工作有关的一些背景信息进行查证，以确定其任职资格。通过背景调查，一方面可以发现应聘者过去是否有不良记录；另一方面，也可以对应聘者的诚实性进行考察。背景调查的主要内容有学历学位、过去的工作经历、过去的不良记录等。

（三）健康体检

体检通常是委托医院进行的。体检的目的是要判断应聘者的身体状况是否能够适应工作的要求，特别是能否满足工作对任职者身体素质的特殊要求，以减少员工生病所增加的费用支出以及由于员工存在生理缺陷或体能不支对今后工作带来负面的影响。

（四）员工入职

经过以上层层选拔，达到要求的职位候选人在与企业签订录用协议和劳动合同后，就可以入职了。

二、招聘评估

录用人员入职，但是招聘工作还不能告一段落，我们还应该对此次招聘工作进行评估，下面介绍如何对招聘工作进行评估。

首先，组织的运行需要一定的人力资源作为保证，而组织开展招聘工作正是因为职位有缺口或需要实现一定的资源更替。因此，衡量组织招聘工作成效的最直接体现就是空缺职位填补数量、及时性，新招聘员工与组织、职位的匹配性等，一般认为，通过招聘行为使得组织的职位缺口越少，空缺职位得到填补越及时，新招聘的员工与组织的职位、文化、制度越匹配，招聘工作就越有效。具体来说，可以通过考察如下指标来评价招聘的有效性。

招聘完成比：招聘完成比 = 录用人数/计划招聘人数 × 100%。如果招聘完成比等于或大于100%，则说明在数量上全面或超额完成了招聘计划。

招聘完成时间：职位空缺到填补空缺所用的时间。一般来说，时间越短，招聘效果越好。

应聘比：应聘比 = 应聘人数/计划招聘人数 × 100%。应聘比越大，说明发布招聘信息的效果越好，同时说明录用人员的素质可能较高。

录用比：录用比 = 录用人数/应聘人数 × 100%。录用比越小，相对来说，录用者的素质越高；反之，则可能录用者的素质较低。

录用合格比 = 录用人员胜任工作人数/实际录用人数。录用合格比反映当前招聘有效性的绝对指标，其大小反映出正确录用程度；

基础比 = 原有人员胜任工作人数/原有总人数，反映以前招聘有效性的绝对指标。录用合格比和基础比的差反映当前招聘的有效性是否高于以前招聘有效性的平均水平，即招聘有效性是否逐步提高。

其次，人力资源的招聘工作是组织的一种经济行为，必然要纳入组织的经济核算，这就要求组织应用价值工程的原理，即以最低的成本来满足组织的需求。作为一种经济行为，招聘成本应该被列为评价行为有效性的主要内容。应考虑到四大板块的成本；一是招聘的直接成本，它主要是指在招聘过程中的一系列的显性花费；二是招聘的重置成本，它主要是指由于招聘不妥导致必须重新招聘所花费的费用；三是机会成本，它是因离职和新聘人员的能力不能完全胜任工作所产生的隐性花费；四是风险成本，它主要是指企业的稀缺人才流失或招聘不慎，导致未完成岗位招聘目标，给企业管理上带来的不必要花费和损失。招聘的效益往往不是直接体现的，它体现在招聘到的员工为企业做的贡献上。一般来说，下述指标是常用的：

总成本效用 = 录用人数/招聘总成本；

招聘成本效用 = 应聘人数/招募期间的费用；

选拔成本效用 = 被选中人数/选拔期间的费用；

人员录用效用 = 正式录用的人数/录用期间的费用；

招聘收益 – 成本比 = 所有新员工为组织创造的总价值/招聘总成本。

最后，求职者是企业招聘过程的全程参与者，由于身份和地位的差别，他们对招聘效果有着不同的看法。因此，招聘结束后，对录用的员工和没有录用的员工进行抽样调查，了解他们对于企业招聘的有效性和科学性的看法，是十分必要的。由于求职者的身份地位不同，往往能较真实地反映企业招聘中存在的这些问题。特别是没有录用的求职者，他们的看法较为客观，从企业来说，如果企业招聘活动在求职者眼中是高效、公正和科学的，那么，也有利于企业形象的建设。一般来说，可以对求职者进行如下两个方面的调查，以评价企业招聘过程的有效性。

第一，招聘工作的有效性。即企业招聘信息的发布、招聘活动的组织、面试结果的公布、招聘活动的善后处理是否及时和合理。经验表明，许多求职者常常在一周的时间内要决定是否接受新的职位。总是推迟面试，实际上是在传递两个信息：一个是使面试人觉得自己并不是那么重要，另一个是使本公司的招聘人员觉得自己的工作没有受到重视。

第二，选拔程序的合理性。各考核、测验项目的组合和前后施测顺序是否科学，有无重复；选拔过程是否公正；能否尊重求职者；招聘联络人、用人部门主管和选拔考官的能力和素质是否合格等。

思考题：

1. 企业招聘人员的一般程序是什么？
2. 人员招聘应遵循哪些原则？
3. 简述内部招聘与外部招聘的优缺点。
4. 企业甄选人员的方法有哪些？
5. 面试应该注意哪些问题？
6. 请说明测试的信度与效度。
7. 如何做出录用决策？

案例分析 1

央视一台的大型电视剧《乔家大院》，使晋商再次红遍海内外。晋商的人力资源管理思想即使我们现代的企业也颇有不及之处。就从职业经理人（掌柜）选择谈起，一般晋商的职业经理人都从小伙计中诞生。所以他们对小伙计的选择可谓用心良苦，一般要考察小伙计的祖宗三代。小伙计工作若干年后，完全有可能晋升为所在企业的职业经理，而科举考试成功的人士顶多只能在公司做些文秘工作。还有东家即老板也让即将离任的掌柜为他推荐职业经理人的继承人，若离任掌柜推荐的人使东家感到满意，推荐者的后代可以无偿享受 12 年俸禄。

案例分析 2

可以联系电视剧《大染房》中的主要人物，分析这样的职业经理人选择与从职业经理人市场选择职业经理人的优势与劣势。并总结作为一名职业经理人应具备何种素质？我们的国有企业和家族企业选不好职业经理人或职业经理人经常与老板反目为仇的原因是什么？请为改变这种状况提出对策建议。

（资料来源：笔者原创）

参考文献

［1］张德. 人力资源开发与管理（第二版）［M］. 北京：清华大学出版社，2001.

［2］吴志明. 员工招聘与选拔实务手册［M］. 北京：机械工业出版社，2002.

［3］周三多. 管理学［M］. 北京：高等教育出版社，2000.

第十章 人力资源需求方的人力资本储备——培训

组织按其岗位分析招聘到所需的人力资源后，需对其进行培训方能上岗。且知识经济时代，组织对其员工进行科学、系统的培训，已成为组织成功发展的必要条件之一。当今时代，组织间的竞争归根到底是人才所具备的能力竞争，培训工作在提高和丰富这些能力方面起着非常重要的作用，它也是企业战略实施的重要组成部分。培训又是人力资本理论的重要组成内容，要深刻理解培训还得先从人力资本理论开始。

第一节 人力资本及相关理论

一、人力资本的产生与发展

人力资本理论从产生到发展经历了相当漫长的过程，总的来说，可以将这一过程分为三个阶段，即人力资本理论的萌芽阶段、形成和创立阶段、大发展阶段。

（一）人力资本理论的萌芽阶段

这一阶段处于 20 世纪 50 年代之前，在这一阶段，经济学家们都有丰富的人力资本思想，并认识到人力资本的重要性，对人力资本的概念进行论述，但没有将人力资本概念引入经济学分析。威廉·配第、亚当·斯密、马歇尔、萨伊、李斯特、马克思等经济学家们都有丰富的人力资本思想。

1. 古希腊思想家柏拉图，他在《理想国》中论述了教育和训练的经济价值，最早提出人力资本的思想。亚里士多德也认识到教育的经济作用以及一个国家维持教育以确保公共福利的重要性。但在他们眼中教育仍是消费品，其经济作用也是间接的。

2. 重农主义的代表人物魁奈是最早研究人的素质的经济学家，他认为人是构成财富的第一因素，"构成国家财富的是人"。

3. 英国古典政治经济学创始人之一的威廉·配第（1623～1687 年）在其代表作《政治算术》中提出了"土地是财富之母，劳动是财富之父"的著名论断。他认为，由于人的素质不同，所以才使劳动能力有所不同。并且指出，人口的差异是一个国家经济实力差异的重要原因，建议采取某些措施和进行资本投入以提高人口素质。由此可见，威廉·配第已经认识到人在财富创造中的重要作用，并提出提高人口素质的措施。

4. 古典政治经济学鼻祖亚当·斯密（1723~1790年）首先对早期的人力资本思想进行了较为系统的论述，他在名著《关于国民财富的原因与性质研究》中指出"学习是一种才能，须受教育，须进学校，须做徒弟，所费不少。这样费去的资本，好多已经实现并固定在学习者的身上。这些才能，对于他个人自然是财富的一部分，对于他所属的社会，也是财富的一部分"，这段话包含了三层关于人力资本的主要思想：（1）他将资本划分为固定资本和流动资本。他的固定资本不仅包括机器、工具、建筑物、改良的土地，而且还包括社会上一切人们学到的有用才能，这种有用才能实际上就是后来所称的人力资本。他认为人力资本是一种固定成本，人一旦掌握了某种知识或技能，将终生受益；（2）论述了人力资本获得的主要途径是接受正规教育和非正规的经验传授；（3）论述了人力资本的私有性和社会性。他的这些思想后来成为人力资本理论形成的直接源泉。

5. 德国农业经济学家屠能（Johann Heinrichvon Thünen，1783~1850年）认为在同样原材料商品装备的条件下，受过更高教育的人可以创造更多的收入。

6. 新古典经济学的主要代表人物马歇尔（Alfred Marshall，1842~1924年）明确指出对人本身的投资所形成的资本是所有资本中最有价值的。

马歇尔在他的经济理论中第一次正式提到人的能力因素。他说："生产发展的动机是两样东西，一个是知识，一个是组织，而不是土地和种子"。又说："我们必须考察人的体力的、脑力的、道德的、健康的程度及其所依存的各种条件，唯有这些条件才是劳动生产率的基础，物质财富的生产是依存于劳动生产率的。而另一方面物质财富、重要的在于通过很好地利用此财富提高人力的、体力的、精神的、道德的健康和程度。"由此可以看出，马歇尔对人力资本有了进一步的认识，但没有形成比较系统的理论。

在人力资本理论的萌芽阶段，马歇尔对人力资本的论述则是较为经典的，并为现代人力资本理论的形成提供了有力的理论依据，他认为"人是生产的主要要素和唯一目标""一切资本中最有价值的莫过于投在人身上面的资本"，此外他还对人力资本的基本特性及其与工业组织问题、企业家人力资本等问题进行了论述。但可惜的是马歇尔虽然已经清楚地认识到人力资本的重要性，然而他又认为在经济分析中把人当作资本与市场的实际情况不一致，因此马歇尔最终没有将人力资本概念引入经济学分析。

7. 庸俗经济学派的代表人物法国的萨伊（Jean Baptiste Say，1767~1823年）认为既然技能是通过一定成本获得，并能够提高劳动者的生产率，应该被视作一种资本，他创造了"劳动、土地、资本"三位一体公式。企业家要靠自己的信用将劳动、土地、资本三者结合在一起，具有判断力、坚毅和专业知识，这种高级劳动的报酬就高。他还认为公共教育费用有助于财富的增长和社会幸福的增进，因此国家应该大力发展学术机关和高等学府，以提高全社会劳动者的知识水平。此外，他还认为，花费在教育与培训方面的费用总和称为积累资本，受过教育培训的人的工作报酬，不仅包括劳动的一般工资，而且还应包括培训时所付出的资本的利息，因为教育培训支出是资本。特别是他提出的科学知识是生产力的思想，无疑是划时代的理论贡献。

8. 庸俗经济学派的代表人物德国的弗里德里希·李斯特（Friedrich List，1789~1864年）在他的《政治经济学的国民体系》一书中将资本分为物质资本和精神资本两类，其中精神资本指的是"个人所有的或个人从社会环境和政治环境中得来的精神力量和体力"，这个概念非常类似于现代意义上的人力资本概念。他认为，一国的最大消耗应该是用于后一代的教育及国家未来生产力的促进和培养。

9. 庸俗经济学派的代表人物英国的约翰·穆勒（1806~1873年）继承了亚当·斯密的一些思想，认为技能与知识都是对劳动生产率产生重要影响的因素。他强调取得能力应当与机器、工具一样被视为国民财富的一部分。穆勒从传统经济增长与资源配置的生产性取向出发，指出教育支出将会带来更大的国民财富。

10. 边际效用学派创始人之一法国的莱昂·瓦尔拉斯（1834~1910年）对人力资本理论作出过贡献。

11. 美国近代经济学家欧文·费雪（1867~1947年）在1906年出版的《资本的性质和收入》一书中率先明确提出了人力资本概念。

12. 马克思关于劳动的许多理论观点是人力资本理论的重要思想基础。马克思的资本理论包括劳动价值理论、货币理论、资本生产理论、资本积累理论、资本循环与周转、社会总资本的再生产理论、生产价格理论、商业资本理论、借贷资本理论和地租理论。他认为，劳动是创造社会财富的主要源泉，人类的具体劳动创造商品的使用价值，抽象劳动创造商品的价值。马克思把人的劳动分为复杂劳动和简单劳动，前者具有较高的价值，是多倍的简单劳动。进而，他把可以提高人的智力和技巧的科学技术与教育看成是生产力的重要来源。同时，马克思还提出了劳动力的价值构成理论，在此基础上，他又把劳动分为生产性劳动和非生产性劳动，非生产性劳动就是指劳动者受教育、培训以及保持劳动能力的那部分劳动。马克思不仅继承了古典经济学家的某些理论，还创造性地提出了许多新观点。马克思在《资本论》中提出，资本的增殖即剩余价值的获得在生产过程中形成而在流通过程中实现。人的迁徙实际上就是人力资本的流动。值得注意的是，人力资本在要素市场的流通活动，不是像实物资本那样一定由货币形态变为实体形态，而可能转化为货币形态。

（二）人力资本理论的形成阶段

这一阶段从20世纪50年代~20世纪70年代，尤其在60年代达到顶峰。这一阶段主要是人力资本理论创立阶段。这一阶段的代表人物有：美国经济学家西奥多·W. 舒尔茨、雅各布·明塞尔、肯尼斯·阿罗、加里·S. 贝克尔、爱德华·丹尼斯等。在这一阶段，人力资本作为一个概念和理论已经得到主流经济学的承认和重视，人力资本思想渗入主流经济学的相关领域，如收入分配、经济发展等，从而拓宽了经济学的研究领域。但是，人力资本理论尚不成熟，还有待完善。人力资本理论学家们通过加深研究人力资本理论和运用人力资本思想，研究主流经济学问题，发展人力资本理论本身和拓展经济学研究范围。其中，包括对人力资本形成的途径、人力资本投资的途径的阐述，以及对人力资本投资收益所进行的定量分析。

1. 舒尔茨的人力资本分析理论。舒尔茨在从事长期的农业经济问题研究中发现，从20世纪初到50年代，促使美国农业产量增加和劳动生产率提高的重要原因已不是土地、劳动力数量或资本存量的增加，而是人的知识、能力和技术水平的提高。

1960年，美国经济学家西奥多·W. 舒尔茨在就任美国经济学会主席时，发表了题为《人力资本投资》的演说。人力资本概念才被正式纳入主流经济学，同时标志着人力资本理论的正式形成。从此，掀起了人力资本研究的热潮。

舒尔茨认为经济的发展取决于对物质资本和人力资本这两方面的投资。由于二者的异质性，因此，两种投资的收益率是不同的。西方经济发展的实践已表明，人力资本投资的收益率要高于物质资本投资的收益率。在市场经济条件下，投资的收益率的差距会对人们的经济行为造成刺激，而从事各种不同活动的人们，都会对这些刺激做出合理的反应，并正确地选择自己的经济行为。其结果是使社会经济迅速增长和国民收入大大提高。因此，重视和加强人力资本投资，注意提高人口质量，便成为一国经济发展的关键。他还指出，二战后日本和联邦德国之所以能实现经济的迅速恢复，其基本原因就是它们拥有的人力资本相对于物质资本来说，没有在战火中遭到那样严重的破坏。

舒尔茨指出："人们获得了有用的技能和知识，这些技能和知识是一种资本形态，这种资本在很大程度上是慎重投资的结果，在西方社会这种资本的增长远比传统资本（物质资本）要快得多。"舒尔茨明确地概括了人力资本投资的范围和内容，即包括医疗和保健、在职人员培训、学校教育、企业以外的组织为成年人举办的学习项目、个人和家庭为适应就业机会的变化而进行的迁移活动。舒尔茨还进一步研究了人力资本的形成方式与途径，并对教育投资的收益率以及教育对经济增长的贡献进行了定量研究，并对发展中国家发展教育、卫生、保健以及经济信息获取和人口迁移等一系列问题提出了许多中肯建议。

由于舒尔茨的杰出贡献，他被誉为"人力资本理论之父"。但是此时的人力资本理论是不完善、不具体的，尚未建立基于人力资本的经济增长模型。

2. 明塞尔的人力资本分析理论。美国经济学家雅各布·明塞尔（Jacob Mincer）则从收入分配领域进行同样的研究工作，他在博士论文《个人收入分配研究》中指出美国个人收入差别缩小的变化趋势，他认为其中原因是人们受教育水平的普遍提高，即人力资本投资的结果。他继博士论文完成后，又发表了"人力资本投资与个人收入分配""在职培训：成本，收益及意义""劳动收入分配：特别关于人力资本研究的一次调研"等文章。在这些文章中系统地论述了人力资本及人力资本投资与个人收入及其变化之间的关系，提出了人力资本投资收益模型。

3. 阿罗的人力资本分析理论。1962年，美国经济学家肯尼斯·阿罗（Kenneth J. Arrow）提出了"干中学"（Learning-By-Doing）模型，把从事生产的人获得知识的过程内生于模型。他从普通的 Cobb – Douglas 生产函数，推导出一个规模收益递增的生产函数。并把其归结为学习过程和知识的外部效应。

4. 贝克尔的人力资本分析理论。美国经济学家加里·S. 贝克尔的代表作《人力资本》被西方学术界视为"经济思想中人力资本投资革命"的起点，尽管贝克尔不同于舒尔茨而将其重点放在了微观分析上。贝克尔弥补了舒尔茨只分析教育对经济增长的宏观作用的缺陷，系统地进行了微观分析，研究了人力资本与个人收入分配的关系。贝克尔把表面上与经济学无关的现象与经济学联系起来，并运用经济数学方法进行分析。

1964年，贝克尔在其著作《人力资本》中较为明确地阐述了人力资本概念，他认为"对于人力的投资是多方面的，其中主要是教育支出、保健支出、劳动力国内流动的支出或用于移民入境的支出等形成的人力资本"。贝克尔从家庭生产和个人资源，特别是时间分配角度系统论述了人力资本和人力资本投资问题。特别指出的是，贝克尔对人力资本与个人收入分配的研究表明：人力资本投资水平或人力资本存量水平与个人收入水平为正相关的关系。贝克尔的研究为人力资本理论提供了微观研究基础，从而使人力资本研究更具科学性和可行性。由于在人力资本理论方面的突出贡献，他于1992年获得诺贝尔经济学奖。

贝克尔对人力资源理论的贡献，突出表现在对人力资源的微观经济分析上。追求效用最大化、市场均衡和稳定偏好是贝克尔丰富的理论著述中贯穿始终的主线。

5. 爱德华·丹尼斯的人力资本分析理论。爱德华·丹尼森是美国经济学界中常见的一位没有在大学任过职的经济学家。与其说他是一位人力资本理论家，不如说他是一位人力资本经济分析专家。他在经济学上的主要贡献是，对用传统经济分析方法估算劳动和资本对国民收入增长所起的作用时，所产生的大量未被认识的、不能由劳动和资本的投入来解释的"余数"（residue 也可释为"残差"），作出了最令人信服的定量分析和解释。他最著名的研究成果是，通过精细的分解计算，论证出 1929～1957 年的美国经济增长中，有 23% 的份额要单独归因于美国教育的发展。显然，丹尼森的结论是对舒尔茨的结论的重要修正。丹尼森提出了一套自己的分析"余数"的方法，他将"余数"中包含的因素分为规模经济效用、资源配置和组织管理改善、知识应用上的延时效应以及资本和劳动力质量本身的提高等等。在劳动力质量项下，他的测算方法是，首先把教育和收入差别联系起来，并用参数 3/5 加以校正，得出各级教育的收入系数，以此系数分别乘以基年和下一年的各级受教育者人数，得出差额后，用计算复利的公式算出这一差额在报告期内的年平均增长率，再乘以劳动产出弹性，得出教育对经济增长的贡献率。最后，以贡献率除以报告期内的经济增长率，即得出教育的贡献份额。

学术界后来普遍认为，丹尼森的计算方法要比舒尔茨的更严密精确。尽管这种计算由于缺乏公认的经济增长理论的支持，受到不少批评，但是，自 60 年代起，丹尼森的方法在实际上得到非常广泛的传播，他的支持者们把这种方法应用到世界各国，包括不同社会制度和不同发达程度的国家，都取得了成功。许多人认为，从 60 年代开始出现的长达十余年的世界各国教育经费的激增，在相当程度上应当归功于丹尼森和他的这一大批追随者的努力。

（三）人力资本理论的发展阶段

这一阶段从 20 世纪 70 年代至今，是人力资本思想大发展阶段，特别是舒尔茨、加里·贝克尔和卢卡斯先后获得诺贝尔经济学奖，掀起了人力资本理论发展的高潮。

在这一阶段，一方面，人力资本理论本身逐步完善，开始走向成熟，成为一个完整的理论。另一方面，人力资本与主流经济学的结合全面展开。人力资本在发展经济学中得到大力运用，已经成为经济持续发展的一个主要要素；人力资本的引入解决了经济增长理论长期难以破解的"索洛余数之谜"，推动了经济增长理论的发展；人力资本引入企业理论，弥补了主流经济学对企业研究的不足；在企业经营管理理论中，人力资本已经成为管理理论的重要内容；在收入分配领域，人力资本思想也得到广泛的运用等等。同时，人力资本理论自身的发展拓展了经济学的研究领域，带动了新兴学科的发展，教育经济学、人口经济学、家庭经济学等一批新兴学科正是在这一背景下诞生的。

1. 罗默的人力资本分析理论。1986 年，保罗·M. 罗默建立的一个基本与实际情况相符的经济增长理论框架——知识推进模型，除考虑资本和劳动因素外，加进了第三大因素——知识，对经济增长的解释趋向合理。罗默于 1990 年又构造了第二个经济模型，其中假设有四种投入：资本、劳动、人力资本和技术，他认为特殊的知识和专业化的人力资本不仅能自身形成递增收益，而且能使资本和劳动等投入因素也产生递增收益，从而整个经济规模收益是递增的，并保持经济的长期增长。

2. 卢卡斯的人力资本分析理论。用人力资本解释持续经济增长的另一个著名尝试者是罗伯特·卢卡斯。1988 年，他在《论经济发展机制》一文中将人力资本作为独立的因素纳入经济增长模型，运用更加微观的分析技术，将舒尔茨的人力资本和索罗的技术进步概念结合起来，形成一个新的概念：专业化的人力资本，并且认为这是经济增长的原动力。

3. 人力资本理论的新发展。

（1）"人力资本激励"的研究。进入 20 世纪 90 年代以后，理论界对人力资本在宏观经济中的作用已经有了较为充分的认识。人们开始研究人力资本如何在企业中发挥作用的问题，因为人力资本是通过与企业物质资本的结合而发挥作用的。由于人力资本是一种主动性的资本，调动人力资本的积极性对企业价值的创造至关重要，因此对人力资本进行激励成为人力资本理论研究的一个主要方向。对人力资本进行激励，除了短期的现金报酬激励以外，长期的股权激励显得越来越重要。此外，企业家人力资本是企业中最具有能动性的人力资本，在企业经营活动中发挥着最关键的作用，因此必须尽快采取相应的制度安排，对企业家这种稀缺的人力资本进行激励，以充分调动其积极性。

（2）"人力资本产权"的研究。在计划经济体制下，所有的人是社会人或公共人，人力资本都是由国家投资形成的，因此人力资本产权当然也由国家所有。他无须也无法追求自己的物质利益，因为一切得被动听从国家的安排，人力资本的动机只是在政治思想工作的感召下追求对社会的贡献，并由此获得个人荣誉和精神享受。在这种人力资本产权缺损的情况下，造成了人力资本的极大浪费，最终严重地影响了经济的发展。改革开放以后，我国逐步打破了人力资本统一由国家负责的原有模式，呈现人力资本多元投资的格局并逐渐向以个人投资为主的方向发展，尤其是高层次的人力资本投资。在这种情况下，人力资本产权必须重新定位，人力资本产权研究自然也成为一个热点。

西方学者加尔布雷思、埃德文森、沙利文、斯图尔特等人认为：如果人力资本产权遭到破坏，其价值将立即贬值或荡然无存。我国学者对人力资本产权问题的研究也十分重视，学者们通过深入研究提出了各种观点。石金涛等认为按照谁投资，谁收益的原则，人力资本产权为其投资者所有。鉴于现实中人力资本是多元投资而成，因此人力资本投资收益权为多个投资者所有，人力资本承载者是其投资者之一，也是受益者之一；而周其仁则认为人力资本产权天然归人力资本承载者所有，只有确保人力资本产权与其载体的统一，才能充分调动人力资本的积极性。随着人力资本理论以及产权理论的发展，重视企业人力资本产权是大势所趋。

二、人力资本所含内容

（一）人力资本的概念

所谓人力资本，是人们在教育、职业培训、健康、迁移等方面的投资所形成的资本，是体现于人自身的生产知识、技能及健康素质的存量，是人们作为经济主体创造财富和收入的生产能力。

这一概念主要包含以下几层含义：

其一，指出了人力资本区别于其他资本形式的本质特征。人力资本是凝结于人体之中的与知识有关的各种质量因素的整合。这种质量因素具有创新性、累积性、可变性、社会性等特征。

其二，指出了人力资本的形成方式或途径。人力资本是通过后天的投入获得的。后天的投入主要包括为了提高人的质量因素而发生的各种投资与消费性支出。例如学校教育支出、培训支出、流动与迁移支出、卫生保健支出等等。

其三，指出了人力资本的经济价值。人力资本通过使用或投资可带来未来的收益（包括经济收益和社会收益等）。马克思认为，资本是"能够带来剩余价值的价值"，而西方经济学则强调，"凡是能够带来利润的要素即为资本"。人力资本既具有经济价值，又能带来未来收益，完全可以将其看作资本。

其四，强调了人力资本的产权特性及其剩余收益分配权。人力资本所有者可以凭借其拥有的人力资本参与剩余收益的分配。

其五，人力资本只有通过使用才能带来未来收益，只有通过投资才能参与剩余收益的分配。

（二）人力资本的分类

1. 人力资本可以分为价值形态与实体形态。价值形态的人力资本主要表现为人们花费在教育、培训、健康等方面的费用开支；实体形态的人力资本则表现为凝结在人体之中的知识、经验、技术、能力、工作努力程度、协作力、健康及其他质量因素。

2. 人力资本又可分为广义人力资本（或宏观人力资本）与狭义人力资本（或微观人力资本）。

从宏观角度看，广义人力资本是指从全社会、整个国家和地区乃至某个企业等社会实体角度考察的所有个人的人力资本要素之整合，它不是单纯的个体人力资本相加之和，而是一种大于、等于或小于这一相加之和的整合效应。

从微观角度看，狭义人力资本则是指存在于某一个体之中的人力资本质量要素的整合，某一质量因素的作用要依赖于其他相关质量因素作用的发挥。

3. 此外，还有学者在实际分析中也将人力资本划分为一般型人力资本、技能型人力资本、管理型人力资本和企业家型人力资本等四种类型。

（三）人力资本投资的范围及其内容

1. 学校教育费用。它包括初等、中等和高等教育成本，即指学生直接支付的教育费用和上学期间所放弃的收入。

2. 企业在职人员培训费用。从企业的角度看，在职培训的成本包括：企业为在职培训提供的场所、设备和各种必需品的费用；企业为在职培训提供师资和其他劳务服务的费用；企业为受训者支付的工资和其他各项福利收入；企业因受训者参加学习而损失的工时和其他应得收入；前两项属于固定成本，后两项费用属于可变成本，随接受培训的人员的数量变化而变化。

从员工的角度来看，在职培训的成本包括员工因参加培训而减少的收入；员工因参加培训而付出的费用、时间和精力。

3. 医疗保健费用。它直接影响一个人的寿命、力量、耐力、精力等，既有数量要求又有质量要求，其结果必然是提高人力资源素质。

4. 个人和家庭为适应就业机会的变化而进行的迁移活动的费用，即劳动力迁移费用。

三、人力资本的投资与收益分析

（一）人力资本投资的特征

人力资本投资具有与其他资本投资不同的特征，具体表现如下：

1. 投资的间接性。人力资本投资收益的间接性有两种含义：一是不一定直接作用于生产过程；二是不直接生产物质财富。投资不能直接从生产过程得到补偿，直接结果不是经济上的收益，而是人力资本存量的提高，成为生产和企业发展的动力，产生间接的经济与社会效益。

2. 收益的滞后性。人力资本投资期与"回收期"之间的间隔远远超过一般项目投资。对物质生产部门的投资，有的当年即可见效，多数在三五年内就能获得经济上的直接收益。然而，经济学家们观察到：人力资本投资收益虽然具有迟效性，但是效益却很大，若从经济效益角度考察，往往高于物质生产领域的投资收益率。

3. 投资的风险性。在投资决策时，由于决策受水平和各种未来因素的限制，投资可能难以回收；在实施过程中，人才可能流失或突然伤亡，而造成投资损失。

4. 收益的长效性。由于人本身的生理因素和社会环境的限制，一般对人力最初投资的收益，需 20 年左右才能收回，但是其收益期很长。因为，提高的人力资本存量能够在工作中持续不断地发挥创造性。员工接受培训而掌握的技术、能力甚至可以受用终身。人力资本投资收益的这种长效性，是其他投资无法比拟的。

5. 投资主体的多元性。人力资本的投资主体，主要由国家（社会）、企业、个人三部分组成。国家投资是着眼于提高社会总体收益和总体素质。企业投资主要是为了提高员工素质和经济效益。个人投资的目标是通过提高自身的知识水平、能力素质，取得个人生活发展的最佳效益。

6. 投资客体的时效性。人是人力资本投资的客体，由于人的生理、心理需求因素的客观要求，必须及时充分利用人一生中的几个创造力高峰期，以发挥人力资本的最佳功效。

7. 收益的多效性。人力资本投资收益的获得者包括三个层次：个人收益、企业收益和社会收益。个人收益体现员工个人人力资本存量的提高，是人力资本投资的最直接结果。员工个人因此能够得到较高水平的工资报酬，是个人收益的具体体现；企业收益是人力资本投资的间接收益，通过员工人力资本存量和努力程度的增加，获得较高的劳动生产率、较高质量的产品和服务、提高企业凝聚力、增强知名度和美誉度等等；社会收益是企业人力资本投资辐射的、扩散的收益，企业整体水平的提高，必然推动国民经济和社会的发展进步。从这一点看，企业进行人力资本投资体现了一种社会责任感。

（二）人力资本的成本与收益

1. 人力资本投资成本

（1）人力资本投资成本的概念。所谓人力资本投资成本是指企业用于人力资本增加和维护所付出的代价，包括历史成本和重置成本，其中历史成本包括取得成本和开发成本。

人力资本投资成本主要指内涵型的人力资本存量增加所付出的代价，即主要指开发成本。这时，人力资本投资成本主要包括以下几方面：

第一，企业为人力资本投资提供的设备、器材、场所和各种必需品的费用。

第二，企业为人力资本投资提供师资和其他劳务服务的费用。

以上两种费用可称为人力资本投资的固定成本，在接受投资人员的一定数量范围内是固定不变的。

第三，企业为受训者支付的工资和其他各项福利收入。

第四，企业因受训者参加学习而损失的工时和其他应得收入。

（2）人力资本投资成本的种类。与传统会计学使用的成本概念一样，人力资本投资的成本也可以按不同标志进行分类。

①人力资本投资的直接成本和间接成本。人力资本投资的直接成本是指能够直接计入企业人力资本投资成本的有关支出，如对企业新员工进行培训时付给接受培训者的工资、支付给教师的培训费用等都是直接成本。

人力资本投资的间接成本是指不能直接计入人力资本投资而以时间、数量、质量等形式表现的成本，如在培训过程中负责该项目培训工作的管理人员的时间耗费就是一种间接成本。由于间接成本有时难以直接计量和分析，因此在计算分析人力资本投资的成本时，并不一定要将其计入。

②人力资本投资的可控成本和不可控成本。人力资本投资的可控成本，是指在管理者的权限范围内，可以调节、控制的人力资本投资支出，如培训地点、形式的选择等都是管理者可以控制的。但是，人力资本投资的可控性是相对的。一般地说，我们只能控制人力资本投资的实际成本与标准成本的差异，而不能控制其绝对数。比如企业培训的人次较多，培训的费用自然会上升。绝对数的大小是与人力资本投资活动相联系的。

人力资本投资的不可控成本，是指在管理者的权限范围内很难加以控制的那部分人力资本投资的支出，如市场变动造成的各项培训费用上升、员工自身因素的改变造成的人力资本投资成本的上升等。由于外部环境的影响造成人力资本投资成本的增加都属于不可控的范围。

③人力资本投资的机会成本与估算成本。人力资本投资的机会成本是指为了进行人力资本投资而放弃或损失的那部分收入。由于资金是有限的，进行人力资本投资必然会带来其他可能收入的损失。

人力资本投资的估算成本是人力资本投资机会成本的特殊形态。通常，人力资本投资的机会成本是比较容易计量的。但是，这种成本并没有实际发生，只是与某项经济活动有关联，需要估计推算才能确定，故称为估算成本。比如，用货币资金进行人力资本投资，投资的成本主要是付现成本，但由于货币资金投放在其他场合就可能产生利息收入，因此为了对各备选方案进行分析对比，尽管没有实际发生利息，也必须把利息视同成本进行估算，这就构成估算成本。

（3）企业人力资本投资成本项目内容的确认。企业对人力资本投资的过程一般包括：首先是对新录用的员工进行上岗前教育，使其熟悉、了解企业的状况及自己岗位的要求；其次是对他们进行岗位培训和再培训，即在不脱离岗位的情况下，边工作边学习；最后是脱产培训，使有一定实际经验的员工再接受与其具体工作有密切联系的、比较系统的、比较完整的理论教育。因此，人力资本投资成本可划分为专业定向成本、岗位培训成本、脱产培训成本等等。

①专业定向成本。新员工进入企业后首先要熟悉和适应新的环境和新的专业，为了帮助他们尽快做到这一点，企业需要对新员工进行上岗前教育。专业定向成本分为熟悉成本和上岗前培训成本两部分。熟悉成本指的是为使新员工熟悉企业的目标、企业文化、规章制度、生产产品、生产过程、机器设备、工作环境以及其他有关情况而发生的成本，主要包括颁发给新员工的资料费和负责这项工作的管理人员的费用。上岗前培训成本指的是在新员工正式开始工作之前，为使他们能掌握新工作所需要的特殊技术和知识而付出的培训成本。包括培训者与受训者的工资、离岗的损失费用、教育管理费、资料费用和教育设备折旧费等。

②岗位培训成本。岗位培训成本是指为使员工达到岗位要求，在工作岗位上培训员工时所发生的成本，包括上岗培训成本和岗位再培训成本。上岗培训成本是为使员工上岗后达到岗位技能要求所花费的培训费用，包括培训和被培训人员的工资费用、培训人员离岗损失费用、因培训而消耗的材料等物资费用，以及由于新职工与熟练职工工作能力的差异而给生产造成的损失费用等。岗位再培训成本是岗位技能要求提高后对职工进行的再培训费用，包括为培训而消耗的材料费用、人工费用以及培训过程中因培训人员占用时间学习新技术等而给生产造成的损失费用。

③脱产培训成本。脱产培训成本是企业根据生产和工作的需要，允许职工脱离工作岗位接受短期或长期培训而发生的成本。这种培训的目的主要是为企业培养高层次的管理人员或专门的技术人员。

脱产培训成本分为企业内部脱产培训成本及企业外部脱产培训成本，包括企业为培训脱产职工而发生的一切人工费用和材料费用等。在企业外部培训机构的脱产培训成本包括培训机构收取的培训费、被培训人员工资及福利费、差旅费、资料费等；在企业内部培训机构的培训成本包括培训所需聘任教师或专家工资福利费用、被培训人员工资及福利费、培训资料费、企业专设培训机构的各种管理费用等。同时，无论在企业内部还是外部进行培训，还都会发生被培训人员的离岗损失费用。

（4）人力资本投资成本计量。人力资本投资成本项目的内容确定后，就要选择一定的计量方法，将这些成本加以量化。具体计量方法如下：

①上岗前教育成本，由培训者和受训者的工资、培训者和受训者离岗的人工损失费用、教育管理费用、资料费用和教育设备折旧费用等组成。计算公式如下：

上岗前教育成本＝指导工作者平均工资率×培训引起的生产率降低率×受训天数＋新职工工资率×职工人数×受训天数＋教育管理费＋资料费＋教育设备折旧费

②岗位培训成本，由上岗培训成本和岗位再培训成本组成。上岗培训成本和岗位再培训成本中的直接成本，由在培训期发生的培训人员和受训人员相关的工资费用构成。计算公式如下：

岗位培训直接成本＝（指导者小时工资 i×指导小时 i×月指导次数 i）＋（被指导者小时工资 k×被指导小时 k×月被指导次数 k）

岗位培训间接成本＝培训人员离岗损失费＋被培训人员工作不熟练造成的损失＋培训材料费＋各种管理费用

岗位再培训成本计算与岗位培训成本计算类似，只是再培训成本比岗位培训成本损失费用要小些，时间可能短些。其计算公式为：

岗位再培训直接成本＝指导工作者平均工资率×培训引起的生产率降低率×指导时间＋新职工平均工资率×被指导次数×指导时间

岗位再培训间接成本＝岗位再培训人工费用＋各种培训造成的损失费＋培训材料费＋管理费用

③脱产培训成本，主要分为委托外单位培训成本和企业自行组织培训成本两种。其计算公式分别如下：

委托外单位培训成本＝培训机构收取的培训费＋被培训人员工资及福利费＋资料费＋差旅费＋被培训人员离岗损失费

企业自行组织培训成本＝培训所需聘任教师或专家工资及福利费用＋被培训人员工资及福利费＋培训资料费＋专设培训机构的各种管理费＋被培训人员离岗损失费

2. 学校教育的成本与收益

学校教育是人力资本投资方式中最重要的一种，也是投资期最长，投资回报最多的一项投资。教育投资按照投资主体的不同可分为两种：一是家庭投入的个人教育投资；二是政府或社会投入的社会教育投资。

（1）个人教育投资。个人教育投资的成本包括直接成本和机会成本两部分，直接成本是指父母对子女完成某阶段教育的全部货币支出，包括学费、伙食费、书籍费等。机会成本是指子女在就学期间所不得不放弃的收入。随着年龄的增长，放弃的收入越大。个人教育投资成本是预期的，需要贴现化为现值。预期教育投资成本贴现值总和可用下式计算：

$$C = \sum_{t=1}^{n} \frac{C_d + C_i}{(1+r)^t} = \sum_{t=1}^{n} \frac{C_t}{(1+r)^t}$$

式中，C 表示 n 年全部教育投资成本的贴现值，C_d 表示 t 年的教育直接成本，C_i 表示 t 年的教育机会成本，C_t 表示 t 年的全部教育成本，r 表示利率。

教育投资最重要的收益是受教育的劳动者将得到较高的劳动力市场收入，计算教育投资的私人收益使用的收入数字，应是因教育增加带来的终生（税后）收入总额。教育投资的收益即不同教育水平的劳动者之间的税后收入差别。根据美国 20 世纪 80 年代以来的统计，大学毕业生的一生所得估计超过高中毕业生 40.1%，终生收入差异在 330000～630000 美元之间。同样，教育收益在投资时也是预期的，需要贴现化为现值。某级教育 n 年全部预期收入贴现值总和，可用下式计算：

$$V = \sum_{t=1}^{n} \frac{E_t}{(1+r)^t}$$

式中，V 表示 n 年中所有预期教育收益贴现值的总和，E_t 表示 t 年的教育收益，r 表示利率。

如果 $V > c$，则教育投资是值得的；反之是不值得的。

确定教育投资是否处于最优状况，要计算内在收益率，它是贴现成本之和与贴现收益相等时的贴现率，可观察下式：

$$\sum_{t=1}^{n} \frac{E_t}{(1+i)^t} = \sum_{t=1}^{n} \frac{C_t}{(1+i)^t} \quad \text{或} \quad \sum_{t=1}^{n} \frac{E_t - C_t}{(1+i)^t} = 0$$

式中，i 表示内在收益率。通过计算内在收益率，把教育投资的收益率与其他投资收益率作比较，分析教育投资是不是最合算的。

世界各国的大量事实表明，在发展中国家人们接受高等教育的机会少，受过高等教育的知识分子个人收益率远高于未受过高等教育的一般员工。因此在我国增加个人的教育投资是十分有利的。

（2）社会教育投资。对教育投资的社会成本收益分析，需要扩大有关私人投资的成本收益范围。政府对教育的任何补贴都应计入教育成本。具体来说，教育的社会成本应包括目前因提供教育所使用的物品和服务的总价值。既不仅包括学生支付的费用，还包括教师、行政人员的工资、福利费用，教育设施的使用，维修费以及教育设施所包含的资本利息和折旧费用。九年义务教育对个人来说通常是较少成本的，大学的学费通常也不到大学实际费用支出的一半。教育成本中相当大的部分由政府补贴和社会承担。在对教育的社会收益计算中，只需作些修正就可以合理地把所有个人收益都包括进来，社会收益可以用税前收入加以计算。世界银行的统计学家曾经以"社会收益率"作为衡量社会教育投资经济效益的指标，其计算方法如下：

教育投资社会收益率＝税前收入／（因上学而牺牲的收入＋对教育的公私支出）

美国经济学家舒尔茨在长期的研究中发现，对人的投资带来的收益率超过了对一切其他形态的资本的投资收益率。他采用收益率法测算了人力资本中最重要的教育投资，对美国1929～1957年的经济增长的贡献，其比例高达33％，证明了教育投资对经济发展的巨大影响。

3. 在职培训的成本与收益

在职培训是人力资本投资的第二种重要形式。它指的是对已在工作岗位上从事有酬劳动的各类人员进行的教育培训活动。由于在职培训自身的特点，它的经济性特征要比普通学校教育强烈得多，因此，对它的成本收益分析受到了企业界和学术界的高度重视。

（1）在职培训的成本分析。从企业的角度看，在职培训的成本包括：企业为在职培训提供的场所、设备和各种必需品的费用；企业为在职培训提供师资和其他劳务服务的费用；企业为受训者支付的工资和其他各项福利收入；企业因受训者参加学习而损失的工时和其他应得收入；前两项属于固定成本，后两项费用属于可变成本，随接受培训的人员的数量变化而变化。

从员工的角度来看，在职培训的成本包括员工因参加培训而减少的收入；员工因参加培训而付出的费用、时间和精力。

（2）在职培训的收益分析。在职培训的投资收益由员工和企业共享。员工从在职培训中提高了技术水平，将来可以取得更多的收入。企业从员工在职培训中取得的收益表现为员工技能提高后，企业生产效率的提高、竞争力的加强。

目前，企业在对员工在职培训经济收益的分析评估中，有两种方法是比较成熟的，即直接计算法和间接计算法。

①在职培训收益的直接计算法。这是通过直接观察、估算，对员工的培训效果进行评价的方法。例如，把同一工种的接受培训的员工和没有接受培训的员工的生产效率进行比较，或将员工接受培训前后的生产效率进行比较，直接估算出培训的经济效果。

②在职培训收益的间接计算法。在职培训收益的间接计算法是通过计算有关指标，研究在职培训收益的方法。包括净现值法、经验公式法等。

1）净现值法。净现值法是成本效益分析的主要方法。它是用净现值作为评价方案优劣的指标，所谓净现值是指投资方案中未来现金流入现值和未来现金流出的现值之间的差额。按照这种方法，所有未来现金流入、流出都按预定的贴现率折算为现值，再计算差额。用净现值法对在职培训投资收益的分析方法基本步骤如下：

第一，确定净现值指标。净现值指标的计算公式为：

$$净现值 = \sum_{t=1}^{n} \frac{I_t}{(1+r)^t} - \sum_{t=1}^{n} \frac{Q_t}{(1+r)^t}$$

式中，n 为投资所涉及的年限；I_t 为第 t 年的现金流入量；Q_t 为第 t 年的现金流出量；r 为预定的贴现率。

第二，确定投资涉及年限 n。确定投资涉及年限实际是确定培训受益年限。培训的受益年限与员工在岗的服务年限、培训内容有关。可以假定为 1~3 年。

第三，确定现金的流入量 I_t。现金流入量 I_t 值是培训后与培训前工作成果（现金流入量）的差值。由于每批被培训人员培训前后工作成果差值不同，为方便计算，可取平均成果差值乘以培训人数进行计算，其公式为：

$$I_t = (I_e - I_c) \cdot N$$

式中，I_e 为已培训者的平均工作效率（现金流入量）；I_c 为未接受培训者的平均工作效率（现金流入量）；N 为受培训人数。

第四，确定现金流出量 Q_t，现金的流出量就是员工的培训费用。培训费可按每人计划培训费乘以培训人数计算。也可按实际发生额归集，例如，包括教师的酬金、教室的租金、占用设备费用、受训人员的工资、对生产影响损失和投资的机会成本等。

第五，确定贴现率 r。以银行存款利率和贷款利率为依据，或以企业要求的最低利润率为依据。

2）经验公式法。国外常用经验公式法对在职培训的经济效益进行分析计算，经验公式法是一种通过对员工在职培训有关的指标的计算，研究投资收益的方法。其计算公式为：

$$\Delta U = T \cdot N \cdot d_t \cdot SD_y - N \cdot C$$

式中，U 为培训的净收益；T 为培训将受益的时间（年）；N 为受训者数量；d_t 为效用尺度，即接受培训者与未受培训者工作成果的平均差值。SD_y 为未受培训者工作成绩的差别（标准差，根据国外学者的研究，约等于年工资的 40%）；C 为人均培训成本（包括直接成本及因误工造成的间接成本）。

公式中的 d_t 可由下式计算出：

$$d_t = \frac{\bar{x}_e - \bar{x}_c}{SD \cdot \sqrt{R_{yy}}}$$

式中，$\bar{x}_e$ 为已培训者平均工作效率；$\bar{x}_c$ 为未接受培训者平均工作效率；SD 为未受培训者平均工作效率的标准差；$\sqrt{R_{yy}}$ 为工作效率评价过程的可行性（如不同评价者评定结果的相关程度）。

4. 医疗保健的支出与收益

医疗保健是人力资本投资的一种重要形式。它指的是对已在工作岗位上从事有酬劳动的各类人员进行的医疗卫生及保健活动。

（1）医疗保健的成本分析。从国家的角度来看，医疗保健的成本包括：国家用于建立医院与疗养院、购置各种医疗设备、开展医疗培训的各种费用。

从企业的角度看，医疗保健的成本包括：企业用于提供医疗费用、各种保健措施、工作安全保障、养老金医务人员所支付的各种费用。

（2）医疗保健的收益分析。医疗保健的投资收益由员工和企业共享。其中，员工享受的收益是直接的，企业享受的收益是间接的。通过医疗保健，员工的寿命得到延长，员工的体力和智力得到保护和提高，员工的健康水平得以提升。企业在员工收益的基础上，实现生产效率的提高，竞争力的加强。

5. 劳动力迁移

（1）劳动力迁移理论。刘易斯建立的二元经济发展理论指出，经济中存在着二元结构，即传统农业部门与现代工业部门，经济发展的过程就是剩余劳动力被不断增加的资本吸收的过程。正是通过投资的不断扩大和劳动力的重新配置，使现代部门不断扩大，国民收入不断增长，经济结构的二元特征将随着传统部门剩余劳动力被吸收完而消失。也就是说，刘易斯认为剩余劳动力可以通过工业部门的扩张顺利实现转移。拉尼斯和费景汉认为刘易斯没有重视农业在促进经济发展方面的重要性，对刘易斯的模型进行了修正，强调必须在工业部门扩张的同时，推动农业劳动生产率的提高，使农业发展与工业发展同步进行。

二元经济论者的基本观点是只有通过资本积累的增加和高速的工业增长才能实现成功的农业剩余劳动力转移和成功的经济发展。但是，这一理论在发展中国家的实践并不理想。另一发展经济学家托达罗从20世纪六七十年代发展中国家的现实出发，提出了不同的劳动力迁移理论。该理论认为，只要预期的实际工资大于农村的实际收入，劳动力由农村向城市的迁移就会继续下去，从而促进一国城市化水平的提高；当农村移民数量多到迫使城市失业规模增大、工资收入下降，足以使城市的预期工资收入与农村工资收入相等时农村劳动力停止向城市转移；当城市预期工资收入小于农村工资收入时，会诱使劳动力从城市向农村的转移。根据该理论提出的政策主张，一是在发展战略上应减轻因过度偏向城市而引起城乡就业机会不均衡，二是强调农村和农业部门发展的重要性。消除发展中国家的二元结构，主要不是依靠工业部门吸收农业劳动力，而是要同时重视工业和农业的发展，在工业扩张的同时，大力发展农业，提高农民的就业机会和收入水平，逐步缩小城乡差距。

劳动力迁移理论给我们的启示是，农业剩余劳动力可以实现向城市的顺利转移，而顺利转移的实现模式，应该建立在农业劳动生产率的提高和城市合理吸纳的基础上，即使农民的收入水平提高，同时又推动我国城市化水平的提高。

（2）农村劳动力迁移的理论模型。农村劳动力迁移理论可以通过模型来理解，模型如下：

$$M(t)/S(t) = \beta + P(t) \cdot f[d(t)]$$

式中，$M(t)$ 为 t 周期内人口迁移数量；$S(t)$ 为 t 期内城市原有人口数量；$f[d(t)]$ 为城乡实际收入差别的比率；$P(t)$ 为农村人口进入城市就业的可能性；β 为城市人口的自然增长系数。

第二节　员工培训与开发概述

一、培训与开发

（一）培训与开发的含义

培训就是给新雇员或现有雇员传授其完成本职工作所必需的基本技能的过程。开发主要是指管理开发，指一切通过传授知识、转变观念或提高技能来改善当前或未来管理工作绩效的活动。

综上所述，我们得出培训与开发的定义：培训与开发就是组织通过学习、训导的手段，提高员工的工作能力、知识水平和潜能发挥，最大限度地使员工的个人素质与工作需求相匹配，进行促进员工现在和将来的工作绩效的提高。

（二）培训与开发的比较

（1）培训与开发的目的不同。通过培训的定义，我们可以看出培训一般针对员工的技术和技能的培养。开发则重点关注于未来和潜能，多用于管理人员的培养。技术培训的目的是为雇员提供完成其目前工作所必需的技能，而管理能力开发则是一种比较长期的培训，其目的是为组织发展或解决某些组织问题（如部门间沟通不畅）而可能出现的某些未来的工作，开发现在的或将来的管理人员。

（2）培训与开发的时间长短不同。通常情况下，技术和技能的培训在短时间内可以完成，通过培训，员工可以很快上岗。而对管理人员的开发，对员工潜能的开发不是一朝一夕能完成的，需要很长的一段时间，也就是说，与培训所需时间相比，开发的时间较长。

（3）培训阶段性较清晰，开发阶段性较模糊。培训针对员工的技术和技能的培养，即在某个阶段侧重学习某种技术，当员工学会该种技术时，也就意味着培训工作的即将结束。也就是说，培训阶段性较清晰。

与培训相比，开发阶段性较模糊。由于目的的不同，开发侧重于管理能力，相对来说，阶段性比较模糊。

（4）培训的内涵较小，开发的内涵较大。培训的内涵主要是增加知识、提高技能；开发的内涵是建立正确的态度、关注潜能和管理能力。相比之下，开发的内涵较大。只有以建立正确态度为突破口，这样才能激发员工正确又强烈的动机，进而产生积极的、持久的行为，最终引发组织希望的绩效。目前，一些企业在选择培训项目时，往往比较偏重员工知识与技能的提高，有的甚至片面追求证书和学历，这样结果是企业投资不少，但绩效并不理想，这属于投资失误之列。

（三）培训与开发的意义

科学的培训与开发不仅能够满足企业当前的运行需要，更应该着眼于未来，将重点放在组织文化的营造、人才的潜能和创造力的发挥上。充分认识培训与开发的战略意义，能有效地改善培训与开发的实施效果，提高企业绩效。

1. 有助于企业的知识管理，促进员工职业生涯的规划，发挥激励的作用。培训与开发的对象是企业中弹性系数最大的资源——人力资源，人力资源是企业赖以生存和发展的重要资源，它所具有的产权特性，决定了它必须受到有效的激励与约束，才能沉淀于企业并促使企业核心能力的形成；否则，它一旦受损，其所有者可能将其关闭起来，以至于这种人力资源不复存在。好的管理可以使之发挥无尽的创造力，而差的管理则一定会对企业产生负面效应。在强调知识创造财富的知识经济时代，企业员工对自身发展的渴求越来越强烈，新兴的"以人为本"的管理思想更注重员工能力的培养与开发，强调与企业共同进步和成长，不进则退的趋势迫使人们不得不主动追求进步和发展，员工迫切希望通过培训与学习掌握必需的知识和技能，提高自己的综合能力和素质，塑造自我职业竞争力，以在激烈的竞争中取得主动权，而培训与开发可以较好地满足和迎合这种需求，以至于培训与开发被视为人力资源开发的重点与精华，被当作人力资源管理的首要职能。

2. 有助于塑造优秀的企业文化，增强企业的凝聚力。优秀的企业文化是企业素质的重要体现，也是企业在市场竞争中具有特色，展现优势，增强企业感召力的重要内容。通过人力资源培训与开发，可以弘扬企业的理念、传统、行为准则，塑造优良的企业文化，创造良好的企业内部工作环境，增强企业的凝聚力。

3. 培训与开发能促进企业学习。企业学习是由于新知识的产生而导致的个体、群体以及企业层次行为发生变化的过程。通过学习，企业能够不断创新。市场的激烈竞争要求企业在各方面、各层次上不断地创新，人力资源培训与开发使员工不断接受新的理念、知识，从而促进管理、技术、服务的创新。通过学习，企业能适应环境的不断变化。加强人力资源培训与开发，提高员工素质，调整企业的内部结构，提高工作效率，企业才能扬长避短，在变化的环境中生存与发展。

4. 培训与开发有利于创建学习型企业。彼得·圣吉认为，当世界更息息相关、复杂多变时，学习能力也要增强，才能适应变局。未来真正出色的企业将是能够设法使各阶层人员全心投入，并有能力不断学习的组织，唯有创建学习型组织才能应对由于各种竞争压力带来的挑战。在建立学习型组织的五项修炼中——即自我超越、改善心智模式、建立共同愿景、团队学习、系统思考，重点强调学习主体本身。创建学习型组织，是每一个渴求持续发展的企业的追求。但创建学习型组织绝非一朝一夕所能完成，它需要企业进行深层次的变革和不断探索，但其基础是培训与开发，只有通过培训与开发来灌输理念，创造学习环境和氛围，使学习逐步变为员工共同的自觉行为。科学全面的培训与开发，能够改变员工的内心愿望及其目标、报复，使员工对个人和企业的目标抱有积极的态度，开发员工潜能，提高员工学习积极性，从而达到提高员工整体素质和企业整体素质的目的。

二、影响培训与开发的因素

影响员工培训的因素主要有两大类：外部因素和内部因素。

（一）外部因素

外部因素主要从以下四个方面考虑：

1. 政府及政策法规。在任何一个国家内，政府对企业员工培训都有重大影响，例如，有些国家规定企业的员工必须经过某些培训才能上岗，或规定每个员工每年最短培训时间，或规定什么岗位上的员工必须经过某种培训等。

此外，国家和地区的政策法规也会影响到企业的员工培训，例如，劳工法、员工安全条例、少数民族保护法、不得歧视妇女条例、外来人口劳动就业条例、严禁使用童工条例等。

2. 经济发展水平。一般来说，地区经济发展水平的高低与需要培训的多少是成正比的。一个地区的经济发展水平越高，其使用的人力资源要求也较高，往往培训也较多，进而推动其经济发展，成为一种良性循环，而在经济发展水平较低的地区，情况正好相反。这是地区间经济发展水平拉大的一个重要原因。

3. 社会传统。对于企业而言，其所在社会的传统也会对企业的培训与开发产生影响。如果社会传统中存在"学习"的因素，那么企业会更多地注重培训与开发，为企业的持续发展考虑，逐步构建起学习型组织。

4. 科学技术发展水平。一般来说，科学技术发展水平越高，企业员工培训将进行得越多。人们越重视科学技术的作用，人们也越愿意进行培训。

（二）内部因素

1. 企业文化。企业文化在很大程度上会影响企业行为，如果一个企业拥有"学习"的文化，那么，该企业就会重视员工的培训。

2. 企业的前景与战略。一般来说，企业的前景与战略越远大，就越重视员工的培训；反之，一些企业没什么前景与战略，就容易忽视员工的培训。

3. 企业的发展阶段。企业的发展阶段主要可以分为启动期、成长期、成熟期、衰退期，员工培训的内容和数量与企业发展阶段相适应，根据企业发展阶段的变化发生相应的变化。

4. 员工的素质水平。研究表明，企业中员工素质水平越高，越渴望得到培训；员工素质水平越低，就越排斥培训。

5. 管理人员的发展水平。这是影响员工培训最主要的因素。一般来说，管理人员的发展水平与重视员工培训的程度成正比。许多公司的管理人员发展水平较高，他们十分重视员工培训，结果在市场竞争中立于不败之地。

三、培训与开发的类型

（一）按培训与开发的对象划分

按培训与开发的对象划分可分为全员培训、工人操作技术培训、专业技术人员培训、管理人员、领导干部培训等。

（二）按培训与开发同工作的关系划分

按培训与开发同工作的关系划分可分为不脱产培训、脱产培训、半脱产培训。

（三）按培训与开发的内容划分

按培训与开发的内容划分可分为知识培训、技能培训、理念培训、职业道德培训。

（四）按培训单位的不同划分

按培训单位的不同划分可分为企业自己培训、有委托大专院校或社会办学机构培训、企业同大专院校联合办学培训等。

（五）按培训时间的阶段划分

按培训时间的阶段划分可分为职前培训（即就业培训）、在职培训、职外培训等。

第三节 员工培训与开发计划的制定与实施

一、培训计划的基本要素

（一）培训什么

培训什么，即培训内容的确定。培训内容直接决定着培训结果的好坏。一般情况下，在展开培训时，学员都有相应的教材，学员对教材的阅读中，会加深培训的效果。因此，确定教材，在一定程度上就相当于确定培训内容。

一般由培训师确定教材，教材来源主要有 4 种：外面公开出售的教材、企业内部的教材、培训公司开发的教材和培训师编写的教材。一套好的教材应该是围绕目标、简明扼要、图文并茂、引人入胜。

（二）何时培训

何时培训，即培训时间的确定。要考虑是在白天，还是在晚上，工作日还是周末，旺季还是淡季，何时开始，何时结束等。

（三）何处培训

何处培训，即培训地点的确定。培训地点的优劣也会影响到培训的效果。培训地点一般有以下几种：企业内部的会议室、企业外部的会议室、宾馆内的会议室，要根据培训的内容来布置培训场所。

（四）谁来培训

谁来培训，即培训师的确定。要寻找一位合适的培训师不是一件容易的事，企业要培养一位合格的培训师成本很高，而培训师的合适与否直接影响到培训效果。一位优秀的培训师既要有广博的理论知识，又要有丰富的实践经验；既要有扎实的培训技能，又要有吸引人的高尚人格。

（五）如何培训

如何培训，即培训方法的选择。培训方法有很多种，选择什么样的培训方法，主要看哪一种方法最适合想要得到的技能。下面我们将要介绍员工培训的几种方法。

二、培训与开发的方法

（一）讲授法

最为传统的培训方式，主要由培训者讲述知识内容，受训者听讲记忆，中间穿插提问、回答和讨论，达到传授知识、传递信息的目的。优点是运用起来方便，便于培训者控制整个过程；缺点是单向信息传递，反馈效果差，不符合成人经验式学习的特点，灵活性差。常被用于一些概念性知识学习的培训。

（二）视听技术法

通过视听技术（如幻灯片、录像片、投影仪等工具）对学员进行培训。优点是运用视觉与听觉的感知方式，直观鲜明。但学员的反馈与实践差，且制作与购买的成本高，内容易过时。多用于介绍企业市场信息、传授技能等培训内容，也可用于概念性知识学习的培训。

（三）讨论法

依照费用与操作的复杂程度又可分为一般小组讨论与研讨会两种方式。研讨会多以特色演讲为主，中途或会后允许学员与演讲者进行交流沟通。优点是信息可以多向传递，与讲授法相比反馈效果较好，但费用较高。而小组讨论法的特点是信息交流时方式为多向传递，学员的参与性高，费用低。多用于巩固知识，训练学员分析、解决问题的能力与人际交往的能力，但运用时对培训教师的要求较高。

（四）案例研讨法

通过向培训对象提供相关的经营问题或组织问题方面的背景资料，对如何分析信息、如何解决问题、如何进行效果分析等进行培训，使受训者能够运用一些原则和理论方法解决现实问题。这一方式使用费用低，反馈效果好，可有效训练学员分析解决问题的能力。另外，近年的研究结果表明，案例、讨论的方式也可用于知识类的培训，且效果更佳。

（五）角色扮演法

受训者在培训教师设计的工作情景中扮演其中角色，其他学员与培训教师在学员表演后作适当的点评。由于信息传递多向化，反馈效果好、实践性强、费用低，因而多用于人际关系能力的训练。

（六）互动小组法

互动小组法，也称为敏感性训练法。这一方法主要适用于管理人员人际敏感程度的训练。通过让学员在培训活动中的亲身体验来提高他们处理人际关系的能力。其优点是可明显提高人际关系技能，但其效果在很大程度上依赖于培训教师的水平。

（七）观摩范例法

通过组织实地参观考察，运用录像机、幻灯机、投影机、放映机等设备来向员工呈现有关资料、信息，让员工学习经验、发现问题、改进工作。此方法是既经济又实用的方法，但此方法也存在着监督性差的缺陷。

（八）电脑网络培训法

电脑网络培训法是一种借助于计算机网络信息技术的培训方式，投入较大，对学员的监督较弱，但由于使用灵活，符合分散式学习的新趋势，节省学员集中培训的交通与费用，信息传递优势明显，更适合成人学习的特点等因素为实力雄厚的企业所青睐。

三、培训与开发的步骤

（一）培训需求分析

1. 培训需求分析的必要性。组织作为市场竞争的主体，它必须是理性化，以经济人的眼光来看待一切，培训活动的成本无论从费用、时间和精力上来说，都是不低的，培训是要冒一定风险，因此在是否进行培训前需要进行需求分析，根据需求来指导培训方案的制定，要有的放矢，不能单纯地为培训而培训。

2. 培训需求分析的维度。培训需求分析需从多维度来进行，包括组织、工作、个人三个方面。

首先，进行组织分析。组织分析指确定组织范围内的培训需求，以保证培训计划符合组织的整体目标与战略要求。根据组织的运行计划和远景规划，预测本组织未来在技术上及组织结构上可能发生什么变化，了解现有员工的能力并推测未来将需要哪些知识和技能，从而估计出哪些员工需要在哪些方面进行培训，以及这种培训真正见效所需的时间，以推测出培训提前期的长短，不致临渴掘井。

例如，目前公司市场部大规模招聘新员工，作为培训专员就应当配合市场部做好新员工的岗前培训，包括以下几点：

（1）培训目的，为新聘员工提供基本的任职知识和技能而进行的培训，通过培训认定其上岗资格。

（2）培训内容，公司的历史、公司的组织结构、各部门的工作职责和权限、对待顾客和员工的管理理念、公司的产品与服务、对员工的期望、公司的人力资源政策。

（3）组织实施，由公司人力资源部门组织实施。

（4）培训评估，考核合格后上岗。

其次，进行工作分析。工作分析指员工达到理想的工作绩效所必须掌握的技能和能力。

最后，进行个人分析。个人分析是将员工现有的水平与预期未来对员工技能的要求进行比照，发现两者之间是否存在差距。研究工作者本人的工作行为与期望行为标准之间的差异，当工作大于能力时，则需要进行培训，通过提高能力，达到员工的"职务"与"职能"相一致。"职务"和"职能"二者都是变量，当职能提高了，需要开发职务，使两者保持一致；当职务超过了能力，就需要进行培训，开发职能，使两者复归一致。由于培训的对象是员工，能否做好工作取决于诸多因素，培训并不是万能的，而且培训要讲求成本收益，因此，看培训能否促进员工的个人行为发生所期望的转变。如果聘用了技能不符合要求的人或者是恶劣的态度问题等，则不是培训所能解决的问题，不需要培训；若存在的问题培训能够解决时，则进行员工培训，设计具体的培训方案。比如，针对目前公司发展较快，各部门涉及的业务很多，所以要及时了解各部门员工需要提高的业务知识，迅速组织不定期培训，来尽快适应公司发展的需要。

3. 培训需求分析的方法。

（1）问卷调查法。向企业员工发出培训需求问卷，让员工结合企业发展战略对企业应当组织怎样的培训提出建议，让员工结合自己的工作任务提出培训要求，让员工结合自己的个人发展提出培训需求。问卷法是一种非常普遍而又行之有效的方法。这种方法能培养员工关心学习、热爱学习、参与学习的热情，既是培训需求分析方法又是企业文化建设的重要内容，较为有效。

（2）约见面谈法。挑选不同管理层次、不同工作部门的管理人员以及不同工种的操作人员进行面谈，根据面谈了解到的信息以确定公司的整体培训需求。

（3）会议调查法。召开培训需求分析会，让参加会议的人员提出培训需求。

（4）工作表现评估法。根据员工的日常工作表现以确定员工在哪些方面有缺陷，从而有针对性地进行培训以提高这些方面的工作能力。

（二）编制培训计划

1. 建立培训目标。培训目标是培训计划预期的效果，设置培训目标将为培训计划提供明确的方向和遵循的框架。作为组织分析、工作分析和个人分析的结果，管理人员对培训的需求将有一个总体的把握，在这些资料的基础上，能够通过书面的培训目标来描述培训的预期成效。确定了培训目标，把培训目标进行细化，明确化，则转化为各层次的具体目标，目标越具体越具有可操作性，越有利于总体目标的实现。培训目标是培训方案实施的导航灯。有了明确的培训总体目标和各层次的具体目标，对于培训指导者来说，就确定了实施教学计划，积极为实现目的而教学；对于受训者来说，明了学习目的之所在，才能少走弯路，朝着既定的目标而不懈努力，才能达到事半功倍的效果；相反，如果目标不明确，则易造成指导者、受训者偏离培训的期望，造成人力、物力、时间和精力的浪费，提高了培训成本，从而可能导致培训的失败。

一般来说，培训目标有三类：技能的提高、知识的增长及态度的转变，其中，以绩效为中心的目标应用较广，因为它能产生直接的效益。

在确立培训目标时，应注意以下三点：第一，要和组织长远目标相吻合；第二，一次培训的目标不要太多；第三，目标应制订的具体，可操作性强。

检验培训目标是否是一个好的目标，可以用以下三个条件验证：第一，目标中是否有可观测的行为；第二，发生行为的条件；第三，发生行为的检验标准。

2. 编制培训计划。为保证培训工作按时、按质地实施，培训计划应包括培训目标、课程设置、培训方式、培训控制、培训评估等五个方面的内容。

（1）培训目标。培训目标是指通过培训工作所期望取得的成果，这些成果包括个人的、部门的、整个企业所要求达到的培训结果。培训目标是制订培训计划的基础，培训目标决定了培训课程、培训方式等一系列的内容。同时，培训目标又是培训考核和培训评估的依据。所以，培训目标的制定应该准确、细致并具有可测量性。

（2）课程设置。培训课程包括了培训课程的名称、培训的时间、培训地点、培训教员简介、针对培训课程的培训要求等内容。明确的培训要求有利于员工提前对所培训的内容有所准备和有所侧重，有利于提高培训效果。

（3）培训方式。根据培训内容以及培训对象的不同，可采用不同的培训方式。常用的培训方式包括讲授法、小组讨论法、角色扮演法、观摩范例法等。

（4）培训控制。培训控制的目的是为了监视培训活动以保证培训活动按计划进行并纠正培训过程中的偏差。可采用培训签到制、教员评语制等方法。还可在每次培训结束时对员工进行考核，并将考核成绩纳入绩效考评，与员工的待遇挂钩。

（5）培训评估。每次培训工作结束后可通过员工的培训报告、员工的工作表现等对培训工作的效果进行评估，以便在今后的培训中采取更好的培训措施。

（三）实施培训

实施培训是培训工作的核心，它包括了培训工作做什么，培训工作如何做，培训工作由谁来做的问题。

1. 确立培训目的——阐明培训计划完成后，受训人应有的收效。

2. 设计培训计划的大纲及期限——为培训计划提供基本结构和时间阶段的安排。

3. 草拟培训课程表——为受训人提供具体的日程安排，落实到详细的时间安排，即训练周数、日数及时数。

4. 设计学习形式——为受训人完成整个学习计划提供有效的途径，在不同学习阶段采用观察、实习、开会、报告、作业、测验等不同学习形式。

5. 制定控制措施——采用登记、例会汇报、流动检查等控制手段，监督培训计划的进展。

6. 决定评估方法——根据对受训人员的工作表现评估以及命题作业、书面测验、受训人员的培训报告等各方面来综合评价受训人员的培训效果。

（四）评估培训结果

在培训完成后，应对该培训计划进行评价，看计划目标完成得如何。可从四个方面来衡量：评价受训者对培训计划的反应如何，他们对这个培训是否喜欢，是否认为这个培训有价值；对受训者进行测试，确定他们是否学到了预期应学到的原理、技能和事实；了解一下由于这个培训计划受训者工作行为是否发生了预期的变化；最重要的是从实际效果来看是否取得成效，包括绩效的增加等显性效益和团队精神的形成等隐性效益。

第四节 不同种类员工培训

我们将企业员工划分为管理人员与非管理人员两大类，基于这种分类，我们将员工培训分为管理人员培训和非管理人员培训。接下来我们重点介绍管理人员培训。非管理人员培训侧重于技术方面培训，可参照本章第三节中介绍的培训方法，在此节中不再赘述。

一、管理人员培训

在知识经济时代，组织之间的竞争很大程度上是人才的竞争，对于管理人员的培训，不仅可以直接丰富个人知识，增强个人素质，提高技能，为个人的发展创造条件，而且有利于管理队伍的稳定，从而实现组织的目标。因此，从某种程度上来说，对于管理人员的开发，侧重的是开发其潜能，提高他们在计划、组织、领导、控制等方面的管理能力。

（一）工作轮换

工作轮换是指在组织的不同部门或在某一部门内部调动雇员的工作。目的在于让员工积累更多的工作经验。工作轮换有两种具体形式，第一种形式是受训者到不同部门考察工作但不会介入所考察部门的工作；第二种形式是受训者介入不同部门的工作。工作轮换有利于促进雇员对组织不同部门的了解，从而对整个组织的运作形成一个完整的概念；有利于提高雇员的解决问题能力和决策能力，帮助他们选择更合适的工作；有利于部门之间的了解和合作。

（二）训练与实习

训练与实习是管理者在职培训的另一种方法，它是受训者在教练指导下直接在其将担任的工作岗位上工作，它有助于确保组织在重要职位的管理者提升、离职或退休时，有合格的、足够的后备力量来补充。

此外，还可以让受训者研究当前组织存在的问题，参与相关的计划和决策，与经理或董事会的成员一起，对组织进行高层次的全面分析，并制定组织发展的方针等。

（三）初级董事会

让受训者组成"初级董事会"，对公司发展和政策进行分析并提出建议。

（四）案例研究人员

首先，受训者陈述他们的看法，正视不同看法并做出决策，这样将使受训者对导师的依赖程度降到最低限度；再次，在学员各自分析案例、对案例形成自己看法的基础上，进行集体讨论，在讨论过程中，尽量创造适当的戏剧场面来推进案例研究，导师应是一种催化剂和教练；最后，在集体讨论的基础上，形成共识。

（五）管理竞赛

管理竞赛是几组管理人员通过用计算机模拟真实的公司经营，以做出决策并互相竞争的一种开发与培训方法。

在管理竞赛中，受训者被分为若干个不同的"公司"，每个公司都在模拟的市场中与其他公司竞争每个公司设立一个目标，并授予相应的决策权。管理竞赛通常是将两三年间发生的事压缩为几天、几周或几个月。与真实社会一样，每个公司一般看不到其他公司做出了什么决策，尽管这些决策确实影响他们的销售状况。

（六）角色扮演法

从培训的角度来看，角色扮演法是一种帮助个人发展和提高行为技能最有效的培训技术。培训的最终目的应该是行为有效性的改变和提高。通过行为模拟表现可对人做出评价。

对不同的人来说，当要求他们通过行为来表现能力、心理状态和技术素质时会产生极大的差异。而行为表现又是和具体的实践联系在一起的，通过行为来表现对工作的具体操作。角色扮演法恰恰表现出了这一特征。它是通过模拟的情景，要求受训者扮演指定的行为角色，通过对角色扮演者行为表现的评定和反馈，达到培训提高的目的。

二、非管理人员培训（参见第三节"培训与开发的方法"）

思考题：

1. 人力资本理论从产生发展至今，共经历了哪几个阶段？每个阶段各有什么特点？并试举出每个阶段的代表人物。
2. 员工培训与开发的重要意义及其影响因素有哪些？
3. 对管理人员培训，开采用哪几种方法？

案例分析

迪斯尼的分类培训

迪斯尼公司将庞大的员工队伍分成两类：计时员和支持专业人员。计时员靠服装、外形上的新奇和怪异来吸引游客，支持专业人员则成为专职设计者和管理者。这就是迪斯尼公司独有的分类培训方式。

由迪斯尼公司创办于20世纪60年代的迪斯尼大学，专职负责研究和分析员工的需要，并不断设计训练计划来满足员工培训的需求。

他们根据各个营业点面临的不同问题，成立了众多的训练基地。如对待扮演"卡通人"的工作人员，学校会教会他们"这件事不仅仅是在做一项工作，而是在扮演一个角色"。对这类员工的应聘，他们有一套独特的方式：首先要求应聘者作自我评价、自我定位，然后他们把工作的要求和全部的内容，甚至需要穿什么样的服饰统统告知员工，而后才进入面试阶段，再经过评选，最后进入卡通人物的受训阶段。

这些培训的指导教师全部由公司杰出的卡通人物担当，他们除了像往常一样工作外，还要承担给新员工上课的责任。

迪斯尼公司为了让新员工了解公司的历史和待人接物之道，还对他们讲授八小时的新员工指导课；然后让他们了解自己将要担任的角色，并学习和扮演这些角色，使这些新员工具备更加敏锐的市场感觉。

接下来是16~48小时的"配对练习"，在此期间，老员工带着新员工按训练单上所列的项目进行训练，新员工全部掌握后，方可独立接待游客。

公司还制定了"实习办法"作为人力规划手段，包括新员工的密集训练、主管介绍、对各部门高级主管的访谈。

新员工还要参加一项正式的训练课程，以了解公司的策略和节目制作过程，并在6个月内穿着卡通服装接受培训，通过考试后方可结业。迪斯尼公司对储备干部的培训力度大于在职干部，目的在于早期发掘才人。他们之所以下大功夫对初级管理者进行培训，是因为他们一旦晋升到中层，就可以既具备很高的专业技能，又对公司的期望完全了解，有利于今后的训练。

（资料来源：孙书静. 迪斯尼员工的分类培训［J］. 经营与管理，2009（6）：8. ）

结合案例思考：

1. 你会建议对员工进行何种培训与开发活动？
2. 你认为迪斯尼的员工培训有哪些需要改进的地方？

参考文献

［1］冯子标. 人力资本运营论［M］. 北京：经济科学出版社，2000.

［2］廖泉文. 人力资源发展系统［M］. 济南：山东人民出版社，2000.

［3］吴国存. 企业人力资本投资［M］. 北京：经济管理出版社，1999.

［4］西奥多·W. 舒尔茨. 论人力资本投资［M］. 北京：北京经济学院出版社，1992.

［5］祝建军. 人力资本理论发展综述［J］. 湖北财经高等专科学校学报，2006，18（2）：22 - 24.

［6］中国人力资源开发网. http：//www. chinahrd. net/zhi_sk/jt_page. asp？articleID = 42083&CurPage = 1.

［7］贝克尔. 人类行为的经济分析［M］. 上海：上海三联书店，1995.

［8］詹姆士·丁·海克曼. 提升人力资本投资的政策［M］. 上海：复旦大学出版社，2003.

第十一章　人力资源需求方对员工的考核
——绩效评估

招聘回来的员工经过培训上岗工作一段时间后，是否完成了岗位说明书上的任务？这需对员工工作业绩与效果进行评估。

第一节　绩效评估的基本问题

一、绩效评估的含义

（一）绩效

要理解绩效评估，首先我们要理解绩效。学术界对绩效有以下三种观点：

1. 绩效是结果；

2. 绩效是行为；

3. 绩效不再是对历史的反应，而是强调员工潜能与绩效的关系。

不同学者依据自己对绩效的研究和观点，分别提出了对绩效的理解。

绩效应该定义为工作的结果，因为这些工作结果与组织的战略目标、顾客满意感及所投资金的关系最为密切（Bernadin et al.）。

绩效是一个人留下的东西，这种东西与目的相对独立存在（Kane）。

绩效是与一个人工作的组织或组织单元的目标有关的一组行为（Murphy）。

绩效是行为，应该与结果区分开，因为结果会受系统因素的影响（Campbell）。

对绩效的研究不能只关注于对历史的反应，而更应该关注于员工的潜在能力，更加重视素质与高绩效之间的关系（Sherman）。

下面我们分别从管理学、经济学和社会学角度对绩效进行理解。

从管理学的角度看，绩效是组织期望的结果，是组织为实现其目标而展现在不同层面上的有效输出，它包括个人绩效和组织绩效两个方面。组织绩效是建立在个人绩效实现的基础上，但个人绩效的实现并不一定保证组织是有绩效的。如果组织的绩效按一定的逻辑关系被层层分解到每一个工作岗位以及每一个人的时候，只要每一个人都达成了组织的要求，组织的绩效就实现了。但是组织战略的失误可能造成由于个人绩效目标的实现而导致组织的失败。

　　从经济学的角度看，绩效是员工对组织的承诺。一个人进入组织，必须对组织所要求绩效做出承诺，这是进入组织的前提条件。绩效与薪酬是员工和组织之间的对等承诺关系，绩效是员工对组织的承诺，而薪酬是组织对员工所做出的承诺。当员工完成了他对组织的承诺的时候，组织就实现其对员工的承诺。这种对等承诺的关系的本质，体现了等价交换的原则，而等价交换的原则是市场经济的基本运行规则。由此可见，我们对绩效的管理，有着深刻的经济学要求。

　　从社会学的角度上看，绩效意味着每一个社会成员按照社会分工所确定的角色承担他的那一份职责。他的生存权利是由其他人的绩效保证的，而他的绩效又保障其他人的生存权利。因此，出色地完成他的绩效是他作为社会一员的义务。他受惠于社会就必须回馈社会。

（二）绩效评估

　　对于绩效评估，不同的人有不同的定义，从较早期的观点看，有以下几种描述：

　　1. 对组织中成员的贡献进行排序。

　　2. 为客观制定员工的能力、工作状态和适应性，对员工的个性、资质、习惯和态度以及对组织的相对价值进行有组织的、实事求是的考评，它是考评的程序、规范、方法的总和。

　　3. 对员工现任职务状况的出色程度，以及担任更高一级职务的潜力，进行有组织的、定期的并且是尽可能客观的考评。

　　4. 人事管理系统的组成部分，由考核者对被考核者的日常职务行为进行观察、记录，并在事实的基础上，按照一定的目的进行的考评，达到培养、开发和利用组织成员能力的目的。

　　5. 定期考评和考察个人或工作小组工作业绩的一种正式制度。

　　将上述归纳起来看，绩效评估包括三个层面的含义：

　　1. 绩效评估是从企业经营目标出发对员工工作进行考评，并使考评以及考评之后的人力资源待遇管理，推动企业经营目标的实现；

　　2. 绩效评估是人力资源管理系统的组成部分，它运用一套系统的和一贯的制度性规范、程序和方法进行考评；

　　3. 绩效评估是对组织成员在日常工作中所表现的这个能力、态度和业绩，进行以事实为依据的评价。

　　但是，随着世界进入后现代时期，全球经济一体化格局正逐步形成，人们对绩效的问题有了与过去明显不同的看法和观点。现代的观点，已经超越了以上三个层面的意义，赋予绩效新的价值。

　　现代人们对绩效问题的重视程度远远超越以往的原因，在于人力资源具有比过去更大的价值。其原因在于劳动特征已发生了本质的改变。劳动特征和劳动组织特征的不同在左右我们管理的价值取向。

　　如果一个劳动的过程是可见的，劳动的结果是容易评估的时候，控制往往比激励重要；而如果一个劳动的过程是看不见的，劳动的结果不易于评估的时候，激励就比控制更重要。对体力劳动的管理，我们更偏好控制，即标准化作业；而对脑力劳动管理，我们更偏好激励其主动性，即创造性地工作。

　　我们把企业的劳动组织过程划分"输出""输入""输入向输出的转化过程"三个阶段，不同服务对象、不同组织所强调的重点也产生很大区别。如果输出的结果是大量的，产品的特征一定一致化的，因此转化过程必然要求是标准化的，输入也尽量简单化。为了保证输出的一致化和过程的标准化，过程控制是维持效率和质量稳定性的基础。在这种组织的生产系统中，对员工服从性的要求就高于创造性的要求、过程控制重于结果衡量、团队文化优于个人业绩导向、勤奋重于忠诚。如果输出的结果是充分个性化的，其转化过程一定是低标准化的，而且转化的效率和质量直接与员工的素质与主动性和创造性密切相关，同时输入的信息也必然是复杂的。要把复杂的输入转化成为客户个性化的需求，需要创造性的智力活动，因此，激励比控制重要、主动比服从重要、结果比过程重要、能力比勤奋重要。

当我们明白了这个道理，也就理解了传统绩效评估的在现代企业管理中的局限性。现代的绩效评估与管理被赋予更深刻的意义，即从如何提高企业核心竞争力角度进行思考，通过这种系统化的绩效评估和管理与企业的关键能力相连接，确保组织具有不断提升的竞争能力。因此，从 20 世纪 90 年代，关键绩效评估体系（KPIS）、平衡计分卡（Balanced Scorecard）、标杆超越（Benchmarking）等旨在提高企业核心竞争力的系统化评估体系，获得了广泛的应用。

因此，现代的绩效评估与管理是从组织核心竞争力出发，以提高组织的综合能力为目的，通过绩效管理为手段，实现组织与员工的利益共享和双赢。

二、绩效评估、素质测评与考核的区别与联系

（一）绩效评估、素质测评与考核的区别

绩效评估不等于素质测评。素质测评是指测评主体从特定的人力资源管理的目的出发，运用各种测量技术，收集受测评人在主要活动领域中的表征信息，对人的素质进行全面系统地评价，以求对人有客观、全面、深入的了解，从而为人力资源开发和管理提供科学的决策依据。相对绩效评估，素质测评更多的是针对个体心理、性格、个性、特征、兴趣、特长、知识、能力、经验等。两者在管理功能上既有区分又有交叉，在结果使用上相互影响。

绩效评估、素质测评、考核三者之间不能混为一谈。绩效评估、素质测评和考核之间，在考评的某些目的、考评的内容、考评结果的效度和信度、特征、方法、结果显现时间、与现实的相关性、优异结果需要的条件、对考评者的要求以及时效性等多个方面存在区别，详细内容见表 11 - 1。[①]

表 11 - 1　　　　　　　　素质测评与绩效评估和考核的不同点

比较项目	素质测评	绩效评估	考核
考评的某些目的	用于招牌、甄选、岗位录用、优化配置、培训与培训方式选择	用于晋升、奖惩、薪酬、激励等	综合了测评与评估的目的，特别适用于企业的中层管理人员
考评的内容	个体的心理、特征、个性、兴趣、知识、能力、经验、品质等，较难量化	客观的行为结果，完成工作任务的数量、质量、社会效益和经济效益	重态度、重协调能力、重行为过程，较难量化

---

① 廖泉文. 人力资源管理［M］. 北京：高等教育出版社，2003.

续表

比较项目	素质测评	绩效评估	考核
考评结果的效度和信度	信度和效度与个体当时的心情环境有关；与测量的工具和技术有关；与测量的主动者的能力和水平有关；与时间和环境有关	信度和效度通常与行为的结果能否客观度量有关；与考评者的客观性有关	有较强的主观性，考评结果与个体的 EQ 值关系密切
特征	存在于个体内部，具有一定的隐藏性；度量易出偏差；不能反映投入产出的关系	有实际效果；通常可度量；有投入产出的比例关系	较难度量，与投入产出无直接关系
方法	方法很多，有公文筐方法、性向测验、情景模拟法、调查法、面试法、墨迹法、想象法等	方法比较简单，有直接业绩衡量和态度效果的民主考评	多采用360°评估方法
结果显现时间	积累时间很长	当年可以见效益	较难立即见效益
与现时的相关性	与测量当年的努力程度相关性小	与当年努力程度相关性大	态度积累和现实努力并重
优异结果需要的条件	智质、意志力、长期积累、坚韧度	勤勉、方法正确、市场机遇、善于协作	需要各方面的配合，本人的耐心和谦虚
对考评者的要求	能掌握多种测量工具及工具的组合	需要掌握更多客观数据，信息收集渠道要顺畅，评估要公正	对直接领导、部门平级领导和下属的评估有平衡和判断能力
时效性	较长	较短	介于二者之间

（二）绩效评估、素质测评与考核的联系

1. 绩效评估的结果运用在薪酬、奖惩、纪律、辞退、降职等方面；素质测评的结果运用在招聘甄选、录用定岗、职业方向、职业发展、人才流动等方面，这是两者在运用上的差别，但两者结果在转岗、轮岗、培训内容、培训方法、职业高度、晋升等方面都具有参考和决定作用。

2. 考核是对素质、态度、绩效的综合评估，具体关系见图11-1。

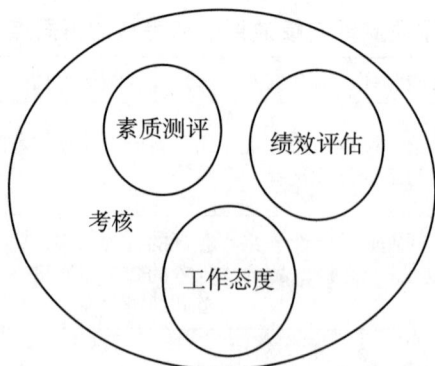

图 11-1 绩效评估、素质测评、考核三者的关系

3. 绩效评估、素质测评和考核，三者之间有相同的终极目标，即为了在能级、适岗程度、潜力大小、适应力、职业发展方向、职业发展高度等方面作出判定和规划，见图 11 – 2。

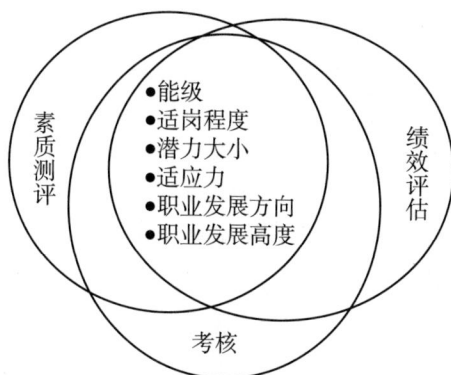

图 11 – 2　绩效评估、素质测评、考核的终极目标

三、绩效评估中存在的问题及对策

（一）绩效评估中存在的问题

1. 管理者对评估的影响

（1）晕轮效应误差。当评价者仅把一个因素看作是最重要的因素，并根据这一因素对员工做出一个好坏的全面评价，便产生了晕轮效应误差。或者说看见被评价者某种特性方面的优异，就断定他其他方面一定也好，一好百好；反之，则一坏百坏，全盘否定。比如，被考评人工作非常积极主动，考评人可能会误以为他的工作业绩也非常优秀，从而给被考评人较高的评价。晕轮效应误差在绩效评价中是很容易出现的。

（2）首因效应。所谓的首因效应也叫优先效应，是指考评者常通过获取的有关被考评者的最初信息来考评他的工作表现是好还是差。之后与最初判断相符合的信息就很容易被接纳了，而相反的信息往往忽略不计了。正因为总是对最初收集的信息给予特别的关注，所以称为优先效应。

如考评者与被考评者初次见面，见其仪表堂堂，声音洪亮，心中的好感就会油然而生，考评过程中最易发现他的成绩，即使有时候有一些小毛病，也会找出理由来替他开脱。相反，如果见其相貌平平，沉默寡言，蔑视之情也就随之而生，考评时则最易发现他的缺点，对于成绩也就不以为然。首因效应同样会给考评工作带来消极的影响，使考评结果不能正确地反映被考评者的真实情况。

（3）近因效应。在考评的实际中，考评者也可能并未仔细留意员工在整个考评期间的工作表现。当考评工作来临时，才开始设法寻找员工以往的一些工作表现，而恰好员工最近的工作表现和工作成绩又非常显著，结果最近的工作表现就有可能占去考评分数的很大比重，这就称为近因效应。

这种偏见往往对一些在 6 个月到 1 年中始终表现很好，而却在最后一周或考评工作开始前两周犯了错误的员工有极为严重的影响。而无论职员还是管理人员都可以通过平时记录所发生的关键事件来减少这种近因效应。虽说做这件事会花费很多时间，但这些档案材料却能确保被考评者整个过程的工作表现都会参与到最后的绩效考评中来，从而保证了绩效考评的公正性。

（4）趋中误差。有时在考评中会出现一种趋势，不是走极端，而是寻求安全；即尽管被考评者的工作表现有所差异，但考评的最终结果都是一样的。这就是所谓的趋中误差。

在公司里，这种现象是很普遍的。经理们总是信奉"枣核理论"——即大部分人的表现都一般化，表现得好和表现得差的人只是少数。在这种思想的指导下，他们做出来的考评结果自然也就"中间大，两头小"了。这样做带来的结果使得大部分人都集中在平均水平，以至于比较不出他们之间的优劣差别，考评也就失去了意义。

（5）相似性错误。在绩效考评的过程中，一些考评人员总是把自己的性格、能力、工作作风等拿来和被考评者对比，凡是与自己相似的人总是不由自主地做出较高的评价；相反，对那些与自己有些格格不入的员工，就会情不自禁地给出较低的评价。这就是所谓的相似性误差。这一误差所隐含的假设前提是他们是员工的"榜样"，这样与其相似的下属就会更有可能具有良好的工作表现。

例如，主管是一个在各方面要求非常严格的人，那么，他会认为那些做事一丝不苟的员工，在各方面的表现都很出色；而那些不拘小节的员工，各考评项目有可能得到较低的评价。

虽然犯这种错误的人大多数都不是故意的，但是，它确实影响到了考评结果的准确性。

（6）盲点误差。考评人由于自己有某种缺点，而无法看出被考评人也有同样的缺点，这就造成了盲点误差。盲点误差的解决方法和自我比较误差的解决方法相同。

（7）完美主义误差。考评人可能是一位完美主义者，他往往放大被考评人的缺点，从而对被考评人进行了较低的评价，造成了完美主义误差。

2. 员工对评估的影响

（1）扭曲性行为。员工希望获得较高的评估等级，当考评人了解到本次考评的结果会与被考评人的薪酬或职务变更有直接的关系，或者惧怕在考评沟通时受到被考评人的责难，尽量去符合员工的希望。

（2）平均性行为。"不患寡而患不均"，如果他人评估等级比自己高，则产生心理不平衡，甚至会有过激的行为。另外，某些工作量化评估比较困难；员工行为受他人薪酬影响大。这些因素极易产生"均等"思想和行为。

3. 情感因素的影响

（1）员工对主管的支持。主管在工作中大量的事情要依靠员工的支持方能完成，时间久了，自然要产生情感；支持多了，也有回报一下的意愿。

（2）历史的因缘。企业在历史中和工作中可能形成非正式组织，非正式组织内成员在评估中存在"相互支持"的倾向。

4. 评估体系本身的障碍

某些指标的设计、量化、权重的分配、考核的方式、结果的运用和反馈等，任何一方面的问题都可能使得考核结果缺乏客观性。例如，在绩效评价中，通常使用的因素如态度、忠诚和品格等都是难以衡量的。另外，这些因素可能与员工的工作业绩没有关系。在评价方法中总会存在着一些主观性，但使用与工作有关的因素能够增加其客观性。

（二）绩效评估中存在问题的应对方法

1. 通过评估面谈加强对评估的管理

（1）评估面谈的意义。

①主管让下属了解评估结果。评估结果必须及时地反馈给下属，给予下属申辩和解释的机会，通过反馈激励或推动员工工作。

②主管与下属一起分析评估结果。通过共同对考评结果进行分析，在主管和下属之间达成对结果的共识。

③主管向下属提出工作建议。评估的目的不是为了结果，而是为了业绩提高。因而评估面谈绝不能仅围绕评估结果，而应该详细分析为什么会出现这种结果，主管应给下属明确、详细的建议。

④下属向主管提出工作的困难。下属应在评估面谈中向主管反馈执行过程中的困难，以得到主管的指导、支持和谅解。

⑤共同提出改进的方案。主管和下属在充分沟通、理解的前提下，共同提高改进方案，提高工作效率和工作质量，以达到评估的最终目的。

（2）影响评估面谈成功的因素。

①让员工参与评估过程。参与会带来满意，会显著提高未来的绩效。

②采用更多的正激励方法。正激励的效果好于负激励。

③面谈前让管理者和员工做好准备，双方准备充分能够加大面谈成功性。

④评估结果应与薪酬紧密相关，及时兑现和支付。

2. 提高评估者的评估技能

（1）熟悉掌握公司采用的绩效评估方法。

（2）认识评估者角色的重要性。

（3）注意克服评估者可能出现的错误倾向。

（4）注意整个评估过程的沟通和协调。

（5）正确使用评估过程中所获得的各种信息。

3. 对评估等级进行强制分布以规避集中倾向

对每一个团队和部门规定合格、不合格和优秀等级的比例，迫使管理者对员工绩效分出差异。虽然在比例分布上可能会有不科学性，但有助于提高绩效评估的相对公平性，因为其符合群体工作行为的正常结果，见图 11-3。

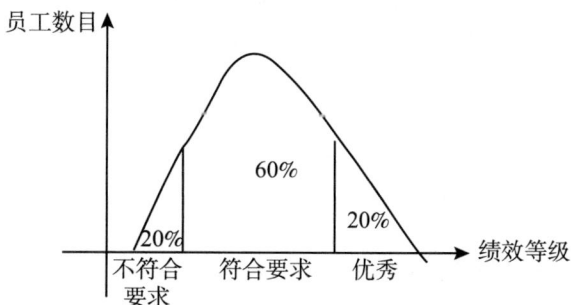

图 11-3　强制分布区间示意

4. 提高评估的刚度或硬度

（1）评估指标尽可能量化，做到可衡量。

（2）对同类岗位员工的评估应由同一个评估小组来完成。

（3）加重反馈环节，通过反馈获得相对更客观准确的结果。

（4）提高评估的准确性、多边性，准确性是执行评估结果的基础。

（5）可考虑使用末位淘汰制提高评估的硬度。

5. 用"潜在合同"补充评估中某些不确定的因素

所谓"潜在合同"就是以一种薪酬默契的方式留住那些潜力大、有发展的新员工（见图 11-4）。因为，一般来讲，员工的薪酬与其评估的等级和年限有明显的正相关关系。一些新员工可能具有很大的潜力，但由于进入公司时间短，不能充分发挥绩效，可能会造成人员流失。

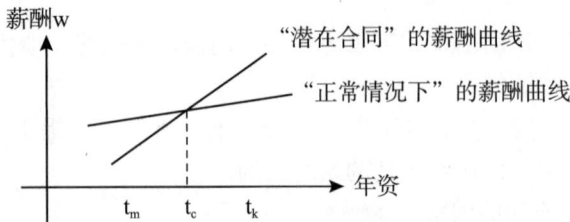

图 11-4   "合同"薪酬和"现实"薪酬

（1）以 t_c 作为交点。

（2）年资低于 t_c 者，"合同"薪酬低于"正常"薪酬。

（3）年资高于 t_c 者，"合同"薪酬高于"正常"薪酬。

（4）随着年资提高，薪酬升高的幅度增大。

（5）拉长"试用期"，使得有价值的员工把眼光放远。

"潜在合同"的双方必须承诺的内容是：

公司方：公司稳定发展，当员工的工龄大于 t_c 时，给予高幅度的薪酬增长。

员工方：工作令人满意；必须有稳定、良好的工作表现；对公司的文化和价值观认同。

第二节   绩效评估的基本方法

人力资源绩效评估方法很多。目前国内外最常用的有评估量表法、行为锚定法、关键事件法、关联矩阵法、平衡计分卡法、标杆超越（Benchmarking）等等。其中关联矩阵法和平衡计分卡法我们将分别在第四节和第五节独立章节专门讨论①，本节仅介绍其他几种常用的方法。

一、评估量表法

（一）强迫选择量表

1. 强迫选择量表简介。强迫选择量表（forced-choice scales，FCS）作为一种评估工具，

---

①   廖泉文. 人力资源管理 [M]. 北京：高等教育出版社，2003.

它要求评估者从以四个行为选择项为一组的众多选择组中分别选择出最能反映与最不能反映被评估者实际情况的两个选择项，而评估者并不知道各选择项的分值，具体的计分结果只有人力资源部的工作人员才清楚。

强迫选择量表基于以下理论假设：

（1）员工才能方面的任何实际差异，都能够以客观的和可观察的行为加以描述。

（2）对员工评估的差异不但能够在行为选项中得到充分的反映，而且能够通过统计结果显示。

（3）员工在工作中表现的极端行为的程度差异在行为选项中得到充分反映，而且能够通过统计结果显示。

（4）虽然选项中每一对工作行为项目被选择的机会是均等的，但是它们所具有的区分能力与分值是不同的。

2. 强迫选择量表法的优点

（1）个人偏好受到控制。评估者被要求选出表中那些最能描述与最不能描述员工真实情况的选项，因为不知道各选择项的分值，不会受到员工外在条件的影响，评估者的个人偏好或偏见性大大减少，保证了评估的客观性。

（2）操作简单。一份比较有效的强迫选择量表一般包括 15~20 组选择项，组数多少取决于员工的工作复杂程度等因素。评估者只需根据自己的观察和了解，在设计好的强迫选择量表中据实打钩或画圈即可，非常易于操作。

3. 强迫选择量表的缺点

（1）评估者难以把握评估结果。由于评估者不清楚各选择项的分值，甚至不知道每组的四个选项中哪两个对员工有利，无法把握在表中的选择对员工的影响，可能会造成一位诚实客观地评估者对被评估者做出有违本意的评估结果。

（2）员工无法在评估中产生自我激励。因为员工不知道强迫选择量表中各个选项的分数差异，甚至不清楚考评的基本导向，就无法对自己的工作表现提供自我强化的反馈，不能达到绩效评估的主要目的——引导员工保持有效工作行为、避免无效工作行为。

4. 强迫选择量表实例

A 公司对总经理进行绩效评估的强迫选择量表中的一组行为选择如表 11-2 所示。

表 11-2　　　　　A 公司对强迫选择量表中的一组选项（总经理）

A. 当年完成年初制定的各项经营指标	□
B. 受到绝大多数员工的好评	□
C. 逃避监事会的监督	□
D. 拒绝向董事会回报公司重大决策	□

其中，前两项描述是良好行为，后两个选项描述的是不良行为，评估者对照每个选项，从中选出与被评估者平时表现最相似与最不相似的两个选项。

（二）行为尺度评定量表

1. 行为尺度评定量表简介

行为尺度评定量表（Behavioral Expectation Scales，BES）是由了解被评估岗位的人员

（例如主管与任职者等），用具体行为特征的描述表示每种行为标准的程度差异。所有评估者依据记录进行考评，如果有员工认为评估的结果不够准确，可由第三方，如人力资源经理，依据日常的考评记录评判评估者给出的分数是否符实。

这里，特别强调以下四点：

（1）大多数评估误差并非评估者的故意歪曲与伪造。事实上，没有一个评估量表能够真正防止误差。

（2）要尽力帮助评估者得到真实的评估结果。

（3）为评估者提供他们能够观察到并能够真实把握的行为评判标准。

（4）保证员工的回答不会被误解，为员工提供检查自己回答的基础。

2. 行为尺度评定量表的优点

（1）提高了绩效评估效果与效率。行为尺度评定量表中的每个尺度标准都用具体行为与评估者自己的专业术语来表述，绩效评估的效果与效率都提高了。

（2）有利于员工的绩效改进。行为尺度评定量表为员工提供其所需的工作改进信息和强化性反馈结果，有利于对员工的激励与绩效辅导。

（3）评估结果有依据。行为尺度评定量表要求评估者系统地记录员工的行为与事件，评估者平时必须认真观察被评估者。这不但提高了评估的有效性，而且可作为解决有关争端与法律纠纷的有效证据。

3. 行为尺度评定量表的缺点

（1）一些具有实际意义的事件可能被舍弃。行为尺度评定量表把工作维度与行为标准划分为几个主要部分，这些尺度标准实际上只包含了所有工作的一部分。

（2）被评估者的行为归属和相应的分组很难判定。即使收集到被评估者所有的代表性行为，并建立相应的事件数据库，但是，行为尺度评定量表显然无法涵盖其尺度标准的所有具体行为，因此在评估过程中，评估者很难将所观察到的行为归属某一个标准维度并对应适合的分值。

（3）评估标准可能缺乏独立性。行为尺度评定量表在事件分类过程中存在着相当程度的主观性，其分类标准可能缺乏独立性，甚至相互交叉重复。

（4）存在评估者判断差异。行为尺度评定量表不仅要求评估者坚持对员工的行为表现进行观察记录，而且要形成"工作日志"，实际上大多数评估者都很难做到这一点。而且，不同评估者对所观察到的同一行为事件的认识也存在本质上的差异。

4. 行为尺度评定量表实例

A 公司对普通工人的工作品质进行评估的行为尺度评定量表如表 11-3 所示。

表 11-3　　　　　A 公司行为尺度评定量表（工人—工作品质维度）

5	工作一直保持超高水平
4	工作几乎永远保证正确、清晰，有错误自动改正
3	大体满意，偶尔有小错误
2	经常犯错误，工作不细心
1	工作懒散，可避免的错误发生频繁
备注：	评估者应先分析"观察笔记"或"工作日志"

（三）行为观察量表

1. 行为观察量表简介。行为观察量表（Behavioral Observation Scales，BOS）是使用统计分析（如因素分析或项目分析）选出评估指标，再据此将建立在事件基础上的行为清单进行汇总，评估者有时只要把那些表示员工具体行为发生频率的数字简单相加就可以了。需要强调的是，为了更好地对员工进行绩效辅导，评估者事前必须清楚地知道员工的工作职责以及应该观察员工的哪些行为。

设计行为观察量表的要点如下：

（1）将内容一致或相似的事件归为一组，形成一个行为指标。

（2）将相似的行为指标归为一组，形成一个评估标准。

（3）检查每个评估标准的内部一致性，对评估标准一致性差的行为项重新分类或改写。

（4）检验行为观察量表各评估标准的相关性，或内容效度。

（5）将行为观察量表各评估标准的每个行为指标划分为五级频率标度。

（6）将行为观察量表的每个行为指标与其他所有行为指标进行相关性分析，排除那些区分度不符合要求的行为指标。

（7）根据行为指标之间的相关程度分析将行为指标分组，形成不同的评估标准，保证评估指标相互独立，而且在此基础上所包含的评估指标数目也最少。

2. 行为观察量表的优点。

（1）使用方便。一方面，行为观察量表来源于员工们所做的系统的工作分析，较高的员工参与度保证了评估指标的明确性、易理解性以及较高的适应性。另一方面，行为观察量表已经列出了员工应被观察的行为，因此评估者只需指出这些行为发生的频率即可。

（2）可单独作为岗位说明书或岗位说明书的补充。行为观察量表明确指出了对给定工作岗位上的员工的行为要求，可以向员工说明他们被期望的行为。

（3）评估者对被评估者能做出较为全面的评估。行为观察量表向评估者与被评估者具体说明了评估的全面和精确内容，要求评估者必须就每一行为项，对被评估者做出评估，而不仅仅是在评估时才回忆或查看所记录的被评估者的适当与不适当行为。

（4）有助于产生清晰明确的反馈。行为观察量表要求评估者有规律地记录那些描述员工行为的事件的代表性样本，并鼓励评估者与被评估者之间就其优缺点进行有意义的讨论，支持对员工在工作中表现出来的具体行为进行公开表扬与鼓励，将清楚明确的反馈与设立具体的目标结合起来，有效地引导员工的正向行为。

（5）评估者偏见减少。行为观察量表的内容效度、分类系统的内部一致性以及指标的内部一致性，通常令人满意。并且，评估者无须对所观察到的员工行为进行推断，而把评估重点放在设计行为清单、评估员工每种行为发生的频率以及因素分析上，这减少了评估者的主观偏见。

（6）评估准确性提高。因为事先已被告知要观察的内容，所以评估者能够把注意力集中于员工的相关行为上。而且，评估者知道在与员工讨论评估结果时需要有效的依据支持，就会努力记住员工的相关行为，并留下相对较详尽、客观的描述性记录。

3. 行为观察量表的缺点。

（1）行为指标可能不全面。在理想状态下，为了满足指导员工工作的需要，行为观察

人力资源管理

量表必须包含所有应该包括进去的行为指标。但在现实条件下，因为人们认知的局限性、投入的有限性以及事物发展的动态性，就不可能完备地考虑到所有需要的相关行为指标。

（2）以同样的标准评估每一行为。行为观察量表中的五级频率标度对每一行为都以同样的标准评估，它并非是比率型标度，根本无法清楚地界定每一行为发生率的标准。同时，行为观察量表在绝大多数情况下没必要列出每一种反面行为，因此它甚至可能并未包括某些特定的重要的反面指标。

4. 行为观察量表实例。A 公司对人力资源经理克服改革阻力的能力进行评估的行为观察量表如表 11 - 4 所示。

表 11 - 4　　A 公司行为观察量表（人力资源经理—克服改革阻力的能力）

克服改革阻力的能力（A）						
a 向下属说明改革的细节 10						
从不	1	2	3	4	5	总是
b 解释改革的必要性						
从不	1	2	3	4	5	总是
c 与员工讨论改革对他们的影响						
从不	1	2	3	4	5	总是
d 倾听员工所关心的问题						
从不	1	2	3	4	5	总是
E 在推动改革的过程中寻求下属的帮助						
从不	1	2	3	4	5	总是
F 如果需要，指定下一次会面的日期，并对员工关心的问题做出答复						
从不	1	2	3	4	5	总是
A 项分数由有关部门设定						

资料来源：加里·P. 莱瑟姆，肯尼斯·N. 韦克斯利. 绩效考评——致力于提高企事业组织的综合实力（第二版）[M]. 北京：中国人民大学出版社，2002：49. 略有改动。

（四）混合型量表

1. 混合型标准量表简介。混合型标准量表（Mixed Standard Scales，MSS）首先对相关绩效维度进行界定，然后分别对每一个维度内部代表优、中、差绩效的内容加以说明，最后在实际评估表格的基础上将这些说明与其他维度中的绩效等级说明混合在一起。混合型标准量表不让评估者知道评估的标准，评估者只需根据员工的实际表现做出优于（+）、等于（=）还是差于（-）行为指标所描述水平的判断，并据此填写评估表格。将按照特定评分标准确定的每位员工在每个绩效维度上的得分加总起来，就得到员工的总体绩效分数。

2. 混合型标准量表的优点。

（1）减少了某些评估误差。评估者不知道混合型标准量表的评估标准，因此，减少了诸如晕轮误差、过宽或过严误差之类的评估误差。

（2）评估者易操作。评估者只需将被评估者的实际工作表现与混合型标准量表中的行为指标描述相对照，作出基本匹配的判断即可。

3. 混合型标准量表的缺点。

（1）主观性较强。混合型标准量表反映评估者对被评估者的主观评估，带有比较强的个人主观色彩，可能难以避免某些评估误差。

（2）评估结果与组织战略的一致性不强。由于评估者只需对混合型标准量表中的指定评估维度作出判断，而这些指定评估维度经常与组织战略的一致性不显著。

4. 混合型标准量表实例。混合型标准量表如表 11 – 5 所示。

表 11 – 5 混合型标准量表

被评价者的三个个性特征：	绩效等级说明
主动性	高
智力水平	中
与他人的关系	低

说明：请在每一项陈述后面指明员工的绩效是高于陈述水平的（填"＋"）、相当于陈述水平的（填"0"），还是低于陈述水平的（填"－"）。

主动性	高	1. 该员工确实是个自发主动动作的人。此人一贯都是积极主动的做事，因此从来不需要上级来督促	+
智力水平	中	2. 尽管此位员工可能不是一个天才，但是他确实比我认识的许多人都更聪明	+
与他人的关系	低	3. 这位员工有与别人发生冲突的倾向	0
主动性	中	4. 虽然总体来说这位员工的工作还是积极主动的，但是偶尔也需要上级对其进行督促才能完成工作	+
智力水平	低	5. 尽管这位员工在理解一些事情的速度方面比某些人慢，并且在学习新东西方面也比别人要花更长的时间，但是他还是具有一般的智力水平	+
与他人的关系	高	6. 这位员工与每个人的关系都很不错，即使是与别人意见相左的时候，他也能够与其他人友好相处	－
主动性	低	7. 这位员工有点坐着等指挥的倾向	+
智力水平	高	8. 这位员工极其聪明，他学东西的速度非常快	0
与他人的关系	中	9. 这位员工与大多数人相处都比较好。只是在极其偶尔的情况下才会在工作中与他人产生冲突，而这些冲突通常是很小的	－

人力资源管理

续表

赋分标准

	陈述			分数
	高	中	低	
	+	+	+	7
	0	+	+	6
	−	+	+	5
	−	0	+	4
	−	−	+	3
	−	−	0	2
	−	−	−	1

根据上述评价等级确定分数的过程举例：

	陈述			分数
	高	中	低	
主动性	+	+	+	7
智力水平	0	+	+	6
与他人的关系	−	−	0	2

资料来源：雷蒙德·A·诺伊等．人力资源管理：赢得竞争优势（第五版）[M]．刘昕译，北京：中国人民大学出版社，2005：377 − 378．

如表 11 − 5 所示，评价者要注明被评价雇员的实际情况是高于（＋）、等于（0）还是低于（−）所描述的水平，并填写评价表格。然后，再根据一个特定的评分标准来确定每一位雇员在每一种绩效维度上的得分。比如说，如果一位雇员在某个绩效维度上所获得的评价都高于表格中所陈述的三种标准，那么他可以获得 7 分。如果一位雇员在某个绩效维度上所获得的评价分别是低于"高"的、相当于"中等"的、高于"低"的，那么他能够得到 4 分。而如果一位雇员在某一绩效维度上所得到的评价低于表格中所陈述的二种标准，那么他就只能得到 1 分。将这种分数运用于所有的绩效维度便可得到雇员的总体绩效分数。

二、行为锚定法

（一）行为锚定法简介

行为锚定法（Behaviorally Anchored Rating Scales，BARS）全称为行为锚定等级评估法。该法是以具体描述的特定工作行为是否确实被成功地完成来确定员工绩效的一种评估方法。

在某种程度上，行为锚定法与前面所提的评估量表法有相似的地方，但重点不是落在绩效的结果上，而是落在员工的职能行为上，其前提假设是员工的职能性行为将产生有效的工作绩效。

行为锚定法的工作步骤为：

（1）确定工作的相关维度。

（2）对每个工作维度编写出行为锚定。

（3）确定每一锚定行为的分值。

（二）工作维度

工作维度是指构成工作任务的范畴。每种工作可能有几个工作维度，每个维度应制定独立的评分量表。表11-6是按工作维度编写的行为锚定量表。

按表11-6中的文字描述对每个员工的行为在特定的"锚"上打钩。锚定量表上的分值可以给评估者一个一览表，评估者根据所查找到的分值与所有的工作维度结合就可得到一个完整的评估。

表11-6　　　　　关于工作计划和编制文件"锚"的等级量表

锚	分值
制定综合的工作计划，编制好文件，获得必要的批准，并将计划分发给所有相关人员	7 优秀 [ ]
计划、沟通并观察重大事件；每星期陈述有关计划的执行情况。编制最新的工作计划完成图及累计待办的工作，采用这些方法使任何要求修改的计划最优化。运行中偶尔会有一些小的操作问题，但能够有效地沟通	6 很好 [ ]
列出每项工作的所有组成部分，对每一部分的工作做出时间安排。努力提早完成计划，以留出富裕时间。满足顾客的时间要求，超时和超支现象很少发生	5 好 [ ]
制定了工作日期，并随工作进展的情况修改日期，经常增加不可预见事件，经常激起顾客的抱怨。可能制定一个不错的计划，但没有记载工作进展的重大事件，也不报告时间安排中的疏漏或者发生的其他问题	4 一般 [ ]
没有很好地制定计划，编制的时间进度表通常是不现实的。不能提前一两天制定计划，对于实际工作的到期日一无所知	3 低于平均水平 [ ]
对将要从事的工作没有计划或安排，对分配的任务不制定计划或者很少做计划	2 很差 [ ]
因为没有计划，且对制定计划漠不关心，所以很少完成工作。由于缺少计划且不查明如何改进，所以常常失败	1 不能接受 [ ]

资料来源：转引自劳埃德·拜厄斯，莱斯利·鲁. 人力资源管理［M］. 李业昆等译，北京：华夏出版社，2002：229. 原文见 Schneier C. E.，Beatty R. W. Developing Behaviorally Anchored Rating Scales（BARS）Personnel Administrator，1979（8），P. 60.

人力资源管理

表 11 – 7　　　　　　　　　　　　　行为锚定法量表样本

维度	锚	分值	
工作量——员工每个工作日的工作量	有非常优异的生产记录	5 [　]	优秀
	很勤奋超额完成	4 [　]	良好
	工作量令人满意	3 [　]	一般
	刚好达到要求	2 [　]	较差
	没有达到最低要求	1 [　]	极差
可信赖程度——只需最少监督就能令人满意完成指定工作的能力	所需的监督是最低限度的	5 [　]	优秀
	需要很少的监督，是可以信赖的	4 [　]	良好
	通常在适当的督促下能完成规定的工作	3 [　]	一般
	有时需要督促	2 [　]	较差
	需要密切监督不可信赖	1 [　]	极差
工作知识——员工为取得满意的工作绩效应该具备的有关工作任务的信息	已经完全掌握所有的工作阶段	5 [　]	优秀
	理解工作的所有的阶段	4 [　]	良好
	对工作任务有一定认识，能回答有关工作的大多数问题	3 [　]	一般
	缺乏工作某些阶段的认识	2 [　]	较差
	对工作任务认识不足	1 [　]	极差
出勤率——每天上班且遵守工作时间的守信性	总是正常及时地出勤，在需要时自愿加班	5 [　]	优秀
	非常及时地出勤，且很正常	4 [　]	良好
	经常出勤且准时	3 [　]	一般
	出勤散漫，有时工作准时，或两者兼而有之	2 [　]	较差
	经常缺勤且没有充分的理由，或者经常迟到，或兼而有之	1 [　]	极差
准确性——履行工作责任的正确	所需监督是最低限度的，几乎总是准确的	5 [　]	优秀
	很少需要监督大多数时候是正确、准确的	4 [　]	良好
	通常准确，只犯平均数量的错误	3 [　]	一般
	粗心，经常犯错误	2 [　]	较差
	屡屡犯错误	1 [　]	极差

（三）行为锚定法的优缺点

1. 行为锚定法的优点。

（1）工作承担者直接参与了绩效评估，参与了管理，有更多的民主性，便于为大家所接受。

（2）行为锚定是根据观察和经验获得的，具有可操作性。

（3）能准确地为员工提供评估反馈。

2. 行为锚定法的缺点。

（1）行为锚定的文字描述耗时多，同时会动用较多的人力和物力。

（2）每一不同的工作都必须有不同的表格，不便于评估的管理。

（3）经验性的描述有时易出现偏差。

三、关键事件法

（一）关键事件法简介

关键事件法（Critical Incident Technique，CIT）是指通过对员工在工作中极为成功或极为失败的事件的观察和分析，来判定该员工在类似事件或在介于关键事件与非关键事件之间可能的行为和表现。关键事件法经常被用来甄别管理者的绩效高度和可能获取的晋升机会。

关键事件法是以书面记录作为评估基础的，被记录的事件既是评估的依据，同时也是向员工反馈的重要内容和向员工提供培训和指导的基础。

人们在工作过程中，常会遇到一些偶发事件、典型事件和重大事件，对这些事件的行为及行为结果的记录是评估员工的很有价值的资料和依据。

（二）关键事件法的优缺点

1. 关键事件法的优点。

（1）对关键事件的行为观察客观、准确。

（2）能够为更深层的能力判断提供客观的依据。

（3）对未来行为具有一种预测的效果。

2. 关键事件法的缺点。

（1）记录关键事件工作耗时耗力。

（2）对关键事件的定义不明确，不同的人有不同的理解。

（3）容易引起员工与管理者（或记录事件的人）之间的摩擦。

（三）实例分析

美国通用汽车公司在 1955 年运用了"关键事件记录法"对员工的绩效进行考评。通用汽车公司首先成立了一个委员会，专门领导这项工作。

该委员会根据公司的实际情况，制定了以下的考评项目："体质条件""身体协调性""算术运算能力""了解和维护机械设备的情况""生产率""与他人相处的能力""协作性""工作积极性""理解力"等。

然后，要求工厂的一线领班，根据下列要求，对各自部下的最近工作行为的关键事件进行描述：

（1）事实发生前的背景；

（2）发生时的环境：

（3）行为的有效或无效事实：

（4）事实后果受员工个人控制的程度。

例如，一位领班对他的一个下属的工作"协作性"是这样记录的：

有效行为：虽然今天不是约翰加班，但他还是主动留下加班到深夜，协助其他同事完成了一份计划书，使公司在第二天能顺利地与客户签订合同。

无效行为：总经理今天来视察，约翰为了表现自己，当众指出了杰克和麦克的错误，致使同事之间关系紧张。

通用汽车公司采用了"关键事件记录考评法"后，出现了令人吃惊的结果：员工的有效行为越来越多，公司的效益也直线上升。正如委员会主任——人力资源部部长所称，"大多数员工并不愿意做错事，如果领班能不厌其烦地指出员工的不足之处，他们会设法纠正"。

四、360°绩效评估

（一）360°绩效评估简介

360°绩效评估法（360 degree Performance Appraisal）又称多方评估者评估法，是对一般和中层管理人员评估考核使用得最多的一种方法。它包括直接上级、间接上级、同事、下属、客户和自己的评估，评估的指标可以从三个方面来设计：努力程度、工作态度、行为结果。每一个大的指标可以下设几个小指标，如工作态度可以包括任务完成的速度、工作质量、对下属的亲和力、同事的认可度等，这样就构成一个指标体系。

在360°评估中，不同评估者都从各自的工作角度，考察和评定被评估者，因而评估的结果反映了员工在不同场景、不同方面的行为特征和业绩，综合这些评估结果能够对员工进行较全面、客观的评价，见图11-5。同时，不同角度的评估结果也在一定程度上反映了评估者的利益取向和性格特征。

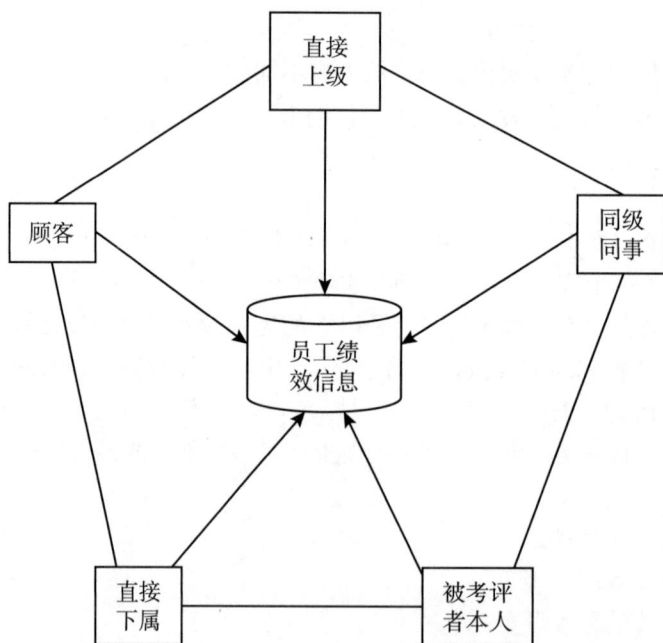

图 11-5 360 度绩效评价方法

在 360°评估法中应对自我评估给予较高的重视，自我评估的结果高于或低于总评估结果，高于或低于其他角度的评估结果，对企业均有重要参考价值。如果自我评估的结果高于总评估结果，该员工属于自信心强或对个人评估较高的人；如果自我评估的结果低于总评估结果，说明该员工属于自信心较弱或比较谦虚的人。

（二）360°绩效评估的优缺点

表 11 - 8 列出了一组有关 360 度评估的争论。尽管 360 度评估既可以为发展的用途服务，也可以为管理的用途服务，但多数企业在开始使用时往往只作为管理的需要。在评估过程中，员工可能会担心别人评估的机会联合对付他，而这种担心是可以理解的。

但如果企业在开始使用时只是为了发展的需要（与报酬、晋升等并无关联），那么，员工会逐渐习惯这种方式并认真参与评估。

表 11 - 8　　　　　　　　　　　有关 360 度评估的争论

支持

- 由于信息是从多方面收集的，因此这种方法比较全面；
- 信息的质量比较好（回答的质量比数量重要）；
- 由于这种方法更重视内部/外部客户和工作小组这些因素，因此它使全面质量管理得以改进；
- 由于信息反馈来自多人而不是单个人，因此减少了存在偏见的可能；
- 来自同事和其他方面的反馈信息有助于员工自我发展

反对

- 综合各方面信息增加了系统的复杂性；
- 如要员工感到与评估人是联合起来对付他，参与评估人可能受到胁迫，而且会产生怨恨；
- 有可能产生相互冲突的评价，尽管各种评价在其各自的立场是正确的；
- 需要经过培训才能使系统有效工作；
- 员工会做出不正确的评估，为了串通或仅仅是对系统开个玩笑

尽管在 360 度评估的应用和使用范围还存在这样那样的争论，但与传统绩效考核工具相比，它具有的以下这样一些优势，了解他们有助于我们正确选择评估工具。

1. 比较公平公正。单纯由直线经理对下属进行评估可能会有两个弊端：其一，滥用权力，打击报复"异己分子"或有意拔高"溜须拍马者"；其二，主观性强，虽然直线经理对员工任务完成情况的判断较准确，但对其他方面的判断就不一定准确，而且容易出现晕轮效应。而在 360 度绩效考评中，评估团成员通过听取被考核人的陈述，再结合各自对被考核人多侧面的了解和认识给予评价，就可弥补单纯由直线经理进行考评的不足。例如，同级员工对被考核人完成任务的过程可能比直线经理掌握得更准确，其他部门经理或职能经理则在与被考核人的交叉合作过程中拥有特殊的体会，能做出独特的评价。因此，评价得到的加权平均值使我们从统计学的角度相信它是减少了个人主观因素的比较客观的结果，是对员工自身特点拟合度更高更可信的数据。实施 360 度绩效考评，从程序上看，被考核者不仅有同样的机会自述，而且有同等的权利评价他人，员工参与性高，感觉好。

2. 加强了部门之间的沟通。360 度绩效评估程序包含直线主管介绍员工岗位职责和员工自他部门工作的内容、特点、职责、成绩和困难，以及为克服这些困难员工所付出的努力，

因此这种方式增进了整个企业内员工的相互了解，促进了员工在以后的工作中能从对方的角度出发考虑问题，化解矛盾，相互配合。

3. 人事部门据此开展工作较容易。从 360 度绩效评估中获得的较客观公正的评价结果，使人事部门依据它实行的奖惩措施较易推行，如采用 360 度发放年终奖的做法就获得了大多数员工的支持，领导也较满意。

4. 提供分析的信息量大，管理者可从中获取较多的第一手资料。

同时，我们也要注意到 360°绩效评估法也存在一些缺点。例如，由于参与面大，每个个体均带有主观性；绩效评估的偏差有时源于个人的某些不合群的癖好；有时会出现小团体主义倾向，使评估失之公正等。

（三）实例分析

采用 360 度评估来提取员工绩效信息，由于参与评估的主体较单一评估主体更为复杂，因此需要采取相应的措施来保证评估信息的质量。例如，当英特尔公司建立了 360 度评估体系后，它还建立了以下保障措施以使评估信息的质量达到最优和可接受程度达到最大。

（1）确保匿名。确保员工不会知道其他任何人对他的评价（不包括上司）。

（2）使信息反馈者富有责任感。上司应该与每个参与评估的人员进行讨论，让每个人知道他是否正确使用了评估标准、他是否做出了可靠评估以及其他人是如何参与评估的。

（3）防止对系统"开玩笑"。有些人试图通过给谩骂分或低分来帮助或伤害某个员工。小组成员有可能串通一气统一打高分。上司应该查出这些明显的"作弊"行为。

（4）使用统计程序。使用加权平均未能或其他数量方法来综合评估。上司应该慎用主观的方法，因为这有可能对系统成破坏。

（5）辨认和鉴别偏见。如检查是否存在年龄、性别、种族或其他方面的偏见。

美国 GE 公司研发中心 360 度考核见表 11 - 9。

表 11 - 9　　　　　　　　GE 公司研发中心 360 度考核表

项目	考核评定标准	上级	同级	下属	其他
工作目标	*清楚简单地使他人理解公司研发中心的工作目标；使他人清楚地了解组织的方向 *激励他人致力于完成公司研发中心的工作目标；以身作则 *想得远，看得广，向想象挑战 *如果必要，需完善公司的工作目标以反映不断加剧的变化影响着公司的业务				
主人翁精神	*在公司的所有活动中加强公司的使命感及战略紧迫性；用积极的态度使他人了解公司碰到的挑战 *用专业技能有效影响公司及研发中心的行为和业务决策，无论成败敢于承担责任				
以顾客为中心	*听顾客发表意见，把令顾客满意作为工作的最先考虑，包括令公司内部的顾客满意 *通过跨功能、多元化的意识展示对业务的全面掌握和认识 *打破壁垒，发展业务之间、功能之间、团队之间的相互影响的关系 *做出的决策要反映公司的全球观及顾客观 *将速度作为一种竞争优势				

续表

项目	考核评定标准	上级	同级	下属	其他
责任心	*坚持公司道德的最高标准；服从并宣传 GE 及公司研发中心的所有政策——"做正确的事情"				
廉洁正直	*言行一致，受到他人的完全信任 *实现对供应商、顾客、管理层和雇员的承诺 *表现自己坚持信仰、思想及合作的勇气和信心，表现自己对防止环境受到危害有不可推卸的责任				
鼓励最佳表现	*憎恨/避免"官僚"，并努力实现简明扼要 *不断寻求新方法改进工作环境、方式和程序 *努力改进自己的弱项，为自己的错误勇于承担责任 *为最佳表现确定富有挑战性的标准和期望；承认并奖励取得的成就 *充分发挥来自不同文化、种族、性别的团队成员的积极性				
刺激变化	*创造真正的积极变化，把变化看作是机遇 *积极质疑现状，提倡明智的试验和冒险				
团队工作	*迅速实施加以改进的好的工作方法 *提倡发表不同看法，因为这些看法对积极变化非常重要 *发挥既是一名团队领导，又是一名团队成员的积极作用 *尊重团队成员的才智和贡献；创造一种人人可以参与的环境 *将团队的目标和组织与其他团队的目标联系起来 *热情支持团队，即使团队处于困境当中，对团队的错误承担责任 *解决问题时不疏远团队成员				
自信	*承认自己的力量和局限，从团队成员那里寻求坦率的反馈 *境况不佳时也能保持性情不变 *公开诚实地和大家一起探讨问题，超越传统的边界分享信息，易于接受新思想				
沟通	*向团队成员和供应商解释 GE 和研发中心的工作目标及挑战 *本着公开、坦率、清晰、全面及持续的态度进行沟通——欢迎不同意见 *和大家一起探讨开展一个项目，计划或程序的最佳做法 *积极倾听；对团队成员作为人显示真正的兴趣				
授权	*敢于将重要任务交给下属去做，而不是只让下属做不喜欢做的事 *给下属与责任相匹配的权利，并给他们完成工作必需的资源保证 *促进下属和同事独立发展的能力；恰当的时候应将功劳归于他们 *充分利用团队成员（文化，种族，性别）的多样性来取得成功				
发展技能	*使工作/任务利于雇员的个人发展与成长；和团队成员一起分享知识和专业技能 *确定富有挑战性的目标以促进提高现有水平，开发新技能 *给下属的表现和职业发展不断提供坦率的教导和信息反馈；并用书面形式记载结果 *尊重每个人的尊严，信任每个人				

五、标杆超越法

标杆超越是国外 20 世纪 80 年代发展起来的一种新型经营管理方法，将标杆超越的思想运用于绩效考核体系的设计也已有众多成功的先例。最早应用标杆超越法的是美国施乐公司。20 世纪 70 年代末期，施乐公司在复印机市场上失去其领导地位，于是在 1979 年施乐公司开始对其制造成本进行调查，发现其竞争对手是以施乐公司的制造成本为售价，故开始针对制造活动进行产品质量及特性的改进计划，实施标杆超越。对制造活动采用标杆超越法成功以后，施乐公司逐步将标杆超越的方法运用于各企业单位、供应商及产品研究方面，此举使施乐公司在小型复印机市场上居于优势地位。

所谓标杆超越法，我们可以这样来描述它：不断寻找和研究业内外一流的、有名望的企业的最佳实践，以此为标杆，将本企业的产品、服务和管理等方面的实际情况与这些标杆进行定量化评价和比较，分析这些标杆企业的效率达到优秀水平的原因，结合自身实际加以创造性地学习、借鉴并选取改进的最优策略，从而赶超一流企业或创造高绩效的不断循环提高的过程。标杆超越法在我国还有标杆法、水平对比法、基准评价法、标杆管理法、基准化等多种译名。Benchmark 一词原意是测量学中的"水准基点"，在此引申为在某一方面的"行事最佳者"或"同业之最"，简单说来，Benchmark 就是标杆、基准的意思，也就是企业所要学习和超越的榜样。而 Benchmarking 就是在组织中不断学习、变革与应用这种最佳标杆的过程。

根据定义，我们可以将标杆超越分解为以下几个内容：

1. 标杆超越中的标杆是指最佳实践或最优标准，其核心是向业内外的最优企业学习，也就是说，企业将自身的产品、服务、经营管理、运作方式与最好的企业比较，找出自身差距，创造性地改进和优化企业实践，达到增强竞争力的目的。

2. 标杆超越是在全行业甚至更广阔的全球视野上寻找基准。要突破企业的职能分工界限和企业性质与行业局限，重视实际经验，强调具体的环节、界面和流程。

3. 该方法是一种直接的、片段式的、渐进的管理方法。因为企业的业务、流程、环节都可以解剖、分解和细化。企业可以寻找整体最佳实践作为标杆来比较，也可以仅仅发掘优秀"片段"作为标杆来比较，使企业可供选择的视野更加开阔。同时这种方法所具有的渐进性可使企业从初级到高级，分阶段确立不同的标杆，循序渐进地进行绩效改善。

4. 注重比较和衡量。标杆超越的过程自始至终贯穿着比较和衡量。无论是产品、服务和经营管理方式的比较，还是制造操作、研究开发和营销技术等的比较；无论是本企业与目标公司的差距衡量，还是最终效果的衡量，对于标杆超越是否能取得成功都是极其重要的。

以标杆超越为基础设计绩效考核体系，是一个不断提升的系统。企业在设计绩效考核体系时，如何设计反映企业战略发展要求的绩效考核体系是决定整个评估体系是否能支撑组织高绩效的关键。标杆超越法为企业设计绩效指标体系提供了一个以外部导向为基础的全新思路。基于标杆超越的绩效考核体系设计就是企业将自身的关键业绩行为与最强的竞争企业或那些在行业中领先的、最有名望的企业的关键业绩行为作为基准进行评价与比较，分析这些基准企业的绩效形成原因，并在此基础上确定企业可持续发展的关键业绩标准及绩效改进的最优策略。

第三节　企业经营者的业绩评估[①]

对企业经营者的业绩评估即可以指对企业经营者个人的评估，也可以指对企业经营班子的评估。企业经营者的业绩评估不同于一般的员工个体评估，它更多的是倾向于企业整体的业绩评估。因此，在绩效评估方法上与一般员工的个体评估是存在区别的。

一、企业经营者的业绩评估的理论依据

（一）委托代理理论

委托代理理论是过去 30 多年里契约理论最重要的发展之一。它是 20 世纪 60 年代末 70 年代初一些经济学家深入研究企业内部信息不对称和激励问题发展起来的。委托代理理论的中心任务是研究在利益相冲突和信息不对称的环境下，委托人如何设计最优契约激励代理人。

委托代理理论的主要观点认为：委托代理关系是随着生产力大发展和规模化大生产的出现而产生的。其原因一方面是生产力发展使得分工进一步细化，权利的所有者由于知识、能力和精力的原因不能行使所有的权利了；另一方面专业化分工产生了一大批具有专业知识的代理人，他们有精力、有能力代理行使好被委托的权利。但在委托代理的关系当中，由于委托人与代理人的效用函数不一样，委托人追求的是自己的财富更大，而代理人追求自己的工资津贴收入、奢侈消费和闲暇时间最大化，这必然导致两者的利益冲突。在没有有效的制度安排下代理人的行为很可能最终损害委托人的利益。

由于这种利己行为和信息的不对称，必然出现"道德风险"和"逆向选择"。因此，问题的关键就是，委托人设计一套激励意义的合约，以控制代理人的败德行为和逆向选择，从而增大代理效果和减少代理费用。经营者的业绩评估就是源于这样一种激励约束机制而产生的。

现代企业的基本特征是所有权和经营权分离，经营者在一定程度上掌控着企业，经营者和所有者之间是一种委托代理关系，因此其具有两个基本特征。首先，委托代理关系是一种利益关系，它体现了经营者和所有者之间利益的均衡；其次，委托代理关系是一种契约关系，双方的权利和义务是通过契约严格规定的，但由于信息不对称、有限理性等原因，契约具有不完备性。

（二）博弈理论

博弈论又称对策论，是有关决策主体行为发生直接相互作用的时候的决策以及对这种决策的均衡问题研究的一种理论。它所研究的是人们的决策选择以及相应的均衡问题。

在委托代理关系中，委托人和代理人之间实际上就是一种博弈关系，委托人和代理人之

[①]　廖泉文. 人力资源管理［M］. 北京：高等教育出版社，2003.

间的业绩评估体系的确定也同样是一种博弈关系，并且这种博弈通常是多次博弈。由于委托人与代理人目标函数不同，信息不对称、成本效益原则的制约，经营者业绩评估体系不可能毫无缺陷，而且双方都会利用这些缺陷来争取自己的利益，由此产生博弈。博弈的结果就是业绩评估体系的选定。

从博弈的过程来看，在选择业绩评估体系时，关键利益相关者关心的是企业的长期发展。由于与经营者的目标函数不同，他们尤其关注经营者的努力程度，倾向于选用不容易被代理人操纵的方法。但这种方法却包含了一些不可控的因素，并可能导致风险转嫁问题的出现，即委托人通过不可控因素将一部分风险转嫁到代理人身上。但这可能会削弱代理人努力的动机，从而使得公司治理的激励约束机制无效。对于代理人来说，倾向于选择排除不可控因素且可控性强的业绩评估体系，偏好稳定且能尽快实现的报酬。但这不符合委托人的利益，容易被代理人所操纵，诱发短期行为。这样，业绩评估体系的选择要同时满足委托人和代理人的双方的利益要求，是经过双方多次博弈，悬着在客观条件约束下最能够促进双方激励相容的业绩评估体系。

（三）公司治理理论

公司治理分为狭义的公司治理和广义的公司治理。

狭义的公司治理，是指所有者、主要是股东对经营者的一种监督于制衡机制。即通过一种制度安排，来合理配置所有者与经营者之间的权利与责任关系。公司治理的目标是保证股东利益的最大化，防止经营者对所有者利益的背离。主要特点是通过股东会、董事会、监事会及管理层所构成的公司治理结构的内部治理。

广义的公司治理则不限于股东对经营者的制衡，而是涉及广泛的利害相关者，包括股东、债权人、供应商、雇员、政府和社区等与公司有利害关系的集团。公司治理是通过一套包括正式或非正式的制度来协调公司与所有利害相关者之间的利益关系，以保证公司决策的科学化，从而最终维护公司各方面的利益。

要正确区分和理解公司治理和公司管理的异同。公司管理就是运营公司，而公司治理则是确保这种运营处于正确的轨道之上。公司治理和公司管理的关系形象的比喻为一个硬币的两面。

公司治理是董事会、用来监督管理层的过程、结构和联系；规定了企业运作的整个基本网络框架，是企业各利益相关主体之间的责权利划分，以及采取什么样的手段实现相互制衡；是企业创造财富的基础和保障；是责权利制度的安排；是财富的起点和分配。

公司管理是管理人员确定目标以及实现目标所采取的行动；在其框架下驾驶企业奔向目标；是企业目标的实现方式；是在既定的治理模式下企业为实现企业的目标而采取的行动；是财富创造及其动力源泉。

二、企业经营者的业绩评估的主体

评估主体是指与评估利益密切相关、具有经营者业绩评估权利与动力，并在实际契约安排中可以对评估体系产生一定影响的企业利益相关者。企业经营者业绩评估主体问题主要是指经营者业绩评估的权利应该授予谁，契约如何安排才能保证评估效率从而使企业效率达到最优。对于评价主体有两种观点：

1. 单一主体观。单一主体观认为企业是出资人的企业，出资人是真正意义上的企业所有者。因此，企业经营管理者业绩评价主体就是出资人。在两权分离的现代企业组织中，评估主体即为承担出资人责任的股东。单一主体观的目的是为了实现出资人收益的最大化。

2. 多元主体观。多元主体观认为企业的资源提供者除了出资人以外，还包括企业员工、债权人、政府等相关利益者。企业是一系列契约的组合体。在这组契约之下，各种资源的所有者将他们拥有的资源交给企业经营者来控制。企业业绩的好坏在不同程度上都会影响利益相关者的权益。因此，业绩评估的主体应是以出资人为主体的利益相关群体，多元主体观的目的是在利益相关者利益均衡下实现企业价值最大化。

三、企业经营者的业绩评估指标的选取

（一）单一指标

1. 基于会计基础的单一指标。用单一指标进行业绩评估，是指采用某个具有较高综合性的关键指标来衡量经营者业绩。在给予会计基础的单一指标中，较为常用的代表性指标有利润、投资报酬率两种。利润指标是一种绝对数指标，具体可分为净利润、利润总额、息税前利润等类型。采用何种利润指标主要取决于经营者的权利范围，如在经营者无融资权时可采用息税前利润指标，以剔除利息费用作为不可控因素对经营者业绩的影响。投资报酬率是在利润指标基础上发展起来的相对指标，与利润指标比较而言，它能更好地反映利润的获取成本，也更有利于不同规模企业之间的经营者业绩比较。

因为给予会计基础的单一性指标综合性高，信息传递讯号强，指标的可理解性好，所以使用率也较高。但采用该类指标进行经营者业绩评估时，必须综合考虑以下因素：

（1）会计信息的有效程度。因为指标由内部会计信息系统生成，容易受会计政策的影响，在信息非对称情况下，易受经营者操纵而使指标的准确性受损。特别是在目前会计系统是以历史成本和权责发生制为基础的条件下，会计数据往往难以反映企业的真实价值，加上利润操纵问题，往往使以此为依据进行的业绩评估有失公允。

（2）经营者对企业业绩的可控程度。单一指标一般只适用于经营者具有较大经营决策权的情况。只有在经营者对经营成果具有较高可控性时，其责任才能与企业整体业绩相匹配，才适于采用综合性较高的关键指标来衡量经营者业绩，引导经营者实现企业价值目标。

（3）内部约束机制的有效程度。非对称信息条件下，单一的会计指标容易导致经营者的机会主义行为，诱发经营者做出有损公司长远利益的短期行为；而且，会计监控机制薄弱也将增加经营者利润操纵的可能性。

（4）利益相关者对公司的重要程度。单一指标较适用于出资人利益至上的公司治理环境，因为在这种契约安排下，公司治理目标的评估通常表现较为单一，这使得公司采用一个最终的、综合程度高的指标来检验经营者的能力与努力才能成为可能。

2. 基于市场基础的单一指标。基于市场的单一指标主要有股票价格和每股收益两种。利用单一市场指标可直接反映公司在市场中的业绩表现，而且作为外部市场取数指标，该类指标客观性强，不易受经营者操纵，同时因其具有较好的一致性特征，不仅能满足关键利益

人力资源管理

相关者对公司长期利益的关注，也有利于实现委托人与经营者的激励相容。但该类指标使用的有效性取决于以下因素：

（1）资本市场的有效程度。在强式或半强式有效的资本市场前提下，公司的内部信息能立刻为股东获悉并反映在股价变化上。但现实中大多数地区的资本市场只处于弱式有效甚至无效状态，这就使得经营者对市场业绩表现的不可控因素增强，经营风险加大。

（2）报酬计划的有效程度。资本市场的不可控因素使经营者经营风险加大。根据委托—代理理论，委托人与经营者目标函数不同，经营者不享有剩余收益权，是风险规避者，不愿将不可控风险与报酬计划挂钩而偏好稳定性薪酬，因此，为了激励经营者实现关键利益相关者所关注的公司长期发展目标，就必须在报酬计划中体现经营者的风险收益权，以补偿不可控因素给经营者带来的额外风险。

3. 综合市场基础与会计基础的单一指标——EVA。Stern & Stewart 咨询公司 1993 年所开发的 EVA 评估法综合考虑了会计指标与市场指标两者的利弊。EVA 评估法是一种以市场为基础、以相应"奖金银行"计划为激励保障、面向战略的财务业绩评估方法。

（1）关键利益相关者必须突显为股东。EVA 实施的前提假设是以企业价值或股东价值最大化为企业目标，表现为最大化企业市场价值与所有者投入之间的差额，该差值即市场价值增值（MVA）。EVA 评估方法正是将 EVA 作为 MVA 的逐年变动额，作为 MVA 的最佳实现途径而导入的，它追求的是股东财富最大化的目标。

（2）强式或半强式有效资本市场。从结果看，EVA 必须以市场作为业绩的最终裁决者；从 EVA 的管理过程看，EVA 指标的有效性基于资本成本计算的有效性，而只有在资本市场稳定的前提下，经营者才对资本成本具有较高可控性。

（3）有效的分权机制与合理的内部管理流程。实施 EVA 要求企业有较为先进的管理体制与明确的业务流程，而且必须有一个有效的分权——授权机制。因此，对于处于初创、发展或衰退期的企业而言，EVA 无法较好的体现公司的战略要求。

（4）有效的内部激励机制。建立和实施正确的激励制度，是落实 EVA 最为关键的制度保障。实施 EVA 必须将企业各级经历转变为"准所有者"，以使经理承担与股东同样的风险，与股东具有相同的所有权理念。这就必须有一个具有强激励与约束作用的报酬机制。

（二）综合指标体系

采用综合指标的目的在于，通过一系列指标的采用，使指标之间相互配合，以更好地协调经营者与企业战略、企业经营目标之间的关系。

（1）公司治理结构中存在多个关键利益相关者主体。除股东外，企业员工、债权人、政府在公司治理结构中也占有重要位置，能对经营者行为产生较大影响。设置综合指标体系的主要目的就在于通过不同指标的搭配与牵制来促进不同利益主体之间的利益均衡。

（2）单一指标噪音较大。在单一指标噪音过大从而不能满足业绩评估要求时，可以借助指标之间的相互影响来减少噪音。

（3）经营者拥有相对较弱的决策权。评估主体可通过综合指标体系设计尤其是非财务指标的设计来参与或影响企业战略性决策，体现他们对企业经营目标与长远发展的要求。

（4）较为完善的内部管理系统。非财务指标具有难以计量、信息收集成本较高的特点，因此实施上述综合评估体系的公司必须具有较为完善的内部管理与控制系统，尤其是要具备良好的信息系统。

四、企业经营者的业绩评估的现状与对策

（一）企业经营者的业绩评估的现状分析

1. 评估主体。由于我国目前处于多种所有制并存的现实状况，企业经营者的主体也不一致。上级主管部门与国有资产管理部门是国有企业绩效评估的决定性主体。

2. 评估方法体系特征。财务指标为主，非财务指标为辅的综合指标体系；以净资产收益率为核心，重点评估企业的资本营运效益；实际取数会计基础；定量分析为主，定性分析为辅，定量分析与定性分析相互补充；以行业平均值为衡量标准；指标体系权重固定化。

3. 我国当前对企业经营者业绩评估的实际指标。一般来讲，企业经营者业绩评估指标由四方面组成，包括财务效益指标、资本运营指标、偿还能力指标和发展能力指标。企业经营者业绩评估指标的权重随企业所有制的不同而不同，但评估指标大体相同，通常由六个指标所构成：利润率、资产保值增值率、营业收入、上缴税收、市场占有率、吸收就业人数等。

（二）中国企业经营者业绩评估的可行性模式分析

1. 外部治理机制的改变。

（1）产品市场仍属受政府影响较大的半强竞争性市场。随着我国市场化进程的推进，企业各项产权逐步明晰化，政府行为逐渐弱化。市场法律法规走向完善，产品市场正逐步向充分竞争市场迈进。因此，国有企业经营者绩效评估体系的构建也应考虑到相关制约因素的动态特征，以保证评估体系的前瞻性与动态适应性。

（2）二元性经理市场对国有经营者的弱约束。政府作为国企所有者，它对经营者任免权的行使有极其明显的政府化特征，通常不通过公司内部治理机制以及市场竞争的优胜劣汰逻辑来实现。但非公有制经济的迅速发展亟须一个有效的经理市场的存在，于是国企外部就出现了一个"外部经理市场"，加之国企内部形式上存在的竞争聘用制度，即"内部经理市场"，客观上构成了所谓的"二元性经理市场"。

2. 内部治理机制的改变。

（1）公司资本机构。随着市场发展的不断完善，公司资本结构也将发生变化。银行在资本结构中的积极作用，员工持股、技术入股、经营者入股等方式将使得资本结构更合理。

（2）公司治理目标。公司治理目标将以"利益最大化"为治理目标，以此为出发点构建国有企业经营者绩效评估体系，并从宏观改革角度来促进市场、法律等其他利益相关者利益保护机制的完善。

（3）治理的组织结构。公司治理结构将由"行政型"公司治理结构向"经济型"公司治理结构转轨。董事会将处于决策的核心地位，监事会处于监督评估的核心地位，通过引入外部监事、职工监事来强化监事会的监督、评估功能。

3. 适用模式的探索。

（1）评估目的。以股东利益为主、利益相关者利益均衡下的企业价值最大化为评估终

极目的。通过业绩评估机制体现以股东利益为主的各利益主体利益，达到与股东利益最大化目的相容的、关键利益相关者利益均衡下的企业利益最大化。

（2）评估主体。与以上评估目的相适应，国企经营者业绩评估的主体应该是以股东为主，包含政府、银行、关联企业、职工在内的关键利益相关者群体。股东对经营者的评估权力可通过构建规范的、以股东大会为实质权力机构、以董事会为股东决策权代表机构的公司治理结构来保证；或通过股票市场"用脚投票"来表达自己对业绩的评估。所有权方式以及派遣外部董事、职工董事等监督机制使关键利益相关者充分参与公司治理来保证这些利益相关者行使其评估权力。

（3）评估组织机构。成立董事会下属的薪酬委员会，以此作为具体的经营者业绩评估组织机构，并以监事会为主要评估监督机构，提名委员会、审计委员会、公共政策委员会为评估监督的辅助机构。其中，薪酬委员会由具备充分独立性的外部董事（含银行派遣董事、职工选派董事、法人关联企业选派董事）构成，其他委员会以及监事会的构成也基本上以外部董事为主，以此保证评估的独立性与监督的有效性。

（4）评估方法体系。上市公司采用股东利益导向、以 EVA 指标为主的市场化评估方法。采用 EVA 单一指标一方面适应我国企业经营者决策控制权较大的现实状况；另一方面可满足上市公司"经济型"治理结构的构建趋向，明确突出股东的利益要求。对于国企非上市公司可采用经营导向、基于会计基础、以财务指标为主的综合评估方法。

第四节 业绩评估的关联矩阵法

一、关联矩阵法及其特点

（一）关联矩阵法

关联矩阵法是常用的系统综合评价法，它主要是用矩阵形式来表示各替代方案有关评价指标及其重要度与方案关于具体指标的价值评定量之间的关系。

应用关联矩阵法的关键，在于确定各评价指标的相对重要度（即权重 W_j）以及根据评价主体给定的评价指标的评价尺度，确定方案关于评价指标的价值评定量（V_{ij}）。

关联矩阵法是因其整个程序如同一个矩阵排列而得名。关联矩阵法是对多目标系统方案从多个因素出发综合评定优劣程度的方法，是一种定量与定性相结合的评价方法，它用矩阵形式来表示各替代方案有关评价指标的评价值，然后计算各方案评价值的加权和，再通过分析比较，确定评价值加权和最大的方案即为最优方案。

它的应用过程是，根据不同类型人员，确定不同的指标模块（又称一级指标），然后将指标模块分解获得二级指标（有些复杂的量表还包括三级指标），建立起具有层次结构的评估。这是它与一般的因素评估法的相同之处，而显著不同之处在于指标确定的同时赋予权重，即对其各评估要素依据其对于被评估者的重要程度的差异进行区别对待，从而使得定性指标的量化更加科学可靠。关联矩阵法的基本出发点是建立评价及分析的层次结构，在权重的确定上，关联矩阵法要来得简单，操作性强。它是根据具体评价系统，采用矩阵形式确定系统评价指标体系及其相应的权重，然后对评价系统的各个方案计算其综合评价值——各评价项目评价值的加权和。

（二）关联矩阵法的特点

关联矩阵法的特点是它使人们容易接受对复杂系统问题的评价思维过程数学化，通过将多目标问题分解为指标的重要度对比，使评价过程简化、清晰。

应用关联矩阵法的关键在于确定各评价指标的权重 W_i 以及由评价主体给定的评价指标的评价尺度确定方案关于评价指标的价值评定量（V_{ij}）。目前确定权重和评价尺度还没有普遍适用的方法，较为常用的有逐项比较法和 A·古林法（KLEE 法），前者较为简便，后者在对各评价项目间的重要性作出定量估计时显得更为有效。

关联矩阵法最大的特点是引进了权重概念，对各评估要素在总体评价中的作用进行了区别对待。

二、关联矩阵评估法的应用

（一）指标体系和权重体系的确定

评估内容指标化是定量评估的基本要求，评估指标体系在结构上具有层次性，一般的评估量表由两至三个层次的指标构成：

（1）指标模块。不同方案的评估量表的模块内容可以不一样，根据评估内容覆盖面的差异，指标模块也可以根据需要分成不同的模块。

（2）一级指标，又称为指标项目。

（3）二级指标，是一级指标模块的进一步细分而得来的，有些复杂的量表还包括第三级指标。

在指标体系中，各个指标对于方案（评价主体）的重要程度是不同的，这种重要程度的差别需要通过在各指标中分配不同的权重来体现，一组评价指标所相对应的权重组成了权重体系。

任何一组权重 $\{W_{i/i}=1，2，\cdots，n\}$ 体系必须满足下述两个条件：

$$\sum_{i=1}^{n} W_i = 1$$

（1）$0 < W_i \leqslant 1_i = 1，2，\cdots，n$。

（2）设某一一级指标体系为 $\{X_{i/i}=1，2，\cdots，n\}$ 其对应的权重体系为 $\{W_{i/i}=1，2，\cdots，n\}$ 则有

$$\sum_{i=1}^{N} W_i = 1$$

$0 < W_i \leqslant 1_i = 1，2，\cdots，n$。

如果该评价的二级指标体系为 $\{X_{ij/i}=1，2，\cdots，n；j=1，2，\cdots，m\}$

$$\sum_{i=1}^{n} \sum_{j=1}^{m} W_i \times W_{ij} = 1$$

对于更多级指标可以以此类推。

（二）单项评估值的确定

单向评估值的确定通常有以下两种方法：

（1）专家评定法：由专家打分，去掉最低分和最高分，取算术平均值。

（2）德尔菲函询法：利用专家的知识和长期积累的经验，减轻权威的影响。

（三）综合评估值的确定

在一层指标体系中，评估者对被评估者作出的评估值为：则其对应的权重体系 $\{W_{ij}/i = 1, 2, \cdots, n; j = 1, 2, \cdots, m\}$ 应满足：

（1）$0 \leqslant W_{ij} \leqslant 1$, $i = 1, 2, \cdots, n$; $j = 1, 2, \cdots, m$

$$\sum_{j=1}^{m} W_{ij} = 1$$

（2）
$$V_i = \sum_{j=1}^{n} W_i \times V_{ij}$$

式中：V_i 代表综合评价值，V_{ij} 代表单项评价值，W_j 代表各项权重。

在二层指标体系中，评估者对被评估者作出的评估值为：

$$V_i = \sum_{i=1}^{n} W_i \times B_i$$

其中

$$B_i = \sum_{j=1}^{m} W_{ij} \times V_{ij}$$

例如，设有 A_1, A_2, $\cdots$, A_m 是某评价对象的 m 个替代方案，x_1, x_2, $\cdots$, x_n 是评价替代方案的 n 个评价指标，w_1, w_2, $\cdots$, w_n 是 n 个评价指标的权重，v_{i1}, v_{i2}, $\cdots$, v_{in} 是第 i 个替代方案 A_i 的关于 x_j 指标（$j = 1, 2, \cdots, n$）的价值评定量。相应的关联矩阵表如表 11 – 10 所示：

表 11 – 10

	X_1	X_2	$\cdots$	x_j	$\cdots$	x_n	v_i
	W_1	W_2	$\cdots$	w_j	$\cdots$	w_n	
A_1	V_{11}	V_{12}	$\cdots$	V_{1j}	$\cdots$	V_{1n}	$v_1 = \sum_{j=1}^{n} V_{1j} \times w_j$
A_2	V_{21}	V_{22}	$\cdots$	V_{2j}	$\cdots$	V_{2n}	$v_2 = \sum_{j=1}^{n} V_{2j} \times w_j$
$\cdots$	$\cdots$	$\cdots$	$\cdots$	$\cdots$	$\cdots$	$\cdots$	$\cdots$
A_i	V_{i1}	V_{i2}	$\cdots$	V_{ij}	$\cdots$	V_{in}	$v_i = \sum_{j=1}^{n} V_{ij} \times w_j$
$\cdots$	$\cdots$	$\cdots$	$\cdots$	$\cdots$	$\cdots$	$\cdots$	$\cdots$

第五节　平衡计分卡

一、平衡计分卡简介

20 世纪 80 年代末 90 年代初，欧美很多学者和大公司发现，传统的以财务为单一衡量指标评价企业经营绩效的方法是妨碍企业进步的主要原因之一。这主要表现在以下两个方面：

一方面，由于受多种因素的影响，传统的单一财务评价体系只提供了关于企业的有限财务信息，而且越来越多地得出一些歪曲企业实际经营能力和管理能力的评价报告，从而影响企业股东和投资者的决策。例如，各公司经营管理者为了达到预算利润或投资报酬率指标，有意减少研究发展经费、设备更新费、机器维护费、员工训练费等必要支出。尽管存在以上这些问题，从传统的财务经营绩效指标评价看，企业当期仍会表现出较好的经营业绩，所以导致信息的使用者很容易被"达标"的假象所迷惑而不识庐山真面目，而这些问题对企业的长期利益和长期竞争能力也是极其不利的。

另一方面，传统的单一财务评价体系偏重有形资产的评估和管理，对无形资产和智力资产的评估与管理显得无力，这导致传统的单一财务评价体系已难以适应信息时代下快速变化的、不确定性和风险性日益增加的竞争环境。信息时代提高了无形资产管理对企业未来价值创造的地位与作用，因而对企业经营业绩的反映，不应仅仅体现在有形资产的管理及其管理的财务结果方面，还应包括企业无形资产的管理等多方面的内容。所以，这一时期，在原有利用单一财务评价体系的同时，越来越多的呼声要求重视和利用非财务指标进行经营绩效评价。

正是因为这样一些原因，西方很多学者以及实务界兴起对平衡财务与非财务指标的综合绩效评估方法的研究，其中较有代表性的是由卡普兰（Robert S. Kaplan）和诺顿（David P. Norton）共同开发的名为"平衡计分卡"的绩效评估方法。他们通过对绩效测评方面处于领先地位的 12 家公司进行了为期一年的研究之后，推出了一套综合平衡财务指标和非财务指标的评价体系——BSC（Balanced Scorecard），我们将之译为"平衡计分卡"。该方法从四个角度关注企业绩效：顾客角度、内部流程角度、学习与发展角度与财务角度。这种新的绩效测评体系使高级经理们可以快速而全面地考察企业。财务测评指标，能揭示已采取的行动所产生的结果；用顾客满意、内部流程、学习与发展三套绩效测评指标来补充财务测评指标，而这三方面的活动又推动着未来的财务绩效。经理可以通过平衡计分卡的方法把公司的战略和使命转化成具体的目标和测评指标，建立一套更为全面的绩效评估体系。例如，电子线路公司（ECI）的经理人员确立了绩效的总体目标：使标准产品早日上市；改善顾客的上市时间；通过与顾客建立伙伴关系，向其提供多种选择；开发能满足顾客需要的创新产品。经理们把战略的这些组成因素转化为四个具体目标，并为其一一确定了测评指标。

作为一种评估企业经营绩效的有效工具，平衡计分卡采用了衡量企业未来业绩驱动因素的方法，具有战略管理的功能。自平衡计分卡提出以后，该体系在企业界迅速得以推广。不论在哪个行业，平衡计分卡作为一个支撑企业战略发展的绩效评估系统，正在不断被人们接受和完善。企业通过对平衡计分卡这一全新制度的使用，将更加重视长远的工作业绩，把战略目标转变为行动，实现更大的商业价值。

二、平衡计分卡的结构和指标体系

（一）平衡计分卡的结构

我们可以将平衡计分卡看作是飞机座舱中的标度盘和指示器。为了操纵和驾驶飞机，驾驶员需要掌握关于飞机的众多方面的详细信息，诸如燃料、飞行速度、高度、方向、目的地，以及其他能说明当前和未来环境的指标。只依赖一种仪器，可能是致命的。同样道理，在今天，管理一个组织的复杂性，要求组织要能同时从几个方面来考虑绩效。顺应这一要求，平衡计分卡的出现克服了传统绩效评估方法单纯利用财务指标来进行绩效评估的局限。就财务指标而言，它传达的是已经呈现的结果、滞后于现实的指标，但是并没有向公司管理层传达未来业绩的推动要素是什么，以及如何通过对客户、供货商、员工、技术革新等方面的投资来创造新的价值。而平衡计分卡在传统的财务评价指标的基础上，还兼顾了其他三个重要方面的绩效反映，即客户角度、内部流程角度、学习与发展角度（见图 11-6）。它使企业中的各层经理们能从 4 个重要方面来观察企业，并为 4 个基本问题提供了答案。

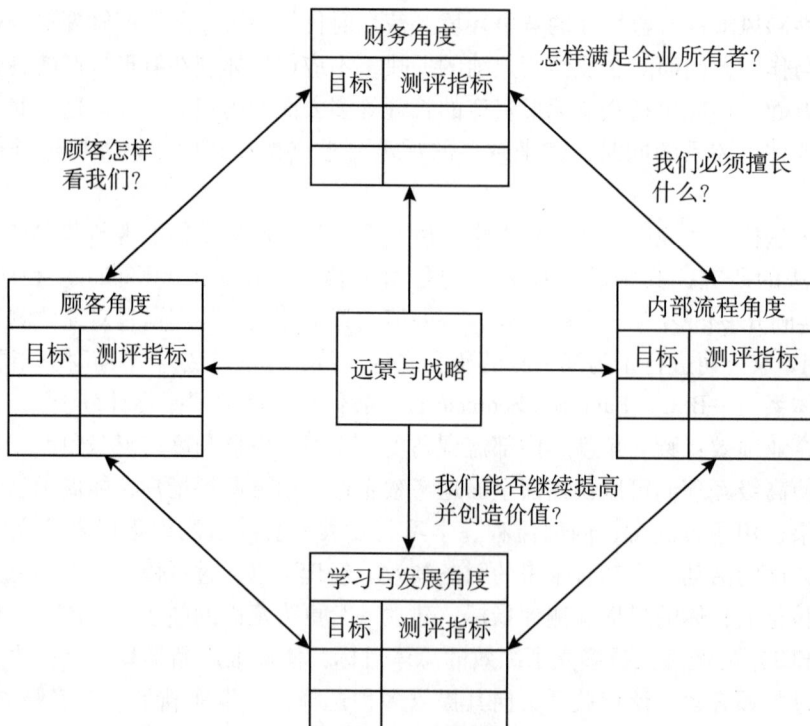

图 11-6　平衡计分卡的基本框架

1. 顾客角度——顾客如何看我们？企业为了获得长远的财务业绩，就必须创造出受客户满意的产品和服务。平衡计分卡给出了两个层次的绩效评估指标，一是企业在客户服务方面期望达到绩效而必须完成的各项目标，主要包括市场份额、客户保有率、客户获得率、客户满意等。二是针对第一层次各项目标进行逐层细分，选定具体的评价指标，形成具体的绩效评估量表。

2. 内部流程角度——我们必须擅长什么？这是平衡计分卡突破传统绩效评价的显著特征之一。传统绩效评价虽然加入了生产提前期、产品质量回报率等评价，但是往往停留在单一部门绩效上，仅靠改造这些指标，只能有助于组织生存，而不能形成组织独特的竞争优势。平衡计分卡从满足投资者和客户需要的角度出发，从价值链上针对内部的业务流程进行分析，提出了四种绩效属性：质量导向的评价、基于时间的评价、柔性导向评价和成本指标评价。

3. 学习与发展角度——我们能否继续提高并创造价值？这个方面的观点为其他领域的绩效突破提供手段。平衡计分卡实施的目的和特点之一就是避免短期行为，强调未来投资的重要性，同时并不局限于传统的设备改造升级，更注重员工系统和业务流程的投资。注重分析满足需求的能力和现有能力的差距，将注意力集中在内部技能和能力上，这些差距将通过员工培训、技术改造、产品服务得以弥补。相关指标包括新产品开发循环期、新产品销售比率、流程改进效率等等。

4. 财务角度——我们怎样满足企业的所有者？作为市场主体，企业必须以赢利作为生存和发展的基础。企业各个方面的改善只是实现目标的手段，而不是目标本身。企业所有的改善都应该最终归于财务目标的达成。平衡计分卡将财务方面作为所有目标评价的焦点。如果说每项评价方法是综合绩效评价制度这条纽带的一部分，那么因果链上的结果还是归于"提高财务绩效"。

虽然平衡计分卡从财务、客户、内部流程及创新与学习这四个相对独立的角度系统地对企业的经营绩效进行评估，从这四个角度出发设计的各项评估指标彼此间并不是毫无关系的，而是在逻辑上紧密相承的。

我们可以从图 11－7 中看出，在平衡计分卡的设计思想中，企业从学习与发展的角度出发，提高员工从业能力，促使企业在学习中不断成长，通过优化企业运作的内部流程，关注客户需求并不断满足客户需求，开拓并巩固企业的市场，最终完成既定的财务目标。

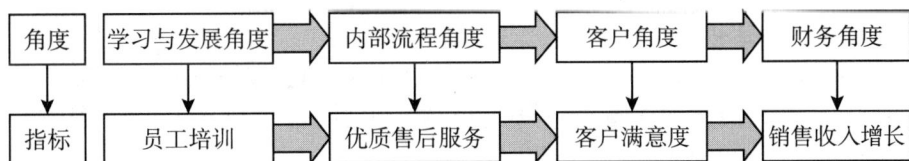

图 11－7　各项评估指标间的逻辑关系

相对应的，平衡计分卡的各项评估指标也遵循这一基本的思路。以图 11－7 中所示为例，企业通过对员工的培训，为客户提供优质的售后服务，使得客户满意度提高，并最终实现销售收入的增长，可见这四项绩效评估指标在内在逻辑上也是紧密相连的。

（二）平衡计分卡的指标体系

从平衡计分卡的四个角度出发，常见的一些绩效评估指标在此列举如下：

1. 财务衡量指标体系。

（1）财务效益状况指标。

净资产收益率 = 净利润/净资产

总资产报酬率 = 净利润/总资产

销售（营业）利润率 = 销售利润/销售净收入

成本费用利润率 = 利润总额/成本费用总额

（注：成本费用 = 销售成本 + 销售费用 + 管理费用 + 财务费用）

（2）衡量资产运营状态指标。

总资产周转率 = 销售收入/总资产

流动资产周转率 = 销售收入/流动资产平均余额 × 12/累计月数

存货周转率 = 销售成本/存货平均值

应收账款周转率 = 赊销净销售额/应收账款平均值

（3）衡量偿还债务的指标。

资产负债率 = 总负债/总资产

流动比率 = 流动资产总值/流动负债总值

速动比率 = 速动资产/流动负债

现金流动负债率 = 现金存款/流动负债

长期资产适合率 = 固定资产/固定负债 × 自有资本

（4）衡量利润的指标。

销售（营业）增长率 = 本年度销售额/上年度销售额

人均销售增长率 = (本年度销售额/本年度员工数)/(上年度销售额/上年度员工数)

人均利润增长率 = (本年度利润/本年度员工数)/(上年度利润/上年度员工数)

总资产增长率 = 本年度总资产/上年度总资产

（5）常用其他财务指标。

投资回报率 = 资本周转率/销售利润率

资本保值增值率 = 期末净资产/期初净资产

社会贡献率 = 工资 + 利息 + 福利保险 + 税收 + 净利

总资产贡献率 = (利润 + 税金 + 利息)/平均资产总额 × 12/累计月数

全员劳动生产率 = 工业增加值/员工数 × 12/累计月数

产品销售率 = 销售产值/生产总产值

附加价值率 = 附加价值/总产值

2. 顾客导向型指标体系。

（1）市场占有率（市场份额）。特定产品在目标市场细分中，相对于主要竞争对手的占有率或对整体市场占有率。

第一级顾客占该特定产品业务量的百分比。

（这部分顾客愿意付出合理的价格但会要求个性化、差异化的服务）

（2）客户维持率（旧顾客续约率）。

①旧客户的人数增减情况。

②进一步了解顾客的忠诚度，即衡量既有顾客的业务成长率。

③新客户开发率（新顾客成长率）。

招揽活动评估：转变率＝新顾客人数/潜在顾客人数。

衡量招来一个新顾客的平均成本：招揽成本/新顾客人数、新顾客营收/推销活动次数、新顾客营收/招揽成本。

④顾客满意度：旧顾客续约率、新顾客成长、服务水平与态度指标，如对客户要求反应速度与品质、客户称赞次数、顾客满意等。

⑤顾客获利率。

（3）产品和服务的属性。

①时间。迅速和正确地回应以争取新顾客并留住旧顾客；缩短新产品或服务上市的前置时间，以满足目标顾客的期望（即从掌握顾客新需求至开发新产品或服务递交到顾客手中的时间——愈短愈好）。

②品质。每百万个产品的不良率（PPM）；服务保证；产品被退回的次数及比率。

③价格。

④形象和商誉。

3. 内部流程指标体系

（1）新产品推出能力，如新产品占总销售额比例、新产品推出速度、五年来总营业净利对研究发展费用的比例。

（2）设计能力，如设计水准、工程水准、一年内设计修改次数。

（3）技术水准。

（4）制造效率，如产品及原材料损耗率、定单交货速度、准时交货次数、单位成本、品质标准、生产力。

（5）安全性，如意外发生次数、受伤次数。

（6）售后服务指标，如顾客满意度、成本、品质、速度。

4. 学习、创新与成长指标。

（1）员工能力，如员工满意度、员工流动性、员工生产力、劳动效率、员工培训次数、奖励与员工士气。

（2）信息系统状况，如信息覆盖率、信息系统的灵敏度（包括反应时间、周期、成本）、信息系统的更新程度。

（3）员工提案改善建议次数、因员工所提建议而节省成本的金额、对员工授权和分权程度。

（4）新产品数量、新产品推出速度、新产品销售额占总销售额的比例。

（5）制造改善情况、废料降低情况。

尽管有这样一些常见的指标可供参考，但不同的企业在具体各类目标及测评指标的选择上，需要考虑其所处行业，企业竞争的内、外部环境，以及企业发展战略的特殊性。不同的企业有不同的特性，因而有不同的战略；不同的战略又有不同的目标，因而需要有不同的指标体系。所以说，每个公司的平衡计分卡都应该是度身定做、独一无二的。例如，美国

MetroBank 银行采用的各类指标如下：

财务衡量指标包括：（1）投资报酬率；（2）收入成长率；（3）储蓄服务成本降低额；（4）各项服务收入百分比等。

顾客导向型指标为：（1）市场占有率；（2）与顾客关系的程度；（3）现有顾客保留率；（4）顾客满意度调查等。

内部流程指标包括：（1）各产品或地区之利润与市场占有率；（2）新产品收入占总收入比例；（3）各种营销渠道的交易比率；（4）顾客满意度；（5）每位推销员潜在顾客接触次数；（6）每位推销员的新客户收入额等。

学习、创新与成长指标为：（1）员工满意度；（2）每位员工的平均销售额；（3）策略性技术的训练成果；（4）策略性资讯提供率；（5）银行激励制度与员工个人目标相容的比率等。

我们经常可以看到，对于其他经常使用的一些评估方法，只要有员工或顾客提出有价值的建议，公司就会增加新的测评指标，这样做的结果就是每个绩效评估指标都有道理，但却是层次不清，重点不明。而平衡计分卡则从四个不同角度向高级经理提供信息的同时，限制了使用的测评指标的数目（每个角度仅使用 5 个左右的评估指标），从而使信息过载最小化，平衡计分卡迫使经理们关注最关键的几个测评指标。

三、平衡计分卡与战略的关系

平衡计分卡把战略置于中心地位，它根据公司的总体战略目标，将之分解为不同的目标，并为之设立具体的绩效评估指标，并通过将员工报酬与测评指标联系起来的办法促使员工采取一切必要的行动去达到这些目标。这就使得公司把长期战略目标和短期行动有机地联系起来，同时它还有助于使公司各个单位的战略与整个管理体系相吻合。因此，可以这样说，平衡计分卡不仅仅是一种测评体系，它还是一种有利于企业取得突破性竞争业绩的战略管理工具，并且它可以进一步作为公司新的战略管理体系的基石。

BSC 贯穿于战略管理的三个阶段。由于制定 BSC 时，要把组织经营战略转化为一系列的目标和衡量指标，此时管理层往往需要对战略进行重新的审视和修改，这样 BSC 为管理层提供了就经营战略的具体含义和执行方法进行交流的机会。同时，因为战略制定和战略实施是一个交互式的过程、在运用 BSC 评价组织经营业绩之后，管理者们了解了战略执行情况，可对战略进行检验和调整。在战略实施阶段，BSC 主要是一个战略实施机制，它把组织的战略和一整套的衡量指标相联系，弥补了制定战略和实施战略间的差距。传统的组织管理体制在实施战略时有很多弊端；或是虽有战略却无法操作；或是长期的战略和短期的年度预算相脱节；或是战略未同各部门及个人的目标相联系，这样，使战略处于一种空中楼阁的状态。

1. 在制定 BSC 时与战略挂钩，用 BSC 解释战略。如前所述，一份好的 BSC 通过一系列因果关系来展示组织战略。例如，某一组织的战略之一是提高收入，则有下列因果关系：增加对雇员销售技能培训。了解产品性能，促进销售工作，收入提高。BSC 中的每一衡量指标都是因果关系中的一环。一份好的 BSC 中的评估手段包括业绩评估手段和推动业绩的评估手段，前者反映某项战略的最终目标及近期的工作是否产生了成果，后者反映实现业绩所做的工作，两者缺一不可。

2. 利用 BSC 宣传战略。实施战略的重点是所有的雇员、组织高级经理、董事会成员都了解这项战略。通过宣传 BSC 可以使雇员加深对战略的了解，提高其实现战略目标的自觉性。同时通过定期、不间断地将 BSC 中的评估结果告诉雇员，可以使其了解 BSC 给组织带来的变化。为了使董事会能够监督组织的高级经理人员及整个组织的业绩表现，董事会成员也应了解 BSC。这样，他们监督的重点将不再是短期的财务指标，而是组织战略的实施。

3. 将 BSC 与团队、个人的目标挂钩。这一工作可以通过分解 BSC 的目标和衡量指标来完成。平衡计分卡是由一整套具有因果关系的目标、衡量指标组成的体系，因此，它对于分解非财务指标有着独特的优势（传统上，非财务指标很难分解）。

把 BSC 用于执行战略和计划的过程，将战略转化为行动。

第一步，要为战略性的衡量指标制定 3~5 年的目标。

第二步，便是制订能够实现这一目标的战略性计划。以资本预算为例，传统的资本预算未能把投资和战略相连，而选用了回报率等单纯的财务指标进行投资决策。现在我们可以用 BSC 来做，通过利用 BSC 来为投资项目打分，名列前茅的并在资本预算范围内的投资项目将被采用。这种投资决策方法使资本预算和组织战略紧密相连。

第三步便是为战略计划确定短期计划。管理人员根据顾客情况、战略计划、经营过程、雇员情况按月或季制订短期目标，即把第一步"3~5 年的目标"中的第 1 年目标转化为 BSC 中 4 个方面的目标和衡量指标。这种战略性衡量指标、长远目标、战略计划、短期计划的过程，为组织目标转化为切实的行动提供了途径。在战略评价和反馈阶段，我们已经知道，BSC 中的衡量指标之间存在着因果联系。因此，当我们发现某项指标未达到预期目标时，便可以根据因果关系层层分析引起这项指标变动的其他指标是否合格。如果不合格，则表明是执行不力。如果均已合格，那么管理人员就应对组织内外部环境重新分析，检查据以确定战略的环境因素是否已发生变化，是否需要调整战略。这一反馈分析的过程，对于战略管理有着重要的意义，充分体现了战略管理动态的特征。

四、平衡计分卡与传统绩效管理系统的比较

与传统考核相比，平衡计分卡的优势在于：

1. 平衡计分卡打破了传统绩效评估方法财务指标一统天下的局面，从顾客角度、内部流程角度、学习与发展角度与财务角度来设计绩效评估体系，消除了单一评价指标的局限性。

2. 平衡计分卡使得为增强竞争力的应办事项中看似迥异的事项同时出现在一份管理报告中：以顾客为导向，缩短反应时间，提高质量，重视团队合作，缩短新产品投放市场的时间，以及面向长远而进行管理等等。

3. 平衡计分卡是一个基于战略的绩效评估系统，它表明了源于战略的一系列因果关系，发展和强化了战略管理系统。具体体现在：利用平衡计分卡阐明战略并在整个组织中传播以达成共识；利用平衡计分卡把部门目标、个人目标与企业的战略发展目标相联系；利用平衡计分卡对战略计划加以确认和联系，进行定期的和有条不紊的战略总结；利用平衡计分卡将战略目标与长期具体目标和年度预算相衔接，还可以为了调整和改进战略而及时获得有效反馈。

4. 平衡计分卡是评估系统与控制系统的完美结合，见图 11 - 8。平衡计分卡不仅克服了传统考核体系的片面性、主观性，而且实现了考核体系与控制体系的协调统一。

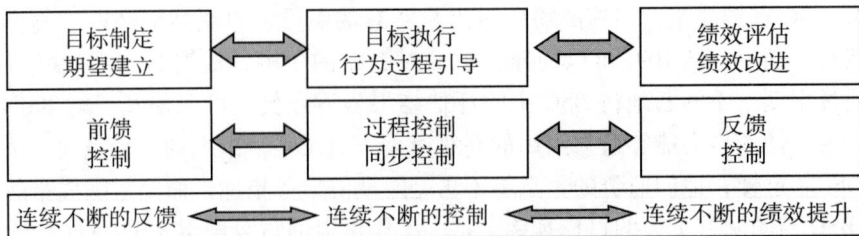

图 11 - 8　评估系统与控制系统相结合

5. 平衡计分卡防止了次优化行为。平衡计分卡迫使高级经理将所有的重要绩效测评指标放在一起综合考虑，从而使其能注意到，某一方面的改进是否以牺牲另一方面为代价，提高了公司发展的整体协调性。例如，产出量和一次通过量可能上升，但这种上升也许是由于产品结构发生了改变——标准化的、容易生产但毛利较低的产品的产量增加了。

五、平衡计分卡的优缺点

（一）平衡计分卡的优点

平衡计分卡不仅是一种管理手段，也体现了一种管理思想，即只有量化的指标才是可以考核的，必须将要考核的指标进行量化。并且，组织愿景的达成要考核多方面的指标，不仅是财务要素，还应包括客户、业务流程、学习与成长。为企业目标的达成和战略的实现提供了有力的保证。平衡计分卡的管理方法主要有以下优点：

1. 由于把员工的日常工作，跟企业战略目标建立一个自然的联系，企业的战略目标的实现就有了保障。

2. 由于企业的员工知道自己日常所做的工作，是在为实现企业的战略目标作贡献，员工会比较有成就感、方向感，提高了员工的工作热情。

3. 分解指标的过程，是一个高效的双向沟通的过程，提高了企业的凝聚力，加强了员工对企业的认同度，也就降低了人才流失。

4. 企业最高领导者，通过平衡计分卡的体系，方便地掌握自己企业内部各个部门清晰、全面的运作状况。

5. 企业绩效考评指标制定中会发现各个部门、岗位的设置是否合理、工作量是否饱满。

6. 平衡计分卡帮助企业管理层梳理企业流程、发现企业中存在的各种问题，改善企业的管理水平。

（二）平衡计分卡的缺点

首先，BSC 的优势增加了使用它的难度。平衡计分卡对信息系统的灵敏性和企业基础管理的要求都比较高。同时，对人力资源绩效管理人员的专业也具有相当高的要求。

其次，BSC 的工作量极大。在对于战略的深刻理解外，需要消耗大量精力和时间把它分解到部门，并找出恰当的指标。而落实到最后，指标可能会多达 15～20 个，在考核与数据收集时，也是一个不轻的负担。

最后，不适用于个人。并不是说平衡计分卡不能分解到个人层面，而是相较于成本和收益，没有必要把它分解到个人层面。对于个人而言，要求绩效考核易于理解，易于操作，易于管理。而 BSC 并不具备这些特点。

六、实例分析

1. 卡普兰和诺顿在一家公司通过引入平衡计分卡来建立该企业的战略体系，一共花了 26 个月，其具体的行动计划如图 11－9 所示。

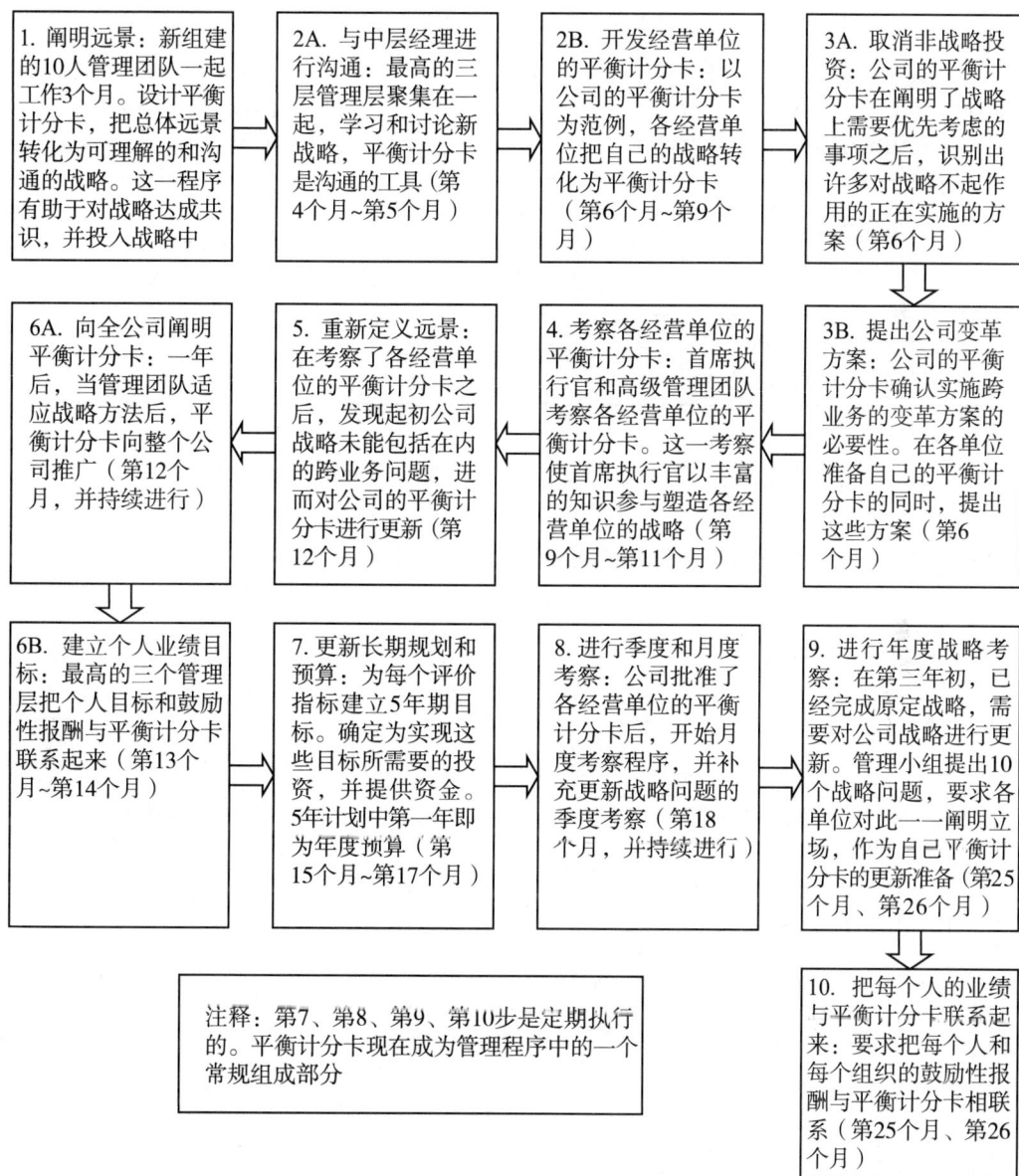

1. 阐明远景：新组建的10人管理团队一起工作3个月。设计平衡计分卡，把总体远景转化为可理解的和沟通的战略。这一程序有助于对战略达成共识，并投入战略中

2A. 与中层经理进行沟通：最高的三层管理层聚集在一起，学习和讨论新战略，平衡计分卡是沟通的工具（第4个月~第5个月）

2B. 开发经营单位的平衡计分卡：以公司的平衡计分卡为范例，各经营单位把自己的战略转化为平衡计分卡（第6个月~第9个月）

3A. 取消非战略投资：公司的平衡计分卡在阐明了战略上需要优先考虑的事项之后，识别出许多对战略不起作用的正在实施的方案（第6个月）

6A. 向全公司阐明平衡计分卡：一年后，当管理团队适应战略方法后，平衡计分卡向整个公司推广（第12个月，并持续进行）

5. 重新定义远景：在考察了各经营单位的平衡计分卡之后，发现起初公司战略未能包括在内的跨业务问题，进而对公司的平衡计分卡进行更新（第12个月）

4. 考察各经营单位的平衡计分卡：首席执行官和高级管理团队考察各经营单位的平衡计分卡。这一考察使首席执行官以丰富的知识参与塑造各经营单位的战略（第9个月~第11个月）

3B. 提出公司变革方案：公司的平衡计分卡确认实施跨业务的变革方案的必要性。在各单位准备自己的平衡计分卡的同时，提出这些方案（第6个月）

6B. 建立个人业绩目标：最高的三个管理层把个人目标和鼓励性报酬与平衡计分卡联系起来（第13个月~第14个月）

7. 更新长期规划和预算：为每个评价指标建立5年期目标。确定为实现这些目标所需要的投资，并提供资金。5年计划中第一年即为年度预算（第15个月~第17个月）

8. 进行季度和月度考察：公司批准了各经营单位的平衡计分卡后，开始月度考察程序，并补充更新战略问题的季度考察（第18个月，并持续进行）

9. 进行年度战略考察：在第三年初，已经完成原定战略，需要对公司战略进行更新。管理小组提出10个战略问题，要求各单位对此一一阐明立场，作为自己平衡计分卡的更新准备（第25个月、第26个月）

注释：第7、第8、第9、第10步是定期执行的。平衡计分卡现在成为管理程序中的一个常规组成部分

10. 把每个人的业绩与平衡计分卡联系起来：要求把每个人和每个组织的鼓励性报酬与平衡计分卡相联系（第25个月、第26个月）

图 11－9　平衡计分卡的导入计划

2. 某公司运用平衡计分卡设计的财务部门绩效评估指标体系（部分），见表 11 – 11。

表 11 –11　　　　　××公司财务部绩效评估指标体系

维度	目标	衡量指标	任务目标
财务		总资产回报率	
客户	内部客户	财务分析报告的接受率； 财务所提供的专业理财意见的采纳率； 内部客户对财务日常服务的满意度	每年 36 个财务报告的反馈意见； 85%
	外部客户	信息披露的完整性，准确性，及时性	无重大错漏
内部流程	预算管理流程； 资金收支流程； 业绩披露流程	预算完成率； 资金安全率； 合法性	98%； 100%； 100%
学习及发展	对内：提高业务能力 提高管理能力	财务经理的资格认证； 经理层的培训小时； 一般的财务人员培训小时	100%； ≥100 小时／人； ≥50 小时／人
	对外：培养财务部门以外的财务意识	财务培训场次（除新员工培训）	3 次／年

3. 某石油公司开发的可折叠个人平衡计分卡（部分），见表 11 – 12。

表 11 –12　　　　某石油公司开发的可折叠个人平衡计分卡（部分）

公司目标										
□ 在 7 年内使公司价值翻番					□ 实现比资本成本高 2% 的内部报酬率					
□ 以平均每年 2% 的速度增加					□ 在下个 10 年中将产量和储备提高 20%					

公司具体目标					平衡计分指标	经营单位具体目标					团队个人目标与新举措
1995 年	1996 年	1997 年	1998 年	1999 年		1995 年	1996 年	1997 年	1998 年	1999 年	1.
			财务								
100	120	160	180	250	盈余 （百万美元）						
100	450	200	210	225	净现金流						2.
100	85	80	75	70	间接和营业费用						
			业务								
1100	75	73	70	64	每桶生产成本						3.
100	97	93	90	82	每桶开发成本						
100	105	108	108	110	年度总产量						

续表

公司目标				
团队/个人测评指标目标				4.
1.				
2.				
3.				5.
4.				
5.				……
姓名： 单位/部门：				

4. 平衡计分卡与报酬比例板，见表 11 – 13。

表 11 –13 平衡计分卡与报酬比例板

指标	权重	最差↓ 50	60	70	预算计划↓ 80	90	100	优秀↓ 110	120	130	目标↓ 140	得分
客户满意度												
为每个家庭服务的次数												
存款增长率												
效率												
初始投入资本回报率												

报酬比例板

总分	
0	0 ~ 69
2%	70 ~ 79
3%	80 ~ 89
4%	90 ~ 99
5%	110 ~ 109
6%	110 ~ 119
7%	120 ~ 129
9%	130 ~ 139
12%	140 +

总分：

布恩国民银行制订的激励计划的目的是承认职员的贡献，支持和奖励职员为了增强银行的盈利能力和促进银行的发展而采取的服务客户需要的行为方式。该银行绩效改进与鼓励指导委员会经过考察，认为反映企业复杂本质的最好方法是在各个考核指标之间使用平衡计分卡的方法。其中的一系列考核指标是：

初始权益回报率（银行的关键财务指标）；

存款增长率（反映银行的业务发展状况和市场地位的变化）；

效率比（一套运营方面的、已经确定的绩效指标）；

客户满意度（根据用户满意度调查结果确定）；

对每个家庭的服务次数（反映银行的市场地位、用户保持率和满意率）。

为了便于沟通、显示和计算奖金，指导委员会设计了以下的绩效计分卡，并利用报酬比例板的方式清楚地将奖金与平衡计分卡的各个指标联系起来。

思考题：

1. 阐述绩效评估、素质测评、综合考核这些概念，并说明三者的异同。

2. 绩效评估的基本方法都有那些？这些方法都有哪些优缺点？你认为在企业绩效评估中，该怎样使用这些方法？

3. 你如何看待篇首案例中俄罗斯的问题？你认为用怎样的考核方法能解决企业中出现的这个问题？

4. 本章第一节引用了美国迈克尔·茨威尔在他的《创造基于能力的企业文化》一书中曾提出了一系列的问题，通过对本章的学习，你认为这些问题该如何解答呢？

案例分析

北电网络注重过程的考核

考核不会让你吃惊

北电网络公司的员工考核主要分为两个方面，一方面是员工的行为（Behaviors），另一个是绩效目标（Performance/Outcome）。每个员工在年初就要和主管定下当年最主要的工作目标是什么。以前北电是每年订一次目标，现在发展的速度变快，市场的变化也加剧，所以北电网络对员工的考核是随时（Ongoing）的，经常会对已定的目标进行考核和调整，每个员工除了和自己的老板订目标，还有可能与其他部门一起合作做项目，许多人都会参加到同一个项目里。所以一个员工的业绩考核不是一个人说了算，不是一个方面能反映，而是很多方面的反馈。

除了自己的主管外，还有很多共事的人，手下的人对你的评价，这就是360度考核。对员工的行为和目标的考核因为是经常性的，员工在工作中出现什么不足，会从周围人和主管那里获得信息，所以一般不会出现到了年终总结时，考核结果会让员工非常惊讶（Surprise）的情况，最多有些不同看法，主管会与员工进行沟通，力求评估能够让员工获得非常积极的认识。

评估的作用

评估有两种功能，一方面是看以前的工作表现和业绩，也反映一个人的能力。另一个方面是看这个员工以后的发展，通过评估过程可以发现员工能够发展的地方，以及现在的工作或将来应该怎么样。北电网络公司许多不同级别的领导层是在评估中发现的，通过评估发现员工的这种潜能，员工有可能被选为发展下一代领导的计划。

素质评估

北电网络评估的整个过程完毕通常要花两个月时间，大家都非常认真对待评估，这既是对自己负责，也是对别人负责。评估虽然跟员工的薪水挂钩，但是评估只是一部分工作，工资是另外一个方面。员工的工资一个是看个人对公司的贡献，也看整体人力市场情况。

无独有偶，北电网络的评估矩阵和朗讯公司的非常相似。我们可以通过矩阵看到员工的综合考评落在什么区域，也可以知道北电网络对员工的行为和目标要求是什么。

移动的魅力

用薪金奖励进步员工只是一种比较简单的手段，留住优秀人才，奖励物资只是一个临时方式，随着时间的推进，员工的个人物质水平提高了，薪金的激励作用就慢慢地降低了。对员工进行发展规划，帮助员工制订他的职业计划，会更加激励员工进步。北电网络在激励员工方面更注重员工的职业发展，如让员工去轮岗（Job Rotation），激励他们继续发挥自己的潜能。员工在工作中能够吸收别人的经验，让他们能够发展。我们是一个关怀员工（caring）的公司，我们鼓励相互支持，老板和员工之间非常支持。老板有发展员工的责任，员工也有积极参与的责任。北电网络称主管为"People Manager"，他们有很大一部分精力是在有效管理和激发员工的潜能。所以每个管人的经理应该知道去理解员工的内心需求，看什么东西能够激励他们。例如，有些员工比较注重家庭，经理要了解他的家庭背景，如果他需要较多时间在家里，公司要尽量去配合，出差的情况就安排少一点。在北电，通常员工大概工作两年就会有轮岗的机会，当然轮岗要征询员工的意见，在北电网络公司有一套制度，叫Internal mobility，即内部调度，用来通过轮岗增加员工的能力。执行内部调度至少员工要在一个岗位呆18个月或24个月的时间，这样使他对现有的工作有一个足够的了解。如果员工有轮岗的需求，可以给人力资源部提出来，然后人力资源部会在别的部门给他找机会，有时候别的部门也将这种需求提交给人力资源部。双方如果都有意，可以通过面试交流，如果大家都同意的话，这个员工通常就会到新岗位进行工作试用。为了避免内部部门之间相互挖人，北电网络在制度上有一些基本要求，例如必须在一个岗位工作满18或24个月，另外挖人方经理要给供人方经理提前打招呼。不可能让一个人做一个职位做到退休。我们希望留住人才，因为我们请进来的人都是很优秀的人，希望他们能够留下来，公司会提供职业发展空间。

消除级别的妙处

北电网络公司是一家具有100多年历史的电信公司，按照常理，它应该非常官僚，非常人浮于事。但是在北电看到的是大家都不讲级别，直呼其名，甚至在工作描述中只会突出职位的职责和贡献及与团队任何配合，不会特别重申级别。

北电网络公司在中国的市场和销售员工有500人，男女比例是6:4；管理人员和员工的比例是1:9；其中管理者中女性比例也很大，达到1/3。

领导的四个潜能

绩效评估结果是员工升职的一个参考。北电网络公司不会事先给个别员工特定考核，但是对待每个升职一定有特定的考虑，这个考虑包括该员工一路上来的表现，也会考虑他的潜能。北电网络认为一个管理者的潜能包括四个方面：一是学习的能力，北电网络认为一名员工的学习能力比他的知识和经验可能更重要，因为市场在发生快速变化，知识不断更新，学习的速度和能力是非常关键的素质；二是去赢得工作成绩的能力，领导不但要善于计划，而且要赢取结果，这也是重要方面；三是去带动影响别人的能力，这是领导者的基本素质，每个经理人要有发展别人的能力；四是对公司业绩的贡献。

要提拔一名员工，可能会对员工有两年的高绩效的要求，这个高绩效包括他的工作业绩和行为表现（Outcome/Behavior）。为了使员工积极向上富有朝气，北电网络对员工升职的考核非常严格和科学，以便让员工走上管理岗位就一定成功，所以对待人选还有一个高层评估，公司里更高级别的经理们要会聚在一起和他们交流，来看这个员工各方面的情况。

（资料来源：华恒智信案例中心，发表于 2013 年 8 月 21 日）

结合案例分析：

1. 根据案例中介绍的北电网络的考核体系，结合你了解的相关知识，谈谈考核体系的作用。

2. 试述轮岗制对培养领导者的好处。

参考文献

[1] 廖泉文. 人力资源管理［M］. 北京：高等教育出版社，2003.

[2] 赵曙明. 人力资源管理研究［M］. 北京：中国人民大学出版社，2001.

[3] 王一江，孔繁敏. 现代企业中的人力资源管理［M］. 上海：上海人民出版社，2001.

[4] 丁栋虹. 中国企业家的兴起［M］. 上海：中国出版集团东方出版中心，2003.

第十二章　人力资源需求方对员工的报酬与激励——薪酬

我们在岗位分析基础上，进行了员工招聘、培训与绩效评估。完成绩效评估后，应据员工完成岗位说明书职责情况支付相应的薪酬。薪酬是对人力资源付出劳动的报酬与激励人力资源积极性的主要手段，是企业赢得并保持竞争优势的关键因素。薪酬在整个人力资源管理中起着领导、支持、变革诱因的作用。薪酬体系是组织的人力资源管理整个系统的一个子系统，它可以形成员工的价值导向，一个良好的薪酬体系直接与组织的战略规划相联系，从而使员工能够把他们的努力和行为集中到帮助组织在市场中取得竞争优势和较好生存的方向上去。本章将论述组织人力资源管理中激励员工积极性的主要手段——薪酬。

第一节　薪酬管理概述

一、薪酬管理的含义

（一）薪酬的含义

无论在理论界还是实业界，对于薪酬的含义目前还存在一些模糊的甚至错误的认识，这无疑会妨碍薪酬管理的有效实施。

首先，应该区分报酬与薪酬。报酬是指员工从企业那里得到的作为个人贡献回报的他认为有价值的各种东西，一般可以分为内在报酬和外在报酬两大类。内在报酬是指员工由工作本身所获得的心理的满足，如决策的参与、工作的自主权、个人的发展、活动的多元化以及挑战性的工作等等。外在报酬通常指员工所得到的各种货币收入和实物。

薪酬则是员工从企业那里得到的各种直接的和间接的经济收入，简单地说，它就相当于报酬体系中的财务报酬部分。在企业中，员工的薪酬一般是由三部分组成的：一是基本薪酬；二是激励薪酬；三是间接薪酬。

基本薪酬，是指企业根据员工所承担的工作或者所具备的技能而支付给他们认为较为稳定的经济收入。

激励薪酬，指企业根据员工、团队或者企业自身的绩效而支付给他们的具有变动性质的经济收入，这两个部分合起来就相当于财务报酬中的直接报酬部分，这也构成了薪酬的主体。

间接薪酬，是指给员工的各种福利，与基本薪酬和激励薪酬不同，间接薪酬的支付与员工个人的工作和绩效并没有直接的关系，往往具有普遍性。

（二）薪酬管理的含义

薪酬管理是指企业在经营战略和发展规划的指导下，综合考虑内外部各种因素的影响，确定自身的薪酬水平、薪酬结构和薪酬模式，并进行薪酬调整和薪酬控制的整个过程。

薪酬水平指企业内部各类职位以及企业整体平均薪酬的高低状况，它反映了企业支付的薪酬的外部竞争性。薪酬结构指企业内部各个职位之间薪酬的相互关系，它反映了企业支付的薪酬的内部一致性。薪酬模式则是指在员工和企业总体的薪酬中，不同类型的薪酬的组合方式。

薪酬调整是指企业根据内外部各种因素的变化，对薪酬水平、薪酬结构和薪酬模式进行相应的变动。薪酬控制是指企业对支付的薪酬总额进行测算和监控，以维持正常的薪酬成本开支，避免给企业带来过重的财务负担。

（三）薪酬管理的意义

作为人力资源管理的一项主要职能活动，薪酬管理具有非常重要的意义，这主要表现在以下几方面：

1. 有效的薪酬管理有助于吸引和保留优秀的员工。企业支付的薪酬，是员工最主要的经济来源，是他们生存的重要保证。薪酬管理的有效实施，能够给员工提供可靠的经济保障，从而有助于吸引和保留优秀的员工。

2. 有效的薪酬管理有助于实现对员工的激励。马斯洛的需求层次理论指出，人们存在着五个层次的需要，有效的薪酬管理能够程度不同地满足这些需要，从而可以实现对员工的激励。员工获得的薪酬，是他们生存需要满足的直接来源；没有一定的经济收入，员工就没有安全感，因而不会有与他人进行交往的物质基础。此外，薪酬水平的高低也是员工绩效水平的一个反映，较高的薪酬表明员工具有较好的绩效，这可以在一定程度上满足他们尊重和自我实现的需要。

3. 有效的薪酬管理有助于改善企业的绩效。薪酬管理的有效实施，能够对员工产生较强的激励作用，提高他们的工作绩效，而每个员工个人的绩效的改善将使企业整体的绩效得到提升。此外，薪酬管理对企业绩效的影响还表现在成本方面，对于任何企业来说，薪酬都是一项非常重要的成本开支，在通常情况下，薪酬总额在企业总成本中要占到40%～90%的比重，通过有效的薪酬管理，企业能够将自己的总成本降低40%～60%，这就可以扩大产品和服务的利润空间，从而提升企业的经营绩效。

4. 有效的薪酬管理有助于塑造良好的企业文化。良好的企业文化对于企业的正常运转具有重要的作用，而有效的薪酬管理则有助于企业文化的塑造。首先，薪酬是进行企业文化建设的物质基础，员工的生活如果不能得到保障，企业文化的建设就是一纸空文。其次，企业的薪酬政策本身就是企业文化的一部分。最后，企业的薪酬政策能够对员工的行为和态度产生引导作用。

二、薪酬系统的功能

薪酬的功能与人力资源管理的总体功能是一致的，就是能吸引、留住和激励企业所需的人力资源。而吸引、保留和激励三者归结起来，就是薪酬激励功能的目的，即激发起员工的良好工作动机，鼓动起他们创造优秀绩效的热情。最简单的理解就是，调动起员工的工作积极性，使他们愿意并努力在本企业工作。

（一）薪酬的基本功能

1. 保障功能。员工通过自己的劳动获得薪酬，来维持自身的衣食住行等等基本生存的需要，以保证自身劳动力的再生产；同时，还必须去养育子女和自身的学习提升，以实现人力资本的增值。

2. 激励功能。薪酬是指企业人力资源管理的实现技术和工具。企业可以通过有效的薪酬导向策略及其实践，反映和评估员工的工作绩效，即将员工表现出来的不同工作绩效，给予不同的薪酬，从而促进员工工作数量和质量的提高，保护和激励员工的工作积极性，以提高企业的工作效率。

3. 调节功能。企业可以通过薪酬结构、薪酬水平的变动，并结合其他管理手段，合理配置和协调企业内部的人力资源和其他资源，并将企业目标传递给员工，促使员工个人行为与组织行为相融合，实现企业资源利用优化。

（二）薪酬的导向功能

由于薪酬所具有的保障、激励和调节等特定基本功能，因此，企业的薪酬对企业员工还起到政策导向作用。根据企业薪酬结构和薪酬体系的不同，薪酬在企业管理中的导向功能体现在 5 个方面：职位导向、技能导向、绩效导向、市场导向、年功导向等。

1. 职位导向功能。主要依据职位在企业内的相对价值为员工股抽。职位的相对价值高，其工资也高。在这种导向策略下，员工工资的增长主要依靠职位的晋升。

这是一种比较传统的导向策略，是目前中国企业普遍采用的导向策略。它最适合传统的科层组织，这类组织职位级别比较多，企业外部环境比较稳定，市场竞争压力不是非常大。就岗位类别而言，这种模式比较适合职能管理类岗位。对这些岗位上的任职者，要求有效地履行其职能指责是最重要的，这样岗位的价值才可以真正实现。

这种导向策略的理论前提是建立一套规范的职位管理体系，包括规范的岗位设置、职位序列。职位说明书等，组织的机构体系基本稳定并且所有职位是经过合理配置的。要运用科学的量化评估系统对岗位价值进行评价，即岗位评估；职位本身的价值和功能与在该职位上的任职者关系不大，或者说该职位任职者实际能力的大小不影响该职位在组织结构中的地位和作用。

职位导向付酬有两个优点：一是和传统按资历和行政级别的付酬模式相比，真正实现了同岗同酬，内部公平比较强；二是职位晋升，薪级也晋级，调动了员工努力工作以争取晋升机会的枳极性。

职位导向付酬的缺点也是显而易见的：一是由于组织结构发生变化时，组织结构往往倾向于扁平化，等级制的职责体系在学习型组织中逐步瓦解，不适应发展的需要；二是市场竞争要求组织更加具有创造性，工作的灵活性增强，而程式化的工作分工已经不能适应环境变化的需要；三是由于组织中人才作用的增强，很可能由于企业内部的薪酬体系的内部一致性而满足不了稀缺人才的薪酬要求，也就吸引不来急需的专业人才和管理人才。

2. 技能导向功能。主要是根据员工的技能等级来付酬。工资是对应员工具体个人的，与员工所从事的具体岗位无关。只要员工经过技能评定后达到晋级标准，就可以享受相应的工资标准。

这是一种以能力为重心的导向策略。该策略认为不同的能力水平决定劳动效果的高低，其目的在于促使员工提高工作的技术和能力水平。在技能工资制度下的员工往往会偏向于合作，而不是过度的竞争。技能导向的薪酬制度适合技术类、研究类等需要连续流程型的或者规模大的行业，如软件、计算机开发、化工、医院、汽车等行业或岗位。

实施技能工资，首先要确定企业要完成的任务及其需要的技能；然后根据实际情况划分等级，对每个技能等级要准确、客观地进行定义，接下来确定每个等级的薪酬水平；最后，对员工进行技能评定，根据评定结果确定每个员工的技能等级。因此，实施技能工资的基础是技能体系建立与完善，其关键环节是员工技能的客观评定。

技能导向策略的优点：一是员工注重能力的提升，增加了法杖机会，每一位员工都能发挥其主观能动性，也就是按经典管理理论来说属于"Y理论"范畴；二是员工在专业技术领域深入下去，同样获得好的待遇，对企业来说留住了专业技术人才；三是员工能力的不断提升，使企业能够适应环境的多变，从而令企业的灵活性增强。

技能导向策略的不足也值得注意：一是论资排辈，使组织缺乏活力。做同样的工作，由于两个人的技能不同而收入不同，容易造成不公平感；二是高技能员工未必有高的产出，能力与组织的实际需要可能发生偏差；三是能力评价难以量化。界定和评价技能不是一件容易的事情，管理成本高；四是员工着眼于自身技能，可能会忽视组织的整体需要和当前工作目标的完成；五是难以进一步激励已达到技能顶端的人才。

3. 绩效导向功能。主要是根据员工的绩效表现来支付薪酬。绩效可以直接反映人的能力和行为态度，同时也能实现岗位设置的真正目的、绩效导向的付酬可以引导员工行为与组织目标相统一，具有更强的公平性、灵活性和激励性。绩效收入可以是风险奖金的形式，也可以是股权激励的形式，如分红、股票期权收入等。在环境千变万化的今天，企业更强调的是结果，而不是过程。因此，主要按绩效付酬就成为必然选择。付酬的依据可以是企业整体的绩效、部门的绩效，也可以是团队或个人的绩效，一般要均衡考虑多个绩效依据结果。

从事竞争性强的企业适于采用绩效导向策略，如消费品、家电、信息等行业。就岗位而言，高层经营管理类、市场销售类。产品与技术开发类、计件操作类等岗位比较适合这种薪酬制度。如果岗位任职者能够通过自身的努力很大程度上影响工作产出的话，就可以采用以绩效为主的薪酬制度。

绩效导向策略的优点比较明显。首先，员工的收入和工作目标的完成情况直接挂钩，让员工感到客观公正，激励效果明显。其次，员工的工作目标明确，通过层层目标分解，组织战略容易实现。再次，企业不用事先支付过高的人力成本，在整体绩效不好时能够节省人工成本。

绩效导向策略也有明显的缺点。其一，对员工而言，业绩薪酬存在着风险，带来收入的不稳定，员工收入在考虑个人绩效时，会造成内部成员的不良竞争，从而减少合作；其二，员工业绩与员工能力和态度并不完全等同，绩效评估往往很难做到客观准确；其三，导致机会主义和使用注意，不利于组织的长远发展；其四，很多基础工作及新员工加盟无法直接与业绩相联系，因此很难衡量其工作业绩。

4. 市场导向和年功导向功能。上述三种薪酬导向更多考虑的是企业内部的公平性。但是从经济学的角度来分析，市场经济供求管理决定价格，人才资源的稀缺程度很大程度上决定了人才的薪酬水平。随着人才资源竞争在企业竞争中战略地位的形成，通过薪酬设计吸引和六种人才已是薪酬制度的根本目标。因此，企业为了能够保持薪酬在市场上的竞争力，就应该兼顾市场的导向策略。为了保持公司在行业中薪资福利的竞争性，吸引优秀的人才加盟，公司每年薪资福利部门的一项重要工作就是参加企业的薪酬调查，了解本行业或相近的公司在薪资福利方面的数据，以此为参照来调整本年度公司的薪资福利政策。除了参加薪酬福利调查外，公司还会根据需要为某一特殊职位专门聘请专业的管理咨询公司做相关数据的调查，做到所谓的"知己知彼，百战不殆"。对于市场导向的策略，一是要主要薪酬政策的对外竞争性；二是薪酬设计一定要结合公司的实际；三是要重视员工的福利愿望。

年功导向的策略就是资历越深薪酬越多。在日本，年功工资制度对日本历史上的经济崛起有不可磨灭的贡献；在中国，企业也不能完全摒弃年功工资的和合理有效成分。在很多传统行业，如果经验是岗位绩效的关键因素，就应该考虑年功在薪酬体系中的地位；但是，在知识技术密集型区域中，如果坚持以年功为主的工资模式，具有技术专长的年轻人便会离职，年功工资制难以吸引和留住人才，不再有利于企业的发展。

综上所述，以技能为中心的导向策略和以绩效为中心的导向策略是以人的行为、表现为基础的，是以人为中心的导向策略。但没有一种导向策略是完美无缺的，只有掌握其基本原理，对这五种基本导向策略进行巧妙的组合。未来将是以人为中心的导向策略与以职位为中心的导向策略相互补充、共同发展的时代。单一的导向策略将被复合的导向策略所取代。但无论是哪种导向策略，都应考虑市场供求关系因素。

三、影响薪酬系统的因素

（一）影响薪酬系统的外部因素

1. 人力资源市场供求状况。在人力资源市场上，工资作为一种价格信号，是由市场机制决定的，即由人力资源供求变化所决定。当人力资源供给大于需求时，市场工资率就会降低；当人力资源供给小于需求时，市场工资率就会提高。组织的工资水平，就是以市场工资率为基准和参照的。我国政府劳动部门发布"工资指导线"，即可反映市场工资水平。

2. 国家的法律和政策。在市场经济条件下，政府作为社会经济的管理者，不直接干预企业工资水平的确定过程，而主要运用法律手段和经济手段，必要时也会采用行政手段来调控市场工资率和调节社会收入分配关系。

首先，国家制定一定的法律法规，规定社会最低工资。进而，政府通过工资政策、税收政策等，以及采用行政手段，对企业的工资水平进行调控。为了给企业合理确定工资水平、给求职者了解人力资源市场价格以合理地择业提供依据，以及为企业与员工进行工资协商和谈判提供依据，政府还定期发布各职业工种工资并包括各职业高位、中位、低位不同水平的工资指导线。

3. 物价水平与补偿要求。消费品物价上涨会导致生活费用的增加。为了维持员工工资的真是经济含量和购买力，组织必须根据消费品物价指数对工资水平做出相应的调整和补偿。

4. 工会的影响。在发达国家的情况看，行业和企业的工资水平增长幅度，一般由雇主组织与工会的集体谈判来决定。工会对企业的工资决策具有相当大的影响力。

工会代表职工与企业进行集体谈判，是市场经济通行的维护职工权益、调整劳动关系的有效方法，我国正在有步骤地推行。

（二）影响薪酬系统的内部因素

1. 组织的生产经营状况。一般来说，一个组织的生产经营状况从根本上决定了其员工的工资薪酬。生产率水平高、有稳定市场的单位，其财力雄厚，员工往往有高工资；反之，员工的工资就低。生产经营持续发展，为员工的工资水平的提高奠定了物质基础。

组织的生产经营状况受到多方面的影响，例如税率的高低、税收的减免、产品的利润率、竞争对手的措施等等，这些影响对组织的薪酬水平有所影响。

2. 组织的理念与薪酬政策。一个组织的管理理念和薪酬政策，是决定该组织薪酬水平的直接因素。处于外部竞争、内部激励的考虑和组织的用人政策，组织的决策层在薪酬方面会产生成为同行业"领导者"或"追随者"的意向；相应地，人力资源部门就制定出自身的高于市场工资水平的政策或持平的政策。

3. 组织的工资管理制度。组织对工资薪酬制度的选择，也是影响员工工资薪酬相对水平和绝对数量的因素。例如，是选择加大等级差距和"活工资"的激励性制度，还是实施高固定工资的比较稳妥的制度。

4. 员工的绩效状况。一般来说，工资薪酬是与个人的劳动贡献紧密挂钩的。一个员工的劳动贡献大，往往是由于其劳动能力强、劳动付出多并形成了有效劳动，这时他的工资薪酬水平就高。相反，一个人的能力差、劳动付出少和不能形成有效劳动时，薪酬水平就低。

第二节　工　资　理　论

工资应是薪酬的主要构成部分，构建组织内有效的薪酬体系有必要阐述工资理论。

一、古典经济学家有关工资的理论

所谓古典经济学家就是承认劳动创造价值的经济学家，这里主要介绍以下代表性古典经济学家的工资理论。

（一）亚当·斯密的工资理论

1. 工资标准论。按照斯密的理论，工资是在财产所有者与劳动者分离的情况下，作为非财产所有者的劳动者的报酬。工资就资方而言希望少给，就劳动者而言希望多予。因此，斯密认为最后的工资水平由两种力量对抗的均衡状态决定。但他发现，雇主的力量一般大于劳动者的力量。其原因有二：（1）雇主人少，更易合谋，法律制定倾向于雇主的结合。（2）雇主拥有较强的经济实力，能在对抗中持久。

即使雇主处于有利地位，工资也不能低于某一标准。斯密这样估算这一标准：需要劳动过活的人，其工资须足够维持其生活。在大多数场合，工资还必须稍稍高过足够维持生活的程度，以便使其能够赡养家室而传宗接代。

2. 工资决定机制及工资水平增长论。斯密认为在工资增长过程中，最重要的因素是劳动的需求。他认为每年提供的就业机会都比前一年多，劳动者不够，从而导致雇主们竞相出高价雇佣劳动者，这是工资增长的主要原因。而对劳动者的需求，必须随着国民收入和资本的增加而增加，收入和财富的增加就是国民财富的增加，所以对工资劳动者的需求，会随着国民财富的增加而增加。

斯密区分了两种不同的国民财富。一是"现有的国民财富"，二是"增加的国民财富"。即一种是国民财富存量，另一种是国民财富增量。但斯密认为导致劳动需求增长的不是已有的国民财富，而是增长的国民财富。因此，最高的劳动工资不是在最富裕的国家，而是在最繁荣的也即最快变得富裕的国家出现。

3. 工资差别论。斯密认为：工资水平在同一地区内应该完全相等或趋于相等。因为在各事物听任自然发展的社会，个人都能自由选择自己认为合适的职业，如果某人的工资水平低于其他人的工资水平，此人就会离开原来从事的职业，而挤进比较有利的职业。工资水平在这种流动中得到均衡。

然而在现实生活中，货币工资在不同的地区或同一地区有很大的不同。斯密认为，工资差别的原因有二：一是由于"职业本身的性质"，二是因为"政策不让事物完全自由的发展。"

职业本身的性质在五个方面影响工资差别，这五个方面是：（1）职业本身有愉快和不愉快之分；（2）职业学习有难易，学费有多少；（3）工作有安全的和不安全的；（4）职业所需负担的责任有重有轻；（5）成功的可能性有大有小。社会必须对那些令人不愉快的、学费高的、不安全的、负担责任重的以及成功可能性小的工作支付较高工资，以及对这些职业的"微薄金钱报酬给予补偿"。

第二种导致工资水平不一致的因素是政策的不均等。这主要表现在：（1）某些政策限制了某些职业中的竞争人数，使其少于原来愿意加入这些职业的人数；（2）增加另一些职业的竞争，使其超越自然的限度；（3）不让资本和劳动自由流动，使他们不能由某一职业转移到其他职业，不能由一地方转移到其他地方。

（二）大卫·李嘉图的工资理论

1. 工资的性质与水平。李嘉图认为，工资是劳动的价格。工资在性质上可以看成是劳动的自然价格和市场价格。他认为，劳动的自然价格是让劳动者"大体上能够生活下去"并"不增不减地延续其后裔"所必需的价格。又因为劳动者维持自身生活以及供养保持其人数不变的家庭的能力取决于货币工资所能购得的食物与必需品以及由习惯决定的享用品。因此劳动的自然价格又取决于这些生活资料的价格。

对于劳动的市场价格确定，李嘉图认为，劳动的市场价格是由供求关系确定的实际支付价格。很显然，它由市场上的供求关系决定。工资的市场价格总是有与自然价格相吻合的倾向。

2. 工资水平的增长因素。据李嘉图的说法，劳动的自然价格和市场价格的变化在趋势上和影响因素上都有所不同。他分别考察了两种工资水平的增长因素。

（1）自然价格的变化趋势及影响因素。自然价格随社会进步而上涨，因决定自然价格的主要商品由于生产困难加大而有涨价趋势。尽管其他生活资料会因新技术的采用而在价格上有所降低，但总的来说生活资料的价格有上涨趋势。

（2）市场价格的变化趋势及影响因素。李嘉图对劳动的市场价格的变化趋势不很肯定。他认为，社会每有改进，资本每有增加，劳动的市场价格就会上升。但上升是否持久却取决于劳动的自然价格是否已经上涨。而劳动的自然价格取决于工资购买的各种必需品的自然价格是否已经上涨。但因劳动的自然价格有上升的趋势，因此只要资本增加，劳动的市场价格的增长就是持久的。

影响市场价格的因素，李嘉图认为有两种：一是劳动的供给与需求，二是劳动的自然价格。劳动的供给取决于人口，劳动的需求取决于资本，资本的形成取决于劳动生产力，劳动生产力越大，积累资本的速度越快，从而工资（即劳动的市场价格）增长也越快。

（三）马克思的工资理论

1. 资本主义工资是劳动力的价值或价格的转化形式。马克思区分了劳动力和劳动，说明工人出卖的是劳动力而不是劳动。劳动力是存在于活人身上的一种能力，劳动是这种能力发挥作用生产使用价值和价值的过程。工人出卖的是劳动力而不是劳动。工资本质不是劳动的价值或价格，而是劳动力的价值或价格。

2. 马克思所设想的社会主义工资分配是不存在商品货币关系下的按劳分配。马克思认为，在生产资料公有制条件下，集体的劳动所得就是社会总产品，在这个社会总产品中，首先应该扣除的有：（1）用来补偿消费掉的生产资料的部分；（2）用来扩大生产的追加部分；（3）用来应付不幸事故、自然灾害等后备基金。剩下的总产品中的其他部分是用来作为生活资料的。在这部分进行按劳分配之前，还得从里面扣除：（4）和生产没有关系的一般管理费用；（5）用来满足共同需要的部分，如学校保健设施等；（6）为丧失劳动能力的人等设立的保险基金。每一个生产者在做了以上各项扣除之后，从社会方面正好领回他属于必要劳动的部分。他从社会方面领得一张证书，证明他有多少必要劳动量，从而领得和他提供的必要劳动量相当的一份生活资料。

3. 社会主义工资也是劳动力的价值。我们的社会主义是存在商品货币关系的社会主义，在存在商品货币关系的条件下，社会主义工资也是劳动力的价值。其理由是：

（1）在商品经济条件下生产要素包括人与物，既然属于公有的生产资料已是商品，当然私有的劳动力也应是商品。

（2）虽然生产资料是公有的，但自由人联合体与单个劳动者的关系仍然是商品交换的关系。联合体对生产资料的占有是直接的、具体的，对劳动力的占有则是间接的、抽象的；而劳动者对生产资料的占有是间接的、抽象的，对劳动力的占有则是直接的、具体的。由于联合体与单个劳动者的利益既有在根本利益上相一致的一面，又有各自独特的利益，因此，要使公共占有的生产资料与自认占有的劳动力相结合，就必须通过商品交换来实现。

（3）在公有制条件下，劳动力作为商品其价值应由社会必要劳动时间决定。

（4）社会主义商品价值量的构成也是 C + V + M，如果不承认劳动力有价值，当然也就不承认剩余价值，那么商品价值就缺少了两个部分，那就不能成为商品价值了。

所以社会主义市场经济条件下，劳动力是商品，劳动者的工资就是劳动力的价格。劳动力像其他商品一样具有"自然价格"和"市场价格"。工资在性质上可以看成是劳动力的自然价格和市场价格。劳动力的自然价格是生产和再生产劳动力所必需的生活资料的价值；劳动力的市场价格是由劳动力市场上供求关系确定的实际支付的价格。

二、新古典经济学家马歇尔的有关工资的理论

所谓新古典经济学家就是认为商品的价值由其效用与稀缺性决定的经济学家。英国著名的经济学家马歇尔可谓新古典经济学家的奠基者。在其名著《经济学原理》中，提出了供求均衡工资论。该理论认为工资是劳动这个生产要素的均衡价格，即劳动的需求价格和供给价格相均衡的价格。

从劳动力供给方面看，劳动力的供给价格取决于：

1. 劳动力的生产或再生产的成本，包括维持劳动者本人及其家庭生活的费用、教育、培训费用等。

2. 劳动的负效用或心理成本。劳动是以牺牲闲暇时间为代价的，闲暇也能够给人带来满足，因而，闲暇的效用包括在决定供给价格之内，而且劳动的紧张、劳累等也给人带来负效用，补偿这些副效用的费用也构成了供给价格的组成部分。在通常情况下，市场劳动力供给曲线与供给价格之间存在着正向关系，即供给曲线从左向右上倾斜。

从劳动需求看，需求价格取决于劳动的边际生产率，或劳动的边际收益产量。在其他条件不变的情况下，劳动的边际生产率递减，所以劳动力需求量与需求价格之间存在着反向联系，市场劳动力需求曲线从左上方向右下方倾斜，斜率为负。

工资的决定，即劳动力价格的形成是在劳动力供给与劳动力需求两种力量的相互作用下确定的。从表象上看，工资作为劳动力要素的均衡价格是供给价格和需求价格的相互作用下共同决定的。但是，如果进行深一层的分析，可以看到，工资具有与劳动的净产品相等的趋势，劳动的边际生产率决定对劳动力的需求价格。因此，工资的决定是以劳动力价值为基础的，最终也取决于劳动的边际生产率、劳动力的再生产费用等。

该理论是当时各种新旧分配理论的大综合，把注意力从分配份额的大小转向稀缺性资源的配置，特别注意要素投入报酬与要素生产贡献间的联系。马歇尔的收入分配理论在西方经济学界的影响很大，被认为是现代薪酬理论的基础，其后的许多研究是在马歇尔奠定的市场工资决定机制的基础上深入展开的。

三、效率工资理论

效率工资理论的基本观点是：劳动力市场上成交的劳动力与生产过程中实际发挥出来的劳动力不完全一致。这是因为工人在劳动中总是尽可能地少出力。这样劳动效率的发挥就需要有效的监督。工人在生产过程中付出的努力是实际工资的函数。而劳动监督是需要成本的，而且在信息不完全的情况下，对劳动进行外在监督的成本相当高。为了使利润最大化，雇主可以选择把工资定在一个较高的水平上。因为，在一定程度上，工资越高效率就越高，产出就越大。从这个意义上来讲，由高的劳动率产生出来的高水平的工资，就称为"效率工资"。

四、博弈工资理论

该理论认为员工和雇主之间的关系是一种矛盾对立的关系，员工工资的确定是一个双方相互讨价还价和较量的过程。在这个博弈的过程中，劳动者就其薪酬与雇主进行谈判。这样，雇主就需要在较高的工资、较少的雇员和较低的工资、较多的雇员中进行选择，也即选择博弈的效率工资还是非效率工资。这种理论主要适合于组织中的高层技术人员和管理人员薪酬的确定。

第三节 现代薪酬理论

一、舒尔茨的人力资本理论

人力资本理论认为，人力资本是由投资形成的，是存在于人体中的知识和技能的总和。人力资本投资的主要形式有医疗保健投资、在职培训投资、正规学校教育投资、社会教育投资、劳动力流动投资。在劳动力市场上，一个人的技术含量越高，其劳动生产率就越高，边际产出的价值也越大，因而得到的报酬也越高。只有使每个劳动者的人力资本价值都得到体现，社会总体劳动力资源才能得到有效配置，即实现"帕累托最优"。

二、贝克尔的劳动力市场歧视理论

劳动力市场歧视理论的基本观点是：歧视是在劳动力市场上对工人与生产率无关的个人特征（如种族、性别、宗教等）的（正负）评价，具体包括职业歧视、工资歧视以及直接歧视、间接歧视。

三、威茨曼·马丁的利润分享理论

1984 年威茨曼·马丁提出了利润分享理论。他认为：使作为雇员工资来源的"分享基金"与雇主的利润或收入直接相关，即工人工资与企业利润挂钩。工人与雇主在劳动力市场上不再拿固定工资，而是就双方在利润中的分享比例达成协议。利润增加，分享基金增加，反之，则减少。这种分享制度既包括"单纯"的模式（工资完全取决于企业业绩），也包括"混合"的模式［有保障的工资加上利润（洛克模式）或收入（斯凯林模式）分享基金］。

威茨曼的动机是从微观经济着眼寻求稳定宏观经济的方法，即：使工资报酬与企业利润挂钩，以刺激雇主对劳动力的"饥渴"，对付滞胀的困扰。因为在经济萧条，企业利润下降的情况下，工人的工资也会随之下降。这样，雇主就不必解雇他们以降低人工成本。等到经济复苏，企业利润上升时，工人的工资又会自动回升，而企业则随时保留了一支稳定的员工队伍。

把员工的个人收入与企业的利润直接挂钩，必然会使员工关心企业的盈利状况，因此这种制度一般要求有一套公开、完善的财务制度，以便衡量和监督。这种制度比"员工持股制"更能激发劳动者长期的工作热情。在实际生活中，企业销售人员的薪酬制度多采用这种类型。

没有基薪，仅靠佣金获得收入的薪酬制度，属于"单纯"的分享模式；有固定的基薪，另外再依据个人的销售利润提成的薪酬制度，属于克洛模式，即一种混合模式；有固定的基薪，另外再依据个人的销售收入提成的薪酬制度，则属于斯凯林模式，也是一种混合模式。

四、贝克尔的家庭经济理论

家庭经济理论主要是以家庭为研究对象，以此来解释劳动力市场中的劳动供给行为。贝克尔把一个人的时间分为工作、家务劳动和闲暇娱乐这三个部分，以家庭利益的最大化为前提来找出最佳的劳动供给水平和相应的工资率。

由于家庭是社会的细胞，家庭的经济决策关系到全社会的经济运行，当然也关系到组织的生产和工资的决定，所以家庭经济学也成为组织管理者需要掌握的重要知识。

五、知识资本理论

随着知识经济的发展，由知识决定工资的理论应运而生。近年来，在美国已经出现了有限责任合伙公司。这种组织由出资人承担有限责任，而出"知"人承担无限责任。从理论上看，这种组织的制度基础是劳动雇佣责任的委托权安排，即主要由劳动者来承担风险、享受利润；资本家对组织只拥有债权收益。

知识资本理论的分配特点是：

1. 个人知识决定其就业的起点、方向和收入；
2. 知识水平差异是报酬差异的直接原因；
3. 用能力工资取代职务工资；
4. 知识工人对组织盈余有充分的分享权；
5. 按"知"分配的制度使劳动力资本化，使劳动者从组织的员工变成独立的人；
6. 劳动力资本能创造剩余价值；
7. 劳动力不再当作商品来让渡，而是作为资本来让渡；
8. 能够提高劳动者素质的投入都应该视作投资，而不是浪费。

第四节　薪酬体系的规划与管理

一、薪酬体系的规划

（一）薪酬体系规划的内容与步骤

薪酬体系规划工作是在不确定条件下进行的一项非常复杂的活动，它必须通过系统的方法，鉴别和分析企业内外部的多种因素，并使各因素与企业薪酬体系规划的总体目标相结合，才能保证规划的科学有效。一般而言，薪酬体系的规划应遵循如下程序。

1. 外部环境扫描与预测

包括的内容有：人力资源市场供求状况；行业薪酬水平；员工期望；企业目标及经济效益；国家政策等。

2. 确定总体政策目标

包括的内容有：薪酬的总水平；薪酬的分配标准；特殊政策等。

3. 研究可能的变动原因

包括的内容有：物价变动；政策性调整；人员变动等。

4. 制订可选择的方案

包括的内容有：制订最优的方案；制订其他可行性方案。

5. 根据总目标评价各种方案

如：评价哪个方案将提供最佳机会、最大收益、最低成本。

6. 选择最佳方案、编制总体规划

7. 编制分类计划

包括：工资计划；奖励计划；福利计划。

8. 编制预算使计划数字化、细化

如增加工资预算、奖励预算、福利预算等。

9. 规划实施及反馈、规划的调整和控制

（二）薪酬体系规划的基本过程

建立一套"对内具有公平性，对外具有竞争力"的薪酬体系，是目前我国很多公司人事经理和总经理的当务之急。薪酬体系的建立是一项复杂而庞大的工程，不能只靠文字的堆砌和闭门造车的思考来完成薪酬体系的设计。设计企业的薪酬体系应该遵循以下几个基本程序：

1. 合理而详尽的岗位分析。岗位分析是企业薪酬管理的基础。岗位分析也可称为工作分析或职位描述，即根据企业发展战略的要求，通过采用问卷法、观察法、访谈法、日志法等手段，对企业所设的各类岗位的工作内容、工作方法、工作环境以及工作执行者应该具备的知识、能力、技能、经验等进行详细的描述，最后形成岗位说明书和工作规范。岗位分析是一项基础工作，分析活动需要企业人力资源部、员工及其主管上级通过共同努力和合作来完成。员工的工资都是与自己的工作岗位所要求的工作内容、工作责任、任职要求等紧密相连的。因此，科学而合理地分配薪酬必须同员工所从事工作岗位的内容、责任、权利、任职要求所确立的该岗位在企业中的价值相适应。这个价值是通过科学的方法和工具分析得来的，它能够从基本上保证薪酬的公平性和科学性，也是破除平均主义的必要手段。

2. 公平合理的岗位评价。岗位评价是在对企业中存在的所有岗位的相对价值进行科学分析的基础上，通过分类法、排序法、要素比较法和要素点值法等对岗位进行排序的过程。

岗位评价是新型薪酬管理体系关键环节，要充分发挥薪酬机制的激励和约束作用，最大限度地调动员工的工作主动性、积极性和创造性，在设计企业的薪酬体系时就必须进行岗位评价。

3. 薪酬市场调查。薪酬的外部公平性是对企业薪酬水平与同行业、本地区劳动力市场价格相比较是否平衡的要求。企业的薪酬体系要达到这个目的，就必须在薪酬体系设计之初进行详细的薪酬市场调查，摸清行情，相机而动。只有这样，才能保证薪酬体系的激励性和吸引力，才能真正发挥"双刃剑"的作用。

4. 薪酬方案的草拟。在完成了上述三个阶段的工作，掌握了详尽的资料之后，才能进行薪酬方案的草拟工作。薪酬体系方案的草拟就是要对各项资料及情况进行深入分析的基础上，运用人力资源管理的知识开始薪酬体系的书面设计工作。

5. 方案的测评。薪酬方案草拟结束后，不能立刻进行实施，必须对草案进行认真的测评。测评的主要目的是通过模拟运行的方式来检验草案的可行性、可操作性，预测薪酬草案的"双刃剑"作用是否能够很好地发挥。

6. 方案的宣传和执行。经过认真测评以后，应对测评中发现的问题和不足进行调整，然后就可以对薪酬方案进行必要的宣传或培训。薪酬方案不仅要得到企业上层与中层管理人员的支持，更应该得到广大员工的认同。经过充分的宣传、沟通和培训，薪酬方案即可进入执行阶段。

7. 反馈及修正。薪酬方案执行过程中的反馈和修正是必要的，这样才能保证薪酬制度长期、有效实施。另外，对薪酬体系和薪酬水平进行定期的调整也是十分必要的。

（三）薪酬体系设计过程中应该注意的问题

1. 公平性是薪酬制度的基本要求。合理的薪酬制度首先必须是公平的，只有公平的薪酬才是有激励作用的薪酬。但公平不是平均，真正公平的薪酬应该体现在个人公平、内部公平和外部公平三个方面。

所谓个人公平就是员工对自己的贡献和得到的薪酬感到满意。在某种程度上讲，薪酬即是企业对员工工作和贡献的一种承认，员工对薪酬的满意度也是员工对企业忠诚度的一种决定因素。

所谓内部公平就是员工的薪酬在企业内部贡献度及工作绩效与薪酬之间关系的公平性。内部公平主要表现在两个方面，一是同等贡献度及同等工作绩效的员工无论他们的身份如何（即无论是正式工还是聘用工），他们的薪酬应该对等，不能有歧视性的差别。二是不同贡献度岗位的薪酬差异应与其贡献度的差异相对应，不能刻意地制造岗位等级差异。

外部公平是指企业的薪酬水平相对于本地区、同行业内在劳动力市场的公平性。科学管理之父泰勒对此有深刻的认识，他认为，企业必须在能够招到适合岗位要求的员工的薪酬水平上增加一份激励薪酬，以保证这份工作是该员工所能找到的最高工资。这样，一旦员工失去这份工作，将很难在社会上找到相似收入的工作。因此，一旦员工失去工作，就承担了很大的机会成本。只有这样，员工才会珍惜这份工作，努力完成工作要求。外部公平要求公司的整体工资水平保持在一个合理的程度上，同时对于市场紧缺人才实行特殊的激励政策，并关注岗位技能在人才市场上的通用性。

2. 应充分认识到薪酬在人力资源管理中的重要性。薪酬在人力资源管理中有着非常重要的作用，作为企业经营者和人力资源管理人员必须对薪酬的重要性及其双刃剑作用有清醒的认识。正如"得到的取决于付出的"一样，"付出的依赖于得到的"也是人力资源管理中的一条重要定理。现在，薪酬不再被看作是一种不可避免的成本支出，而是应该被看作一种完成组织目标的强有力的工具，看成企业用人留人的有效的晴雨表。

要充分认识到薪酬在企业人力资源管理中的重要性，就必须对薪酬进行正确的定位。薪酬能为企业做什么，不能做什么？任何一家企业的薪酬设计以及管理过程都是建立在对此问题回答基础上，而许多企业在薪酬管理方面出现失误往往都是由于未能认真思考及对待这一问题。从薪酬管理的实践来看，唯薪酬论和薪酬无用论都是片面的，都是不正确的。

因此，一方面要承认，较高的薪酬对于某些特定人群尤其是低收入者和文化素质不高的人确实有较明显的激励作用。但在另一方面又必须清醒地认识到，对于企业中的高素质人才而言，"金钱不是万能的"，加薪产生的积极作用也同样遵循边际收益递增然后递减的规律。而减薪之前更要考虑稳定性的因素。

3. 薪酬制度的设计必须处理好短期激励和长期激励的关系。薪酬的激励作用是大家都承认的，但如何处理好薪酬体系的短期激励和长期激励的关系是一个更重要的问题。要处理好薪酬的短期激励和长期激励的关系，应该处理好以下几个问题：

（1）必须全面地认识薪酬的范畴。薪酬不仅仅是工资，它应该是包括各类工资（基本工资、岗位工资、绩效工资等）、奖金、职务消费、各类补贴、各类福利的一个整体系统。

（2）在处理薪酬各部分的时候，应该强调公平性。公平性是好的薪酬方案激励性和竞争性的基础。要区别对待。对各类工资、奖金、职务消费就应该按岗位和贡献的不同拉开差距，而对于各类福利就应该强调平等，不能在企业内部人为地制造森严的等级。

4. 薪酬的设计要处理好老员工与新员工的关系。企业的发展是一个长期积累的过程，在这个过程中，老员工是做出了很大的贡献的。同时，不断地引进企业所需要的各类人才也是人力资源管理的重要工作。因此，在设计企业薪酬体系时，既要体现对老员工历史贡献的认同，又要注意避免过分的新老员工薪酬差异造成新员工的心理不平衡和人才的流失。

5. 薪酬的设计要注意克服激励手段单一，激励效果较差的问题。设计企业的薪酬体系尤其要注意发挥薪酬的激励作用，然而"金钱不是万能的"，如何克服薪酬在激励方面表现出来的手段单一和效果较差的问题是薪酬设计中的一个重要问题。

员工的收入差距一方面应取决于员工所从事的工作本身在企业中的重要程度以及外部市场的状况，另一方面还取决于员工在当前工作岗位上的实际工作业绩。然而，许多企业既没有认真细致的职位分析和职位评价，也没有明确客观、公平的绩效评价，所以拉开薪酬差距的想法也就成了一种空想，薪酬的激励作用仍然没有发挥出来。

6. 企业的薪酬制度调整要在维护稳定的前提下进行。薪酬分配的过程及其结果所传递的信息有可能会导致员工有更高的工作热情、更强烈的学习与创新愿望，也有可能导致员工工作懒散、缺乏学习与进取的动力。因此，在对企业的薪酬制度进行调整时必须以维护稳定为前提，要注意维护大多数员工的利益和积极性。损害了大多数员工的利益，挫伤了大多数员工的积极性的薪酬改革是不可取的。

总之，企业薪酬体系的是一项复杂而庞大的工程，只有对薪酬体系进行多方面、全方位的设计，才能保证薪酬的公平性和科学性，充分发挥薪酬机制的激励和约束作用，使薪酬成为一种完成组织目标的强有力的工具。

（四）薪酬体系规划的意义

当传统的商业竞争优势如资金、技术等的差异化变得越来越困难，人们认识到企业竞争优势与人力资源或者称为是"人力资本"的因素联系越来越紧密了。人力资源的职能也因此远远超出传统意义上服务、支持的职能，而成为企业实现战略目标的有效手段，即依靠人力资源管理的工具提供企业价值。其中薪资福利制度是人力资源管理中的重要环节，也是企业内部经营机制的重要手段。分配机制的合理性，直接影响到企业员工工作积极性的调动及企业竞争优势的获取。

二、薪酬体系的设计

（一）管理人员薪酬方案的设计

管理者能力的高低在很大程度上决定着公司的命运。因此，在决定管理人员的薪酬时，公司总是把高层管理者薪酬的增长与公司的业绩联系起来。对于中层管理者，公司希望把他们的薪酬与公司业绩、市场占有率以及内部因素联系起来。而基层管理者的薪酬通常由市场占有率、内部薪酬结构以及个人业绩来决定。

管理者的绩效，一般不易衡量。对管理者进行绩效考核时，更多的是对他们的工作结果进行考评，而不是对他们的工作过程进行考评。因此，在决定管理人员的薪酬时，根据市场定价是一种比较好的方法。

管理者的薪酬通常由五个部分组成，即基本薪酬、短期薪酬或奖金、长期薪酬和资本增值计划、行政福利、津贴。管理薪酬方案的设计有时还取决于国家的财税法规。

（二）专业人员薪酬方案的设计

专业人员是由于他们向公司提供知识和技能而获得薪酬，因此专业人员薪酬方案与管理人员的薪酬方案有很大的不同。虽然许多专业人员后来成为了管理人员，但是对于那些不想成为管理人员的专业人员，一些公司建立并推行了二元薪酬追踪系统。这种方法让专业人员不必进入管理部门也可获得较高的收入。

职业生涯曲线也是用来确定专业人员薪酬的一种工具。这些曲线的基本假设是一个人的经验越丰富，其薪酬越高；同时，还要考虑员工业绩的变化。

（三）销售人员薪酬方案的设计

销售人员薪酬方案的设计通常要考虑到一些特殊因素，因此组织往往把薪酬设计的任务交给销售部门而不是人力资源部门。

销售人员薪酬体系的不同之处在于薪酬的内部结构、比例以及薪酬增长的依据不同。销售人员的薪酬是由底薪和佣金组成的。底薪数额以及佣金的提取比例，取决于公司的价值观、产品的性质、销售工作的难易程度等因素。

除底薪和佣金以外，销售人员经常得到其他形式的奖励薪酬，比如电视机、冰箱等实物形式的奖励薪酬。

三、薪酬体系的调整

企业薪酬体系在运行一段时间以后，随着企业经营业务的变化而产生的用人政策的变化，往往使得现行的薪酬体系难以适应企业业务运营的需要，这是企业就必须对其现有的薪酬体系进行全方位的检测，以确定相应的调整措施，这主要包括两个方面，一是薪酬体系本身的调整，二是相对应于员工薪酬的调整。

（一）薪酬调整的策略基础

在进行薪酬体系调整时，我们除了要考核薪酬设计的三公（内部公平性、外部公平性、人员与岗位公平性）外，还必须考虑以下因素来综合思考薪酬的调整策略。

1. 人才市场的定位。公司对核心人才的需求层次。充分考虑企业的产业特点、技术研究、经营方式以及参与市场人才竞争等因素，明确企业在国内同类行业中人才市场定位，以建立薪酬外部竞争力。

2. 吸引人才、激发潜能的薪酬水平。依据人才的市场定位，企业为了留住、吸引及激发人才，企业须针对同类行业的市场薪酬数据确定市场薪酬曲线的分位线。

3. 经济承受能力。企业有竞争力的薪酬调整策略必须以企业的经济承受力为基础；否则，将失去整个薪酬调整的坚实基础。因此，企业在对每个岗位薪酬级别与福利等确定以后，对薪酬总量进行测算，以满足在提供有竞争力薪酬的同时，能有充足的资金支撑公司的经营发展。

（二）薪酬体系调整

1. 薪酬水平的调整。薪酬水平的调整，是指薪酬结构、等级要素、构成要素等不变，调整薪酬结构上每一等级或每一要素的数额。

在薪酬水平的调整中，除了贯彻薪酬调整指导思想之外，还要处理好以下关系：

选择调整战略和新的政策。企业总体薪酬水平的主要作用是处理与外部市场的关系，实现一种能够保持外部竞争力的薪酬水平。为了贯彻新的薪酬政策而进行的薪酬调整，反映了企业决策层是否将薪酬作为与外部竞争和内部激励的一个有效手段。

公司也可实行领先薪酬水平对策，将薪酬水平提高到同行业或同地区市场上整个薪酬调整期内都可以维持的优势水平。在制定领先的薪酬水平政策时，可以暂时不考虑企业当前的财务状况，不要单纯把薪酬作为一种人工成本投入，而要作为一种战略投资或者说风险投资进行设计。具体为，如果企业调薪的期限是每隔一年；预计当前市场薪酬年增长率为10%；那么企业薪酬增长率就必须高于10%，在下一个调整期到来之前，薪酬水平仍然不落后于市场水平。

重视经验曲线规律。对不同岗位和员工进行有区别的调整政策。经验曲线是指随着时间的增加，某个人对某个岗位、某项工作的熟悉程度、经验积累乃至感情会越来越深，从而有利于员工改进工作方法，提高工作效率，更好、更合理地完成本职工作。但是这种经验不是永远增加的，随着时间推移，经验的积累也将越来越慢，直至停止。经验曲线在不同性质的工作之间的作用程度和积累效应是不同的，一般而言，技术含量高的工作经验曲线的积累效应大，反之则小。例如，从事技术工作的员工，随着年限的延长和经验的积累，其研究和开发能力会逐步提高。因此，越是简单、易做的工作，其经验积累得越快，并且这种经验也将很快达到顶峰，不再继续增加。但如果工作本身难度很高，需要较强的创新精神，那么这种经验的积累速度将是十分缓慢并且是长期的，这种经验只要稍微增加就可以促进员工能力和工作效率的大幅度提高。

因此，薪酬增加应该尊重经验曲线规律的作用，主要体现在经验曲线效应较强的工作，随时间的推移，从事这些工作的人员的薪酬需要上涨，而且在曲线上升期间，薪酬不仅应该增加，而且应该按照递增的比例增加；到经验曲线下降或者不起作用之时，可以适当地降低薪酬增长幅度或者采取其他激励方式。对于经验曲线效应不强的简单工作，例如，熟练工和后勤人员等，其技能与工作经验之间的相关性不强，薪酬调整可以不过多考虑经验与增资之间的关系。

2. 薪酬结构的调整。薪酬结构的调整包括纵向结构和横向结构两个领域。纵向结构是指薪酬的等级结构；横向结构是指各薪酬要素的组合。

纵向等级结构常用的调整方法包括：

增加薪酬等级：增加薪酬等级的主要目的是为了将岗位之间的差别细化，从而更加明确按岗位付薪的原则。等级薪酬制是与以岗位为基础的管理制度相连的，是一种比较传统和正规的管理模式。薪酬等级增加的方法很多，关键是选择在哪个层次上或哪类岗位上增加等级，例如，是增加高层次，还是中、低层次的岗位，是增加管理人员的等级层次，还是一般员工层次，增加以后，各层次、各类岗位之间还需要重新匹配，调整薪酬结构关系等，这些都要慎重考虑。

减少薪酬等级：减少薪酬等级就是将等级结构"矮化"，是薪酬管理的一种流行趋势。目前倾向于将薪酬等级线延长；将薪酬类别减少，由原有的十几个减少至三五个；在每种类别，包含着更多的薪酬等级和薪酬标准；各类别之间薪酬标准交叉。薪酬等级减少的直接结果是薪酬等级"矮化"，即合并和压缩等级结构，其优点在于：第一，使企业在员工薪酬管理上具有更大的灵活性；第二，适用于一些非专业化的、无明显专业区域的工作岗位和组织的需要；第三，有利于增强员工的创造性和全面发展，抑制员工仅为获取高一等级的薪酬而努力工作的倾向。

调整不同等级的人员规模和薪酬比例。公司可以在薪酬等级结构不变动的前提下，定期对每个等级的人员数量进行调整，即调整不同薪酬等级中的人员规模和比例，实质是通过岗位和职位等级人员的变动进行薪资调整的。例如，通过对高、中、低不同层次的人员进行缩减或增加，可以达到三个目的：一是降低薪酬成本；二是增强企业内部的公平性；三是加大晋升和报酬激励。具体做法有：

其一，降低高薪人员的比例。主要是为了采取紧缩政策，降低企业的薪酬成本。因为一个高级管理人员的收入往往是低级和中级员工的数倍，甚至是数十倍。主要是控制薪酬成本，核心是减少高级员工，降低其薪酬和福利待遇，收到了较好的效果。

其二，提高高薪人员比例。企业为了适应经营方向和技术调整，增加高级管理人才或专业技术人才而采取的政策。如在激烈的市场竞争中，一些采取经营者年薪制的企业，之所以不惜花重金雇佣高级经理人员是因为企业的竞争力主要取决于，一是高级管理人员具有长期的战略眼光；二是高级管理班子具有稳定性。这两个因素是制定高级人员薪酬计划和实行年薪制的主要依据。这一条对于解决 A 公司的薪酬问题尤其有意义。

其三，调整低层员工的薪酬比例。一般是通过变化员工的薪酬要素降低员工的薪酬水平，例如，压低浮动薪酬，升高奖励标准，使得员工在一般情况下，只能获得基本薪酬，很难获得奖金和浮动薪酬；或者在薪酬水平不变或增加幅度不大的情况下，延长工作时间，减少带薪休假，提高工时利用率等。

3. 薪酬要素构成的调整。横向薪酬结构调整的重点是考虑是否增加新的薪酬要素。在薪酬构成的不同部分中，不同的薪酬要素分别起着不同的作用，其中，基本薪酬和福利薪酬主要承担适应劳动力市场的外部竞争力的功能；而浮动薪酬则主要通过薪酬内部的一致性达到降低成本与刺激业绩的目的。

薪酬要素结构的调整可以有两种方式：一是在薪酬水平不变的情况下，重新配置固定薪酬与浮动薪酬之间的比例；二是通过薪酬水平变动的机会，提高某一部分薪酬的比例。相比之下，后一种方式比较灵活，引起的波动也小。员工薪酬要素结构的调整需要与企业薪酬管理制度和模式改革结合在一起，使薪酬要素结构调整符合新模式的需要。

（三）员工薪酬调整

1. 效益调整（普调）。当企业效益好，盈利增加时，对全员进行普遍的加薪，但以浮动式，非永久性为佳，即当企业效益下滑时，全员性的报酬下调也应成为当然。但需注意的是报酬调整往往具有"不可逆性"。

2. 业绩性调整。奖励性调整是为了奖励员工做出的优良工作绩效，鼓励员工继续努力，再接再厉，更上一层楼。

3. 职位晋升（技术等级晋升）。

4. 岗位调换。

5. 试用期满调薪。

6. 工龄调整。工龄调整要体现对公司贡献积累的原则，鼓励员工长期为公司服务，增强员工对企业的归属感，提高企业的凝聚力。

7. 特殊调整。这里指企业根据内外环境及特殊目的而对某类员工进行的报酬调整。如实行年薪制的企业，每年年末应对下一年度经营者的年薪重新审定和调整，企业应根据市场因素适时调整企业内优秀人才的报酬以留住人才等。

思考题：

1. 什么是薪酬？简述薪酬体系的构成。
2. 薪酬与报酬有什么区别？
3. 影响薪酬系统的因素是什么？
4. 简述薪酬体系设计的步骤。

案例分析

小张通过一番努力，终于应聘到向往已久的保健品 A 公司。小张觉得这个工作来之不易，其销售才能也能得到充分发挥，因此工作得特别努力，每天都拜访好几家新客户，甚至在每天回家以后都花大量时间在报纸上收集客户信息。一个月过去了，小张的工作状态越来越差，做事越来越打不起精神，在 A 公司工作了近两个月之后，小张向公司提出了辞职申请。由于公司人才流失严重，严重影响了公司的业绩。为了招聘到优秀的人才，公司花费大量精力和金钱。小张是本次招聘的新员工中的佼佼者，在公司的表现也很突出，为什么刚刚开始上手就要提出辞职呢？人力资源部经理一改以往的习惯做法，决心尽最大努力留住小张。在同小张的深谈中，经理了解到了小张辞职的原因，同时，也意识到了公司管理中所存在的严重问题。原来，小张在进公司之前了解到，在 A 公司，不论是新业务员，还是老业务员，底薪和提成都一视同仁，提成均按销售额的 5%，相比其他几家应聘的公司，A 公司的薪酬制度还是比较有竞争优势并且比较公平。小张的销售能力出类拔萃，A 公司的品牌颇有影响，因此，小张相信自己能够干得很开心，获得高报酬。但慢慢地，小张发现，尽管自己每天不停地打电话、跑客户，但是销售业绩在公司的业绩公告栏上还是远远地落在两位老业务员后面。第一个月工资发下来，老员工比小张多出十几倍，小张很难受，也很苦恼。本来，新员工的业绩低一些纯属正常，没什么大惊小怪，可是，仔细观察下来发现，原来公司的两部客户咨询电话都放在两位老员工的办公桌上，每当有客户咨询电话，都被两位老员工据为己有。由于 A 公司自身有许多广告，因此客户咨询电话非常多。老员工只要坐在办公室，守住电话，便可以掌握大量的新的优质客户，而像小张这一批新进员工则只有自己开发新客户。小张愤愤地说：客户资源是公司的，现在都被两位员工据为己有，我们新员工即使这么努力，业绩与每天坐在办公室的老员工们相比，还是相去甚远，当然只有另谋生路。公司也知道这样做不公平，曾经计划过采取措施改变这种状况，但是，由于两位老业务员掌握了公司的主要的客户，公司的销售主要靠他们做；并且，公司的几个大客户也都是他们以前开发的，同他们的私人关系很好，如果公司调整销售制度，担心他们两个老业务员跳槽。对此公司也很头疼。但是，这种状况不改变，公司就不可能留住新人。

（资料来源：根据东方资讯 https：//mini. eastday. com/a/180111055524568 - 3. html 改写）

结合案例思考：

1. A 公司的薪酬管理存在什么问题？

2. 应该如何改进？

参考文献

［1］姚裕群. 人力资源管理［M］. 北京：中国人民大学出版社，2004.

［2］董克用. 人力资源管理概论［M］. 北京：中国人民大学出版社，2004.

［3］张建国，陈晶瑛. 现代人力资源管理［M］. 四川：西南财经大学出版社，2005.

［4］廖泉文. 人力资源管理［M］. 北京：高等教育出版社，2003.

［5］杨俊青. 论工资上升对劳动者的激励与就业［J］. 中国人口科学，2005（5）：7.

［6］杨俊青. 非国有企业人力资源管理如何实现战略转变与可持续发展［J］. 人力资源管理，2008（3）：29.

［7］杨俊青. 工资激励职能与我国二元经济结构转化［J］. 财贸经济，2009（3）：13.

［8］陈宗胜. 经济发展中的收入分配［M］. 上海：上海三联书店，1991.

第四篇

人力资源管理的人力资源
供给方分析

人力资源管理的主要任务是要实现人与岗的最佳匹配，人与岗的最佳匹配需对人力资源的供求双方进行分析。上一篇我们分析了人力资源管理的人力资源的需求方，本篇分析人力资源管理的人力资源的供给方。对人力资源的供给方分析主要阐述人力资源的职业生涯管理与人力资源职业成功的理论。

第十三章 人力资源的职业生涯管理

人力资源的职业生涯管理从人力资源的供给方看是人力资源供给方取得职业成功的基础；从人力资源需求方看有利于组织实现人力资源与组织岗位匹配的效率；从全社会看有利于实现全社会资源的最佳配置。做好职业生涯管理，首先需要对人力资源的供给进行预测。

第一节　人力资源的供给预测

一、人力资源供给预测的含义

人力资源的供给包含两个方面，即广义的人力资源供给和狭义的人力资源供给。广义的人力资源供给是指整个社会的劳动力供给，包括各个地区，各个行业，各种类型的劳动力供给。狭义的人力资源供给则可分为具体的企业，行业或地区的人力资源供给。本章具体阐述的人力资源供给，无特别指明，均为狭义的人力资源供给，尤其特指组织内部的人力资源供给。

人力资源供给预测是人力资源规划中的核心内容，是预测在某一未来时期，组织内部所能供应的（或经有培训可能补充的）及外部劳动力市场所提供的一定数量、质量和结构的人员，以满足企业为达成目标而产生的人员需求。

人力资源的供给来源包括两部分，即：组织外部的人力资源供给和组织内部的人力资源供给。

组织外部的人力资源供给实际上是社会供给，包括一个国家，乃至世界范围内的宏观的人力资源供给，一个地区范围内的中观的人力资源供给等。影响外部人力资源供给的因素是较为复杂的。整个社会经济发展状况，人口因素及国家的政策体制等均会严重影响人力资源供给状况，特别是国家的教育政策，产业政策，人力资源政策等，对人力资源供给的影响作用更大。对于一个国家来说，为了及时有效地供给人力资源，除了要掌握有关住处外，要从政策环境和运行机制上努力培育劳动力或人才市场，完善劳动力或人才市场体系，健全各种必需的法律与法规，充分发挥劳动力或人才市场对人力资源的有效配置作用。组织外部的人力资源供给在大多数情况下，不为组织所了解或掌握，因而多通过对本地劳动力市场、企业雇佣条件和竞争对手的策略分析来实现。

组织内部的人力资源的供给来源，是指在对组织内部人力资源开发和使用状况考察的基础上，通过有效的人力资源管理来达到内部供给的目的。与外部预测相比，组织内部的人力资源的供给预测更具有可控性和操作性。因而一直以来也是人力资源供给预测的主要研究方面。

二、人力资源供给预测的方法

人力资源供给预测，需要分析组织内部人力资源供给和组织外部人力资源供给两个方面。

（一）组织内部人力资源供给预测方法

1. 技能清单法。技能清单是一种用来反映员工工作能力特征的列表，这些特征包括教育水平、培训背景，以前的经历、技能特长、持有的证书，已经通过的考试，主管的能力评价等一系列的信息资料，是一张反映员工工作能力和竞争力的图表。

人力资源规划人员可以依据技能清单的内容来预测现有员工调换工作岗位的可能性的大小，决定有哪些员工可以补充组织当前的空缺。组织的人力资源规划不仅要保证为组织中的工作岗位提供相应数量的员工，同时还要保证每个空缺都有合适的人员来填充。因此，有必要建立员工的工作能力记录，其中包括基层操作员工的技能和管理人员的管理能力的种类及能达到的水平。技能清单可以包括所有的员工，也可以只包括部分员工。

技能清单的一般作用是用于晋升人选的确定，管理人员的接续计划，对特殊项目的工作分配，工作调动，培训，工资奖励计划，职业生涯规划和组织结构分析等方面。对于要求其成员频繁调动的组织或者经常组建临时性团队或项目组的组织，其技术档案中应该包括所有的员工。而对于那些使用技能清单来制定管理人员接续计划的组织，技能清单中可以只包括管理人员。根据技能清单编制的员工情况，报告可分为三类：

——工作性报告。工作性报告服务于组织的日常管理。它包括总的工作岗位空缺情况，新员工招聘情况，辞职情况，退休情况，晋升情况和工资情况。其中，工资情况应该包括资历，工资等级、等级内的工资档次等。

——规定性报告。这是政府有关部门规定组织提交的报告。

——研究性报告。这种报告是不定期的，偶尔编制一次，是人力资源管理部门对内部人力资源状况的研究，为日后改进人力资源管理服务。

由于员工的工作兴趣、发展目标、绩效水平是不断变化的。因此，在首次资料的基础上，应每年进行一定的更新和补充。

2. 员工替换法。此方法是在对人力资源彻底调查和现有劳动力潜力评估的基础上，指出公司中每一个职位的内部供应源。具体而言，即根据在现有人员分布状况及绩效评估的资料，在未来理想人员分布和流失率已知的条件下，对各个职位尤其是管理阶层的接班人预做安排，并且记录各职位的接班人预计可以晋升的时间，作为内部人力供给的参考。经过这一规划，待补充职位空缺所要求的晋升量和人员补充量即可知道人力资源供给量。

员工替换法是根据职位置换来预测企业内部人力资源需求的一种简单而有效的方法。职位置换以员工目前的绩效水平作为依据，显示企业中潜在的职位空缺和可能出现的替换。潜在空缺产生于两种情况，一种是当员工绩效十分优秀时，将会被提升到更高的岗位上；另一种是当员工绩效低下时，有可能被调离现任岗位甚至被辞退。空缺的岗位将由职位候选人替代。

3. 马尔科夫（Markow）模型。该方法的假设前提是企业内部员工的流动模式和流动概率有一定的规律，且该规律在规划期内不会发生变化。因此，可以找出过去员工流动的规律，并以此来推测企业员工未来的变动趋势。

这种方法目前广泛应用于企业人力资源供给预测上，其基本思想是找出过去人力资源变动的规律，来推测未来人力资源变动的趋势。

模型前提为：

1. 马尔科夫性假定，即 $t+1$ 时刻的员工状态只依赖于 t 时刻的状态，而与 $t-1$、$t-2$ 时刻状态无关。

2. 转移概率稳定性假定，即不受任何外部因素的影响。

马尔科夫模型的基本表达式为：

$$N_i(t) = \sum N_i(t-1)P_{ji} + V_i(t) \qquad (i, j=1, 2, 3, \cdots, k \quad t=1, 2, 3, \cdots, n)$$

式中：k 表示职位类数；$N_i(t)$ 表示时刻 t 时 I 类人员数；P_{ji} 表示人员从 j 类向 I 类转移的转移率；$V_i(t)$ 表示在时间 $(t-1, t)$ 内 I 类所补充的人员数。

某类人员的转移率（P）＝转移出本类人员的数量/本类人员原有总量

下面以某企业的员工变动为例加以说明。

在表 13-1（a）表示该企业的工作级别从 A 到 F，其中 A 为最高级别，F 为最低级别，表中的每一个元素表示一个时期到另一个时期（如从某一年到下一年）从某个岗位转移到另一个岗位的人数比例（以小数表示）。

例如，AA 表示在任何一年内，90% 的 A 岗位员工仍留着 A 岗位，而有 10% 的员工离开该企业；BA 表示在任何一年内，10% 的 B 岗位员工晋升到 A 岗位，75% 的 B 岗位员工仍留在原岗位，另有 15% 的员工离职，以此类推。

通过各岗位员工流动率的概率和规划初期每个岗位员工的数量，就可以预测出企业未来员工的供给量。将规划初期每个岗位员工的数量与相应的员工流动概率相乘，然后纵向相加，即可得到企业内部员工的净供给量。如根据表 13-1（b）所示，可以预测下一年 A 岗位将有 22 人，B 岗位将有 42 人，C 岗位将有 70 人，D 岗位将有 116 人，E 岗位将有 140 人，F 岗位将有 138 人。

表 13-1　　　　　　　　　　　**马尔科夫分析矩阵**

工作级别	人员流动的概率						
	A	B	C	D	E	F	离职
A	0.90						0.10
B	010	0.75					0.15
C		0.15	0.65				0.20
D			0.15	0.70	0.50		0.10
E				0.20	0.65	0.50	0.10
F					0.15	0.65	0.20

（a）

续表

工作级别	原有员工人数	A	B	C	D	E	F	离职
A	20	18						2
B	40	4	30					6
C	80		12	52				16
D	120			18	84	6		12
E	160				32	104	8	16
F	200					30	130	40
预测的员工供给量		22	42	70	116	140	138	92

(b)

4. 德尔菲（Delphi）法。在人力资源规划中，通常将德尔菲法用于人力资源需求预测方面。但作为一种方法而言，它同样适用于人力资源供给预测。具体做法是：首先将要咨询的内容写成若干条意义明确的问题寄给专家，由他们以书面形式予以回答。其次，由一中间人集中归纳汇总专家意见，并将意见反馈给各位专家，在此基础上要求专家重新考虑其预测，并说明修改的原因。再次，将以往所要求的资料清单总汇列齐，并与前一阶段里各个估计值的差距一并发给专家。最后，专家传阅在前一阶段各个估计值的差距，据此做出最后的估计并说明估计的经过和理由。

5. 目标规划法。一种结合马尔科夫分析和线性规划的综合方法，指出员工在预定目标下为最大化其所得，是如何进行分配的。目标规划是一种多目标规划技术，其基本思想源于目标满意概念，即每一个目标都有一个要达到的标靶或目标值，然后使距离这些目标的偏差最小化。当类似的目标同时存在时，决策者可确定一个应被采用的优先顺序。

6. 其他。近几年计算机技术的飞速发展带来了建模领域的变革，强大的计算统计功能，使计算量大而精确度高的模型的实际可操作性大大提高。基于此，国内外众多学者在前人研究的基础上提出了许多新的人力资源内部供给预测模型。主要有：multiple objective embedded network model，Holonic model 等，在我国，荆海英等提出了进行人力资源供给预测的"现代控制理论模型"、李磊提出了"二层整数规划模型"。这些方法仍是在原先两种方法——马尔科夫和目标规划基础上，利用先进的计算机技术使得其模型更加复杂、精确、完美。

（二）企业外部人力资源供给预测

当企业内部员工的晋升或替换流动方式不足以弥补岗位空缺的时候，就需要向企业外招聘录用新员工，以补充或扩充企业的员工队伍。

对企业外部人力资源的预测，要结合宏观形势、专业人员供给和地区人员供给三方面综合进行。宏观形势主要是指全国劳动力的供给状况，包括各类学校应届毕业生、退伍转业军人、失业人员的比重及分布等；专业人才供给主要是指本行业人员的供给状况，尤其是某些特殊技能人员的供给情况；地区人员供给主要是指企业所在地的劳动力供给情况，包括当地劳动力的数量、质量以及其他结构特征。

组织的外部人力资源供给受到许多因素制约，其中主要是：

1. 劳动力市场或人才市场。具体是：

人力资源供给的数量；

人力资源供给的质量；

求职者对职业的选择；

当地经济发展的现状与前景；

招聘者提供的工作岗位数量与层次；

招聘者提供的工作地点、工资、福利。

2. 人口发展趋势。这也是影响人力资源供给预测的重要因素。从我国人口发展情况看，有以下一些趋势，这些趋势必将影响人力资源供给的预测：

人口绝对数增加较快；

人口老龄化；

男性人口的比例增加；

沿海地区人口的比例增加；

城市人口的比例增加。

3. 科学技术发展。科学技术的发展对组织人力资源供给有以下影响：

掌握高科技的白领员工需求量增大；

办公室自动化普及，中层管理人员大规模削减，特殊人才相对短缺；

人们用于生产的时间逐渐减少，闲暇时间逐渐增多，第三产业的人力资源需求量逐渐增加；

政府（包括地方政府）颁布新的政策法规，外部制约因素制约力度加大；

工会的作用增强。

综合分析上述因素的影响是搞好组织外部人力资源供给预测的关键。

（三）人力资源供给预测方法的比较分析

对人力资源供给预测方法的比较分析，应注意以下四方面准则：

1. 完备性准则：预测方法是否能把预测目标有关的重要因素包括进去

2. 精确性准则：输出的预测值是否具有较高的精度

3. 实施性准则：是否容易运用、易于交流

4. 通用性准则：是否受特定条件限制较多，不适于推广运用

德尔菲法和替换单法作为一种定性研究方法，因预测结果具有强烈的主观性和模糊性，无法为企业制定准确的人力资源规划政策提供详细可靠的数据信息，精确性较差。但在实施性和完整性方面，德尔菲法因为主要是各方专家依据其经验进行分析预测，在预测时可综合考虑社会环境、企业战略和人员流动三大因素对企业人力资源规划的影响，替换单法则依据员工置换图，实施起来简单易行，因而得分较高。在通用性方面，因不同的企业，置换图也不可能相同，因而其得分较德尔菲法低。

马尔科夫模型和目标规划法虽然可以为企业提供精确的数据信息，有利于企业做出有效决策。特别是目标规划法，"它是一种容易理解的、具有高度适应性的预测方法，但为了体会它的优越性，我们必须调配广泛的资源，以找到公式所需的全部参数——比如说，相对一

般的应用需要超过 1200 个变量和 1100 多个限制条件"（德拉佩和梅尔坎特），因而模型的实施性较差。

对于一个稳定复杂的环境而言，马尔科夫模型和目标规划更合适，而那些变化简单的情况更适合于判断性方法和定性方法。但一直以来，定量动态的预测模型因其计算上的复杂而导致实际应用中的不可能性，使得人力资源供给预测研究方法一度无法在定量研究上有大的突破和应用。

上述人力资源供给预测方法在四条准则的满足方面各有优劣，在实际应用中，企业可以依据自身规模的大小、周围环境的条件以及规划预测重点的不同，对四个评价方面予以不同的权重，选择最适用自己的一种预测方法，亦可将几种预测方法建立一个组合系统进行预测。

预测是建立在对现状详细精确的分析之上的，而有关人力资源内部供给的预测方法在研究组织内部人员变动时，均忽略了不同工作年数、不同工作状态的员工变动规律的不同，而事实上这两方面的差异在人力资源供给预测中是不可忽略的。

因此，在我们致力于预测方法的改进的同时，不应忽略作为预测基础的人力资源内部供给状况的详细精确的分析。

第二节 职业生涯管理理论

一、职业

职业是参与社会分工，利用专门的知识和技能，为社会创造物质财富和精神财富，获取合理报酬，作为物质生活来源，并满足精神需求的工作。

职业具有 3 个关键功能："一是给人们提供一个发挥和提高自身才能的机会；二是通过和别人一起共事来克服自我中心的意识；三是提供生存所需的产品和服务。"

（一）职业声望与职业分层

职业声望（Occupational Prestige）是人们对职业社会地位的主观评价，是职业生涯管理学研究的重要范畴之一。职业地位是由不同职业所拥有的社会地位资源所决定，但是它往往通过职业声望的形式表现出来。

影响职业声望的因素有多种，主要影响因素有：

1. 职业环境，包括职业的自然环境和社会环境如工作的技术条件、空间环境、劳动强度、工资收入、福利待遇、晋升机会等；它是任职者所能获得的工作条件与社会经济权利的总和。

2. 职业功能，是该职业对国家的政治、经济、科学、文化水平的意义以及在社会生活中对人们的共同福利所担负的责任。

3. 任职者的素质要求，如文化程度、能力、道德品质等；职业环境越好，职业功能越大，任职者素质要求越高，职业声望就越高。职业声望在一定时期具有相对稳定性，但在不同社会经济发展阶段、不同经济文化背景的群体和不同年龄性别的群体对同一职业的评价也会存在明显差别。

（二）职业期望与职业成功

职业期望，也称职业意向，是劳动者自己希望从事某项职业的态度倾向，也就是个人对某一项职业的希望、愿望和向往。职业期望是个人职业价值的直接反映，职业价值观是个人对某一职业的价值判断。每个人的职业价值观不同，因而对某一职业的评价和取向也会不同。这就是所谓的职业价值观。

萨柏曾经将人们的职业价值观概括为 15 种类型：（1）助人；（2）美学；（3）创造；（4）智力刺激；（5）独立；（6）成就感；（7）声望；（8）管理；（9）经济报酬；（10）安全；（11）环境优美；（12）与上级的关系；（13）社交；（14）多样化；（15）生活方式。吴国存（1999）选择和设计了 7 种价值取向：（1）能推动社会发展的职业；（2）助人、为社会服务的职业；（3）得到人们的高度评价的职业；（4）受人尊敬的职业；（5）能赚钱的职业；（6）虽平凡但有固定收入的职业；（7）若不为人所用，就自谋职业。

职业生涯成功是个人职业生涯追求目标的实现。德尔（C. Brooklyn Derr，1988）总结出公司雇员有五种不同的职业生涯成功方向：

进取型——使其达到集团和系统的最高地位；

安全型——追求认可、工作安全、尊敬和成为"圈内人"；

自由型——在工作过程中得到最大的控制不是被控制；

攀登型——得到刺激、挑战、冒险和"擦边"的机会；

平衡型——在工作、家庭关系和自我发展之间取得有意义的平衡，以使工作不至于变得太耗精力或太乏味。

系统地阐述了四种职业生涯成功的标准：

1. 一些人将成功定义为一种螺旋形的轨迹，不断上升和自我完善（攀登型）。
2. 一些扎实的人需要长期的稳定和相应不变的工作认可（安全型）。
3. 还有一些是暂时的——他们视成功为经历的多样性（自由型）。
4. 直线型的人视成功为升入组织或职业较高阶层（进取型）。

职业生涯成功与家庭生活成功之间也有着非常密切的关系。个人与家庭发展遵循着并行发展的逻辑关系，职业生涯的每一阶段都与家庭因素息息相关，或协调或冲突。

要对职业生涯成功进行全面的评价，必须综合考虑个人、家庭、企业、社会等各方面的因素。有人认为职业生涯成功意味着个人才能的发挥以及为人类社会做出贡献，并认为职业生涯成功的标准叫分为"自我认为"、"社会承认"和"历史判定"。

二、职 业 选 择 理 论

（一）择业动机理论

美国心理学家佛隆（Victor H. Vroom）通过对个体择业行为的研究认为，个体行为动机的强度取决于效价的大小和期望值的高低，动机强度及效价与期望值成正比，即 $F = V \cdot E$。式中，F 为动机强度，指积极性的激发程度；V 为效价，指个体对一定目标重要性的主观评价；E 为期望值，指个体估计的目标实现概率。择业动机的强弱表明了择业者对目标职业的追求程度，或者对某项职业选择意向的大小。按照上述观点，择业动机取决于职业效价和职业概率，即择业动机 = f（职业效价，职业概率）

1. 职业效价——择业者对某项职业价值的主观评价，它取决于以下两个因素：①择业者的职业价值观；②择业者对某项具体职业要素如兴趣、劳动条件、报酬、职业声望等的评估。

2. 职业概率——择业者认为获得某项职业的可能性大小，它通常取决于以下四个因素：（1）某项职业的社会需求量。职业概率与社会需求量呈正相关关系。（2）择业者的竞争能力，即择业者自身的工作能力和求职就业能力。职业概率与择业者的竞争能力呈正相关关系。（3）竞争系数，即谋求同一种职业的竞争者人数的多少。职业概率与竞争系数呈负相关关系。（4）其他随机因素。

一般而言，择业者对其视野内的几种目标职业进行职业价值评估和职业获取概率评价之后，将进行横向择业动机比较。择业动机是对职业和自身的全面评估，是对多种择业影响因素的全面考虑和得失权衡。因此，择业者多以择业动机分值高的职业作为自己的最终目标。

（二）职业性向理论

美国心理学教授约翰·霍兰德（John Holland）认为，职业性向包括价值观、动机和需要等，是决定一个人职业选择的重要因素。约翰·霍兰德基于自己对职业性向的测试（VPT）研究，将个人的职业性向划分为实际型、研究型、艺术型、社会型、开拓型和常规型六种；同时，他将职业类型也相应地分为上述六种类型。职业性向理论强调个人的职业性向与职业类型的适应性，参见图 13-1。

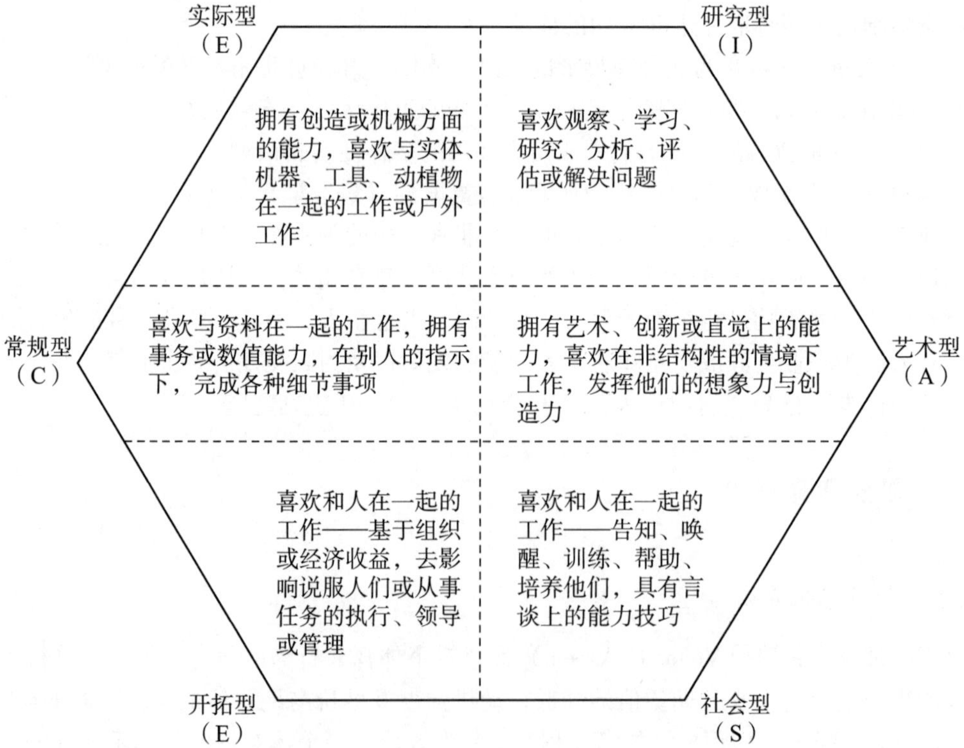

图 13-1 职业性向及职业类型分类

职业性向（包括价值观、动机和需要等）是决定一个人选择何种职业的重要因素。霍兰德的职业性向理论，实质在于劳动者的职业性向与职业类型的适应。六个角分别代表六种职业类型和六种职业性向。每种职业性向和各种职业类型之间存在着一定的相关关系，连线距离越短，相关系数就越大，适应程度就越高。当人们无法在个人所偏好的部门找到合适工作时，往往在六角形相邻近的部门找到的工作比在与之位置较远的部门更能成为令人满意的选择如果他具有的两种职业性向是紧挨着，那么他将会很容易选定一种职业。然而，如果此人的职业向是相互对立的（比如同时具有实际性向和社会性向的话）。那么他在进行职业选择时将会面临较多的犹豫不决的情况，这是因为他的多种兴趣将驱使他们在多种十分不同的职业之间去进行选择。在六角形中的近距离选择往往比远距离的选择更为适合。

（三）帕森斯的职业——人匹配论

明确阐明职业选择的三大要素和条件：

1. 应该清楚地了解自己的态度、能力、兴趣、智谋、局限和其他特征。

2. 应清楚地了解职业选择成功的条件，所需知识，在不同职业工作岗位上所占有的优势、劣势和补偿、机会和前途。

3. 上述两个条件的平衡。帕森斯的理论内涵即是在清楚认识、了解个人的主观条件和社会职业岗位需求条件的基础上。

职业——人匹配，分为两种类型：

1. 条件匹配。即所需专门技术和专业知识的职业与掌握该种特殊技能和专业知识的择业者相匹配；或者脏、累、险等劳动条件很差的职业，需要吃苦耐劳、体格健壮的劳动者与之相匹配。

2. 特长匹配。即某些职业需要具有一定的特长，如具有敏感、易动感情、不守常规、有独创性、个性强、理想主义等人格特性的人，适合从事审美性、自我情感表达的艺术创作类型的职业。

三、职 业 生 涯 阶 段 理 论

职业生涯是一个人长期的发展过程，在不同的发展阶段，个人有着不同的职业需求和人生追求。职业生涯发展阶段的划分是职业生涯规划研究的一个重要内容。

（一）萨柏的职业生涯阶段理论

萨柏（Donald E. Super）是美国一位有代表性的职业管理学家，他以美国白人作为自己的研究对象，通过长期的研究，系统地提出了有关职业生涯发展的观点。1953 年，他根据自己"生涯发展形态研究"的结果，把人的职业生涯划分为五个主要阶段：成长阶段、探索阶段、确立阶段、维持阶段和衰退阶段（见表 13 – 2、表 13 – 3）。

1. 成长阶段（0 ~ 14 岁）。成长阶段属于认知阶段。在这个阶段，孩童开始发展自我概念，学会以各种不同的方式来表达自己的需要，且经过对现实世界不断的尝试，修饰他自己的角色。这个阶段发展的任务是：发展自我形象，发展对工作世界的正确态度，并了解工作的意义。

2. 探索阶段（14~25 岁）。探索段属于学习打基础的阶段。该阶段的青少年，通过学校的活动、社团休闲活动、打零工等机会，对自我能力及角色、职业作了一番探索，因此选择职业时有较大弹性。这个阶段发展的任务是：使职业偏好逐渐具体化、特定化并实现职业偏好。

3. 建立阶段（25~44 岁）。建立阶段属于选择、安置阶段。由于经过上一阶段的尝试，不合适者会谋求变迁或作其他探索，因此该阶段较能确定在整个事业生涯中属于自己的职位，并在 31 岁至 40 岁，开始考虑如何保住该职位并固定下来。这个阶段发展的任务是统整、稳固并求上进。

4. 维持阶段（45~65 岁）。维持阶段属于升迁和专精阶段。个体仍希望继续维持属于他的工作职位，同时会面对新的人员的挑战。这一阶段发展的任务是维持既有成就与地位。

5. 衰退阶段（65 岁以上）。衰退阶段属于退休阶段。由于生理及心理机能日渐衰退，个体不得不面对现实从积极参与到隐退。这一阶段往往注重发展新的角色，寻求不同方式以替代和满足需求。

表 13-2　　　　　　　　　　　萨柏职业生涯五阶段理论

阶段	成长阶段（0~14 岁）	探索阶段（15~24 岁）	确立阶段（25~44 岁）	维持阶段（45~64 岁）	衰退阶段（在 65 岁以上）
主要任务	认同并建立起自我概念，对职业好奇占主导地位，并逐步有意识地培养职业能力	主要通过学校学习进行自我考察、角色鉴定和职业探索，完成择业及初步就业	获取一个合适的工作领域，并谋求发展。这一阶段是大多数人职业生涯周期中的核心部分	开发新的技能，维护已获得的成就和社会地位，维持家庭和工作两者间的和谐关系，寻找接替人选	逐步退出职业和结束职业，开发社会角色，减少权利和责任，适应退休后的生活

表 13-3　　　　　　　　萨柏职业生涯五阶段理论中的前三个阶段的子阶段

主阶段名称	子阶段名称		
成长阶段	幻想期（10 岁以前）	兴趣期（11~12 岁）	能力期（13~14 岁）
	在幻想中扮演自己喜欢的角色	以兴趣为中心，理解、评价职业，开始作职业选择	更多地考虑自己的能力和工作需要
探索阶段	试验期（15~17 岁）	转变期（18~21 岁）	尝试期（22~24 岁）
	综合认识和考虑自己的兴趣、能力，对未来职业进行尝试性选择	正式进入职业，或者进行专门的职业培训，明确某种职业倾向	选定工作领域，开始从事某种职业，对职业发展目标的可行性进行实验
确立阶段	稳定期（25~30 岁）	发展期（31~44 岁）	中期危机阶段（44 岁至退休前）
	个人在所选的职业中安顿下来，重点是寻求职业及生活上的稳定	致力于实现职业目标，是富有创造性的时期	职业中期可能会发现自己偏离职业目标或发现了新的目标，此时需重新评价自己的需求，处于转折期

（二）金斯伯格的职业生涯阶段理论

美国著名的职业指导专家、职业生涯发展理论的先驱和典型代表人物——金斯伯格（Eli Ginzberg）研究的重点是，从童年到青少年阶段的职业心理发展过程，他将职业生涯的发展分为幻想期、尝试期和现实期三个阶段。金斯伯格的职业生涯阶段理论，实际上揭示了初次就业前人们职业意识或职业追求的发展变化过程。金斯伯格的职业生涯理论对实践活动曾产生过广泛的影响。

金斯伯格通过人的童年到青少年阶段的职业心理发展过程的研究，将个体职业心理的发展划分为幻想期、尝试期和现实期三个阶段（见表13－4、表13－5）。

1. 幻想期（4～11岁的儿童）。

此时期儿童职业心理发展总的特点是：

（1）属于单纯的兴趣爱好与模仿；

（2）不可能考虑自身的条件和能力水平；

（3）更不能形成与社会需要相适应的职业动机，完全处于幻想之中。

2. 尝试期（11～17岁）。

（1）兴趣阶段：（11～12岁）开始觉察职业差异，自觉培养职业兴趣；

（2）能力阶段：（12～14岁）开始注意职业能力要求，注意衡量差异，并自觉进行训练；

（3）价值观阶段：（14～16岁）开始注意职业社会和个人价值，审视职业兴趣和能力，以便进行职业选择；

（4）综合阶段：（16～17岁）开始综合职业信息，综合判断个体职业发展方向，缩小职业兴趣范围，初步确定职业方向。

3. 现实期（17岁以后）。

（1）试探阶段：对尝试期初步确定的职业方向进行各种职业的试探活动，如调查、访谈、参观、考察、查询、咨询等，了解职业发展方向及就业机会，为选择职业生涯做准备；

（2）具体化阶段：再一次缩小职业选择范围；

（3）专业化阶段：选择专业院校学习和直接对工作单位等的选择。

表13－4　　　　　　　　　金斯伯格职业生涯三阶段理论

阶段	幻想期（11岁之前）	尝试期（11～17岁）	现实期（17岁以后）
主要心理和活动	对外面的信息充满好奇和幻想，在游戏中，扮演自己喜爱的角色。此时期的职业需求特点是：单纯由自己的兴趣爱好所决定，并不考虑自身的条件、能力和水平，也不考虑社会需求和机遇	由少年向青年过渡，人的心理和生理均在迅速成长变化，独立的意识、价值观形成，知识和能力显著提升，初步懂得社会生产与生活的经验。开始注意自己的职业兴趣、自身能力和条件，职业的社会地位	能够客观地把自己的职业愿望或要求，同自己的主观条件、能力，以及社会需求密切联系和协调起来，已有具体的、现实的职业目标

表 13 – 5　　　　　　　金斯伯格职业生涯三阶段理论中的后两个阶段的子阶段

主阶段名称	子阶段名称			
尝试期	兴趣阶段（11~12岁）	能力阶段（13~14岁）	价值观阶段（15~16岁）	综合阶段（17岁）
	开始注意并培养其对某些职业的兴趣	开始以个人的能力为核心，衡量并测验自己的能力，同时将其表现在各种相关的职业活动上	逐渐了解自己的职业价值观，并能兼顾个人与社会的需要，以职业的价值性选择职业	将上述三个阶段的职业相关资料综合考虑，以此来了解和判定未来的职业发展方向
现实期	试探阶段		具体化阶段	专业化阶段
	根据尝试期的结果，进行各种试探活动，试探各种职业机会和可能的选择		根据试探阶段的经历做进一步的选择，进入具体化阶段	依据自我选择的目标，做具体的就业准备

（三）格林豪斯的职业生涯阶段理论

萨柏和金斯伯格的研究侧重于不同年龄段对职业的需求与态度，而美国心理学博士格林豪斯（Greenhouse）的研究则侧重于不同年龄段职业生涯所面临的主要任务，并以此为依据将职业生涯划分为五个阶段：职业准备阶段、进入组织阶段、职业生涯初期、职业生涯中期和职业生涯后期，参见表 13 – 6。

表 13 – 6　　　　　　　　　格林豪斯职业生涯五阶段理论

阶段	职业准备阶段（0~18岁）	进入组织阶段（18~25岁）	职业生涯初期（25~40岁）	职业生涯中期（40~55岁）	职业生涯后期（55岁直至退休）
主要任务	发展职业想象力，培养职业兴趣和能力，对职业进行评估和选择，接受必需的职业教育和培训	进入职业生涯，选择一种合适的、较为满意的职业，并在一个理想的组织中获得一个职位	逐步适应职业工作，融入组织，不断学习职业技能，为未来职业生涯成功作好准备	努力工作，并力争有所成就。在重新评价职业生涯中强化或转换职业道路	继续保持已有的职业成就，成为一名工作指导者，对他人承担责任，维护自尊，准备引退

（四）施恩的职业生涯阶段理论

美国著名的心理学家和职业管理学家施恩（Edgar H. Schein）教授，根据人生命周期的特点及其在不同年龄段面临的问题和职业工作主要任务，将职业生涯分为九个阶段，参见表 13 – 7。

表 13 –7　　　　　　　　　　　施恩职业生涯九阶段理论

阶段	角色	主要任务
成长、幻想、探索阶段（0～21 岁）	学生、职业工作的候选人、申请者	发现和发展自己的需要、兴趣、能力和才干，为进行实际的职业选择打好基础；学习职业方面的知识；做出合理的受教育决策；开发工作领域中所需要的知识和技能
进入工作（16～25 岁）	应聘者、新学员	进入职业生涯；学会寻找并评估一项工作，做出现实有效的工作选择；个人和雇主之间达成正式可行的契约；个人正式成为一个组织的成员
基础培训（16～25 岁）	实习生、新手	了解、熟悉组织，接受组织文化，克服不安全感；学会与人相处，融入工作群体；适应独立工作，成为一名有效的成员
早期职业的正式成员资格（17～30 岁）	取得组织正式成员资格	承担责任，成功地履行第一次工作任务；发展和展示自己的技能和专长，为提升或横向职业成长打基础；重新评估现有的职业，理智地进行新的职业决策；寻求良师和保护人
职业中期（25 岁以上）	正式成员、任职者、终身成员、主管、经理等	选定一项专业或进入管理部门；保持技术竞争力，力争成为一名专家或职业能手；承担较大责任，确定自己的地位；开发个人的长期职业计划；寻求家庭、自我和工作事务间的平衡
职业中期危险阶段（35～45 岁）	正式成员、任职者、终身成员、主管、经理等	现实地评估自己的才干，进一步明确自己的职业抱负及个人前途；就接受现状或者争取看得见的前途做出具体选择；建立与他人的良师关系
职业后期（40 岁到退休）	骨干成员、管理者、有效贡献者等	成为一名工作指导者，学会影响他人并承担责任；提高才干，以担负更重大的责任；选拔和培养接替人员；如果求安稳，就此停滞，则要正视和接受自己影响力和挑战能力的下降
衰退和离职阶段（40 岁到退休）[①]		学会接受权力、责任、地位的下降；要学会接受和发展新的角色；培养新的工作以外的兴趣、爱好，寻找新的满足源；评估自己的职业生涯，着手退休
退休[②]		适应角色、生活方式和生活标准的急剧变化，保持一种认同感；保持一种自我价值观，运用自己积累的经验和智慧，以各种资深角色，对他人进行"传、帮、带"

注：①不同的人衰退或离职的年龄不同；
　　②离开组织或职业的年龄因人而异。
资料来源：根据张再生. 职业生涯管理［M］. 北京：经济管理出版社，2002.

　　需要指出的是，施恩虽然基本依照年龄增大顺序划分职业发展阶段，但并未囿于此，其阶段划分更多的根据职业状态、任务、职业行为的重要性。正如施恩教授划分职业周期阶段是依据职业状态和职业行为和发展过程的重要性，又因为每人经历某一职业阶段的年龄有别，他只给出了大致的年龄跨度，并在职业阶段上所示的年龄有所交叉。

（五）职业生涯发展"三三三"理论①

"三三三"理论是将人的职业生涯分为三大阶段：输入阶段、输出阶段和淡出阶段，每一阶段又分为三个子阶段：适应阶段、创新阶段和再适应阶段，而每一子阶段又可分为三种状况：顺利晋升、原地踏步、降到波谷，参见表 13 - 8。

表 13 - 8（a）   职业生涯的"三三三"理论

阶段	输入阶段 （从出生到从业前）	输出阶段 （从就业到退休）	淡出阶段 （退休前后）
主要任务	输入信息、知识、经验、技能，为其从业做重要准备；认识环境和社会、锻造自己的各种能力	输出自己的智慧、知识、服务、才干；进行知识的再输入、经验的再积累、能力的再锻造	精力渐衰，但阅历渐丰，经验渐多，逐步退出职业，适应角色的转换

表 13 - 8（b）   输出阶段的三个子阶段

输出阶段	个人的工作状态	职业环境状态
适应阶段	订立三个契约： 对领导：我要服从你的领导 对同事：我要与你协同工作 对自己：我要使自己表现出色	适应工作硬软环境，个体与环境，个体与同事相互接受，此时进入职业生涯
创新阶段	独立承担工作任务 努力作出创造性贡献 向领导提出合理化建议	受到领导和群众认可，进入事业辉煌阶段
再适应阶段	由于工作出色获得晋升 由于发展空间小而原地踏步 由于自身骄傲或工作差错受到批评	个体要调整心态，适应变化了的环境；此时属于职业状态分化的阶段，领导和同事看法不一

表 13 - 8（c）   再适应阶段的三种状况

再适应阶段	职业状态
顺利晋升	面临着新的工作环境的挑战，新的工作技能的挑战，原同级同事的嫉妒，领导会提出新的要求，表面的风光下隐藏着一定的职业风波
原地踏步	"倚老卖老"的不求上进的状态出现，挂在口头边的话是"我早就干过"，容易对同事陷入冷嘲热讽，此时如作职业平移或变更适合
降到波谷	由于个体原因或客观原因，遭受上级批评，或受降级处分，工作状态进入波谷，此时如能重新振奋精神，有希望进入第二次"三三三"发展状态

---

① 廖泉文. 人力资源管理 [M]. 北京：高等教育出版社，2003.

四、"职业锚"与"边界"论

（一）"职业锚"理论

1. 职业锚的含义。职业锚是由美国著名的职业指导专家埃德加·施恩（Edgar H. Schein）教授提出的。他认为，职业生涯发展实际上是一个持续不断的探索过程，在这一过程中，每个人都在根据自己的天资、能力、动机、需要、态度和价值观等慢慢地形成较为明晰的与职业有关的自我概念。随着一个人对自己越来越了解，这个人就会越来越明显地形成一个占主要地位的职业锚（Career Anchor）。

所谓"职业锚"就是指一个人进行职业选择时，始终不会放弃的理念或价值观。职业锚是人们选择和发展自己的职业时所围绕的核心。对职业锚提前进行预测是很困难的，因为一个人的职业锚是不断变化的，它实际上是在不断探索过程中产生的动态结果。一个人对自己的天资和能力、动机和需要以及态度和价值观有了清楚的了解之后，就会意识到自己的职业锚到底是什么。

一个人过去的所有工作经历、兴趣、资质、性向等等才会集合成一个富有意义的职业锚，这个职业锚会告诉此人，对他个人来说，到底什么东西是最重要的。职业锚是"自省的才干、动机和价值观的模式"是自我意向的一个习得部分。职业锚是个人和工作情境之间早期相互作用的产物，只有经过若干年的实际工作后才能被发现。

职业锚核心内容的职业自我观由三部分内容组成：

（1）自省的才干和能力，以各种作业环境中的实际成功为基础。

（2）自省的动机和需要，以实际情境中的自我测试和自我诊断的机会以及他人的反馈为基础。

（3）自省的态度和价值观，以自我与雇佣组织和工作环境的准则和价值观之间的实际遭遇为基础。

职业锚产生于早期职业生涯阶段，以雇员习得的工作经验为基础。个人在面临各种各样的实际工作生活情境之前，不可能真正地了解自己的能力、动机和价值观之间将如何相互作用，以及在多大程度上适应所做的职业选择。

职业锚强调个人能力、动机和价值观三方面的相互作用与融合。职业锚是雇员自我观中的才干、动机、需要、价值观和态度等相互作用和逐步整合的结果，而不是只重视其中的某一方面。职业锚是不可能根据各种测试提前进行预测的。职业锚是个人同工作环境互动作用的产物，由于实际工作的偶然性，职业锚是不可能根据各种测试出来的能力、才干或者动机、价值观等进行预测的。职业锚不是固定不变的。虽然职业锚是个人稳定的职业贡献区和成长区，但这不意味着个人的职业锚是固定不变的。职业锚是在不断发生变化的，它实际上是一个不断探索过程所产生的动态结果。

2. 职业锚的类型。施恩根据自己对麻省理工学院毕业生的研究，提出了五种职业锚：技术或功能型职业锚、管理型职业锚、创造型职业锚、自主与独立型职业锚和安全型职业锚。

（1）技术/功能能力型职业锚。

①强调实际技术/功能等业务工作。

②拒绝一般管理工作但愿意在其技术/功能领域管理他人。

③追求在技术/功能能力区的成长和技能不断提高，其成功更多地取决于该区域专家的肯定和认可，以及承担该能力区日益增多的富有挑战性的工作。

（2）管理能力型的职业锚。

①管理能力型职业锚的雇员追求承担一般管理性工作，且责任越大越好。他们倾心于全面管理，掌握更大权力，肩负更大责任。

②管理能力型职业锚的雇员具有强有力的升迁动机和价值观，以提升、等级和收入作为其成功的标准。

③具有分析能力、人际沟通能力和情感能力的强强组合。分析能力是指在信息不完全以及不确定的情况下发现问题、分析问题和解决问题的能力。

④管理型职业锚的人对组织有很大的信赖性。

（3）创造型职业锚。

①有强烈的创造需求和欲望。

②意志坚定，勇于冒险。

③创造型职业锚同其他类型职业锚存在着一定程度的重叠。

（4）自主/独立型职业锚。

①追求自主/独立的人希望随心所欲安排自己的工作方式、工作习惯、时间进度和生活方式。

②自主/独立型职业锚的人追求在工作中享有自身的自由，有较强的职业认同感，认为工作成果与自己的努力紧密相连。

③自主/独立型职业锚与其他类型的职业锚有明显的交叉。

（5）安全/稳定型职业锚。

①追求安全、稳定的职业前途，是这一类职业锚雇员的驱动力和价值观。其安全取向主要为两类：一是追求职业安全，对他们而言，安全则是意味着所依托的组织的安全性，主要是一个给定组织中的稳定的成员资格。二是注重情感的安全稳定，觉得在一个熟悉的环境中维持一种稳定的、有保障的职业对他们来说是更为重要的，包括一种定居，使家庭稳定和使自己融入团队和社区的感情。

②对组织具有较强的依赖性。安全/稳定型职业锚的人，一般不愿意离开一个给定的组织，愿意让他们的雇主来决定他们去从事何种职业，倾向于根据顾主对他们提出的要求行事，不越雷池半步。

③个人职业生涯的开发与发展往往会受到限制。安全型职业锚的人，对组织的依赖性强，个人缺乏职业生涯开发的驱动力和主动性，因而不利于自我职业生涯的发展。

3. 职业锚的功能（参见表13-9）。

（1）有助于识别个人的职业抱负模式和职业成功标准。

（2）能够促进雇员预期心理契约的发展，有利于个人与组织稳固地相互接纳。

（3）有助于增强个人职业技能和工作经验，提高工作效率和劳动生产率。

（4）职业锚可为雇员中后期职业生涯发展奠定基础。

表 13 - 9 施恩的职业锚理论

职业锚	表现
技术或功能型	不喜欢一般性管理活动，喜欢能够保证自己在既定的技术或功能领域中不断发展的职业
管理型	有强烈的管理动机，认为自己有较强的分析能力、人际沟通能力和心理承受能力
创造型	喜欢建立或创设属于自己的东西——艺术品或公司等
自主与独立型	喜欢摆脱依赖别人的境况，有一种自己决定自己命运的需要
安全型	极为重视职业的长期稳定和工作的保障性

（二）工作—家庭边界理论

过去人们总是把工作和家庭视为两个独立的系统。而实际上这两者在一个人身上是不可分割的整体，无论在时间分配上还是在情感上都必然相互作用和影响。在工作和家庭两个系统中，一个人在一个系统的感情和行为会转移到另一个系统，或在另一个系统寻求补偿。但在几年前，学者们仍然把工作和家庭视为两个独立体。直到 2000 年，美国学者克拉克（Sue Campbell Clark）在对以往的工作—家庭关系理论进行批判的基础上，提出了工作—家庭边界理论。他认为，人们每天在工作和家庭的边界中徘徊，工作和家庭组成各自不同目的和文化的领域，相互影响，虽然工作和家庭中很多方面难于调整，但个体还是能创造出想要的平衡。这在一定程度上塑造了工作和家庭领域的模式、两领域间的边界和桥梁。

第三节 职业生涯规划

一、职业生涯与职业生涯规划

（一）职业生涯

职业生涯就是指一个人一生中从事职业的全部历程。这整个历程可以是间断的，也可以是连续的，它包含一个人所有的工作、职业、职位的外在变更和对工作态度、体验的内在变更。[①]

职业生涯是以心理开发、生理开发、智力开发、技能开发、伦理开发等人的潜能开发为基础，以工作内容为确定和变化，工作业绩的评价，工资待遇、职称、职务的变动为标准，以满足需求为目标的工作经历和内心体验的经历。它是人一生中最重要的历程，是追求自我实现自我的重要人生阶段，对人生价值起着决定性作用。

职业生涯是一个动态的过程，是指一个人一生在职业岗位上所度过的、与工作活动相关的连续经历，并不包含在职业上成功与失败或进步快与慢的含义。也就是说，不论职位高

---

① 廖泉文. 人力资源管理［M］. 北京：高等教育出版社，2003.

低，不论成功与否，每个工作着的人都有自己的职业生涯。

一般来讲，职业生涯可分为六个阶段：

1. 职业准备期，即接触社会初步形成职业意向，从事职业技能学习以及等待就业的时期；

2. 职业选择期，即根据社会职业需求以及自己的能力、愿望、做出职业选择；

3. 职业适应期，即走上职业岗位，逐步适应职业岗位要求的时期；

4. 职业稳定期，即稳定于某种职业，它占据人的职业生活期的绝大部分；

5. 职业能力衰退期；

6. 职业结束期。

（二）职业生涯规划

职业生涯规划（简称生涯规划），又叫职业生涯设计，是指个人与组织相结合，在对一个人职业生涯的主客观条件进行测定、分析、总结的基础上，对自己的兴趣、爱好、能力、特点进行综合分析与权衡，结合时代特点，根据自己的职业倾向，确定其最佳的职业奋斗目标，并为实现这一目标做出行之有效的安排。

如何才能做好职业生涯规划呢？

1. 正确的心理认知。认清人生的价值。"人云亦云"并不等于自我的人生价值。人生价值包括：经济价值、权力价值、回馈价值、审美价值、理论价值等。

2. 剖析自我的现状。

（1）个人部分：健康情形、自我充实、休闲管理等。

（2）事业部分：财富所得、社会阶层、自我实现等。

（3）家庭部分：生活品质、家庭关系、家人健康等。

3. 人生发展的环境条件。友伴条件、生存条件、配偶条件、行业条件、企业条件、地区条件、国家（社会）条件、世界条件等。

4. 人生成就的三大资源。

（1）人脉：家族关系、姻亲关系、同事（同学）关系、社会关系。

（2）金脉：薪资所得、有价证券、基金、外币、定期存款、财产（动产、不动产）、信用（与为人和职位有关）。

（3）知脉：知识力、技术力、咨询力、企划力、预测（洞察）力、敏锐力。

5. 组织内部发展生涯的途径。

（1）职业发展三维圆锥模型，员工在组织内部的职业发展表现为垂直的、向内的、水平的等三种线路。

（2）生涯角色取向。职业生涯发展的七阶段中个人承担的专业角色，见表13－10。

（3）职能的开发：包括管理人员能力的培养、管理能力的结构与学习专门职（技术专才）职能的开发、有效的专门能力开发方法等。

（4）更换工作的时机。更换工作需当机立断，不要犹豫不决，宁可冒点风险早作改变，也比踌躇不定好，以免错失良机。

（5）管理职位与前程。

6. 设定执行方案。

（1）设定目标的原则：先有大目标，再补充小目标；亦可先有小目标，再定大目标。

（2）执行计划：人生计划—五年计划—年度计划—月计划—周计划—日计划。

（3）注意"轻重缓急"的原则。

（4）实施"时间管理"，不断奋斗。

（5）每年配合环境变化及既有成就，随时修改。

7. 生涯描绘。自我评价、自我探索、锁定特定目标、生涯策略性计划（可行性）等。

表 13 - 10 　　　　　　　　　　**角色主要任务重大心理议题**

	角色	主要任务	重大心理议题
阶段一	学生	发展及发现个人的价值、兴趣和能力，拟定明智的教育策略；经由讨论、观察及工作经验，找出可能的职业选择	接受个人抉择的责任
阶段二	应征者	学习如何找工作，如何磋商一场就业面谈；学习如何评估关于一个工作和一个组织的资讯；拟定实际且有效的工作抉择	果断地将自己呈现给别人；忍受不确定性
阶段三	储备人员	学习组织的诀窍；协助别人；遵循命令；获得认可	依赖他人；面对现实及组织真相所带来的震撼；克服不安全感
阶段四	同事	成为一个独立的贡献者；在组织找到一个担任专家的适当位置	根据新的自我知识和在组织内的发展潜能重新评估原始的生涯目标；独立；接受个人成败的责任；建立平衡的生活形态
阶段五	指导者	训练/指导其他人；介入组织的其他单位；管理小组专案计划	为别人承担责任；从别人的成就中获得满足；如果不是位居管理的角色，则接受现有的专业角色，并从横向发展中发现机会
阶段六	资助者	分析复杂的问题、影响组织的方向；处理组织的机密；发展新的想法；赞助别人具创意的专案计划；管理权力和责任	接触对自我或所有权的主要关切，变得比较关切组织的利益；管理对高压力水准的个人情绪反应；平衡工作和家庭；对退休生活的规划
阶段七	退休者	适应生活标准和生活形态的变化；找出表达个人天份和兴趣的新方法	在个人过去的生涯成就中找到满足的同时，也对个人发展的新途径保持开放的态度

8. 总结：生涯定位

给自己一个定位、拟定生涯发展策略、规划短程可行方案、检讨与修改。

二、职业生涯规划的意义

职业生涯规划具有特别重要的意义。

人力资源管理

（一）职业生涯规划可以发掘自我潜能，增强个人实力

一份行之有效的职业生涯规划将会：

1. 引导你正确认识自身的个性特质、现有与潜在的资源优势，帮助你重新对自己的价值进行定位并使其持续增值；

2. 引导你对自己的综合优势与劣势进行对比分析；

3. 使你树立明确的职业发展目标与职业理想；

4. 引导你评估个人目标与现实之间的差距；

5. 引导你前瞻与实际相结合的职业定位，搜索或发现新的或有潜力的职业机会；

6. 使你学会如何运用科学的方法采取可行的步骤与措施，不断增强你的职业竞争力，实现自己的职业目标与理想。

表 13 - 11　　　　　　　　　　　　　职业生涯规划

姓名		性别		年龄	政治面貌
现工作部门			现任职务		到职年限
			现任职务		到职年限
个人因素分析结果					
环境因素分析结果					
职业选择					
生涯路线选择					
职业生涯目标			长期目标		完成时间
			中期目标		完成时间
			短期目标		完成时间
完成短期目标计划与措施					
完成中期目标计划与措施					
完成长期目标计划与措施					
所在部门主管审核意见					
人力资源部门审核意见					

（二）职业生涯规划可以增强发展的目的性与计划性，提升成功的机会

生涯发展要有计划、有目的，不可盲目地"撞大运"，很多时候我们的职业生涯受挫就是由于生涯规划没有做好。好的计划是成功的开始，古语云，凡事"预则立，不预则废"就是这个道理。

（三）职业生涯规划可以提升应对竞争的能力

当今社会处在变革的时代，到处充满着激烈的竞争。物竞天择，适者生存。职业活动的竞争非常突出。要想在这场激烈的竞争中脱颖而出并保持立于不败之地，必须设计好自己的职业生涯规划。

三、影响职业生涯规划的因素

（一）内在因素

1. 健康。健康是最具影响力的因素，几乎所有的职业都需要健康的身体。健康状况直接影响个人的职业选择和职业发展。

2. 个性特征。不同气质、性格、能力的人适合不同类型的工作。如多血质的人较适合做管理、记者、外交等，不适合做过于细致的、单调的机械性工作。个性特征最好能与工作性质和要求相匹配。

3. 职业兴趣。由于兴趣爱好不同，人的职业兴趣也有很大的差异。有人喜欢具体工作，例如，室内装饰、园林、美容、机械维修等；有人喜欢抽象和创造性的工作，例如，经济分析、新产品开发、社会调查和科学研究等。职业兴趣对职业选择和职业发展都有一定的影响。

4. 负担。负担是指对家人或朋友和社会所承担的经济能力等方面的义务。职业的选择在一定程度上会受各种义务的影响，一位工作 2 年的博士生说："最初选职业主要考虑工资，而现在钱已不是我职业选择的主要因素了。"

5. 性别。虽然人们都在提倡男女平等，但性别因素仍然在职业发展中起着十分重要的作用。

6. 年龄。对工作的看法和态度、对机会尝试的勇气、胜任工作的能力和经验，不同年龄阶段的人都有所不同，因此，对职业的选择和成功的概率也有所不同。

7. 教育。一个人所受的教育程度，将直接影响他的职业选择方向和成功的概率以及将来的职业发展。

（二）外在因素

1. 家庭的影响。家庭对人的职业选择和职业发展都有较大的影响。首先，家庭的教育方式影响个人认知世界的方法；其次，父母是孩子最早的观察模仿的对象，他们必然会受到父母职业技能的熏陶；再次，父母的价值观、态度、行为、人际关系等对个人的职业选择有着较大的直接和间接影响。因而，我们常常会看到艺术世家、教育世家、商贾世家等。

2. 朋友、同龄群体的影响。朋友、同龄群体的工作价值观、工作态度、行为特点等不可避免地会影响到个人对职业的偏好和选择，以及职业选择和职业变换的机会。张璨，一位拥有亿万资产的年轻女总裁，就是一位当年的大学同学把她引进了 IT 业，走进了商界。

3. 社会环境的影响。社会环境，例如流行的工作价值观、政治经济形势、产业结构的变动等因素，无疑对个人的职业选择有着极大的影响。例如，"五十年代当兵，七十年代做工人，九十年代干个体"。又如，每年的职业地位排序对高考志愿和就业选择有着相当的影响。不同的社会环境对个人职业选择的导向是不同的。

四、员工职业生涯发展途径与发展模式

（一）员工的职业生涯发展途径

美国麻省理工学院教授施恩（E. H. Schein）提出了员工职业发展三维圆锥模型，员工在组织内部的职业发展表现为垂直的、向内的、水平的等三种线路。"垂直"的发展线路是指职务/职位的提升或晋升，其具体的表现形式是"职务/职位变动发展"，即根据企业组织发展的需要及组织设立的职业阶梯，员工不断地从下一层职务/职位提升或晋升到上一层职务/职位（见图 13 –2）。

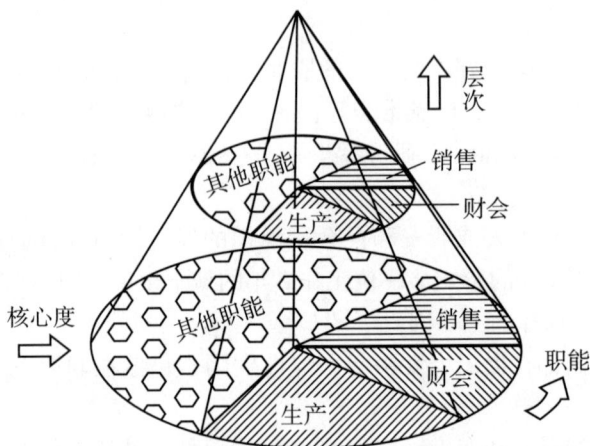

图 13 – 2　员工职业发展三维圆锥模型

"垂直"的职业生涯发展线路即"职务/职位变动发展"，是员工职业生涯发展的主要模式。这种发展模式要求员工达到目标职务/职位所应具备的能力、素质等条件，员工总是在能力或素质达到一定水平后，才能上升或被提升到更高层面的职务/职位，企业组织则通过设立相应的职业发展阶梯（Career Ladder），为员工提供职业生涯持续发展的可能性和具体台阶。同时，企业组织应该设立相应的发展通道，为员工的职业生涯发展提供具体的可能路径，而建立职业发展的双重通道（Dual Career Paths），对于成功实施员工职业生涯发展是非常重要和有效的。

建立职业生涯发展的双重通道，是指企业组织同时建立包括管理类、专业技术类双重路径的职业发展通道。建立职业生涯的双重发展通道，一是基于员工能力和个性的客观差异，不同的员工有不同的职业定位和取向，"职业锚"理论已经分析了员工职业定位的差异性；二是基于管理类、专业技术类岗位工作特性的根本差异；三是基于组织的持续发展，需要保留并激励一大批的优秀员工包括专业技术人员，组织的持续发展不仅需要一批出色的经理人员，而且需要一大批优秀的专业技术人员、专家乃至科学家。成功的组织发展必须确保让所有优秀的员工都得到充分的认同与激励，并实现他们各自的归属感。

而传统的、单一的职业发展通道，只侧重在管理类的单一发展轨道，那些具有中、高级

专业技术能力的工程师、销售、采购、人力资源管理及财务管理人员等的职业生涯，缺乏相应的发展路径。传统的、单一的职业发展通道也会导致组织面对两难的选择：如果将优秀的专业技术人才晋升到管理类岗位，公司将不仅可能失去优秀的专业技术人才，而且还可能产生不称职的管理者。

职业生涯发展的双重通道实际上旨在特别认同专业技术人员对于组织的重要贡献，并给予他们实际的职业生涯发展空间。与此同时，建立职业生涯发展的双重通道需要组织建立起同等的地位重要性和同等的劳动报酬待遇机制，需要在不同职业通道的同等层级之间，建立报酬、地位、称谓等方面的一定的对应关系，从而可以使每一类别的出色员工，都能找到适合自己的职业发展路径，并获得成就感，见图 13 - 3。

图 13 - 3　职业发展的双通道

建立职业生涯发展的双重通道，既是为了满足员工职业生涯发展的需要，也是为了建立起稳定的关键/核心员工队伍，从而确保组织竞争力的不断提升并促进组织的持续发展。实际上，职业生涯发展的双重通道已经在微软、福特汽车、波音等著名的跨国公司进行了较长时间的成功实践，这种通道模式在技术导向的行业如制药业、化学业、计算机及电子行业应用最为普遍。国内的海尔、联想等立志创新的品牌企业，也已经开始了建立员工双重职业发展通道的实践尝试。

职业发展的三通道或四通道模式，则是双重职业发展通道模式的延伸尝试。

在明确员工职业生涯发展主要模式的基础上，组织应致力于建立职业发展的双重通道，为所有优秀员工的职业生涯发展提供具体、可能的路径，从而长期有效地保留企业所需要的优秀员工，进而维持并积极促进组织的持续发展。在企业组织的发展过程中，企业组织可以通过多种方式与途径实施员工的职业生涯发展，如提供内部劳动力市场信息、建立职业发展通道和职业阶梯、设立职业资源中心及潜能评价中心、实施工作轮换、导师制、接班人计划（接替计划）等。

（二）员工的职业生涯发展模式

员工的职业生涯发展轨迹在性别上存在明显的差异。

1. 男性职业发展模式。男性职业发展模式大多是自从业一直工作到退休，主要模式表现为直线形职业生涯和螺旋形职业生涯。直线型职业生涯是指终身从事某一专业领域，是在一种线性等级结构中，从低级不断走向高级，取得更大的权力、责任和更多的报酬。螺旋形职业生涯是种跨专业的职业生涯方式，围绕职业锚这个核心，从事不同专业的工作，以达到融会贯通，找到发展的新交点。

2. 男性职业发展道路的特点。

（1）通常中年为职业辉煌的顶点，二头小，中间大。

（2）男性成功的年龄与职业领域关系十分密切。通常社会科学学者成功年龄偏迟，通常在 40 岁之后，自然科学学者成功年龄较早，通常在 30 岁左右，体育工作者成功年龄更早一些，平均在 22 岁左右，文艺工作者视文艺的类别而有所不同。

（3）男性的职业成功与配偶的教育背景关系小，与个人的教育背景关系大。由于历史的原因，男性的职业成功更多地取决其个人的受教育程度和发展机会，因为婚姻而改变职业生涯和职业发展的概率比较小。婚姻对男性的职业影响小。20 世纪 30 年代以来，我国相当多个领域著名的学者其配偶都是识字很少的家庭妇女，她们相夫教子，帮助丈夫料理家务，男性把家庭和事业的关系分隔得十分清楚。

（4）男性的职业成功与个人家族背景关系大。中国自古把男孩作为传宗接代，光宗耀祖的掌上明珠，因此，家庭的背景和家族的资源都被用来给男孩的事业作支撑，甚至不惜牺牲自己女孩的幸福为其兄弟提供更多的支持的资源。新中国成立以后，这一传统在部分地区依然未有大的变化，男性的职业成功与家族背景关系大。

3. 女性职业发展模式。

（1）一阶段模式，即倒 L 型模式。其特点是女性参加工作之后，持续工作到退休，结婚生育后女性承担工作和家庭双重责任。如中国女性现在的就业模式。

（2）二阶段模式，即倒 U 型模式。其特点是女性结婚前劳动力参与率高，结婚特别是开始生育后参与率迅速下降，反映出传统家庭分工：男性挣钱养家糊口，女性婚后作家庭主妇。如新加坡、墨西哥等国的女性就业模式。

（3）三阶段模式，即 M 型模式。其特点是女性婚前或生育前普遍就业，婚后或生育后暂时性地中断工作，待孩子长大后又重新回到劳动力市场。如美国、日本、法国、德国等发达国家的女性就业模式。

（4）多阶段就业模式，即波浪形模式。女性就业是阶段性就业，女性根据自身的状况选择进入劳动力市场的时间，可以多次的进出。这种模式是近十年中出现的，如社会福利高的北欧国家就开始流行这种女性就业模式。

（5）隐性就业模式。女性就业主要在家庭经济中，结婚后女性只是换个家庭工作。家庭中就业一般不被官方纳入就业统计范畴。如较落后的发展中国家的女性就业模式。

4. 女性职业发展道路的特点。

（1）二个高峰和一个低谷。二个高峰，一个是在女性就业后的 6~8 年左右时间，即女性就业后但未生育前；另一个是在 36 岁以后的十余年间，此时孩子基本长大或可托人代管，自身精力仍充沛、阅历丰富，女性事业的辉煌通常在此时期。一个低谷在这两个高峰之间，通常是生育和抚养孩子的 8 年时间。

（2）就业面窄，发展速度缓慢。

（3）婚姻状况对女性职业发展道路有决定性的影响。婚姻状况对女性职业发展影响较男性大得多。女性就业面临的工作角色与家庭角色的冲突是一个十分复杂的社会问题，国际经验表明，缓解这一冲突需要全社会的共同努力，特别是政府应发挥主导性作用。如，大力发展家政服务业，推进家务劳动社会化，倡导男女平等地共同承担家务责任以减轻女性的家务负担，制定有利于女性就业的社会政策，鼓励实行弹性就业制度，改革社会福利制度等。

第四节　职业生涯设计与管理

一、员工职业生涯管理

职业生涯管理是现代企业人力资源管理的重要内容之一，是企业帮助员工制定职业生涯规划和帮助其职业生涯发展的一系列活动。职业生涯管理应看作是竭力满足管理者、员工、企业三者需要的一个动态过程。在现代企业中，个人最终要对自己的职业发展计划负责，这就需要每个人都清楚了解自己所掌握的知识、技能、能力、兴趣、价值观等。而且，还必须对职业选择有较深了解，以便制定目标、完善职业计划；管理者则必须鼓励员工对自己的职业生涯负责，在进行个人工作反馈时提供帮助，并提供员工感兴趣的有关组织工作、职业发展机会等信息；企业则必须提供自身的发展目标、政策、计划等，还必须帮助员工作好自我评价、培训、发展等。当个人目标与组织目标有机结合起来时，职业生涯管理就会意义重大。因此，职业生涯管理就是从企业出发的职业生涯规划和职业生涯发展。

（一）员工职业生涯管理的方法

1. 职业适应性管理。个人对职业的适应是个人进入职业生涯的第一步。职业适应性可以从两个角度来看：对个人而言，是指个人的个性特征对其所从事职业的适合程度；对职业工作而言，是指某一类型的职业工作对个人的个性特征及其发展水平的要求。也就是说，职业适应性就是个人与职业在经济和社会活动过程中的相互协调和有机统一。

个人要主动适应职业，至少应做到以下几点：

（1）尽量选择自己所热爱的职业。"热爱是最好的教师"，由于对所热爱的工作充满热情和具有良好的心态准备，走上岗位后，即使现实与理想有差距或者遇到困难，也愿意自我调整，积极克服所遇到的困难。

（2）培养自己对所从事职业的职业兴趣。当因为能力、性别、年龄、文化程度及机遇等内外因素而导致一时难以选择到理想的职业时，应积极主动地培养自己的职业兴趣。兴趣是可以培养和转化的。

（3）尽快融入到组织文化中。对职业的适应性，在很大程度上取决于能否融入组织文化。尽快了解组织背景、组织制度、业务流程和人们的价值观，用积极、坦诚、虚心、好学的态度处理好人际关系。

（4）提高综合素质。个人适应职业最关键的因素是综合素质。综合素质高，职业的适应性就强。所以必须重视多种能力的培养和锻炼，扩展知识面，提高综合素质。

2. 职业生涯的三维管理。在职业生涯开发过程中，工作系统、自我事务系统和家庭系统三个方面是相互影响、相互作用的，共同影响着一个人的职业发展。职业生涯的开发应该同时进行三个维度的管理：职业管理、自我事务管理和家庭生活管理，即在职业管理的同时，不可对自我事务管理和家庭生活管理掉以轻心。自我事务的管理包括自身的生理状况、心理发展、生活知识和技能、社会交际、休闲娱乐等方面的管理。自我事务管理状况对职业生涯的发展及家庭生活的质量都会产生深刻而全面的影响。

（1）健康水平即健商的影响。人的健康影响人的工作和生活态度、情绪、效率。一般而言，健商高者精力充沛，乐观开放、积极高效；而健商低者力不从心，易悲观自恋、消极低效，容易陷入疲劳—工作—更疲劳的恶性循环，甚至产生对外界事物的厌倦情绪。

（2）心理发展水平的影响。心理状态是一个人学习、生活、工作的态度和行为的基础。一般而言，成功、健康、快乐的人通常具备自信、宽容、积极乐观、自我独立等心理品质。积极心态创造人生，消极心态消耗人生。无数正反两方面的事例都证实了心理品质的优劣直接影响事业和家庭的成败。

（3）生活知识和技能的影响。丰富的生活知识和高水平的生活技能能使人事半功倍地处理日常事务。

（4）社交休闲方式的影响。社会交际能力直接影响到人们在工作和生活中的沟通交流和组织协调水平，社会交际范围影响着人们在工作和生活中所能得到的帮助和支持程度。休闲方式的选择对人们的思想形成、知识积累、生活品位也都会产生深刻的影响。

正因为自我事务管理状况对个人全面发展的深刻而全面的影响，自我事务管理是个人全面发展中很重要的一个方面，它为职业生涯发展奠定了基础。自我事务管理中最为重要的是提高情商和健商水平。

3. 心理契约的管理。员工与企业不仅有书面劳动合同，而且还存在心理契约。过去，员工与企业的心理契约往往是：员工好好工作，企业负责员工不被解雇、负责员工的升迁与福利。但是随着市场经济的发展，随着视工作任务定人员的虚拟企业的出现，企业为员工提供工作保障的基础开始动摇，企业是员工的"屋顶"的契约难以维系。员工与企业建立了新的心理契约，即员工努力工作，企业提供培训机会，提升员工的就业能力，企业是提高员工综合能力和就业能力的"土壤"。在新的心理契约下，员工的职业生涯往往具有易变性。易变性职业生涯与传统职业生涯的不同，见表 13 - 12 所示。

表 13 - 12　　　　　　　　易变性职业生涯与传统职业生涯的比较

维度	传统职业生涯	易变性职业生涯
目标	晋升	心理成就感
心理契约	工作安全感	灵活的受聘能力
运动	垂直运动	水平运动
管理责任	公司承担	员工承担
方式	直线性、专家型	短暂性、螺旋形
专业知识	知道怎么做	学习怎么做
发展	很大程度上依赖于正式培训	更依赖人际互助和在职培训

易变性职业生涯的目标往往是心理成就感。心理成就感是一种自我感受，它不仅仅是企业对员工的认可（如加薪、晋升），还包括个人价值、幸福感、身体健康等人生目标实现所带来的一种自豪感和满足感。这种追求在新一代的人力资源中表现得更为突出。例如，对地位和工作稳定性拿得起、放得下，更在意工作灵活性、挑战性，渴望从工作中获得乐趣和良好的个人感受。可见，职业生涯的管理与开发方法要与时俱进。

企业要为员工提供人员开发规划指南，指导员工进行评估、目标设置、开发规划和行动计划的设计。企业管理人员要与员工开展有关职业生涯的面谈。在员工的职业生涯发展过程中，随着员工职业生涯发展阶段和生理年龄的变化，其职业需求会有所调整。管理人员要在员工职业生涯设计中充当教练、评估者、顾问、推荐人，要了解员工职业生涯的发展进程，以及每个阶段员工的需求和兴趣的差异，与员工就未来开发行动达成一致意见，提供资源，帮助员工达到职业生涯目标。企业要开发职业生涯管理支持系统，培育能支持职业生涯管理的企业文化，加大培训的力度和培训内容的覆盖范围。

4. 实施PPDF。在发达国家很多企业都有职业生涯成长计划（Personal Performance Development File，简称PPDF）。职业生涯成长计划把个人发展与企业发展紧密联系在一起，企业通过它让员工形成合力，形成团队，为组织的目标去努力并实现自我价值。个人PPDF基本上有三个方向：

（1）纵向发展，即沿着组织的层级系列由低级向高级提升。

（2）横向发展，即跨职能部门的调动、在同一层次不同职务之间的调动，如由工程技术部门转到采购供应部门或市场营销部门等。横向发展可以发现员工的最佳"亮点"，同时又可以使员工积累各个方面的经验，为以后的发展创造更加有利的条件。

（3）向核心方向发展。虽然职务没有晋升，但是却担负了更多的责任，有了更多的机会参加组织的各种决策活动。

（二）员工职业生涯管理过程中的角色

在不同的职业生涯管理活动中，员工自身、上级主管以及职业组织都承担着不同的角色。通过员工、主管和职业组织三方面共同努力，来实现职业生涯全过程的管理。具体内容见表13-13。

而在此过程中，HR工作者也起到了重要的作用，扮演宣传鼓动者、制度建设者、职业导师、培训管理者、组织协调者等五种角色。

表13-13　　　　　　　　　职业生涯管理角色一览表

职业生涯活动	目的	员工的角色	主管的角色	职业组织的角色
职业生涯规划	确定职业生涯努力方向，实现个人的理想	·剖析自己，确定自己的能力 ·分析生涯选择途径 ·规划自我发展目标	·为员工提供有关信息 ·协助员工剖析自己，导向正确的发展过程 ·评估员工所陈述的目标与需求，帮助员工确定目标	·提供个人职业生涯规划的方式、资料、咨询等所需要的协助。 ·分析员工生涯目标的可行性 ·提供适当的职业生涯发展训练、对象包括员工与主管

续表

职业生涯活动	目的	员工的角色	主管的角色	职业组织的角色
职业生涯规划的配合与决策	配合组织发展目标与发展方向，晋升优秀员工	·提供自己的真实资料 ·争取获得晋升 ·与管理人员沟通发展的取向 ·与管理人员一同订立可行的方案 ·朝既定的行动方案努力	·界定某一工作所需的技能、知识和其他特殊条件 ·协助员工发展彼此可接受的方案 ·适度提醒员工朝目标努力或修正原来的计划 ·甄选候选人，提出建议	·协调过程 ·指导与分析 ·对主管和员工提出忠告 ·确定甄选升迁标准 ·对候选人进行考核、面试 ·提供技能训练方案以及在职发展的机会
绩效评估	指导和教导员工达到最好的绩效，提升工作满意度	·自我评估 ·请求和接受回馈	·提供回馈和教导 ·以正式或非正式的方式进行评估	·监督和评价各种评估量表，使其达到一致性和公平 ·训练主管人员和评估员工
个人职业生涯发展	创造良好的环境，沟通生涯目标	·负起自我生涯发展的责任 ·提供正确的咨询给主管，内容包含技能、工作经验、兴趣与生涯期望 ·界定和沟通 ·完成发展性的计划	·组织并指导有关职业生涯发展问题讨论 ·确定员工所提的信息是否有效，并提供真实的反馈信息 ·提供有关生涯发展方面参阅资料 ·提供未来职位晋升的信息 ·确定未来职位可能的人选 ·鼓励和支持员工的生涯发展	·提供有关职业生涯发展方面的参阅资料及信息 ·训练主管人员如何带领员工讨论 ·为员工职业生涯发展提供训练、教育的机会 ·为员工提供轮岗的机会 ·及时通报职位空缺情况 ·制定并公布有关职位的标准及要求
职业生涯发展评估	每年对员工的工作能力及其潜能进行评估，使其与公司的发展需求相结合，并确保组织效能持续增长	·进行自我认识和自我评估 ·研究分析自我发展存在的问题	·根据当前的绩效、潜能和兴趣评价员工 ·与其他主管沟通信息 ·确认机会和问题 ·推动员工生涯规划的实施	·训练主管人员如何对员工进行职业生涯发展评估
职业生涯调适	使工作、生活、生涯目标能密切地融合	·接受评估意见 ·必要时调整工作与生涯目标	·根据评估结果，提出调整意见并实施	·对调整方案进行备案 ·协助主管完成员工的工作或生涯目标的调适

（三）员工职业生涯发展和组织发展的匹配

对于职业生涯发展，组织与员工间有着不同的目标和出发点。组织的职业生涯规划侧重在确定组织未来的人员需要、安排职业阶梯、评估员工的潜能、实施相关的培训与实践，进而建立起有效的人员配置体系和接替计划。而员工个人的职业生涯规划，则更多关注在认识自身的能力和兴趣、设定职业发展的目标、评估组织内外部的发展机会、通道及可能性等。

美国麻省理工学院（MIT）斯隆管理学院教授、著名的职业生涯管理学家施恩（E. H. Schein）根据其多年的研究，提出了组织发展与员工职业发展的匹配模型。在匹配模型中，施恩强调组织与员工之间应该积极互动，最终实现双方利益的双赢——组织目标的实现及员工的职业发展与成功。施恩还认为，组织在整个的职业生涯发展过程中，将通过新员工入职培训完成新员工的"社会化"过程，并通过针对性的培训、全面的绩效管理、工作轮换及工作重新设计等有关的人力资源管理活动，帮助员工提升职业技能，把握职业发展机会。

在整个的组织发展与员工职业生涯发展的互动过程中，员工的职业生涯发展应该首先服从并匹配于组织的发展，员工职业生涯发展与组织发展的匹配与协调，是员工职业生涯成功发展的关键。这是因为：

1. 组织是员工职业生涯发展的依存载体。员工只有在组织环境中，从事专门的工作或活动，才能发挥自身的能力和智慧。员工的职业发展不能置身于组织的环境和条件之外，没有组织的存在和发展，就没有员工个人职业生涯发展的平台载体和机会（跳槽是一种例外的调整）。

2. 企业组织所实施的所有经营管理行为（包括战略决策、技术创新、销售与客户满意、人力资源管理及员工职业生涯规划、成本控制、质量改进等），都是服从于企业组织的经营发展需要这一根本目的的。组织发展是组织所有经营管理行为的核心目标，企业组织的发展要求组织内部的所有资源（包括技术、资金、人力资源等），首先围绕并服从于组织经营发展的实际需要。由此，组织内部的员工职业生涯发展，理应首先服从并匹配于组织发展的需要。

3. 员工是实现职业生涯发展的主体。人的主观能动性能够使员工主动地适应组织的环境和需要、根据组织的要求提升职业能力、整合并确定清晰可行的职业发展目标、评估并把握职业发展的实际机遇等。

4. 如果当前组织的发展已经不适合员工个人的职业发展需要，那员工个人就有必要寻求组织外发展。即寻求在其他企业内的个人发展与企业发展的匹配。

因此，员工职业生涯发展应首先服从并匹配于组织发展的实际需要。正如美国康奈尔大学教授乔治·T. 米尔科维奇等强调的，职业生涯是通过员工为追求理想而做出的选择与公司为实现目标而提供的机会相互作用而实现的。

组织发展是员工职业生涯发展的首要契机，员工的职业生涯发展应该首先服从并匹配于组织发展的实际需要。

二、员 工 职 业 生 涯 设 计

（一）职业生涯设计的原则

在进行职业生涯设计的时，应遵循以下原则：

1. 清晰性原则。考虑目标、措施是否清晰、明确？实现目标的步骤是否直截了当？

2. 挑战性原则。目标或措施是否具有挑战性，还是仅操持其原来状况而已？

3. 变动性原则。目标或措施是否有弹性或缓冲性？目标与措施是否一致？个人目标与组织发展目标是否一致？

4. 激励性原则。目标是否符合自己的性格、兴趣和特长？是否能对自己产生内在激励作用？

5. 合作性原则。个人目标与他人的目标责任制是否具有合作性与协调性？

6. 全程原则。拟定生涯设计时必须考虑到生涯发展的整个历程，作全程的考虑。

7. 具体原则。生涯设计各阶段的路线划分与安排，必须具体可行。

8. 实际原则。实现生涯目标的途径很多，在作设计时必须要考虑到自己的物质、社会环境、组织环境以及其他相关的因素，选择确实可行的途径。

9. 可评量原则。设计应有明确的时间限制或标准，以便评量、检查，使自己随时掌握执行状况，并为设计的修正提供参考依据。

（二）职业生涯设计的过程

职业生涯的设计应依据企业的发展战略，充分理解组织的愿景，把个人发展的需求与组织发展的规划相结合，才能确定符合实际的员工职业生涯目标。

个人发展是企业发展和社会发展的基础，只有充分发挥人的主观能动性，在公司建立以人为本的职业生涯开发与管理的目标体系，帮助每个员工实现自我价值，通过做好员工的职业生涯开发与管理，把企业的人力资源最大限度地转化成人力资本，企业才能最终实现未来的愿景。员工的职业生涯规划与管理正是公司人才战略的核心内容，把制定员工职业生涯规划作为公司的战略管理的重要组成部分理应是企业的重要工作任务。

职业生涯设计是在了解自我的基础上确定适合自己的职业方向、目标，并制定相应的计划，以避免就业的盲目性，降低就业失败的可能性，为个人的职业成功提供最有效率的路径，或者说，是在"衡外情，量己力"的情况下设计出合理且可行的职业生涯发展方案。

职业生涯设计基本上可分为自我认知、职业认知、确立目标、职业生涯策略、职业生涯评估五个步骤。

1. 自我认知。从事适合自己的工作，才能发挥自己所长。因而，在进行职业生涯设计时，首先必须了解自己的各种特点，如基本能力素质、工作风格、兴趣爱好、价值观、个性特征、自己的长处与短处等。其中自己具备的职业技术和职业兴趣是最关键的两个因素。对自己认知程度越深刻，职业生涯的目标和方向才越明确。

对自己的认知，可以通过专家协助（如做测试题、专家访谈等），也可以不断反思以下的问题：

（1）自己喜欢的工作有哪几种？

（2）自己的专长是什么？

（3）现有的工作对自己的意义是什么？

（4）家庭对自己的工作有哪些影响？

（5）有哪些工作机会可供选择？

（6）与工作有关的因素有哪些？

2. 职业认知。职业生涯设计的前提不仅限于对自身内在因素的了解，还必须对客观环境进行考察，了解职业分类、职业性质、组织情况。职业分类包括职系、职级和职等。许多国家都有职业分类词典。职业性质需要人们深入了解，因为人们认识一个职业常常只看到表层的东西，如对演员只看到台上的风光，不了解台下的艰辛；对大学教师，只看到能自由支配时间的好处，却未体会到他们的压力与艰苦。另外，在欲加盟一家组织之前，多下点力气去研究该组织的结构和文化等是十分必要的。

3. 确立目标。在知己知彼的情况下，根据自己的特点和现实条件，确立自己的职业生涯目标。职业生涯目标通常分为短期目标、中期目标和长期目标。短期目标一般为 1~2 年，中期目标一般为 3~5 年，长期目标一般为 5~10 年。职业生涯目标的设定是职业生涯设计的核心。

4. 职业生涯策略。详细分解目标，制定可操作的短期目标与相应的教育或培训计划。为达到目标，你必须思考以下问题：

（1）选择哪条职业生涯路径？例如，选择行政管理路径还是技术路径，或者是走双路径。可以考虑三个问题：①你想往哪一路径发展？②你具备这种发展的主观条件吗？③你具备这种发展的客观条件吗？

（2）在工作方面，你将如何提高你的工作效率？

（3）在业务素质方面，你计划学习哪方面的知识和技能？

（4）在潜能开发方面，你要注重哪些方面潜能的开发？

5. 职业生涯评估。人是善变的，环境是多变的。影响职业生涯的因素很多，有的因素变化是可预测的，有的因素变化是难以预测的。要使职业生涯计划行之有效，就必须根据个人需要和现实的变化，不断对职业生涯目标与计划进行评估和调整。其调整内容包括：职业的重新选择；职业生涯路径的重新选择；人生目标的修正；实施措施与计划的变更。在 21 世纪，工作方式不断推陈出新，工作要求不断提高，人们要不断地审视个人的人力资本，找出不足，适时修正目标，及时采取措施。

思考题：

1. 假设已经确定了人力资源目标"在未来两年里人员流动比率降低到 10% 以内"，请你制定相应的政策和措施。

2. 你对员工职业生涯发展规划有何看法、体会与建议？

3. 员工的个人职业生涯发展规划如何与企业的组织职业生涯发展规划相结合？

案例分析

3M 公司的职业生涯体系重员工潜力数据

3M 公司的管理层始终尽力满足员工职业生涯发展方面的需求。从 20 世纪 80 年代中期开始，公司的员工职业生涯咨询小组一直向个人提供职业生涯问题咨询、测试和评估，并举办个人职业生涯问题公开研讨班。通过人力资源分析过程，各级主管对自己的下属进行评估。公司采集有关职位稳定性和个人职业生涯潜力的数据，通过电脑进行处理，然后用于内部人选的提拔。

公司的人力资源部门可对员工职业生涯发展中的各种作用关系进行协调。公司以往的重点更多地放在评价和人力资源规划上，而不是员工职业生涯发展的具体内容。新的方法强调公司需求与员工需求之间的平衡，为此，3M 公司设计了员工职业生涯管理的体系。

1. 职位信息系统。根据员工民意调查的结果，3M 公司于 1989 年年底开始试行了职位信息系统。员工们的反应非常积极，人力资源部、一线部门及员工成立了专题工作小组，进行为期数月的规划工作。

2. 绩效评估与发展过程。该过程涉及各个级别（月薪和日薪员工）和所有职能的员工。每一位员工都会收到一份供明年使用的员工意见表。员工在表内填入自己对工作内容的看法，指出主要进取方向和期待值。然后员工们与自己的主管一起对这份工作表进行分析，就工作内容、主要进取领域和期待值以及明年的发展过程达成一致。在第二年中，这份工作表可以根据需要进行修改。到年底时，主管根据以前确定和讨论的业绩内容及进取方向完成业绩表彰工作。绩效评估与发展过程促进了 3M 公司主管与员工之间的交流。

3. 个人职业生涯管理手册。公司向每一位员工发放一本个人职业生涯管理手册，它概述了员工、领导和公司在员工职业生涯发展方面的责任，还明确提出公司现有的员工职业生涯发展资源，同时提供一份员工职业生涯关注问题的表格。

4. 主管公开研讨班。为期一天的公开研讨班有助于主管们理解自己所处的复杂的员工职业生涯管理环境，同时提高他们的领导技巧及对自己所担任的各类角色的理解。

5. 员工公开研讨班。提供个人职业生涯指导，强调自我评估、目标和行动计划，以及平级调动的好处和职位晋升的经验。

6. 一致性分析过程及人员接替规划。集团副总裁会见各个部门的副总经理，讨论其手下管理人员的业绩情况和潜能。然后管理层层层召开类似会议，与此同时开展人员接替规划项目。

7. 职业生涯咨询。公司鼓励员工主动去找自己的主管商谈个人职业生涯问题，也为员工提供专业的个人职业生涯咨询。

8. 职业生涯项目。作为内部顾问，员工职业生涯管理人员根据员工兴趣印发出一些项目，并将它们在全公司推出。

9. 学费补偿。这个项目已实行多年，它报销学费和与员工当前岗位相关的费用，以及与某一工作或个人职业生涯相关之学位项目的全部学费和费用。

10. 调职。职位撤销的员工自动进入个人职业生涯过渡公开研讨班，同时还接受具体的过渡咨询。根据管理层的要求，还为解除聘用的员工提供外部新职介绍。

（资料来源：张岩松.3M 公司的职业生涯体系重员工潜力数据［J］.博瑞管理在线，2010）

案例分析题：

3M 公司设计的员工职业生涯管理的体系是什么？具有什么特点？

参考文献

［1］廖泉文.人力资源管理［M］.北京：高等教育出版社，2003.

［2］赵曙明.人力资源管理研究［M］.北京：中国人民大学出版社，2001.

［3］Patrick. Wright. Introduction：Strategic Human Resource Management Research in the 21st Century ［J］. E – Science Technology & Application，1998，8（3）：187 –197.

第十四章　人力资源职业成功的六种方法

在上一章论述了职业生涯规划与设计的理论后，本章进一步阐述职业成功的六种方法。廖泉文老师将其称为职业成功理论[①]，但本书认为将其称作方法更能体现其实践性。

第一节　烧开水理论——证明存在的过程

一、"烧开水理论"概述

（一）"烧开水理论"描述

人生证明存在的过程犹如"烧开水"的过程，这个过程共包含了三个过程，第一个过程是不断添柴，即努力学习，不停顿地学习，不停顿地向社会和环境学习的过程；第二个过程是耐得住寂寞，不要频繁地揭锅盖，也就是积累过程不能急于表现自己，这种积累既要求自己吃苦，还要求自己谦虚；第三个过程是水终于开了，沸沸扬扬，证明自己存在的开水本身就会有"开"了的声音，有时会顶起锅盖，发出叫声，甚至远近皆可听到，此时你已经证明你的存在，但要注意，不要让烧开的水喷洒出来，浇熄了把你"烧开"的火，要记得保护它们。因此，"烧开水理论"是描述一个人证明自己存在的三过程，是一个人必须努力、谦虚、感恩的三个过程，一个人如果完成了这个过程，他就完成了第一次证明自己存在的过程。

（二）烧开水的三要素

人的职业生涯犹如烧开水的过程，要获得职业的成功，证明自己的存在，应该把握好以下三个要点：

1. 别忘了不断添柴——不断学习和积累，锅底下没有柴火，水是怎么也不会开的。

2. 别急于掀锅盖——学习和积累的过程不能急于表现自己，要谦虚和耐得住寂寞，"水开了"再证明自己的存在。掀锅盖会把己积累的热量散发出去，还会使烧开水的过程更漫长。

3. 别让"开水"熄灭"火"——要学会感恩与回报，同时还要准备"烧第二锅开水"，进行新一轮的人生冲刺。

---

① 廖泉文. 人力资源管理［M］. 北京：高等教育出版社，2003.

二、不断"添柴"积聚能量

烧开水时的"添柴"要求的是一个不停顿、不间断的过程。"添柴"是水吸收热量所必需的，不停顿、不间断的"添柴"会使水不间歇地吸收能量，从而温度不断上升，这种不停顿的吸收能量、增加热量，就能较快地完成积累的过程。如果停止了"添柴"，水温会下降，那么把水烧开所用的时间就会延长；如果彻底停止"添柴"，那么水就永远开不了。人的职业生涯也是如此，只有不断地努力学习，不断地积累，才能聚集能量、实现成功。如图 14 – 1。

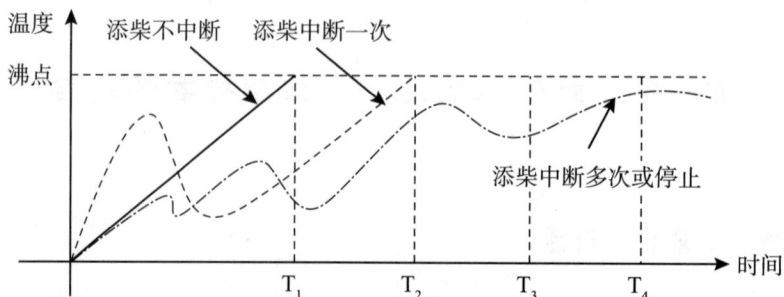

图 14 – 1 "添柴"状态的比较

不间断地"添柴"，水可以不停顿到达沸点，所耗费时间最短。停顿一次添柴就必须经历降温和再升温的过程，也就是经历知识遗忘、重新记忆和再积累的过程，所耗费的时间较长。如果停顿一次以上，例如两次、三次则耗费的时间更长些，甚至有时会因为机遇的消失而消融了向上的斗志，失去了添柴的力量，水可能永远都不会开了，图 14 – 1 中 T_3 表示的是停顿两次的情况，T_4 表示的是两次以上及可能永远都不会达到沸点的情况。不断"添柴"是为了获得和积累个人职业生涯发展所需的能量，包括知识、技能和信息等，如图 14 –2 所示。

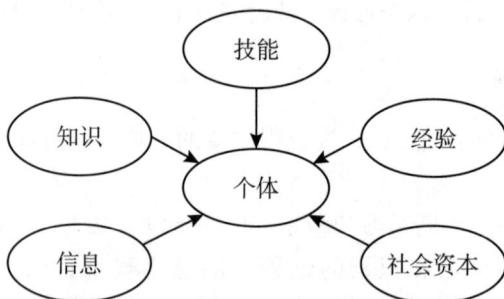

图 14 –2 "添柴"获得和积累的能量

三、"烘干湿柴"扩大能源

"干柴"容易着火，烧得也旺，能够迅速给水以能量，但"干柴"的供应量是有限的。

我们要烧一大锅的水，靠几根干柴是不够烧的，偏偏湿的柴全干又等不及，因此，这里有一个自我能量的转化问题，即可以搭配些半干半湿的柴，让它在炉火边上烤着，有的还可架在干柴上面直接烤着，这样就可以充分利用火的"势"和"能"加快速度把半湿的柴火烤干，以增加柴火的储备，加快烧火的过程。也就是用干柴烘干湿柴，借干柴的"势"来扩大"能源"。

在职业发展道路上，能量即知识和能力的获取和积累，也是同样的道理。用自己燃烧的热量给自己添"势"，实际上是知识上的互补过程，一根已干的柴的热量帮助一根半干的柴烤干，是一种自借"势"，是自己能量的转换和增加。就像是原有工作经验对你新工作的帮助；原有知识对你进一步深造的支持。一般而言，知识在深处是相通的，掌握的已知知识越多，知识面越宽广，知识的深度越深，则对未来知识的获取的助力就越大；已知的知识少，其对未知知识的获取的助力就小。如图 14 - 3 所示。

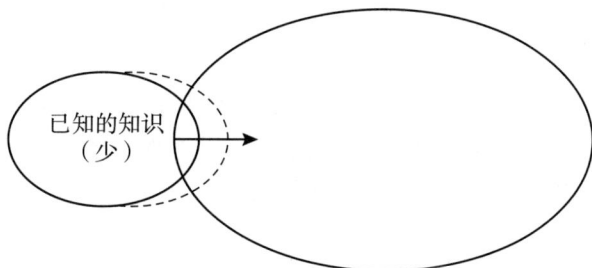

图 14 - 3 （a）　已知知识对未知知识的影响

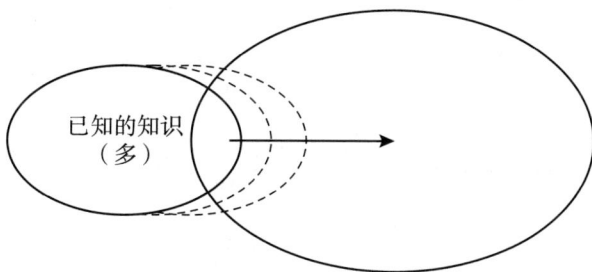

图 14 - 3 （b）　已知知识对未知知识的影响

四、"添柴"的技术

（一）柴的大小

小的柴容易着火，但也容易烧尽，大的柴不容易着火，但耐烧，烧的时间长，在你挑选柴火的时候，要注意大柴和小柴的搭配。

（二）柴的形状

如果都只用"直的柴"，火就烧不旺，因为中间较难保持通风，因此，形状不好看的"弯的柴"和"直的柴"要搭配好，"兼容并蓄"才能产生"中通"的效果。

（三）添柴的时机

柴添晚了，火会熄灭；添得早了，塞得过多，一样会使火熄灭，或者使火势迅速减缓。追求知识也一样，不能贪多，应该注意消化和理解。

（四）火势的控制

火势不宜过大，过大可能会造成对周围其他物体的伤害，也会造成难以控制的局面；火势也不宜过小，火势过小，能量积累得太慢，烧一锅水的时间会太长。

（五）添柴的数量

添柴的量应与柴的大小、形状、干湿度紧密联系。读书的量也应与知识的难易、类别和前沿性相联系，知识的吸收还与自身的智力、兴趣、精力和某些其他因素相联系。

（六）灰炭的处理

及早地从炉中将未化为"灰烬"的炭取出，以便保持旺盛的火势和继续添柴的空间。炭和灰烬就是知识的遗忘，老化和更新，只有遗忘一些东西，才有空间增添一些东西。关于添柴艺术的归纳，我们用图 14-4 来形象地予以说明。

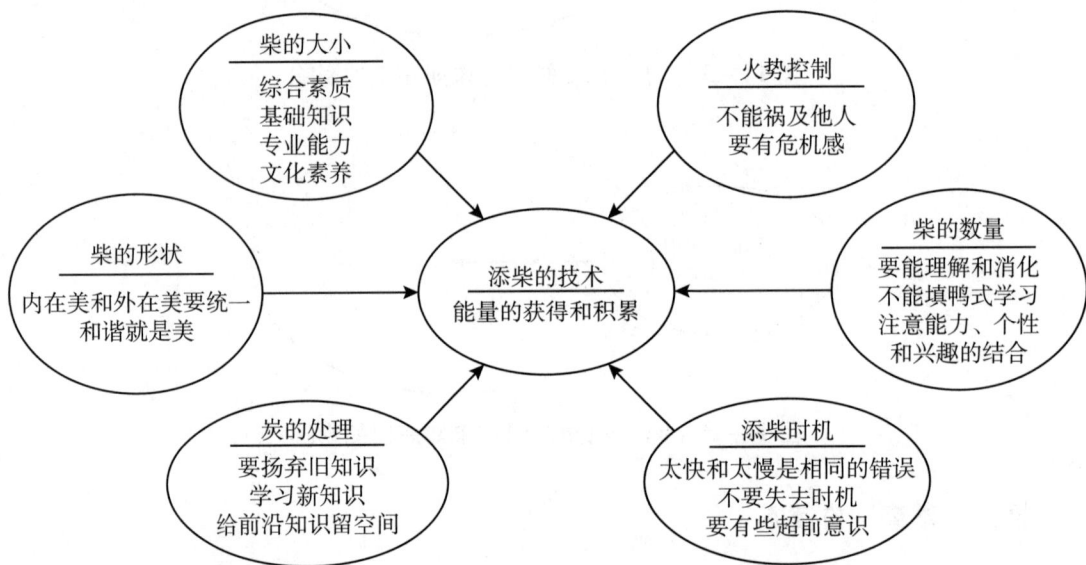

图 14-4　"添柴"的技术

五、"水开了"——证明自己的存在

（一）不要频繁掀锅盖

缺少耐心的人会在烧水的过程中不断掀锅盖，看看水开了没有，快开了没有。每掀一次锅盖，水积蓄的热量都要散发一些，锅盖掀得越频繁，热量散发得就越多，这样一来，水开的时间就要往后推迟。时间的推迟就等于错失时机。在没有成熟的情况下，急于表现自己往往适得其反。

（二）没开的水不要喝

提前掀开锅盖去喝半生的水，喝的人可能生病，烧水的人也免不了挨骂。提前使用不成熟的人，会导致组织和个人双输的局面。

（三）沉得住气，水就定会开

俗话说，沉得住气才能成大器，烧开水要有耐心。从点火开始，不断地添柴，直到把水烧开，需要一个过程。人们用"寒窗十载苦清磨"来说明寒窗攻读之苦，用"面壁十年"来形容成才的不易。当你品尝寂寞时，一定可以让您去思考许许多多的事情，去自省自己的错误，去审视已走过的路程，去品尝孤单与寂寞的感觉。这种锻造，是烧开水过程必然会带给你的重要收获。

（四）水开了，就证明你的存在

水开了水滚的声音很好听，滚动着的水还会冲开锅盖，此时锅盖已是任何力量都捂不住了，你可以掀开锅盖，证明你的存在。

（五）要防止水溢出锅面，及时回报与感恩

"学然后知不足"，输出你的服务和能量，然后才知道你必须继续输入你的知识和能量。

（六）要做好烧第二锅水的准备

第一锅水开了，证明你的存在，证明你有积备能量的能力，有等待时机的耐心，有服务大家的诚意，但是烧一锅水是不够你的一生用的，你必须准备再烧第二锅水，要继续积累你的知识、经验，要适应新的环境的变化，要寻找人生更上层楼的机会，要做好人生的第二次冲刺。

第二节　绣花理论——奉献中求发展

一、"绣花理论"概述

（一）"绣花理论"描述

"绣花理论"是指当个人的职业生涯开始时，或者是职业生涯处于低谷时，他都必须努力借助他人的"资源"并主动义务或只取比市场更低的价格去为提供资源的人工作，在这个工作过程中，完成自己技能、关系、资金（或其他资源）的积累，求得个人人力资本质的飞跃，以获取职业发展的成功。

（二）"绣花理论"的由来

曾经有一位老大娘，这位大娘过得比周围的人都更富有。但当年她作为一个小媳妇，除了做家务外没有任何谋生的本领，她想学一门手艺，以作养老之资，但限于性别歧视和家境贫寒，求艺无门。

后来她想到了学"绣花"，家贫买不起针线和布料，同时也无师可拜，但她凭借她的勇气、决心和小时候一点针线活的底子，主动要求要为邻居出嫁的姑娘绣花。当地的风俗是出嫁的女孩必须有几件绣花物件，如门帘，床单、枕套等作为陪嫁，许多姑娘或忙或不通此行，要花钱请人代工。这位大娘决心义务为她们"绣花"，她们为其提供了所有绣花必备的"资源"。

十年的业余义务劳动，她不仅练出了极好的绣花技艺，而且打出了名声（无形资产），积累了许多的花式图样。第二个十年，她结束了义务劳动，开始了有偿的服务，但价格略低于市价，第三个十年，她以高于市场的价格仍然赢得众多的顾客。

绣花大娘以付出换取资源，用十年时间进行"职业生涯"的基本积累，这个"绣花"的故事给了我们许多启示。

（三）"绣花理论"的三要素

1. 寻找资源，义务为他人作嫁衣裳。

当职业生理开始或处于低谷时，主动并努力去寻找资源或机会。

2. 打别人的工，学自己的艺。

不计报酬得失为给你提供资源或机会的人工作，同时进行自己知识、技能、经验和社会关系等方面的储备。

3. 利用品牌效应，实现个人成功发展。如图 14 - 5 所示。

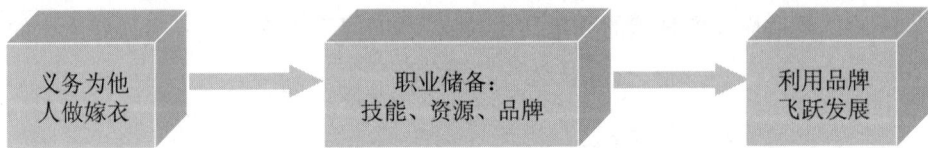

图 14 - 5   "绣花理论"的三要素

二、寻找资源——为他人作嫁衣裳

无论你想做什么事，都要拥有一定的资源，邻居大娘要学绣花，必须要有针线和布料；要想读书必须要有书本和纸笔。当你刚进入职业阶段，或者你处于职业低谷时，第一件遇到的困难就是你手中没有资源。

如何去获取资源，这是许多缺少资源的人感到非常困惑的事，绣花理论提出的是用义务劳动去换取资源，或用低廉的报酬去做更多的事，这种获取资源的方式就是先吃亏。

做更多的事，不要报酬或要很少的报酬，很多人做不到，他们认为这不公平、不合理，结果他就学不成艺。图 14 - 6 表示两种获取资源的方式及结果。

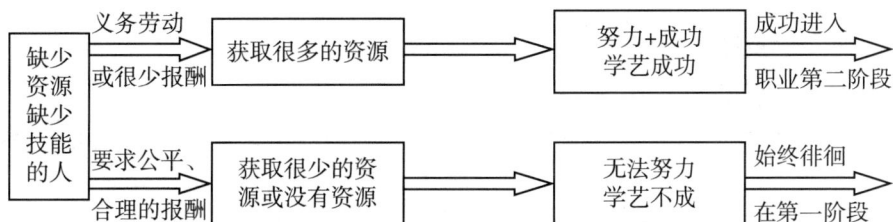

图 14 - 6 获取资源的方式与职业成功的关系

当完全没有资源和技能时，你也许会用义务劳动或很低酬劳去获取资源，当具有一定的资源时，你还愿意接受这种不公平吗？其实，一个精湛的技艺是很不容易学到的，学艺一定要狠下苦功，要假以时日。十年树木，百年树人。一个人要长成材，苦功夫是一定要下的。

为他人绣花，资源是他人的，成品是他人的，你的工钱没有或很少，但是做他人的嫁衣裳，学到的艺都是自己的，而且学到的艺并不会随成品而"陪嫁"出去，反而强化成了你自己的人力资本。

三、职业能力的三大积累

（一）人力资本的积累

职业能力首要是个人身上的人力资本，这里包括技术，知识、经验、健康和能力。人力资本的积累既包括学校所受的教育、在职培训，又包括自己努力去获取的各种技能和经验。十年磨一剑，积累是一个很艰苦的过程。

（二）品牌的积累

绣花大娘义务为他人绣了十年的花，远近皆闻名，花越绣越好，知道的人越来越多。这种品牌的积累需要时间，又需要公众的认可，这种"认可"积累到一定程度，逐步就成长为品牌。品牌是有层次之别的，是一个地区的品牌，好是一个省的品牌，或者是国内一流的品牌。品牌的差异关键点是人力资本转化为产品和服务后，这些产品和服务被认可的程度。

（三）资源的积累

绣花大娘用十年的时间积累了品牌和人际关系，同时又积累了一个十分重要的资源：花色图案。她把每一位请她绣花的客人所提供的图案临摹下来，日复一日，年复一年，她的案头上就积累了厚厚的一叠绣花图案。这种资源让她在后十年及更后的十年拥有了超过一般人的"资源"。

一个人力资源专业毕业的研究生，如果愿意用业余时间为多家企业做义务策划和项目设计，那么若干年后，他就积累了各种企业人力资源规划和项目设计的经验，这是一笔惊人的财富。

现代社会，人们赋予人力资源的积累更多的含义，包括资金的积累和人际关系的积累等。如图 14 - 7 所示。

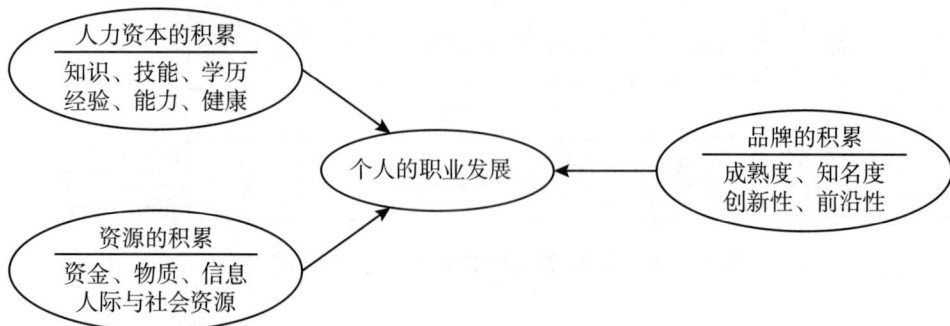

图14-7　职业能力的三大要素

四、珍惜品牌效应

马太效应告诉我们"贪者愈贪，富者愈富"，富到一定程度就是等比级数甚至是指数增长了。鲁迅先生曾经用形象的比喻来描述相互的社会学理论："文以人传，人以文传，时间一长，也就分不清楚文好，还是人费了。"随着社会的发展，通讯的发达，名牌效应已经远远超过当年的马太效应所描述的哲理了。

品牌效应可能会给你带来财富、荣誉，带来人们的尊敬和崇拜，由于现代各种通讯工具的发达，也许你收获的远比过去说的"富、贵、雅"要来得多。此时的你一定要谨慎，应该小心地加以面对：

（一）要谦虚

"人生得意马蹄疾"，但越是"得意"，越要注意谦虚谨镇。谦虚要以礼待人。成功与失败的距离永远只有一步，两个极端之间的距离最短。海纳百川，处低易蓄，谦虚会使自己永远具备平常心。

（二）学会珍惜

要珍惜所有帮助过你的人，珍惜你已得到的一切：你的家人，你的朋友，你的老师、你的学生、你的孩子。所有你目前已获得的，都是你必须珍惜的。珍惜每个人的帮助，珍惜每一个人的付出，用加倍的努力和成绩回报他们。

（三）要有爱心

只有爱别人的人才被人爱。品牌的效应很大，也许会让你有"一飞冲天"之感，但这时你一定要学会爱别人，尤其当你收获你的品牌效应时，你已具备能力更多地去帮他人，回报在你辛苦努力时帮助你、关心你的人。爱的回报是要用心去回报的。

（四）要尊重他人

一定要学会尊重他人，学会尊重他人的成果，庆贺他人的成功。人不能相轻，而应互重。互相尊重对方，你会发现你获得更大的所得。

第三节　马论——机遇理论

没有获得成功的人最多的慨叹是自己未能获得机遇，最痛心的忏悔是自己未能抓住机遇。机遇是什么？为什么有的人轻而易举就获得"好风凭借力，送我上青天"的机遇，有的人则总在机遇旁徘徊、感叹，而未获得机遇的垂青？机遇对每个人公平吗？如何才能抓住机遇呢？

一、"马论"概述

马论把人在职业生涯中遇到的机遇比作一匹飞奔而来的马，转瞬即逝，识别和抓住机遇，骑上机遇之"马"，才能加快职业生涯的发展速度，跋山涉水，到达职业光辉的成功点。

许多人总是感叹命运的不公，机遇之"马"总是不向自己飞奔而来；有的人发现机遇之"马"曾经来到过自己的面前，但失之交臂。那么，如何才能得到这"骏马"的帮助呢？获得机遇，实现成功，个人必须具备下述三个条件：

1. 识马——靠知识、靠见识、靠眼光。
2. 跃马——靠技巧、靠阅历、靠勇气。
3. 驭马——靠能力、靠技术、靠借势。

二、识马

命运时所有的人是公平的，机会也是平等的。但有很多人不识得"马"，眼中无"马"，而错过机遇，抱怨命运的不公。就像"老三届"中的很多人，他们总在慨叹机遇对他们是不公平的：读大学时，"文化大革命"；而立之年，臭老九，改造对象；不惑之年，论资排辈，难以提拔；知天命之年，以为轮到自己，时代又重用年轻人，机遇与自己失之交臂，提早养殖种花，进入退休或半退休状态。那么他们是否真的从未遇到过机遇呢？

1977 年恢复高考，1978 年恢复研究生考试，这是一匹"马"；20 世纪 80 年代改革开放，青黄不接，人才奇缺，又是一匹"马"；20 世纪 90 年代，香港回归，党的"十五大"召开，中国人再创辉煌，中年人欣逢承上启下，还是一匹"马"。

可见，职业生涯发展首先必须学会识"马"，但你能识"马"吗？

马可能与驴同时来到你的面前，你可能骑着驴走了，而丢下了马。如何去感应这种机遇呢？去识得"马"呢？识"马"概括起来，必须具备以下三点：

1. 你有强烈的自我发展的愿望。
2. 你有长期的知识积累。在马过来之前，就对马、驴、鹿、牛等有一定的分析和研究。
3. 你有对各种信息的分析和感应力。

三、跃马

飞奔的马带着一股冲劲，既可能带着你快马加鞭奔向远方，也可能在你跃马之时把你踩扁。奔马是不驯服的、凶猛的，足以令胆小者生畏，跃上一匹飞奔的马是需要极大的勇气的。

有的人看到自己知识的不足，要发展自己，必须考研究生。但考研究生可能要冒些"风险"：考不上贻笑于人；失去目前晋升的机会；失去家庭的团聚或失去正在营造的小家庭的安乐。总之，跃马和驭马必须冒着失去很多既得利益的风险。因此，必须具有：

1. 你有跃上马的勇敢和魄力。

2. 你有承受落马的勇气和耐力。

3. 你有驾驭马的技术。

许多人见到了马，但害怕失去眼前已获得的一点东西，只得望着马从身边飞奔而过。

你向马跑去，你勇敢地跃上了马，飞奔的马使你快速无比地奔向目标，你可以把同行的人甩在后边。

四、驭马

飞奔的马不好驾驭，何况路边还有不少意欲夺马而去的人群，被骑的马可能因为你的上马而狂怒，马只对善驭马的人驯服，而对不善驭的人则很不礼貌，总要想着法子让你落马。此时，你必须具备以下四点：

1. 你有驭好马的决心。

2. 你有驭马的本领。

3. 你原先也许不会驭马，但你能迅速学会驭马的技术。

4. 你会审时度势。必要时换匹马，你能把握住不从马上摔下来。

只有这样，你才能与你的马共同向目的地飞奔而去。

第四节　红叶子理论——开发自己的亮点

一、"红叶子理论"概述

我们把个人的优点比作一棵树上的红叶子，把一个人的缺点比作一棵树上的绿叶子。红叶子理论认为：一个人的职业成功不在于红叶子的数目多少，而在于他是否具备一片特别硕大的红叶子，这片特别硕大的红叶子不是与生俱来的，需要个人的不断努力，准确地识别到最适合发展的红叶子。开发这片红叶子，发展这片红叶子，使这片红叶子特别硕大，特别红艳，成为引起社会和人们特别关注的人力资本。

这片能引起社会特别关注的红叶子，就是你的亮点，就是你个人最有价值的人力资本，它能帮助你走向职业成功。

"红叶子理论"的三个要素是：

1. 识别你个人与众不同的那片红叶子。

2. 发展这片红叶子，使它足够硕大。

3. 缩小你的绿叶子。

二、识别"红叶子"

红叶子理论最基本的观点是提出职业成功与个人优点的个数无关，关键在于红叶子的大小。这里所指的红叶子是指能对社会的进步和社会的发展作贡献的优点。

每个人的身上都有很多的红叶子，很多的绿叶子，这是我们对人力资源最基本的认识。发展红叶子，首先要选对亮点，不是所有的红叶子都必须去开发，因为一个人毕竟精力有限。

（一）识别最有潜力的"红叶子"

实例一：A 对销售、财务的知识都一般，但对市场特别的敏感，分析问题有战略高度，做事锲而不舍。通过开发这个亮点，积极进取，A 成了职业企业家；B 既懂销售，又懂财务，管理也略知一二，但不能了解市场的瞬息万变，同时没有上进心，职业发展一般。

识别最有潜力的"红叶子"应从下述几个方面进行分析：

1. 在众多红叶子中，哪一片最大？
2. 在众多红叶子中，哪一片最具发展潜力？
3. 要有未来的观点、发展的观点，还要有较强的分析能力。
4. 请有经验、阅历深的人帮助自己识别最具潜力的红叶子。

（二）识别最具有价值的"红叶子"

实例二：王某是 30 多岁的在读研究生，数学虽不错，但发展数学年龄偏大，他对经济也有一定研究基础，可以考虑读双硕士。再读经济学硕士，有很好的数学基础加经济学硕士，可以作为他个人选择的红叶子。因此，他学习经济学以后发展会更有前途。

哪一片红叶子是你最具开发价值的红叶子？

通常应从下述几个方面进行分析：

1. 哪一片红叶子对现今的社会最具价值？哪一片红叶子对未来 10 年更具价值？
2. 哪一片红叶子与个人的职业生涯发展关系最紧密。
3. 仔细分析对比那些较大的红叶子，从中发现最有价值的红叶子。

（三）识别最能取胜的"红叶子"

实例三：大学生李某的数学、计算机，外语和经济学都很好，人们说他是全才。究竟哪一片红叶子最能取胜呢？李某向老师请教，老师认为他学数量经济最合适。李某认为计算机最先进，最吃香，为什么不去搞计算机呢？老师告诉他，计算机领域的竞争十分激烈，李某不具备最能取胜的计算机能力，但是他的经济基础和数学基础好，这两者结合起来。可以使他最容易成功。

选择最能取胜的红叶子应该注意：

1. 这片红叶子别人比较小，比较少。
2. 这片红叶子可以和另一片红叶子相加。
3. 这片红叶子与社会发展紧密联系。

三、发展"红叶子"、缩小"绿叶子"

每个人都有缺点，不必追求完美，但要追求卓越。某一方面的出色，才是职业成功的所在。所以选择了你独特的富有发展的红叶子之后，接下来就必须发展这片红叶子，使它更大、更艳。这是因为：第一，只有足够大的红叶子才能引起人们和社会的重视，人们远远就能见到她，从而重视她；第二，足够大的红叶子能够突显，同时遮盖了某些绿叶子，使人们注意你那引人注意的优点，忽略或宽容了你的缺点；第三，足够大的红叶子有丰富的内涵来支撑。

要使这片红叶子足够硕大，必须具备三个条件：

1. 百折不挠的坚强意志。百折不挠的意志，坚定不移的决心，是发展硕大红叶子的重要条件。

2. 健康的心理素质。努力进取，坦然面对困难，面对压力，坦然承受委屈，责备、失败和挫折。

3. 智慧和技巧。善于寻找助力，善于把握机会，要找准着力点。

在发展红叶子的同时，必须要缩小和减少绿叶子，努力克服自己的缺点。因为：

1. 硕大的绿叶子会遮住红叶子，你的优点将被人们和社会所忽视。

2. 红叶子和绿叶子会争夺营养、水分，占用了你的精力、时间。

3. 绿叶子本身可能还具有蚕食红叶子的能力。

第五节　交点理论——寻找职业成功的新起点

一、"交点理论"概述

人们在从业过程中，常因客观环境的限制和本人条件的制约，不得不从事若干种类型或内容不相一致的工作，这些工作犹如平行线一样使人们对目前的职业成功感到困惑。

交点理论认为，如果你能认真地去完成每项工作，并能主动去思考和研究这些工作的内在联系，勇于创新，人们就会发现一个有一定普遍性的现象这些看似平行的直线在远处交于一点，这一点就是人们通往职业成功之路的新起点。

交点理论认为，只要你认真地去做每件事情，同时认真地从每件事情中获得有益的经验并积累自己的人力资本，发展自己的核心能力，那么，你总能在远处找到一点，这是交融了你过去所有努力的结晶，交汇了你所有的知识的融合，积累了你所有的辛劳和奉献的结果。

所有那些在你过去看来似乎不相交的平行线终于在远处交于一点，这一点的交汇和融合，是你所有努力和辛劳的积累。它预示着你获得了职业成功的新起点，这是又一个职业高度的新平台，是你继续奋进的新台阶。这一个交点，预示了你未来可能获得的成功。这样的交点人生可能会有若干个，也可能只有一个，这些交点是你职业成功十分宝贵的新起点。

"交点理论"主要包含了以下的内容：

1. 在人生道路上，绝对的平行线是不存在的，看似平行的直线在远处可能会有交点，不可忽略或放弃任何一件事。

2. 对人生的每一件事都必须认真去做，认真去把握，努力完成你人生的每一次积累。

3. 每一个交点，都是你职业道路获得成功的新起点，都是你职业成功的重要积累。

由于环境的原因、个人的原因，我们从踏上社会从业那一刻起，并不总是朝着自己的目标笔直地前进；在环境和个人条件的制约下，你必须去从事许多工作，必须去面对许多事情，你有时感觉到你的目标似乎离你越来越远；如果你认真对待每一件事，认真去做每一件事，这些事就可能会有交点，这交点并不仅仅是一种普通的积累，而是朝职业目标前进的一种积累，是一个宝贵的台阶，是一个从量变到质变的飞跃。

二、"平行线"并不平行

这是说的"平行线"既是指从事的某些似乎并不相交的"职业"或"职务"。也是指从业之初所做的某些琐碎的平凡的工作。

实例：张某的职业目标是成为一个优秀的大学校长。大学毕业后他担任某校数学系的普通教师，换了学校换了系，但他始终认真教好每堂课，认真完成领导交办的每件事，终于在年轻人中脱颖而出，当上了教研室主任；他努力读书，在职攻读了经济学硕士，从数学系调入经济管理系，在数量经济学方面获得了较大的成功；而后从副系主任、系主任、副院长、院长逐步走向他矢志达到的目标，成了一个优秀的大学校长。

张某的第一个交点，是评上了经济学教授；他的第二个交点，是当上了经济管理学院的院长；他的第三个交点，是当上了某校的校长。

那么，哪些工作好像是不相交的"平行直线"呢？他在数学系教的每堂课，他批改学生的每一本作业；他读本科的数学系的功课，他攻读经济学硕士的辛苦；他作为教师的艰辛，他担任教研室主任时勤勤恳恳做的每件小事。事实上，如果没有他认真做的每件小事，就不会在某次的人事决策上被提名、被选拔；如果没有他认真完成的每一篇论文、认真上的每节课，就不会逐级地评聘上教授。当他在具体地做着每一件事时，似乎并不知道会相交在何处，但他认真地去做了，知识和经验、做人和做事，终于有了一个又一个的交融点，使他一步一个脚印地完成了对理想职业的追求。

"平行线"不平行，主要原因有以下几点：

1. 知识是相通的，在深层知识上是相互包容、相互沟通的一条"信息流"。

2. 某些经验、能力和素质的形成同源，人们对其要求也有共性。

3. 被人认识是一个过程。被人认识犹如蓄水，蓄水的过程既需要水也需要时间，每一件事如一股小流。

4. 交叉地带和边缘地带产生的思维的碰撞和智慧的火花，更有利于创新。

三、交点的产生

毋庸讳言，交点的产生可能是一种机遇。实例中的张某如果没有遇到赏识他的领导，可能他仍然只是一个普通的教师。但是，交点的产生更是来源于积累。如果张某不是在每一个岗位都认真做好每一件事情，积累自己的经验、能力和品牌，不是努力汇集自己的知识，就不可能成为优秀的大学校长。

（一）交点的产生具有以下特点：

1. 交点的产生通常是经历一个较长的时间过程之后，这是时间的积累。这段时间人们必须完成知识的积累、认识的积累、经验的积累、信息的积累、关系的积累，必须获取了生产过程必然给予的重要积累。

2. 交点的产生不是来源于一条直线，而是由若干条直线汇集而成，这是不同知识的积累。每条直线都表示不同的工作服务和工作内容，都需要付出许多的努力和辛劳，都有不同的工作体会，积累和总结这些工作的经验，有利于交点的产生。

3. 交点的产生不是来源于简单的相交，而是创新的成果，是综合思考的积累。

（二）若要缩短交点产生的过程和时间，应努力做到以下几点：

1. 对所从事的每件工作，都能积极思考、认真钻研，从而汇集知识。

2. 进行比较式的思考：认真分析各项工作之间的相关性和差异性，从而汇集经验。

3. 性格较开朗，千方百计创造与人沟通的渠道，从而汇集信息。

4. 不断地激励自己和激励自己周边的人，从而汇集各方的力量。

5. 不墨守成规，经常思考，认真钻研，汇集创新能力。

6. 主动追求目标，总结他人成功的经验，汇集机会。

有的人生只获得一次交点，沿着这个交点不断进取，努力，获得了成功；有的人一生必须有若干个交点，方能获得成功。

交点只是统一了职业目标，离职业成功还有很长的距离。它只是过去的积累，只是汇集了过去的工作成果，只是一个新起点。如图 14 – 8 所示。

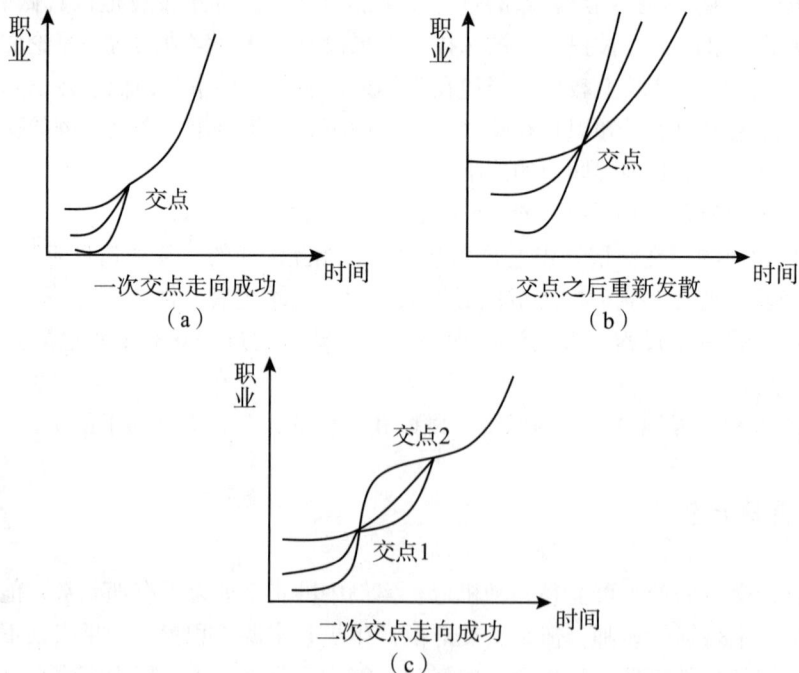

图 14 – 8　交点与职业生涯走向

第六节　社会资本理论

一、社会资本理论概述

（一）概念界定

社会资本的概念推翻了亚当·斯密将资本概念限定在"物质资本"的范畴的观点，肯定了人类丰富的社会需求以及各种社会文化因素对理性选择和人类行为的制约。"社会资本"概念的引入，使非正式组织、信任、合作、社会支持、社会交换、社会资源、嵌入、关系契约、社会网络等概念正式纳入社会资本的分析框架。

社会资本的概念分为三个层次：

1. 微观层面的社会资本，称为嵌入自我观。社会资本被理解为个人接触，是个人获取社会资源的人际关系网络。社会资本是一个实际的或潜在的资源集合体，这些资源与网络的持久占有度密不可分，是一种制度化关系网络。它从集体所有制资本的角度为每个成员提供支持，并为他们提供获得声望的凭证。

2. 中观层面的社会资本，又称结构观。它强调社会资本的公共品性质，研究特定社会网络的结构，网络形成的过程和途径，以及资源配置的结果。社会资本是实际或潜在资源的集合，这些资源与或多或少制度化的、相互默认或承认的关系的持久网络相关联。对社会资本的投资是有益的。把时间、精力和金钱花在与他人的互动上，其实是对社会资本的一种投资，其利润最终会以物质或符号的形式表现出来。社会资本不是其他社会行为的"副产品"，而是个人或群体"有意识的投资策略"的产物。

3. 宏观层次的社会资本，或者说嵌入结构观。它是将社会资本与集体行动和公共政策联系起来，极大地拓宽了社会资本的解释力和研究领域，极大地增强了社会资本的政策实践意义。社会资本可以简单定义为一个社会网络，结合经济学、社会学、人类学的相关研究成果，把社会网络被认为成最重要的人际关系网络之一，又把社会网络作为一种重要的资源配置方式，试图建立一个社会网络的规范分析体系。

（二）相关理论

1. 弱关系理论

弱连接理论是美国社会学家马克·格拉诺维特（Mark Granovetter）于 1974 年提出的。格拉诺维特指出：在传统社会中，每个人都与自己的亲人、同学、朋友、同事有联系……这是一种非常稳定的社会认知，传播范围有限。是一种"强连接"（Strong Ties）现象。与此同时，还有另一种社会认知，它比前者更为广泛，更肤浅。例如，一个被人偶然间被人提到或者打开收音机偶然听到的一个人……格兰诺维特称后者为"弱连接"（Weak Ties）。格拉诺维特依据互动频率、情感力量、信任程度和互惠交换四个方面，把个体之间的关系进行了强弱的划分；他认为，较之强关系（Strong Ties），弱关系（Weak Ties）是"信息桥梁",是有价值的、非重复信息的重要来源,因此在个人行动中发挥更大的作用;个人倾向于通过较弱的关系晋升到地位较高、收入较高的职位,而通过较强的关系晋升的机会则大大减少。

2. 结构洞理论

1992 年,博特在《结构洞:竞争的社会结构》一书中提出了"结构洞"理论(Structural Holes),研究人类网络的结构形式,分析了网络结构如何给网络行为主体带来更多的利益或回报。所谓"结构洞"指的是社会网络中的空隙,也就是说在社会网络中一些人与一些人直接相关,而不是与其他个体直接相关,也就是说,没有直接关系或不连续的关系,从网络作为一个整体来看似乎有孔的网络结构。该理论关注于社会网络的结构特性。博特认为任何个人或组织,要想在竞争中获得、保持和发展优势,就必须与不相关的个人和群体建立广泛的联系,通过占据网络中不连通节点的中间位置(结构孔)来获得信息优势和控制优势。

3. 社会资源理论

林南认为,真正有意义的不是弱关系本身,而是嵌入在社会网络结构中的社会资源—权力、财富和名誉;在分层的社会结构中,个体社会网络的异质性、网络成员的社会地位以及个体与网络成员的关系,决定了个体拥有的社会资源的数量和质量。林南提出社会资本理论的七个命题,其中最基本的是社会资本的回报命题,即"行动的成功与社会资本呈正相关关系"。

以上三种理论分别从社会关系、网络结构和社会资源的角度来解释社会资本的效用,它们各自的实证证据也有所不同。格拉诺维特专注于职业流动,博特专注于个人和组织的竞争优势和发展,而林南则专注于获得社会地位。

二、关注社会网络差异性动员社会资本

通过整合个体层面的社会资本理论和相关研究,提出了一个理论模型:社会资本对职业成功的行为机制。在这个模型中,我们将探讨社会资本的接触和动员对员工职业成功的联合效应,即通过接触自有的社会资本,使员工有潜在的优势和竞争力;通过调动社会资本获得直接或间接的职业支持,最终促成员工的职业成功;简而言之,就是"网络结构→社会资源→职业支持→职业成功"的过程。因此,社会资本对员工的职业成功有着重要的影响。社会网络的异质性是决定员工获得社会资源程度的最直接、最重要的因素,而网络规模的预测效果不显著。换句话说,真正重要的不是认识更多的人,而是认识什么样的人;社会资源通过职业支持的中介作用,最终影响员工的职业成功;对于员工的职业成功,不同的社会关系所起的作用是不同的。强关系的作用不大,弱关系的作用很大。具体而言,亲属关系的职业支持与组织外员工的竞争力呈负相关,对组织内员工的竞争力和职业满意度没有显著的预测作用。朋友的支持越大,员工在组织外的竞争力越强,职业满意度越高。与那些与你没有太多联系的人建立关系,并获得他们的支持和帮助,可以有效地提高员工在组织内外的职业竞争力和满意度。

社会资本对员工职业成功行为机制的作用过程如图 14-9 所示:社会网络程度的差异是主要的网络特征,决定了社会资源的数量和质量,借助任何专业的丰富的社会资

源支持，直接或间接的员工在组织内部和外部的专业竞争力和主观职业满意度最终能够提升。

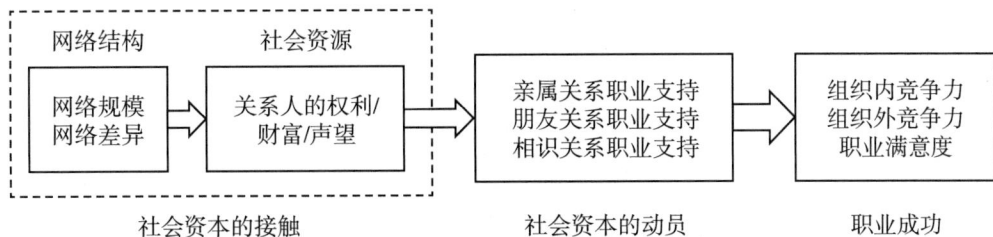

图14-9　社会资本对职业成功的行为机制模型

三、职业成功：人力资本制胜还是社会资本制胜？

在工具行为中，人力资本是有效的，还是社会资本是有效的？这个问题一直困扰着许多社会资本研究者。有人指出，社会资本有助于人力资本的生产，而人力资本也可能导致社会资本的增加。根据相关研究，可以推断，当社会资本非常高的时候，无论人力资本如何，都会获得很高的地位。在社会资本非常低的情况下，人力资本对地位获得具有很强的影响。换句话说，当社会资本和人力资本都处于一定的最低水平时，社会资本将是解释地位的更重要因素。

职场的现实表明，尽管个人人力资本对职业成功有重要影响，但这种影响不一定是直接的。人力资本高的人可能得不到管理者和同事的认可、善意和支持，也可能得不到他人的信任。这些都是事业成功的必要条件。因此，人力资本为职业成功提供了可能性，而这种机会能否实现也取决于个人的社会资本。同样，人力资本只是社会资本积累的重要渠道。只有用自己的人力资本来积累社会资本，一个人才有更大的可能取得事业上的成功。

人力资本对职业成功有直接的影响，也有间接的影响。直接影响类似于个人与企业之间的经济交流；间接影响类似于个人与企业之间的社会交换，增加了机会。要有效发挥人力资本的作用，需要积极探索社会交换的间接影响。社会资本在这种间接影响中起着中介和联结作用。

拥有人力资本的人在他们的职业网络中可以拥有更多的社会资本。原因有以下几点：第一，具有高等教育背景的个人在网络中拥有良好的专业知识和专业技能，因此他们很容易获得他人的信任，处于专业网络的中心，从而增加了社会资本。其次，工作经验丰富的人能够处理工作中的各种问题，拥有企业特有的知识，能够获得同样的信任，容易在工作网络中处于有利位置；第三，在职培训更多的员工可以将自己的知识基础与企业的专有知识相结合，可以帮助新员工快速适应工作，提高自己的工作技能等，获得他们的信任，并在工作场所担任控制职位。因此，如果个人有意识地利用自己的人力资本来积累社会资本，就会进一步增加职业成功的机会。

个人如何运用人力资本和社会资本理论来实现职业成功？在这里提出了人力资本—社会资本的四部分战略模型（如图14-10所示），为个体指出了不同程度人力资本和社会资本实现职业成功的战略途径。

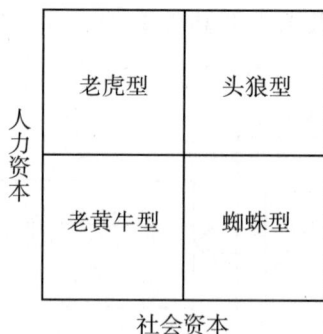

图 14-10　职业成功的人力资本—社会资本策略

人力资本和社会资本双低，即老黄牛型。在这一类型中，人力资本和社会资本处于较低的极限，为企业创造利润和价值的可能性较小，因此实现个人职业成功的可能性较小。这种类型，要实现职业成功，需要增加人力资本或社会资本的途径，实现低人力资本—高社会资本或高人力资本—低社会资本的转型。

低人力资本—高社会资本，即蜘蛛型。这种类型的人力资本、社会资本在低限制人力资本和社会资本的上限，尽管学历程度很低，没有足够的经验，有较少的在职培训经历，但可以处理各种社会关系，建立和维护各种网络，并获得相应的网络资源，为企业创造价值，获得企业和同事的认可，也会取得更大的成功事业。对于这类人来说，要想获得更大的个人职业成功，就必须通过学历教育来提升个人的人力资本，通过参与更多的事务来增加经验，同时加强在职培训，实现从高人力资本向高社会资本的转变。

高人力资本—低社会资本，即老虎型。这种类型的人力资本在上限和社会资本在下限，其学历程度高，更有经验，有较多的在职培训经历，个人能力强，但其喜欢单打独斗，不善于建立和维护各种网络和从网络获取相应的资源，可以在一个领域为企业和行业创造一定的价值，从而获得企业和同事认可，也能取得更大的职业成功。这种类型的人，实现更大的个人事业的成功，需要学会处理各种社会关系，建立和维护各种网络，并从网络获取相应的资源来提高个人的社会资本，然后实现高人力资本和高社会资本转换。

高人力资本—高社会资本，即头狼型。这种类型，人力资本和社会资本均在上限，其学历程度高，更有经验，经历过很多在职培训，个人能力强，能妥善处理各种社会关系，建立和维护各种网络，并获得相应的网络资源，为企业创造价值，获得企业和同事认可，实现个人的最大的职业成功。这种类型是人力资本和社会资本的最优类型，也是其他类型转型的最终目标。

思考题：

1. 烧开水理论中的添柴需要注意哪些方面？
2. 绣花理论中如何通过低报酬寻找资源、发展品牌？
3. "识马"应该注意哪些方面的内容？
4. 怎样才能做到发展"红叶子"缩小"绿叶子"？
5. 为什么说"平行线"不平行？

案例分析

高剑——从门童到人力资源总监

　　高剑，现任著名房地产开发企业融创集团总裁助理兼人力资源总监，1990 年毕业于北京师范大学教育专业。师大的学生不愁找不到工作，因为当时国家还管分配，绝大多数会被安排到比较好的学校当老师。老师的职业稳定且舒服，但高剑却不愿意一路上社会就到一个舒服的岗位。带着年少的激情和一份对未来的梦想，他决定自谋职业。这时，北京京伦饭店正在学校公开招聘管理培训生，因为是一家中外合资酒店，高剑就参加了招聘选拔，结果被录取了。但让他没想到的是，他入职后的第一份工作竟然是门童。

　　京伦饭店安排大学生作门童也不是没有考虑，按照管理培训生的培训流程，像门童和前台这样的工作不过是流程中的一环，经过几年各种岗位的培训，这些大学生们会逐步走向管理岗位。但即使这样，很多毕业生想不通就走了，高剑却留了下来，当年和他一起留下来的人如今都已经是首旅集团各个岗位上的高层干部了。

　　高剑对这件事情想得很清楚，他就想踏踏实实从基层做起，只要把工作做好了，从中就可以收获很多东西。有一次，有位外国老人半夜来到酒店入住，提着很多行李，帮助客人拿行李本来是服务生的工作，但那天晚上正好赶上服务生去接待别的客人。所以高剑就直接帮助这位老人提行李，并全程陪同入住。在离开客房的时候，高剑还告诉老人有什么困难随时都可以找他。结果第二天，上中班的他一到酒店就听同事说有位外国老人找了他一上午，见面之后发现就是昨晚他帮过的那个人。老人希望他能够陪他去长城，高剑很高兴地答应了，利用倒班时间陪老人游了长城。后来，老人不仅成了京伦饭店的忠实客户，还把很多朋友介绍到这里来。

　　事情虽然不大，但对高剑影响很深，不仅仅是利用真诚就可以帮酒店留住和赢得客户，而且让他知道了真诚沟通的魅力。当了半年门重后，高剑在接下来的四年当中，从前台到营业部，除了财务部门没有做，所有的部门都轮了一遍，对一线业务了解得很深。到了第五年，酒店人事部出现了一个职位空缺，领导找到他，问他愿不愿意会试。高剑觉得人事部门非常神秘，而原有的工作已经驾轻就熟没有压力了，他就决定抓住这个机会。于是，高剑成为了人事部的调配经理，对外负责招聘，对内负责员工调动。

　　高剑在京伦饭店的 HR 职位上工作了两年之后，发现不是科班出身的他要想在 HR 的路上更得更好的话，管理方面的理论知识有所欠缺是一个问题。因此，他决定辞去工作回学校"充电"。有了这样新的梦想，他便暗暗地利用业余时间学习。1997 年，高剑考上了北京大学的研究生。因为当时北京大学没有人力资源管理专业，经过在北大读书的同学推荐，高剑选择了一个接近人力资源管理的企业文化专业。这时的高剑已经成家，在经济压力下，他一边读书，一边利用课余时间给企业讲课，每周两次，每次大概两个小时，一个月也有一千多块钱。除此之外，在读研的最后一年，课程设置已经不是很紧张，高剑进入了一家中等规模的公关公司担任 HR 经理，这样就可以将课堂所学跟实践结合在一起。

就这样，高剑边上班边兼职工作，很快读完了三年研究生课程。毕业后的高剑急需一个机会来释放自己的学识和能力，大连万达集团为他提供了一个新的平台。从 2001 年 6 月进入万达到 2005 年 5 月离开，本来打算在大连工作一年的高剑不知不觉待了四年，这四年也是万达从一家地方性知名企业成长为全国知名企业的过程。在这期间，高剑负责了招聘和薪酬，制定了相应的制度和规范化流程，压力和挑战随着制度的完善和 HR 团队的壮大成熟越来越小，企业走上了平和稳定的发展之路。这时的高剑便又开始考虑寻找一家更有活力和挑战的企业，天津的融创集团走进了他的视野。进入融创集团，高剑担任了总裁助理兼人力资源总监的职务。

（资料来源：陈斌. 压力·激情·梦想——访融创集团人力资源总监高剑 [J]. 人力资源，2007（8））

请结合案例分析：

1. 高剑成功的主要原因是什么？

2. 职业成功的影响因素有哪些，你从案例中得到怎样的启示？

参考文献

[1] 廖泉文. 人力资源管理 [M]. 北京：高等教育出版社，2003.

[2] Miles, R. E. & Snow, C. C., "Designing Strategic Human Resoure Systems", Organization Dynamics, 1984, 13 (1)：35 –52.

[3] Gary Dessler. Human Resource Management, Prentice Hall Intermation Inc. , 1997.

[4] Wright, P. M. & McMahan, G. C. , "Heoretical for Perspectives Strategic Human Resource Management, Journal of Management, 1992, 18 (2)：295 –320.

人力资源供求双方的协调

在对人力资源需求方与供给方分析后，要使人力资源的潜能得到充分发挥、还需使人力资源供求双方协调、合作、实现共赢。这就需要探讨人力资源供求双方及个人与团队的协调理论与方法。

第十五章 劳资关系的协调——和谐劳资关系的构建

2007年6月5日，由网络刊登的一篇题为《罪恶的"黑人"之路！孩子被卖山西黑砖窑，400位父亲泣血呼救》的文章直指山西煤窑非法用工事件。文章在网络中得到极大关注，在网络中掀起了轩然大波。

山西晚报6月7日以《山西洪洞县：村支书儿子开黑砖厂，打手狼犬督工》为题，对山西黑砖窑的非法用工事件进行了深入报道，彻底揭露了这一惊天大案。

山西"黑砖窑"不仅存在严重的非法用工问题，而且存在黑恶势力拐骗、限制人身自由、强制劳动、雇佣童工、故意伤害甚至致人死亡等严重违法犯罪行为。恶劣的劳动环境、非人的工作待遇，举国震惊、诧异莫名。洪洞县黑砖厂大案惊动了中央领导，胡锦涛、温家宝、吴官正、李长春等领导同志都先后做出重要批示；山西省前省长于幼军向全省人民道歉；各大主流媒体全程关注，深入报道；全国人民群情激愤，通过各种方式一致谴责"黑砖窑"事件是社会主义国家不应发生的悲剧。

尽管山西"黑砖窑"事件有关部门已经进行了处理，得到了较为圆满的解决，然而在构建和谐社会的今天，如此明目张胆坑害劳动者权益的事件不得不引起我们的深思。也表明在我国协调好劳资关系的必要性与迫切性。那么如何协调好劳资关系呢？我们从劳资关系理论论述起。

第一节 劳资关系理论

一、劳资关系与劳动关系概述

(一) 劳资关系

劳资关系是劳动者个人或劳动者组织（如工会）与雇主或雇主组织以及管理当局在劳动过程中所发生的权利义务关系。具体包括劳动任务、劳动条件、劳动时间、劳动期限、劳动报酬、劳动纪律、劳动保护、社会保险、生活福利等以及有关的劳动争议及其处理关系。其核心是劳动力所有者与劳动力使用者的权利、义务关系。

微观层面，每一个企业的劳资关系因其特定的行业特征、单位组织状况、领导者素质、财务及市场情况的不同而不同；宏观层面，劳资关系受经济、政治、法律以及社会文化环境的影响,如:经济增长、通货膨胀、失业率、商业周期的更迭等,政府通过法律或非法律形式表达的对劳资关系的根本态度,以及整个社会对诸如工会、企业、集体谈判和自由结社等问题的普遍看法所形成的氛围等。

劳资关系,表现为受雇者与雇主间的冲突与合作,其进一步深入的内涵还包括雇用关系中为了价格与权力相争的理论、技术和制度。它不仅涉及工人、工会组织与雇主,也同政府和各类公众直接或间接相关联。

劳资关系从出现至今,经历了三个大的发展阶段:第一阶段是原始的劳资关系模式;第二阶段是集体谈判式的劳资关系模式;第三阶段是人力资源管理劳资关系模式。

原始的劳资关系模式即把人看作与其他生产要素一样的生产工具,掠夺性地使用人力资源,实行"大棒式"管理,忽视人的各项基本权利,劳动者地位低下,待遇微薄,生活窘迫。

劳动者素质的提高、法律措施的完善和人类文明的发展,促使原始的劳资关系模式转变为集体谈判式的劳资关系模式。集体谈判式的劳资关系模式,即在建立工会或其他工人集体的基础上,劳动者通过集体与企业进行劳资关系的协调和沟通,维护自身的权益。

随着社会的进步,高科技企业和使用先进技术的企业迅猛发展。对于高"智力"的劳动者而言,集体谈判式劳资关系模型无法满足实际需要,因此劳资关系采用了人力资源模式。人力资源模式是建立在雇主与雇员、资本与劳动者利益共同的基础上,将员工的成长与企业的发展联系起来,雇主通过满足员工的需要、激发员工的积极性实现提高劳动生产率的目的;而员工则将提高自己的收入水平和职业声望的希望寄托在公司的发展和壮大上。劳资双方不需要通过对抗和较量来达到平衡,而是通过合作来达到双赢。

(二)劳动关系与劳资关系

劳动关系是指劳动者与用人单位(包括各类企业、个体工商户、事业单位等)在实现劳动过程中建立的社会经济关系。从广义上讲,生活在城市和农村的任何劳动者与任何性质的用人单位之间因从事劳动而结成的社会关系,都属于劳动关系的范畴。从狭义上讲,现实经济生活中的劳动关系是指依照国家劳动法律法规规范的劳动法律关系,即双方当事人是被一定的劳动法律法规规范所规定和确认的权利和义务联系在一起的,其权利和义务的实现,是由国家强制力来保障的。劳动法律关系的一方(劳动者)必须加入某一个用人单位,成为该单位的一员,并参加单位的生产劳动,遵守单位内部的劳动规则;而另一方(用人单位)则必须按照劳动者的劳动数量或质量给付其报酬,提供工作条件,并不断改进劳动者的物质文化生活。劳动关系的基本内容包括劳动者与用人单位之间工作时间和休息时间、劳动报酬、劳动安全卫生、劳动纪律与奖惩、劳动保险、职业培训等。此外,与劳动关系密切联系的关系还包括劳动行政部门与用人单位、劳动者在劳动就业、劳动争议和社会保险等方面的关系,工会与用人单位、职工之间因履行工会的职责和职权,代表和维护职工合法权益而发生的关系等。从法学研究角度来讲,劳动法调整的劳动关系主要有以下几个特征:1. 劳动关系是在实现劳动过程中发生的关系,与劳动有着直接的联系。2. 劳动关系的双方当事人,一方是劳动者,另一方是提供生产资料的劳动者的所在单位。3. 劳动关系的一方劳动者要成为另一方所在单位的成员,并遵守单位的内部劳动规则。

实现劳动过程的方式来划分,劳动关系分为两类,一类是直接实现劳动过程的劳动关系(直接劳动关系),即用人单位与劳动者建立劳动关系后,由用人单位直接组织劳动者进行生产劳动的形式，当前这一类劳动关系占绝大多数；另一类是间接实现劳动过程的劳动关系（间接劳动关系），即劳动关系建立后，通过劳务输出或借调等方式由劳动者为其他单位服务实现劳动过程的形式，这一类劳动关系目前居少数，但今后会逐年增多。

长期以来，我国在理论研究和实际应用中都使用"劳资关系"一词，这一说法是借鉴西方研究成果的产物。市场经济中资源配置的基本的、原生的层面是劳动与资本的配置。正是在劳动力市场上运用资本购买到了劳动力，从而在经济运行中建立起了劳资关系。因此，在劳资关系中，一方是资本所有者，一方是劳动力所有者。从本质上来说，资本所有者与劳动者从一开始就是不平等的。资本的本性是最大限度地追求利润（即剩余价值），这就暗含了一个固有趋势：尽可能多地获得剩余价值，而且尽可能少地支付成本。特别是在劳动力资源过剩的经济背景下，资本与劳动之间的不平等加倍扩大，这种本质上的不平等，使得劳动者一开始就成了劳资关系中的弱势群体。从这个意义上来说，劳资关系侧重的是一种纯粹的经济关系。

相对于劳资关系，劳动关系涉及的范围更广。它包括劳动者与用人单位在实现劳动过程中建立的各种社会经济关系。从内容上来讲，这种关系不仅包含经济因素，而且涉及社会关系因素；从主体上来讲，劳动关系所牵涉的劳动者更加广泛，不仅包括城乡各种类型的在职人员，而且包括已解除劳动关系的各类在职人员；就社会主义国家来讲，劳动关系所涉及的企业可以是私营、民营、独资、合资等非公有制经济类企业，也包括各种类型的社会主义市场经济下的公有制经济类企业。

二、主要的劳资关系理论

（一）马克思的资本主义劳资关系对立理论

马克思主义的劳资关系理论是西方比较早的一个关于劳资关系的理论，这个理论把劳资关系看成是资本主义发展的基础，并且以此为核心发展成了一个比较系统的理论。该理论的发展历程可以划分成三个阶段。第一个阶段是萌芽阶段（19世纪40年代初~40年代末）；第二阶段是初步形成阶段（19世纪40年代末~60年代初）；第三阶段为成熟阶段（19世纪60年代初~90年代）。马克思主义的劳资关系理论具有以下几个特征：

1. 马克思生活在资本主义时期，当时最主要的矛盾是资本家和工人之间的矛盾，马克思主义劳资关系是一种阶级利益关系，反映的是资本家和雇佣工人之间剥削和被剥削的关系，由此决定了劳资双方必然是一种对立和对抗的关系。资本主义的发展只能增强这种对立和对抗，而不可能弱化这种关系。马克思认为，在资本主义发展时期，资本家为了榨取更多的剩余价值，完全忽视工人的劳动条件和生活条件，加班加点，对工人的工作压力置之不理，工人只被看作是生产产品的机器。与此同时，资本家为了扩大自己的生产规模，同行业的资本家联合起来，一方面在扩大自己生产规模，另一方面又联合起来给工人安排非人性化的工作，这样就更加剧了工人对资本家的抵触；但由于生活所迫，工人不占有生产资料，工人又不得不承受这种工作的压力，出卖自己的劳动力，遭受资本家的压榨，资本主义的发展让资本家拥有了更多的机会和手段来压榨工人，但同时也加剧了工人对资本家的痛恨，换言之，资本家和工人的这种对立随着资本主义的发展不但不会消失，反而会进一步加剧，正如马克思劳资关系理论认为的那样，资本主义当时的劳资关系是一种对立与对抗的关系。资本家为了榨取更多劳动成果，就必然会加大对工人的压榨，工人要想逃脱这种被压榨的命运，就必须起来反抗，用暴力去消灭资本主义的这种剥削雇佣关系。

2. 马克思主义劳资关系理论在当时是一种比较系统的理论。当时的英、法、德等主要资本主义国家也出现了一些相关的劳资关系的理论，马克思主义劳资关系理论是对它们的一种总体的概括。由于当时的经济形式所迫，少数的资本家占有社会上绝大多数的生产资料，而工人几乎不占有生产资料，资本家为获取利润，工人为维持自己的生活，于是就出现了这样一种经济状态：资本家追逐资本，而资本又靠剥削劳动来满足资本家的欲望。

3. 马克思生活在资本主义社会时期，在资本主义社会之前，人类社会经历了原始社会和奴隶社会两种社会形态。在原始社会，生产资料归集体所有，人们共同劳动，共同占有劳动成果；在奴隶社会，也不存在雇佣关系，奴隶如同生产资料共同被资本家占有，完全没有人身自由。而进入资本主义社会后，工人有了人身自由，且必须靠出卖自己的劳动力来获取生活资料，而资本家占有资本等生产资料，为了积累更多的资本，只能通过雇佣工人来实现，于是就出现了资本主义的雇佣关系，劳资关系也相继出现，正如马克思所说的：劳资关系是资本主义社会特有的阶级利益关系。

4. 马克思主义劳资关系理论作为当时一种比较系统的理论，为当时掀起的欧洲工人运动提供了理论上的指导，让工人明白了自己所处的地位，明白了自己应该拥有的权利，明白了资本家靠榨取他们的血汗钱保证资本的扩大和积累这一真相，并指出，只有通过使用暴力推翻资本主义制度，才能彻底摆脱这种受压迫的生活。

（二）合作、共赢的劳资关系理论

杨俊青在其《非完全古典假设下的非国有企业与二元经济结构转化》① 专著中认为：在我国非国有企业及资本主义市场经济发展初期之所以会出现原始的对劳动者进行残酷剥削和压榨的劳资关系，是因为古典经济管理理论（包括马克思）和全社会都认为：劳资双方所获的工资与利润是完全对立的。即认为：工资（V）和利润（M）作为两个对立的经济范畴存在于一个矛盾体（V+M）中，作为劳动力报酬的工资和作为资本报酬的利润分别代表着不同经济利益主体——劳动者和资本所有者的利益。劳动者追求工资收入最大化，资本所有者追求利润最大化，两者相互对立斗争的结果，使工资只能约束在与劳动生产率相适应，仅仅满足劳动力再生产的最低生存需要上。尽管这一分析符合市场经济发展初期的企业劳资关系，但这一分析是建立在（V+M）一定的条件下。而当劳动者工资（V）的增加、劳动条件的改善能够激励劳动者的积极性，从而能够提高劳动生产率，在单位时间内能够创造更多使用价值时，尽管由于劳动生产率的提高而使生产单位使用价值所花费的个别劳动时间低于社会必要劳动时间，但在出售每件使用价值时是按社会必要劳动时间来出售的，从而可增加（V+M），使厂商获得更多（V+M）。更多的（V+M）除补偿V的增加外还有剩余使M增加（这就是马克思所分析的超额剩余价值），增加的M用于再投资和资本家的消费就可以吸纳更多劳动力就业和提高雇主的生活水平，劳动者也会由于V的增加而扩大消费、改善生活条件；因而也就解决了经济发展中的有效需求不足问题。此时V与M、就业人数就存在

---

① 杨俊青. 非完全古典假设下的非国有企业与二元经济结构转化［M］. 北京：经济科学出版社，2009.

着同方向变化的关系，劳动者与资本所有者就成为了利益共同体。雇主为使 M 增加而提高劳动者的工资在劳动力再生产需要的工资水平之上就成为可能和必然，在此情况下实现劳资双方的和谐与共赢，为和谐社会和非国有企业和谐劳资关系的建立打下坚实基础。

如：一个生产普通茶杯的厂商，在每个工人的工资都是 5 元时，每个工人每小时可生产 5 个茶杯，若每个茶杯售出的市场价格为 10 元，则这个厂商从每个劳动者身上可获得的收入为 50 元；如果生产 5 个茶杯的 C（不变资本）的耗费为 5 元，则这个厂商从每个工人获得的（V＋M）为 50－5＝45（元）；获得的 M 为 45－5＝40（元）；如果这个厂商给每个工人提高工资到 8 元，则由于工资水平的提高激励了劳动者的积极性，从而使每个工人的劳动生产率由每小时生产 5 个茶杯变为每小时生产 10 个茶杯，按照马克思的劳动价值论，劳动生产率的提高使生产单位使用价值（茶杯）所耗费的劳动时间减少到社会必要劳动时间以下，但这些茶杯在出售时仍然按单位使用价值所耗费的社会必要劳动时间的价格（10 元）出售；这样在 1 小时内每个工人给厂商带来的总收入为：$10 \times 10 = 100$（元），（V＋M）为 $100 - 5 \times 2 = 90$（元），厂商获得的 M 为 $90 - 8 = 82$（元）。从中可以看出：厂商给劳动者提高 3 元工资，劳动者给厂商带来的 M 增加 $82 - 40 = 42$（元），实现了双方的合作与共赢。

第二节 劳资关系的管理模式

一、集体协商管理模式

集体协商管理模式是大多数发达国家存在的主流的劳资关系管理模式，并仍然是其体制的基石。集体协商的管理模式认为雇主和雇员在雇佣期限、雇佣工资和工作条件以及社会保险等问题上存在严重的利益冲突，因雇主是生产资料的占有者，在劳资关系中处于主导和强势地位，且很多的雇主能够在生产过程中联合起来，解决工人中出现的不满情绪和暴力现象等。作为个体的雇员在生产过程当中不具有生产资料，只能靠出卖自己的劳动力，且不能像雇主一样进行联合，因此，他们在利益冲突中处于弱势地位。因此，这就要求企业中能出现一些公共的政策和能代表工人进行谈判的集体协商的机构，例如工会。这种机构的存在，能够充分的保护员工在雇佣期间获得自己应有的利益。

与法律规定相比，集体协商的管理模式增加了解决利益冲突的灵活性，因工会能切实代表员工的利益与雇主进行协商，得到了大多数的支持。

二、"高绩效"管理模式

继集体协商的劳资关系管理模式之后，美国的一些学者开始倾向于运用一种高绩效的劳资关系管理模式。与集体协商的管理模式不同，高绩效的管理模式比较注重雇主和员工之间的协商，这种模式运用高绩效作为一个纽带通过实施自治的工作团队、广泛的信息分享程序、合理化的改善技能培训、工作安全保证、全面的质量保证、灵活的生产方式以及合理的改善工作环境等计划，把劳资关系衔接起来，实现有效管理。这种方式基本上完全脱离了政府的管制，让雇主和员工双方得到了"双赢"的效果。

高绩效的管理模式比集体协商的管理模式有了很大的进步，但从后来的发展状况来看，并没有像学者预期和期望的那样得到广泛的传播，虽然高绩效的管理模式对员工的确起到了积极的促进作用，但它对普通雇员和工会的影响是不确定的。因为倾向于按照管理的需要或根据管理的统筹规划来处理劳资关系，必然会影响到"高绩效"的效果。

三、人力资本管理模式

随着社会的进步和经济的发展，人力资本成为企业生存和发展过程中的一个最为重要的资本，人力资本管理模式也是这种理念的一个具体体现。人力资本管理模式实质上是在人力资源管理中更加强调对人力资本开发的关注。它认为人力资本对生产力至关重要，并且，在理论上也考虑到创造高质量工作的必要性。但是，它不赋予工会任何角色，甚至不考虑实际中劳工标准的合理划分以及一些基本程序的职业培训项目。

人力资本管理模式下，雇员因拥有足够价值和稀缺性技能，以致他们对集体行为或法定权利的需求可能较小。因此，他们可以在不满时用极小的代价来更换雇主。虽然，这种管理模式在有效培训机制方面很有价值，但是，希望通过其来真正保障广大劳动者的权利却是不现实的。

第三节　我国企业劳资关系的演进与现状

一、我国企业劳资关系的演进

从建国初期至今，我国内地的劳资关系演进过程可以划分为三个阶段：

第一阶段，1949~1957年，主要以劳资两利为原则、为基础的阶段。这一阶段的劳资关系又可以分为三个时期：以资方占主导的劳资两利时期，这一时期的观点主要包括：要劳资两利，就必须教育工人，教育工人不能分资本家的工厂，不能没收资本家的工厂。劳资两利就是允许资本家进行剥削，这是因为中国经济不发达，工业不发达，资本主义不发达，工厂必须复工，必须开工，如此失业才能减少，社会才能安宁稳定。在劳资两利的劳资关系中，劳动者不应提过高要求，应该遵守厂纪厂规，而且生产不景气时，还可以降低劳动者的收入。发展生产不仅是资本家的任务，也是劳动者和工会的任务。工会不能组织工人罢工。劳资关系两利时期的第二个时期是劳方占主导地位的劳资两利时期，这一时期有如下特征：劳资关系成为阶级斗争关系，资本家丧失了管理权利，劳资协商难以正常开展，导致劳资关系普遍紧张。第三个时期是试图消灭资本家劳资关系时期。

第二阶段，1957~1978年，彻底消灭劳资关系阶段。消灭资产阶级，消灭劳资关系，劳动者以集体与国家利益为主，消灭个人利益，无私奉献，进入社会主义。资产阶级被消灭已经成为事实，有意义的是劳资关系意义上的劳动者也缺乏独立。劳动者是自身劳动力的所有者，是相对独立，自由的主体，相对于资方既有劳动力所有者的权利、利益，也有某种意义上的直接参与管理甚至直接执行管理的权利。但公私合营之后，劳动者直接参与管理及直接执行管理的权利问题引起了极大的反响。在公司合营时，工会就提出了工会权利减弱的问题。合营前工会和职工群众在企业中拥有很大的权利，但合营之后由于党、政府和工会的疏忽，没有延承这种历史的传统，工会的权利大大降低了。

第三阶段，劳资关系曲折再生和迅猛扩张阶段。这一阶段也可以分成三个时期。第一个时期是劳资关系的无序成长时期：这一时期的私营经济及其劳资关系处于萌芽、形成的状态，政府对此采取的是"看一看"的不干预政策。长期的计划经济和公有制大一统的局面，使经济体制趋于僵化状态，因此使生产受到很大的阻碍，人民的生活水平开始下降，就业问题开始日益突出。与此同时城乡的个体经济得到了迅速的恢复和发展，部分个体工商户积累了很多的资金和经验要求扩大经济规模。而且，当时的状态是人多地少、商品短缺、工农业比较收益差距较大，在这种大的环境背景下，以生产资料私人所有和雇佣劳动关系为基础的私营企业应运而生，出现了劳资关系，出现雇佣劳动和雇工经济。第二个时期是劳动关系初步规范时期，在这个时期，我国实施了《中华人民共和国私营企业暂行条例》，该条例对劳资关系的各个方面都做了比较详细的规定：例如，必须按照平等自愿，协商一致的原则并且以书面的形式签订劳动合同，劳动合同中要明确规定劳资双方的权利和义务，在合同旅行的过程中，如有出现违反合同的现象，可按照国家或者是事先的双方规定来解决这一问题。第三个时期是劳资关系的规范发展时期。

二、国有企业劳资关系现状

（一）国有企业概述

国有企业，又称全民所有制企业，它是依法自主经营、自负盈亏、独立核算的社会主义商品生产和经营单位。国有企业主要包括：国有独资企业，国有控股企业，国有相对控股企业。国有企业是一种特殊企业，它的资本全部或主要由国家投入，其全部资本或主要股份归国家所有。之所以说国有企业是一种特殊的行业，还因为：

1. 国有企业跟普通的企业不一样，国有企业不是单纯的以赢利为目的的企业，它从事生产经营活动虽然也有营利目的，但也有非营利性目的。国有企业不同于一般的企业，国有企业必须要考虑国家的发展战略，对国家的经济起到一定的调节作用。对于某些重要的稀缺产品，在　定的时期内可能是不赢利的，但为满足社会的需要，也要进行生产，而对于某些利润比较好的产品，有很多的企业进行生产，但考虑到对国家经济的调节，国有企业也必须放弃这些产品的生产。

2. 国有企业不同于合伙、合伙制企业以及一般的公司，国有企业虽然也是一个组织体，但是其大部分资金是由国家投资的。且国家作为国有企业的出资人，并不是由国家最高机关直接出资，而是将权利下放到各个级别的管理机构，由其代表国家进行出资和管理，起到调节国家经济的作用。

3. 国有企业主要出资人是国家，但也必须要依照一定的法律政策，与一般的企业不同的是，国有企业依据的不是一般的法律，它有自己单独的法律政策，也就是我们所说的国有企业法。国有企业法同一般企业法比较，在企业设立程序、企业的权利义务、国家对企业的管理关系等方面，其规定有所不同。国有企业设立的法律程序较其他企业更为严格、复杂。国有企业在市场经济中起到调节市场经济的作用，它是一个不以赢利为目的的企业，因此享有许多国家给予的政策性优惠和某些特权，如某些行业经营的垄断性、财政扶助、信贷优惠以及在资源利用、原材料供应、国家订货和产品促销、外汇外贸等方面的优惠、亏损弥补和破产时的特殊对待等等。

（二）国有企业劳资关系现状

这里主要从我国国有企业改制中看国有企业存在的劳资矛盾问题。国有企业改制的内容主要包括：产权制度（明晰产权与产权多元化）；法人治理结构（两权分离与委托－代理机制）；管理体制（理顺企业外部和内部管理体制）；业务重组（包括主辅分离，突出主营业务）资产重组（通过资本扩张与资本收缩达到整合和优化资源的目的）；组织结构（科学的决策和执行组织结构）；劳动关系调整（包括完善内部激励机制，企业富余人员得到妥善安置）；国有企业改制的方法可以归结为以下五个字：并（优化资源配置，推进企业之间的并购重组）；改（通过实施企业投资主体多元化，实现企业公司化改造）；剥（主辅分离、辅业改制，突出企业业务优势）；破（对三年连续亏损、资不抵债的劣势企业，通过破产、兼并、转让和清算等方式使其逐步退出市场）。国有企业改制的形式有：重组（打破现有行业、部门的界限，对产业和产品关联性强、经营领域相近的国有企业进行资产重组，壮大现有优势企业的规模和实力）；联合（指国有企业在平等互利的基础上，结成较为紧密的联合体，取长补短，共同开发市场，从而有利于自己的生存和发展）；兼并（两个或两个以上的企业根据契约关系进行合并，以实现生产要素的优化组合）；租赁（出租人和承租人通过契约明确双方权利义务关系，出租人让渡财产使用权和一定范围处分权的行为）；承包经营（"承包经营"准确地说应是"承包经营管理"，是指企业与承包者间订立承包经营合同，将企业的"经营管理权"全部或部分在一定期限内交给承包者，由承包者对企业进行经营管理，并承担经营风险及获取企业收益的行为）；合资（与国外的投资者或合作者共同成立公司）；转让国有产权（国有企业产权转让应当遵守国家法律法规和政策，国有产权转让应当在依法设立的产权交易机构中公开进行）；管理层收购（即目标公司的管理者或经理层利用借贷所融资本购买本公司的股权，从而改变本公司所有者结构、控制权结构和资产结构，进而达到重组本公司目的并获得预期收益的一种收购行为）；托管（即在不改变产权归属的前提下，以国有资产保值、增值为目的，通过订立委托营运合同，将企业资产委托给提供一定财产抵押或担保的企业法人或自然人经营的一种资产管理形式）；公司制改造（国有企业的公司化改制，是将国有企业的资产量化为股份并改变原有企业内部治理结构的过程。其目的就是要建立现代企业制度，将我国的国有企业改造成为自主经营、自负盈亏、自我发展、自我约束的现代型企业）。

从国有企业改制中，我们可以看出我国国有企业存在的劳资关系矛盾问题：

1. 我国国有企业在企业改制的过程中太过仓促，致使改制分流方案在不同的企业之间呈现不同的状态，导致不公平现象发生，改制企业急于"甩包袱"。

2. 国有企业在改制过程中出现很多违规现象，自买自卖、"暗箱操作"问题。据调查，中小国有企业改制80%以上是转让给内部经营者，原来的企业厂长、经理成为私营企业主，劳动者成为私营企业的雇佣工人。

3. 改制企业劳动者经济补偿标准偏低。在改制过程中，很多的改制企业在对待老员工时采取一笔勾销的政策，对员工所支付的经济补偿少之又少，严重违反了当时签订的劳动合同，侵犯了劳动者的合法权益。

4. 国有企业在改制过程中出现拖欠工资的现象，员工工资不能及时下发，且拖欠的债务不能及时偿还，社会保险没能实现有效的续接。

5. 劳动合同短期化问题突出。很多的改制企业不与员工签订劳动合同，或者是签订短期的劳动合同，致使员工的合法权利没有得到很好的保证。

三、非国有企业劳资关系现状

（一）非国有企业概述

中共十一届三中全会以来，非国有企业在整个国民经济中的比重日益上升，成过带动我国大陆经济增长的主要力量，截至 1998 年年底，我国的工业已经形成了国有工业、集体工业、以及其他工业经济并存的局面，在其他的经济中，个体经济、私营经济和三资企业以及股份制经济又各占了一半，非公有制经济迅猛发展起来。非国有经济与国有经济相比：

1. 非国有经济的经济增长速度明显快于国有经济增长速度。根据有关资料显示，1978～1998 年，城乡个体工业、集体工业、三资工业的年平均增长速度分别达到了 19.5%、56.5% 和 46.3%，都大大高于国有经济的年平均 7.5% 的增长速度。

2. 在我国的工业经济增长中，非国有经济比国有经济所占有的比重明显上升了。我们把 1997 的状况和 1998 年的进行比较，在工业经济增长总量中国有经济的贡献率为 23.5%，非国有经济的贡献率高达 76.5%。国有经济在工业经济总量中所占比重也由 1978 年的 77.6% 下降到 1997 年的 25.5%，非国有经济则由 1978 年的 22.4% 上升到 1997 年 74.5%。截止到 1998 年末，大陆非国有企业数目已经达到 799 万户，其中集体企业 179 万户，占 22%；外商投资企业 6 万户，占 1%；个体企业 603 万户，占 76%。国有企业在国民经济中的比重有所下降，非国有企业的比重逐年上升，1978 年非国有企业总产值占全国比重为 22.4%，1990 年为 45.4%，1995 年为 66.0%，1998 年为 71.8%。

我们从上面的资料可以看出，非国有企业到 20 世纪末就已经成为我国国民经济中最具有活力的经济成分之一，它不仅在促进生产力的发展方面起了很大的作用，而且在促进经济增长、稳定市场繁荣、以及为人民的生活提供方便等方面也起到了很大的作用，除此之外，非国有企业的发展也为我国很多闲散的劳动力提供了就业的机会，在防止社会动荡、维持社会稳定等方面起到了很大的作用。因此，研究我国非国有企业的劳资关系现状对我国经济的发展有举足轻重的作用。

（二）非国有企业劳资关系现状

我国的非国有企业只占全国经济总量的 30%，但对全国 GDP 增速贡献量却达 70% 之多，非国有企业在近几年中发展迅速，但同时也暴露出来很多的劳资关系问题，尤其是对于那些劳动密集型的企业来说。近来，从媒体上我们经常可以看到某某企业因克扣工人工资导致工人罢工；某某企业因工作环境不符合国家要求的标准导致用工难发生。这一切都表明了我国非公有企业劳资关系紧张。近几年来，据不完全统计，全国劳动争议案件以每年30%～40%的速度增长，全国劳动仲裁部门受理的劳动争议案件总数中，非国有企业占72.9%，其中，集体劳动争议案件总数中，非国有企业占67.3%；劳动报酬争议案件总数中，非国有企业占80.3%。这表明非国有企业是劳资矛盾的突出部位。在非国有企业中，三资、私营、个体又是"突出部位"中的"突出部位"，其在劳动争议和劳动报酬争议中的比重分别占44.8%和49.5%，远远超过其他非国有类型。这些部门中的劳资关系，存在的突出问题有：

1. 劳动合同签订率低且流于形式。劳动合同是员工唯一的护身符，但是这道护身符很多"打工仔"却得不到。目前，非国有企业的劳动合同签订率平均仅为40%左右，而且其合同也很不规范，大多流于形式。

2. 超时劳动现象普遍存在、劳动报酬偏低。据劳动和社会保障部劳动科学研究所课题组数据显示，这些企业劳动者每天工作12～13小时，个别企业甚至更长。这些企业的劳动者的工资完全是自己的"血汗钱"，尤其是在私营企业和中小型外资企业以及港台企业中，一般都实行的是计件工资制，但定额的制定没有法律做保障，完全是由自己的老板说了算，有的企业甚至不向工人公布定额的标准，结算工资的时候完全是出于自己的利益，不顾及劳动者的家庭状况，不考虑劳动者的利益。劳动者月收入普遍偏低，国务院发展研究中心发表的农民工问题调查报告显示，800块钱以下的工资水平占到总数的72%，拖欠和克扣工资问题严重。据全国总工会公布的资料显示，2004年以前全国进城务工的新生产业大军农民工被拖欠的工资在1000亿元左右，目前全国农民工的数量有1亿人左右，即每名农民工平均被拖欠1000元左右，近70%的农民工有过被拖欠工资的经历。被拖欠和克扣的工资追讨难度非常大。

3. 劳动条件差，工伤事故频发。非国有企业中的工伤事故最为突出，在全国的煤矿事故中，非国有企业占70%，并在其特大事故中占80%。劳动者遭遇医疗、工伤事故时，极易导致劳资关系的恶化。

4. 缺乏基本社会保险。据调查，社会五大保险中，非国有企业参保医疗、失业、工伤、生育保险的几乎没有，非国有企业未参加任何保险的高达80%以上。

四、劳资关系问题剖析

伴随着我国经济的发展，劳资矛盾的问题也越来越严重。我国不断增多的劳资矛盾已经成为了影响经济发展的主要问题之一。中国劳资关系紧张呈现如此紧张的状态，到底是什么原因造成的呢？我们可以从以下几个方面进行分析：

1. 劳资矛盾产生的根本原因：制度缺失。从我国的经济发展我们可以看到，我国经济是在一定的历史条件下恢复和发展起来的。正是因为这样，我国很多企业的劳资关系制度建设比较落后。甚至于大部分企业的劳资关系制度只是纸上谈兵。例如，我国大部分企业劳资关系主要依靠个体化的劳动合同，与其相关的法律制度规定大都是一些劳动标准，例如劳动报酬、劳动保护、劳动保险等，而劳动标准的执行主要依赖企业的自觉和劳动监察部门的监督。这种制度在实践执行的过程当中，由于我国企业规模比较小、分布比较广泛等，各级监察部门往往鞭长莫及。因而我国很多企业的劳资关系中，尤其是偏远地区的劳动密集型企业。经常表现出雇主独大、为所欲为的特点，这也正是现实中人们发现企业违反劳动法情况较为严重的原因之一。

2. 劳资矛盾的加剧在一定程度上是一些地方片面的经济发展观导致的。我国很多地区例如沿海地区的经济在近几年发展迅速，而发展相对落后的地区为求经济的快速增长，当地的政府不惜代价招商引资，只着眼于经济的发展，而把工人的权益维护和收入增长放在了一边，政府的劳动监察职能薄弱甚至不起作用，而且很多工会都是由企业负责人直接定出，工会维护职工权益只是流于形式或者是在保护劳动者合法权益的时候受到各种阻挠，使得劳资关系的利益天平大大倾斜于资方。不少转制企业职工的经济地位下降并且缺乏权益保障，成为新的劳资矛盾的源头。

3. 工会本是维护职工合法权益的职能部门，但在实际操作过程中，工会的作用没有得到充分的发挥，这样就使得劳方在与资方的博弈中处于弱势地位。我国的《劳动法》《工会法》从法律上基本保障了劳动者的权益和工会的作用，但是由于法律监督体系不够完善或者说是在执行上力度不够，个别法律条文模糊和配套法规政策不到位，使得工会带领广大职工维权面临诸多障碍。2003 年底，我国非公企业工会会员约为 2960 万人，仅占私企职工总数的 32.7%，建筑行业的农民工基本上没有加入工会。在许多企业的工会是由上级直接指派的，或者是工会的独立地位没有得到充分的保障，导致工会职能缺失。由于工会职能的缺失，一部分劳动者对其缺乏信任，相当多流动性较强的农民工、临时工对是否参加工会抱无所谓的态度，这又进一步加剧了缺乏工会组织的劳动者在资方面前的弱势地位。

4. 《劳动法》在一些民营企业得不到有效执行。有些企业特别是劳动密集型的企业，为获取更多的利润，完全不顾及员工的利益，采取加强劳动强度或者是延长工作时间等手段来增加生产，获得利润。尤其是那些季节性明显的行业企业，在生产淡季大量减少企业员工，确保自己的资本支出下降到最低水平。一旦到了生产旺季，采取多种手段增加劳动强度，延长劳动时间，导致企业员工的健康和安全得不到相应的保障，企业员工所得的劳动报酬也与其所付的劳动不成比例，恶化了用工环境。

5. 员工的自我法律保护意识不强。尤其是在劳动密集型企业中，很多企业的员工都是外出打工的农民，对《劳动法》等相关法律保障制度不了解，在自己的合法权益受到侵害时，只是忍气吞声或者是任劳任怨，完全不懂得用法律的武器来保护自己，这就助长了企业主不遵守法律制度的嚣张气焰。

第四节　和谐劳资关系的构建

劳资关系在当今中国愈益成为重要的经济关系，因而劳资关系和谐程度，直接影响经济运行的良性程度，继而最终影响整个经济社会的和谐程度，所以和谐劳资关系是和谐社会的基础。

马克思在《资本论》中，向世人阐述了劳资关系恶性发展必然导致社会动荡的结果。而在企业中出现的种种劳动关系不和谐的现象，也表明劳资关系的不和谐将危机社会稳定。劳资关系的和谐就是最大的和谐。因此我们要建立和谐的劳资关系，除此之外，我们还应该建立利益共享的和谐劳资关系，这是因为：

利益共享是和谐劳资关系的保障，利益冲突是和谐劳资关系的根源；劳动报酬争议是劳动争议的核心问题。

在企业中常常会因为拖欠工资而引发员工罢工、自杀等事件，甚至出现为了讨薪而控告或绑架老板，因劳资关系矛盾而导致企业倒闭的事件时有发生。建立利益共享的和谐劳资关系，就要从以下几点出发：

首先，能保障员工安居乐业，通过建立利益共享的劳资关系，员工可以随时了解到企业的发展状况，并且随着企业的发展，员工可以通过自己的努力得到更多的合法收益和成功，在干好本职工作的同时能够充分体现个人的价值，有了适当的收入，员工的生活除了拥有基本的生活保障之外，还可以孝敬父母，购置房屋，进行职业培训和参加各种娱乐活动，享受生活的乐趣。

其次，构建和谐的劳资关系保障企业的持续发展。俗话说"重金之下必有勇夫"、"得人心者得天下"，利益共享是最大的奖赏，满意度工程就是得人心工程，通过物质激励和精神关怀，利益共享，劳资和谐，员工稳定，企业就会高速发展。建立和谐的劳资关系，能够留住企业所需要的人才，保障企业持续快速发展。常用有效的六种留人方法中，无一不体现了建立和谐劳资关系的观点：高薪留人、文化留人、感情留人、发展留人、激励留人、事业留人。所有的竞争实质都是人才的竞争，建立和谐的劳资关系，留住优秀的关键人才，企业在激烈的市场竞争中一定能稳操胜券，永远保持领先的地位。

最后，建立和谐的劳资关系能够保障社会持续健康的发展：劳资关系和谐，经济就会和谐的发展；经济发展，就会破除阻碍社会发展的不安定因素，社会就会安定；社会安定，国家就会富强。和谐社会就会形成。我们应该从哪几个方面来建立利益共享的和谐劳资关系呢？笔者认为可以从员工、企业、政府、工会四个方面来构建利益共享的和谐劳资关系：

一、从员工个人出发

员工应当不断提高自身的素质，适应时代和社会的发展，员工可以通过以下几个方面来提高自身素质：

1. 自身的修养和品德：诚信和正直。一个人的人品如何直接决定了这个人对于企业和社会的价值。而在与人品相关的各种因素之中，诚信又占首要地位。任何企业在招聘人才时除了相关的技能以外，诚信是优先考虑的因素。企业往往只雇用那些最优秀、最值得信赖的人。如果一个应聘者不够诚实，或不讲职业道德，那么，即使他在技术水平上表现得再优秀，企业也会毫不犹豫地拒绝他。

2. 客观、直接的交流和沟通：现在的企业都强调实行团队合作，而团队中的沟通是团队能有效工作的一个很大的前提。人与人之间遮遮掩掩、言不由衷甚至挑拨是非的做法都会严重破坏团队中的工作氛围，阻碍团队成员间的正常交流，并最终导致项目或企业经营失败。因此，作为企业的员工，应当培养自己这种交际的能力，在交流过程中能很好地表达自己的思想，这也是当代员工必须能做到的。

3. 持续学习，不断提高自己的专业技能水平：举个例子来说，从一名大学生到一名程序员，再到一位管理者，在软件人才的成长历程中，学习是永无止境的。在大学期间，我们所要做到的就是打好专业课的基础，培养自己交际等各方面的素质和能力；在我们走上工作岗位以后，并不是意味着我们学习生涯的终结，相反，工作以后，我们更应当努力在实际工作中学习新的技术并积累相关经验；即使走上了管理岗位，我们也应当不断学习，不断提升自我。很多员工在工作过程中比较喜欢和别人竞争，喜欢和别人攀比，却不知人在成长过程中最大的敌人是自己，我们应当时时刻刻提醒自己去进步，要求自己去进步，去不断地学习。时代在不断地前进，经济在不断地向前发展，放弃学习就等于放弃了生活在这个科技迅猛发展的时代。在学习的过程中，打好基础最为重要。无论是从事哪个行业的工作，都要做到先打好基础知识，再进行质的提高。

二、从企业自身出发

1. 改善员工的工作环境，企业中尤其是劳动密集型企业，很多事件的发生都是由于工作环境不符合要求而导致的，工作环境的好坏直接影响到员工的工作情绪和工作成果。安全的、稳定的、宽松的、舒适的工作环境以便于员工更忠诚、更高效地完成工作；而员工呢，则应该爱惜自己的工作环境、珍惜自己的工作机会，不遗余力地、创造性地完成工作并为企业创造更多财富。

2. 彻底消除拖欠、克扣工资现象，建立集体协商的工资制度：工资收入是员工最基本的生活来源，是员工和企业共同关注的热点问题，也常常是劳资关系的焦点。近来广为关注的"民工荒"的一个重要原因就是拖欠、克扣工资现象严重，要想建立利益共享的和谐劳资关系，企业就必须避免这些现象的发生。多方协调，友好协商，报酬合理，实现多赢。推行工资集体协商制度，实行中高层人员工资面议，基层人员最低工资保护，让劳资关系更和谐。多方协调机制的主体不仅包括政府、工会和雇主组织三方，更应该包括企业、监察、仲裁、法院等与劳动关系协调相关的各个部门，以征求各方的宝贵建议。工资面议是当前社会人员聘任时报酬确定的主要形式。

工资集体协商机制的建立让企业劳资关系从冲突转变为和谐，最终实现企业发展和员工利益保障的双赢。

3. 让员工参与企业的管理，树立员工与企业共赢的意识。很多的企业现在都实行员工持股制度，让员工充分地意识到企业的良好发展也关乎自己的良好发展。这种员工共同参与管理的管理模式，能够充分调动员工的工作积极性，使员工能全身心地投入到自己的本职工作中来，并不断地提高和完善自己，为企业同时也为自己创造了更多的经济效益。

4. 提高员工的满意度：在做好上述几点的前提下，企业还应该着重观察员工的情绪思想，提高员工的满意度。员工满意度是以人为本的具体体现。实施员工满意度工程，树立雇主品牌，提高员工满意度，增强员工忠诚度，保障企业持续稳健发展。绩效管理主要是针对公司业绩达成的管理，而员工满意度工作主要是针对员工满意度提高的工作。企业效益和员工满意度稳步提高，才是真正的和谐企业、和谐劳资关系，是劳资合作共赢的终极目标。

三、政府的引导和法律管制

政府引导是建立和谐劳资关系的根基。中国共产党第十六届中央委员会第六次全体会议审议通过了《中共中央关于构建社会主义和谐社会若干重大问题的决定》。共建和谐社会、和谐世界，已成为当今社会的国家大事。和谐社会是民主法治的社会。和谐社会并不是没有社会矛盾的社会，只要是人类社会，就存在矛盾，和谐社会是用制度化、法制化方式解决矛盾的社会，是一个保障劳动者合法权益的社会，是一个尊重法律权威、有序发展的社会。政府要建立一套完善的劳动政策法规和各项制度条例，并在法律的武器下严格监督执行。如：劳动法、工会法、工资支付条例、社会保险制度、劳动安全法、劳动保障、职业病防治法、劳动仲裁法、最低工资保障制度、股权改制管理者持股，等等。当前全国各地颁布的最低工资标准就是政府作用的显著效果。只有建立民主法制社会，均衡劳资关系，落实劳动保障监督，才能创造和谐社会。

四、从工会出发

工会的基本作用是代表和维护劳动者的合法权益，而这种作用的直接结果是可以在企业内化解劳资矛盾，使其可以有效地得到解决。我们在处理劳资关系的过程当中一定不能忽视工会的建设，工会在调节劳资关系中起着无足轻重的作用，因此我们应当加强工会的建设，主要可以从以下几个方面：

1. 企业工会委员必须由职工直接选举产生，改变当前许多企业出资方决定任工会主席的不合理现状。工会委员的选举，应实行回避制度，企业股东以及核心管理人员等，不得成为工会委员，以保证工会保护劳动者合法权益的职能可以得到实现。

2. 确保非国有企业中工会干部的各项权益，为工会履行职责建立良好的基础；对工会干部的劳动关系加以特殊的保护。从两个方面来着手：首先，严格限制解除工会干部的劳动关系，无明确的理由不能解除；其次，对工会干部的任职期限加以规定。在任职期间内，企业不得单方面解除工会干部的劳动合同。

3. 组织企业联合性工会，强化地方工会的组织功能。在企业规模小，人数较少的非国有企业，工会组织难以设立，即使设立了工会，其水平与作用也十分有限，因此在不能单独设立工会的企业，应积极按照地域联系或行业联系等原则，组织企业联合性工会，以确保每个劳动者的结社权得到实现。

4. 充分发挥工会的基础职能，全面提高工人素质。工会应致力于为工人争取劳动权益，向工人宣传就业发展变化的同时，激励工人参加学习和培训的积极性和主动性，提高劳动者的文化业务水平，使职工获得个人可持续发展能力，以不懈的努力来稳定就业岗位和减少失业。

5. 加强工会干部自身素质的提高，对其进行集体协商模式和知识的培训，以便于更好地服务。

6. 上级工会和工会联合会要以指导、帮助、协调、监督等方式参与基层工会与用人单位的集体协商和签订集体合同。

第五节　"民工荒"解析——古典劳资关系理论缺陷及对其的发展与应用[①]

我国改革开放已走过 40 年的历程，取得了举世瞩目的成就，但一些非国有企业长期对

---

① 杨俊青. 古典劳资关系理论缺陷及对其的发展与应用研究 [J]. 经济问题，2017.

其员工实行低工资的"大棒式"管理，导致其劳资关系紧张、劳资冲突频发问题成为了一个矛盾聚焦点。

非国有企业是我国吸纳农业劳动力、实现农村工业化、城镇化、信息化与农业现代化的主要推动性组织。改革开放以来，非国有企业已驱动我国城市化率从 1978 年 17.92% 提高到 2019 年的 60.6%。但与此同时，2004 年春天，在我国农村还存在大量农业剩余劳动力的情况下，东南沿海地区非国有企业出现了"民工荒"。

"民工荒"在非国有企业表现为两个方面：一方面是非国有企业招不到农民工，另一方面是大量愿意转移到非国有企业的农业劳动力找不到合适的工作岗位。所有这些都说明：通过克扣、赖账与压低农民工工资与对其"劳动承接、生活排斥"的"大棒式"管理，已不能再使这些非国有企业可持续发展与持续推进农村工业化与城镇化。这使我们不得不思考：这些非国有企业，对吸纳的农业劳动力采取"大棒式"管理，导致劳资关系对立的理论基础是什么？这些理论对古典与新古典经济管理理论有何影响？要实现劳资关系的合作共赢，需建立怎样的合作共赢劳资关系理论模型？在合作共赢劳资关系理论模型下，如何实现对古典与新古典经济管理理论的发展，运用发展的理论如何解决就业问题、实现农业劳动力持续转移、完成我国工业化、城镇化、信息化与农业现代化？这些都无疑成为我们亟须探讨的重大问题。

一、导致劳资关系对立的"大棒式"管理的理论基础——劳资关系对立理论

（一）经济学与管理学鼻祖———亚当·斯密的对立劳资关系理论

亚当·斯密在《国富论》（1981）关于劳动工资的论述中认为：工资是劳动者与生产资料的所有者相分离的情况下，非生产资料的所有者凭借劳动所获得的报酬，工资的确定取决于劳资双方力量的对比，资方盼望劳动者多劳动、少得工资；劳方盼望自己少劳动、多得工资；由于资方人少，易团结且有较强的经济实力、能在对抗中坚持持久，因而工资的最后确定往往有利于雇主，即支付给劳动者的工资往往比较低。可见，从经济学与管理学的鼻祖亚当·斯密开始就把工资与利润对立了，分别作为工资、利润人格化的劳动者与资本家间的关系即劳资关系在这里也就对立起来了。

（二）《国富论》后经济学两条发展脉络中的对立劳资关系理论

斯密的对立劳资关系理论建立在其提出的"看不见的手"原理基础上，但在其《国富论》中提出"看不见的手"原理后，并没有给出其证明。此后，经济学实际主要沿着两条线索发展：一条是证明其正确性的西方经济学，另一条是对其批判的，一开始称作《政治经济学批判》，后来改称《资本论》的马克思主义政治经济学。马克思的《资本论》与西方经济学是如何认识劳资关系的呢？

1. 对斯密主要思想进行批判的《资本论》中的对立劳资关系理论

斯密宣称，资本主义经济通过"看不见的手"能使资源得到最佳配置。马克思则认为，"看不见的手"使资本主义经济出现周期性的经济危机，资源被大量浪费，提出应由一个社会中心有计划、按比例地组织整个社会的生产、交换、分配与消费。对其劳资关系，马克思在《资本论》（1975）中认为，作为资本报酬的利润（M）和作为劳动力报酬的工资（V）

存在于一个矛盾体（V＋M）中，利润和工资分别代表着两个经济利益主体——资本所有者和劳动者的利益。资本所有者追求利润最大化，劳动者追求工资收入最大化，两者的此消彼长，使劳资关系表现为对立与斗争。

2. 证明斯密主要思想正确性的西方经济学中古典宏观经济模型的对立劳资关系理论

西方经济学可概括为对资本主义市场经济的经验概括与理论总结，并伴随资本主义市场经济发展而不断修正完善形成的与资本主义政治、经济、文化、社会、法律密切相关的理论。其核心主要是通过市场论述"看不见的手"原理的正确性。有关劳资关系的论述，可通过其古典宏观经济理论中的劳动力市场发现其对立的劳资关系理论。古典宏观经济理论中的劳动力市场认为：劳动需求与实际工资呈反方向变化即实际工资上升，劳动需求减少；劳动供给与实际工资呈同方向变化即实际工资上升，劳动供给增加；即资方想少给工资，劳方想多发工资，二者呈相反对立方向变化。在货币工资与价格水平富有弹性的条件下，最后劳动供给与需求会实现均衡。但现实中，总是由于一般体力劳动的供给大于需求而使均衡工资偏低，不能满足一般体力劳动者的生存。各国最低工资法的实施也仅仅能满足在岗劳动者的生存，对一般体力劳动者总体的收入状况而言是下降的。

如图 15-1 所示，N_s 是劳动供给曲线、N_d 是劳动需求曲线，劳动供给是实际工资（w/p）的增函数，在图中表现为随实际工资上升而上升；劳动需求是实际工资的减函数，在图中表现为随实际工资增加而下降。从图中看出，古典宏观经济模型的劳资之间的反向变化与对立关系；即使在均衡工资（w/p）$_f$ 处，也由于一般体力劳动者供给充足，均衡工资往往偏低，不能满足劳动者的基本生存需要。

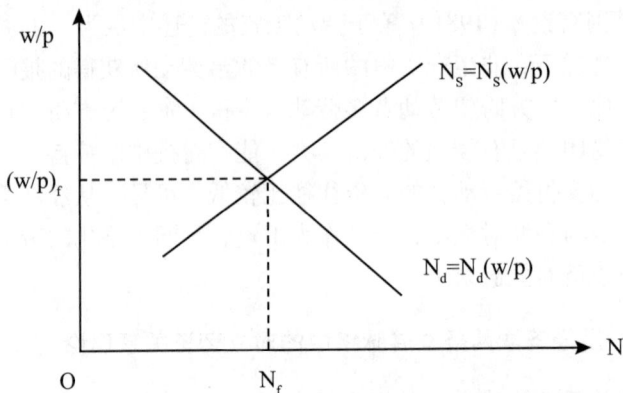

图 15-1　古典宏观劳动力市场

（三）对科学管理之父——泰勒管理思想的不完全理解，进一步加剧"大棒式"管理

为准确掌握与确切理解泰勒科学管理思想的精髓，我们先分析管理学与经济学之区别与联系。

1. 管理学与经济学的区别与联系

经济学与管理学都建立在一个基本的前提假设——所有的资源都是稀缺的之上。正是由于资源的稀缺性，才存在着有效配置资源，方能解决用最少的花费取得最大收益的问题；正是由于资源的稀缺性，也才存在着对一定组织资源如何进行整合以实现组织目标与履行责任的动态创造性活动。前者有效配置资源的问题，一般认为是经济学研究的主要问题；后者对一定组织资源如何整合的问题，一般被认为是管理学研究的主要问题。不论是有效配置资源还是资源如何整合，亦即不论是经济学还是管理学，其实质与共同之处都是研究资源的有效配置问题。所不同的是，经济学是通过"看不见的手"实现资源的有效配置，管理学是通过"看得见的手"实现资源的有效整合。当"看不见的手"失灵时需要政府管理即需要宏观的"看得见的手"进行管理；而当市场交易费用不为零时，产生了企业，在企业内部主要依靠企业家协调资源配置即通过微观的"看得见的手"进行企业管理。当"看不见的手"与"看得见的手"都失灵时，需要"道德"加以调节。现实中是"看不见的手"与"看得见的手"及"道德"调节同时进行。

2. 对泰勒科学管理思想的不完全理解与其思想精髓如何实现的缺陷

对于科学管理之父——泰勒的科学管理理论，人们大多时候都认为，泰勒的贡献主要在于：如何使人服从于机器的情况下提高劳动生产率的问题，没有更多地研究泰勒反复强调的劳资双方要建立合作关系的精要。泰勒认为工人和资方紧密、亲切合作是现代科学管理的本质，并指出："如果不能用合作与和平的新见解来代替旧的对立与斗争，那么就谈不上科学管理"。但劳资双方如何实现合作与和平？泰勒并没有给出激发劳动者主观能动性、激励劳动者积极性的可操作对策建议。现实中，人们也就只注意泰勒的使人服从于机器的提高劳动生产率的认识，由此导致实际管理中"大棒式"管理下的对立劳资关系。

可见，不论是经济学、管理学鼻祖亚当·斯密提出"看不见的手"原理时的劳资关系论述，还是对其"看不见的手"原理进行批判的马克思《资本论》中的对资本主义劳资关系分析，还是证明亚当·斯密"看不见的手"原理正确性的西方经济学中的劳资关系理论，或是对泰勒管理思想精髓的不完全理解与其思想精髓如何实现论述的缺陷，都是我们现实管理中实施"大棒式"管理，导致劳资关系对立的理论基础与未建立起合作共赢劳资关系理论的原因所在。

正是在这样的理论基础下，非国有企业对吸纳的农业人力资源采取了"大棒式"管理，现实中出现了劳资关系对立、"民工荒"问题，使非国有企业发展难以为继。也正是以对立劳资关系理论为基础，经济管理学家建立的就业、农业劳动力转移理论不免具有一定局限性，从而为人类社会演进规律的实现路径留下了研究空间。

二、对立劳资关系理论下，关于就业、农业劳动力转移等理论的缺陷

（一）凯恩斯用劳资关系对立方法解决失业问题的理论只会短期有效

凯恩斯针对 1929～1933 年爆发于资本主义社会、震撼全球的经济危机，解释资本主义爆发经济危机出现失业问题的根源在于实际工资水平高，因而要解决经济危机中的失业问题，就需降低实际工资。由于货币工资"W"富有刚性，降低实际工资只能通过提高价格水平。在经济危机下，有效需求不足，依靠市场扩大需求、提高价格不可能。凯恩斯提出政府应采取赤字性财政与货币政策，以增加需求、提升价格水平，降低实际工资。在劳动者存在"货币幻觉"的假设下，货币工资不变或上升，即使在扩张性财政与货币政策下，导致价格水平上升、使实际工资下降，劳动者还认为实际工资没变，因而劳动供给不会减少。但

凯恩斯认为作为劳动需求方的企业对产品价格与实际工资的向下变化是完全清楚的（凯恩斯第一次将信息非对称引入劳动就业管理的基础理论中），表现为劳动需求量的增加，以此解决失业问题。如图 15-2 所示，在货币工资富有刚性（在图 15-2 中表现为保持不变），通过扩张性财政与货币政策，以扩大需求、拉升价格水平由 P_0 上升为 P_1，使实际工资由 W/P_0 下降为 W/P_1，相应的劳动供给曲线由 N_{s1} 变为 N_s，劳动需求量由 N_1 增加为 N^*，原实际工资 W/P_0 下的非自愿失业（$N^* - N_1$）消失，失业问题解决。

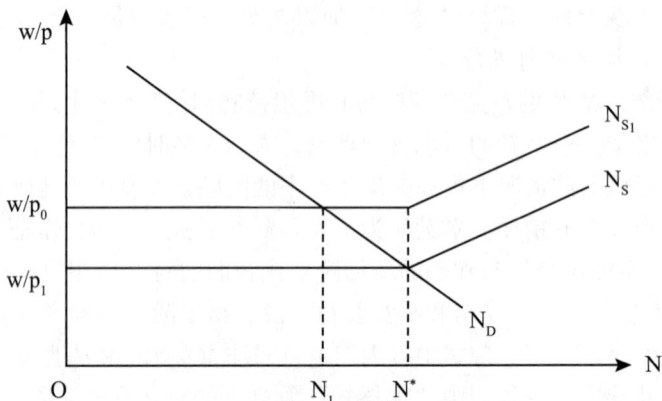

图 15-2　凯恩斯解决失业理论

从图 15-2 中看出，凯恩斯是通过降低劳动者实际工资解决失业问题，这在短期内，劳动者未发觉（可欺骗劳动者一时）的情况下，对缓解失业有一定作用。长此以往，劳动者会发觉自己的实际收入减少，必然会进一步加剧劳资关系对立。同时，由于劳动者实际收入减少，导致有效需求不足，进一步加剧经济危机，更多企业破产与倒闭，失业问题更加严重。从中可得出，凯恩斯暗中通过使劳资关系对立的实际工资下降，以解决经济危机中的失业问题只会在短期内有效。

（二）刘易斯对立劳资关系理论下的农业劳动力转移难完成

诺贝尔奖获得者威廉·阿瑟·刘易斯，假定在发展中国家农村，存在边际劳动生产率为 0，甚至为负的无限农业剩余劳动力条件下，提出了农业剩余劳动力向城市转移模型。这就是：由于存在边际劳动生产率为 0，甚至为负的无限农业剩余劳动力，所以农村劳动力的收入很低，如图 15-3 中的 OS，要实现农业剩余劳动力向城市非农部门转移，仅仅只需城市非农部门的工资略高于农村劳动力收入的 30%，并保持不变，如图 15-3 中的 OW，直到农村剩余劳动力全部转移到城市非农部门，实现发展中国家的工业化与城市化。其具体过程是：一开始，以利润最大化为行为目标的城市非农部门所需农业劳动力，为边际劳动生产力曲线 N_1Q_1 与沿保持不变的城市非农部门支付给转移农业劳动力的较低工资 W 与横轴平行线的交点 Q_1，垂直对应的一个横轴上的吸纳到城市非农部门的农业劳动力数量，这部分劳动力给城市非农部门创造的利润为 WN_1Q_1。利润部分用于消费、部分用于投资，使资本数量增加，生产规模增大，边际劳动生产率曲线可上升为 N_2Q_2，N_2Q_2 与沿保持不变的城市非农部门支付给转移农业劳动力的较低工资 W 与横轴平行线的交点 Q_2，垂直对应横轴上另一个增大了的要吸纳到城市非农部门的农业剩余劳动力。依次，边际劳动生产率曲线可逐渐向右提升为 N_3Q_3、N_4Q_4，吸纳的农业劳动力数量不断增加，直到农业剩余劳动力全部转移到城市非农业部门。

从中可以看出，在整个农业劳动力向城市部门的转移过程中，试图将转移农业劳动力的工资压至最低，以增大利润、吸纳更多农业劳动力到城市非农部门就业。这会导致劳动者收入增加慢于产品供给增长及社会财富越来越多地聚集在资本所有者手中，转移农业劳动力与资本所有者的收入差距越来越大，劳资矛盾加剧，社会不稳定；与此同时，整个社会需求减少，城市非农部门产品难以销售，企业难以可持续发展，农业劳动力转移很难完成。

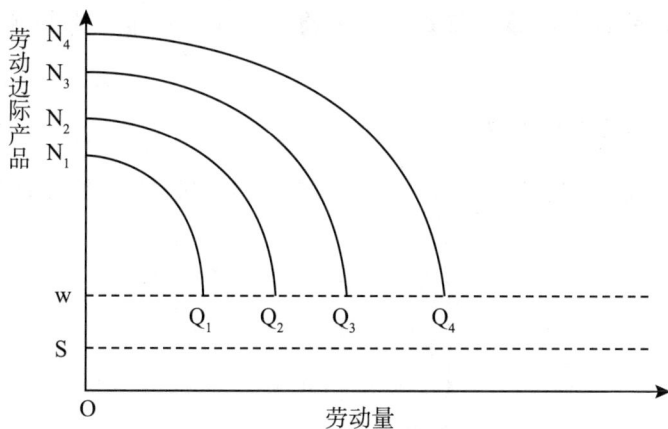

图 15 - 3 刘易斯模型

（三）马克思资本主义对立劳资关系理论下的社会主义实现途径留有发展空间

马克思《资本论》以劳动价值论为基础，根据资本在剩余价值生产过程中的作用不同，将资本分为只转移价值的不变资本和创造超过自身价值的新价值的可变资本。这样，只有劳动力这种可变资本创造新价值，而资本的所有者资本家却参与新价值的分配且攫取了新价值的主要部分，留给价值创造者——劳动者的是仅能维持生存的工资，马克思将其称为资本家对工人的剥削。资本家追求利润的内在冲动与外部竞争的压力，使资本家贪婪地吸吮着利润，榨取工人剩余价值。马克思认为，工人工资与资本家贪婪吸吮的剩余价值存在此消彼长的关系。资本家为榨取工人更多剩余价值，或者在总劳动时间不变情况下，缩短必要劳动时间相应延长剩余劳动时间；或者在必要劳动时间不变下，绝对延长剩余劳动时间；使工资停留在工人仅能维持生存的水平上。伴随各种生产要素在全社会的自由流动，全社会又形成平均利润，即在单个企业内部存在单个资本家掠夺本企业工人创造的价值，从全社会看，则是资本家阶级对工人阶级的掠夺与剥削。最终导致社会财富越来越集中在少数资本家阶级手中，致使全社会有效需求不足，出现经济危机。马克思认为，出现经济危机的根源在于资本主义社会的基本矛盾即生产资料的资本主义私有制与生产的社会化矛盾。解决这一矛盾的根本方法是工人阶级通过革命的方式推翻资产阶级建立社会主义。但革命并没有在马克思分析的资本主义社会出现，资本主义企业通过变革单一的生产资料私有制，到合伙制、合作制，再到有限责任公司与股份有限公司。即通过变革的方式使生产资料社会化，解决资本主义生产资料的单个私人所有与生产社会化的矛盾；再加上，政府推行的社会保障制度对收入分配的调节，保障了低收入者的生存，熨平着收入分配差距。由此透视出，马克思以劳动价值论为基础，通过劳资对立的矛盾分析方法，揭示出资本主义出现经济危机的根本原因在于资本主义社会的基本矛盾，由此得出资本主义向社会主义演进的必然趋势，无疑是正确的。但仅注意到劳资对立，通过革命的方式解决资本主义基本矛盾，从而实现社会主义的路径并不是唯一的方式。

为此，要较好地解决失业、农业劳动力转移及实现人类社会的演进规律，须建立合作共赢劳资关系理论。

三、合作共赢劳资关系模型与对农业劳动力转移、就业、劳资关系理论的发展

（一）合作共赢劳资关系模型

通过运用工资激励职能，建立了工资、劳动生产率、利润与吸纳农业劳动力的合作共赢劳资关系模型：

$$\begin{cases} P_L = f(W) + u_1 \\ \prod = g(P_L) + u_2 \\ L = h(\prod) + u_3 \end{cases}$$

其中：$dP_L/dW > 0$，$d\prod/dP_L > 0$，$dL/d\prod > 0$。

根据西方经济学中已证明了的个体劳动供给曲线与马斯洛需求层次理论，在已建立的上述模型基础上，加入劳动者在收入水平较高后对交际、尊重与被人尊重及自我实现的需求，即加入变量 W_2。

若用 W_1 表示劳动者的货币工资，W_2 表示劳动者对交际、尊重与被人尊重及自我实现的需求，P_L、Π 和 L 分别表示劳动者的劳动生产率、企业利润和企业吸纳的农业劳动力数量，则合作、共赢劳资关系模型的中心思想可以表述为下面的联立方程模型：

$$\begin{cases} P_L = f(W_1, W_2) + u_1 \\ \prod = g(P_L) + u_2 \\ L = h(\prod) + u_3 \end{cases}$$

其中：$\partial P_L/\partial W_1 > 0$，$\partial P_L/\partial W_2 > 0$，$d\prod/dP_L > 0$，$dL/d\prod > 0$。

其意义是：无论短期还是长期内，企业要通过满足劳动者的各种需求以激励劳动者积极性。图 15-4 为已经证明的个体劳动供给曲线。在劳动者收入较低，处于 $W^\#$ 以下时，非国有企业激励劳动者的工作积极性，吸纳更多农业劳动力主要通过货币工资 W_1 上升，为保证激励长期有效，须使货币工资 W_1 的上升大于价格水平上升，从而使劳动者感觉到实际工资在上升，实现最大限度地激励劳动者积极性的水平；在劳动者收入较高，处于 $W^\#$ 以上时，非国有企业激励劳动者积极性，主要通过满足劳动者交际、尊重与被人尊重及自我实现的需求 W_2。能够使劳动者感觉到实际工资上升的货币工资的提高与满足其社会人假设的交际、尊重与被人尊重及自我实现的需求，会激励劳动者积极性，提升劳动生产率，劳动生产率提

升，会增加企业利润，企业利润资本化，规模会增加，在资本有机构成不变情况下，吸纳农业劳动力的数量会增加。这一模型中的利润增加是通过满足农业劳动力的需求实现的，而不是非国有企业长期采取的压低工人工资、延长劳动时间，掠夺性使用人力资源的"大棒式"管理实现的。从而使非国有企业的劳资双方把注意力放在如何把"蛋糕做大"上，然后实现劳动者的工资、企业利润与吸纳农业劳动力人数的共同提高，以实现我国非国有企业劳资双方的合作共赢与非国有企业的可持续发展及我国二元经济结构转化即实现农村的工业化、城镇化、信息化与农业现代化。

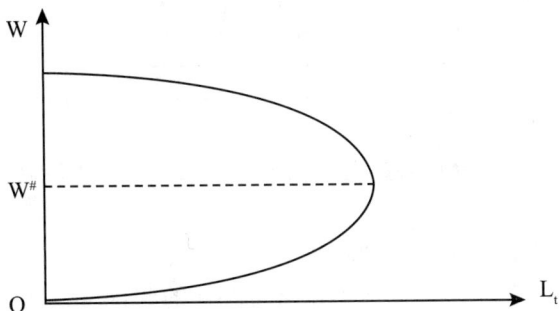

图15－4　劳动者不同收入水平下的不同激励机制

（二）合作共赢劳资关系模型对农业劳动力转移、就业及劳资关系理论的发展

1. 合作共赢劳资关系模型下的农业劳动力转移理论

刘易斯在对立劳资关系理论下，通过压低转移农业劳动力工资，提升利润、实现资本积累、扩大企业规模，吸纳农业劳动力，导致现实中劳资关系对立，农业劳动力转移与转移农业劳动力缺乏积极性，企业利润增加难持续；再加上，社会财富集中在少数人手中，会使整个社会有效需求不足，企业难以可持续发展。针对这一问题，根据合作共赢劳资关系模型，我们使用工资 W_1 与满足劳动者对交际、尊重与被人尊重及自我实现需求的 W_2 的激励职能，激励农业劳动力转移与转移农业劳动力积极性，提高劳动生产率、增加利润、积累资本、吸纳农业劳动力。如图15－5，在非农部门工资为 W_{C1} 时，依据刘易斯模型，转移农业劳动力逐次为 L_1、L_2、L_3，若我们使用 W_1 与 W_2 的激励职能，农业劳动力在非农部门收益（包含工资与交际、尊重被人尊重及自我实现需求）上升为 W_{C2}，则由于转移的农业劳动力在非农部门收益上升激励了转移农业劳动力积极性、劳动生产率提高、利润增加，在资本有机构成不变下，资本增加，边际劳动产品曲线向右移动至 MP_4，MP_4 与 W_{C2} 收益交点对应的企业实现利润最大化时吸纳农业劳动力人数为 L_4，L_4 明显大于 L_1、L_2、L_3。

可见，使用工资 W_1 与满足劳动者对交际、尊重与被人尊重及自我实现需求的 W_2 的激励职能，可激励转移农业劳动者积极性、提高劳动生产率，资本方利润增大、企业规模扩张，吸纳农业劳动力增加。同时，转移农业劳动者收益增加，有效需求增加，企业实现可持续发展，有效地解决了农业劳动力转移，实现了国家或地区的工业化、城镇化、信息化与农业现代化。

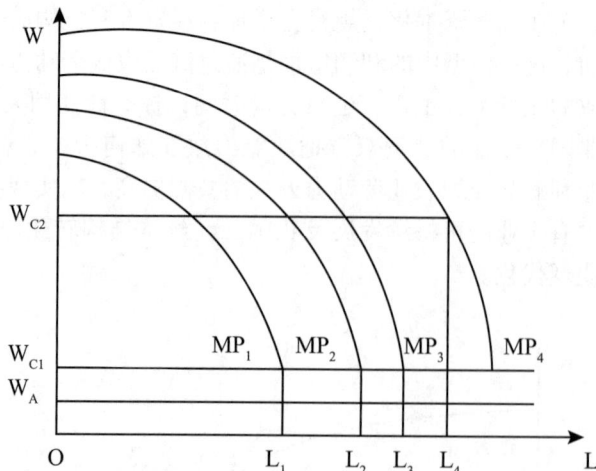

图 15 - 5　合作共赢劳资关系下的农业劳动力转移模型

2. 合作共赢劳资关系模型下的劳动就业理论

凯恩斯在对立劳资关系理论与货币工资富有刚性的假设下，通过赤字性财政与货币政策、提高价格水平，降低实际工资，解决就业问题的方法只会在短期内有效。我们使用工资 W_1 与满足劳动者对交际、尊重与被人尊重及自我实现需求的 W_2 的激励职能，即企业管理者不仅要使货币工资提高，且货币工资的提高要大于价格水平提高，确保实际工资上升和满足劳动者对交际、尊重与被人尊重及自我实现的需求，使劳动者追求的实际收益增加，从而解决失业问题。根据全社会劳动供给人数分两种情况进行以下分析：

图 15 - 6 为合作共赢劳资关系下解决失业问题的模型（一），即全社会的劳动人数为 N^* 的情况。使用合作共赢模型中 W_1 与 W_2 的激励职能，使转移农业劳动力的实际收益由 W/P_0 上升为 W^*/P_2，从而使劳动供给曲线由 N_{s1} 上升为 N_{s2}，短期内边际劳动生产力曲线还在 N_D，N_D 与 N_{s2} 相交对应的企业实现利润最大化时的就业量为 N_1，非自愿失业人数增大为：$N^* - N_1$；但长期内，由于使用了合作共赢模型中 W_1、W_2 的激励职能，使劳动者的劳动生产率提高、利润增加，在资本有机构成不变下，资本数量增加、企业规模扩大，从而劳动需求曲线向右移动至 N_{D1}，N_{D1} 与 N_{s2} 的交点对应的企业实现利润最大化时的充分就业人数为 N^*，非自愿失业消失。从而在长期内、在合作共赢劳资关系下有效解决了非自愿失业问题。

图 15 - 7 为合作共赢劳资关系下解决失业模型（二）。合作共赢劳资关系下解决失业模型（一）假定，使用了合作共赢模型中 W_1、W_2 的激励职能，劳动者实际收益增加为 W^*/P_2，整个社会的劳动者人数与愿意工作的劳动者人数都为 N^* 的情况。若整个社会的劳动者人数大于模型（一）中的 N^*，则在劳动者实际收益增加为 W^*/P_2 后，全社会的劳动供给量会大于模型（一）中的 N^*，全社会的劳动供给量如图 15 - 7 中的 N^{**} 的情况。此时，仍是通过很好使用合作共赢模型中 W_1、W_2 的激励职能，在长期内使劳动需求曲线向右移动至 N_{D2}，N_{D2} 与 N_{s2} 相交对应的是企业实现利润最大化时的充分就业时的就业量 N^{**}，在长期内有效解决了失业问题。其原理、过程与模型（一）相同。

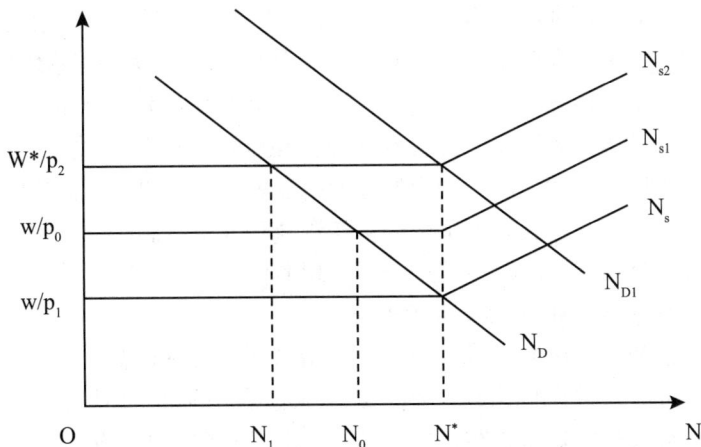

图 15-6 合作共赢劳资关系下解决失业模型（一）

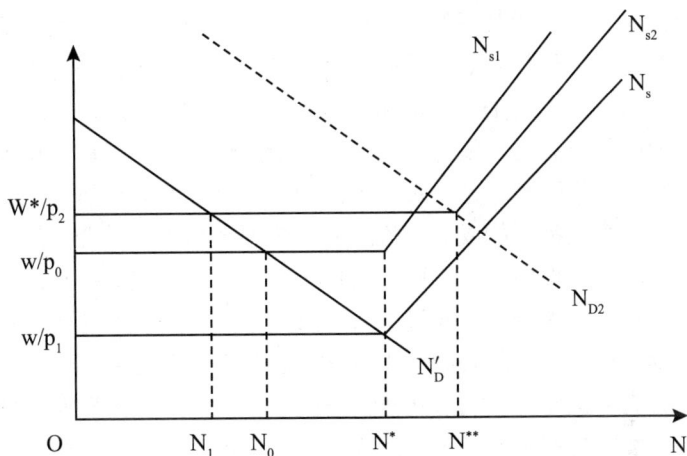

图 15-7 合作共赢劳资关系下解决失业模型（二）

可见，合作共赢劳资关系下解决失业问题，避免了劳资关系对立下的收入分配差距大、整个社会有效需求不足；从而既实现了劳动者收入增加，又使企业劳动生产率与利润提升，推动了我国经济由投资冲动到创新驱动与需求拉动的动力转化与全社会经济的可持续发展。

3. 合作共赢劳资关系模型对马克思劳资关系理论的发展

马克思认为，资本家追求利润最大化、劳动者追求工资收入最大化，二者对立斗争的结果，使工资仅能约束在维持劳动者生存的水平上。马克思之所以认为，工资与利润相互对立，其实是建立在工资 V 与利润 M 之和（V + M）是一个定值基础上。若某企业依据合作共赢劳资关系模型，很好使用 W_1 与 W_2 的激励职能，激励劳动者积极性、提高劳动生产率、使某个企业生产单位产品的个别劳动时间低于社会必要劳动时间，但仍然按照社会必要劳动时间耗费的劳动销售，因而使用了 W_1 与 W_2 的激励职能的企业，能够获得超额利润，增大（V + M）。同时超额利润除弥补劳动者收益上升外，还有更多剩余。这样工资与利润就存在同增加关系，劳动者与资本所有者就可合作共赢。当其他企业看到，很好使用了 W_1 与 W_2 的激励职能的企业获得了超额利润，也会将自己企业的 W_1 与 W_2 提高到与获得超额利润企业的相同水平，以获取超额利润。当全社会企业的 W_1 与 W_2 都达到开始获得超额利润企业的水平时，超额利润消失。在此基础上，又有新的企业将 W_1、W_2 提高到更高水平，以获取超额利润，其他企业用同样方法跟进。这样，不仅在个别企业劳资合作共赢，在全社会的劳动者与资本所有者都可实现劳资双方的合作共赢。在合作共赢劳资关系下，伴随利润增加、资本积累增多、企业规模扩大，即生产力的社会化发展，必然要求生产资料的社会化。企业可通过改革而非革命的方式，实现由单个的生产资料私人所有制到合伙制或合作制再到有限责任公司与股份有限公司制度的路径演进，即实现股份制作为公有制的主要实现形式。

4. 合作共赢劳资关系模型对泰勒管理思想的实现

科学管理之父泰勒（1911）认为，以往许多劳资纠纷都是由盈余分配而引起的："工人想用工资的形式尽可能从盈余中多得一些，资本家想利用利润的形式，尽可能多得一些。"要解决这个问题，劳资双方就需要在思想上发生一次大革命："双方不再把注意力放在盈余的分配上，不再把盈余分配看作是最重要的事情。他们将注意力转向增加盈余的数量上，使盈余增加到使如何分配盈余的争论成为不必要。他们将会明白，当他们停止互相对抗，转为向一个方向并肩前进时，他们的共同努力所创造出来的盈余会大得惊人。他们会懂得，当他们用友谊合作、相互帮助来代替敌对情绪时，通过共同努力，就会创造出比过去大得多的盈余，完全可以做到既增加工人的工资也增加资方的利润"。但劳资双方如何才能把注意力放在盈余的增大上，泰勒并没有提出发挥劳动者主观能动性、激励劳动者积极性、增大盈余的对策建议。泰勒理解的科学管理应是：每个人的操作用科学的方法而不是经验；选择合适的工人到合适的岗位，每个人都可能成为一流工人；管理者与工人融合，使工人能很好执行命令听从指挥；管理者应做管理的工作，而不是忙于与工人一样埋头在具体事务中。可见，泰勒试图创造比过去大得多的盈余，是通过工人用科学方法操作、人与岗的最佳匹配、使工人一切行动听指挥与专业化分工。工人如何用科学方法工作、人与岗如何最佳匹配？按照泰勒思想逻辑当然是人要服从机器，在人服从机器情况下，工人要爱岗敬业、做好本职工作，其他诸如管理、创新、发明与技术改造等不用工人思考。由此看出，泰勒在生产中试图把工人塑造成服从于机器、听从管理者指挥与命令的"机器人"（"机器人"当然不会考虑盈余分配），通过"机器人"增大企业利润。这不符合人会思维、有思想、具有主观能动性的特质要求，更不符合生产是为了满足人的需求，使人得到全面发展的目的。由此提出，用合作共赢劳资关系模型，实现劳资双方把注意力集中在增大盈余即增加创造新价值上。亦即根据劳动者收入水平，更好使用 W_1 与 W_2 的激励职能，满足劳动者需求、充分发挥工人的主观能动性，激励劳动者积极性，使劳动者在工作中不仅全身心投入，而且能够进行发明创新，提高劳动生产率、增大盈余（利润）、吸纳更多劳动者就业，从而实现劳资双方与社会发展的合作共赢，这符合了人的本质需求，促进了人的全面发展。

四、我国解决"民工荒"、实现劳资双方合作共赢的对策建议

第一，非国有企业管理者要充分认识到：根据劳动者收入水平所处阶段，能够使劳动者感到实际工资增加的货币工资的提高与满足劳动者交际、尊重与被人尊重及自我实现的需求，有利于激励劳动者积极性、提高劳动生产率。

第二，非国有企业管理者要学会在劳动者收入水平的不同阶段，使用以工资为主要内容

的薪酬体系与满足劳动者交际、尊重与被人尊重及自我实现需求，激励劳动者积极性的领导艺术，不能仅仅把工资等薪酬的增加与满足劳动者交际、尊重与被人尊重及自我实现的需求，只看作成本的增加。

第三，要处理好工资与满足劳动者的交际、尊重与被人尊重及自我实现的需求和利润的分配关系，实现工资与利润的共同增长。

第四，处理好工资增加与满足劳动者的交际、尊重与被人尊重及自我实现的需求和劳动生产率提高的关系，即要注意到劳动生产率对工资与满足劳动者的交际、尊重与被人尊重及自我实现的需求的影响，而且要通过以工资为主要内容的薪酬体系与满足劳动者的交际、尊重与被人尊重及自我实现的需求的激励职能，提高劳动生产率。

第五，避免由政府或企业职工主导与迫使下的非国有企业职工工资的"被增长"与劳动者的交际、尊重与被人尊重及自我实现需求的"被给予"，这与企业自主利用以工资为主要内容的薪酬体系和满足劳动者的交际、尊重与被人尊重及自我实现需求的激励职能，激励劳动者积极性，提高劳动生产率的激励效果有很大差别。

第六，非国有企业吸纳的农业劳动力，要积极参加培训、增加自身人力资本投资，提高自身专业知识与技能和各方面文化修养，以获得更高以工资为主要内容的薪酬与扩充自身社会资本、更多尊重与自我价值实现的机会。

思考题：

1. 什么是劳资关系？劳资关系和劳动关系的关系？
2. 我国劳资关系的现状？
3. 试论述"民工荒"的原因以及解决的策略？

案例分析

风雨过后是彩虹—双赢互信的丰田劳资关系

劳资关系是否融洽，直接关系到企业的生存和发展。丰田公司在其长期的生产经营实践活动中，逐步建立和完善了以相互信任为基础的劳资关系。在这一摸索过程中，丰田公司的劳资关系也历经许多曲折。

1949 年下半年，当时日本丰田汽车工业公司累计亏损已达 7600 万日元，而且还面临着今后每月可能亏损 3.4 万日元的危机。在这种情况下，当时公司总经理丰田喜一郎于 1950 年初提出了调整人员、降低工资和重新部署工作岗位等三项措施，即"从总公司在册人员中征求自愿退职者 1600 人，对其余职工要降低工资 10%。同时关闭芝浦、浦田两个工厂"。

工会以大规模罢工来进行对抗，遂引发起一场大规模的劳资纠纷，整个公司生产陷入一片混乱。1950 年 6 月，丰田喜一郎被迫引咎辞职，这场大规模罢工风潮虽然告一段落，但它却给劳资双方留下了许多值得思考的问题：首先，采取对立的方式往往两败俱伤，最后解决不了问题；其次，公司效益不好，工会方面提出的要求就很难被接受。最后，矛盾一旦被激化，就无法再冷静地进行谈判。为此，丰田工会重新颁布了以在合作、信任的基础上维护工人利益的如下 4 条纲领：

1. 维持和改善劳动条件；

2. 进行自主的、民主的经营管理；

3. 工人生活的稳定和企业的发展是相辅相成的两个方面；

4. 以友爱和信义为准则，谋求相互信任。

20 世纪 60 年代，日本小轿车的贸易自由化已迫在眉睫，一旦日本加入"关贸总协定"，丰田将在国际市场上面临激烈的竞争。在严峻的形势面前，丰田公司和工会都强烈地意识到要作为一流的汽车厂商所肩负的社会使命和任务的重要性，决心以劳资相互调解、相互支持来共同渡过这一难关。于是他们本着精诚合作、同舟共济的精神，于 1962 年 2 月发表了著名的《劳资宣言》，提出了以下三项原则：

1. 通过汽车产业的兴隆昌盛，为国民经济发展做出贡献；

2. 劳资关系以相互信任为基础；

3. 通过提高劳动生产率，以期维持企业的繁荣、改善劳动条件。

这一《宣言》一直成为指导协调公司劳资关系的准则。劳资双方还采取了一系列措施加强相互间的信任和理解，如定期举行车间恳谈会、劳资恳谈会、劳资协议会，商讨出现或可能出现的问题与矛盾，尽量使矛盾在萌芽的初始阶段得以解决。因为双方都明白，如果问题已经发生或激化了再解决便为时已晚了。丰田公司在每年春季的工运中之所以能够取得"一次答复"的成功，主要得益于在上述基础之上建立起来的劳资信任、合作关系。

日本的工人组织一般都是于每年春季（四五月间）举行要求增加工资、减轻劳动强度的斗争。丰田公司和丰田汽车工业工会（会员 4.1 万人）在这场斗争中基本上能做到一次接触就可以商定出结果，这即为许多企业所羡慕的"一次答复"的来历。如在 1976 年的春季斗争中，丰田汽车工业工会提出增加工资 12% 的要求，公司方面的答复是，公司本来原计划增加 9.96% 的工资。考虑到工会方面的要求，公司同意把增加额提高到 10.27%，外加每人平均 3 万日元的慰劳金。公司方面并非是对满足工会的要求有困难而是考虑：其一，工资增长幅度过高会引起社会的介意，特别是对丰田所属各公司及全国销售门店会产生影响；其二，根据"山谷理论"，公司方面认为应该在经营情况好的条件下贮备一部分财力，以便应付可能到来的危机时期，因为"山越高，接连着的山谷就越深。在高峰时，即便引起一些不满，也要为将来贮备。如果临到了山谷，这就应该毫不吝惜地拿出来进行分配"。双方达成共识后，工会方面痛痛快快地接受了公司的意见。

在 1977 年春季斗争时，劳资双方又以提高工资 10.09%，额外加 12000 日元津贴而达成妥协。在谈判时，丰田汽车工业工会执行委员长梅村志郎说："我们的基本态度是站在劳资相互信任的基础上，谋求长期稳定的提高。今年，日本的经济和产业界的处境是严峻的，但总的趋势是向景气回升发展，因此，符合政府要求的提高工资是必要的，尤其成绩好的公司应比一般公司的标准高一些"。工会会员对工会领导者的上述妥协行为感到不满，他们说："他们是从哪领取薪水的？""和公司同流合污了"，"这些人太体贴公司了"。有人甚至这样发牢骚："丰田推广合理化，职工在日本是干得最好的。拼死拼活地干，得到的收益和社会上差不多，这太不合算了"。针对这种情况，梅村志郎等一面安慰工人："在自由主义经济体制下，给拼命干活的人多付工资是理所当然的，这也是干劲的源泉。"，同时也给大家讲明从大处着眼、长远考虑的道理，"我们也不能太脱离工会所属的其他公司、全国的特约经销店以及社会一般的提高率"，更为重要的是要达到长期稳定的提高。

由于日本文化背景以及公司管理层与工会的良好关系，丰田公司的员工对公司保持了良好的忠诚度，员工积极参与公司的生产经营中，在生产中提出许多合理化建议并得到公司的奖励，公司不断降低成本，质量不断提高，丰田的汽车在国际上的竞争不断提升。

案例讨论题：

1. 丰田公司在处理与工会的关系上有哪些值得借鉴的地方？

2. 你能否结合自己的经历、阅历谈谈对"山谷理论"的认识？

3. 中国在计划经济下，职工与工作单位的关系很紧密，但随着改革的深入，这种紧密关系正逐渐被打破。在市场经济条件下，员工与工作单位的关系越来越简单，在一些私营和外资企业，只存在雇佣与被雇佣的关系。今后也会出现劳资关系纠纷，作为一个管理者要如何掌握和引导劳资关系，使其不成为企业经营的障碍？

4. 你认为在中国的外资企业中工会运作会遇到哪些阻碍呢？请结合实际具体谈谈。①

案例解析

本案例主要是突出了工会组织在建立新型劳资关系过程中的作用，企业工会是党领导下的工人群众自己的组织。它要监督行政，要保护工人的合法权益。目前，大多数工会忘记了自己的使命，变成了行政系列的一个部门。究其原因，工会领导人不是工人自己选举出来的，是行政任命的。如果工会主席是群众自己选举的，情况就会大不一样。工人的主人翁精神就会充分发挥出来。

我们先来看一下工会的职责：

1. 工会组织和教育职工，通过各种途径和形式，参与管理国家事务，管理经济和文化事业，管理社会事务，协助人民政府开展工作。国家机关起草法律、法规、规章时，县级以上各级人民政府制定国民经济和社会发展计划或者制定政策措施时，凡涉及职工切身利益的，均应听取同级工会意见。县级以上各级总工会可以为所属工会和职工提供法律服务。

2. 县级以上各级人民政府可以通过会议等形式，向同级工会通报重要的工作部署和与工会工作有关的行政措施，听取相关意见。各级政府劳动行政部门应会同同级工会和企业方面代表，建立劳动关系三方协商机制，研究解决劳动关系方面的重大问题。

3. 工会通过平等协商和集体合同制度，协调劳动关系，维护职工权益。到2001年6月底，全国已建立这种制度的企业有40多万家，覆盖职工7600万人，其中外商投资、私营、乡镇企业为31.88万户，职工1674万人。（注：参见《平等协商集体合同制度覆盖7600万职工》，《工人日报》2001年11月21日。）工会通过职工代表大会或者其他形式，组织职工参与本单位的民主管理和监督。改制为公司的企业，董事会、监事会中应有职工代表。企业、事业单位研究经营管理和发展等重大问题，应听取工会意见。

4. 工会帮助、指导职工与企业、事业单位签订劳动合同。到2001年6月底，城镇国

---

① http：//www.hrmi.cn/information.asp? files=anli143.htm，人力资源管理，国家精品课程网站.

有、集体、外商投资企业劳动合同签订率已达 95% 以上。①

5. 企业、事业单位如有克扣职工工资、不提供劳动安全条件、随意延长劳动时间、侵犯女职工和未成年工特殊权益等违犯劳动法律、法规的行为，工会有权要求改正，必要时可请求政府处理。工会有权参加职工因工伤亡事故等的调查处理。

6. 工会参加企业的劳动争议调解工作；派代表参加同级地方劳动争议仲裁组织；职工申请劳动争议仲裁或向人民法院起诉的，工会应当给予支持和帮助。

7. 企业发生停工怠工事件，工会应当代表职工同所在单位或有关方面协商，并提出解决意见；对于职工合理要求，企业、事业单位应予以解决；工会协助尽快恢复生产、工作秩序。

8. 对于建立工会组织的企业、事业单位、机关，无正当理由拖延或者拒不按照每月职工工资总额的 2% 向工会拨缴经费者，工会可向法院申请支付令以至申请强制执行。

9. 工会对违反工会法侵犯其合法权益的，有权提请政府或有关部门予以处理，或向法院提起诉讼。

10. 工会应动员和组织职工积极参加经济建设，完成生产任务和工作任务；教育职工提高思想道德、技术业务和科学文化素质，加强劳动纪律；协助所在单位办好职工集体福利事业，做好工资、劳动安全和社会保险工作；支持企业、事业单位依法行使经营管理权。

建立工会是我国法律的要求，也是职工提高自身职业素质和维护自身合法权益的平台，这一点是毋庸置疑的。组建工会实际上对建立和谐劳动关系非常重要，工会是和谐性的、建设性的，不是对抗性的、斗争性的。工会主要职能"不是和企业对着干，而是起协调监督作用，促使劳资两利"。所以我们要从以下几个方面寻求突破。

1. 加快立法步伐，制定和完善与《工会法》相配套的法律规范。

全国人大常委会应尽早制定集体合同法、劳动合同法、社会保险法和社会救济法，对制定劳动争议处理法进行调研论证。最高人民法院对运用工会法中出现的需要明确的问题，适时出台相应的司法解释。做到有法可依、执法必严、司法必公。启发和动员企业员工，提高他们的工会意识，更自觉主动地在企业内部要求成立工会、维护自己的合法权益。

2. 研究维权方式的多样化。

由于不同职工群体之间出现了明显的需求层次化，因此各级工会应注意研究维权方式的多样化，以解决不同职工群体需求的多层次化问题。

3. 谨防出现"老板工会"。

对企业职工而言，成立工会只是争取劳工权利的一个开始，成立工会实际的意义在于代表工人为他们争取利益和权利。在这当中，还应该特别防止出现"老板工会"、"雇主工会"的倾向。目前有一些企业的工会实际上被雇主控制着，工会主席往往由他来指定，聪明的雇主往往支持成立这样的工会，因为这种工会即使组织起来进行工资谈判也只是走形式而已，而且还可以利用工会名义把这种谈判和要求压制下去。只有真正把工人组织起来，为他们争取更多合理权利，工会的价值才能体现出来。

总之，企业要允许职工建立工会，主动承担一定的社会责任；工会作为工人联合组织，应努力寻求自身突破；职工也应提高认识，利用法律保护自身的权益，只有形成这种规范的

---

① 参见《平等协商集体合同制度覆盖 7600 万职工》，载于《工人日报》2001 年 11 月 21 日。

市场机制，我们的企业才能长期稳定发展。

参考文献

［1］许小洪．冲突与协调［M］．北京：中国劳动社会保障出版社，2003.

［2］刘昕．人力资源管理［M］．北京：中国人民大学出版社，2018.

［3］杨俊青．建立非公有企业的新型劳资关系［J］．中国合作经济，2005（6）：39.

［4］杨俊青．非国有企业劳资关系存在的问题及对策［J］．前进，2005（2）：12.

［5］周效门．浅析劳动关系与劳务关系、劳资关系的联系与区别［J］．工会理论研究，2007（4）：2.

［6］泰勒．科学管理原理［M］．北京：中国社会科学出版社1984：239－240.

［7］贝德尔别尔格，麦克多噶尔．宏观经济学［M］．纽约：麦克劳－希尔公司，1968：203.

［8］威廉·阿瑟·刘易斯．二元经济论［M］．北京：北京经济学院出版社，1989：11.

［9］杨俊青．民营企业劳资合作共赢的战略模型［J］．经济与管理研究，2013（6）.

［10］高鸿业，吴易风．现代西方经济学（上册）［M］．北京：经济科学出版社，1988：21.

［11］高鸿业，吴易风．现代西方经济学（下册）［M］．北京：经济科学出版社，1990：178.

第十六章 个人利益与组织利益的协调——团队建设

在上一章我们提出了协调劳资关系、建立和谐劳资关系的思路与对策，本章将着重论述个人利益与组织利益差异的协调——团队的建设。这实质是管理的本质——协调个人利益与组织利益的差异、实现组织目标的过程。我们从大雁的故事谈起。

第一节　大雁的故事与启示

一、大雁的故事

当你看到大雁排成"V"字形向南飞行去过冬时，你也许知道科学家已经发现他们为什么那样飞行。研究表明，当每只大雁扇动翅膀时，它为紧随其后的大雁创造了一股向上的升力。按照"V"字队形飞行，整个大雁群会比每只大雁单独飞行至少增加71%的飞行距离。

每当一只大雁掉队，它会突然感到单独飞行的阻力，于是它会很快飞回团队，以利用大雁群所提供的升力。

当领队的大雁感到疲惫时，"V"字队形中的另一只大雁就会充当领队；同时，飞行在队伍中的大雁会发出"呱呱"的叫声，鼓励前面的大雁保持速度。

最后，当一只大雁病了，或受了枪伤，掉下来时，另外两只大雁会离开队伍跟随下来，以帮助和保护它，它们守候着这只大雁，直到它能重新飞行或死去。然后它们靠自己的力量再次出发，或跟随另一队大雁去追上自己的队伍。

二、大雁故事的启示

（一）事实一与启示

事实一：每只鸟扇动它的翅膀的时候，都会带动跟随其后的那只鸟更加热情高涨地飞翔。通过排成"V"字形，一群大雁与一只雁单独飞行相比，航程增加了71%。

启示：那些有共同方向和集体意识的人能更迅速、更容易地达到目标，因为他们在前进中互相信任。

（二）事实二与启示

事实二：每当一只大雁掉队的时候，它会迅速归队，并利用它前面飞行的那只大雁带来的向上的力，而不是试图单独飞行。

启示：如果我们同大雁一样具有如此强大的判断力，我们就能紧随前面的人而保持原有的队列，到达我们想要到达的地方，并且愿意接受他们的帮助，而且他人也愿意接受我们的帮助。

（三）事实三与启示

事实三：当领头雁疲劳的时候，它会退回到队列中，然后另一只大雁会轮替它，飞到领头的位置。

启示：轮流挑重担或者担任领导职位是有益的。同大雁一样的人在一起，我们在技巧、能力、独特的天赋、才能和智谋方面都能够互相依赖。

（四）事实四与启示

事实四：队列后面的大雁鸣叫着，鼓励前面的同伴保持速度。

启示：我们需要确定，我们在队列后面发生的鸣叫是在鼓励别人，而不是其他别的什么。在一个成员之间相互鼓励、抵御艰难的集体中，产出要大得多——这就是鼓励的力量。鼓励的核心是"勇气"，而勇气的根源出自一个意思为"心"的拉丁词汇，也许正是鸣叫声让心更加坚定。

（五）事实五与启示

事实五：当一只大雁生病、受伤或者被击落的时候，两只大雁就会飞出队列，跟随这只大雁，随时帮助并保护它。直到这只大雁又能再次飞翔或者不幸死亡，它们会一直跟着它。然后它们加入另一组编队，或者赶上原来的雁群。

启示：如果我们同大雁一样具有如此强大的判断力，我们就能有福同享，有难同当。

总之，在大雁"V"字型的飞行中由于互相鼓励与借力，实现了"1＋1＞2"的团队作用。那什么是团队？如何构建优秀团队发挥"1＋1＞2"的作用呢？

第二节 团 队 概 述

一、团队的基本界定[①]

西方管理界和企业界在 20 世纪 80 年代对迅速发展的日本企业进行研究，从中发现了日本企业中的团队运作方式和团队精神，以后通过西方在企业改制活动中的借鉴和创新，形成

---

① 章义伍. 如何打造高绩效团队［M］. 北京：北京大学出版社，2002.

了现代意义上的团队运作形式和团队精神。我们把日本企业原有的团队称为古典意义上的团队，把现代西方企业新创的团队形式称为现代意义的团队。二者之间既有联系也有区别。

（一）古典意义的团队和团队精神

古典意义的团队和团队精神是美国管理界在20世纪80年代在日本企业中发现的。其主要特点有三个：（1）日本企业文化中盛行着精诚效忠、和亲一致的精神，企业员工对企业有一种家族式的归属感，形成了一种特殊的企业集体主义精神，这就是日本企业的团队精神，不像美国企业盛行个人主义和层级制的专断，人们对企业的归属感差。（2）企业的生产班组、职能部门之间能够较好地沟通，大家共同为企业的整体发展贡献力量，不像美国传统企业部门间界限分明、职能分割、协调困难。（3）以生产班级为作业单元，考核业绩，形成一个小的企业内团队组织，企业侧重个人工作业绩，实行个人奖励为主的工作方式。这种从现代标准看开未成形的团队组织形式和团队精神，却成为日本企业迅速崛起，打败欧美企业的有力武器，并创造了东方不败的神话。

（二）现代意义上的团队和团队精神

欧美企业尤其是美国企业在学习研究日本企业经验基础上，结合国际市场竞争、顾客服务要求、科技发展进步等方面的要求，进行企业再造活动，创造了一种心得团队作业形式和团队型的企业文化。这种团队形式是在组织扁平化，围绕产品开发和服务顾客的条件下形成，成为一种互补技能、共享成功、共担风险的作业单元。在组织学习、共同进步的这种修炼过程中，形成一种团队意识和团队精神。这种工作单元是现代严格意义上的团队。现代企业所讲的团队和团队精神，是以欧美式企业为典型的，但不是说只有欧美一种可能的模式，不同的民族和社会制度的国家，完全可能形成自身的顺应时代潮流、具有自身特征的团队组织形式。我们完全有可能建立中国公有制基础上的、具有社会主义意识形态的团队。

二、团队的含义

团队在现代管理理论中是需要认真界定的一个概念，只有弄清它，才会对建立真正的团队有所裨益，否则可能建立一些徒有团队之名而无团队之实的团队。

对团队含义的理解目前主要有三种观点。美国行为学家斯蒂芬·P. 罗宾斯认为，团队是组织结构确定的、职务分配很明确的正式群体，群体内部通过其成员的共同努力能够产生积极的协同作用，团队努力的结果是使团队的绩效水平远大于个体成员绩效的总和。斯蒂芬·罗宾斯对团队的理解主要从协作效应方面考虑。

英国的社会心理学家海伊斯则认为，真正的团队是一群人以任务为中心，互相合作，每个人都把个人的智慧能力贡献给自己从事的工作。

美国管理学家乔恩·R. 卡曾巴赫等人则是从团队的基本特征的角度出发来定义团队的。他们认为，"团队就是由少数有互补技能、愿意为了共同的目的、业绩目标和方法而相互承担责任的人们组成的群体。"

我们倾向于乔恩·R. 卡曾巴赫等人关于团队的定义，因为它全面涵盖了团队的基本特征，或者说构成了团队的要素，是构建任何一个优秀团队所必须具备的显著特征。

三、群体和团队的区别

群体和团队经常被人们混为一谈，群体的概念是两个以上相互作用又相互依赖的小规模个体，为实现某些特定目标而结合在一起。它与团队存在明显的差异，可以从以下几方面进行分析。

（一）在领导方面

作为群体应该有明确的领导人；而团队可能不同，尤其当团队发展到成熟阶段，团队成员共享决策权。

（二）在目标方面

群体的目标必须与组织目标保持一致；而团队除此之外，还可以制定自己的目标。

（三）在协作方面

协作性是群体和团队最根本的差异，群体的协作性可能是中等程度的，有时成员之间还可能存在消极和对立情绪；而团队中充满了一种齐心协力的精神。

（四）在责任方面

群体的领导者要承担很大的责任；而团队中除了领导要负责外，团队中每一个成员也要承担责任，甚至要相互作用、共同负责。

（五）在技能方面

群体成员的技能可能是不同的，也可能是相同的；而团队是把具有不同知识、技能和经验的人组合在一起，团队成员的技能是相互补充的，从而实现整个团队的有效组合。

（六）在结果方面

群体的绩效是每一个个体的绩效相加之和；而团队面对的结果或绩效是由成员共同合作完成的产品，其绩效可能是一加一大于二。

从群体发展到真正的团队需要一个过程，需要一定的时间磨炼。这个过程分为以下几个阶段：

第一阶段，由群体发展到所谓的"伪团队"，也就是我们所说的假团队。

第二阶段，由假团队发展到潜在的团队，这时已经具备了团队的雏形。

第三阶段，由潜在的团队发展为一个真正的团队，它具备了团队的一些基本特征。当然，真正的团队距离高绩效的团队还比较遥远。

四、团队的类型

团队的组织形式多种多样，根据团队的组织目标、功能和有机程度，通常将团队归纳为

3 种基本类型，即问题解决型团队、自我管理型团队和综合功能型团队。

（一）问题解决型团队

"问题解决型团队"是工作团队的最初级形式。其成员有的是来自同一个部门，通常由 5 ~ 12 位职能范围部分重叠的员工及主管人员组成，更多的时候是由不同部门的代表组成，实际上是一种围绕某一特定问题、特别是跨部门问题而组成的任务组或临时工作委员会。他们或是每周用几个小时的时间来碰碰头，或是由某一事业部的专职整合员牵头形成较规范的研究合作小组，共同讨论研究诸如产品质量改善、生产效率提高或工作环境优化等问题。

20 世纪 80 年代，全面质量管理曾一度成为西方企业管理时尚。全面质量管理运动中一个响亮的口号是："没人完美，仅有团队"。很多著名企业，如 GE、惠普、福特、IBM、摩托罗拉等，在实施全面质量管理的过程中，都曾普遍推行一种叫作"质量圈"的工作群体，就属于此类型的团队。质量圈一般由 10 名左右员工和质量监督员组成，定期会面，研究有关质量方面的问题，如发现问题可向管理层提出改进方案或建议。

在这种团队中，成员可以就如何改进工作程序和工作方法互相交换看法或提供意见，但几乎没有独立权利可据这些建议单方面采取行动，因而在调动员工参与决策的积极性方面显然存在很大局限性。

（二）自我管理型团队

"自我管理型团队"是新兴横向型组织结构的基本工作单元，是一种具有真正独立自主权的工作团队，团队不仅要研究存在的问题，而且制定和执行解决问题的方案，并对工作结果承担全部责任。

这种工作团队的基本特征，概括起来有三：（1）团队拥有完成整个工作任务所需的物质资源、信息资源和其他条件；（2）团队成员拥有互补的专业化技能和综合性技能，可以整合设计生产和营销等方面的职能去完成团队目标和任务；（3）团队拥有自主决策权，独立进行目标规划、实施步骤、过程监控、绩效评估和外部协调等。

团队可以挑选自己的组成成员，通常由 10 ~ 15 人组成，他们承担着以前由主管上司所承担的一些责任，如制定工作节奏、分派工作任务、安排工间休息以及在成员间相互进行绩效评估等。采取这样的团队运作方式，部门经理责任下放，员工具有很大的工作自主性和积极性。目前，美国很多著名大公司、特别是高科技公司大都采用这种团队形式运作，并取得了很大的成功。但也有些企业采用团队管理，其结果却令人失望。

（三）综合功能型团队

"综合功能型团队"是一种不仅跨越纵向的职能部门而且跨越横向的事业部门组成的多功能综合性工作团队。其成员一般由来自不同工作领域（职能部门或事业部门）的员工组成，以完成临时性的某项攻坚性任务为目标。

这种工作团队是现代大型公司普遍采用的一种有效组织运作方式。它通过组织内（甚至是组织之间）不同领域员工相互交流信息、互动学习，激发新观点，解决面临的特殊难题，协同攻克复杂的管理问题、研究课题和开发项目。世界著名的大型汽车制造公司包括丰田、尼桑、本田、宝马、通用、福特、克莱斯勒等都曾采用多功能团队来协调解决复杂的项目，其他一些高科技公司也往往采取这种团队管理方式。

当然，综合功能型团队在其形成的早期阶段，团队成员往往要用大量时间才能学会处理复杂多样的工作任务，尤其是要在那些文化背景不同、经历和观点各异的成员之间，建立起信任并能真正地协同工作，需要付出更大的努力和耐心。

第三节　团队建设理论

一、团队建立的方法与发展阶段

团队建立的方法主要有五种：人际交往法、角色界定法、价值观法、任务导向法和社会认同法。

人际交往法强调团队成员之间进行交往的方式，目的是确保团队成员以诚实的方式交往；角色界定法勾勒出了多种角色模式和群体过程，目的是使个人清楚地认识到团队成员个人所做贡献的类型；价值观法强调团队拥有价值观念的重要性，所有成员都应拥有这些价值观，在工作中着力培养共同的团体价值观，这样就能以一贯的、同样的方式指导每个团队成员的行为；社会认同法是通过有效的交流来提高团队的凝聚力，通过展示团队成就和职业化鼓励成员为自己的团队感到骄傲。

如同每个人在人生之路上所走的路各自不同一样，每个团队都会以不同的建立方法经历五个发展阶段：组建期、激荡期、规范期、执行期和休整期。

（一）组建期

在一个组织中组建团队一般有两种可能：一是建立以团队为基础的组织，即以团队为整个组织的运行基础；二是在组织中有限的范围内或在完成某些任务时采用团队的形式。其特点是，团队的目的、结构、领导都不确定。团队成员各自摸索群体可以接受的行为规范。当团队成员开始把自己看作是团队的一员时，这个阶段就结束了。

在这个阶段，主要应完成以下两方面的工作：一方面是形成团队的内部结构框架，另一方面是建立团队与外界的初步联系。

1. 形成团队的内部结构框架

团队的内部结构框架主要包括团队的任务、目标、角色、规模、领导、规范等。在其形成过程中，下列问题是我们必须要明白的。

（1）是否该组建这样的团队？

（2）团队的任务是什么？

（3）团队中应包含什么样的成员？

（4）团队成员的角色分配如何？

（5）团队的规模要多大？

（6）团队生存需要什么样的行为准则？

2. 建立团队与外界的初步联系

主要包括：（1）建立起团队与组织的联系；（2）确立团队的权限；（3）建立的团队的绩效要进行考评、对团队的行为进行激励与约束的制度体系；（4）建立团队与组织外部的联系与协调的关系，如建立与企业顾客、企业协作者的联系，努力与社会制度和文化取得协调等。

在团队组建之初，团队成员比较关注所要做的工作的目标和工作程序。

在人际关系的发展方面表现为，成员之间相互了解和相互交往，彼此表现出一种在一起的兴趣和新鲜感受。所有团队成员需要明白的是"人们对我的期望如何？我如何才能融入团队？我们该做什么？有什么规矩？"

在行为方面则可能表现为：在完全了解情势之前，不会轻易投入；承受着可能的对个人期望的模糊和不确定状况；保持礼貌和矜持，至少一开始不表现出敌视态度等等。

（二）激荡期

团队经过组建阶段后，隐藏的问题逐渐暴露，团队内部冲突加剧，虽然说团队成员接受了团队的存在，但对团队施加给他们的约束，仍然十分抗拒。在这一阶段，热情往往让位于挫折和愤怒。抗拒、较劲、嫉妒是常有的现象，那些团队组建之初就确立的基本原则可能像疾风中的大树一样被打倒。这个阶段之所以重要，是因为如果团队成员可以安全通过的话，出现在面前的就不再是支离破碎的部分，而是团队本身了。

激荡包括成员与成员之间、成员与环境之间、新旧观念与行为之间三方面的激荡。

1. 成员与成员之间的激荡。团队进入激荡期后，成员之间由于立场、观念、方法、行为等方面的差异必然会产生各种冲突，什么工作行为、任务目标、工作指导等统统忘却于脑后。此时，人际关系陷入紧张局面，甚至出现敌视、强烈情绪及向领导者挑战的情况。其结果是，一些人可能暂时回避，一些人则准备退出。

2. 成员与环境之间的激荡。

首先，这种激荡体现在成员与组织技术系统之间的激荡。如团队成员在新的环境中可能对团队采用的信息技术系统或新的制作技术不熟悉，经常出差错。这时最紧迫的是进行技能培训，使成员迅速掌握团队采用的技术。

其次，成员与组织制度系统之间的激荡。在团队建设中，组织会在其内部建立起尽量与团队运作相适应的制度体系，如人事制度、考评制度、奖惩制度等。但是，由于这些制度是在组织范围内制定和实施的，相对于小范围的团队来说未必有效，也就是说，针对性差。因此制定适应团队发展的行为规范已迫在眉睫。

再次，团队成员与此同级组织其他部门之间的关系磨合。团队在成长过程中，与组织其他部门要发生各种各样的关系，也会产生各种各样的矛盾冲突，需要进行协调。

最后，团队与社会制度及文化之间的关系也需要协调。

3. 新旧观念与行为之间的激荡。团队在激荡期会产生新旧观念、行为之间的激荡。在传统组织中进行团队建设将不得不面临着一系列行为方式的激荡与改变，在这一过程中，团队建设可能会碰到很多阻力。如，成员可能会因为害怕责任、害怕未知、害怕改变等而拒绝新的团队行为方式。这时需要运用一系列手段来促进团队的成长。

（三）规范期

经过一段时间的激荡，团队将逐渐走向规范。在这个阶段中，团队内部成员之间开始形成亲密的关系，团队表现出一定的凝聚力。这时会产生强烈的团队身份感和友谊关系，彼此之间保持积极的态度，表现出相互之间的理解、关心和友爱，并再次把注意力转移到工作任务和目标上来，大家关心的问题是彼此的合作和团队的发展。团队成员对新的技术、制度也逐步熟悉和适应，并在新旧制度之间寻求某种均衡。团队与环境的关系也逐渐被理顺。

在新旧观念的交锋中，新型的观念将逐渐占据上风，并逐渐为团队成员普遍接受。总之，团队会逐步克服团队建设中碰到的一系列阻力，新的行为规范得到确立并为大家认可。

在这一阶段，团队面临的主要危险是团队的成员因为害怕遇到更多的冲突而不愿提出自己的建议。这时的工作重点就是通过提高团队成员的责任心和权威，来帮助他们放弃沉默。给团队成员新的挑战显示出彼此之间的信任。

当团队结构稳定下来，团队对于什么是正确的行为基本达成共识时，这个阶段就结束了。

（四）执行期

"养兵千日，用兵一时"。在这个阶段，团队结构已经开始充分地发挥作用，并已被团队成员完全接受。团队成员的注意力已经从试图相互认识和理解转移到充满自信地完成手头的任务。至此，人们已经学会了如何建设性地提出不同意见，能够经受住一定程度的风险，并且能用他们的全部能量去面对各种挑战。大家高度互信、彼此尊重，也呈现出接收团队外部新方法、新输入和自我创新的学习性状态。整个团队已熟练掌握如何处理内部冲突的技巧，也学会了团队决策和团队会议的各类方法，并能通过团队追求团队的成功。在执行任务过程中，团队成员加深了解，增进了友谊，除了高度的相互信任外，还可以退后一步，让团队显示自己巨大的能量。

（五）休整期

在休整期，对团队而言，有以下几种可能的结局：

1. 团队解散。为完成某项特定任务而组建的团队，伴随着任务的完成，团队也会解散。此时，高绩效不是压倒一切的首要任务，注意力集中到了团队的收尾工作。这个阶段，团队成员的反应差异很大，有的很乐观，沉浸于团队的成就中，有的则很悲观，惋惜在共同的工作团队中建立起的友谊关系，害怕不能再像以前那样继续下去。

2. 团队休整。对于另外一些团队，如大公司的执行委员会在完成阶段性工作任务（如一年为周期）之后，会开始休整而准备进行下一个工作周期，此间可能会有团队成员的更替，即可能有新成员加入，或有原成员流出。

3. 团队整顿。对于表现较差的团队，进入休整期后可能会被勒令整顿，整顿的一个重要内容就是优化团队规范。在这里，皮尔尼克提出的规范分析法很是值得我们借鉴。

首先，明确团队已经形成的规范，尤其是那些起消极作用的规范，如强人领导而非共同领导、个别负责任而非联合责任、彼此攻击而非互相支持等。

其次，绘制规范剖面图得出规范差距曲线。

再次，听取各方面的对这些规范进行改革的意见，经过充分的民主讨论，制定系统的改革方案，包括责任、信息交流、反馈、奖励和招收新员工等。

最后，对改革措施实现跟踪评价，并作必要的调整。

二、团队建设的基础——沟通

（一）沟通的含义及其重要性

沟通是指可理解的信息或思想在两个或两个以上的人群中传递或交换的过程，目的是激励或影响人的行为。

所谓团队沟通，是指按照一定的目的，有两个或两个以上的雇员组成的团队中发生的所有形式的沟通。团队成员之间和谐的关系有利于团队任务的完成，而他们之间的沟通则有利于关系的建立和维持。

一般来说，沟通在管理中具有以下几方面的重要意义。首先，沟通是协调各个体、各要素，是企业成为一个整体的凝聚剂；其次，沟通是领导者激励下属，实现领导职能的基本途径；第三，沟通是企业与外部环境之间进行联系的桥梁。

（二）沟通的类别

沟通的类别依划分的标准不同而不同。

1. 按照功能划分，沟通可以分为工具式沟通和感情式沟通。工具式沟通指发送者将信息、知识、想法、要求传达给接受者，其目的是影响和改变接受者的行为，最终达到企业的目标；感情式沟通指沟通双方表达情感，获得对方精神上的同情和谅解，最终改善彼此的人际关系。

2. 按照方法划分，沟通可分为口头沟通、书面沟通、非言语沟通、体态语言沟通、语调沟通及电子媒介沟通等。

3. 按照组织系统，沟通可分为正式沟通和非正式沟通。正式沟通指以企业正式组织系统为渠道的信息传递；非正式沟通指企业以非正式组织系统或个人为渠道的信息传递。

4. 按照方向，沟通可分为下行沟通、上行沟通和平行沟通。下行沟通指上级将信息传达给下级，是由上至下的沟通；上行沟通指下级将信息传递给上级，是由下至上的沟通；平行沟通指统计之间横向的沟通，也叫横向沟通。

5. 按照是否进行反馈，沟通可分为单向沟通和双向沟通。

单向沟通指没有反馈的信息传递。单向沟通比较适合下列几种情况：①问题较简单，但时间较紧；②下属易于接受解决问题的方案；③下属没有了解相关问题的足够信息，在这种情况下，反馈不仅无助于澄清事实，反而容易混淆视听；④上级缺乏处理负反馈的能力，容易感情用事。

双向沟通指有反馈的信息传递，是发送者和接受者相互之间进行信息交流的沟通。它比较适合于下列几种情况：①时间比较充裕，但问题比较棘手；②下属对解决方案的接受程度至关重要；③下属能对解决问题提供有价值的信息和建议；④上级习惯于双向沟通，并且能够有建设性地处理负反馈。

（三）团队沟通的技巧

1. 语言沟通。既要一个整体良好的团队，又要独立的私人生活，这两种愿望带来的压力便流露在每个成员在讨论时发表的意见中。因此，要去除这种压力，团队成员必须进行对话，即成员们必须交换和适应相互的思维模式，直到每个人都能对所讨论的意见有一个共同的认识。

对话是一种交谈，通过这种交谈，人们琢磨出他们都能认同的含义。对话经常需要对想法进行重新界定。这就要求在沟通时运用坦诚、负责、肯定以及恰当的语言，创造一种成员之间相互关注、相互交流、降低防卫的氛围。

（1）坦诚。坦诚指的是开放性的沟通，了解自己，关注他人，关注你的需求或明确要他人知道的事情。一个坦诚的陈述通常很直接，但它同时很谦恭有礼，顾及他人的感情，坦诚是为自己的沟通负责，不让别人来操纵你的反应。坦诚之人展示自我，希望影响他人，高度重视他人权力，高效的坦诚之人知道怎样运用外交手段和沟通手段。

（2）负责。负责的语言为他人改变其观点和观念留下余地。当语言更富假设性而非肯定性时，团队就会有更多的合作，更少的防御。缓和你的语气，接受他人的观点以保持开朗、合作的氛围。肯定并不总是负面的，它取决于怎么说，取决于情势，以及自己的专门知识。

（3）肯定。当别人承认你的想法和感受，真正倾听你并做出回应时，你会有被认可的感觉。当你被肯定时，就容易坦诚，容易出效率，也容易对团队做出贡献。肯定一位团队伙伴将有助于他全力以赴地工作，也有助于团队创造一种合作的氛围。

（4）恰当。恰当是指使用适合团队成员、自己，适用团队情况的语言。选择恰当的语言取决于你是否对他人的敏感，以及你如何判断想要达到的目的。这种选择同时需要心和大脑。恰当包括你能考虑到的知识层次、背景和感受。

2. 非语言沟通。非语言沟通是指人们从语言中包含的指示或语言之外的提示中解析出的含义。人们常常没有意识到其眼神、身体、脸部表情和声音中存在的非语言信息。人们对你的看法——你的能力、可信度、亲和力，与你的非语言沟通有直接的关系。

（1）运用肢体语言。不太开放的成员不善于抓住说话的机会，需要有人帮他们一把。要帮助他人参与沟通，根本在于你的关注。你通过保持目光接触和用让他人感到舒服的姿势，为他人着想，面向说话人，往前靠这样的方式，对成员表示你的反应。

（2）表现出强烈的自信心。假如有一个令自己兴奋、激动的主意，但你又担心面临质疑，在解释这个想法时，假如你全力以赴，你的脸、身体、嗓音都能表露出积极的情绪，同伴会受这种情绪的感染，就会听你的建议。因此，当你沟通时需要你的脸、身体、声音、演讲能力的全力支持，使你传递的信息有趣、可信。

3. 倾听和提问。语言沟通和非语言沟通都传递信息，只有倾听和提问才能提供一些必要的及时的反馈，使人理解别人传达的信息。倾听和提问可以为个人及团队进行成功的沟通引发对话，创造氛围，并互相合作进行分析。

作为团队成员，倾听能力是保持团队有效沟通和旺盛生命力的必要条件；作为个体要想在团队中取得成功，倾听是基本要求。在工作中，倾听已被看作是获得初始职位、管理能力、工作成功、事业有成、工作出色的重要必备技能之一。

（1）构建团队规范。在一对一的对话中，你可能有一半的时间在倾听；而在团队中，你倾听的时间可能会达65%～90%。如此多人交流，倾听就会变得较为困难，让别人倾听却较为容易，所以团队需要形成一些清楚的沟通惯例，以便让团队成员在交流时遵循。这些惯例包括轮流发言，倾听，提一些问题来帮助他人理清想法和信息，以支持的立场提问题。遵循这些惯例，你就可以创造一个有益的沟通氛围。

（2）排除障碍。信息超载和需要理清多个头绪会妨碍你整理、加工和保留你所听的内容；焦虑或者为某事、某个信息或生活中的其他事情担忧也会影响你倾听；积极做出反应的倾听和提问需要开动脑筋，还要动用体力。也许成员之间不断互相打断对方，或提出根本不是问题的问题。

（3）掌握倾听的艺术。学会倾听并非很难，只要克服心中的障碍，从小节作起，肯定能够成功。现列出一些提高倾听能力的技巧：创造有利的倾听环境；在同一时间内，要停止讲话，注意对方的讲述；尽量把讲话时间缩到最短；摆出有兴趣的样子；观察对方；关注中心问题；平和的心态；注意自己的偏见；抑制争论的念头；保持耐性；不要臆测；不宜过早作出结论或判断；做笔记；不要自我中心；鼓励交流双方互为倾听者。

（四）团队沟通中的冲突管理

冲突是指两个以上相关联的主体，因互动行为所导致的不和谐的状态。冲突常会使人们惊慌失措，其发生是不可避免的且具有周期性。冲突的性质可能会随着团队向目标的迈进而有所变化。

冲突管理的方法：

1. 直接处理法。"直接处理法"强调问题解决要通过面对面的交流，它适用于团队成员将要学着应用的其他一些技巧。直接处理法鼓励团队成员不通过管理部门而直接解决他们的问题，同时也避免了纠纷，节省了时间和精力，最大可能地减少了对问题的曲解。通过遵循一系列的指导方针，管理者和团队成员可以在没有第三者介入或不必要的仲裁的情况下公开、公正的解决问题。

2. 淡化冲突。为了淡化冲突，当你面对团队伙伴时应遵循以下步骤：（1）告诉你的同事，你对他所作的事有些疑问，暗示这一问题可能是误解并表示你听他的解释，要认真听，不要做出任何争论。（2）计划与团队伙伴开个会，重提这个问题，更加详细地来探讨它，采用直接处理法的指导方针。（3）拿着这一问题面对你的伙伴，假设他在处理这一问题时会需要些帮助。（4）将这一问题提到整个团队面前，向所有的团队成员征询意见。

3. 选择恰当的第三方。直接处理法授予团队成员一定的权力，帮助他们通过个人承担责任，个人成长以及给予他们决定的工具来做许多有价值的决定。这一方法将成为团队处理所有冲突时所采用的有效方法。让一个冲突双方都信任的团队或团队成员作为第三者来进行仲裁也是一个好主意。第三者的任务并非强行制定一个决定，而是采用一个简单的技巧来解决已经对立的现状而已。第三者为了适当地完成这一任务，必须遵循以下几点：保持冷静，保持中立；不断地回到事实上来；避免你自己来解决这一问题，要尽量帮助他们去解决问题；一旦双方提出解决办法时，就应从中退出；注意不要滑入救援者或同志的角色。

4. 减少冲突。直接处理法是解决冲突的一个方法，但处理冲突的最佳方法是了解冲突的原因，以及如何减少冲突。团队成员应该知道冲突产生的原因，并知道他们的行为会减缓还是会加剧冲突，这就要求团队成员在处理问题时要做到以下几点：为个人和团队着想；公平和平等；好情绪；幽默感。

三、团队建设的意义

许多研究和实践都证明了建设团队，采用团队工作方式能够有效提高企业绩效。（Robbins，1996）认为在企业中采用团队形式至少可以有以下几个方面的作用：

一是能促进团结和合作，提高员工的士气，增加满意感；

二是使管理者有时间进行战略性的思考，而把许多问题留给团队自身解决；

三是提高决策的速度，因为团队的成员离具体问题较近，所以团队决策的速度比较迅速；

四是促进成员队伍的多样化；

五是提高团队和组织的绩效。

可见，拥有高素质创业团队的新创企业，不仅可以相互取长补短，拥有更多的资源，更广阔的视野和更强的能力，而且有更强的吸引私人资本和风险投资的能力，因而会有更大的增长潜力。

第四节　优秀团队的构造

一、共同制定团队目标

团队从一开始建立到完成使命消亡为止，都有一个共同的目标。共同目标是团队之所以存在的客观原因，是团队凝聚力的源泉，也是衡量团队是否成功的关键。共同目标应符合团队成员个人的价值观，得到团队成员的认可。只有这样，才能提高成员工作的主动性，推动成员一起努力工作，才能为成员之间相互协作、相互负责奠定基础。共同目标是一只航标灯，把团队成员的创造性、积极性和工作技能向着同一个方向进行整合，形成最大合力。

共同制定是指团队成员享有平等的共享团队信息权利，和在制定目标或其他团队内决策时拥有平等的发言权。

共同制定目标是打造高绩效团队的必然要求。马斯洛观察到，在特别出色的团队里，任务与本身已无法分开；或者应该说，当个人强烈认同这个任务时，定义这个人真正的自我，必须将他的任务包含在内。国内学者张建卫和刘玉新也指出：许多成功团队的发展经验告诉我们团队心态即团队互信感、归属感和效能感是构筑高绩效团队的深层心理基石。然而团队是由不同个体所组成的，个体目标与团队的目标往往并不一致，要想实现团队目标是对个人目标最大的整合，共同制定是一个根本的途径。因为共同制定中团队成员在形式与心理上是平等的，在讨论目标和达到目标的途径的过程才能给予成员越来越清晰的选择：他们可以反对团队选择的目标和途径并可以选择退出，或者他们可以参与团队并对其他团队成员负责。在共同制定目标这一过程中，成员之间心理契约层次达成一致，团队成员之间的互信感与归属感得以很好地确立。同时我们有理由相信在平等环境中自愿留下来的成员会为团队尽心尽责的工作，并且具有高度的团队协作精神。

一般来说，确立团队目标的程序如下：

（一）成立团队目标专家小组

团队目标专家小组应由三部分人组成，即团队管理者、资金投资方、成员代表，这样讨论出来的目标才会具有代表性意义。要对小组成员进行培训，以确保设定目标时符合SMART原则。必要情况下，新确定的目标要与团队成员进行深入沟通与对话，以了解团队成员的需求。

（二）收集内外部环境资料

收集内部资料，更有利于团队管理者立足现实，高效率地利用现有的人才资源完成目标；

收集外部资料，能更多地获得外部的支持以及在达成目标时与竞争者进行有准备竞争。

（三）列出符合要求的目标

远景目标要立足于内外部资源的基础之上，不要设立缥缈的目标或只代表少数人利益的目标。

具体目标要符合SMART原则，即具体的（Specific）、可以衡量的（Measurable）、可以达到的（Attainable）、具有相关性（Relevant）、具有明确的截止期限（Time-based）。

（四）进行关键性指标选择

一个团队不应有太多的目标指标，否则会给团队带来很多思想枷锁，一个远景目标可以分解为三到五个具体目标，具体目标应在列出的所有目标中进行选择。

（五）列出实现目标的回报

实现目标后，会给整个团队及团队成员带来什么样的回报，是成员获取工作动力的第一要素，如果一个团队目标没有列出，团队成员完成目标后能得到什么样的报酬，结果可想而知。

（六）找出完成目标所需要的资源及达成目标的必要条件

从收集的资料中列出所有有利于实现目标的资源，并且找出相应的困难与障碍，团队成员所需要的必备技能，以便让不具备此技能的团队成员进行学习。

（七）计算完成目标的时间并确定具体时间

列出详细的完成目标时间，在信息化的时代，很多团队的时间单位变得越来越小，有的目标可以具体到以秒为单位。时间越精确，对团队管理者及成员来说越有帮助，但时间应具有合理性。

制定了明确的工作目标，接下来的工作就是将目标转化为详细的工作计划，一个完善的计划会使目标实现的可能性大大提高，可以使工作更有序、更系统。同时也会减少或绕过各种障碍和危机，提升工作效率。

二、培育团队精神

团队精神就是团队成员为了团队的利益和目标而相互协作、尽心尽力的意愿与作风。

团队精神是一个成功团队建设的血脉。团队精神有凝聚团队成员的作用，团队的目标和理想把团队成员联结在一起。团队精神不仅能激发个人的能力，而且能激励团队中的其他人，鼓励团队中的所有成员发挥潜力、探索和创新。对于创建学习型组织来说，团队精神的影响力是深远的。

（一）树立良好的团队理念和规范

树立良好的团队理念和规范，是培育企业团队精神的基础。一个好的企业团队必须树立一种良好的团队理念和规范，才可能培育出具有竞争力的团队精神。企业团队意识是指企业团队成员对团队的态度。它包括了理想、价值观、价值标准、工作态度等。一个团队如果在理想、价值观、价值标准、工作态度等方面具有积极取向的高度统一，无疑会形成强大的凝聚力量。首先，企业团队是其成员理想、价值观、道德标准、工作态度赖以形成和展示的主要场所之一。团队成员之间能够相互影响，人们有充分显示才能的机会，这种机会常常能够激发人们的自尊感和自豪感；其次，团队意识具有影响集体行为的导向作用。这种作用要求企业要将创立良好组织意识放在重要位置上。比如主人翁意识、集体主义意识、竞争意识、创新意识等等。团队意识影响其成员行为的强度具有持久性。

团队规范是团队成员意识中的行为标准，是一种思想观念性的产物。在许多可融入企业文化的内容中，规范更能起作用。比如企业搞创建文明窗口活动，服务态度、言行举止、甚至穿戴服饰都受到规范制约，一个有标准规范的企业的员工，他无论在什么场合，都能体现出他与众不同的特性，这种特性的商业称呼就是"信誉"和"形象"。

一般来讲，团队规范具有支持团队的功能，比如忠诚规范。企业团队常常要求其成员对企业忠诚，用自己的企业歌曲、企业礼仪、企业感召力来促进员工的忠诚，企业干部们常常忘我工作，以身作则，献计献策，来向企业证实自己的忠诚；团队规范还具有提供评价标准功能。规范为成员确定自己的行动是否符合要求及怎样评价他人的行动提供了标准，比如绩效规范。此外，团队规范具有约束、促进功能。对于规范调节人们行为的作用，只有树立了良好的理念和规范，才可能凝聚团队力量，提高团队的士气，使团队成员对团队感到满足，乐意成为该团队的一员，并协助达到团队目标。长期持久地保持高昂的士气，是企业团队理念培育的要点之一。国外学者克雷奇给高士气的企业团队定了几个标准：①团结标准。团结来自于内部凝聚力，而不是外部压力，成员之间没有分裂倾向。②适应标准。团队本身既有适应外界变化的能力，又有解决内部冲突的能力。③认同标准。成员之间认同感和归属感。④肯定标准。成员都明确知道群体的目标，成员对群体目标及领导者持肯定和支持态度。这些标准特征都是无形的、理念化的，实际操作中要通过做人的工作和增强企业文化氛围的感染力来达到，靠不断成功、不断追求的趋势吸引来达到。如果大部分团队成员获得较高的满足感时，就会形成一种企业凝聚力，并转换成良好的企业团队精神。

（二）培养民主氛围，加强信任与合作

一个人如果供职于一个具有民主气氛的团队中，他会感到一切都很随意，在工作中能与

其他成员充分沟通，愿意开放自己的胸襟接受来自团队内外的批评，倾听顾客及其他团队成员的意见。团队成员之间亦能相互信任，互相接纳、包容各自的差异性，真诚相处，互相合作，互相依存，从而增强团队精神，为团队目标的达成作出贡献。团队在培养民主氛围时，可以让所有成员充分参与团队的各项活动，使所有队员享有同等的发言权，尊重队员的不同观点、不同动机、不同意见和不同价值观。在进行团队决策、解决问题、执行工作的过程中，综合多方观点，扩大成员参与度，使每一成员都能获得充分信息，尽量让队员多了解情况，以便加强信任与合作。

（三）增强团队凝聚力

团队精神的最高境界就是凝聚力，团队凝聚力是无形的精神力量，是将一个团队的成员紧密地联系在一起的看不见的纽带，是企业发展进程中应对各种风险的铜墙铁壁。

团队凝聚力是团队对其成员的吸引力和成员之间的相互吸引力。它包括"向心力"和"内部团结"两层含义。当这种吸引力达到一定强度，且团队成员资格对团队和个人都有一定价值时，便说这是个具有高凝聚力的团队。团队凝聚力是衡量一个团队是否具有战斗力，是否成功的重要标志。它对团队的存在与发展，团体行为和团队效能的发挥都有重要作用。如果丧失了凝聚力，整个团队就会一盘散沙，成员之间意见分歧，关系紧张，相互摩擦，各人顾各人，不利于任务的完成。相反，一个凝聚力比较强的团队，成员之间关系融洽，意见一致，团结合作，办事认真，责任感强，对工作的满意度也高，能够顺利地完成组织任务。要想增强团队的凝聚力，关键在于鼓励团队需要的有利于团结的团队行为，同时要抑制团队不需要的不利于团结的团队行为。

三、对团队有效激励

激励的方法是多种多样的，美国哈佛大学教授詹姆士在一篇研究报告中指出：实行计时工资的员工仅发挥其能力的20%～30%，而在受到充分激励时，可发挥80%～90%，可见，仅有物质激励是不够的。经理也经常错误地认为有钱能使鬼推磨，所以他们往往会感到惊讶：雇员提出了其他要求，比如一个能最大发挥自身能力的工作岗位、更大的决策自主权、更加灵活的工作日程等等，这些往往比金钱更重要。

心理学家赫茨伯格提出的著名的"双因素论"（保健因素和激励因素），科学地阐明了要调动员工的积极性，首先得注意保健因素，使员工不致产生不满情绪，保持其积极性，这是一种预防性的维持因素；更重要的是利用激励因素，激发员工的精神，让人们作出最佳的表现，增强员工的进取心、责任感、成就感等。激励因素就像人们锻炼身体一样，可以改变身体素质，增进健康，是一种积极的内在因素，若只注意其一，不能使"二者"有机结合，就不能真正有效、持久、充分地激励员工创造出理想的工作局面来。

激励的方式是多种多样的，恰当地运用可以使激励的作用得到充分的发挥。

（一）目标激励

曾经看到这样一个故事：一只猎狗将兔子赶出了窝，一直追赶它，追了很久仍没有抓到。牧羊人看到此种情景，讥笑着对猎狗说："你们两个之间小的反而跑得快很多。"猎狗回答说："你不知道，我们两个的跑是完全不同的！我仅仅为了一顿饭而跑，而它却为了性命而跑呀。"

兔子跑的目的是救自己的性命，而猎狗的目标只是为了一餐饭，同样是奔跑，它们的积极性当然会不一样。可以说，奔跑只是实现目标的过程，即使有相同的过程，其目标不一样，动力不一样，结果也会不一样。所以，目标激励的重点之一是设置的目标是否合理。适当的目标，可以充分激发人的动力，充分调动人的积极性。

所谓目标激励，就是把大、中、小和远、中、近的目标相结合，使员工在工作中时刻把自己的行为与这些目标紧紧联系起来。目标激励包括：设置、实施和检查目标三个阶段。在制定目标时须注意，要根据团队的实际业务情况来制定可行的目标。一个振奋人心、切实可行的目标，可以起到鼓舞士气，激励属员的作用。相反，那些可望不可即或既不可望又不可即的目标，只会产生适得其反的作用。主管可以对团队或个人制定并下达切合年度、半年、季度、月、日的业务目标任务，并定期检查，使其朝着各自的目标去努力、拼搏。

为发挥目标激励作用，应注意以下几点：

1. 个人目标与集体目标一致。组织的目标与个人的目标可能是平衡一致，也可能是发生偏向。如果出现偏向，就不利于调动个人的积极性，不利于组织目标的实现。只有使这种偏向趋于平衡，即组织目标向量与个人的目标向量间的夹角最小，这样将使个人的行为朝向组织的目标，在个人间产生较强的心理内聚力，共同为完成组织目标而奋斗。

2. 目标的难度拟定上要适当，要做到树上的果子悬到"跳一跳够得着"的程度，宜于激发进取心。如果目标过高了，成员会认为力所不及，即使再努力也不能达到。如果目标过低，团队成员不需努力，就可以轻易得到，也不能收到良好的激励效果。

3. 目标的内容要具体明确，能够有定量要求的目标更好，切忌笼统抽象。如果你给团队设立的目标是"提高工作效率"，或者是"我们的任务要提前两天完成"，那么哪一个的激励效果会更好呢？哪个更能真正促进团队成员的工作效率提高呢？显而易见，是后一种具体明确的目标更能激发团队成员的工作积极性。在目标的时间设定上，既要有近期目标，又要有远期目标。只有远期目标，易使人产生渺茫感，只有近期目标，则使人目光短浅，其激励作用也会减少或不能维持长久。长远目标和团队长期发展计划相结合，短期目标与团队具体的工作任务相结合。也可以把目标设置成大、中、小目标相结合，使员工在工作中时刻把自己的行为与这些目标紧紧联系起来，在完成小目标的过程中感受到成功，逐步完成团队的总目标。

（二）奖惩激励

奖惩激励是奖励激励和惩罚激励的合称，是来源于操作条件反射的观点。操作条件反射认为，人的行为受到行为结果的影响，如果对人的某种行为给予肯定或表扬，即奖励，那么这种行为就容易保留；如果对人的某种行为予以否定或批评，即惩罚，这种行为就会逐渐消除。奖惩都是一种强化手段，奖励是对人行为的肯定，是正强化，可直接激励。而惩罚是对人的行为的否定，是负强化，属于间接激励。奖励的心理机制是人的荣誉感、进取心理，有物质和精神需要。惩罚的心理机制是人的羞怯、过失心理，不愿受到名誉或经济上的损失。惩罚得当，不仅能消除人的不良行为，而且能化消极因素为积极因素。

奖励的形式多种多样，可分为物质奖励、精神奖励，以及这两种奖励的结合。人在无奖励状态下，只能发挥自身能力的10%～30%；在物质奖励状态下，能发挥自身能力50%～

80％；在适当精神奖励的状态下，能发挥 80％～100％，甚至超过 100％。当物质奖励到一定程度的时候，就会出现边际作用递减的现象，而来自精神的奖励激励作用则更持久，更强大。所以在制定奖励办法时，要本着物质和精神奖励相结合的原则。同时，方式要不断创新，新颖的刺激和变化的刺激，作用大；反复多次的刺激，作用就会逐渐衰减；奖励过频，刺激作用也会减少。

惩罚的形式也有多种多样，如批评、检讨、处分、经济制裁、法律惩办等。批评者的任务并不是批评，更重要的是设法使犯错误者认识到自己的错误。最打动人的，往往是自己感觉、领悟到的，而不是别人告诉他的。

（三）数据激励

运用数据显示成绩，能更有可比性和说服力地激励员工的进取心。对能够定量显示的各种指标，要进行定量考核，并制定公布考核结果，这样可以使属员明确差距，有紧迫感，迎头赶上。经理可以在每月、每季、每半年的考核期中和结束后或业务竞赛活动进行当中和结束后，公布团队或个人业绩进展情况，并让绩优者畅谈创业体会，分享心得，以鼓舞全体下属的士气。

（四）团队经理行为激励

经理行为通过榜样作用、暗示作用、模仿作用等心理机制激发下属的动机，调动下属的工作、学习积极性，这种激励称为经理行为激励。

一个团队经理之所以成功，其关键在于他 99％ 的行为魅力以及 1％ 的权利行使。下属能心悦诚服地为他努力工作，不是因为他手中有权，权是不能说服人的，即使服了，也只是口服心不服。绝大多数原因是经理有着好的管理行为。好的经理行为能给员工带来信心和力量，激励下属，使其心甘情愿义无反顾地向着目标前进。作为经理要加强品德修养，严于律己，做一个表里如一的人；要学会推销并推动你的目标；要掌握沟通、赞美及为人处事的方法和技巧。优秀的团队经理为员工的成长提供资源，培训员工，帮助他们设定生涯规划，让他们实现个人与团队的共同成功。优秀的团队经理在乎给予成员成功的感觉，只要成员有小小的进步，他就会为他们庆祝，通过各种方式使他们得到激励。

（五）典型激励

树立团队中的典型人物和事例，经常表彰各方面的好人好事，营造典型示范效应，使全体部属向榜样看齐，让其明白提倡或反对什么思想、行为，鼓励员工学先进、帮后进、积极进取、团结向上。作为主管要及时发现典型，总结典型，并运用典型（要用好、用足、用活）。比如，设龙虎榜；成立精英俱乐部；借用优秀员工的姓名，为一项长期的奖励计划命名；还可以给成绩优秀者放员工特别假期，等等。

四、建立企业文化，创建学习型团队

团队是通过合作、发挥整体作用而达到某一结果的人所组成的群体，它或许是生产班组、管理、产品开发或跨职能的工作小组。作为学习型组织的基本工作单位和学习单位，团队学习是学习型组织的基本学习方式，团队成员思维激荡、才智共融的平台，是集思广益、增长才干、发挥组织整体作用、实现共同愿景的最佳途径。这就要求我们在创建学习型组织过程中，必须以团队学习为着力点，以培育团队学习力为基本要求，创新团队学习的途径和方法，提高团队学习质量，使学习力迅速转化为组织核心竞争力。

（一）培育团队反思能力，塑造无边界学习的氛围

学习型团队学习的关键在于反思，这也是其不同于及高于其他学习类型之处。反思，就是在获取书本知识和工作技能的基础上，通过不断地反省，感悟个中道理，全面审视自身的优势与不足，客观地评价自我，明确前进的方向，进而反复修正，不断提升，超越自我。显然，反思是学习型组织得以改变心智模式，实现系统思考的关键，实现自我超越的前提。

反思，除了个人研修、反省、感悟、修炼之外，还需要在组织中培育一种利于反思的氛围。我们希望杜绝犯错，但却允许犯错。培育这种宽容的环境，为的是反思非易事，超越无捷径，创新是要成本的，犯错就是创新的成本，为了实现更快更大的发展，这个成本还是应该正确认识的。只要我们慎思慎行，不犯重复的错误，就能实现改变心智模式的"降本增效"。使员工不致因为害怕"失败"，而束缚了创新的手脚。因此，当发生问题的时候，不能互相推诿埋怨，而是不计个人得失，群策群力，互相鼓励启迪，认真总结教训，这样才能吃一堑、长一智。创建学习型组织应当培育这么一种鼓励进步，崇尚激励的文化氛围。当然，我们所提的反思，不仅是事后的，还要做好事中和事前反思，这样，工作更快捷有效，员工也能得以更好地改变心智模式。

（二）创新团队学习方式，拓展形式多样的学习载体

团队学习使成员间相互学习借鉴，提供和探讨工作上的新知识、新方法，实现自我超越，改变成员以往陈旧的学习方法和思维模式。例如，工作中遇到的新困难、新障碍带到团队中共同深度会谈与讨论，从本质、整体上，系统的准确定位给予解决，把团队的智囊优势集中体现出来。

团队学习方式对团队学习的成果有着深远的影响。不同的企业有着迥异的经营战略与组织文化，同一个企业中不同的团队又有着自身的目标，要使团队学习更能为大家所接受，更富成效，其学习方式就应当适应企业中不同形式、不同特征的各类团队。而有效的途径和方法，有助于做到学习资源共享、学习内容交融、学习成果互享，进而提高团队学习的质量，增强团队学习的效果。

我们注重运用多种学习载体推进团队学习。一是实现学习型团队创建的全覆盖。把创建工作深入到党支部、分工会、团支部与各种横向团队和跨团队建设中，增强团队建设的活力；二是倡导无边界的思维方式。他山之石，可以攻玉。创新的根本在于知识的流动，学习型团队整合了全员的思维，使原本只属于个人的智慧和信息在团队内部得以充分地交流和共享，形成 $1+1>2$ 的效果。通过学习这个手段，促进全员系统思考，形成新的观念、导致新的行为，激发变革的力量。

（三）搭建知识共享平台，整合团队智慧

知识共享是团队学习具有的一个重要的特征。只有通过共享，知识才能在整个组织中有效传递，并呈几何级数快速增长，创造出新的知识，从而共同提高，学习才更有意义。如果

没有知识共享，团队学习和学习型组织都只能是空中楼阁，一句空话。

因此，组织要致力于建立更为完善同一的学习系统，搭建知识共享平台，使每个团队都能多渠道、多方位、多层次地向他人学习，移植他人成果的经验。让信息知识、经验、教训得以在组织内更快捷、更宽泛、更畅通地传播，成为整个公司共同的财富和活力之源。

（四）推进"自主管理"，发挥团队创造力

从知识角度理解学习型组织，团队学习包括自觉地运用知识的获得（技能、观察力、关系的发展创造）、共享（知识的传播）和利用（如何使知识产生效益）三个阶段。而团队学习的目标在于提高团队的绩效。"自主管理"就是这样一种使员工工作和学习高度融合的有效载体。它突出员工自力自为，强调绩效导向，崇尚在解决主要问题中提升团队的学习和解决问题的能力。目前，部分企业已建立起了一系列不同模式的自主管理团队，如自然工作小组、联合自主团队等。这些团队以员工自觉的创造性的学习为前提，自己找出问题，自己分析原因，自己制定对策，自己组织实施，自己检查进展，自己评定总结。实践证明，推行自主管理使管理重心下移，为员工参与管理，挖掘潜能，发挥聪明才智提供条件。"自主管理"要求全体员工自我约束、自我控制、自我管理、自我完善，这就适应了企业培养员工，满足员工素养升华的需要，使创建学习型组织同员工素质建设、品格修炼紧密结合起来，从而做到既出产品，又出人才。与此同时，建立健全激励机制，鼓励和引导员工在学习、工作中不断加强自身修养，在"自主管理"的过程中，形成共同愿景，以开放求实的心态互相切磋，不断学习新知识，不断进行创新，从而增加组织快速应变、创造未来的能量。

总之，团队学习是组织学习的基础。要创建学习型组织就要紧紧抓住培育反思能力这个关键，创新学习方式，搭建知识共享平台；推进"自主管理"，把学习力迅速转化为组织核心竞争力，从而让员工在公司的发展中活出生命的意义，让组织在团队的推进中实现从优秀到卓越的夙愿。

思考题：

1. 什么是团队？团队的类型有哪些？
2. 团队建设的五个发展阶段是什么？
3. 试讨论团队如何进行有效的沟通？
4. 你认为应如何构建一个优秀的团队？

案例分析

诺基亚如何建设优秀团队

诺基亚是移动电话市场的领导厂商，在市场竞争日益激烈的情况下，诺基亚的移动电话增长率持续高于市场增长率，从 1998 年起就位居全球手机销售龙头，目前占有全球三分之

一的市场，几乎是位居第二的竞争对手市场份额的两倍。诺基亚在中国的投资超过 17 亿美元，建立 8 个合资企业、20 多家办事处和 2 个研发中心，拥有员工超过 5500 人。

面对这样一家拥有如此庞大员工和机构的企业，诺基亚的竞争优势除来自对高科技的大量投入外，还在于其大胆实践领导力变革。诺基亚究竟是如何建设一支优秀的团队，来保证其实现并保持全球手机销售领先者的目标呢？

开放沟通，由下而上开发领导力

Noel M. Tichy 和 Eli Cohen 在 1997 年的著作《领导引擎》一书中指出，一个具有高度竞争力的企业，其领导力应是由下而上，而非传统认为的只是由上而下，唯有能持续地在各阶层培养出领导者的企业，才能够适应变化和生存竞争。诺基亚正是这一理论的最佳实践者之一。

有效的领导力和管理团队建设被视为企业成长、变革和再生的最关键因素之一。领导力是一种能够激发团队成员的热情与想象力，一起全力以赴，共同完成明确目标的能力。领导者总是激励人们获取他们自己认为能力之外的目标，取得他们认为不可能的成绩。

在诺基亚并非只有顶着经理头衔的领导才需要具备领导能力，领导能力是每个员工通过日常工作与生活经验的培养积累而得。目的是让每一个人都是主动者，是他自己的领导。

优秀的企业都高度重视培养员工的工作能力与团队精神。诺基亚每年花在培训方面的费用超过 25.8 亿欧元——约为它全球净销售额的 5.8%。根据员工的特殊需要来进行教育培训，可以让员工看到自己有机会学习和成长，那么员工对组织的责任感就会增强，它的热情就会产生。

诺基亚的领导特色首先体现在鼓励平民化的敞开沟通政策，强调开放的沟通、互相尊重、使团队内每一位成员感觉到自己在公司的重要性。

公司的高层领导人率先身体力行，努力倡导企业的平等文化。比如诺基亚公司董事长兼首席执行官约玛·奥利拉（Jorma Ollila）每次到中国访问，从不要前呼后拥，这远远胜过说教，充分体现了公司的平等文化。

诺基亚中国公司的中层管理人员对公司强调平等的管理文化也深有体会。据诺基亚的政府关系经理王颖介绍，诺基亚在组织机构上，不是上下级等级森严的，而是很平等的，有问题可以越级沟通。而且有许多具体制度来保证下情上达，下面的意见不会被过滤。在这方面，诺基亚的具体做法有 3 种：

1. 每年请第三方公司作一次员工意见调查，听取员工对自己的工作和公司发展的看法，并和上年的情况做比较，看在哪些方面需要作改进。

2. 公司每年有两次非常正式的讨论，经理和员工之间讨论以前的表现，今后的目标，除了评估员工的表现，也是沟通彼此的途径。

3. 公司在全球设有一个网站，员工可以匿名发送任何意见，员工甚至可以直接发给大老板，卜属的建议只要合理就会被接受。

除了建立正式的开放沟通渠道之外，公司的管理层也会利用适当的时机与员工沟通。如诺基亚（中国）投资有限公司总裁康宇博对员工所反映问题的处理方法是，如果牵涉到某个经理人，除非是另有考虑，否则马上把人找来，双方当面讲清楚，这样做让下属看到，上级领导的门永远是敞开着的，沟通是透明的。既保证沟通的透明度，又保证沟通的有序管理。掌握两者的平衡，是领导的艺术。

诺基亚有一个突出的做法，就是利用员工俱乐部，组织和管理员工的活动。俱乐部在管理上体现诺基亚的文化，尊重个人，让员工自己管理自己。

员工俱乐部体现了诺基亚尊重个人，自我做主的文化传统，以人人容易接受的方式来进行团队建设，把员工的兴趣融进团队建设的活动当中，并以此提高员工在实际工作中的能力。

鼓励尝试创新

随着信息技术的快速发展，产品的生命周期和研究发展重点、顾客的要求以及人才流动的速度等，都改变了企业的管理方式。假如还用老旧的领导思维应对新的市场变化，难免会失败。所以现代领导力的核心应该是如何建设优秀团队进行领导变革和管理创新。

就诺基亚的实践方式，它具有 3 个特点，可供借鉴：

1. 关心下属的成长。公司关心的是市场竞争力和业绩，而员工关心的是个人事业的发展和对工作的满意度。经理人应当充当协调员的角色，将员工个人的发展和公司的发展有机结合起来。如果只是对下属硬性压指标，是不会有好效果的。

2. 用人不疑，疑人不用。一旦授权下属负责某一个项目，定下大方向后，就放手让他们去做，不要求下属事无巨细地汇报，而让他们自己思考判断，发现了问题由大家共同来解决，如果做出成绩是大家的。

3. 鼓励尝试创新。给下属成长空间，让他们敢于去尝试，并允许犯错误。否则，下属畏首畏尾，什么都请示领导，自己的主动性、创造性就没了。

虽然诺基亚是一家大公司，很注重团队精神，但也非常强调企业家的奋斗精神。希望它的员工都能有一些企业家的思想，就是创新想法，不要墨守成规。这样可以更快地面对市场挑战，加强竞争力。

借企业文化塑造团队精神

诺基亚公司的企业文化包括 4 个要点：客户第一、尊重个人、成就感，不断学习。公司的团队建设完全围绕企业文化为中心，不空喊口号，不流于形式，而是落实到具体的行动中。诺基亚强调要把人们的思想和行为变成公司与外界竞争的优势，要提升诺基亚的员工成为一个工作伙伴，不仅是停留在一个雇主与员工的劳动合约关系。唯有这样，工作伙伴们才会看重自己，一起帮助公司积极发展业务。

公司的团队建设活动一直是持续进行的，各个部门都积极参与。公司会定期举行团队建设活动，并具体和每个部门的日常工作、业务紧密相连。

这方面，诺基亚学院在团队建设和个人能力培养上发挥了很大作用，为员工提供很多很好的机会，能够让员工认识到他们是团队的一分子，每个人都是这个团队有价值的贡献者。

诺基亚在招聘之初，除了专业技能的考核外，也非常注重个人在团队中的表现，将团队精神作为考核指标中的主要项目之一。通常会用一整天时间来测试一个人在团队活动中的参与程度与领导能力。并考虑候选人是否能在井然有序的团队中，发挥协作精神、应有的潜能和资源配置。这样就可最大限度地保证，使诺基亚所招聘的人一开始就能接近公司要求团队合作的精神文化。

没有完美的个人，只有完美的团队

移动通信行业发展快速，手机历史大概只有 10 年，手机产品几乎每 18 个月就更新换代。为反映这一行业特性，诺基亚在中国的 5000 多名员工的平均年龄只有 29 岁。诺基亚希望他们能跟上快节奏的变化，增加公司竞争力。为体现这个目标，在人力资源管理上，采取"投资于人"的发展战略，让公司获得成功的同时，个人也可以得到成长的机会。

诺基亚中国公司注重将全球战略与中国特色相结合，其次在关心员工、市场营销、客户服务等方面考虑到文化差异，提倡本地化的管理能力。

在诺基亚，一个经理就是一个教练，他要知道怎样培训员工来帮助他们做得更好，不是"叫"他们做事情，而是"教"他们做事情。诺基亚同时鼓励一些内部的调动，发掘每一个人的潜能，体现诺基亚的价值观。

当经理人在教他的工作伙伴做事情、建立团队时可以设计合理的团队结构，让每个人的能力得到发挥。没有完美的个人，只有完美的团队，唯有建立健全的团队，企业才能立于不败之地。

（资料来源：胡舒善. 诺基亚如何建设优秀团队 [J]. IT 经理人商业周刊，2003（8）：68）

案例思考题：

1. 结合案例思考，如何建立团队？

2. 为什么说没有完美的个人，只有完美的团队？

参考文献

[1] 郑国铎. 企业激励论 [M]. 北京：经济管理出版社，2002.

[2] 乔恩·R. 卡曾巴赫. 团队的智慧 [M]. 北京：经济科学出版社，1999.

[3] 章义伍. 如何打造高绩效团队 [M]. 北京：北京大学出版社，2002.

[4] 李宝元. 战略性激励：现代企业人力资源管理精要 [M]. 北京：经济科学出版社，2005.

[5] 吴玉良. 团队为王：凝聚群体的力量 [M]. 北京：中国物资出版社，2004.

[6] 周三多. 管理学 [M]. 北京：高等教育出版社，2002.

[7] 张多中. 管理中的沟通技能 [M]. 深圳：海天出版社，2000.

[8] 朱其权，蔡厚清. 高绩效团队目标的制定 [J]. 现代企业，2005，9：15 – 16.

[9] 梁勇，彭国艳，汤方梅. 论企业团队精神的培育 [J]. 重庆广播电视大学学报，2007，1：37 – 39.

[10] 赵静怡，于德利. 解析"团队精神"[J]. 职业技术，2006，22：124 – 125.

[11] 尚水利. 团队精神 [M]. 北京：时事出版社，2001.

[12] 延锋伟. 团队学习是组织学习的基础 [J]. 中国职工教育，2007，8：17.

[13] 廖泉文. 人力资源发展系统 [M]. 济南：山东人民出版社，2000.

人力资源管理学术论文撰写常用工具

在前面五篇介绍了人力资源管理的基本理论，第六篇介绍人力资源管理学术论文撰写常用工具。包含：常用构念及其测量、常用理论分析、常用方法评述、现有研究进展、未来研究展望。

第十七章　常用构念及其测量

本章介绍人力资源管理论文撰写中常用构念。构念是美国心理学家凯利提出的概念。构念是一个人在其生活中经由对环境中人、事、物的认识、期望、评价、思维所形成的观念。是人们用来解释世界、分析世人的观点，是人们用来对事件整理分类的一种概念，也是人们看待并控制事件的思维模式。由于每个人的生活经验不同，个人构念自然也因人而异，因此，个人构念就代表他的人格特征。概念是反映对象的本质属性的思维形式。人类在认识过程中，从感性认识上升到理性认识，把所感知的事物的共同本质特点抽象出来，加以概括，就成为概念。

第一节　关于测量

自有文明以来，测量就一直是诠释社会、政府和进步的助力。当分割土地、种植庄稼、建造宫殿、贸易商品、征收个税、保存记录和庆祝节日时，都必须将长度、面积、体积、角度、重量、价值、语言和时间量化和系统化。现代社会，测量已经扩展到通信卫星、大脑扫描仪及社会科学的各个方面，它通过检查、利率、选举和民意测验等手段，几乎全方位地规范着我们的生活。关于如何测量，我们介绍两个有趣的故事，从中体会测量的意义。

一、曹冲称象

《三国志·魏志卷》有这样的记载。吴国孙权曾经送给曹操一头大象，曹操十分高兴。大象运到许昌那天，曹操带领文武百官和小儿子曹冲一同去看。这大象又高又大，光说腿就有大殿的柱子那么粗，人走近去比一比，还够不到它的肚子。曹操想知道大象有多重，于是问旁边的人，谁有办法称出大象的重量？大臣们纷纷议论，一个说："只有造一杆顶大顶大的秤来称。"另一个说："这可要造多大的一杆秤呀！再说，大象是活的，也没办法称呀！我看只有把它宰了，切成块儿称。"他的话刚说完，所有的人都哈哈大笑起来。大家说："你这个办法呀，真叫笨极啦！为了称称重量，就把大象活活地宰了，不可惜吗？"大臣们想了许多办法，一个个都行不通。最后还是曹冲想了一个美妙的办法，他用了一条船，叫人把象牵到船上，等船身稳定了，在船舷上齐水面的地方，刻一条道道。再叫人把象牵到岸上来，把大大小小的石头，一块一块地往船上装，一直到大象下沉的刻度。于是，一头大象的重量就变成很多块可以衡量的石头的重量了。

二、阿基米德智断皇冠真假

公元前 245 年，为了庆祝盛大的月亮节，叙古拉国王艾希罗交给金匠一块黄金，让他做一顶纯金的王冠。王冠做成后，国王拿在手里觉得有点轻。他怀疑金匠掺了假，可是金匠以脑袋担保说没有，并当面拿秤来称，结果与原来的金块一样重。国王还是有些怀疑，可他又拿不出证据，于是把数学之神阿基米德叫来，命令他鉴定皇冠是不是纯金的，但是不允许破坏皇冠。回家后，阿基米德闭门谢客，冥思苦想，但百思不得其解。

一天，阿基米德在公共浴室洗澡时，发现了浮力，并通过用石块和木块做实验，证明了浮力与物体的排水量（物体体积）有关，而不是与物体的重量有关。物体在水中感觉有多重一定与水的密度（水单位体积的质量）有关。阿基米德由此找到了解决国王问题的方法。他进皇宫后，对国王说："请允许我先做一个实验，才能把结果报告给您。"国王同意了。阿基米德将与皇冠一样重的一块金子、一块银子和皇冠，分别一一放在水盆里，看金块排出的水量比银块排出的水量少，而皇冠排出的水量比金块排出的水量多。阿基米德解释说："一公斤的木头和一公斤的铁比较，木头的体积大。如果分别把它们放入水中，体积大的木头排出的水量，比体积小的铁排出的水量多。我把这个道理用在金子、银子和皇冠上。因为金子的密度大，而银子的密度小，因此同样重的金子和银子，必然是银子的体积大于金子的体积，那么金块排出的水量就比银块的水量少。刚才的实验表明，皇冠排出的水量比金块多，说明皇冠的密度比金块的密度小，这就证明皇冠不是用纯金制造的。"阿基米德有条理的讲述，使国王信服了。实验结果证明，那个工匠私吞了黄金。原因在于，皇冠是否纯金不在重量，而在于密度。这是一个关于密度的测量。

三、对测量的理解

以上两个小故事中，聪明的曹冲和阿基米德用可行的方法，把抽象的大象重量与皇冠密度变成了实在的石头和水，这样我们才知道大象重几斤、才清楚纯金皇冠是否掺了假。这就是测量，即把抽象的概念，用仪器或工具变成可见的数值的过程。随着社会的发展，我们进入了一个测量的时代。正如一位英国作家所言：我们生活在这样一个年代，如果一个东西不能测量，那它就不存在。人力资源管理希望通过了解人的内在特点、人在组织中的态度和行为，以便采取适当的方法加以管理，实现组织和个人的目标。而人的内在特点、态度和行为都是潜变量，如工作满意度、企业认同感、工作压力、工作投入、创新行为等，都是研究者们为了管理实践中的现象而构想出来的构念（Construct），并不一定真实存在。如何将这些不能被直接观察研究的看不见摸不着的构念，与具体的管理现象相连接，就需要有一个重要的桥梁，即"测量"（Measurement），测量的好坏直接决定了研究结论的可信度。管理研究中测量用得最多的就是量表，由于发展量表是一项艰巨费时的工作，学者们建议除非没有选择，还是尽量选用现存量表和测量工具为佳，以减少测量的误差，提高测量的信度和效度（罗胜强、姜嬿，2014）。本章主要从个人以及组织层面就工作场所中人的情感、态度、行为和结果提供常用构念的测量，以帮助读者更好地衡量人力资源管理的有效性。

第二节　个体与工作特征类构念与测量

本节主要对个体与工作特征类构念与测量进行介绍。

一、心理授权

（一）简介

在过去的 30 多年里，授权（Empowerment）已经为众多的组织管理者所接受并运用于管理实践中，其相关研究也受到了组织行为学家的广泛关注。康吉鳗（Conger）和卡农（Kanungo）等（1988）基于社会认知理论对心理层面的授权进行了分析，认为授权应该是属于内在激励的构念，其所隐含的含义是"使能够（Enable）"而非单纯地授予下属以权力及资源，因而可将授权定义为一种提高自我效能感（Self-Efficacy）的过程。在康吉鳗等学者研究的基础上，托马斯（Thomas）和韦尔特豪斯（Velthouse）（1990）首次提出了个体心理授权（Psychological Empowerment）的概念，认为心理授权是个体体验的综合体，这种综合体由个体对工作环境的主观评估及他人对相同环境的看法，而产生的自我对工作的评价，进而影响工作行为。还指出心理授权是多维的，而非康吉鳗等（1988）所提出的单一维度，具体表现为四个认知维度，即：（1）工作意义（Meaning），指员工根据自己的价值标准，对工作重要程度的认知；（2）胜任力（Competence），指员工对自我能够完成某项工作的感知信念；（3）自我决定（Self-determination），指员工对工作方式、所需资源和努力程度等方面的自主性感觉；（4）影响力（Impact），指个体对组织战略、管理和工作结果的影响程度。这四类认知建立在个体对组织活动施以影响的基础上，共同反映出一种积极的工作角色导向，有助于员工自助塑造其工作角色和内容。

施普赖策（Spreitzer，1995）从员工体验的角度研究了授权问题，他认为，心理授权是一种与动机相关的构念，体现了个体对自身所从事的工作在组织中的重要性的心理感知，在授权过程中，个体感知和体验而非授权行为本身在起作用。同时，心理授权也有别于工作授权，其源于个体对组织影响力的感知，而非被授权的实际任务或工作，具有主观、工作导向、个体差异性和面向组织等特点。当员工感知到自己的工作对组织是重要且有意义时，便会认为自己被组织所器重，在组织里工作能够体现自我价值，从而获得心理上的满足，进而影响其工作行为。

心理授权的概念提出来以后，为了深入考察其对个体或组织的影响，探讨其与相关前因及后果变量之间的关系，学者们以各种心理授权理论为基础，开发了不同的心理授权测量问卷。其中最具代表性的当属施普赖策（Spreitzer，1995）以托马斯等（Thomas et al.，1990）所提出的授权模型为基础，开发出的包含 12 个题项的"心理授权量表"。我国学者李超平等（2006）考虑到中国文化背景，在国内修订了施普赖策（1995）的心理授权量表。

柯克曼（Kirkman）和罗斯（Rosen）（1999）通过梳理工作团队理论和个体分析水平授权的研究文献，从理论上提出了团队心理授权的维度结构，并验证了其测量问卷的有效性。

人力资源管理

随后，涌现了许多团队心理授权的相关研究。

目前，理论界主要运用结构和心理两种视角来研究和理解组织中的授权。结构授权的理论来自于民主政治的价值观和理念，主要关注组织权力共享问题，强调通过自上而下的组织指挥链来增加员工的责任，强调改变组织政策、实践和自上而下型控制系统以及鼓励员工参与的重要意义，主张通过组织、制度、社会、经济和文化的影响力来消除员工无权感的状况。

我国学者王国猛等（2012）认为柯克曼等学者并没有完全捕获团队心理授权的概念特质与构思，且仅从心理单一视角来探索团队心理授权的维度结构与测量，没有考虑结构授权，存在着局限性，因此在国外研究的基础上开发了团队心里授权量表。

（二）量表

1. 评价者

员工自评。

2. 量表引导语

请依据自己的感受和状态对下列题项做出判断。7点量表，1表示"完全不符合"，7表示"完全符合"，从1到7代表认同程度逐渐增加。

3. 量表正文

（1）个体心理授权（施普赖策，1995）。

维度	条目	评分标准						
		1	2	3	4	5	6	7
工作意义	1. 我的工作对我来说很重要							
	2. 我的工作活动对我本人来说有特别意义							
	3. 我所做的工作对我很有意义							
胜任力	4. 我对自己的工作能力有信心							
	5. 我对完成工作活动所需的能力很自信							
	6. 我已经掌握了必要的工作技能							
自我决定	7. 在觉得如何完成工作方面，我有很大自主权							
	8. 我可以自己决定如何开展工作							
	9. 在如何完成工作方面，我有很大的自主权							
影响力	10. 在本部门事务处理上，我的影响力很大							
	11. 在本部门事务处理上，我有很大的掌控权							
	12. 在本部门事务处理上，我有显著的影响力							

信度：4个维度的Cronbach's α值分别为0.87、0.83、0.71、0.77，整体Cronbach's α值为0.795

（2）个体心理授权（李超平等，2006）。

维度	条目	评分标准						
		1	2	3	4	5	6	7
工作意义	1. 我的工作对我来说非常重要							
	2. 工作上所做的事对我个人来说非常有意义							
	3. 我所做的工作对我来说非常有意义							
自我效能	4. 我自信自己有做好工作上的各项事情的能力							
	5. 我对自己完成工作的能力非常有信心							
	6. 我掌握了完成工作所需要的各项技能							
自主性	7. 在决定如何完成我的工作上，我有很大自主权							
	8. 我自己可以决定如何着手来做我的工作							
	9. 在如何完成工作上，我有很大的独立性和自主权							
工作影响	10. 我对发生在本部门的事情的影响力很大							
	11. 我对发生在本部门的事情起着很大的控制作用							
	12. 我对发生在本部门的事情有重大的影响							

信度：4 个维度的 Cronbach's α 值分别为 0.76、0.71、0.76、0.74

（3）团队心理授权（王国猛等，2012）。

维度	条目	评分标准						
		1	2	3	4	5	6	7
能力导向授权体验	1. 我所在的团队成员掌握了完成工作所需要的各项技能							
	2. 我所在的团队成员常常通过总结过去的经验而获取新知识							
	3. 我所在的团队成员能通过相互讨论能找到问题解决的办法							
	4. 我所在的团队对解决遇到的工作问题非常自信							
	5. 我所在的团队成员相信，团队的努力总是卓有成效							
	6. 我所在的团队成员对团队整体的工作能力充满信心							
	7. 我所在的团队成员对完成工作的能力非常有信心							

续表

维度	条目	评分标准						
		1	2	3	4	5	6	7
工作导向授权体验	8. 我所在的团队成员意识到工作责任感非常重要							
	9. 我所在的团队成员相信自己是有工作责任感的							
	10. 我所在的团队在公司中有重要影响							
	11. 我所在的团队成员非常关心自己所从事的工作							
	12. 对我所在的团队成员来说，工作上所做的事非常有意义							
	13. 在如何完成工作上，我所在的团队成员有很大的自主权							
	14. 我所在的团队以高工作质量而闻名							
	15. 我所在的团队对其他团队成员有重大影响							
	16. 我所在的团队成员掌握了完成工作所需要的各项技能							
	17. 我所在的团队成员常常通过总结过去的经验而获取新知识							

信度：团队心理授权二维度的 α 系数分别为 0.860、0.835

4. 相关研究变量

（1）正相关变量：组织公民行为，反省，解释风格，团体有效性，团体价值，社会政治支持。

（2）负相关变量：角色模糊，领导者的集权化程度。

◎ 参考文献

［1］Conger J. A. , Kanungo R. N. The Empowerment Process：Integrating Theory and Practice ［J］. Academy of Management Review, 1988, 13（3）：471 – 482.

［2］Thomas K. W. , Velthouse B. A. Cognitive Elements of Empowerment：An "Interpretive" Model of Intrinsic Task Motivation ［J］. Academy of Management Review, 1990, 15（4）：666 – 681.

［3］Bowen D. E. , Rd L. E. The Empowerment of Service Workers：What, Why, How and When ［J］. Sloan Manage Review, 1992, 33（3）：31 – 39.

［4］Spreitzer G. M. Psychological Empowerment in the Workplace：Dimensions, Measurement, and Validation ［J］. Academy of Management Journal, 1995, 38（5）：1442 – 1465.

［5］Kirkman B. L. , Rosen B. Beyond Self – Management：Antecedents and Consequences of Team Empowerment ［J］. Academy of Management Journal, 1999, 42（1）：58 – 74.

［6］李超平，李晓轩，时勘，陈雪峰. 授权的测量及其与员工工作态度的管理 ［J］. 心理学报, 2006, 38（1）：99 – 106.

［7］凌俐，陆昌勤. 心理授权研究的现状 ［J］. 心理科学进展, 2007, 15（4）：652 – 658.

［8］陈永霞，贾良定，李超平等 . 变革型领导、心理授权与员工的组织承诺：中国情景下的实证研究 ［J］. 管理世界，2006，1：96 – 105.

［9］王国猛，郑全全，赵曙明 . 团队心理授权的维度结构与测量研究 ［J］. 南开管理评论，2012，15 （2）：48 – 58.

［10］杨春江，蔡迎春，侯红旭 . 心理授权与工作嵌入视角下的变革型领导对下属组织公民行为的影响研究 ［J］. 管理学报，2016（2）：231 – 239.

二、政治技能

（一）简介

自 20 世纪 90 年代以来，组织政治逐渐成为国内外组织管理实务界和理论界关注的热点。普费弗（Pfeffer，1981）最早提出了"政治技能（Political Skill）"，认为政治技能是指个体为实现其目标，在理解自我、他人与情境及三者关系的基础上，综合运用已有知识和经验，对他人施加影响的能力。梳理现有文献，学者们大致从三个方面来解释政治技能。首先，许多学者认为政治技能是一种人际能力。明茨伯格（Mintzberg，1983）认为政治技能指通过劝说、感化和控制等人际策略来影响他人的能力。布拉斯（Brass）和伯克哈特（Burkhardt）（1993）认为政治技能是个体的一种与他人有效互动的特殊能力。在职场中，具备政治技能的个体能通过非正式社交网络避开组织正式结构的束缚，从而为自己获取利益。道格拉斯（Douglas）和阿米特（Ammeter）（2004）将政治技能定义为个体成功驾驭组织所须具备的社会技能和交际能力。其次，一些学者认为政治技能是一种人际风格。比如，费理斯（Ferris）等（2000）将政治技能定义为一种人际风格，认为政治技能高的人能够根据情境需要展现自身的信心、信任、真诚、真挚等魅力性人格。在工作中，政治技能高的人不仅知道在不同的社会情境下该做什么，而且知道怎样用一种看似真诚的方式去掩盖潜在的操控动机。第三，还有一种观点认为政治技能是一种个人资源，费理斯等人（2007）以资源保存理论为基础，指出政治技能是一种个人资源。当个体面临组织环境威胁或机会时，政治技能可以帮助其获得有价值的组织资源。现有研究一般倾向于采纳费理斯等（2005）对政治技能的定义，即政治技能是个体的一种能力，它使个体可以在工作中有效理解他人，并运用这种理解去影响他人，从而使他人按照有利于组织或个体目标的方式行动。

政治技能的测量最早采用费理斯等（1999）开发的六题项单维量表。随着政治技能研究的不断深入，费理斯等学者（2005）提出政治技能包括 4 个维度：社交敏锐性（Social Astuteness）、人际影响（Interpersonal Influence）、关系网络建立能力（Networking Ability）及表现真诚（Apparent Sincerity）。基于上述四个维度，费理斯等（2005）开发了 18 个题项的政治技能量表，该量表采用李克特 7 点表示法，1 表示非常不同意，7 表示非常同意。该量表被证明具有较高的效度，得到国内外研究者的普遍使用（王永跃和段锦云，2015；薛亦伦等，2016）。然而政治技能作为一种可习得性社会技能，它的形成离不开一定的社会文化情境，因此，中国学者柳恒超等（2008）开发了我国情境下的政治技能量表，该量表共有 22 个题项，包含处事圆通、关系经营、人际敏锐、表现真诚与面子和谐 5 个维度，除了面子和谐的信度系数为 0.67 以外，其他 4 个维度的系数在 0.70 以上，都在可接受的范围之内。尽管如此，该量表并未被国内学者普遍使用。

（二）量表

1. 评价者

员工自评。

2. 量表引导语

请评价你在多大程度上同意以下题项关于你工作的描述。6 点量表，1~6，从"完全不同意"到"完全同意"。

3. 量表正文

维度	条目	评分标准					
		1	2	3	4	5	6
人际网络能力	1. 我在工作中花费很多时间和精力与其他人建立关系网络						
	2. 我在工作中结识很多重要的人并与他们建立良好关系						
	3. 我善于利用我的关系网络来开展工作						
	4. 我已经在同事中建立了一个很大的关系网络，需要时我可以从他们那里获得支持						
	5. 我在工作中花费很多时间与其他人发展关系						
	6. 我善于在工作中与有影响力的人建立关系						
人际影响力	7. 让别人相信我言行的真诚是很重要的						
	8. 与其他人交流时我努力做到言行诚恳						
	9. 我努力对其他人表现出真正的兴趣						
社交敏锐性	10. 我几乎凭直觉就知道如何用言语和行动来影响其他人						
	11. 我对于如何将自己介绍给别人有很好的直觉或悟性						
	12. 我特别擅长感知别人的动机和不可告人的目的						
	13. 我很关注别人的面部表情						
	14. 我对人了解很透彻						
真诚表现	15. 我很容易与大多数人建立融洽的关系						
	16. 我能让周围的大多数人感到舒适和安心						
	17. 我能轻松的与其他人进行有效沟通						
	18. 我很善于让别人喜欢我						

维度信息：维度 1（a = 0.87）：人际网络能力（Networking Ability）；维度 2（a = 0.87）：人际影响力（Interpersonal Influence）；维度 3（a = 0.80）：社交敏锐性（Social Astuteness）；维度 4（a = 0.58）：真诚表现（Apparent Sincerity）；整体量表（a = 0.89）：政治技能（Political Skill）

资料来源：Ferris et al.，2005。

4. 相关研究变量

（1）正相关变量：政治头脑，自我监控，责任心，向上吸引力，联盟，自信，工作绩效，职业成功，建言效能感等。

（2）负相关变量：特质焦虑。

◎ **参考文献**

[1] Pfeffer J. Power in Organizations [M]. Boston, MA: Pitman, 1981.

[2] Ferris G. R., Treadway D. A., Kolodinsky R. W., Hochwarter W. A., Kacmar C. J., Douglas C. and Frink D. D. Development and Validation of the Political Skill Inventory [J]. Journal of Management, 2005, 31 (1): 126 – 152.

[3] Brass D. J., Burkhardt M. E. Potential Power and Power Use: An Investigation of Structure and Behavior [J]. Academy of Management Journal, 1993, 36 (3): 441 – 470.

[4] Douglas C., Ammeter A. P. An Examination of Leader Political Skill and Its Effect on Ratings of Leader Effectiveness [J]. Leadership Quarterly, 2004, 15 (4): 537 – 550.

[5] Ferris G. R., et al. Political Skill at Work [J]. Organizational Dynamics, 2000, 28 (4): 25 – 37.

[6] Ferris G. R., et al. Political Skill in Organizations [J] Journal of Management, 2007, 33 (3): 290 – 320.

[7] 王永跃，段锦云. 政治技能如何影响员工建言：关系及绩效的作用 [J]. 管理世界，2015，(3)：102 – 112.

[8] 王洪青，张文勤. 国外政治技能最新研究进展述评 [J]. 外国经济与管理，2012，(12)：49 – 55.

[9] 薛亦伦，张骁，丁雪，沙开庆. 高政治技能的员工如何规避工作场所排斥？[J]. 管理世界，2016，(7)：98 – 108.

[10] 苗青，陈思静，宫准，等. 人力资源管理研究与实践——前沿量表手册 [M]. 杭州：浙江大学出版社，2015，57 – 59.

[11] 柳恒超，等. 中国文化下组织政治技能的结构及问卷的编制 [J]. 应用心理学，2008，14 (3)：220 – 225.

三、内隐追随

（一）简介

近年来，学者们越来越重视从追随者的视角来理解领导力过程。

为了进一步揭示出领导者与追随者发生互动的心理过程，士（Sy，2010）将认知分类的思想引入追随力的研究之中，发展出了内隐追随（Implicit Followership）的概念（Implicit Followership Theories，IFTs），也叫追随者原型，指与追随者所具有的特征有关的认知结构或图式，既包括领导者的内隐追随（Leaders' Implicit Followership Theories，LIFTs），也包括追随者的内隐追随（Followers' Implicit Followership Theories，FIFTs），既有积极的维度（原型），如勤奋、合群等特征，又有消极的维度（非原型），如粗鲁、不听指挥等特征（Van Gils，Van Quaquebeke，Van Knippenberg，2010）。

总体来看，IFTs 是一个新兴概念，当前关于 IFTs 的研究集中于其影响因素及作用后果，关于 IFTs 内容和结构的探索仍然比较缺乏。士（2010）依据其对 IFTs 的定义，针对西方

（美国）组织情境下领导者 IFTs 的内容、结构进行了实证探索，开发了 IFTs 问卷。该问卷有 18 个题项，可归属于 6 个一阶因子，包括勤劳、热情、好公民、依从、反抗、不称职等。这 6 个一阶因子可以汇聚为追随者"原型（Prototype1）"和追随者"反原型（Fanti-rototype1）"两个二阶因子。

由于内隐理论的内容和结构极易受文化的影响，比如西方的领导者比较强调追随者的"激情"，而东方的领导者（如中国）可能更喜欢"稳重"的追随者，国内学者在随后的研究中发现士的问卷在非西方情境中的信度不尽理想（彭坚、王霄，2016）。士本人也指出其所开发的 IFTs 问卷可能不具有跨文化的普适性，呼吁在其他文化（尤其是东方文化）中对 IFTs 的内容进行探索。祝振兵和罗文豪（2017）回应了学者们的呼吁，探索了在中国组织情境下 IFTs 的内容和结构，弥补了对 IFTs 概念本土开发的不足。

（二）量表

1. 评价者

企业领导者。

2. 量表引导语

采用 Likert7 点计分，要求被试评定每个项目在多大程度上代表其心目中的下属或追随者所具有的特征，1 表示"完全不是追随者的特征"，7 表示"完全是追随者的特征"，从 1 到 7 代表对特征的认同程度逐渐增加。

3. 量表正文

维度	条目	评分标准						
		1	2	3	4	5	6	7
好公民	1. 尊重领导							
	2. 忠诚							
	3. 可靠							
工作能力强	4. 不断超越							
	5. 经验丰富							
	6. 工作效率高							
工作态度好	7. 工作勤奋							
	8. 乐于奉献							
	9. 工作认真							

信度：维度 1（a = 0.81）：好公民；维度 2（a = 0.84）：工作能力强；维度 3（a = 0.77）：工作态度好；整体量表（a = 0.89）：内因追随

资料来源：祝振兵、罗文豪，2017。

4. 相关研究变量

员工绩效，领导—成员交换质量，领导者的喜欢和信任，追随者对领导的喜欢和信任，仁慈型领导，员工角色内行为，组织公民行为。

◎ 参考文献

[1] Sy T. What do You Think of Followers? Examining the Content, Structure, and Consequences of Implicit Followership Theories [J]. Organizational Behavior and Human Decision Processes, 2010, 113 (2): 73 - 84.

[2] Van Gils, S., Van Quaquebeke, N., & Van Knippenberg, D. The X-factor: On the Relevance of Implicit Leadership and Followership Theories for Leader-member Exchange Agreement [J]. European Journal of Work and Organizational Psychology, 2010, (3).

[3] 彭坚，王霄. 与上司"心有灵犀"会让你的工作更出色吗？——追随原型一致性、工作投入与工作绩效 [J]. 心理学报, 2016, (9).

[4] 祝振兵，罗文豪. 中国组织情境下的内隐追随：内容、结构与测量 [J]. 江西社会科学, 2017, (3): 235 - 244.

四、内部人身份

(一) 简介

"内部人身份（Perceived In sider Status）认知"是组织与员工关系的一个新维度，指员工感知到的自己作为组织内部人的程度。该概念最先由斯坦珀（Stamper）和马斯特森（Masterson）（2002）提出，旨在基于员工感知到的组织区别对待他们的方式（内部人或外部人）来探讨提升员工工作绩效以及激发员工积极的态度和行为的方法。马斯特森等（2003）对"内部人身份认知"这一概念进行了具体的界定，认为内部人身份认知代表着"员工对作为组织成员所获得的个人空间与接受程度的认知"，即员工个体在某一特定组织内能够感知到自己"内群体"成员身份的程度，可以作为衡量组织成员感知的归属感（Belonging）维度。从社会化个体和组织的角度来说，陈（Chen）和阿里耶（Aryee）（2007）将内部人身份认知定义为个体关于自己与组织内其他成员之间个人关系的感觉，是员工自我概念的一个重要维度。金姆（Kim）等（2009）认为内部人身份认知是新员工社会化的一个关键结果变量，是个体衡量自己对组织所做贡献的一种方式。尹俊等（2012）指出，内部人身份认知是员工对组织"主人翁"或者"内群体成员"身份的感知。赵红丹等（2015）通过梳理有关内部人身份认知研究文献发现，虽然理论界对"内部人身份认知"这一概念的界定尚未形成统一的认识，但都强调内部人身份认知是员工感知到的组织对自己的包含。具体而言，这种包含感形成于组织社会化实践和利益的结合使员工感到他们已经获得内群体成员身份时，但是这种内部人身份感知又有别于实际的组织包含情况，因为个体即使工作很长时间或者拥有重要职位，他们仍然可能感觉自己不是真正的成员。相反，有些工作时间并不长或者是外部合同工的个体，仍然可能有被接受的感觉。总之，未来的研究在探讨内部人身份认知的定义时需要考虑和纳入这种包含感，这将有助于完善和明确内部人身份认知的内涵，并为后续研究奠定一定的基础。

斯坦珀和马斯特森（2002）开发了关于内部人身份的单维度6题项量表（a = 0.88），

陈和阿里耶（2007）在实证研究中将该量表运用到了中国文化情境下，被证明具有良好的信度。

（二）量表

1. 评价者

员工自评。

2. 量表引导语

请您根据自己的实际感受和体会，对下面5项描述进行评价和判断，并在最符合的数字上划〇。评价和判断的标准如下：1＝非常不同意，2＝不同意，3＝不好确定，4＝同意，5＝非常同意。

3. 量表正文

条目	评分标准				
	1	2	3	4	5
1. 我能强烈地感觉到自己是组织的一员					
2. 我所在的组织让我坚信自己是其中的一员					
3. 我感觉自己是这个组织的局外人（反向计分）					
4. 我感觉自己没有被组织接纳（反向计分）					
5. 我认为自己是组织的局内人					
6. 我所在的组织让我感觉受到冷落（反向计分）					

4. 相关研究变量

（1）正相关变量：工作满意度、绩效、情感性组织承诺、利他行为、创造力和组织公民行为。

（2）负相关变量：反生产行为、生产性越轨行为、离职意愿。

（3）其他变量。个体层面：员工主动性人格，实际介入，个体创造力；群体层面：团队成员间良好的沟通，合作及交换关系；组织层面：组织声誉、公众形象、组织特色等。

◎ 参考文献

［1］Stamper C. L. , Masterson S. S. Insider or Outsider? How Employee Perceptions of Insider Status Affect Their Work Behavior ［J］. Journal of Organizational Behavior, 2002, 23 （8）: 875 – 984.

［2］赵红丹，汤先萍. 内部人身份认知研究述评 ［J］. 外国经济与管理, 2015, 37 （4）: 56 – 65.

［3］Masterson S. S. , Stamper C. L. Perceived Organizational Membership: An Aggregate Framework Representing the Employee – Organization Relationship ［J］. Journal of Organizational Behavior, 2003, 24: 473 – 490.

［4］Chen Z. X. , Aryee S. Delegation and Employee Work Outcome: An Examination of the Cultural Context of Mediating Processes in China ［J］. Academy of Management Journal, 2007, 50 （1）: 226 – 238.

［5］尹俊，王辉，黄鸣鹏. 授权赋能领导行为对员工内部人身份感知的影响：基于组织的自尊的调节作用 ［J］. 心理学报, 2012 （10）.

五、心理契约

（一）简介

心理契约（Psychological Contracts）的概念来自社会心理学。组织行为学家阿吉里斯（Argyris，1960）提到心理契约可以用来描述工厂雇主和雇员之间的关系，但没有给出清晰的定义。莱文森（Levinson）和普赖斯（Price）（1962）对心理契约做出了较为完善的解释，指出心理契约是一种广泛存在于雇主与雇员之间、组织中各层级间、各成员间、与书面契约相区别的、内隐或未公开说明的心理期望的总和。当前研究中，心理契约概念的界定分为广义和狭义两种。广义的心理契约与其最初被提出时的含义相一致，即采用双边视角，强调组织和员工双方对交换关系中彼此责任与义务的主观理解（Argyris，1960；Levinson and Price，1962；Schein，1965；Herriot and Pemberton，1996）。狭义的心理契约定义则从单向关系出发，强调心理契约是雇员个体对双方交换关系中彼此义务的理解（张世菊，2012）。美国学者卢梭（Rousseau，1990）认为心理契约是个体在雇佣关系背景下以许诺、信任和知觉为基础形成的对雇佣双方相互义务的一种理解和信念。狭义学派把心理契约研究视角从雇佣双方转移到员工个体单一层次上，使得定义更加简单明确，且在实证研究中更加易于操作（Rousseau，1989；Robinson，1994）。综上，心理契约具有两方面的特征：第一，心理契约是一种主观感觉，一种存在于劳动交换协议中的个人看法；第二，心理契约是互惠互利的，包含了个人对维护雇主和雇员双方关系所需承担的共同义务的看法。

关于心理契约的结构，主要有二维结构说和三维结构说。其中二维结构说占主导地位，将心理契约划分为交易维度和关系维度（MacNeil，1985）。卢梭和特瑞玛拉（Rousseau and Tijorimala，1996）将心理契约分为交易维度、关系维度和团队成员维度。朱晓妹和王重鸣（2005）对我国知识型员工心理契约结构探索的研究显示具有三维结构，即组织责任由物质激励、环境支持和发展机会三个维度构成。卢福财和陈小锋（2012）认为知识员工心理契约存在三维结构，即交易维度、关系维度和发展维度。

（二）量表

1. 评价者

员工自评。

2. 量表引导语

请根据你在组织中所感知到的雇主、雇员义务填写以下题项。5点量表，1～5，从"完全不同意"到"完全同意。

3. 量表正文

（1）Sels 等（2004）开发的量表。

维度	条目	评分标准				
		1	2	3	4	5
雇主义务：						
时间范围	1. 我希望雇主为我的就业提供保障					
	2. 我希望雇主承诺为我拟定长远规划					
	3. 我希望雇主为我的事业发展提供机会					
	4. 我希望，如果我的工作岗位不复存在时，雇主能把我调到其他工作岗位					
有形性	5. 我希望雇主针对我的工作量身定制合同					
	6. 我希望我的雇主对公司的绩效评估标准做出专门描述					
	7. 我希望雇主对我在这家公司里的权益描述清晰					
范围	8. 我希望雇主欣赏我所做的工作和我这个人					
	9. 我希望我的雇主不仅考虑最终结果，也能考虑我个人的努力					
	10. 我希望雇主把我当作一个人看待，而不是一个数字					
稳定性	11. 我希望雇主能坚决履行合同，无论情况怎么变化					
	12. 我希望雇主在合同落实过程中能随机应变（反向计分）					
	13. 我希望雇主视已订立的合同为永久生效					
契约水平	14. 我希望雇主平等对待同个层次的员工					
	15. 我希望雇主对同个层次的员工要求一致					
	16. 我希望雇主把合同适用于整个工作群体、整个部门或整个团队					
	17. 我希望雇主能让同个层次的雇员享有同样的福利					
雇员义务：						
时间范围	1. 雇主可以希望我做出承诺长期为公司效力					
	2. 雇主可以希望我在必要时能随时接受岗位调换					
	3. 雇主可以希望我能终身效力于公司					
有形性	4. 雇主可以希望我能清楚地陈述我工作的重点					
	5. 雇主可以希望我能阐明自己的职业愿望和计划					
	6. 雇主可以希望当出现问题时，我能明确指出问题所在					
范围	7. 雇主可以希望我即使在非工作时间也可以心系公司					
	8. 雇主可以希望我在工作需要时可以加班					
	9. 雇主可以希望我会为这家公司注入自己的想法和创造力					
稳定性	10. 雇主可以希望我能快速适应工作环境的变化					
	11. 雇主可以希望我能应对工作中的突发事件					
	12. 雇主可以希望我接受未来协议的修订					

续表

维度	条目	评分标准				
		1	2	3	4	5
交换对称性	13. 雇主可以希望我对待上级言行端正					
	14. 雇主可以希望我认同管理人员比一般员工拥有更高地位					
	15. 雇主可以希望我拥护上级的权威					

各维度信度：（1）对雇主义务的感知：时间范围，a = 0.79；有形性（Tangibility），a = 0.82；范围（Scope），a = 0.80；稳定性（Stability），a = 0.70；时间范围（Time Frame），a = 0.79；契约水平（Contract Level），a = 0.85。（2）对雇员义务的感知：时间范围（Time Frame），a = 0.76；有形性（Tangibility），a = 0.78；范围（Scope），a = 0.81；稳定性（Stability），a = 0.79；交换对称性（Exchange Symmetry），a = 0.77

（2）刘小禹、刘军和于广涛（2008）开发的量表。

考虑到中国文化背景下员工心理契约的内容可能与西方不同，刘小禹、刘军和于广涛（2008）综合西方成熟量表进行二次开发，以即将毕业已经找到工作的大学生为研究对象，通过追踪调查，最终形成绩优和忠诚两个维度共8题项的量表。其中，绩优强调与员工工作结果相关的个人承诺，与交易型成分联系紧密，代表交易型的员工义务感；忠诚与员工心理契约中的关系型成分联系紧密，代表关系型的员工义务感。

维度	条目	评分标准				
		1	2	3	4	5
绩效	1. 与同事合作					
	2. 帮助同事					
	3. 在工作时起良好的示范作用					
	4. 工作表现优于岗位要求					
忠诚	5. 对公司忠诚					
	6. 对上司忠心					
	7. 辞职时会提早通知公司					
	8. 不会支持公司的竞争对手					

维度信息：（1）绩效：a = 0.72；（2）忠诚，a = 0.81

（3）张爱武和李锡元（2006）开发的针对我国研发人员和技术人员的心理契约量表。

维度	条目	评分标准				
		1	2	3	4	5
生涯和发展	1. 帮助员工提升在未来就业市场上的竞争力					
	2. 给员工提供在公司内部晋升的机会					
	3. 为有创意的员工提供实现创意的机会和条件					
	4. 培训员工的技能以增加员工在公司的价值					

宏微观人力资源管理相通探索

续表

维度	条目	评分标准				
		1	2	3	4	5
业绩报酬	5. 根据员工的当前业绩付给报酬					
	6. 根据员工的自身价值和当前贡献付给报酬					
	7. 根据员工的个人业绩加薪调资					
工作与生活平衡	8. 帮助员工解决工作与家庭之间的冲突与矛盾					
	9. 帮助员工合理安排工作与休闲					

维度信息：（1）生涯与发展：a = 0.83；（2）业绩报酬，a = 0.75；（3）工作与生活平衡 a = 0.55

◎ 参考文献

［1］Argyris C. Understanding Organizational Behavior ［M］. Tavistock Publications，1960.

［2］Schein. Organizational Psychology ［M］. Englewood Cliffs，NJ：Prentice Hall，1965.

［3］Herriot P. ，Pemberton C. Contracting Careers ［J］. Human Relations，1996，49（6）：757 – 790.

［4］Robinson S. L. Violating the Psychological Contract：Not the Exception but the Norm ［J］. Journal of Organizational Behavior，1994，（3）：245 – 259.

［5］Rousseau D. M. New Hire Perceptions of Their Own and Their Employer's Obligations：A Study of Psychological Contracts ［J］. Journal of Organizational Behavior，1990，（11）：389 – 400.

［6］Rousseau D. M. Psychological and Implied Contracts in Organizations ［J］. Employee Responsibilities and Rights Journal，1989，2（2）：121 – 139.

［7］张世菊. 心理契约可复制性：从内部比较到外部比较 ［J］. 北京：经济管理，2012（8）.

［8］朱晓妹，王重鸣. 中国背景下知识型员工的心理契约结构研究 ［J］. 科学学研究，2005（1）.

［9］卢福财，陈小锋. 知识员工心理契约、组织信任与知识共享意愿 ［J］. 经济管理，2012（4）.

［10］Sels L. ，Janssens M. ，Van den Brande I. Assessing the Nature of Psychological Contracts：A Validation of Six Dimensions ［J］. Journal of Organizational Behavior，2004，25（4）：461 – 488.

［11］苗青，陈思静，宫准，等. 人力资源管理研究与实践——前沿量表手册 ［M］. 浙江：浙江大学出版社，2015，472 – 474.

［12］李超平，王桢，毛贤凯. 管理研究量表手册 ［M］. 北京：中国人民大学出版社，2016：63 – 66.

六、人岗匹配

（一）简介

20 世纪初，科学管理理论的三位创始人泰勒、法约尔、韦伯最早提出了人岗匹配（Person-job Fit）的思想，目的在于最大限度挖掘员工的潜能，让不同的员工完成其能力所及的工作，在相应的工作岗位上最大限度地提高生产效率，发挥其能力的最大贡献。虽然受生产力发展水平的制约，这一思想中的有些说法仍有待完善，但它说明了人岗有效匹配的重要性和必要性，为进一步探讨相关理论提供了重要的思想依据，也为管理理论在实践中的具体操作提供了方法基础。人岗匹配的概念主要是由互动研究模式而来，有别于偏重个人因素或环境因素的研究，是人们进行职业选择的一个重要标准。爱德华兹（Edwards, 1991）将人岗匹配定义为人的能力和工作岗位需要的匹配，或人的要求与岗位特性的匹配。翁清雄（2010）根据辛哈等（Singh et al., 2004）提供的测量方法进行修订后得出了拥有 4 个题项的单维度量表，用于测量人岗匹配，该量表的内部一致性系数为 0.755。

（二）量表

1. 评价者

员工自评。

2. 量表引导语

请您根据自己的实际感受和体会，用下面 4 项描述对您的实际情况进行评价和判断，并在最符合的数字上划○。评价和判断的标准如下：1 = 非常不同意，2 = 不同意，3 = 不好确定，4 = 同意，5 = 非常同意。

3. 量表正文

维度	条目	评分标准				
		1	2	3	4	5
人岗匹配	1. 我感觉自己和当前的工作非常匹配					
	2. 目前的工作对我的要求与我所具备的经验、技能和知识相符					
	3. 单位提供给我的工作环境与我的要求相符					
	4. 我的性格和气质特征与我的工作相匹配					

4. 相关研究变量

工作绩效、工作满意度、任务绩效。

◎ 参考文献

[1] Edwards J. R. Person-job Fit: A Conceptual Integration, Literature Review and Methodological Critique [J]. International Review of Industrial Organizational Psychology, 1991 (6): 283 – 357.

[2] Singh R., Greenhaus J. H. The Relation between Career Decision-making Strategies and Person-job fit: A Study of Job Changers [J]. Journal of Vocational Behavior, 2004, 64 (1): 198 – 221.

[3] 翁清雄. 自我职业生涯管理对职业决策质量的作用机制 [J]. 管理评论, 2010, 22 (1): 82 – 93.

第三节 工作态度与情感类变量的构念与测量

本节对工作态度与情感类变量的构念与测量加以介绍。

一、主观幸福感

（一）简介

主观幸福感（Subjective Well-being，SWB），指人们对其生活质量所做的情感性和认知性的整体评价，具有主观性、整体性和相对稳定性的特点（Diener，1984）。在这种意义上，决定人们是否幸福的并不是实际发生了什么，关键是人们对所发生的事情在情绪上做出何种解释，在认知上进行怎样的加工。与心理幸福感（Psychological Well-being，PWB）一样，主观幸福感日益受到重视。

主观幸福感研究自 20 世纪 50 年代在美国兴起，早期的含义界定从情感的角度切入。20 世纪 60 年代之前，人们普遍认为情感是单一维度，正性情感与负性情感负相关。布拉德伯恩（Bradburn，1969）提出幸福评估的情感取向模式，认为正性情感与负性情感并不是同一维度的两个方面，而是两个彼此独立的维度；幸福感应理解为正性情感与负性情感之间的平衡，正性情感增加一个人的幸福感，负性情感降低一个人的幸福感，所以要增加幸福感，既要减少负性情感，又要增加正性情感。安德雷斯和维西（Andrews and Withey，1976）提出了主观幸福感还有第三个维度：认知维度（生活满意度），指个体建构出一个适合于自己的标准，并将生活的各个方面作为一个整体来评定自己的满意感程度。迪纳（Diener，1999）在其著作《主观幸福感研究的 30 年进展》中对主观幸福感的概念模型进行了总结，认为主观幸福感的主要成分是生活满意度与情感平衡（积极情感和消极情感）。其中，生活满意度是个体对生活的综合判断和总的概括认知；而良好的情感平衡则是积极情感占优势的情绪主动掌控状态，是个体对生活中各种事件的总体情感反应。迪纳（1999）的观点得到学者们的普遍认同，即 SWB 由三个不同维度组成：积极情感、消极情感和生活满意感。20 世纪 80 年代中期以后主观幸福感开始进入我国研究者的视野。

测量 SWB 的方法很多，既有 20 世纪 50 年代以来的应用较多的自陈量表法，从整体取向和维度取向两个方面进行；也有近年来兴起的经验样本测量法（邢占军，2002）。量表中应用较多的是阿盖尔（Argyle，1987）在 Beck 抑郁问卷基础上发展的牛津主观幸福感问卷（Oxford Happiness Inventory，OHI），该问卷为整体取向，内部一致性系数为 0.90，七周后的重测信度为 0.78。

（二）量表

1. 评价者

员工自评。

2. 量表引导语

下面有许多组关于个人幸福方面的叙述，请仔细阅读每一组中所包含的 4 个叙述，把你认为最能反映你在过去的一周（包括今天）的体验的那个叙述挑选出来，然后用圆圈把它前面的字母（a，b，c，d）圈起来。

3. 量表正文

1	a 我感到不幸福	b 我感到还算幸福	c 我感到很幸福	d 我感到极度幸福
2	a 我勉强生活着	b 生活是美好的	c 生活很美好	d 我热爱生活
3	a 我对将来并不特别乐观	b 我对将来感到乐观	c 我感到将来有很多是可期望的	d 我感到将来时充满希望的
4	a 我对其他人不感兴趣	b 我对其他人有点兴趣	c 我对其他人很感兴趣	d 我对其他人有极度强烈的兴趣
5	a 我对生活中的一切都不满意	b 我对生活中的有些事感到满意	c 我对生活中的许多事感到满意	d 我对生活中每一件事都十分满意
6	a 我发现做决定很不容易	b 我发现做决定还算容易	c 我发现做决定是容易的	d 我做任何决定都很容易
7	a 我感到不能控制自己的生活	b 我感到至少能部分地控制自己生活的所有方面	c 我感到大部分时间能控制自己的生活	d 我感到总能控制自己生活的所有方面
8	a 我发现要着手做事情很困难	b 我发现要着手做事情还算容易	c 我发现要着手做事情很容易	d 我能做任何事情
9	a 我感到生活没有价值	b 我感到生活是有价值的	c 我感到生活很有价值	d 我感到生活给我回报太多了
10	a 我经常失眠	b 我在睡眠过程中经常会醒来	c 我在睡眠过程中有时会醒来	d 我在睡眠过程中难得醒来
11	a 我不喜欢我现在的情形	b 我喜欢我现在的情形	c 我很喜欢我现在的情形	d 我非常喜欢我现在的情形
12	a 我一点都不精力充沛	b 我还算精力充沛	c 我精力非常充沛	d 我总是有使不完的劲
13	a 我对外界事件从没有好的影响	b 我偶然会对外界事件有好的影响	c 我经常会对外界事件有好的影响	d 我总是会对外界事件有好的影响
14	a 我认为所有事情都没有特别的吸引力	b 我认为有些事情是美好的	c 我认为大多数事情是美好的	d 整个世界对我来说都是美好的
15	a 我觉得自己思维不敏捷	b 我觉得自己思维有点敏捷	c 我觉得自己思维很敏捷	d 我觉得自己思维极度敏捷
16	a 我不和其他人开玩笑	b 我有时候和其他人开玩笑	c 我经常和其他人开玩笑	d 我总是和其他人开玩笑
17	a 我感到自己不健康	b 我感到自己有点健康	c 我感到自己很健康	d 我感到自己极度健康
18	a 我不会使别人快乐	b 我有时会使别人快乐	c 我经常会使别人快乐	d 我总是使别人快乐
19	a 我对别人没有温情	b 我对别人有些温情	c 我对别人很有温情	d 我爱每一个人
20	a 我的生活没什么特别的意义和目的	b 我的生活稍许有些意义和目的	c 我的生活很有意义和目的	d 我的生活充满意义和希望
21	a 我对过去没有什么特别的幸福回忆	b 我过去有些值得幸福回忆的	c 我过去的大多数都是值得幸福回忆的	d 我过去的一切都是值得幸福回忆的

续表

22	a 我没有很投入的感觉	b 我有时候会很投入	c 我经常会很投入	d 我总是很投入
23	a 我从没有过兴高采烈的状态	b 我有时候会有兴高采烈的状态	c 我经常会有兴高采烈的状态	d 我总是处于兴高采烈的状态
24	a 我认这世界并不是一个好地方	b 我认为这世界还算是一个好地方	c 我认为这世界是一个很好的地方	d 我认为这世界是一个极美妙的地方
25	a 我想要做的和我所做的之间总有差距	b 我做过一些我想要做的事	c 我做过许多我想要做的事	d 我做的每一件事都是我想要做的事
26	a 我很少笑	b 我有时候笑	c 我经常笑	d 我总是笑
27	a 我不会很好地安排我的时间	b 我安排我的时间还可以	c 我能很好地安排我的时间	d 我能非常好地安排我的时间
28	a 我认为我没有吸引力	b 我认为我还有点吸引力	c 我认为我有吸引力	d 我认为我极有吸引力
29	a 我找不到令人愉快的事情	b 我发现有些事情令人愉快	c 我发现大多数事情令人愉快	d 每件事情都令我愉快

◎ **参考文献**

［1］Bradburn N. M. The Structure of Psychological Well-being ［J］. Chicago：Aldine，1969.

［2］Andrews F. M. ，Withey S. B. Social Indicators of Well-being：Americans' Perceptions of Life Quality ［J］. New York：Plenum，1976.

［3］Diener E. Subjective Well-being ［J］. Psychological Bulletin，1984，95（3）：542 – 575.

［4］Diener E. ，Eunkook S. ，Riehard E. et al. Subjective Well-being Three Decades of Progress ［J］. Psychological Bulletin，1999，125（2）：276 – 294.

［5］Argyle M. The Psychology of Happiness ［J］. Journal of the American Medical Association，1987，93（23）：1833 – 1833.

［6］苗元江. 幸福感：指标与测量 ［J］. 广东社会科学，2007，3：63 – 68.

［7］邢占军. 主观幸福感测量研究综述 ［J］. 心理科学，2002，25（3）：336 – 338.

二、职业倦怠

（一）简介

工作倦怠（Job Burnout）又称为工作耗竭或过劳等，最早由美国心理学家弗登伯格（Freudenberger）于 1974 年提出，用以描述个体在长期面临高度工作压力的情况下，由于工作本身对个体能力、精力与资源的过度要求，而导致个体感受到挫折、疲溃与心力交瘁，进入情绪衰竭的状态。自提出以后，工作倦怠就成为国内外职业心理和组织行为领域研究的热点（李永鑫，2003）。

工作倦怠的测量是指对个体倦怠程度的判定与评价，是组织实施工作倦怠预防与干预措施的依据。目前，人们普遍接受的是马勒诗和杰克逊（Maslach and Jackson，1981）所提出的操作性定义，即工作倦怠是由于长期的工作压力所导致的一种心理综合征，表现为情绪衰竭、去人性化以及个人成就感降低3种现象（Schaufeli et al.，1996）依此开发了适用于一般职业人群的测量量表 MBI - GS，该量表包含衰竭（情感耗竭）、工作疏离（人格解体）和低专业效能（个人成就低）3个维度，具有较高的信度与效度，得到学者们的广泛引用（翁清熊等，2018）。

国内学者在研究职业倦怠时基本上是沿用马勒诗的三维度结构模型。李永鑫（2005）在参考国内外已有研究的基础上，从不同职业的实际情况出发，经过访谈、开放式问卷调查等程序编制而成21个题项的中国版工作倦怠问卷 CMBI，其维度结构与 MBI 相同，命名为"耗竭、人格解体、成就感降低"，广泛用于教师、医护人员、警察、企业管理者和员工等职业领域。

（二）量表

1. 评价者

企业员工。

2. 量表引导语

1 表示"完全不同意"，7 表示"完全同意"，从 1 到 7 代表认同程度逐渐增加；其中，低专业效能反向计分。

3. 量表正文

（MBI - GS）

维度	条目	评分标准						
		1	2	3	4	5	6	7
情绪耗竭	1. 工作让我感觉身心俱惫							
	2. 下班的时候我感觉筋疲力尽							
	3. 早晨起床不得不去面对一天的工作时，我感觉非常累							
	4. 整天工作对我来说确实压力很大							
	5. 工作让我有快要崩溃的感觉							
工作疏离	6. 自从开始干这份工作，我对工作越来越不感兴趣							
	7. 我对工作不像以前那样热心了							
	8. 我怀疑自己所做工作的意义							
	9. 我对自己所做的工作是否有贡献越来越不关心了							
低专业效能	10. 我能有效地解决工作中出现的问题							
	11. 我觉得我在为工作作出有用的贡献							
	12. 在我看来，我擅长于自己的工作							
	13. 当完成工作上的一些事情时，我感到非常高兴							
	14. 我完成了很多有价值的工作							
	15. 我自信自己能有效地完成各项工作							

宏微观人力资源管理相通探索

4. 相关研究变量

（1）正相关变量：工作负荷，离职倾向。

（2）负相关变量：组织公平，工作绩效，工作满意度。

◎ 参考文献

［1］Freudenberger H. J. Staff Burnout［J］. Journal of Social Issues, 1994, 30（1）：159 – 165.

［2］Schaufeli W. B., Leiter M. P., Maslach C., Jackson S. E. "The Maslach Burnout Inventory：General Survey（MBI – GS）" in：Maslach C., Jackson S. E., Leiter M. P., Eds. The Maslach Burnout Inventory-test Manual. Palo Aho：Consulting Psychologists Press, 1996, 19 – 26.

［3］Maslach C., Jackson S. E. Maslach Burnout Inventory – General Survey（MBI – GS）, in Maslach C., Jackson S. E., Leiter M. P., Eds., Maslach Burnout Inventory Manual, Palo Aho：Consulting Psychologists Press, 1996：19 – 32.

［4］李永鑫. 工作倦怠及其测量［J］. 心理科学, 2003, 26（3）：556 – 557.

［5］翁清雄, 胡啸天, 陈银龄. 职业妥协量表开发及对职业承诺与工作倦怠的预测作用研究［J］. 管理世界, 2018,（4）：113 – 126 + 175.

［6］李永鑫, 吴明证. 工作倦怠的结构研究［J］. 心理科学, 2005（2）：454 – 457.

三、工作价值观

（一）简介

休珀（Super, 1970）最早提出了工作价值观（Work Values）的概念，认为工作价值观指个体所追求的与工作有关的目标的表述，是个体的内在需要及其从事活动时所追求的工作特质或属性。还有一些学者与休珀一样，侧重于从需求层面考量工作价值观，认为工作价值观是个体期望从工作中所获得满足的需求。而大多数学者更侧重于从判断标准层面界定工作价值观，认为工作价值观是个体关于工作行为及其对从工作环境中获取某种结果的价值判断，是一种直接影响行为的内在思想体系，价值观随着文化、社会和个性的变化发展。我国学者普遍侧重于判断标准层面界定工作价值观（霍娜、李超平，2009）。

近几十年来，学术界对工作价值观结构的认识不断丰富，开发了各具代表性的测量问卷（侯烜方等，2014）。如，休珀（1970）提出的工作价值观测量量表（WVI）有 15 个指标 60 个题项分为 3 个维度，即外部激励（生活方式、安全、地位和经济回报）、外部的社会和工作相关环境（环境、关联、监督关系和类别）、内部激励（创意、管理、成就、利他主义、独立、智慧、刺激和美学），得到了较为广泛的应用，但是也有学者对其效度提出质疑（霍娜、李超平，2009）。中国文化联合会构建了由融合、孔子工作动力论、人际和谐以及道德自律等四因素组成的中国工作价值观结构，并编制出 37 个条目的中国工作价值观调查量表。侯烜方等（2014）认为，现有的国外工作价值观结构的建模都出现在 20 世纪 60 ~ 80 年代，研究对象都是 20 世纪 40 ~ 60 年代出生和成长的个体，与新生代的成长环境差异非常大，且缺乏对中国本土样本的适用性验证。因此，探索中国背景下新生代工作价值观的结构内涵意义重大，因此开发了具有 20 个题项 5 个维度的新生代工作价值观测量问卷。该量表具有较好的结构效度、区分效度和预测效度。

（二）量表

1. 评价者

工作者自评。

2. 量表引导语

请您根据自己的实际感受回答以下每项工作特征的重要性。其中 5 代表非常重要，4 代表很重要，3 代表重要，2 代表不太重要，1 代表很不重要。

3. 量表正文

分值	题号	题目	分值	题号	题目
	1	能参与救灾济贫的工作		25	生病时能有妥善照顾
	2	能经常欣赏完美的艺术作品		26	工作地点光线通风好
	3	能经常尝试新的构想		27	有一个公正的主管
	4	必须花精力去思考人生		28	能与同事建立深厚友谊
	5	在职责范围内有充分自由		29	工作性质常会变化
	6	可以经常看到自己的工作成果		30	能实现自己理想
	7	能在社会扮演更重要的角色		31	能够减少别人的苦难
	8	能知道别人如何处理事务		32	能运用自己的鉴赏力
	9	收入能比相同条件的人高		33	常需构思新的解决办法
	10	能有稳定的收入		34	必须不断地解决新的难题
	11	能有清净的工作场所		35	能自行决定工作方式
	12	主管善解人意		36	能知道自己的工作绩效
	13	能经常和同事一起休闲		37	能让你觉得出人头地
	14	能经常变换职务		38	可以发挥自己的领导能力
	15	能成为你想成为的人		39	可使你存下很多钱
	16	能帮助贫困和不幸的人		40	有好的保险和福利制度
	17	能增添社会的文化气息		41	工作场所有现代化设备
	18	可以自由地提出新颖的想法		42	主管能采取民主领导方式
	19	必须不断学习才能胜任		43	不必和同事有利益冲突
	20	工作不受他人干涉		44	可以经常变换工作场所
	21	常觉得自己辛劳没有白费		45	工作常让你觉得如鱼得水
	22	能使你更有社会地位		46	常帮助他人解决困难
	23	能够分配调整他人工作		47	能创作优美作品
	24	能常常加薪		48	常提出不同的处理方案

续表

分值	题号	题目	分值	题号	题目
	49	需对事情深入分析研究		55	不会轻易被解雇或裁员
	50	可以自行调整工作进度		56	工作场所整洁卫生
	51	工作结果受到他人肯定		57	主管学识和品德让你敬佩
	52	能自豪介绍自己的工作		58	能够认识很多风趣的伙伴
	53	能为团体拟定工作计划		59	工作内容随时间变化
	54	收入高于其他行业		60	能充分发挥自己专长

职业价值观量表记分和解释：

得分	对应题目	职业价值观	得分	对应题目	职业价值观
	1、16、31、46	利他主义		9、24、39、54	经济报酬
	2、17、32、47	美的追求		10、25、40、55	安全稳定
	3、18、33、48	创造发明		11、26、41、56	工作环境
	4、19、34、49	智力激发		12、27、42、57	上司关系
	5、20、36、50	独立自主		13、28、43、58	同事关系
	6、21、36、51	成就满足		14、29、44、59	多样变化
	7、22、37、52	声望地位		15、30、45、60	生活方式
	8、23、38、53	管理权力			

新生代工作价值观（侯烜方等，2014）。

功利导向	1	较好的薪酬福利	1	2	3	4	5
	2	不断增长的薪酬	1	2	3	4	5
	3	在工作中，追求利益最大化	1	2	3	4	5
	4	努力付出会有等价回报	1	2	3	4	5
内在偏好	5	工作符合自己的兴趣爱好	1	2	3	4	5
	6	工作是有价值和重要的	1	2	3	4	5
	7	工作有趣味性	1	2	3	4	5
	8	弹性工作时间	1	2	3	4	5
人际和谐	9	融洽的工作氛围	1	2	3	4	5
	10	领导平易近人	1	2	3	4	5
	11	同事之间互相尊重	1	2	3	4	5
	12	团队有平等的人际关系	1	2	3	4	5

续表

创新导向	13	创造性的工作理念	1	2	3	4	5
	14	富有挑战性的工作	1	2	3	4	5
	15	不是墨守成规的工作	1	2	3	4	5
	16	创新性的工作	1	2	3	4	5
长期发展	17	良好的发展空间	1	2	3	4	5
	18	不错的发展前景	1	2	3	4	5
	19	良好的职业发展规划	1	2	3	4	5
	20	良好的晋升机制	1	2	3	4	5

◎ **参考文献**

[1] Super D. E. Work Values Inventory [M]. Boston, MA：Houghron – Mifflin, 1970.

[2] 侯烜方，李燕萍，涂乙冬. 新生代工作价值观结构、测量及对绩效影响 [J]. 心理学，2014，46（6）：823 – 840.

[3] 霍娜，李超平. 工作价值观的研究进展与展望 [J]. 心理科学进展，2009，17（4）：795 – 801.

四、道德认同

（一）简介

"道德认同"（Moral Identity）又译作"道德同一性"。刘仁贵（2014）指出，中西方学界对道德认同的界定主要有人格说、图式说、社会化说、内化说等四种视角人格说认为道德认同是道德与自我的联结，是将道德加入自我认同结构的过程，这一界定在西方心理学界占有主要地位。图式说认为道德认同是人们在一定的内在认知图式基础上，在道德实践活动中将那些与自身内在图式相一致的道德要求整合进自身认知图式结构，构建内在道德图式的过程。如阿基诺和雷德（Aquino and Reed, 2002）提出道德认同是由一系列与道德行为相联系的道德特质组织起来的关于自我概念的认知图式，是个体认识自己的一种稳定的道德特质。社会化说认为道德认同是在社会文化环境中人们形成道德价值观的过程，特别地与当前社会群体和环境有关，关系到个体能不能把这些社会价值观融合到个人的自我认同中去。内化说则提出道德认同是外部道德向内部世界内化过程的一部分，国内有很多学者从内化角度来理解道德认同，认为道德认同作为一种个体的自我认知，是个体对成为有道德的人的定位和期待，是一种内在的是非观念，是将道德认知转化为道德行为的关键心理机制（张桂平、刘玥，2019）。此外，还有学者持有融合的观点，认为道德认同是个体自有道德图式与社会道德规范不断融合、同化，进而改变自身道德结构以顺应社会道德发展的道德价值观（林志扬等，2014）

阿基诺等（Aquino et al., 2002）编制的道德认同测量问卷应用范围最广（曾晓强，2011）。该问卷共有 10 个题项，分为内在化（Internalization）和表征化（Symbolization）两个维度。其中，内在化（内隐）是指道德特质对个体自我概念的重要性，表征化或符号化（外显）是指个体的公开行为所反映的道德特质程度。问卷首先呈现给被试 9 个描述个人特质的形容词（如关爱、善良、同情心、公平、友好、慷慨、助人、勤奋、诚实），让被试想象具有上述品质的人的思想、感受和行为，然后让被试对 10 道测试题进行李克特 7 点评分。

（二）量表

1. 评价者

员工自评。

2. 量表正文

（阿基诺等，2002）

量表引导语：下面列举了 9 个用来描述个人特征的词语，请根据您的实际情况在相应的数字上划勾。1 = "非常不同意"、2 = "比较不同意"、3 = "一般"、4 = "比较同意"、5 = "非常同意"。

"关心他人的、富有同情心的、公平的、友好的、慷慨的、乐于助人的、勤奋的、善良的、诚实的。"

维度	条目	评分标准						
		1	2	3	4	5	6	7
内隐	成为一个有如上品质的人会使我感觉很好							
	能够拥有这些特质，正是我所追求的							
	我会因为有如上品质而羞耻							
	有这些品质对我不是十分重要							
	我强烈渴望拥有这些品质							
外显	在自己的穿着打扮方面，我希望可以体现上述美好的特质							
	我会因为具有这些特征而感到羞耻							
	我在空闲时间做的事情能清楚地反映我有如上品质							
	我读的书、杂志能清楚地表现我有如上品质							
	在我的工作学习环境中，平时别人知道我拥有这些特征							
	我积极参加能表现这些品质的活动							

信度：内隐道德认同维度的 a 系数为 0.79，外显道德认同的 a 系数为 0.78，总量表 α 系数 0.82

3. 相关研究变量

（1）正相关变量：个体道德行为、亲社会行为、网络利他行为。

（2）负相关变量：怠惰行为、道德推脱。

◎ 参考文献

［1］Aquino K., Reed A. The Self-importance of Moral Identity ［J］. Journal of Personality, 2002, 83 (6): 1423 – 1440.

［2］曾晓强. 国外道德认同研究进展 ［J］. 心理研究, 2011, 4 (4): 20 – 25.

［3］刘仁贵．道德认同概念辨析［J］．伦理学研究，2014（6）：15－20．

［4］张桂平，刘玥．社会责任型人力资源管理对员工主动服务行为的影响机制研究［J］．中国人力资源开发，2019，36（5）：6－21．

［5］林志扬，肖前，周志强．道德倾向与慈善捐赠行为关系实证研究——基于道德认同的调节作用［J］．外国经济与管理，2014，36（6）：15－23＋31．

五、整体薪酬感知

（一）简介

整体薪酬（Total Rewards），也常常被译为"全面报酬""全面薪酬""总体报酬"。总体报酬（Total Rewards）一词最先由古典经济学家亚当·斯密提出，原指劳动者所得货币工资中包含了与职业相关的多个因素，2000年被美国薪酬协会（WAW）赋予了新的内涵，指"雇主为工作而回报给员工的每一件事物，或者员工在雇佣关系中所获得的每一件事物"，涵盖了物质报酬和非物质报酬两个方面，体现了以员工需求为导向的薪酬设计思想。同时，美国薪酬协会还提出了第一个总体报酬模型，该模型将总体报酬聚焦于"薪酬、福利和工作体验"三个要素。2006年，美国薪酬协会对第一代模型进行了修正，提出了一个作为整合业务战略重要组成部分的包括总体报酬背景、内容和贡献的第二代总体报酬模型，该模型把总体报酬模型划分为"薪酬、福利、工作与生活平衡、绩效与认可、发展和职业机会"5个维度，得到了普遍的认可和广泛的应用（王红芳，2017）。

然而，总体报酬以员工需求为前提的特点，影响了社会各界对其结构认识的一致性，韬睿公司、合益集团、迪士尼公司等提出了各自的总体报酬模型。由于文化经济等因素对人的认识、情感与激励会产生重大的影响。刘爱军等（2010）认为，WAW总体报酬模型并不完全适合我国国情，还需要进一步修正。杨菊兰和杨俊青（2015）按照美国薪酬协会第二代总体报酬模型，从薪酬、福利、工作生活平衡、绩效与认可、发展与职业机会5个维度，基于员工感知的视角设计了测量整体薪酬感知的初始题库，通过预调查、专家小组讨论形成了包含29个题项的初始问卷，再经过大范围的调查验证，最终形成了包括4个维度（工作生活平衡感知、发展与职业机会感知、工作条件感知和工资水平感知）、共有21个题项的正式测量问卷，该测量问卷具有良好的信度。王红芳（2017）在文献分析的基础上，通过企业访谈、咨询专家意见、编制问卷调查、对回收数据统计分析等规范步骤，确定我国企业员工的总体报酬构成分为6个维度，即"薪酬、福利、工作条件、自主与认可、职业发展和工作关系"，所开发量表共有32个题项，量表内部一致性系数为0.95。

（二）量表

1. 评价者
员工自评。

2. 量表引导语
请您根据自己的实际感受和体会，对下面的题目进行评价和判断，并在最符合的数字上划"√"。评价和判断的标准如下：1＝差，2＝较差，3＝一般，4＝较好，5＝好。

3. 量表正文

维度	条目	评分标准				
		1	2	3	4	5
工资水平感知	1. 工资水平与本人技能匹配					
	2. 工资水平与同行业企业相比					
	3. 当月绩效奖金与工作绩效挂钩					
	4. 考核标准易于达到					
	5. 工作绩效与个人目标一致性					
工作条件感知	6. 及时足额为员工缴纳五险一金					
	7. 为员工缴纳其他社会保险情况					
	8. 带薪假期的执行情况					
	9. 公司资助与支持的学习进修培训					
	10. 住房福利					
工作生活平衡感知	11. 保证员工的节假日休息时间					
	12. 公司对我家庭的关照					
	13. 保证员工的工间休息时间					
	14. 工作中我的身心健康状况					
	15. 工作与家庭兼顾情况					
发展与职业机会感知	16. 公司组织的培训项目或课程					
	17. 工作对个人能力提升的帮助					
	18. 晋升机会					
	19. 公司提供清晰的未来晋升阶梯或路径					
	20. 年中绩效奖金与工作绩效挂钩					
	21. 公司给予我参与管理或提出建议的机会					
各维度信度	工资水平感知：0.773，工作条件感知：0.792；工作生活平衡感知：0.82；发展与职业机会感知：0.829					

资料来源：杨菊兰、杨俊青，2015。

4. 相关研究变量

组织认同、创新自我效能感、员工创新行为、工作满意度、组织自尊、任务绩效、学习绩效、组织公民行为、工作投入。

◎ 参考文献

[1] 王红芳. 非国有企业员工总体报酬及其结构对工作绩效的影响研究 [M]. 北京：中国财政经济出版社，2017，12.

[2] 杨菊兰，杨俊青. 员工整体薪酬感知结构化及其对组织认同的影响——来自双因素理论的解释

[J]. 经济管理，2015，37（11）：63-73.

[3] 美国薪酬协会著，朱飞译，文跃然审校. 整体薪酬手册：人力资源专家的综合指引 [M]. 北京：企业管理出版社，2012.

第四节 工作行为类相关构念与测量

本节介绍工作行为类相关概念与测量。

一、怠惰行为（Withdrawal Behavior）

（一）简介

组织中员工的各种行为中，偷懒是一项令管理者头痛的消极行为。员工主观上避开工作中遇到的困难，减少自身在工作中投入的现象被称为怠惰行为（Christian et al.，2015）。怠惰行为通常在企业和组织日常管理可关注的范围与公司的政策之外，实际上很难被管理者观察到，但却反映了员工的工作态度，是一种持续且相对稳定的工作偏离行为，对组织具有一定的破坏性（Christian et al.，2015）。因此，企业有必要对怠惰行为进行管控。

目前，学术界对偏离行为的关注较少，尤其缺乏对怠惰行为的专门研究，尽管怠惰行为的危害可能并不如其他偏离行为严重，但是怠惰行为更为隐蔽和普遍，因此非常有必要进行确认与干预（郭晟豪、萧鸣政，2017）。

（二）量表

1. 评价者

员工自评。

2. 量表引导语

6 点量表测量，即存在 1-6 点评价刻度，1 表示"非常不同意"，6 表示"非常同意"

3. 量表正文

条目	评分标准					
	1	2	3	4	5	6
我有时故意放慢做工作的速度						
我有时会比规定时间多休息一会儿或多休息一次						

题项来源：克里斯蒂安（Christian）等（2015）对怠惰行为的研究设计。信度：Cronbach's Alpha 系数为 0.803

4. 相关研究变量

负相关变量

集体主义人力资源管理、内部人身份和组织文化等。

◎ 参考文献

[1] Christian M. S., Eisenkraft N., Kapadia C. Dynamic Associations among Somatic Complaints, Human Energy, and Discretionary Behaviors: Experiences with Pain Fluctuations at Work [J]. Administrative Science Quarterly, 2015, 60 (1): 66 – 102.

[2] 郭晟豪，萧鸣政. 鼓励员工归属真的是好事吗？——集体主义人力资源管理、内部人身份与被道德认同调节的怠惰行为 [J]. 外国经济与管理，2017，39 (8): 40 – 55.

二、建言行为

（一）简介

学术界对建言行为（Voice Behavior）的研究始于 20 世纪 70 年代。希尔施曼（Hirschman，1970）最早提出"建言"（Voice）一词，指出建言就是"员工在对现实感到不满时为从根本上改变现状而付出的各种努力"，当员工对组织感到不满时，会做出离职或建言两种行为反应。概括而言，国外对员工建言行为的研究主要分为两大流派（于静静、赵曙明，2013）：一大流派以希尔施曼为代表，研究退出、建言、忠诚和忽视，将建言行为看作员工对工作不满和组织问题的建设性反应，认为建言行为是员工对组织感到不满时致力于改善组织现状的最具建设意义的行动。另一流派以范达因（Van Dyne）和勒平（LePine）为代表，基于角色外行为（或组织公民行为）进行研究，认为建言行为是一种能够提高组织效能的具有挑战性的自发行为，不可能源于不满，即使面临反对，仍对变革提出创新性建议或对标准化程序提出修改意见（LePine et al.，1998），以变革为导向、致力于改善现状的建设性沟通（Lepine et al.，2001）。

国外学者关于建言行为的结构有很多研究。最早的具有代表性的建言行为量表是勒平和范达因（1998）编制的 6 测项量表。范达因等（2003）把员工建言行为划分为被动型建言、防御型建言和亲社会型建言三个维度，开发了 15 个题项的测试量表。段锦云等（2011）认为，中国是一个有着儒家传统的国家，基于西方文化背景的建言行为的维度结构较难嵌入中国文化背景中，因此参照西方学者编制的问卷编制了中国背景下员工建言行为结构的测量问卷，有 11 个题项，分为顾全大局式建言和自我冒进式建言两个维度。梁等（Liang et al.，2012）从心理学相关视角出发，开创性地将建言划分为促进性建言和抑制性建言两个维度来进行测量，并且该量表针对我国情境开发，因而应用非常广泛。促进性建言是指员工为了全面提高与改进工作团队或组织的效能而表达新想法或建议，相当于金玉良言；抑制性建言指员工针对不利于组织的工作实践、事件或员工行为表达担忧，相当于逆耳忠言。国内学者对建言行为也进行了诸多探索，尽管学者们在定义的表述上有所不同，但内涵基本相同，建言行为就是大胆说真话，是一种积极的角色外行为。更进一步地，梅恩斯等（Maynes et al.，2014）对建言行为的消极面进行了研究，将建言行为划分为四个维度，即支持性建言、建设性建言、防御性建言和破坏性建言，开发了共有 20 个题项的测量问卷，四个维度的信度在 0.9 左右。

（二）量表

1. 评价者

多源评估（员工自评，领导评价下属）。

2. 量表引导语

以下题项描述了你（或你的员工）在本部门工作中的表现，请根据实际情况评估你对下列描述的同意程度。5 点量表，1～5，从"非常不同意"到"非常同意"（量表中的"本部门"可以根据实际情况替换为其他工作单元）。

3. 量表正文

维度	条目	评分标准				
		1	2	3	4	5
促进性建言	1. 对可能影响本部门的事，积极谋发展、提建议					
	2. 积极建议对本部门有利的新项目					
	3. 为改进本部门工作流程提出建议					
	4. 为帮助本部门达成目标积极建言献策					
	5. 为改进本部门运营提出建设性意见					
抑制性建言	6. 劝阻其他同事不要做对绩效不利的事					
	7. 即使存在反对意见，还是坦诚地指出可能严重影响本部门的问题					
	8. 对于可能影响本部门效率的事情勇于建言，即使这样做会使其他人难堪					
	9. 当本部门出现问题时，勇于指出问题所在，即使这样做会影响自己和其他同事的关系					
	10. 在工作中出现需要协调的问题时，主动向上级反映					

维度信息：促进性建言（Pro-Motive voice），$\alpha=0.87$；抑制性建言（Prohibitive Voice），$\alpha=0.86$

资料来源：梁等，2012。

4. 相关研究变量

正相关变量：心理安全；建设性变革义务感知；基于组织的自尊；工作满意度。

◎ 参考文献

[1] Hirschman A. O. Exit, Voice, and Loyalty: Responses to Decline in Firms, Organizations, and States [M]. Cambridge, MA: Harvard University Press, 1970.

[2] LePine J. A., Van Dyne L. Predicting Voice Behavior in Work Groups [J]. Journal of Applied Psychology, 1998, 83 (6): 853 – 868.

[3] LePine J. A., Van Dyne L. Voice and Cooperative Behavior as Contrasting Forms of Contextual Performance: Evidence of Differential Relationships with Big Five Personality Characteristics and Cognitive Ability [J]. Journal of Applied Psychology, 2001, 86 (2): 326 – 336.

[4] Liang J., et al. Psychological Antecedents of Promotive and Prohibitive Voice: A Two-wave Examination [J]. Academy of Management Journal, 2012, 55 (1): 71 – 92.

[5] 于静静，赵曙明. 员工建言行为研究前沿探析与未来展望 [J]. 外国经济与管理，2013，35 (5): 23 – 30.

［6］Dyne L.，Ang S.，Botero I. C. Conceptualizing Employee Silence and Employee Voice As Multidimensional Constructs［J］. Journal of Management Studies，2003，40（6）：1359 – 1392.

［7］段锦云，凌斌. 中国背景下员工建言行为结构及中庸思维对其的影响［J］. 心理学报，2011，43（10）：1185 – 1197.

［8］Maynes T. D.，Podsakoff P. M. Speaking More Broadly：An Examination of the Nature，Antecedents，and Consequences of an Expanded Set of Employee Voice Behavior［J］. Journal of Applied Psychology，2014，99（1）：87 – 112.

三、沉默行为

（一）简介

早期关于沉默行为的研究主要集中在社会学、语言学和人类学等领域。2000 年莫里森（Morrison）等学者正式提出了组织沉默这一概念，沉默行为才引起组织领域学者们的重视。莫里森等采取一种自上而下的研究视角研究组织中的沉默行为，关注的是组织层次的沉默行为，并将组织沉默界定为员工对组织中潜在问题持保留意见的一种集体现象，包括各种不同的形式，如会议中的集体沉默、对建议项目的低参与度、集体建言水平不高等（Xu Huang et al.，2005）。如果员工的沉默能够减少管理者信息过剩、减少人际冲突和增加同事之间的信息隐私，这种沉默行为将会是有益的（Morrison，2000）。然而，现代组织中普遍存在着一些员工沉默不语的现象，特别是对组织潜在的一些重要议题，员工频繁地选择保持沉默，从而减少了管理层获得一些关键的信息直接影响到工作效率和组织效率（Tangirala，2008），因而绝大部分情况下，组织中的员工沉默行为是一个负面现象，尤其是当员工拥有可以改善工作、提高组织运行效率的建议和想法却选择沉默时（Van Dyne，2003）。

国外研究者发现，与员工的建言行为类型相对应，员工的沉默行为也可以划分为被动型沉默、防御型沉默和亲社会型沉默，并开发了 15 测项量表（Dyne et al.，2003）。如果上级领导对下属员工提出的建议或意见持有消极态度时，员工倾向于保持沉默（Vakola et al.，2005），员工保持沉默一个重要原因是员工害怕因为建言而给自己带来风险或影响人际关系（Fuller et al.，2006）。根据组织管理研究要考虑特定情境（Tsui，2007）的要求，中国学者认为中国情境与西方存在较大的差异且处在转型期，考虑中国特定情境因素对员工沉默行为的影响很有必要。郑晓涛等（2008）针对中国背景下员工沉默的构思，将员工沉默划分为默许沉默、防御沉默和模式沉默三种类型，开发了 12 测项量表。还有研究发现中庸（何轩，2009）、权力距离（魏昕，张志学，2010）、传统价值观和上下级关系（李锐等，2012）、差序氛围（朱瑜等，2018）等因素均会影响员工沉默行为。

（二）量表

1. 评价者

领导评下属。

2. 量表引导语

请你根据实际工作情况对下列题项描述的内容进行评价。7 点量表，1 ~ 7，从"非常不同意"到"非常同意"。

3. 量表正文

维度	条目	评分标准						
		1	2	3	4	5	6	7
被动型沉默	1. 这名员工因为与组织疏离，而不愿说出有助于组织变革的建议							
	2. 这名员工有辞职倾向，所以消极地隐瞒针对组织的想法							
	3. 这位员工消极地保留如何解决组织问题的意见							
	4. 这位员工因为不自信，所以保留任何有关组织改进的想法							
	5. 这位员工因为与组织疏离，所以隐瞒有关改进工作的想法							
防御型沉默	6. 这位员工因为恐惧，而不说出有关变革的意见							
	7. 这位员工因为恐惧，隐瞒相关信息							
	8. 这位员工为了保护自己，而对问题视而不见							
	9. 这位员工出于自我保护，而回避说出有关改进的想法							
	10. 这位员工因为害怕，而隐瞒解决问题的办法							
亲社会型沉默	11. 这位员工配合组织保守机密							
	12. 这位员工为了组织的利益，保护知识产权信息							
	13. 这位员工扛住外人带来的压力，防止组织机密泄露							
	14. 这位员工拒绝透露任何可能损害组织的信息							
	15. 这位员工出于对组织的关心，妥善保护机密组织信息							

资料来源：范达因等，2003。

4. 相关研究变量

（1）正相关变量：威权领导；自利型伦理气氛；辱虐管理。

（2）负相关变量：差序式领导；领导—成员交换；公平的组织氛围；关怀型伦理气氛。

◎ **参考文献**

［1］Morrison E. W. , Milliken F. J. Organizational Silence：A Barrier to Change and Development in a Pluralistic World ［J］. Academy of Management Review，2000，25（4）：706 – 725.

［2］Xu Huang, Vliert E. V. , Vegt G. V. Breaking the Silence Culture：Stimulation of Participation and Employee Opinion Withholding Cross – Nationally ［J］. Management and Organization Review，2005，1（3）：1740 – 1776.

［3］ Tangirala S. , Ramanujam R. Employee Silence on Critical Work Issues：The Cross Level Effects of Procedural Justice Climate ［J］. Personnel Psychology, 2008, 61 (1)：37 – 68.

［4］ Dyne L. , Ang S. , Botero I. C. Conceptualizing Employee Silence and Employee Voice As Multidimensional Constructs ［J］. Journal of Management Studies, 2003, 40 (6)：1359 – 1392.

［5］ Vakola M. , Bouradas D. Antecedents and Consequences of Organizational Silence：An Empirical Investigation ［J］. Employee Relations, 2005, 27 (5)：441 –458.

［6］ Fuller, J. B. , Marler, L. E. , Hester, K. Promoting Felt Responsibility for Constructive Change and Proactive Behavior：Exploring Aspects of an Elaborated Model of Work Design. Journal of Organizational Behavior, 2006, 27 (8)：1089 – 1120.

［7］ Tsui, A. S. From Homogenization to Pluralism：International Management Research in the Academy and Beyond. Academy of Management Journal, 2007, 50 (6), 1353 – 1364.

［8］ 何轩. (2009). 互动公平真的就能治疗"沉默"病吗？——以中庸思维作为调节变量的本土实证研究 ［J］. 管理世界, (4), 128 – 134.

［9］ 魏昕, 张志学. 组织中为什么缺乏抑制性进言？［J］. 管理世界, 2010, (10)：99 – 109.

［10］ 李锐, 凌文辁, 柳士顺. (2012). 传统价值观、上下属关系员工沉默行为——一项本土文化情境下的实证探索 ［J］. 管理世界, (3), 127 – 140.

［11］ 朱瑜, 谢斌斌. 差序氛围感知与沉默行为的关系：情感承诺的中介作用与个体传统性的调节作用 ［J］. 心理学报, 2018 (5)：539 – 546.

四、组织公民行为 (Organizational Citizenship Behavior, OCB)

(一) 简介

卡茨（Katz）等（1966）首次提出"组织公民"（Organizational Citizenship, OC）的概念，主张为保持组织的高效运转，员工应该拥有以下三种行为：(1) 对组织忠诚同时希望在组织长久的发展；(2) 按照组织规定的要求开展各项事务，并且保质保量完成自己的本职工作；(3) 拥有创新精神，在没有要求的其他方面自发做出超越制度规范的行为。前两种行为称为角色内行为，第三种行为称为角色外行为。只有当两种类型的行为都发挥作用时，组织将会持久稳定高效的发展。基于卡茨等的观点，贝特曼（Bateman）和奥根（Organ）（1983）把最后一种行为称为公民行为（Citizenship Behavior, CB），认为公民行为不应包括在员工的正式工作要求中，但又被组织所需要，会促进组织的有效运行。比如，与他人友好相处，在工作中给予他人援助之手；冷静地接受临时性的不合理与不公平的安排；主动负责工作场所卫生工作，保持一种干净舒适的环境；经常性的向部门领导提出适合本部门发展的合理的意见和建议；主动承担分外工作任务等。

奥根（1988）首创了组织公民行为的概念，认为这种行为可能与正常状态下的收入和激励无关，与领导的赞赏无关，是一种自发的但却能在整体上促进组织中个体和组织本身发展的个体随意的行为。后来，奥根（1997）进一步深化了组织公民行为的内涵，指出 OCB 是通过增益和强化心理环境来提升组织任务绩效的行为。关于组织公民行为的结构维度，学者们有着不同的看法，开发了为数众多的测量量表，如：范达因等（1994）把组织公民行为看做一个整体的概念，包括了对组织有积极意义的各种形式的组织成员行为，据此开发了一个多源评估（领导评下属、下属自评）的 34 测项量表，该量表包括了忠诚、顺从、社会参与、拥护性参与和盟约性参与 5 个维度。樊景立（Farh）等（1997）认为组织公民行为是个体自主地、非强制地、促进组织高效运作的行为，包括帮助同事、超出公司要求的守时和出勤，以及只愿承担一切计划外的责任，并据此开发了一个中国情境下的领导评价下属组织公民行为的测量量表，该量表有 20 个题项，分为组织认同、协助同事、尽责性、人际和谐与保护组织资源 5 个维度，得到国内学者的普遍使用。之后，樊景立等（2007）将先前的量表简化为 9 题项两个维度（一般顺从和积极主动），具有较好的信度和区分效度。而科伊尔–夏皮罗（Coyle–Shapiro，2002）则认为组织公民行为是非义务的自主行为，是在正式的奖励制度中没有直接或明确规定的，有助于促进组织有效运转的总和，也开发了由员工自评有 22 个测项的量表，该量表包括倡导参与、户主行为、职能型参与、忠诚和服从 5 个维度。

（二）量表

1. 评价者

员工自评。

2. 量表引导语

请您根据自己的实际感受和体会，对下面 5 项描述进行评价和判断，并在最符合的数字上划"√"。评价和判断的标准如下：1～5，表示从"一点也不"（非常不同意）到"非常典型"（非常同意）。

3. 量表正文

（1）源自樊景立等（2007）。

维度	条目	评分标准				
		1	2	3	4	5
一般顺从	1. 我不会在公司内以职权获取个人利益					
	2. 我不会在公司内拉帮结派以增加个人影响力					
	3. 即使无人注意或无据可考，我也会随时遵守公司规定					
	4. 我不会利用上班时间处理私人事务，如买股票、逛街、购物、上美容院等					
	5. 我工作认真，很少出差错					
积极主动	6. 我会努力维护公司形象，并积极参与有关活动					
	7. 我会主动对外介绍或宣传公司优点，或澄清他人对公司的误解					
	8. 我会以积极的态度参与公司内相关会议					
	9. 我会主动与同事沟通协调					

信度：$\alpha = 0.87$

人力资源管理

（2）源自科伊尔—夏皮罗（2002）。

维度	条目	评分标准				
		1	2	3	4	5
倡导参与	1. 利用专业能力判断组织应做不应做的事					
	2. 为同事提供有创造性的工作建议					
	3. 为改善部门运营，提出创新建议					
	4. 分享对新项目的想法或取得突破性进展的经验					
	5. 鼓励他人在会议中发言					
互助行为	6. 帮助那些工作量大的同事					
	7. 帮助请假的人完成工作					
	8. 放下自己手头的事去帮助同事解决工作中的问题					
	9. 时刻准备着协助上司工作					
	10. 尽量避免给别人造成麻烦					
职能型参与	11. 完成超预期的工作					
	12. 工作完成出色，超出规定要求					
	13. 为组织不辞辛劳					
	14. 仅参加自己工作需要的相关会议（反向计分）					
	15. 参加一些没有硬性规定但是有利于树立组织形象的活动					
忠诚	16. 告诉外人本组织是个不错的工作单位					
	17. 当其他员工提出批评时，替雇主辩护					
	18. 代表组织给外人展现组织的良好形象					
服从	19. 忽视部分工作职责（反向计分）					
	20. 把工作时间浪费在私事上（反向计分）					
	21. 不论在何种情况下，都能完成高质量工作					
	22. 极其认真地遵守工作准则和指令					

信度：倡导参与，$\alpha = 0.81$；互助行为，$\alpha = 0.80$；职能型参与，$\alpha = 0.80$；忠诚，$\alpha = 0.9$；服从，$\alpha = 0.63$

4. 相关研究变量

（1）正相关变量：职能型参与、互助行为、忠诚、服从、雇主义务感知、雇主激励感知、倡导参与、程序公平、雇主信任、互动公正。

（2）负相关变量：互惠规范。

◎ 参考文献

［1］ Katz D. The Motivational Basis of Organizational Behavior ［J］. Behavior Science, 1966（9）: 131-146.

［2］ Bateman T. S. , Organ D. W. Job Satisfaction and the Good Soldier: The Relationship Between Affect and

Employee Citizenship [J]. Academy of Management Journal, 1983 (26): 587 – 595.

[3] Organ D. W. Organizational Citizenship Behavior: The Good Soldier Syndrome. Lexington, MA [J]. Lexington Books, 1988.

[4] Van Dyne L., Graham J. W., Dienesch R. M. Organizational Citizenship Behavior: Construct Redefinition, Measurement, and Validation. [J]. Academy of Management Journal, 1994, 37 (4): 765 – 780.

[5] Farh J. L., Earley P. C., Lin S. C. Impetus for Action: A Cultural Analysis of Justice and Organizational Citizenship Behavior in Chinese Society [J]. Administrative Science Quarterly, 1997, 42 (3): 421 – 444.

[6] Farh J. L., Organ D. W., Near J. P. Organizational Citizenship Behavior: Its Nature and Antecedents [J]. Journal of Management, 2007, 16 (4): 705 – 721.

[7] Coyle-shapiro J. A. M. A Psychological Contract Perspective on Organizational Citizenship Behavior [J]. Journal of Organizational Behavior, 2002, 23 (8): 927 – 946.

五、工作投入

(一) 简介

工作投入（Work Engagement）也被译为敬业度，该构念首先由积极心理学的代表人物之一卡恩（Kahn）提出。卡恩（1990）认为，敬业是员工个体在工作角色中"自我倾向"的应用和表现，体现为员工对工作角色投入的体力、认知和情感，这些投入促进员工积极参与工作、与他人合作并充分发挥作用。卡恩的论述虽然没有明确敬业度的概念，但强调敬业是自我与工作角色的结合，分为情感投入（Emotional）、认知投入（Cognitive）和生理投入（Physical）3 个维度。自此以后，关于敬业度的定义达到 20 余种，主要集中在四个层面：一是把敬业度当作一种特质，比如：积极的情感、责任感或成就的愿望；二是把敬业度看做一种态度；三是将敬业度看做行为；四是把敬业度当作态度与行为的综合（王红芳，2017）。在商业咨询领域，比较著名的咨询公司有盖洛普咨询公司、韬睿咨询公司和翰威特咨询公司，它们对敬业度的理解也存在差异。

正因为对敬业度理解的不同，国外学者关于敬业度结构模型的观点多元化，其中斯考弗里（Schaufeli）等（2002）所提出的三维结构（活力、奉献、专注）得到普遍认可，据此开发的 17 个题项的量表也得到广泛应用。中国学者自 2003 年起开始关注和研究敬业度，研究的重点聚焦在敬业度的影响因素与作用后果两个方面，而对中国情境下敬业度结构的研究还很少。曾辉和赵黎明（2009）运用扎根理论构建了中国企业员工敬业度的 6 维度结构模型，即任务聚焦、活力、主动参与、价值内化、效能和积极坚持。

(二) 量表

1. 评价者
员工自评。
2. 量表引导语
请您根据自己的真实感受，对下面 17 项描述进行评价和判断，并在最符合的数字上画√。评价和判断的标准如下：1 = 非常不同意，2 = 不同意，3 = 不好确定，4 = 同意，5 = 非常同意。

人力资源管理

3. 量表正文

维度	条目	评分标准				
		1	2	3	4	5
活力	1. 在工作中，我感到自己迸发出能量					
	2. 工作时，我感到自己强大而且充满活力					
	3. 早上一起床，我就想要去工作					
	4. 我可以一次连续工作很长时间					
	5. 工作时，即使感到精神疲劳，我也能很快地恢复					
	6. 即使工作进展不顺利，我也总能锲而不舍					
奉献	7. 我觉得我所从事的工作目的明确，且很有意义					
	8. 我对工作充满热情					
	9. 工作激发了我的灵感					
	10. 我为自己所从事的工作感到自豪					
	11. 对我来说，我的工作具有挑战性					
专注	12. 当我工作时，时间总是过得飞快					
	13. 工作时我会忘记周围的一切					
	14. 忙碌工作时，我会感到快乐					
	15. 我沉浸于自己的工作当中					
	16. 我在工作时会达到忘我的境界					
	17. 我觉得自己离不开这份工作					

维度信息：包括活力、奉献、专注三个维度。工作投入问卷的信度为 0.95

4. 相关研究变量

（1）正相关变量

工作绩效；组织公民行为；工作满意度；核心自我评价；角色外行为；工作卷入；组织承诺。

（2）负相关变量

感知差异；员工离职率。

◎ **参考文献**

［1］Kahn W. A. Psychological Conditions of Personal Engagement and Disengagement at Work ［J］. Academy of Management Journal，1990，33（4）：692－724.

［2］Schaufeli W. B.，Salanova M.，Gonzdle－Roma V.，Bakker A. B. The Measurement of Engagement and Burnout：A Two Sample Confirmatory Factor Analytic Approach ［J］. Journal of Happiness Studies，2002，3（1）：71－92.

［3］王红芳. 非国有企业员工总体报酬及其结构对工作绩效的影响研究 ［M］. 北京：中国财政经济出版社，2017，12.

［4］曾晖，赵黎明. 业员工敬业度的结构模型研究 ［J］. 心理科学，2009，32（1）：231－235.

六、员工创新行为 (Innovative Behavior)

(一) 简介

20 世纪 80~90 年代初，心理学和人力资源管理学者开始关注个体层次的创新。斯科特 (Scott) 等 (1994) 将个人创新行为分为三个阶段：(1) 问题的确立以及构想或解决方式的产生；(2) 寻求对其构想的支持；(3) 借由产生创新的标准或模式，使其可以被扩散、大量制造，进而被大量使用，最终完成其创新的构想。周 (Zhou) 等 (2001) 也认为个人创新的表现程度，不应该单指创新想法的本身，应包括创新想法的产生、内容、推广与发展执行方案，如此才能确保创新想法被有效地执行。克莱森 (Kleysen) 等 (2001) 通过梳理已有文献，归纳出个人创新行为包含寻找机会、产生想法、形成调查、支持以及应用五个阶段，并将个人创新视为有益的创意予以产生、导入以及应用于组织中任一层次的所有行为。我国学者在国家大力提倡自主创新的背景下，开始关注个体层次的创新行为，特别是企业家的创新行为。顾远东、彭纪生 (2010) 考虑中国情境因素，将员工创新行为界定为"员工在工作过程中，产生创新构想或问题解决方案，并努力将之付诸实践的行为，包括产生和执行创新构想两个阶段的各种创新行为表现"。

目前，国内外学者在测量员工创新行为时常用的量表是斯科特等 (1994) 开发的单维度 6 题项量表，量表的内部一致性系数为 0.828。也有部分学者使用詹森 (Janssen, 2000) 开发的题项较为类似的 9 题项量表。

(二) 量表

1. 评价者

员工自评，领导评价下属。

2. 量表引导语

请您根据自己的实际感受和体会，对下面 6 项描述进行评价和判断并在最符合的数字上划○。评价和判断的标准如下：1 = 非常不同意，2 = 不同意，3 = 不好确定，4 = 同意，5 = 非常同意。

3. 量表正文

斯科特等 (1994)。

维度	条目	评分标准				
		1	2	3	4	5
	1. 总是寻求应用新的流程、技术与方法					
	2. 经常提出有创意的点子和想法					
	3. 经常与别人沟通并推销自己的新想法					
	4. 为了实现新想法，想办法争取所需资源					
	5. 为了实现新想法，制定合适的计划和规划					
	6. 总体而言，是一个具有创新精神的人					

4. 相关研究变量

作为结果变量，受到来自个人特征（如：工作投入、自我效能、组织自尊等）、组织特征（如：组织氛围、总体报酬、领导风格等）等因素的影响。

◎ 参考文献

[1] 顾远东，彭纪生. 组织创新氛围对员工创新行为的影响：创新自我效能感的中介作用 [J]. 南开管理评论，2010，13（1）：30 – 41.

[2] Scott S. G. , Bruce R. A. Determinants of Innovative Behavior：A Path Model of Individual in the Workplace [J]. Academy of Management Journal, 1994, 37（3）：580 – 607.

[3] Zhou, J. , George, J. M. When Job Dissatisfaction Leads to Creativity：Encouraging the Expression of Voice [J]. Academy of Management [J]. Journal, 2001, 44（4）：682 – 696.

[4] Kleysen, F. R. , Street, C. T. Toward a Multi-dimensional Measure of Individual Innovative Behavior [J]. Journal of Intellectual Capital, 2001, 3（2）：284 – 296.

[5] Janssen O. Job Demand, Perceptions of Effort-reward Fairness and Innovation Work Behavior [J]. Journal of Occupational & Organizational Psychology, 2000, 73（3）：287 – 302.

第五节　团队与组织类相关构念与测量

本节介绍团队与组织类相关构念与测量。

一、团队创造力 (Team Creativity)

（一）简介

1980 年，阿姆贝尔（Amabile）在其经典著作《创造性社会心理学》中首次论述创造力结构后，关于团队创造力的研究才开始活跃起来（刘璇等，2016）。阿姆贝尔（1983）认为创造力（Creativity）是指新奇的、有益的想法、产品、过程或者服务的产生。西恩（Shin）和周（Zhou，2007）参照这一定义，将团队创造力（Team Creativity）定义为由一个团队产生的新奇的、有益的想法、产品、过程或者服务。个体创造力和团队创造力是两个既相互联系，又相互区别的构念。团队成员个体的创造力是团队创造力的原材料，若无具有创造力的团队成员，团队创造力也就无从谈起。但是，团队创造力也绝不是团队成员个体创造力的简单加总，每个团队成员都具有很强的创造力，团队创造力并不一定强，有时甚至会有损于团队创造力（沙开庆、杨忠，2015）。团队成员个体的创造力只有通过团队成员间的互动以及团队过程，才能有效地转化为团队创造力（Kurturtzberg & Amabile，2000）。由于研究视角不同，团队创造力维度的划分方式也没有统一标准，测量问卷也有多种形式。以下仅介绍阿姆贝尔（1996）开发的 8 测项量表。

（二）量表

1. 评价者
团队成员。

2. 量表引导语

依据自己所在团队的情况回答，1 表示非常不同意，5 表示非常同意。

维度	条目	评分标准				
		1	2	3	4	5
团队创造力	1. 团队成员的工作富有原创性					
	2. 团队成员经常提出各种新点子					
	3. 团队成员经常创造性地解决问题					
	4. 团队成员经常运用新的方式完成任务					
	5. 团队成员扩展了自己专长领域内的知识或技术					
	6. 团队成员经常提出具有原创性的解决方法					
	7. 团队成员经常从不同角度重新审视问题，进而得到全新的看法					
	8. 团队成员能创造地将不同的零散信息和知识融合，继而提出新概念或解决相应问题					

Amabiled（1996）量表。信度：α 值为 0.952

3. 相关研究变量

（1）正相关变量

快速信任、知识转移、创新文化、变革型领导。

（2）负相关变量

关系性冲突。

◎ 参考文献

［1］刘璇，张向前. 团队创造力研究理论评析［J］. 科技进步与对策，2016，33（2）：155 – 160.

［2］沙开庆，杨忠. 国外团队创造力研究综述［J］. 经济管理，2015，37（7）：191 – 199.

［3］Amabile T. M., Conti R., Coon H., Lazenby J., Herron, M. Assessing the Work Environment for Creativity［J］. Academy of Management Journal，1996，39（5）：1154 – 1184.

［4］Shin S. J., Zhou J. When is Educational Specialization Heterogeneity Related to Creativity in Research and Development Teams? Transformational Leadership as a Moderator［J］. Journal of Applied Psychology，2007，92（6）：1709 – 1721.

［5］Miron – Spektor E., Erez M., Naveh E. The Effect of Conformist and Attentive-to-detail Member on Team Innovation：Reconciling the Innovation Paradox［J］. Academy of Management Journal，2011，54（4）：740 – 760.

［6］Kurtzberg T. R., Amabile T. M. From Guilford to Creative Synergy：Opening the Black Box of Team-level Creativity［J］. Creativity Research Journal，2000，13（3 – 4）：285 – 294.

二、团队效能

（一）简介

20 世纪 80 年代中期，班杜拉（Bandura，1982）基于自我效能（Self – Efficacy）理论概

念，提出了团队效能（Team Effectiveness）的概念。格利（Gully）等（2002）将团队效能定义为"团队成员对其团队完成某件事情能力的信心"。虽然团队效能是自我效能在团队层面的延伸，但是团队效能和自我效能却是两个不同的概念。团队效能强调的是团队成员对团队能够顺利完成任务的共同信念。因此，团队效能不是团体成员对个体能力判断的简单累加，它不仅受到个人自我效能的影响，同时还取决于目标的清晰性，团队成员之间的相互信任，相互合作的默契程度等其他因素（Tasa et al. , 2007）。

陈伟等（2015）认为，团队效能视为团队实际产出达到预期产出的程度，用于对比团队运行的实际结果与预期结果。据此理解，他们参考黄敏萍等（2002）和张文勤等（2011）的研究成果，把团队效能划分为任务绩效和合作满意度两个维度，开发了 7 个测项的 7 级李克特量表测量团队效能。

（二）量表

1. 评价者

团队成员自评。

2. 量表引导语

请您根据自己的实际感受和体会，用下面 7 项描述对您所在企业的人力资源管理进行评价和判断，并在最符合的数字上划"√"。评价和判断的标准如下：1 = 非常不同意，2 = 不同意，3 = 有点不同意，4 = 不好确定，5 = 有点同意，6 = 同意，7 = 非常同意。

3. 量表正文

条目	评分标准						
	1	2	3	4	5	6	7
1. 团队可以在一定时间内高效地完成工作任务							
2. 团队可在财政预算内完成工作任务							
3. 团队成员能够高效率地工作							
4. 团队工作成果与预期目标基本一致							
5. 团队成员在工作中愉快地合作							
6. 团队成员在工作任务的合作过程中得到锻炼和成长							
7. 期待与其他团队成员进行更深入和持久的合作及共同完成企业任务							

两表内部一致性系数为：0.8

4. 相关研究变量

关系型领导行为、交互记忆系统、团队断裂带、团队冲突、团队创造力。

◎ 参考文献

［1］Bandura A. Self – Efficacy Mechanism in Human Agency ［J］. American Psychologist, 1982, 37（2）: 122 – 147.

［2］Gully S. M. , Incalcaterra K. A. , Joshi A. , et al. A Meta – Analysis of Team – Efficacy, Potency, and

Performance：Interdependence and Level of Analysis as Moderators of Observed Relationships ［J］. Journal of Applied Psychology，2002，87（5）：819－832.

［3］Tasa K.，Taggar S.，Seijts G. H. The Development of Collective Efficacy in Teams：A Multilevel and Longitudinal Perspective ［J］. Journal of Applied Psychology，2007，92（1）：17－27.

［4］陈伟，杨早立，朗益夫. 团队断裂带对团队效能影响的实证研究——关系型领导行为的调节与交互记忆系统的中介 ［J］. 管理评论，2015，27（4）：110－121.

［5］黄敏萍，成树诚，黄国隆. 跨功能任务团队之结构与效能：一项结构权变模式之观点 ［J］. 管理学报，2002，19（6）：979－1006.

［6］张文勤，刘云. 研发团队反思的结构检验及其对团队效能与效率的影响 ［J］. 南开管理评论，2011，14（3）：26－33.

三、集体主义人力资源管理

（一）简介

集体主义人力资源管理（Collectivism-oriented Human Resourcemanagement，C-HRM）是人力资源管理研究近年来在跨文化背景下的热点话题，被视作东方管理的重要特征（郭晟豪等，2017）。但事实上，"集体主义人力资源"并不是很新的一个概念，它一直存在于组织集体主义文化研究中，最早可以追溯至20世纪末霍弗斯特德（Hofstede，1980，1993）所进行的关于个体主义——集体主义的研究（陈丝璐等，2016）。霍弗斯特德（1993）发现不同组织存在单维度两极化的个体主义——集体主义文化结构，并且在不同文化背景下的管理实践也不相同。拉梅什（Ramamoorthy）等（2007）通过梳理跨文化研究的文献，发现集体主义管理文化在诸多方面影响着组织的氛围以及人力资源管理实践。在这样的背景下，基（Ji）等（2011）归纳了集体主义人力资源管理概念，认为集体主义人力资源管理是指组织的人力资源管理实践中通过政策、措施等培养组织中的集体文化，例如，在组织中以团队形式进行奖励，对合作技能进行培训，培养员工的组织忠诚和集体精神。由于集体主义是东方文化的主要特征之一，研究者们针对东亚组织，尤其以中国的组织为样本，进行了一系列研究，并得出了诸多结论（郭晟豪等，2017）。集体主义人力资源管理实践源于集体主义文化，陈丝璐等（2016）指出与西方社会所强调的"高绩效工作系统"相比，集体主义人力资源实践更加关注文化和价值观对人力资源实践活动的影响。

现有研究关于集体主义人力资源管理的测量，主要是基于集体主义文化价值观和战略人力资源管理的既有量表进行迁移与改进，基等（2011）年开发的6测项李克特7级量表得到普遍应用。

（二）量表

1. 评价者

员工自评。

2. 量表引导语

请你根据实际工作情况对下列题项描述的内容进行评价，7点量表，1~7，分别表示强烈赞同、中等赞同、轻微赞同、中性、轻微不赞同、中等不赞同、强烈不赞同。

3. 量表正文

条目	评分标准						
	1	2	3	4	5	6	7
1. 组织薪酬体系的设计是为了最大化发挥集体主义的价值取向							
2. 主管对员工的考核标准基于其对团队的贡献							
3. 主管对员工的忠诚度非常重视，很少用高度量化的指标衡量员工绩效							
4. 组织中大部分员工有长期的雇佣合同							
5. 主管重视与员工之间的关系，关心成员的家庭情况							
6. 组织普遍使用团队方式解决问题							

题项来源：采用金等（2012）的量表。信度：Cronbach's Alpha 系数为 0.725

4. 相关研究变量

变革型领导、授权型领导、辱虐型领导、集权性领导等领导行为；组织绩效、合作倾向、组织承诺。

◎ 参考文献

［1］Hofstede G. Cultural Constraints in Management Theories ［J］. Academy of Management Perspectives，1993，7（1）：81 – 94.

［2］Ramamoorthy N.，Kulkarni S. P.，Gupta A，et al. Individualism-collectivism Orientation and Employee Attitudes：A Comparison of Employees from the High-technology Sector in India and Ireland ［J］. Journal of International Management，2007，13（2）：187 – 203.

［3］Li J.，Tang G. Y.，Wang X. R.，Yan M.，Liu Z. Collectivistic – HRM，Firm Strategy and Firm Performance：An Empirical Test ［J］. International Journal of Human Resource Management，2012，23（1）：190 – 203.

［4］郭晟豪，萧鸣政. 鼓励员工归属真的是好事吗？——集体主义人力资源管理、内部人身份与被道德认同调节的怠惰行为 ［J］. 外国经济与管理，2017，39（8）：40 – 55.

［5］陈丝璐，张安富，张光磊. 集体主义人力资源管理论析 ［J］. 武汉理工大学学报（社会科学版），2016，29（2）：221 – 226.

四、高绩效人力资源管理

（一）简介

20 世纪 80 年代中期以来，技术进步加快，市场竞争激烈，人力资源管理的重要价值日益凸显，美国制造业尝试改革以科学管理为基础的人力资源管理系统，构建有效人力资源管理模式、促进人力资源的最佳配置，因而产生了很多高绩效人力资源管理（High Performance Human Resource Management）的理论，其中最为重要的是弹性工作系统，强调了人力资源实践随外界环境的改变而在一定范围内自我调整以加强整体配合，促进组织系统的整体功能优化（施杨、李南，2011）。

菲弗（Pfeffer，1994）指出高绩效人力资源管理就是一系列逐项可加的有助于企业经营绩效提高的人力资源管理措施。

莱特（Wright）和鲍斯威尔（Boswell）（2002）进一步指出，高绩效人力资源管理是区别于传统的人力资源管理的，首先，高绩效人力资源管理和传统人力资源管理的分析层次是不同的，传统的人力资源管理研究的是员工个体层次的问题，高绩效人力资源管理研究的是组织层次的问题；其次，研究中所包含的人力资源管理政策的范围是不同的，高绩效人力资源管理逐渐的作为一个整体来被研究。

高绩效人力资源管理常常也和高绩效人力资源实践相联系，高绩效人力资源实践（High Performance Human Resource Practices）指组织用来投资于员工的技巧和能力、为了促进员工在问题解决和做出决定上进行合作、激发员工工作主动性和积极性的一组具有内在一致性并能协调发挥作用的实践活动（仲理峰等，2018）。

在我国，张一弛等（2008）是较早把高绩效人力资源管理作为一个整体来研究的，其研究鉴于高绩效人力资源管理政策措施的非独立性，选用了包括"全面的培训、员工参与、工作分析、按照客观量化标准进行业绩考核、内部晋升利润分享和提供就业安全"在内，人力资源管理研究中获得普遍认可的高绩效人力资源管理的"7种最佳实践"（Delery et al.，1996）来测量高绩效人力资源管理的水平。

（二）量表

1. 评价者

员工自评。

2. 量表引导语

请您根据自己的实际感受和体会，用下面19项描述对您所在企业的人力资源管理进行评价和判断，并在最符合的数字上划"√"。评价和判断的标准如下：1＝非常不同意，2＝不同意，3＝有点不同意，4＝不好确定，5＝有点同意，6＝同意，7＝非常同意。

3. 量表正文

维度	条目	评分标准						
		1	2	3	4	5	6	7
培训	1. 公司的员工通常每隔一段时间就接受一次培训							
	2. 公司为员工提供正式的培训项目来为他们在公司内部的晋升创造条件							
	3. 公司为员工提供全面的培训							
	4. 公司有正式的培训项目来向新员工传授工作中所需要的技能							
员工参与	5. 经理人员与员工不断进行坦诚的沟通							
	6. 公司员工有机会提出改进工作方式的建议							
	7. 经理人员在决策过程中经常参考员工的意见							
	8. 公司员工在许多情况下都可以自己决定工作方式							

人力资源管理

续表

维度	条目	评分标准						
		1	2	3	4	5	6	7
工作分析	9. 员工的工作职责有清晰的定义							
	10. 员工的岗位职责说明书包括需要员工完成的所有职责							
	11. 员工在实际工作中严格遵守岗位职责说明书的规定							
	12. 必要时公司会及时修订员工的岗位职责说明书							
业绩考核	13. 在公司中业绩通常是用客观的、量化的结果来衡量的							
	14. 员工的绩效考核以客观的、量化的结果为基础							
内部晋升	15. 员工在公司内部有清晰的职业发展路径							
	16. 员工的直接上级了解员工在公司内的职业发展意愿							
	17. 员工在晋升中可以有不止一个适合的职位							
	18. （反向计分题）员工在公司工作没有什么发展前途							
利润分享	19. 员工根据公司的利润状况得到奖金							

信度：培训，0.81；员工参与，0.73；工作分析，0.82；业绩考核，0.81；内部晋升，0.71

资料来源：张一弛等，2008。

4. 相关研究变量

企业绩效、团队绩效、创新能力。

◎ 参考文献

［1］Wan D. , Ong C. , Kok V. Strategic Human Resource Management and Organizational Performance in Singapore ［J］. Compensation and Benefits Review, 2002, 34（4）：33 – 42.

［2］Pfeffer J. Competitive Advantage Through People ［J］. California Management Review, 1994, 36（2）：9 – 28.

［3］Delery J. E. , Doty D. H. Modes of Theorizing in Strategic Human Resource Management：Tests of Universalistic, Contingency, and Configurational Performance Predictions ［J］. The Academy of Management Journal, 1996, 39（4）：802 – 835.

［4］仲理峰，王小明，Sandy J. Wayne，Robert C. Liden. 高绩效人力资源实践对员工工作敬业度和工作绩效的影响：社会交换视角 ［J］. 中国人力资源开发，2018，35（5）：96 – 107.

［5］施杨，李南. 国外高绩效人力资源实践：理论回顾、分析与展望 ［J］. 管理评论，2011，23（10）：83 – 90.

［6］张一弛，李书玲. 高绩效人力资源管理与企业绩效：战略实施能力的中介作用 ［J］. 管理世界，2008（4）：107 – 114.

思考题：

1. 什么是构念，对构念测量的本质是什么？

2. 如何测量总体报酬及构成总体报酬的薪酬、福利、工作生活平衡、绩效与认可的测量。

应用案例

实证研究的重要性

谷歌人力资源部门针对公司的 1 万多名员工进行了访谈和问卷调查，以便了解从员工的角度来看什么样的经理人才是一个好的经理人。经过大量的数据分析、访谈和建模之后，Google 得到了 8 个指标和 22 项行为，这 8 项指标的排序如下：

（1）能够成为一名好的教练；（2）要避免微管理，并且进行充分的授权；（3）经理人对团队成员的成就和心情保持着高度的兴趣；（4）关注生产力，用结果证明一切；（5）能够成为一个很好的沟通者；（6）帮助团队成员去发展他们的职业生涯；（7）为团队设置一个明确的愿景和战略；（8）拥有关键的技术能力来帮助员工解决问题。

这样的调查结果大大出乎技术经理们的预料，也引起了这些技术天才们的反思，并逐渐认可管理的力量。谷歌把这 8 个指标作为对经理人每年的核心考核与评价。

事实上，这 8 项行为并不令人感到意外，"我们希望这份表单能够引起共鸣，因为它是基于谷歌数据而来的结论。这些行为特质与我们有关，也来源于我们，并为我们所用。"项目的另一名联席负责人米歇尔·多诺万（Michelle Donovan）说。

2009 年测试发现，成为一个拥有技术专长的技术型的专家，排在了 8 个指标的最后一位，而排在第一名的恰恰是能够成为一名好的教练。员工把能够成为一名好的教练当作了经理人最重要的考核，换言之，能做到一个教导型的经理或者是管理者，是员工最看重的。所以，氧气计划的第一个特质就是成为一个好的教练。这个特质下面有三个具体问题去衡量经理人，由员工来回答。第一个问题是你的经理是否及时地提供了具体反馈信息；二是你的经理是否定期和你做了面对面谈话；第三个问题是你的经理是否能够给你提供建设性的意见。

研究发现的第二个特质是要避免微管理，并且进行充分的授权。Google 这种文化中比较少去管理员工的过程，并不太关注员工一件事情具体要去怎么做，只要员工找到了一个共同的目标，设定一个共同认可的目标，更多的时候看的是员工取得的结果，或者是员工后来的适应性。Google 问三个问题：你的经理有没有事必躬亲；你的经理是不是给了员工足够的空间，必要的时候提供帮助；你的经理是不是帮助团队，经理仅仅是在这个过程中去帮助员工提供必要的资源和必要的帮助。

第三个特质是经理对团队成员的成就和心情保持着高度的兴趣。在这个下面有两个问题：一是经理是不是关怀团队中的某个人；二是经理会不会在员工遇到困难的时候给团队成员以大力的支持。我想问在座很简单的一个问题，如果你有下属，你是不是知道你的下属每个人他住在哪里，这会告诉你是不是关注了团队中每一个人。通过对员工的成就，对员工兴趣的高度关注，我们能够帮助员工去找到他的优势，找到他的兴趣，找到他的发展方向，在最合适的时间给员工最合适的帮助，帮助我们员工更好的发展。

第四个特质是关注生产力，用结果证明一切。可能在互联网中，只有在 Google 是以季度来去定指标的，这个指标无论是对工程师，还是对我们的销售人员，都是以季度为单位制定非常高的业绩指标，通过这些指标的制定，帮助员工能够去找到一个很好的方向。所以在这个过程中我们有两个问题来去考核经理，一是你的经理是不是将团队的注意力放在了最首要的任务和重要的结果上面；二是你的经理是不是熟知了任务中的不确定性和复杂性，并且能够成功地去解决它们。大家知道在互联网这个行业，每天都高速发展，有非常多的不确定性因素，所以对每个经理的要求是能够很好地管理这些不确定性，并且能够成功地处理这些不确定性的问题，同时可以让团队的这些精力和资源放在最重要的工作和最重要的优先级上面。

第五个特质是能够成为一个很好地沟通者。Google 的这些经理都很好地利用了 Google 内部的产品，比如说 Google 的 Blog，投票系统，通过多种方式，多种渠道的沟通，能够和员工建立起很好的信任，能够让大家知道整个团队发生的事情，使团队高速的运转。所以在这方面会去问三个问题，一是经理是不是定期分享他的上司的这些相关的信息；二是你的经理是不是总是以诚相待，即使坏消息也不去隐瞒；三是你的经理是不是相信团队的成员，尽可能多去分享信息和获取信息。

第六个特质是帮助团队成员去发展他们的职业生涯。在 Google 有一件很重要的工作，每个人都要制定他的个人发展计划，内部叫 PPT，每一个人都要去制定一个他的整个职业生涯的发展计划，这个计划涵盖了他在 Google 的时间，也涵盖了他未来更多的可能性。有的员工希望离开 Google 去创建公益性组织，无论他将来的目标是什么，无论他是否在 Google，经理都有责任帮助他创建整个职业生涯的个人发展计划，从长期计划再到他未来一年的职业生涯发展计划，帮助他找到一个非常明确的职业发展的目标，帮助员工找到属于他个人的职业发展目标，同时在接下来的工作中不断创造工作中的机会，使这些工作机会能够帮助到他去实现他的职业生涯发展的目标。在这个方面有三个问题考核经理，一是你的经理帮助团队成员去增强个人技能，并且去发展职业生涯的机会，例如，开展特殊项目或者培训的项目；二是你的经理会去讨论你职业生涯的各个方面，而不仅仅是讨论升职；三是你的经理能够对团队成员在需要发展的领域给予需要的反馈和帮助。

第七个特质是为团队设置一个明确的愿景和战略。管理的三个层次是指挥、指导、发动，Google 成为一个好的教练属于指挥的方面。对于公司这样很好的愿景和使命来说，每一个团队都会根据这个大的愿景和使命不断的去分析自己的团队所拥有的愿景和使命，所以对于员工来说，很重要的一点就是是不是一个团队和员工建立起了共享的愿景和使命，大家认可一个非常宏伟的目标，一个美好的未来，愿意一起为了这个目标去努力，所以通过建立起共享的愿景和使命，能够帮助员工把要我做事情变成我要做事情，这是非常大的不同。在这个方面有三个问题考核经理，这个方面有三个问题，一是你的经理和员工会沟通愿景和战略；二是你的经理会帮助团队的员工去理解经理的工作，如何影响我们的组织；三是你的经理会和员工定期沟通这些愿景和战略。

最后一个特质是拥有关键的技术能力来帮助员工解决问题。就是刚才我们提到最初的 Google 的岁月，每个人都是技术专家。Google 内部有一句话，你要撸起袖子来和员工一起去做事情，当团队的员工出现一些困难的时候，他知道有哪些关键的路径或者关键的工具能够帮助到员工的这些工作，能够帮助到他们的发展。所以在这方面拥有关键的技术能力，解决员工需要去解决的问题，也是一个必不可缺的。有三个问题去衡量经理人，一是必要的时候经理会卷起袖子和员工共同完成任务；二是你的经理会明确工作的各种挑战；三是你的经理会根据相应的角色去解决不同的遇到的问题。

如果我们从头再看一遍这 8 个问题的话，就是当一个好的教练，对团队的兴趣和团队成员的成就保持着高度的热情，注重生产力，用结果来证明一切，成为一个好的沟通者，帮助员工发展他们的职业生涯，为团队建立明确的愿景和战略。

这就是谷歌方式的核心所在：利用科学且严谨的数据采集及分析工具，挖掘管理艺术及技巧的深度奥秘。

（资料来源：李东朔在 2011 年 10 月中国电子商务大会暨电子商务博览会上发表的演讲）

案例思考题：

结合案例，谈谈成为一名合格的职业经理人，最重要的是需具备哪些素质？

第十八章　常用理论分析

　　前沿的研究设计、数据处理方法与经典、前沿的理论基础可以说是组织与管理研究中的"术"与"道"。研究的目的在于发现管理世界的规律，为管理实践提供指导。但是，在抽象管理世界规律的时候，需要有更为普遍的已经被验证的理论来支撑研究所提出的假设，在普遍理论支撑下提出的假设模型更具有说服力也更加容易被验证。组织与管理研究中使用的理论基础有很多，人力资源管理的研究主要依托于组织行为学相关的理论。在广泛收集资料、阅读文献的基础上，本章选出了社会认知理论、自我决定理论、资源保存理论等几个具有代表性的理论，分别介绍了各个理论的来源、主要内容及其在研究中的运用，希望能给读者一些启发。

第一节　社会认知理论

　　社会认知理论（Social Cognitive Theory），又称社会性的认知学习理论，是社会心理学的重要理论之一。美国社会心理学家班杜拉（Albert Bandura）在 1977 年提出社会学习理论，之后进一步拓展了社会学习理论，于 1986 年出版了《思想和行动的社会基础：社会认知论》一书，提出了社会认知理论。该理论有助于人们正确理解个体、组织和社会的学习过程，具有重要的理论价值和应用价值。

一、理论溯源

　　社会认知理论是在社会学习理论的基础发展起来的。传统的行为主义认为个体只有实际参与某一行为，才会习得这一行为。而班杜拉认为个体可以通过观察进行替代性学习，并非一定要通过实际参与才能习得某一行为，因此提出了社会学习理论。在社会学习理论研究的后期，班杜拉发现社会学习理论也不能充分解释观察学习是如何引发个体行为的，同时也发现了行为主义的局限性。因此，班杜拉对社会学习理论进行了拓展和延伸，并将诸如信念、自我知觉以及期望等认知因素纳入行为主义中，把研究重点放在个体的主观意识上，开展了对个人主体因素及其作用机制的研究和理论建设，形成了社会认知理论。

二、理论内容

　　社会认知理论的核心内容是个体行为的习得、保持和改变是个体因素、行为和环境共同作用的结果。社会认知是认知者根据以往的经验和自我的思维活动,并在此基础上通过自我调节系统(自我监控、决定性因素、效果)和信息加工系统(信息提取、编码、贮存等)的作用,对自己和相关个体的心理活动和行为的认识、评价以及某些行为构建的预测过程。社会认知理论在二元交互论——行为与环境的基础上,引入了第三个要素:个体的认知,形成了三元交互作用。三元交互论、观察学习和自我效能构成了社会认知理论的主要观点。

(一)三元交互决定论

个体行为是由什么决定的?对于这个问题学术界存在两种答案,分别是个人决定论(内部力量)和环境决定论(外部力量)。个人决定论强调人的内部心理因素对个体行为的调节和控制;环境决定论强调外部环境因素对个体行为的控制。

班杜拉在对个人决定论和环境决定论批判的基础上提出了自己的独到见解——交互决定论。交互决定论集中探讨了个体行为、环境和个体认知三者之间既相互独立又动态决定的关系。行为包括目标进展、动机和学习等;环境因素包括榜样、指导和反馈等;个体认知包括:自我效能、期望、归因及自我评估等。所谓交互决定,是指行为、环境和个体认知三者互为因果。首先,行为与环境相互依赖、相互决定,即环境可以决定个体潜在行为的实现;而个体行为可以使环境朝着自己的预期发展。在行为与环境互相决定的过程中都会受到个体认知的指导。其次,个体认知可以指导和支配个体的行为,行为结果影响和反作用于个体的认知。而环境既可以是二者作用的结果,也可以是二者的决定和影响因素。最后,个体认知与环境互相决定,即个体认知可以激活不同的社会环境反应,不同的社会环境反过来又影响个体的认知,个体认知与环境的作用过程需要通过行为实现。

(二)观察学习

观察学习,也称为替代学习,指"一个人通过观察他人的行为和强化结果而习得某些新的反应,或者是使他已经具有的某种行为反应特征得到矫正"。观察学习的核心要素是模仿学习,它是通过观察适宜的行动、对记忆中所呈现的事件进行适当的编码且有足够的动力驱使模仿者进行实际操作。观察学习是由注意过程、保持过程、产出过程和动机过程4个相互关联的子过程组成。从语言到动作、从态度到人格的形成,都可以通过观察学习完成。观察学习虽然强调了学习在理解和模仿人类行为方面的作用,但不可忽视个体认知的重要性。观察之所以能够引发学习,是因为榜样及其行为表现对观察者具有价值。

(三)自我效能

社会认知理论认为个体行为是由外部环境和个体认知交互决定的,但个体认知起主要的作用,个体认知的核心内容是自我效能。自我效能是指"个体在实施某一行为之前对自己能够在什么水平上完成该行为活动的能力所具有的信念、判断或自我把握与感受"。自我效能与个体的能力水平相关,但并不代表个体的真实能力水平。自我效能具有决定人们对任务的选择、坚持和努力的作用,同时也影响人们在执行任务过程中的思维和情感反应。

自我效能的形成受多方面因素的影响,班杜拉认为,个体的自我效能主要是通过掌握性经验、替代性经验、言语说服、生理和情绪状态等提供的效能信息而形成。

人力资源管理

三、理论应用

张勇、刘海全、王明旋和青平（2018）基于社会认知理论，探讨了自我效能在挑战性压力和阻断性压力对员工创造性影响中的作用机制，并进一步探讨了分配公平对挑战性压力与自我效能、创造力之间关系的调节作用，以及程序公平对阻断性压力与自我效能、创造力之间关系的调节作用。

该研究认为，由于以往大量研究证实了自我效能对创造力具有积极的影响作用，因此，挑战性压力和阻断性压力对个体创造力的作用性质可能取决于其是激发还是破坏了个体的自我效能感。

研究认为，挑战性压力对自我效能具有双刃剑的作用。挑战性压力是指被员工认为会获得奖励的工作要求。一方面，更多的任务交给员工，说明领导对员工的信任、欣赏和期待，会被员工直觉为一种社会说服，根据社会认知理论，这种社会说服效应有助于激发员工的自我效能。另一方面，更多的任务也会带来疲劳、耗竭和紧张等心理压力，根据社会认知理论，这种消极的身体和情绪感受会扼杀人的自我效能。进一步，该研究认为挑战性压力对自我效能的双刃剑效应被分配公平所调节。当员工的分配公平感较高时，会增加其对高付出有高回报的确定感，有助于挑战性压力向自我效能的转化，进而促进员工的创造力；反之，低分配公平感会使员工认为繁重的工作压力是组织对其的惩罚或剥削，导致产生消极生理状态，抑制自我效能的形成。

阻断性压力指那些员工认为阻碍其成长或干扰、限制其目标达成的工作要求。阻断性压力会给员工带来工作的不可控感和不确定性，使员工产生自卑与无助感，带来认知资源损耗与情绪耗竭，抑制员工自我效能的发展，进而抑制了员工的创造力。同样，该研究认为，阻断性压力对自我效能以及创造力的作用受程序公平这个调节因素的影响。程序公平增强了员工的参与感，提高了过程的透明度，同时也增加了员工对管理者的信任和拥护，缓冲了阻断性压力对自我效能的负面效应。

该研究经过实证检验发现，挑战性压力对自我效能和创造力的直接影响不显著；分配公平调节挑战性压力通过自我效能对创造力的间接效应。阻断性压力通过自我效能对创造力产生负向影响；程序公平对阻断性压力与自我效能、创造力之间关系不具有调节作用。

第二节　自我决定理论

20世纪80年代，德西（Deci）和瑞安（Ryan）提出了自我决定理论（Self – Determination Theory）。自我决定理论是关于人类行为动机的理论。自我决定理论的主要贡献在于提出了人类的三种基本心理需求——自主需求、能力需求和归属需求，并根据个体行为的自主性将动机划分为三种基本类型——无动机、外部动机和内部动机。三种基本心理需求打开了外部激励影响个体态度和行为的黑箱。三种基本类型的动机明确了激发员工工作动机的方法，扩展了自我决定理论的应用范围。

一、理论溯源

自我决定理论是由美国心理学家德西（Deci Edward L.）和瑞安（Ryan Richard M.）等人在 20 世纪 80 年代提出的关于人类行为动机的理论，主要包含认知评价理论和有机整合理论。德西和瑞安（1985）认为人类先天具有追求新奇和挑战的倾向，并且勇于探索和学习，会积极发展自身能力。这种先天倾向与个体的内部特质如兴趣、满足感等密切相关，是一种高度自主的动机类型。

早期关于人类行为动机的理论研究了外部因素对内部动机的影响作用，但却没有得出一致的结论。归因理论认为个体从事某项活动完全是由内在兴趣引起的，金钱等物质奖励会削弱内部动机，损害个体行为的积极性。而行为理论则认为个体对努力天生具有厌恶感，外部激励可以帮助个体降低这种厌恶感从而增强行为的主动性。在这样的研究背景下，自我决定理论提出了人类的三种基本心理需求，认为只有当外部奖励危害基本心理需求时才会削弱内部动机。因此，以基本心理需求为中介，自我决定理论明确了外部激励和内部动机之间的关系。随后自我决定理论进一步发展出了有机整合理论，将传统的对立的内部动机和外部动机整合到了一个连续体当中。由此，自我决定理论初步形成了一个完整的体系。

二、理论内容

由前述可知，自我决定理论包括认知评价理论和有机整合理论。认知评价理论的核心在于提出了三种基本心理需求，以基本心理需求为中介，明确了外部动机与内部动机间既削弱又促进的关系。有机整合理论弥补了认知评价理论过于强调个体内在对有趣性的感知，对动机进行了进一步的细致划分，将传统的对立的内部动机和外部动机整合到了一个连续体当中。

（一）认知评价理论

认知评价理论定义了三种人类普遍共有的基本心理需求——自主需求、能力需求和归属需求。自主需求是指人们可以自主选择行为及行为方式的需求，例如，发起、调节和维持自己的行为。当这种需求得到满足时，人们会体验自主行动的自由，也会对自己的行为更具有责任感。胜任需求是指人们希望完成困难和具有挑战性的任务，以获得所期望结果的需求。当这种需求得到满足时，人们会体验到掌控感、成就感和控制感。归属需求也叫关系需求，是指人们希望与他人建立相互尊重和联系的需求。当这种需求得到满足时，人们会感受到来自他人的社会支持。个体为满足这三种基本心理需求产生的动机便是内部动机，外部环境会通过影响个体的基本心理需求，减弱或增强个体的内部动机。如果外部环境损害或没有满足基本心理需求，内部动机会降低。反之，若外部环境满足了基本心理需求，内部动机会则增强。

（二）有机整合理论

认知评价理论虽然阐明了外部环境对内部动机的影响机制，但是它无法解释为什么同样的外部奖励对不同的人产生的激励程度不同。因此，德西等进一步提出了有机整合理论。有机整合理论认为，个体会产生工作动机并且动机具有差异的最主要原因，是个体对被动从事活动的价值内化和整合程度不同。内化是指个体主观上认同了一种价值和规则；整合是指个体进一步将这种价值和规则融合吸收成了自己内在的一部分。基于对外部规则内化与整合程度的不同，有机整合理论把动机分为无动机、外部动机和内部动机三种类型。

1. 无动机

"无动机"是指个体完全没有做事的意愿。缺乏动机的原因可能是行为结果对个体无吸引力或者吸引力较低，也可能是个体认为自身不具备实现行为结果的能力。

2. 外部动机

根据行为自主性程度的不同，有机整合理论进一步将外部动机细分为以下 4 种类型：①外部调节。即个体表现出某种行为是为了满足外部的需求（如获得奖励或避免惩罚）。个体感知到行为原因来自外部，这种动机的来源主要有服从、奖励和惩罚。②内摄调节。指个体部分认同某种行为规范，但并不完全接受做出某种行为是为了避免焦虑、愧疚或提高自尊。个体采取行为的原因在某种程度上还是由外部控制而非自我决定的。③认同调节。个体认同所从事活动的价值，认为活动是重要的、应该进行的。④整合调节。个体完全认同某种行为规范，将这种行为规范整合为自己的一部分，在个体的自我和其他活动也会表现出来。

3. 内部动机

个体从事活动是为了活动本身的乐趣，是一种高度自主和自我决定的状态。内化的外部动机不同于内部动机，内部动机会感觉到行为本身就很有趣，而内化的外部动机并非觉得事物本身有趣，只是价值内化并认可了所从事活动的价值。

在自主性维度上，从无动机到内部动机是一个连续体，无动机是一种无意愿的状态，内部动机是一种高度自主和自我决定的状态；外部动机则位于二者中间，是一种部分自主控制的状态。外部动机中自主性较强的认同调节和整合调节与内部动机合称为自主性动机；而外部动机中自主性较弱的外部调节和内摄调节合称为控制性动机。自主性动机下，行为伴随自主决定；控制性动机下，个体会有种被外界力量控制的感觉。

三、理论应用

杨陈和杨付等（2018）基于自我决定理论的视角，以员工的基本心理需求为中介探讨了谦卑型领导如何改善员工绩效。根据自我决定理论，人类普遍具有三种基本心理需求——自主需求、能力需求、归属需求。当环境为个体提供自主性支持时，个体的三种基本需求更容易被满足，而当三种基本心理需求得到满足时，个体会感知到行为的自主性，产生成就感、控制感以及社会支持和较高的自尊。因此，可以满足个体基本心理需求的外部环境会提高其内部动机，使个体具有较高的积极性。

该研究认为领导在为下属提供自主性支持中扮演着重要角色，谦卑型领导所具有的特征，能够满足员工的三种基本心理需求，这是因为：首先，谦卑型领导会努力将组织愿景与下属的需求相匹配，使下属感知到更多的工作意义；尊重下属的观点为下属工作提供工作自主性，鼓励下属自主探索完成工作任务的方法，也会尊重员工，重视与员工的双向反馈。其次，谦卑型领导善于发现员工的优点与贡献，为员工提供自我提升、自我展示的机会，满足员工能力需求。最后，谦卑型领导会主动向下属寻求帮助和支持，与员工双向沟通，形成高质量的领导成员关系，并且谦卑型领导会促进团队成员互动、鼓励团队成员相互支持，这些都满足了员工的归属需求。因此，作者认为谦卑型领导对员工的自主需求、能力需求与归属需求具有积极影响。当员工基本心理需求得到满足后，会产生更多的内在动力，进而使员工更好地完成工作，并激发员工在工作中的创造性。

该研究的实证结果证实了谦卑型领导对员工基本心理需求有积极影响，并进一步对员工的任务绩效和创新绩效产生积极影响。

第三节 资源保存理论

1989年，霍布福尔（Hobfoll）通过《资源保存：定义压力的新尝试》一文，提出了资源保存理论（Conservation of Resources，COR）。资源保存理论作为压力研究的新进展，为更好地揭示和解释压力情境下的个体行为提供了新的理论视角。经过30年的发展，资源保存理论成为在组织心理学和组织行为学的研究中被引用最广泛的理论之一，对于解释个体在工作和生活中的诸多心理和行为具有重要理论价值。

一、理论溯源

资源保存理论是压力研究的一个分支，是随着压力理论的研究进展而提出的。压力问题是学者和管理者们共同关注的重要问题，学者们尝试从不同角度研究压力的前因、结果及应对策略，由此产生了许多理论并衍生出多个分支领域。总体上，压力研究经历了"关注生理反应→关注生理和心理的反应→关注生理、心理和行为的反应"三个阶段。研究过程中，一些学者将研究视角聚焦于个体特征差异对压力反应的影响上，根据研究重点不同，形成"刺激说""反应说"和"刺激—反应说"三个学派。学者们基于"刺激—反应说"的研究取得了丰富的理论成果，提出了多个理论模型。其中，以过程导向的压力模型（McGrath，1976）和人—环境平衡模型（Lazarus & Folkman，1984）最具代表性。虽然平衡模型在研究中被广泛采用，但霍布福尔等学者认为该模型既没有明确界定"个体需求"和"资源能力"这两个核心概念，也没有提供"个体需求"和"资源能力"比较的标准化工具（Hobfoll，1989）。为了更好地解释在压力情境下的个体行为，霍布福尔于1989年通过《资源保存：定义压力的新尝试》一文，提出了资源保存理论。之后，资源保存理论得到广泛的应用研究，2018年霍布福尔等在《组织心理学和组织行为学年度评论》中撰文对资源保存理论的研究应用进行了梳理和展望。

二、理论内容

资源保存理论认为个体具有保存、保护和获取资源的倾向，这些资源的潜在或实际损失，都会引起个体的紧张和压力。理解资源保存理论，首先需要对资源的内涵有很好的理解。

（一）资源的内涵

霍布福尔（1989）认为资源保存理论中的资源主要是指"个体特征、条件、能量等让个体觉得有价值的东西或者是获得这些东西的方式"，这些资源不但可以满足个体需求，而且可以帮助其准确地进行自我识别和社会定位（Lee & Ashforth，1996）。霍布福尔进一步将资源保存理论中的资源分成四类，分别是物质资源、条件资源、人格特质资源和能量资源。物质资源是与社会地位直接相关，决定抗压能力的外显因素（Dohrenwend，1978），如汽车、住房等；条件资源为个体获得关键性资源创造条件，决定个体或群体的抗压潜能，如朋友、婚姻和权力等；人格特质是决定个体抗压能力的内在总因素，如自我效能、自尊和乐观的个性等；能量资源是可以帮助个体获得以上三种资源的资源，如时间、金钱和知识等。

（二）资源保存理论的主要内容

霍布福尔等在2018年对资源保存理论进行了重新审视和梳理，将资源保存理论主要内容总结为一个核心观点、四项原则和三个推论。

核心观点：资源保存理论认为，个体（或群体）总是在积极努力获得、保持、培育和保护那些他们认为宝贵的东西。

资源保存理论的第一个原则是损失优先原则。即资源损失的影响比资源获得的影响要大得多，而且这种影响的速度更快，影响的时间更长。当个体遭遇资源损失时，出现紧张和压力反应的可能性更大。第二个原则是资源投资原则。人们必须投资资源，以防止现有资源损失，从资源损失中恢复过来，并获得新的资源。这些资源包括直接的替代资源和间接的投资资源。第三个原则是获取悖论原则。在资源损失的情况下，资源收益显著性增加。也就是说，当资源损失情况严重时，资源获取变得更加重要。这个原则的一个推论是，拥有更多资源的人更不容易遭受资源损失，更有能力协调资源的获取。第四个原则是资源绝望原则。当人们的资源被侵占或耗尽时，他们会进入一种防御模式来保护自己，这种模式通常是防御性的，并且可能会变得非理性。

资源保存理论的推论一是拥有更多资源的人更不易遭受资源损失，更有能力获得资源。相反，缺乏资源的个人和组织更容易遭受资源损失，获得资源的能力也较差。推论二是资源损失比资源获取更容易发生，而且由于资源损失时会产生压力，这种压力的存在致使个体更难进行防止资源损失的资源投入，从而会加速资源损失。推论三是资源获取具有呈螺旋式增长的特点。由于资源获取的大小和速度都小于资源损失，因此资源获取螺旋往往较弱，发展缓慢。

此外，霍布福尔等（2018）还提出了一个新的资源车队和资源车队通道原则。该原则认为，无论对于个体或组织，资源都不是单独存在的，而是像车队一样相互联系地存在。并且人类的资源存在于特定的生态环境中，这些环境要么会滋养和培育资源，要么会限制和阻碍资源的创造和保持。

三、理论应用

易明、罗瑾琏、王圣慧和钟竞（2018）探讨了时间压力对员工沉默行为的影响机制。

作者通过两条路径探讨时间压力对员工沉默行为的影响，一条路径是基于自我决定理论探讨了时间压力通过内部动机对员工沉默行为的影响，另一条路径是基于资源保存理论探讨了时间压力通过情绪耗竭对员工沉默行为的影响，进一步作者还考察了乐观在其中的调节作用。这里主要介绍该研究基于资源保存理论所考察的情绪耗竭对时间压力与员工沉默行为关系的中介作用以及乐观的调节作用。

根据资源保存理论，个体拥有的资源（如时间、精力、情绪和注意力）是有限的，他们会努力获取、维持和保护自己的有限资源。当个体投入大量资源而收获甚微时，就容易产生倦怠等消极结果。情绪耗竭是个体的心理和情绪资源被过度使用后产生的疲劳状态。各种工作要求如牺牲休息时间加班、工作时注意力高度集中等，需要员工持续努力才能达到，这会对员工产生时间压力。在应对时间压力的过程中，员工需要消耗大量认知和情感资源。而且，如果员工不能按时完成工作，将会带来斥责、惩罚等结果，这些后果会引发沮丧、痛苦或生气等消极情绪，从而损耗了员工的心理资源。因此，时间压力与员工情绪耗竭正相关。

建言行为是公开表达对组织潜在问题的担忧，需要员工投入额外的时间和精力，也就是需要消耗员工的个人资源。依据资源保存理论，当个体处于资源匮乏状态时，更倾向于保存资源以防止资源的继续消耗。因此，处于情绪耗竭的员工通常不愿再消耗个人资源来从事建言行为。而保持沉默不需要消耗个人资源，保留意见和观点就成为情绪耗竭的员工保护自我资源的有效途径，所以该研究认为处于情绪耗竭下的员工更可能采取沉默行为。

该研究还认为个体的乐观特质可以负向调节时间压力与情绪耗竭的关系。因为依据资源保存理论，拥有盈余资源的个体不容易受到资源损耗的侵袭而处于一种相对安全状态，并且部分员工反而有获取和创造更多资源的能力。乐观的员工会认为自己拥有足够的资源和能力，同时会积极向主管和同事寻求帮助获取更多的资源和支持。因此，面对时间压力时，乐观的员工拥有更多的资源来应对，更少体验到情绪和生理资源耗竭的状态。

根据上述基于资源保存理论的推导，该研究认为，时间压力与员工情绪耗竭正相关；时间压力通过增大员工的情绪耗竭从而使员工更多地保持沉默行为；而个体的乐观特质降低时间压力对员工情绪耗竭的影响，也负向调节了情绪耗竭在时间压力与员工沉默行为之间的中介作用。实证结果证实了这些研究假设。

第四节 社会交换理论

社会交换理论 20 世纪 60 年代兴起于美国进而在全球范围内广泛传播，是组织心理学中最具影响力的理论之一。社会交换理论由霍曼斯创立，主要代表人物有布劳、埃默森等。社会交换理论提供了一个灵活的框架，以了解两个实体如何通过重复的交互产生资源交换的义务并形成可能是高质量的关系（Blau，1964；Gouldner，1960）。

一、理论溯源

社会交换理论最早由蒂博尔特和凯利于 1959 年在《群体社会心理学》一书中提出。1961 年，霍曼斯在其著作《社会行为的基本形式》中系统阐述了这一思想，描述了小群体范围内的社会交换过程。布劳于 1964 年在《社会生活中的交换和权力》中发展了霍曼斯的社会交换理论，将社会交换的分析范围从微观社会结构转向了宏观社会结构，进一步研究了社会交换行为的产生和维持，以及微观个体间的交换行为如何扩展到宏观的社会行为。

二、理论内容

社会交换是指人们从他人那里获得回报所激励的一种自愿行为。在社会交换的过程中，互惠原则是社会交换的基本原则，信任是社会交换的必要条件。社会交换能形成伙伴关系也能造成地位分化。

（一）社会交换的内容

布劳认为社会交换是指人们从他人那里获得回报所激励的一种自愿行为①。从布劳的定义可以看出社会交换是一种自愿行为，目的是得到他人的回报。当交换的一方没有获得想要的回报时，交换行为便无法开始或维持。

首先，社会交换的内容包括内在报酬和外在报酬。内在报酬指从社会交换关系本身取得的报酬，如乐趣、社会赞同、爱和感激等；外在报酬指从社会交换关系之外取得的报酬，如金钱、商品、邀请、帮助和服从等。

其次，社会交换中的回报是一种没有明确规定的回报，不能要求回报的内容与性质，也不能对回报讨价还价，必须留给回报人自己决定。

最后，社会交换会引起个人的义务感、感激之情和信任感。

（二）社会交换的过程

社会交换行为开始于人际吸引，个人由于期待内在的或外在的报酬而被吸引到交换中去。在社会中，每个人拥有的资源不同，社会吸引主要来自人们对获得某种资源的期望，人与人之间交往的过程实质上是双方资源交换的过程。

互惠原则是社会交换的基本原则。A 向 B 提供了满足其需求的服务，这一行为使 B 负有了偿还义务。而 B 为了继续得到 A 的服务也必须回报 A 的付出。这也是隐含在交换概念中的基本原理：一个向他人提供有报酬性服务的人使他人负有了偿还义务。为了偿还这一义务，第二个人一定要反过来向第一个人提供利益。若交换双方都重视对方提供的报酬，那么两个人均会倾向于多向对方提供服务，以为对方回馈提供诱因，同时避免欠对方的债。但是，在多次交换中，若交换内容具有同质性，交换行为的边际效用会递减，即随着交换次数的增加，交换带来的满意度下降。

信任是社会交换的必要条件。在社会交换中，主动提供服务仅使对方负有回报义务，却未明确要求回报的性质，也不能对回报讨价还价。因此，交换行为的发起方要相信对方会进行有效的回报，而获得方也要积极回报以证明自己值得信赖。当获得方履行他们的回报义务时，他们便证明了自己值得进一步的信任。因此，信任是社会交换行为开始与维持的必要条件。与信任伴随的是无法获得回报的风险，因此，交换关系是在一个缓慢的过程中逐渐发展

---

① 彼得·M. 布劳. 社会生活中的交换和权力 ［M］. 北京：商务印书馆，2012.

的，以较小的交换开始，在这种交换中只需要很小的信任，涉及的风险也很小，通过交换行为的反复发生和逐步扩展，交换双方在社会关系中累积信任。

（三）社会交换的目的

从社会交换的定义中可以了解到，社会交换的目的是获得他人回报。这里的"回报"既可以是与交换成本相一致的报酬，也可以是因对方无法回报而获得的"优越感"。因此，社会交换具有两个基本功能：一是建立伙伴关系，二是确立超过别人的优等地位[①]。当负有回报义务的一方有能力履行且切实履行了回报的义务时，交换双方便可以建立平等的伙伴关系。当负有回报义务的一方没有能力回报且接受了对方给予的报酬时，报酬给予方便具有了超过报酬接受方的优等地位。

社会交换定义中的"他人"既可以指进行交换活动的双方，也可以是交换活动以外的第三方。例如，员工 A 在工作中经常帮助同事，也可能是为了在上司那里获得"乐于助人，工作能力强"的评价。

三、理论应用

段锦云等（2017）以社会交换理论为分析框架，研究了高承诺组织与员工建言间的双过程模型。互惠原则是社会交换的基本原则。一个向他人提供有报酬性服务的人使他人负有了义务。为了偿还这一义务，第二个人一定要反过来向第一个人提供利益。若交换双方都重视对方提供的报酬，那么两个人均会倾向于多向对方提供服务，以为对方回馈提供诱因。

该研究认为，高承诺组织会通过各项人力资源管理策略为员工营造具有奖励性和发展性的工作环境，使员工对组织产生较高水平的情感依附、认同以及信任，为员工带来益处。员工作为受惠方则通过向领导建言献策来回馈组织。基于此，作者提出假设：高承诺组织与员工的上行建言正相关。

另外，高承诺组织重视内部职业市场建设，会为员工提供较多的职业机会。员工会将获得的职业晋升机会视为一种资源与收益，感知到这种资源与机会的员工会以建言行为向领导汇报，同时，员工也希望通过这一行为使领导看到自己对组织的贡献，进而给予自己更多的职业机会。因此，作者认为，员工知觉到的（组织内）的职业机会在高承诺组织与上行建言之间起中介作用。

该研究通过实证检验证实了高承诺组织对员工上行建言有显著的促进作用，员工知觉到组织内的职业机会在高承诺组织与上行建言间具有部分中介作用。

第五节　社会认同理论

社会认同理论（Social Identity Theroy）起源于 20 世纪 70 年代初，由塔菲尔（Tajfel）等（1971）等人提出，并在群体行为的研究中不断发展起来。社会认同理论对群体间行为

---

① 彼得·M. 布劳. 社会生活中的交换和权力［M］. 北京：商务印书馆，2012.

进行了解释，它认为个体对群体的认同是群体行为的基础。群体行为是社会心理学的一个重要课题，社会认同理论作为群体关系研究中最有影响的理论，成为当代社会心理学的主宰范式之一，革新了社会心理学对群际过程的研究，彻底改变了社会心理学家思考群体和群际关系的方式①。

一、理论溯源

社会认同理论产生于解释群体间行为的种族中心主义。种族中心主义是指内群体偏好和外群体歧视。最初解释种族中心主义最有影响的理论是谢里夫（Sherif）提出的现实冲突理论。但仅有现实冲突理论还不足以解释群体间行为，塔菲尔后来的研究又对现实冲突理论做了很好的补充。塔菲尔（1970，1971）采用了最简群体实验范式研究群体行为，研究结果显示，对群体成员身份的意识是产生群体行为的基础。在最简群体范式研究的基础上，塔菲尔等进一步研究，经过十多年的努力建构了以社会范畴化、社会比较、认同建构和认同解构/重构等为核心的社会认同理论②。1982 年塔菲尔去世后，他的学生特纳（Turner）继续完善了社会认同理论，并提出了自我归类论等新理论。随着社会认同理论的不断发展，社会认同理论从对群际行为的研究扩展到了社会心理学的诸多领域，对组织科学也产生了重要影响。

二、理论内容

塔菲尔（1978）将社会认同定义为："个体认识到他（或她）属于特定的社会群体，同时也认识到作为群体成员带给他的情感和价值意义。"

（一）基本观点

社会认同理论认为个体通过社会分类，对自己的群体产生认同，并产生内群体偏好和外群体偏见。个体都在努力地维持和增强自尊，通过对内群体与相关外群体进行比较并获得积极评价，从而实现或维持积极的社会认同，进而获得或提高自尊。当社会认同受到威胁时，个体会采用各种策略来提高自尊。个体过分热衷于自己的群体，认为自己的群体比其他群体好，并在寻求积极的社会认同和自尊中体会团体间差异，就容易引起群体间偏见和群体间冲突。

（二）社会认同的心理过程

塔菲尔（1982）认为社会认同的心理过程包三个重要方面：社会分类、社会比较和积极区分。

在社会分类阶段，个体会对外部环境进行分类以更好地理解和识别社会环境。个体倾向于根据他人和自己的异同进行分类，相同的归为该分类下的内群成员，相异的归为外群成员。在社会分类的过程中会出现一种增强效应，即个体倾向于加强某一特征在群体内的相似性和群体间的差异性（Tajfel，1957）。社会分类的结果是个体与内群成员相似性增强，与外

①②　迈克尔·A·豪格，多米尼克·阿布拉姆斯. 社会认同过程［M］. 北京：中国人民大学出版社，2011.

群成员相异性增强。社会分类使个体将群体身份融入自我概念，并在某些方面采取符合群体特征的行为。社会分类使人类活动易于管理，这对于适应环境意义重大。

当个体将自己归属于某一群体后，便倾向于将自己所属的群体与其他群体进行比较。在群体比较时，个体为了获得和维持自尊，倾向于在某些维度上夸大群体间的差异，对群体内成员给予更积极的评价，形成内群体偏好和外群体偏见。社会比较使社会分类变得更有意义。

个体行为都是由自我激励这一基本需求所激发的。为了满足自尊的需要，个体会突出某方面的特长。自我激励的动机使个体在群体比较的相关维度上表现得比其他成员更出色，这就是积极区分的作用。在所属群体表现良好的维度上比较内群体和外群体，内群体会获得更加积极的评价也就是获得了积极区分。内群体获得积极区分后，个体也借由群体成员的身份，实现自尊，提升了自我价值（Hogg et al.，2012）。

（三）自尊假设

社会认同理论假设个体具有实现、维持或增强自尊的基本需求。通过对群体中的个体行为进行研究，社会认同理论认为社会认同可以满足个体自尊需要，是一种区别于人际范围内获得自尊的方法。

在社会认同的过程中，获得自尊是个体进行社会比较的基本动机。个体基于本能进行社会分类，将自己归属于群体，并获得"某群体成员"的自我概念。具有"某群体成员"身份的个体会进行社会比较并努力使内群体获得积极评价，进而属于该群体的自己也获得了社会认同，满足了自尊需求。

基于自尊假设，阿伯拉姆（Abrams）和霍格（Hogg）（1988）发现，成功地进行群体间区分可以提高社会认同，从而提高自尊。作为群体成员，个体越积极地区分内群体与外群体，获得的自尊就越高。

（四）社会结构

社会认同理论还对群体间的地位关系进行了研究，尤其是关于群体中低地位群体成员的自我激励策略。在现实生活中，低地位群体成员会采用社会流动、社会竞争和社会创造等三种策略，来改变群体关系，从而维持和提高社会认同。

三、理 论 应 用

张麟等（2017）基于社会认同理论研究了企业承担社会责任对求职者产生吸引力的影响机制。

该研究选取社会认同理论作为理论依据是因为，一方面，该研究问题与社会认同理论解释的现象相一致。社会认同理论主要探究为什么个体会对特定群体产生认同以及偏好，而该研究的焦点是"为什么求职者会更加偏好企业社会责任表现好的企业"。研究问题与所采用理论的逻辑是一致的。另一方面，该研究认为企业承担社会责任可以提升求职者对招聘企业的认同。根据社会认同理论，个体认同群体的基本动机是为了实现自我提升与提高自尊。出于这一动机，求职者倾向于将自身归类于具有良好社会责任表现的企业，并对这类企业产生高度认同，这一推理也表明了该研究适合采用社会认同理论。

该研究认为当招聘企业的社会责任表现比较好的时候，求职者能够通过社会分类与社会比较，成功地将企业社会责任表现好的企业区别于表现不好的企业。求职者会下意识地将自己归入社会责任表现好的企业，产生对于招聘企业的社会认同。根据社会认同理论，当个体认同所属群体的时候，会顺从、拥护与支持其所认同的群体。因此，研究提出假设，求职者会更加倾向于接受和赞许社会责任表现好的企业，进而这类企业对求职者的吸引力也会随之提升。

进一步，该研究认为，当求职者将自己归入社会责任表现良好的企业后，会预期能从招聘企业获得较高的自豪感，这种预期自豪感能够在社会比较过程中帮助求职者更好地区分内群和外群。在这种情况下，求职者对招聘企业的认同感就会相应提升，他们也会更加拥护和支持这类企业的活动，企业对求职者的吸引力随之增强。因此笔者认为，预期自豪感在企业社会责任与企业吸引力的关系中起中介作用。

实证结果证实了研究假设，企业社会责任会正向影响招聘企业对求职者的吸引力，并且预期自豪感在企业社会责任与企业吸引力的关系中起中介作用。

思考题：

1. 已有许多学者探讨了压力与创造力之间的关系，请基于社会认知理论分析挑战性压力与阻断性压力会如何影响员工的创造力？

2. 谦卑型领导是指领导能够正确看待自身的不足、欣赏他人优点并向他人学习的一种领导风格，试分析谦卑型领导会如何满足员工的基本心理需求？

3. 领导团队代表性显示了领导的特质在多大程度上反映了团队的特征，下属感知到的领导团队代表性会影响下属对团队的感知与认同。试分析在多团队情境下，高领导团队代表性会对员工产生怎样的影响？

案例分析

小真是一名从事特殊教育的教师。优秀、能干、出众的她一直追求着完美的人生，大学毕业后从事了光荣的职业——人民教师。从事特殊教育以来，小真经常面对智障儿童、多动症儿童、自闭症儿童、语言障碍和听力障碍等各种不健全的儿童，一时无所适从。但迎难而上的她为了理想和追求及时调整自我心态，同时为了这些特殊孩子们被社会早日接受与认可，她开始兢兢业业、努力工作。但事实上，即使在她成倍地付出时间、精力后，收获依然甚微，这使她变得越来越焦躁，经常感到疲惫与虚弱，并时常伴有头痛、失眠和各种身体不适，完美主义的她被彻底打败。

除了工作压力之外，职业认同感的困扰也给她带来巨大的影响。学生家长的无理取闹、周边亲戚朋友的不理解以及社会对特殊教育的歧视和不认同，等等，都使她开始怀疑自己的职业和工作。在一次与同学群聊后，小真的职业认同感缺失达到了巅峰。与同学相比，学生时代的优越感（成绩优秀、学生会干部等）和自我的期待值荡然无存，工作量与薪水不成正比、付出的心血与学生的进步不成正比、生活质量的落差，这一切不禁使她心中充满委屈、内心愤愤不平。她开始对特殊教育老师产生了深深的职业倦怠和厌恶。

（资料来源：作者原创）

案例思考题：

1. 请用资源保存理论分析小真老师的心理历程。

2. 如何帮助小真老师尽快走出困境，早日成为一名优秀的特殊教育老师。

参考文献

［1］Bandura A. Social Cognitive Theory of Self-regulation ［J］. Organizational Behavior & Human Decision Processes，1991，50（2）：248－287.

［2］Bandura A. Social Cognitive Theory：An Agentic Perspective ［J］. Asian Journal of Social Psychology，1999，2（1）：1.

［3］Cropanzano R. ，Anthony E. L. ，Daniels S. R. ，et al. Social Exchange Theory：A Critical Review with Theoretical Remedies ［J］. Academy of Management Annals，2016，11（1）：1－38.

［4］Cropanzano，R. Social Exchange Theory：An Interdisciplinary Review ［J］. Journal of Management，2005，31（6）：874－900.

［5］Farganis J. Frontiers of Social Theory：The New Syntheses. by George Ritzer ［J］. Contemporary Sociology，1991，20（5）：802－804.

［6］Gagné，M. ，& Deci，E. L. . Self-determination Theory and Work Motivation ［J］. Journal of Organizational Behavior，2005，26：331－362.

［7］Hobfoll S. E. ，Conservation of Resources－A New Attempt at Conceptualizing Stress ［J］. American Psychologist，1989，44（3）：513－524.

［8］Hobfoll S. E. ，Conservation of Resource Caravans and Engaged Settings ［J］. Journal of Occupational and Organizational Psychology，2011，84（1）：116－122.

［9］Hobfoll，S. E. ，Halbesleben，J. ，Neveu，J. P. ，& Westman，M. Conservation of Resources in the Organizational Context：The Reality of Resources and Their Consequences ［J］. Annual Review of Organizational Psychology and Organizational Behavior，2018，5（1）：103－128.

［10］Porter C. M. Long Live Social Exchange Theory ［J］. Industrial and Organizational Psychology，2018，11（3）：498－504.

［11］Stolte J. F. Social Exchange Theory：The Two Traditions by Peter P. Ekeh ［J］. Canadian Journal of Sociology，1975，10（2）：325.

［12］Tafel H. ，Turner J. C. The Social Identity Theory of Intergroup Behavior. In：Worchel S. ，Austin W. （eds）. Psychology of Intergroup Relations. Chicago：Nelson Hall，1986：7－24

［13］阿尔伯特·班杜拉. 社会学习理论 ［M］. 北京：中国人民大学出版社，2015.

［14］彼得·M. 布劳，李国武. 社会生活中的交换与权力 ［M］. 北京：商务印书馆，2008.

［15］曹霞，瞿皎姣. 资源保存理论溯源、主要内容探析及启示 ［J］. 中国人力资源开发，2014（15）：75－80.

［16］段锦云，施嘉逸，凌斌. 高承诺组织与员工建言：双过程模型检验 ［J］. 心理学报，2017（4）.

［17］高申春. 人性辉煌之路：班杜拉的社会学习理论 ［M］. 武汉：湖北教育出版社，2000.

［18］迈克尔·A. 豪格，多米尼克·阿布拉姆斯. 社会认同过程 ［M］. 北京：中国人民大学出版社，2011.

［19］杨陈，杨付，景熠，等. 谦卑型领导如何改善员工绩效：心理需求满足的中介作用和工作单位结构的调节作用 ［J］. 南开管理评论，2018，21（2）：121－134.

［20］张莹瑞，佐斌. 社会认同理论及其发展 ［J］. 心理科学进展，2006，14（3）：475－480.

［21］赵燕梅，张正堂，刘宁，等. 自我决定理论的新发展述评 ［J］. 管理学报，2016，13（7）：1095－1104.

［22］张麟，王夏阳，陈宏辉，等. 企业承担社会责任对求职者会产生吸引力吗——一项基于实验的实证研究 ［J］. 南开管理评论，2017，20（5）：116－130.

［23］张勇，刘海全，王明旋，等. 挑战性压力和阻断性压力对员工创造力的影响：自我效能的中介

效应与组织公平的调节效应 ［J］. 心理学报，2018，50（4）.

　［24］李超平，徐世勇. 管理与组织研究常用的60个理论 ［M］. 北京：北京大学出版社，2019.

　［25］齐瓦·孔达著，周冶平、朱新秤等译. 社会认知：洞悉人心的科学 ［M］. 北京：人民邮电出版社，2013.

　［26］易明，罗瑾琏，王圣慧，等. 时间压力会导致员工沉默吗——基于SEM与fsQCA的研究 ［J］. 南开管理评论，2018（1）：203-215.

第十九章 人力资源管理研究方法的
进一步阐释

在第一章我们介绍了人力资源管理的基本学习研究方法，这些方法要在研究中使用，还必须对其进行进一步阐释。

第一节 问卷调查方法

在做企业人力资源管理领域的研究时，因为要观察的现象太复杂，研究者往往要用一些"构念"来描述商业现象。构念是用来建构理论的，因为理论是抽象的，表达理论的变量和观念也是抽象的，但构念本身只是对现象或特征的抽象概括，并不能反映其程度。只有当我们用适当的测量方法把构念与具体的强弱、大小、高低等数量联系在一起时，构念才能够用来描述不同个体和群体的特征。例如，"团队凝聚力"是一个抽象的概念，如果有一个工具可以帮助我们给一个团队的凝聚力打分，取 1~10 分的任何一点，那么理论上我们就可以得到关于任何一个团队的凝聚力的数值信息了。因此，对于进行科学的研究而言，选择合适的问卷调查方法是至关重要的一步。

一、问卷调查方法的界定

问卷是根据研究课题的需要而编制成的一套问题表格，由调查对象自填回答的一种收集资料的工具，同时又可以作为测量个人行为和态度倾向的测量手段。

问卷调查方法是以书面提出问题的方式搜集资料并进行统计分析的一种研究方法。研究者将所要研究的问题编制成表格，以邮寄方式、当面作答或追踪访问方式填答，从而了解被试对某一现象的看法和意见。统计分析是数据处理最基本也是最主要的方法。统计分析是根据数据资料进行的，而调查研究中的数据不是抽象的数字，而是反映事物属性的统计指标。运用统计分析，研究者可以对问卷调查的数据进行综合处理，以揭示事物的内在数量规律。

二、问卷调查方法的步骤

（一）研究问题的确定

问卷调查方法作为管理学定量研究中最为普及的方法，其实用性主要体现为四个方面：

如果实施得当，问卷法是最快速及有效的搜集数据的方法；如果量表的信度和效度高，数据样本量大，研究者可用问卷法搜集到高质量的研究数据；问卷调查对被调查者的干扰较小，因而比较容易得到被调查单位及员工的支持，可操作性强；成本低廉，是实地研究中最经济的搜集数据的方法。当所要研究的问题涉及到这四个方面时，就应该选择问卷调查方法来进行定量研究。

（二）样本的选择

在问卷调查方法中，可以通过常用的四种方式来进行样本的选择。

（1）随机抽样。随机抽样是一种最简单的获取代表性样本的方法，随机原则意味着在选取对象的过程中，一方面要排除任何事先设定的模式，满足等概率要求；另一方面，对象之间相互独立，满足独立性要求。

（2）分层抽样。分层抽样是指研究者先把总体分为若干个同质的层，然后用简单随机抽样方法，从每层中抽取样本元素。

（3）聚类抽样。聚类抽样是分层抽样的扩展，其区别在于，它是将性质类似的个体聚类在一起（聚类体），然后在聚类体中抽取样本。总体中个体数量大且分布很广时，研究者往往不可能得到总体中所有成员的信息，或者难以接触某些成员，此时可采用聚类抽样。

（4）系统抽样。系统抽样是随机抽样的变种，它是在总体的个体序列中每逢第 n 个便抽去一个个体作为样本。n 值取决于总体规模和样本量的大小。系统抽样与其他抽样的区别在于，总体中的个体不具有独立被选择的机会，只要第一个样本一旦被选定，其他样本就自动地产生出来。

（三）变量的测量

现代组织行为学已有几十年的历史，与其相关的学科如心理学、社会学等渊源更深。在这条漫长的历史长河中，无数的研究人员刻苦钻研，反复论证，做了大量的研究实证工作，创造了大量的研究量表。这些量表为我们从事实地研究提供了宝贵的条件和手段。而沿用现有的量表一般有较高的信度和效度，而且在文献中被反复使用的量表认可度较高。

但在管理学的研究中，以下两种情况常常促使研究人员自行设计问卷量表：其一，现有的量表不能满足研究的需要。组织行为学的发展是一个复杂的过程，对相关概念的开发、理解、测量、分析和确定不仅是循序渐进的，亦是相辅相成的。在这个过程中，现存的概念和量表永远无法满足研究的需要。其二，研究的目的在于测试某些源自西方的概念以及相关变量的跨文化应用性。

（四）数据的收集

俗语说，"巧妇难为无米之炊"。对于管理学研究者来讲，没有数据，再好的理论创意也很难转变成为一篇实证论文。在问卷调查方法中，可以通过常用的四种方式来收集数据。

（1）邮政投递式，研究者通过邮局向被选定的调查对象寄发问卷，并要求被调查者按照规定的要求和时间填答问卷，然后再通过邮局将问卷寄回给研究者。

（2）专门递送式，这是研究者派专人将问卷送到选定的调查对象，待被调查者填答完后，再派专人收回问卷。

（3）集中填答式，这是研究者亲自到被调查对象的单位，将调查对象集中起来，由研究者向被调查对象说明调查的目的和填答问卷的方法，被调查者即时填答，然后由研究者把问卷收集起来。

（4）网络投递式，随着因特网络技术的发展和普及，人们之间的相互沟通的快捷程度已今非昔比，现在许多研究者把调查问卷发布在网站上，这种问卷的回收数量较大，但回答者主要是具有上网条件的用户，其代表性受到限制。

（五）数据的处理

数据的处理指将收集到的数据筛选分类，并转换成符合研究要求易于进行定量分析的表达形式。尽管研究所采用的论证方法不同，但统计技术应是管理研究中数据处理的主要方法。统计技术应用有两项目的：描述和推断。相应地，分为描述性统计和推断性统计。描述性统计指用于组织、综合和转换所收集到的样本数据的方法，亦即偏重于数据处理。推断性统计偏重数据分析，从样本数据推出适用于研究总体的一般性结果。

三、问卷调查数据的分析方法

（一）回归分析（Regression Analysis）

回归分析是确立 Y 与 X 之间函数具体形式的方法，一元线性回归方程为 $Y = a + bX$，其中，b 为回归系数，表示 X 每变化一个单位时，Y 会变化多少。这一方程有描述性和推论性价值，既是 X 与 Y 两变量之间关联形态的数学描述，又可在已有值的条件下得出推测值。值得注意的是，回归系数并不适合度量两变量之间的关联强度，只表示因变量随自变量变化而产生的关联变化量。

管理研究中一般会面临两个以上的变量，假设检验中也要处理多个变量。多变量分析常用的方法有偏相关分析、多元回归分析。多元回归分析是分析因变量与多个自变量之间的关联，其一般表达式为：$Y = b_1X_1 + b_2X_2 + \cdots + b_nX_n + a$，其中，$b_i$ 为自变量 X_i 变化一个单位时在其他自变量不变的情况下因变量 Y 的变化量，a 为随机误差。

例如：施让龙、张珈祯、黄良志（2017）[①] 在研究员工的主动性人格特质、工作热情与职业生涯满意之间的关系时，以中国台湾地区楠梓加工出口区、新竹/台南科学园区等高科技 IC 设计产业的员工为样本，选择具有代表性与企业规模均为目前台湾地区数一数二的企业当母群体，再以具代表性的公司各部门进行分层抽样，得到 205 个有效的样本。该研究在数据的分析和处理上采用回归分析的研究方法，以职业生涯满意为思考点，形成回归分析式的研究设计。其合理性在于：首先，这篇文章的研究问题是员工主动性人格特质、工作热情、知觉组织支持及职涯满意之间的相互作用关系，研究涉及员工主动性人格、工作热情、知觉组织支持及职涯满意四种变量的作用过程机理，适宜采用能回答问题的数据为基础辨析总体现状的研究方法的回归分析方法。其次，尽管这篇文章的研究采用了回归分析研究设计，但这篇文章以问卷作为衡量工具，内容包含主动性人格特质、工作热情、职涯满意及知

---

① 施让龙，张珈祯，黄良志. 员工主动性人格特质、工作热情、知觉组织支持及职涯满意的实证研究 [J]. 管理评论，2017，29（2）：114 – 128.

觉组织支持等四个变量，使回归分析的研究方法的应用更加贴合实际，增强了回归分析方法与管理实践的结合程度。

（二）结构方程模型（Structural Equation Modeling）

结构方程模型（Structural Equation Modeling，SEM）是社会科学研究中的重要方法之一。20 世纪 80 年代以来，结构方程模型迅速发展，弥补了传统统计方法的不足，成为多元数据分析的重要工具。[①]

结构方程模型是一种建立、估计和检验因果关系模型的方法。模型中既包含有可观测的显在变量，也可能包含无法直接观测的潜在变量。结构方程模型可以替代多重回归、通径分析、因子分析、协方差分析等方法，清晰分析单项指标对总体的作用和单项指标间的相互关系。简单而言，与传统的回归分析不同，结构方程分析能同时处理多个因变量，并可比较及评价不同的理论模型。

例如：赵红岩、蒋双喜、杨畅（2015）[②] 在研究吸收能力阶段演化与企业创新绩效的问题时，以高技术产业发展最为典型的上海东华科技园、松江高新技术园区、新曹杨高新技术工业园的企业为样本，选择包括通信设备、计算机及其他电子行业、电气机械及器材行业等行业，采取随机发放的形式，得到 135 个有效的样本。采用结构方程模型的研究方法，形成结构方程模型的研究设计。其合理性在于：首先，这篇文章的研究中涉及的变量测量、测量误差以及模型评价等众多因素对传统的统计分析方法的限制，适宜采用结构方程模型来分析变量间的相互影响关系。其次，这篇文章分别对探索性学习、转化型学习、开发性学习对企业创新绩效的影响进行了检验，因而需要构建吸收能力三阶段与企业创新绩效一阶全模型结构方程。最后，为了进一步检验吸收能力对创新绩效的影响，这篇文章提取吸收能力二阶因子，在上述研究基础上构建二阶全模型结构方程，这显著增强了文章的逻辑性，并且发挥了结构方程的优点。

（三）多层线性模型（Hierarchical Linear Modeling）

多层线性模型（Hierarchical Linear Modeling，HLM）是一个跨层阶的分析工具，它其实是一个牵涉多层阶的嵌套回归分析模型，因此与其他的回归分析一样，HLM 也牵涉利用样本统计量来估计总体参数的问题。

在使用 HLM 时，自变量可能是来自较低层次的构念，例如，个人层次（可称为 Level – 1 变量），或是较高层次的构念，例如，群体层次（可称为 Level – 2 变量）。而这些变量的关系可由以下的模型求得：

Level – 1 Model：$Y_{ij} = \beta_{0j} + \beta_{1j}X_{ij} + r_{ij}$

Level – 2 Model：$\beta_{0j} = \gamma_{00} + \gamma_{01} G_j + U_{0j}$

$$\beta_{1j} = \gamma_{10} + \gamma_{11} G_j + U_{1j}$$

Y_{ij} 是指个人 i 在 j 群体中的结果变量，X_{ij} 是个人 i 在 j 群体中的预测因子之值，β_{0j} 与 β_{1j} 则是每个 j 群体分别被估计出的截距项与斜率，r_{ij} 为残差项。G_j 是指群体层次的变量，γ_{00} 与

① 汤晟，孟宪忠. 基于 SEM 方法的企业信用与可持续增长实证模型研究 [J]. 现代管理科学，2011（8）：17 – 19.
② 赵红岩，蒋双喜，杨畅. 吸收能力阶段演化与企业创新绩效——基于上海市高新技术产业的经验分析 [J]. 外国经济与管理，2015，37（2）：3 – 17.

γ_{10} 为 Level – 2 截距项，γ_{01} 与 γ_{11} 则是连接 G_j 与 Level – 1 公式中的截距项与斜率项的斜率，U_{0j} 与 U_{1j} 为 Level – 2 的残差项。因此，在 Level – 1 Model 中，可检验出 Level – 1 变量和 Level – 1 变量间的关系，而在 Level – 2 Model 中，可检验出 Level – 2 变量和 Level – 1 变量间的关系，以及 Level – 2 变量如何调节两个 Level – 1 变量间的关系。

多层线性模型在分析阶层性的数据上有许多优点：第一，多层线性模型能够明确地分析嵌套性质的数据（比如，个人嵌套于团队之中，团队嵌套于部门之中）。多层线性模型除了可以同时估计不同层次的因子对个人层次的结果变量有何影响之外，还能将这些预测因子保持在适当的分析层析。此外，多层线性模型亦有助于多层次理论的发展，因为在使用多层线性模型时，研究者必须清楚地表明每一个构念的分析层析与各层次构念间的关系为何。第二，多层线性模型能够改善 Level – 1 或个人层次效果的估计。第三，多层线性模型在估计 Level – 2 固定效果时，使用广义最小二乘法。第四，多层线性模型提供了稳健的标准误估计数，即使多层线性模型的假设被违反，此标准误估计数仍是一致的。第五，多层线性模型借由不平衡数据的交互式计算技术，提供了方差协方差成分的有效估计数，这是传统的分析方法所无法达到的。

例如：苏方国（2011）[①] 在研究人力资本、组织因素与高管薪酬之间的关系时，以 CS-MAR 和 WIND 数据库中 2007~2009 年深沪两市 A 股上市公司组织样本及其对应的高管个体为样本，在剔除了一些不合格的样本后，最终获取到 17368 个高管的有效个体样本与对应的 1923 个有效组织样本。因为高管个人是嵌套在组织中，高管薪酬是个体层面的变量，而常作为自变量的组织因素是组织层面的变量，所以高管薪酬决定问题本质上是个跨层次问题，本书通过采用了多层线性模型来探讨高管个人人力资本因素、组织因素在个体层面与组织层面对高管薪酬决定的影响，研究发现，当国有股比例在 50% 以上时，公司规模、董事会规模、独立董事比例、无形资产比例（负向）与高管薪酬之间存在显著相关关系，而公司绩效与高管薪酬之间关系不显著。

四、问卷调查方法的评价

（一）问卷调查方法的适用性

1. 问卷调查需要面向众多的调查对象搜集信息；
2. 如果面向同样规模的调查对象搜集信息，相比采用访谈法、观察法或实验法等，采用问卷调查方法更节省资源；
3. 问卷调查通常具有较好的匿名性；
4. 问卷调查获得的信息通常比使用其他方法获得的信息更便于进行定量处理和分析。

（二）问卷调查方法的局限性

1. 问卷调查通常要预设，研究者可以找到具有效度与信度的测量指标。但很多指标并不具有绝对的测量效度与信度；

---

① 苏方国. 人力资本、组织因素与高管薪酬：跨层次模型［J］. 南开管理评论，2011，14（3）：122 – 131.

2. 问卷调查通常是以研究对象能够一致地理解问卷内容为前提的，难以保证每个研究对象对于问卷的理解是一致的；

3. 问卷调查事实上假定调查对象愿意回答研究者的问题，而这一假定恰恰是个成问题的假定；

4. 问卷调查事实上难以完全控制调查对象对于问卷的回答不受调查情境的影响；

5. 问卷调查实际上假定研究对象的回答是真实的，但有些研究对象由于主观、客观的原因不说真话的情况常常存在；

6. 问卷调查实际上假定通过对于调查数据的分析，能够发展管理现象之间的关系，揭示管理的规律性，这是很多研究者采用问卷调查方法的重要原因，但大多数只能得出管理现象的部分的、表层的、静态的认识。

（三）问卷调查方法的效度评价

我们可以通过四种效度指标来实现对研究设计质量的评价，即构念效度（Construct Validity）、统计结论效度（Statistical Conclusion Validity）、内部效度（Inner Validity）和外部效度（External Validity）（Cook & Campbell，1979）。能否提高研究效度，保证研究结论的可靠性，使我们评价一项研究是否有效以及它得到的结论是否可靠的关键因素。

1. 构念效度

构念效度是指变量测量的准确性，它评价的是我们在对构念进行操作化时，变量测量的内容和构念定义的一致性程度。如前所述，由于管理学的很多构念并不能直接观察，我们需要通过各种操作化手段将其转换为数量化估计的指标体系。由此可见，构念效度是一项高质量研究的首要指标。

在研究设计中，研究者的目的是尽量减少测量时的偏差，努力提高变量与构念之间的对应程度，我们可以从理论和实际测量两方面来提高构念效度。

第一，从分析抽象构念的角度，研究者需要精确定义理论构念并明确它的内部结构。由于构念来源于抽象理论，在现实世界中并不能直接观察，因此，对它的观察和测量必须依赖于精确的定义说明。

第二，从变量测量的角度，研究者需要选择合适的测量方式，以控制测量误差。在文献中，我们常常会发现一个构念有许多种量表，到底在研究中选择哪一个量表，就是一个经常困扰初学者的问题。在测量时，首先，选用经过严格评审的、发表在高质量杂志上的量表；其次，结合具体的研究问题选择最能符合研究情境要求的测量工具。当研究者关心的问题有关中国管理实践的特殊性时，采用具有文化特殊性的量表就能捕捉到更多信息。如果研究者关心的是一种普遍现象，只是运用来自中国的样本进行假设检验，那么具有文化普遍性的量表就应该是首选。通过这样的标准，我们不仅可以保证变量测量的质量，同时也提高了测量工具与研究问题、研究情境之间的匹配程度，确保了变量操作的构念效度。

2. 统计结论效度

统计结论效度是指在对假设关系进行统计推论时，我们采用的统计检验手段及所做出的统计决策是否正确。在实证研究中，统计检验的本质是通过抽样的方式来对变量间的关系做出泛化的推论。一般而言，我们在做出统计决策时存在着四种可能性：接受正确的零假设、拒绝错误的零假设、拒绝正确的零假设和接受错误的零假设。前两种情况属于正确的结论，但后两种情况属于研究者做出的错误决策，直接影响到研究的统计结论效度。第三种情况是"去真"，我们称之为一类错误（Type I error），即两个变量间并没有联系，但我们却根据自己的统计结果拒绝了零假设，得出它们之间存在显著性关系，但我们却接受了零假设，认为它们之间并不相关。第四种情况属于"存伪"，我们称之为二类错误（Type II error），即两个变量间存在显著性关系，但我们却接受了零假设，都会降低统计结论的可信程度。

研究者一直认为可以通过选择正确的统计检验手段、严格的检验标准和取样随机化等方法保证研究的严谨性，但随着高校对发表研究论文重视程度的逐步提高，许多研究者在数据分析中一味地追求显著性结果，而未得到支持的假设往往被放弃，客观上造成了实证研究结果中一类错误的增加。因此，每一位研究者都有责任规范自己的研究过程，不能一味地追求显著性结果，而应该真实、全面地报告研究结果，共同维护研究结论的科学性和可验证性。

3. 内部效度

内部效度是指测量变量间因果关系推论的可信度，其评价的是变量间是否真的存在因果关系，而不是变量测量结果之间的统计关系。

影响内部效度的因素主要来自于自变量之外的各种混淆变量。它们的存在使得我们无法就自变量与因变量之间的关系清晰地作出结论。即使研究者在研究设计中考虑了所有的干扰因素，剔除了混淆变量和替代解释对变量间因果关系的影响，也不一定能够保证研究的内部效度，因果关系方向不清可能是另一个突出的问题。

针对这些可能影响内部效度的因素，研究者主要可以从两方面进行预防和控制。一方面，可以从强化变量间的理论联系出发，在概念层面充分理清自变量与因变量之间的因果关系，同时在以往文献中搜寻有哪些变量可能成为假设检验中的混淆变量，予以测量，在统计检验时进行控制。另一方面，可以从选择研究方法上加以考虑。

4. 外部效度

外部效度是指将研究结论推广到其他群体、时间和情境时的可信程度。通常情况下，研究结果往往是基于一个样本、一个时间点得到的。如果研究者使用的研究样本、测量手段等有较大的特殊性，研究结果很有可能无法在其他的情境中得到重复。

由于外部效度考虑的是研究结论在其他情境中的可重复程度，所以它对于应用性的实证研究而言是一个非常重要的评价指标。影响外部效度的因素主要包括：第一，研究样本的选择。一般而言，研究样本是影响研究结论外部效度的首要因素。第二，研究环境本身可能具有特殊性，造成我们得到的结果无法推论到整个目标群体。因此，研究者可以选取具有较高代表性的样本来提高研究的外部效度。样本对于总体的代表性是外部效度的主要影响因素之一。当样本可以较好地代表总体时，从样本得到的结论就更容易在总体内得到重复。而如果研究目的还包括在不同总体间证实研究假设，可以通过在多个总体内分别抽样的方式，来检验研究结论的外部效度。

第二节　案例研究方法

案例研究方法（Case Study Method）之所以成为人力资源管理领域的重要研究方法之一，是因为它适合研究人力资源管理领域的重要命题。人力资源管理的研究一般关注企业人力资源的"识、选、用、育、留"等现实问题，围绕企业中人的活动是什么、为什么、如何做而展开。案例研究方法恰是一种源于实践、服务于实践的研究方法，不仅能反映事实，还能解析现象背后的原因，可以更全面、及时、准确地解释各国企业人力资源管理的实践活动、企业人力资源行为方式的差异性及其原因。当然，它也是创建富有中国特色的人力资源管理研究的一种行之有效的研究方法。

一、案例研究的界定

施拉姆（Schramm，1971）对案例研究做出定义，认为案例研究的本质在于其试着阐明一个或一组决策，即为什么会被采用、如何执行以及会有什么样的结果。而后，殷（Yin，1984）结合研究实践进一步探讨了案例研究的定义，认为案例研究主要是一种用于分析难以从情境中分离出来的现象时采用的研究方法[1]。艾森豪特（Eisenhardt，1989）认为，案例研究关注理解某一情境下的动态过程，研究可以有多个层次[2]。欧阳桃花（2004）将案例研究简单概括为通过案例研究社会科学的一种方法[3]。苏敬勤（2011）则从案例研究方法的规范化流程视角切入，认为案例研究方法是一种遵循"理论回顾—案例研究设计—数据收集—数据分析—案例研究报告撰写"步骤，以质性数据收集与分析为主，以定量数据收集与分析为辅，解答建立在具体情境特征基础上的、以理论检验或构建为目的的研究方法[4]。王梦涵和方卫华（2019）将案例研究定义为：以形成一般性理论为目的，基于现有理论对特定情境中单个或一组典型事件的发生背景、过程进行系统描述和分析，归纳出具有解释和预测作用的普遍性结论的定性研究方法[5]。本书认为案例研究是在特定情境下对研究对象进行真实描述和系统分析，重在回答"Why""How"等研究问题的研究方法。

案例研究具有以下特征：

第一，案例研究是经验性研究。案例研究始于研究者对某个特定现象的兴趣，以该现象的现实情境为研究背景，在此情境下现象本身与其背景之间的界限不明显[6]。研究者通过观察所有变量及其相互作用关系，而不是控制变量来理解这种现象，运用大量事例证据来展示研究。因此，不同于纯理论性研究，案例研究的意义在于回答"Why"和"How"的问题（Yin，2010）[7]，而不是"Should be"的问题。

第二，案例研究具有真实性。案例研究方法是在自然情境中而非人为控制的环境中对研究对象进行研究，一个案例必须是一个真实的故事或一篇动人的报道，如果出于保密和其他原因，不得不进行掩饰和隐匿，可以使用假名和代号，但故事情节必须是真实的，不能随意杜撰。案例研究提供的真实场景应当是全面的，有故事背景、来龙去脉、发展过程、任务情节，最好在附录中有完整的图示和数据。

第三，案例研究具有系统性。研究者总是把研究对象视作一个系统，或是一个系统的

① 罗伯特·K. 殷. 案例研究方法的应用 [M]. 重庆：重庆大学出版社，2012.
② 李平，曹仰峰. 案例研究方法：理论与范例——凯瑟琳·艾森哈特论文集 [M]. 北京：北京大学出版社，2012.
③ 欧阳桃花. 试论工商管理学科的案例研究方法 [J]. 南开管理评论，2004，7（2）：101.
④ 苏敬勤，崔淼. 工商管理案例研究方法 [M]. 北京：科学出版社，2011.
⑤ 王梦涵，方卫华. 案例研究方法及其在管理学领域中的应用 [J]. 科技进步与对策，2019.
⑥ Yin R. K. Case Study Research Methods：Design and Method，Newbury Park，Sage Publication，1984.
⑦ Yin R. K. Case Study Evaluations：A Decade of Progress? [J]. New Directions for Evaluation，2010，1997（76）：69–78.

组成部分，来努力识别其中存在的因果关系。一个好案例必须是一个开放的体系，它所提供的是真实的问题、矛盾和困境，存在着从各个侧面进行研究、分析和解释的可能性，因此，通过案例分析进行实证研究，虽然不一定能够完全证实或证伪，但是却可以有所发现。

第四，案例研究对象具有特殊性。案例研究的对象是社会经济现象中的事例证据及其变量之间的相互关系。研究对象往往由许多变量组成，这些变量之间的关系通过具体的事件表现出来，是可观察到的，而研究者对这些变量无法控制，它属于现象学研究范畴。因此，案例研究重视研究者与研究对象之间的联系，而研究过程即是双方彼此了解、持续互动的过程。

第五，案例研究数据多样性。案例研究数据收集方法多样，可以通过观察、访谈等方式获得一手数据，也可以通过档案、资料等整理获取二手数据，但无论采用哪种方式获得数据，这些数据必须能在三角验证（Triangulation）的方式下收敛，并获得相同的结论，通常有事先发展的理论命题或具有清楚的问题意识，以指引数据搜集的方向与数据分析的焦点。

小链接：19－1：三角验证

在科学研究设计中常采取三角验证原则（Triangulation），以期通过资料校正、分析者校正、理论校正以及方法校正等原则提高质性研究的效度及信度问题。案例研究中谈到的三角验证通常是指通过案例资料的多种数据来源以提高案例研究的信度。

二、案例研究的要素

案例研究主要包括五个基本要素，分别是：研究问题、研究命题、分析单元、资料与命题间的连结、解释研究发现的准则。

研究问题。案例研究适用于解决"如何"和"为什么"的问题，因此，案例研究设计首先要准确地确认所研究问题的本质。

研究命题。研究中的每个命题会将研究者的注意力引导到研究范围内所应该要审视的事情上。

分析单元。定义什么是案例研究对象，可能是个人、团队、组织，也可能是结构、关系、事件等。

资料与命题间的连结。来自同一案例中的一些信息可能会和某些理论命题有关（Donald Campbell，1975）。

解释研究发现的准则。目前并没有明确的方法来设定解释这类发现的准则，可以用比较至少两个对立命题的方式来解释发现。

三、案例研究的类型

（一）按研究任务分类

按照研究任务的不同，案例研究可以分为探索型、描述型、解释型三种类型。这三种案例研究类型的比较见表 19 – 1 所示。

表 19 – 1　　　　　　　　　　不同案例研究类型比较

类型	探索型（Exploratory）	描述型（Descriptive）	解释型（Explanatory）
概念	对一些问题形成初步认识，为后续的研究提供服务	从理论的"描述"开始，从深度和广度上覆盖被研究的案例，从而生成一组对因果关系的假设和命题	运用已有理论来理解和解释现实中组织实践活动。解释因果关系是解释型案例研究的基本任务
侧重点	提出假设	描述事例	解释现实
任务	寻找新理论	讲故事、画图画	理论检验

资料来源：Bassey，M.，Case Study Research in Educational Settings，Buckingham and Philadelphia：Open University Press，1999.

1. 探索型案例研究

探索型案例研究（Exploratory）是指当研究者对于个案特性、问题性质、研究假设及研究工具不是很了解时所进行的初步研究，以提供正式研究的基础。因此，探索型案例研究往往超越已有的理论体系，运用新的视角、假设、观点和方法来解析社会经济现象，特点是缺乏系统的理论体系支撑，相关研究成果不完善。例如：詹姆斯·巴克（James Barker，1993）[1] 的协和控制研究就属于探索型案例研究，目的在于建构理论。

2. 描述型案例研究

描述型案例研究（Descriptive）是指研究者对案例特性与研究问题已有初步认识，而对案例所进行的更仔细的描述与说明，以提升对研究问题的了解。描述型案例不局限在对真实情况的描述，而是从理论的描述开始，这种理论的描述能够从深度和广度上覆盖被研究的案例，从而生成一组对因果关系的假设和命题。在已有理论框架下，当研究者希望对企业实践活动做出详尽的描述时就可以采用此方法。例如：马克·兹巴拉基（Mark Zbaracki，1998）[2] 的 TQM 口号与实际研究，针对 TQM 由一种明确定义的技术手法变成一种浮夸的组织口号的过程进行了详细的描述，属于描述型案例研究，其研究目的在于建立理论。

3. 解释型案例研究

解释型案例研究（Explanatory）侧重于运用已有的理论假设来理解和解释现实中的组织实践活动。在一些复杂的、多变量的案例中厘清现象背后的因果关系。例如：阎爱民和芭芭拉（Aimin Yan & Barbara）（1994）[3] 对中美合资企业的协商与控制研究，主要探讨合资企业形成中，合资双方的协商权、管理控制及合资绩效的关系是什么样的，属于因果解释型案例研究，研究目的在于验证理论（见表 19 – 2）。

---

[1]　Barker，J. R. Tightening the Iron Cage：Concretive Control in Self-managing Teams［J］. Administrative Science Quarterly，1993（38）：408 – 437.

[2]　Zbaracki，M. J. The Rhetoric and Reality of Total Quality Management［J］. Administrative Science Quality，1998（43）：602 – 636.

[3]　Yan，A. & Gray，B. Bargaining Power，Management Cntrol，and Performance in United State – China Joint Ventures：A Comparative Case Study［J］. Academy of Management Journal，1994，37（6）：1478 – 1517.

表 19 – 2　　　　　　　　　　　　　**经典案例举例**

案例	目的与类型	研究问题	研究结果
Barker（1993）	理论建构现象探索	协和控制如何形成？如何取得正当性？是否优于官僚控制	协和控制将同侪压力与理性规则混在一起，创造出新的控制牢笼
Zbaracki（1998）	理论建构历程描述	TQM 如何由一种明确定义的技术手法变成一种浮夸的组织口号	揭示了制度论长期以来的观点：随着时间的推移，制度化的做法逐渐脱离了最初设想的技术本质
Aimin Yan & Bar-bara（1994）	理论验证因果关系验证	合资企业形成中，合资双方的协商权、管理控制及合资绩效的关系如何	基于合资者协商的观点，提出一个整合模式及五大命题，说明协商权、管理控制及合资绩效的关系，以及可能存在的调节因素

资料来源：徐淑英. 组织与管理的实证研究方法［M］. 北京：北京大学出版社，2012.

（二）按分析层次及案例数量分类

根据分析层次与案例数量的不同，可以将案例研究分为四种类型，即单案例单层次、单案例多层次、多案例单层次、多案例多层次（李超平，2012）[1]。在人力资源管理的领域中，分析层次可能是个人、部门或组织，视研究者的需要而定。案例数量则是指研究者所要研究的案例的数目（见图 19 – 1）。

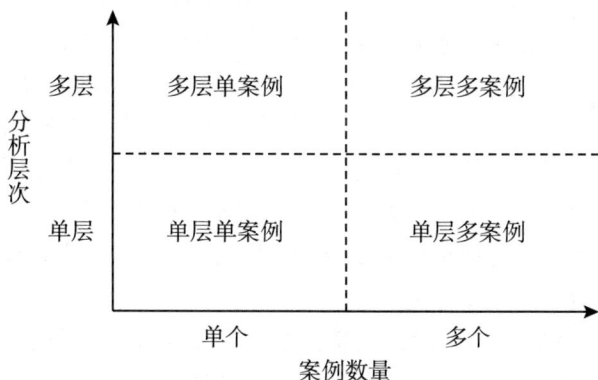

图 19 – 1　案例研究分类

1. 单案例研究

单案例（Single Case）主要用于证实或证伪已有理论假设的某一个方面，也可以用作分析一个极端的、独特的和罕见的管理情境。单案例设计主要适用于以下三种情形：第一种是批判性案例，目的是挑战或验证现有的理论；第二种是特殊性案例，每一案例本身具有特殊之处，值得做个别探讨，以建立新的理论模式，或扩大旧理论的类推能力；第三种是补充性案例，前人的研究因某些因素未能观察到一些重要现象，如今利用难得的机会进行观察，以

---

① 陈晓萍，徐淑英，樊景立. 组织与管理的实证研究方法（第二版）［M］. 北京：北京大学出版社，2012.

补充过去研究的不足。

根据单案例分析单元层次数量，又可以将单案例分为单层单案例、多层单案例研究。

（1）单层单案例。单层单案例设计中，案例数只有一个，而分析层次也只有一种。例如：杨学成，涂科（2017）① 在探讨出行共享中的用户价值共创机理的问题时，以优步为案例样本，将优步的价值创造活动作为分析单元，通过单层单案例设计对出行共享中用户价值共创机理进行深度挖掘和过程追踪，为企业在出行共享领域的价值创造实践提供了新视角。

（2）多层单案例。多层单案例设计中，案例数只有一个，但分析层次不止一种，这种设计常见于组织研究中。例如：巴克（Barker，1993）② 在探讨自我管理团队中的协和控制问题时，以 ISE 通信制造公司为案例样本，将群体控制和个体控制作为分析单元，通过多层单案例设计对 ISE 公司自我管理团队控制变革过程进行详细描述和深度剖析，研究发现协和控制将同侪压力与理性规则混在一起，将员工束缚在一种新的、更紧固的控制牢笼内，为企业在选择进行自我管理团队的协和控制时提供了实践性、创新性的指导。

2. 多案例（Multiple Cases）

多案例研究能够更好地、更全面地反映案例背景的不同方面，尤其是在多个案例同时指向同一结论的时候，案例研究的有效性将显著提高③。多案例研究设计就像是多项实验一样，其结论比单案例更有力，但所费的时间、所投入的成本、所付出的努力比较多。优势是，除了可以在一项研究中同时找到正面与反面的证据之外，还可以探讨同一概念在不同场合下的运作结果。相较于单案例而言，以多案例研究来建立理论通常可以获得更为严谨、一般化以及可验证的结论（Eisenhardt & Graebner，2007）。

根据多案例分析单元层次数量，又可以将多案例分为单层多案例、多层多案例研究。

（1）单层多案例。单层多案例设计其实是单层单案例设计的复制，分析层次只有一种，但是有多个案例。例如：谢康，吴瑶，肖静华，廖雪华（2016）④ 在研究组织变革中的战略风险控制问题时，基于多案例的复制逻辑选择了四家互联网转型企业，以战略风险为分析单元，对企业互联网转型的战略风险识别与控制机制进行探讨，通过从不同行业的企业发现其转型中风险类型及风险控制的共性，提出企业互联网转型的"组合—迭代"战略风险控制框架，对技术突变情境下的转型风险控制形成理论创新，对解决企业互联网转型面临的"转不好找死"的现实难题具有启示意义。

（2）多层多案例。多案例多层设计其实是多层单案例设计的复制，分析层次不只有一种，研究案例有多个。例如：成瑾，白海青，刘丹（2017）⑤ 在研究 CEO 如何构建团队结构以促进高管团队行为整合的问题时，以 CEO 与高管团队关系以及高管团队结构为分析单元，选择了 8 家案例企业（涵盖国有、民营和外资企业，行业涵盖了日用品、食品业、银行

① 杨学成，涂科. 出行共享中的用户价值共创机理——基于优步的案例研究 [J]. 管理世界，2017（8）：154 - 169.

② Barker，J. R. Tightening the Iron Cage：Concretive Control in Self-managing Teams [J]. Administrative Science Quarterly，1993（38）：408 - 437.

③ Eisenhardt，K. M.，"Building Theories from Case Study Research"，The Academy of Management Review，Vol. 14，No. 4. 1989，pp. 532 - 550.

④ 谢康，吴瑶，肖静华，廖雪华. 组织变革中的战略风险控制——基于企业互联网转型的多案例研究 [J]. 管理世界，2016（2）：133 - 148 + 188.

⑤ 成瑾，白海青，刘丹. CEO 如何促进高管团队的行为整合——基于结构化理论的解释 [J]. 管理世界，2017（2）：159 - 173.

业、软件业、零售等行业）。从 CEO 驱动层次与 TMT 团队行为层次切入，采用单案例内部分析与跨案例迭代分析方法，发现 CEO 构建良好的高管团队结构会对团队成员行为产生重要影响，而以战略共识、探索性学习、信任、职权清晰、公平的事业型薪酬以及基于胜任力的授权为主要特征的团队结构则有助于 TMT 的行为整合，并使得 TMT 发展出强大的团队自进化能力。该研究不仅深入剖析了 CEO 促进 TMT 行为整合的机理，更有助于为 TMT 有效互动构建长久的制度保障，对确保组织长治久安具有重要的实践意义。

四、两种案例研究方法论

殷（Yin）和艾森豪特（Eisenhardt）均提出了颇具影响力的案例研究方法论框架。

（一）Yin 的六阶段研究方法论

作为案例研究的先驱，殷在其撰写的《案例研究：设计与方法》[①] 中描述了具体案例研究的设计和方法，包括：计划、设计、准备、收集、分析、分享六个阶段，见图 19-2 所示。

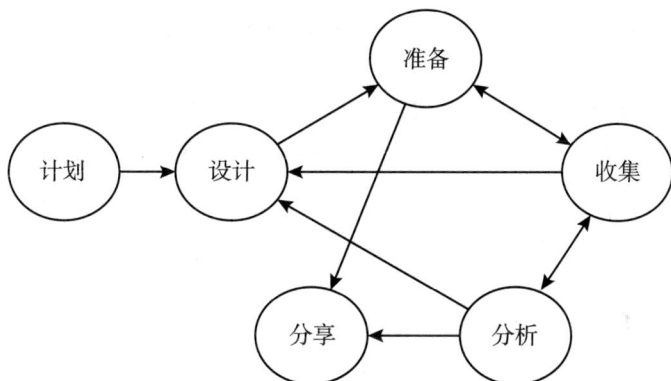

图 19-2　Yin 六阶段案例研究流程

1. 计划

在计划阶段，需先判断研究是否适合采用案例研究方法，主要根据三个前提条件来判断：研究是否需要回答"How"或"Why"的问题；研究者对研究对象和事件的控制权是否极低；研究重心是否是当前发生的事情。

2. 设计

在设计阶段，要注意构建理论假设和清楚界定分析单元，在设计完成后进行案例研究，并在各阶段加强案例研究的质量，以保证案例的信度和效度。

3. 准备

准备阶段包括案例研究者技能的准备，还包括进行案例研究的准备（培训、拟定草案、案例筛选、开展试验性研究）。研究者应具备提出好问题和"倾听"的能力，还要注意牢牢驾驭主题，避免偏见或被受访者引导的现象发生。

---

① 罗伯特·K. 殷. 案例研究：设计与方法 [M]. 重庆：重庆大学出版社，2004.

4. 收集

在收集阶段，应运用不同的数据来源，将证据相互融合，形成"证据三角形"，以验证研究结果的合理性。此外，还需建立案例研究数据库，形成"证据链"。完整"证据链"的形成涉及对各项证据严谨的推理，意味着明确研究问题、数据资料和结论之间的联系。

5. 分析

分析阶段的总策略是：依据理论假设进行案例描述，整合质性和量化数据，检验"对立的竞争性解释"。研究策略具体体现为 5 种分析技术，在分析过程中与研究策略一起被运用，分析技术包括：模式匹配、建构性解释、时序分析、逻辑模型和跨案例聚类分析。

6. 分享

分享阶段的主要工作是撰写案例研究报告，反复阅读、修改完善。

由此可见，殷的案例研究方法论构架相对松散，但包含的内容十分丰富。他强调案例研究数据的严谨性和真实性，因而在数据收集时常使用多种证据来源，如资料三角形（不同证据）、研究者三角形（不同评估员）、理论三角形（同一资料集合的不同维度）、方法论三角形（不同方法）；其后，建立案例研究数据库，形成一系列证据链，得出从最初研究问题到最终案例研究结论过程中每项证据的推论。殷（2017）指出，在案例分析操作过程中，可使用复制逻辑提高案例研究的外在效度，同时还需考虑可能破坏内在效度的因素和相反观点，并进行比较分析[①]。

小链接：19-2：复现（复制）逻辑

在多案例研究中讲究复现逻辑，主要包括理论复现（Theoretical Replication）和原样复现（Literal Replication）。

理论复现：由可预测的理由产生不同的结果辨析相异案例，建立解释分析相异原因，最终形成理论。

原样复现：找出不同案例的相似点，预测类似的结果。

（二）Eisenhardt 方法论

艾森豪特（Eisenhardt, 1989）的案例方法论主张案例研究包含 8 个核心步骤，即启动、案例选择、研究工具和程序设计、进入现场、数据分析、形成假设、文献比较、结束研究（见图 19-3）。

1. 启动

启动案例研究时，研究者必须先确定什么是要探讨的研究问题，其主要的构念是什么。即使案例研究所想要检验的理论不是很清晰，研究者仍然要有清楚的方向与清晰的焦点，用以指引其系统地搜集数据并回答问题。

2. 案例选择

艾森豪特不赞成预设理论或假设，指出案例选择需在确定案例总体后，通过理论抽样而非统计抽样，以最大限度地保留理论构建的灵活性。单案例研究中的理论抽样通常是选择不寻常、极端的案例，研究者以便针对独特的现象进行探讨；多案例研究中的理论抽样较为复杂，考虑的不是单个案例的独特性，而是一组案例对于理论发展的潜在贡献。

---

① 罗伯特·K. 殷. 案例研究：设计与方法 [M]. 重庆：重庆大学出版社，2017，142.

小链接：19-3：统计抽样与理论抽样

统计抽样：研究对象有一个清楚的母群，并依据随机原则抽取具有代表性的样本作为研究对象。

理论抽样：根据理论进行抽样，将资料搜集、编码、理论建构三者融合，不是追求样本在人口统计学上的代表性。

3. 研究工具和程序设计

研究工具和程序设计过程中的数据收集方法多样，甚至可以组合使用定性和定量数据，通过三角证据强化理论基础。案例研究团队对研究对象采用直接观察、深度访谈、文档调阅等多种调查方式搜集数据，在研究过程中采纳多元观点，集思广益，避免个人偏见。

4. 进入现场

进入现场后，研究者需与被研究对象建立互相信任的关系，因地制宜地选择数据收集方式，发现案例独有特征并以此对数据收集方法进行调整。

5. 数据分析

数据分析是指先进行案例内分析，然后寻找跨案例模式，强调通过证据迭代方式构建预设的理论构念。同时要不断进行跨案例复制，以进一步证实、拓展理论。

6. 形成假设

在数据进行分析后，对所有与研究主题相关的信息进行系统性比对，查看数据、分析单元、各构念之间的契合程度，逐一形成假设，验证假设，并建立理论。

7. 文献比较

文献比较是指将所获得的研究结果分别与类似文献和矛盾文献进行比较。从类似文献中寻找研究结果的支持性理论，以说明案例研究具有较强的内部效度、外部效度，构念的可信度和正当性更高。从矛盾的文献中寻找更多的证据与观点，以促使研究者进行更周详的考虑，对现象进一步深入洞察，以提出新的观点。

8. 结束研究

案例研究应尽可能在理论饱和时终止研究，即新增案例无法为研究者提供更多的信息，且新增资料不能产生新的理论见解。

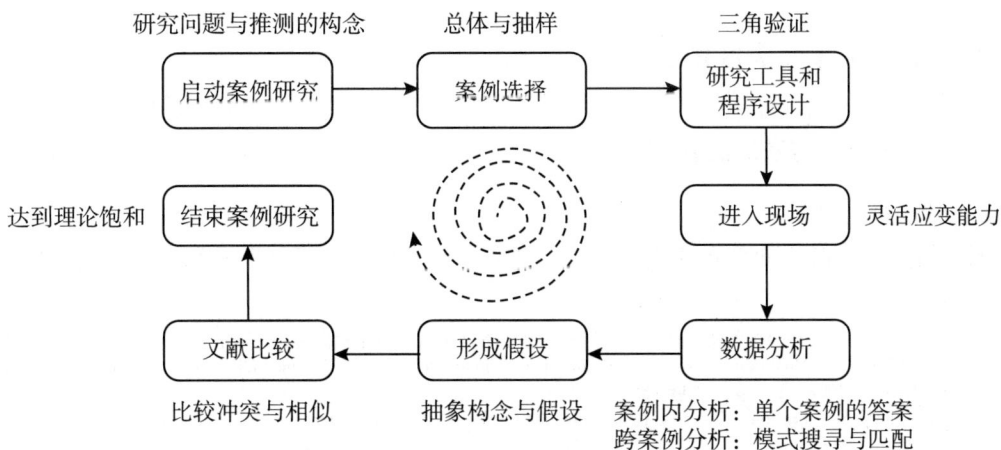

图 19-3 艾森豪特（1989）八阶段案例研究流程

由此可见，艾森豪特的案例研究操作步骤最鲜明的特点是不主张事先确定构念，因为任何构念都不会被保留到最终理论中，理论构建应尽可能地在没有任何理论介入的理想状态中完成。不具备严谨、完善的研究设计，会使研究者在面对庞大、松散的研究数据时束手无策，尤其对于研究经验不足的初学者来说，不设定研究范围和焦点或者研究焦点设置过于模糊，都有可能导致理论构建失败。

（三）小结

每种范式及其对应的方法都有自己的优势和局限性，在揭示现象的一些特征和机制的同时，也会不自觉地隐藏或者忽略其他特征。学习其研究方法是理解研究范式的方法论基础的路径之一[①]。

殷的六阶段研究法属于建构主义（Constructivism）研究范式[②]，可以指导案例研究在启动案例研究、分析资料和处理撰写研究报告时遇到的难题。殷初步建立了一套系统的案例研究设计和方法，并进一步阐述了案例研究的应用，对进行案例研究有很好的借鉴作用，所提出的信效度检验标准，对增强案例研究结果的可靠性做出了巨大的贡献。但殷仅仅侧重于案例研究的设计，虽然也有提及概念模型，但并没有全面地描绘或提供一个完整的可供参考的概念模型。

艾森豪特案例研究方法是基于美式实证主义（Empirism）的，提出了详细可行的八步骤研究法，强调客观现实，目的是建立普遍规律和因果关系，强调多案例研究，对不常见、批判性及启示性的案例并不适用，强调在前人基础上的创新，强调严谨性，较少重视情境因素。案例研究过程涉及可检验的、可概括的假设和理论的发展，可构建出在多个情境下具有普适性的假设和理论，对研究实践活动的进行更具有指导性[③]。

通过两种案例研究方法的比较可以看出，虽各有侧重，但这两种案例研究方法具有一定的相似性。例如，都注重立足于现有文献，都建议选取具有启发性、极端性的案例，都强调采用多种数据来源等。这些相似性更能体现案例研究的精髓，具有重要的参考价值。从研究创新的角度来看，虽然案例研究方法很多，但研究者并不需要完全按照某一种案例研究方法进行研究。相对于研究范式，研究问题才是最重要的考虑因素[④]。依据研究问题来实施案例研究，才能较好地完成案例构建理论的过程，进而实现案例研究的最大价值。

五、案例研究方法的评价

（一）案例研究方法的优点

1. 研究深度

案例研究方法的长处首先在于其深度，在对案例进行详细描述的基础上，揭示案例研究

---

① 童星，张乐. 国内社会抗争研究范式的探讨——基于本体论与方法论视角 [J]. 学术界，2013（2）：44－59.

② Baxter P., Jack S. Qualitative Case Study Methodology: Study Design and Implementation for Novice Researchers [J]. The Qualitative Report, 2008, 13（4）：544－559.

③ Eisenhardt. K. M. "Building Theories from Case Study Research", The Academy of Management Review, Vol. 14, No. 4. 1989, pp. 532－550.

④ 刘志迎，龚秀媛，张孟夏. Yin、Eisenhardt 和 Pan 的案例研究方法比较研究——基于方法论视角 [J]. 管理案例研究与评论，2018, 11（1）：104－115.

现象之后隐藏的深层原因。在分析因果关系时，能够对各构念之间以何种方式结合、互动以及如何导致特定结果等问题进行深度解释与剖析。

2. 研究广度

案例研究内容广泛，注重多元化资料搜集与数据的全面分析，能详细阐明案例研究对象所处的外部情境及各构念的关系。因此，案例研究方法所做的研究可以为未来更成熟的研究、更精确的测量构念提供一定的条件，而且也隐含着可进一步发展的研究问题。

3. 研究创新

在案例研究过程中，研究者可能会以更开放的心态看待研究中获得的大量材料与数据，所收集的资料常常模棱两可，案例材料甚至与现有文献出现矛盾，这些情况有利于研究者突破惯性思维，产生新的观点、视角、范式，进而创建出新理论（Eisenhardt，1989）①。

4. 实践意义

相对于那些完全自明的理论构建方法，案例研究方法使用的数据源于实践中的经验数据，产生的理论或结论更具有现实有效性，能更全面、及时、客观地对现实进行反映。

（二）案例研究方法的局限

案例研究的局限性源于案例研究的优势。一直以来学界对于案例研究方法的精确性、客观性、严谨性以及结论的可靠性存疑，主要认为案例研究分析过程逻辑严谨性不够，且具有较强的主观性。

首先，由于研究者占有丰富的案例资料，因此研究者可能很难把握研究中的一些重要关系。例如，在单案例研究中，所调研的案例可能只是特例或一类特殊的现象；在多案例研究中，研究者从各个案例中观察到的现象可能是异质的，在将应用案例研究方法所发展的理论和得出的结论与已有相关理论比较和整合时，亦会产生此问题。

其次，大部分案例研究所采集的案例个数不会太大，所以相对于大样本的随机抽样调查研究，外部效度要低。案例研究结论是在个案或少数案例分析基础上得来的，缺乏由大样本统计分析所得结论的普适性，使得案例研究方法的作用被严重忽视，导致该方法乃至定性研究方法在管理学领域没能获得与定量研究方法同等的地位。此外，案例研究方法并不能发展和评判所有类型的理论，所以该方法仅是我们可以利用的研究方法之一。

（三）案例研究质量评价

李（Lee，1999）认为对于一项具体的案例研究可以从构念效度（Construct Validity）、内部效度（Internal Validity）、外部效度（External Validity）和信度（Reliability）四个方面进行评价。艾森豪特（1989）提出案例研究可从简约性（Parsimonious）、逻辑一致性（Logically Coherent）、可验证性（Testable）三个方面进行评价。由此可见，这两种评价角度很大程度上都是对案例研究的结果进行评价。然而，从案例研究方法的主要步骤对案例研究的过程进行评价，可以更加全面地考察一项具体案例研究在方法上的严谨性。应该说，就具体案例研究进行评价，不仅能在研究者自己做研究时起到"观镜以正衣冠"的作用，而且也可以使研究者更为客观地看待其他人的案例研究。于是，欧阳桃花（2004）将判断案例研究

---

① Eisenhardt. K. M. "Building Theories from Case Study Research", The Academy of Management Review, Vol. 14, No. 4. 1989，pp. 532 − 550.

质量的依据设定为案例研究对象的代表性与案例调查构思的严密性。此外，王梦洁（2019）认为由于案例研究方法主要用于理论构建，因而在进行案例研究质量评价时，除了使用信效度标准外，还有必要将案例研究得出的结论与已有经典文献进行对比分析，并对差异之处进行解释，以便详细展现案例研究的理论贡献。

小链接：19 - 4：质量评价指标

1. 构念效度

构念效度针对所要探讨的概念，进行准确的操作性测量。为了使研究具有构念效度，可以采取以下几种有效的方法：三角验证、建立证据链、重要信息提供人审查。

2. 内部效度

就内部效度而言，研究者在建立因果关系时需要说明某些条件或某些因素会引发其他条件或其他因素的发生，且不会受到其他无关因素的干扰。案例研究者可以采用模式契合（Pattern Matching）、建立解释、时间序列设计（Time Series Design）来执行研究，以提升内部效度（Yin，1989）。

3. 外部效度

外部效度指明研究结果可以类推的范围。结果与理论的类推范围越广，所能解释的组织现象越多，则结果与理论就越有效（Cook & Campbell，1979）。案例研究的外部效度通常采用分析类推（Analytical Generalization），即案例所得的结果可以在以后的案例上重复发现，由此证实该案例所获得的结果确实存在。

4. 信度（Reliability）

案例研究的信度是指研究过程的可靠性、研究的复制性。例如，数据搜集可以重复实施，并可以得到相同的结果。所以，案例研究者必须准备周详的案例研究计划草案，让后来的研究者可以重复进行研究，也必须建构研究数据库，让后来的人能重复进行分析（Yin，1994）。

第三节　实验研究方法

在人力资源管理学科发展过程中，实验研究一直是一种重要的基础性研究方法。事实上，不但人力资源管理学科产生于泰勒、梅奥等学者进行的实验研究，而且人力资源管理的许多理论原理如"社会人""Y 理论""超 Y 理论"等也都直接来源于实验研究结果。[①]

一、实验研究方法的界定

实验研究方法是根据研究目的，运用一定手段，主动干预或控制研究对象，在典型环境中或特定条件下进行探索活动的方法。人力资源管理研究中的实验研究方法是指在现场或实验室的严格控制条件下，有目的地引发某种行为，通过比较实验组和控制组的行为差异寻求导致各种行为的影响因素，得到一般性的原理结论，以指导企业人力资源管理实践。由于实验研究可以重复，得到的结论也具有相当高的可信度。

---

① 瞿宝忠. 管理实验启示录［M］. 上海：上海科学技术出版社，1989：65 - 92.

实验研究具有以下特点：

第一，操纵。研究者通过操控和调节自变量的不同水平（大小、强弱、属性等），观察和测量自变量对因变量产生的影响。

第二，控制。研究者通过控制可能对因变量产生影响的其他变量，更精密地观察自变量对因变量产生的影响。常见的控制方法是对照。

实验研究方法的本质是在测量某些变量的过程中，存在着研究人员对研究环境的人为的操控，使得实验变量有不同的水平和取值，其他变量保持一致，观察因变量的变化，由此推断自变量和因变量的因果关系。

实验的目的是要确定研究人员对实验变量的处理是不是因变量变化的原因，也就是确定，自变量和因变量之间是否是因果关系，因此实验研究又叫作因果关系研究。科学的观点认为，我们永远不能证明 X 与 Y 之间存在某种因果关系，只能推断 X 与 Y 之间存在某种因果关系。必须满足以下三个条件才可以推断 X 与 Y 之间存在某种因果关系：

（1）存在相关关系，即 X 与 Y 是相互联系的；

（2）变量的发生存在适当的时间顺序，即 X 的变化必须在 Y 的变化之前；

（3）不存在其他可能的原因性因素，即排除其他变量对因变量的影响。

二、实验研究方法的类型

1. 实验室实验方法与现场实验方法

根据实验的实施场所不同，可以将实验分为实验室实验与现场实验。

人力资源管理实验研究包括现场实验和实验室实验。现场实验在实际工作场地进行，通过实验设计有意识地控制某些因素，分析影响行为和绩效的具体因素。实验室实验则在实验室进行，以角色扮演为主要形式，通过比较实验组和控制组的不同表现来分析影响行为和绩效的各种因素。[①] 无论是现场实验还是实验室实验都属于人群实验，而其他管理学科如生产运作管理、市场营销管理、战略管理等的实验研究绝大部分是计算机模拟，这是人力资源管理实验研究的显著特征之一。

2. 纯实验方法与准实验方法

根据对变量的控制程度以及实验设计的严格程度，可以将实验分为纯实验与准实验。

纯实验方法对变量的控制水平很高，操纵和测定变量很精确，对于实验者和被试的要求较高，在操作上带来很大困难，缺乏现实性。纯实验方法在人力资源管理研究中较少采用。

准实验方法是将纯实验的方法应用于解决实际问题的一种研究方法，它不能完全控制研究的条件，但是尽可能地运用纯实验设计的原则和要求，最大限度地控制因素，进行实验处理实施。准实验研究的实验结果较容易与现实情况联系起来。由于人力资源管理问题的复杂性和难控制性以及纯实验的局限性，准实验在人力资源管理研究中越来越受到重视。

与纯实验方法相比，准实验方法的环境自然而现实，外部效度较高；准实验研究设计利用原始组进行研究，缺少随机组合，无法证明实验组是否为较大群体的随机样本，同时任何因素都可能对原始群体起作用，所以被试挑选带来的偏差将损害研究结果的可推广性，从而

---

① 魏光兴，谢安石. 人力资源管理研究的实验方法［J］. 科技进步与对策，2008.

影响了准实验研究的内在效度，因此内在效度较低。

三、实验研究方法的步骤

在阐明实验研究方法的步骤之前，我们需要搞清假设、变量、前测、后测、实验组、控制组、外源变量等实验研究方法的相关概念。

◇假设是关于自变量和因变量之间关系的陈述，用以解释某个现象。

◇变量一般指研究者操纵、控制或观察的条件或特征，包括因变量和自变量。

◇前测是指在实验前对实验对象进行的测量。

◇后测是指在实验后对实验对象进行的测量。

◇实验组是指接受实验处理的一组研究对象。

◇控制组是指不接受实验处理的一组研究对象。

◇外源变量是指对研究系统产生影响的变量，它会对系统内部的变量关系产生显著影响。

为了让读者更形象地领会实验研究方法的步骤，我们以涂红伟、严鸣、周星（2011）的研究[①]为例进行阐述。

1. 提出研究假设

实验研究方法首先以一个理论假设为起点，这个假设是一个因果关系的陈述，它假设某种自变量（X）的变化会带来因变量（Y）的变化。涂红伟、严鸣、周星（2011）提出的研究假设有：工作丰富化设计会提高知识型员工的工作满意度和任务绩效；工作丰富化设计会降低体力劳动者的工作满意度和任务绩效。在本研究中，工作丰富化设计是自变量（X）；因变量（Y）有两个，即知识型员工的工作满意度和任务绩效（Y_1）、体力劳动者的工作满意度和任务绩效（Y_2）。

2. 样本选取

根据研究假设选择适合的实验样本。涂红伟、严鸣、周星（2011）随机选取深圳某 IT 公司总部的研发部门 140 名计算机编程人员和后勤部门 140 名后勤人员（清洁工人和维修工人）作为实验样本。计算机编程人员大多从事类似软件开发的工作，符合从事知识工作的知识型员工特征；而后勤人员大多从事日常清洁和维护工作，符合体力劳动者进行体力劳动的特征。由于在实际工作环境中无法随机分配工作，所以采用现场准实验方法，即随机抽取样本并将样本随机分配到实验组（工作丰富化）和控制组中。

3. 实验分组

将实验样本随机分配到实验组和控制组，并在实验前使实验组和控制组的自变量水平不存在差异。涂红伟、严鸣、周星（2011）将计算机编程人员和后勤人员分别随机平均分配到实验组和控制组，形成四个小组。在实验组中，实行工作丰富化；在控制组中，工作任务保持不变。该步骤旨在确定一个工作基准，即在四个小组中，工作丰富化的水平是相当的。通过对两部门管理者列出的计算机编程人员和后勤人员当前工作任务清单进行修改后，在两类人员中各选取 5 名员工对这些修改结果进行评估，直至判断工作丰富化水平程度无差异。

---

① 涂红伟，严鸣，周星．工作设计对知识型员工和体力工作者的差异化影响：一个现场准实验研究［J］．心理学报，2011，43（7）：810－820.

据此，制定出最后的工作标准版本。

4. 前测

实验前对实验对象的自变量和因变量水平进行测量。涂红伟、严鸣、周星（2011）让员工在接下来的4周内从事指定的基准工作。同时，参与者被告知这次研究的目的是为了了解他们如何应对来自工作不同方面的挑战。4周结束后，每个参与者均填写一份问卷，问卷内容包括工作丰富化和工作满意度的测量。同时研发部门的6位项目经理和后勤部门的4位管理者分别对本部门样本员工的工作绩效进行评估。

5. 实验操纵和控制

引入自变量（X），使之发挥作用或影响力，同时消除外源变量的可能影响。涂红伟、严鸣、周星（2011）为了保证实验组中的工作有一个更高的丰富化水平，由两位部门管理者对计算机编程人员和后勤人员的工作任务进行了修改，并由作者确定了最终执行方案。然后，四个小组的参与者被安排在四个不同的房间，并告知他们的工作从下周开始将会发生变化。实际上，实验组的员工参与丰富化水平更高的工作，而控制组的人员被分配与之前一样的工作。同时，两个实验组的参与者均被告知他们的薪水、相关的规定、工作保障、退休金权利以及医疗福利等均保持不变，仅仅是与工作相关的责任和任务有所变化。此外，他们仍然被告知，这次改变是为了了解他们如何应对来自工作不同方面的挑战，6个月后，他们将从当前的新任务中回到之前的工作。

6. 后测

在实验结束时再测实验样本的变量水平。涂红伟、严鸣、周星（2011）在6个月后，对实验样本再次收集数据。由四个小组中的每个参与者在相同的环境中匿名填写工作丰富化和工作满意度的调查问卷后，借助于问卷编号，将员工个体前后测试的结果进行准确配对。同时，两部门的10位管理者分别对本部门样本员工的工作绩效进行再评估。

7. 比较前测与后测的差异值，检验假设

如果检验结果表明两次测试的结果没有差异，即自变量对因变量没有影响，则说明假设是错误的。如果有差异，则表明假设是正确的。涂红伟、严鸣、周星（2011）在假设检验前，先对实验操纵和控制有效性进行了检验，T检验表明实验前后工作丰富化水平有显著变化。通过 $2 \times 2 \times 2$ 重复测量 ANOVA 检验表明，在工作丰富化的实验操纵条件下，实验组和控制组中工作满意度和任务绩效的变化方向不一致，这说明知识型员工和体力劳动者对工作丰富化的反应存在着显著差异。

四、实验研究方法的原理[①]

1. 实验研究的一般原理

实验研究的一般原理可表述为，先测量在没有受到 A 的影响之前 B 的情况（前测），然后施加实验刺激 A 并保持其他条件完全相同，再对受 A 影响后的 B 进行测量（后测）。最后通过比较前后两次测量的结果是否存在差异来判定 A 和 B 之间是否存在因果关系。如果前后两次情况发生变化，则能够初步认为 A 是导致 B 变化的原因，即 A→B。因此，实验的实

---

① 孙国强. 管理研究方法（第二版）［M］. 上海：格致出版社，2014.

施阶段可以概括为：选择合适的实验对象；在随机原则下组合实验对象，并对他们进行实验必须的指导；对因变量进行前测；进行实验刺激；进行实验后测；向实验对象说明实验的真实目的和原因，询问他们的实际感受。

2. 有控制组实验原理

实验者在实验中增加一个控制组，将实验组和控制组放到相同的环境条件下给实验组加以实验刺激 A，而控制组没有实验刺激。然后比较实验组和控制组的前测和后测的结果。如两组的前测和后测结果的变化情况不同，说明实验刺激的因素产生了作用。反之，情况是一样的，说明这种变化是由其他因素引起的。

五、实验研究方法的评价

1. 实验有效性

实验有效性是指我们实际得到的测量结果与我们试图要测量的东西的准确程度。实验通常从以下两个方面来反映实验的有效性：内部有效性和外部有效性。

内部有效性是指我们观察到的因变量的变化被实验变量的解释程度，也就是说在不同的实验组下可观察的因变量的变化是由实验变量的不同操控水平而引起的程度。在实验研究中，如果研究人员能证明，实验变量真正对因变量产生了可观察到的变化，我们就认为是内部有效的。在实验室环境下，我们更容易控制自变量之外的其他因素的影响，所以实验有较高的内部有效性。

外部有效性是指在实验中被测量的因果关系能够一般化到更大范围内的现实世界的程度。实验的外部有效性，使得我们可以将实验中的因果关系应用到更大范围和更现实的场合中。一般而言，现场实验比实验室实验有更高的外部有效性。

综上所述，当实验中需要控制的自变量及其他因素较多，就不得不选择做实验室实验，以保证实验的内部有效性。否则，我们可以选择现场实验，以保证实验的外部有效性。

2. 实验研究方法的优缺点

实验研究方法的优点主要表现在以下几个方面：

第一，有利于明确地确立因果关系。实验研究方法的主要优点是能够把实验变量与其带来的影响分离开来。因为实验研究者可以通过操纵自变量来观察因变量的变化，还可以通过设立控制组来判断操纵的强度。实验开始时，研究者就可以发现受试者的某些特征，然后引进实验刺激，如果发现了他们在实验之后具有了不同的特征，受试者在实验过程中又没有受到其他的刺激或其他因素的干扰。那么，我们就可以认为特征的改变归因于实验刺激，就在实验刺激和特征改变之间建立了因果关系。

第二，控制程度高。实验研究者有独立自主性，可以完全按照自己提出的假设来决定研究的变量、设计变量的水平等，而不用完全遵守现实环境的"自然状态"，减少或排除了外部因素对实验结果的影响，减少了各种误差的产生。另外，通过对实验环境的控制，使得实验结果的可信度显著提高。

第三，具有可重复性。由于实验有一定的范围限制，有明确的实验程序，实验方法是可以重复的，这是研究科学性的重要体现。

第四，成本较低。受研究目标和特性的限制，实验研究不可能像抽样调查那样确立足够的样本数量，因此受试者的数量一般比较少；为了测量实验刺激带来的因变量的变化，实验一般是在较短的时间内完成的；相对于调查研究而言，实验研究需要研究的问题比较单一。由于实验研究有较少的研究对象、较短的时间、较少的研究问题，决定了实验的成本不会太高。

实验研究方法的缺点主要是：

第一，研究者人为地营造实验条件，使其远离现实情境中的"自然状态"，会导致外部效度降低。

第二，如果研究样本本身不具有代表性，即便在分组时做到了随机化分派，也会使内部效度和外部效度降低。

第三，实验研究方法仅限于对当前问题的研究，不适合于对过去问题和将来问题的研究。

第四，当研究变量和水平数目增多时，成本会急剧增加。

结合实验研究方法的优缺点，可以大致总结出实验研究方法的应用条件：

第一，对现状的研究。进行历史研究或预测研究，单独使用实验研究方法是不可行的或很困难的。

第二，需要对研究环境和研究条件实施严格的限制才能凸显研究变量。

第三，客观条件允许施加所需要的控制。

第四，实验不会违反当地的伦理和法律规范。

尽管实验研究方法可以独立地取得令人振奋的研究成果，但为了谨慎起见，研究者通常将实验研究方法与其他研究方法相结合，使研究结论更加令人信服。

3. 实验研究方法的适用性

人力资源管理学科研究企业中的人及其行为。而人及其行为具有权变性和复杂性两大特征。权变性是指不同人文社会环境下的人具有不同的性格特征、价值观念和行为模式等，同样的人在不同的企业文化下会有不同的行为选择方式。复杂性是指人的行为往往同时受到多种因素影响，而且这些因素是相互交织在一起的，结果难以单独衡量某一种具体因素对行为的影响方向和影响程度。因此，人力资源管理研究的研究方法必须满足人及其行为权变性和复杂性特征的要求。

实验研究方法能够同时满足人及其行为权变性和复杂性特征的要求。首先，实验研究方法可以满足人及其行为权变性特征的要求。一方面，实验研究得到的理论原理往往具有一般性，可以应用于不同的人文社会条件和企业文化条件；另一方面，可以在不同人文社会条件和不同企业文化条件下重复实验，判断人文社会条件和企业文化条件对行为的影响，当人文社会条件和企业文化条件变化时只需相应地修正研究结论就可以运用于实践。其次，实验研究方法也能够满足人及其行为复杂性特征的要求，因为在实验中可以控制使其他因素都保持不变，而单独测量某一个具体因素对行为的影响，这正是实验研究最大的特点和优势所在。一项科学的实验研究通过控制和改变某些因素来分别判断各种因素对行为的影响。经过反复实验，积累足够多的研究结果，可以判断各种因素影响行为的典型性和偶然性。当然，实验研究法也存在缺点，一个突出问题是人在实验中的行为选择与实际表现结果可能会不同（因为实验者知道自己在参加一项实验而不是真实地决定做什么），而且研究者也不能控制所有因素。但是，恰当的实验设计可以保证研究结论具有足够高的效度和信度，使研究结论具有真实性和广泛性。

　思考题：

　1. 在运用这三种人力资源管理研究方法时，应该避免哪些误区？试举出反例。

　2. 在您的研究设计中，是否考虑过综合使用两种研究方法或三种研究方法？为什么要综合使用多种研究方法？

　3. 除了上述三种研究方法，人力资源管理领域还有哪些研究方法？

案例分析

佳佳的困惑

　佳佳是一名人力资源管理的硕士研究生，最近找到了一个自己非常感兴趣的研究问题，她想以此撰写一篇学术论文。历时数月，经过她的努力已经完成了大量的前期准备工作。但是，当佳佳正要开始准备行文的时候，她突然发现自己的研究不知道应该选择什么样的研究方法，为此她又跑去请教杨老师。

　佳佳："杨老师，我发现了一个值得研究的问题，但是我在选择研究方法的时候遇到了麻烦，难以抉择到底哪种研究方法更适合。老师您看，这是我现有的一些资料。"

　杨老师："佳佳，科学研究一定要严谨，我们要尊重科学。咱们进行人力资源管理的相关研究，常用的研究方法有三种，分别是问卷调查方法、案例研究方法和实验研究方法。其中，问卷调查方法可以很好地用于验证提出的假设，案例研究方法可以帮助你构建论文的研究基础，而实验研究方法可以用来检验变量之间的因果关系，如此应用研究方法你的论文才能严密。"

　佳佳："也就是说，不一样的研究问题，我们要针对其研究特点，选择合适的研究方法。"

　杨老师："是啊，那我们怎么样才能知道哪种研究方法更适合研究这个问题呢？这就需要具体问题具体分析了。"

　佳佳："老师，实验研究方法我知道，著名的霍桑试验就是最典型的实验研究方法了，这种方法有很强的实践价值和说服力。但是，我发现现在大部分期刊文献是以发放问卷的形式来获得数据从而进行研究的。"

　杨老师："是的，比如我们上周看过的一篇论文是研究不一样的团队文化和团队绩效的关系，这种研究问题就比较适合采用问卷调查的方法进行研究。在做这种类型企业人力资源管理领域的研究时，因为要观察的现象太复杂，我们可以选定几种变量来研究，通过问卷调查映射我们需要的实践素材，从而探讨团队文化和团队绩效的关系。"

　佳佳："您看一下我这个资料，针对这个问题您觉得选择哪种方法合适呢？"

　杨老师："从你的现有资料可以看出来，你想研究的问题是连续创业者如何对其创业有效性产生影响。像这样的研究问题就可以尝试采用案例研究的方法，深入跟踪某一位或某几位连续型创业者，这样你就可以有切实体会。"

佳佳："可是采用案例研究方法所收集的资料常常概念模糊，甚至相互冲突，而且在普适性方面似乎说服力不强，这该怎么办呢？"

杨老师："所以说要具体问题具体分析，这个研究问题使用案例研究的方法可能更适合，比如，正是由于案例研究的宽泛的特点才有利于我们突破惯性思维，产生新的视角、理论和范式。研究连续型创业是一个新兴的问题，更需要深入实践，以事实为依据，从而以理论为支撑，使用案例研究方法产生的理论或结论源于实践，实证的有效性可能更大一些。"

佳佳："看来准确界定和区分这些常用的研究方法还是很重要的，选择适用的研究方法也不是一件容易的事情。"

（资料来源：作者原创）

案例思考题：

试结合案例提出的问题，总结本章所介绍的三种研究方法分别适合研究什么样的问题？

参考文献

［1］成瑾，白海青，刘丹. CEO 如何促进高管团队的行为整合——基于结构化理论的解释［J］. 管理世界，2017（2）：159－173.

［2］陈晓萍，徐淑英，樊景立. 组织与管理研究的实证方法（第二版）.［M］. 北京：北京大学出版社，2012.

［3］陈强. 高级计量经济学及 Stata 应用（第二版）［M］. 北京：高等教育出版社，2014.

［4］邓绍云，邱清华. 结构方程模型及其应用研究现状与展望［J］. 江苏科技信息，2015（24）：76－78.

［5］李怀祖. 管理研究方法论［M］. 西安：西安交通大学出版社，1999.

［6］李平，曹仰峰. 案例研究方法：理论与范例——凯瑟琳·艾森哈特论文集［M］. 北京：北京大学出版社，2012.

［7］刘志迎，龚秀媛，张孟夏. Yin、Eisenhardt 和 Pan 的案例研究方法比较研究——基于方法论视角［J］. 管理案例研究与评论，2018，11（1）：104－115.

［8］罗伯特·K. 殷. 案例研究：设计与方法［M］重庆：重庆大学出版社，2004.

［9］罗伯特·K. 殷. 案例研究方法的应用［M］. 重庆：重庆大学出版社，2012.

［10］罗伯特·K. 殷. 案例研究：设计与方法［M］. 重庆：重庆大学出版社，2017，142.

［11］罗胜强，姜嬿. 管理学问卷调查方法［M］. 重庆：重庆大学出版社，2014.

［12］欧阳桃花. 试论工商管理学科的案例研究方法［J］. 南开管理评论，2004，7（2）：101.

［13］裴蒂娜. 教育研究方法导论［M］. 合肥：安徽教育出版社，2009.

［14］瞿宝忠. 管理实验启示录［M］. 上海：上海科学技术出版社，1989：65－92.

［15］施让龙，张珈祯，黄良志. 员工主动性人格特质、工作热情、知觉组织支持及职涯满意的实证研究［J］. 管理评论，2017，29（2）：114－128.

［16］苏方国. 人力资本、组织因素与高管薪酬：跨层次模型［J］. 南开管理评论，2011，14（3）：122－131.

［17］苏敬勤，崔淼. 工商管理案例研究方法［M］. 北京：科学出版社，2011.

［18］孙国强. 管理研究方法［M］. 上海：格致出版社，2010.

［19］汤晟，孟宪忠．基于 SEM 方法的企业信用与可持续增长实证模型研究［J］．现代管理科学，2011（8）：17－19.

［20］童星，张乐．国内社会抗争研究范式的探讨——基于本体论与方法论视角［J］．学术界，2013（2）：44－59.

［21］涂红伟，严鸣，周星．工作设计对知识型员工和体力工作者的差异化影响：一个现场准实验研究［J］．心理学报，2011，43（7）：810－820.

［22］王梦洺，方卫华．案例研究方法及其在管理学领域的应用［J］．科技进步与对策，2019，36（5）：33－39.

［23］魏光兴，谢安石．人力资源管理研究的实验方法［J］．科技进步与对策，2008（9）：135－138.

［24］谢康，吴瑶，肖静华，廖雪华．组织变革中的战略风险控制——基于企业互联网转型的多案例研究［J］．管理世界，2016（2）：133－148＋188.

［25］杨学成，涂科．出行共享中的用户价值共创机理——基于优步的案例研究［J］．管理世界，2017（8）：154－169.

［26］赵红岩，蒋双喜，杨畅．吸收能力阶段演化与企业创新绩效——基于上海市高新技术产业的经验分析［J］．外国经济与管理，2015，37（2）：3－17.

［27］朱远程，马栋．谈结构方程模型的应用策略［J］．商业时代，2010（6）：73－74.

［28］Barker，J. R. Tightening the Iron Cage：Concretive Control in Self-managing Teams［J］．Administrative Science Quarterly，1993（38）：408－437.

［29］Baxter P. , Jack S. Qualitative Case Study Methodology：Study Design and Implementation for Novice Researchers［J］．The Qualitative Report，2008，13（4）：544－559.

［30］Cook T. D. & Campbell D. Quasi－Experimentation：Design and Analysis Issues for Field Settings. Boston：Houghton Mifflin Company，1979.

［31］Eisenhardt K. M. "Building Theories from Case Study Research"，The Academy of Management Review，1989，Vol. 14，No. 4. pp. 532－550.

［32］Farsh，J. l. , Early，P. C. & Lin，S. Impetus for Action：A Cultural Analysis of Justice and Organizational Citizenship Behavior in Chinese Society. Administrative Science Quarterly，1997（42）：421－444.

［33］Yan，A. & Gray，B. . Bargaining Power，Management Control，and Performance in United State－China Joint Ventures：A Comparative Case Study［J］．Academy of Management Journal，1994，37（6）：1478－1517.

［34］Yin R. K. Case Study Evaluations：A Decade of Progress? ［J］．New Directions for Evaluation，2010，1997（76）：69－78.

［35］Yin R. K. Case Study Research Methods：Design and Method，Newbury Park，Sage Publication，1984.

［36］Zbaracki，M. J. The Rhetoric and Reality of Total Quality Management［J］．Administrative Science Quality，1998（43）：602－636.

第二十章 人力资源管理理论的进展

前面我们系统介绍了人力资源管理的基本理论，这些理论的最新进展是什么？本章加以阐释。

第一节 企业对人力资源管理的新变化——从福特到海底捞[①]

一、福特企业的管理

1913 年福特开始试验流水线生产。以汽车底盘为例，流水线的运用让底盘生产从原来的 4 小时降低到 1.5 小时；但流水线的运用也让员工变成了机器的附属品，在 1912～1913 年高地公园工厂日矿工率为 10%，每年的员工更新率达到了 380%，也就是一个工人在工厂工作的时间不过三个月，这还包括了星期天在内。公司每想增加 100 名工人都得进行 963 次雇用。后来福特提出日薪 5 美元改善员工福利成为提高效率的方式。把工时从 9 小时下调到 8 小时，并为每名员工提供利润分成。新政策让员工更愿意努力地在福特工作，降低了员工的流动率，还包括员工对企业认同度和忠诚度的提升。1945 年 9 月 21 日福特二世正式接任祖父亨利·福特的班，开始管理福特汽车公司这个庞大的集团。与此同时福特二世提出了"人类工程学"。人类工程学包括四个政策，第一是退休金计划，第二是消除员工的紧张感，第三是劳资关系改革，第四是工会和解。20 世纪 80 年代，考德威尔被任命为福特总裁，当时福特正处于日本、德国汽车崛起和美国 70 年代经济危机，他带领了公司历史上最大的逆转，提出了"全员参与"。而后为了进一步鼓舞员工士气和自信，福特汽车公司又提出一个重要的概念"企业公民"。提出一个企业就像一位公民一样，不能只考虑索取权利，还要主动承担责任，因此，员工应该坚信自己不仅是为企业工作，更是为整个社会作贡献。

二、海底捞的管理

海底捞是起家于四川简阳的一家以经营火锅为主的连锁餐饮企业，成立于 1994 年，以为顾客提供超值的用餐体验著称。其创始人张勇从餐厅服务员开始走上创业之路成为海底捞的老板，认为一家餐厅要想感动顾客，最重要的是让服务员愿意主动去服务顾客。可这事说

[①] 黄铁鹰. 海底捞你学不会 [M]. 北京: 中信出版社, 2011.

起来容易，听起来明白，做起来可就难了。怎样才能让这些背井离乡、在农村长大、家境不好、读书不多、见识不广、受人歧视、心理自卑的服务员主动为客人服务？

张勇说："火锅是低技术含量的行业，比如，怎么端菜、点火、开门和打招呼，不需要专门技能，一般人稍加培训都能干；只要愿意干，没有干不好的，关键是愿不愿意。大多数服务员是迫于无奈才选择这个待遇低、地位低、劳动强度大的职业，所以干得不好。因此，要想让员工干好这份低技能的工作，关键点不应该放在如何培训员工怎么做这份工作上，而是要放在如何让员工愿意干这份工作的环境上。只要员工愿意干，用心干，你就赢了！""我觉得人心都是肉长的，你对人家好，人家也就对你好；只要想办法让员工把公司当成家，员工就会把心放在顾客身上。"那么，怎么才能让员工把海底捞当成家？

答案在张勇这里变得很简单——把员工当成家里人。如果员工是你的兄弟姐妹到北京给你打工，你会让他们住到城里人不住的地下室吗？当然不会，因为在条件允许的情况下，你不忍心让他们住那种通风不好又闷又热又潮的房子。可是很多在北京餐馆干的服务员就是住在北京的地下室，而他们的老板住在楼上。

海底捞的员工住的都是城里人住的正规住宅，里面有空调和暖气，每人的居住面积不小于6平方米。不仅如此，宿舍必须步行20分钟之内可到工作地点。为什么？因为北京的交通太复杂，服务员工作时间太长，这些还都是大孩子的服务员需要充足的睡眠。不仅如此，海底捞还有专人给员工宿舍打扫卫生，换洗被单；宿舍里可以免费上网，电视电话一应俱有；海底捞员工称他们的宿舍拥有"星级"酒店的服务！在北京没来暖气的时候，还有公司给配发的暖水袋！有的分店，晚上还有专人把热水灌进去！

如果你的兄弟姐妹从乡村来北京打工，你一定担心他们路不熟，会走丢；不懂规矩，会遭城里人的白眼。于是，海底捞的培训就不仅仅是工作的内容，还包括怎么看地图，怎么用冲水马桶，怎么坐地铁，怎么过红绿灯，怎么使用银行卡……海底捞员工骄傲地说："我们的工装是100多元一套的好衣服，鞋子也是名牌运动鞋。"做过服务员的张勇知道，服务员的工作表面看起来轻松，可是实际非常繁重，特别累脚。

你的兄弟姐妹千里迢迢来打工，孩子的教育怎么办？于是，海底捞在四川简阳建了一所寄宿学校，海底捞员工的孩子可以在那里就读。海底捞不仅照顾员工的子女，还会想到员工的父母。海底捞领班以上干部的父母，每月会直接收到公司发的几百元补助。

海底捞河南焦作店的徐敏说："我家在四川农村，家里条件不好，因此，我放弃了学业，刚来的时候我累得哭过，但我最终坚持下来了。我在海底捞已经3年了。"海底捞给了我尽孝的机会，海底捞每年都组织优秀员工的家长去海南旅游。今年公司通知我，这次名额是我的！我马上给老爸去了电话，电话那边一直嘟嘟的，我的心都快跳出来了，老爸你怎么还不接电话呀？喂？听到老爸的声音，我的眼泪不听话地往下流。爸，你听我说，我们公司安排优秀员工家长到海南旅游，也有你们。你和妈妈一起去吧！刚开始爸爸不同意，怕花我的钱，我说是公司报销。"

"爸爸妈妈去了海南，第一次见到海。我好开心，更开心的是爸爸妈妈要来焦作看我，公司把车票都订好了。"

如果你的妹妹弟弟结婚了，你能让年轻的夫妇分居吗？如果妹夫没有工作，你能不替他着急吗？于是海底捞鼓励夫妻在同一家公司工作，而且还给夫妻提供由公司补贴的夫妻房。

春节对中国人来说是最重要的节日，对农民工来说春节不仅仅是节日，也是他们生命存在的象征。为了一年一次的团聚，他们忍受着一年的辛酸、劳苦和春运的疲劳！可是中国春节法定的带薪年假只有 3 天。海底捞员工春节享受 7 天有薪年假。如果按每人每日基本工资40 元算，每个春节海底捞要比国家法定假日多支付给每个员工 160 元，1 万人就是 160 万！

哪怕在海底捞干过一天的员工都知道"客人是一桌一桌抓的"。这句张勇语录。

为什么要一桌一桌抓客人？因为尽管每桌客人都是来吃火锅的，但有的是情侣约会，有的是家庭聚会，有的是商业宴请……客人不同，需求就不同，感动客人的方法就不完全一样。

从买菜、洗菜、点菜、传菜、炒底料，到给客人涮菜、打扫清洁、收钱结账，做过火锅店里每一项工作的张勇深知，客人的要求五花八门，严格按流程和制度来服务最多能让客人挑不出毛病，但不会超出顾客的期望。比如，任何餐馆的流程和制度都不可能规定给客人擦鞋的服务。

张勇开办火锅店初期的一天，当地一位相熟的干部下乡回来，到店里吃火锅。张勇发现他的鞋很脏，便安排一个伙计给他擦了擦。这个小小的举动让客人很感动，从此，海底捞便有了给客人免费擦鞋的服务。

一位住在海底捞楼上的大姐，吃火锅的时候夸海底捞的一种辣酱好吃，第二天张勇便把一瓶辣酱送到她家里，并告诉她以后要吃，海底捞随时送来。

这就是海底捞一系列"变态"服务的开始。

可是这种差异化的服务，只能通过每一个员工的大脑创造性地实现。

开连锁餐厅最讲究的是制度与流程，比如肯德基的薯条要在一定温度的油锅炸多长时间，麦当劳汉堡包的肉饼有多少克重。但制度与流程在保证质量的同时，也压抑了人性，因为制度与流程忽视了执行者最值钱的部位——大脑。

让员工严格遵守制度和流程，其实等于雇用一个人的双手，而没有雇用他的大脑。这是最亏本的生意，因为人的双手是最劣等的"机器"，任何人都不可能像机器不走样地重复同一个动作。人最值钱的是大脑，大脑能创造、能解决流程和制度不能解决的问题！

服务的目的是让客人满意，可是客人对涮火锅的过程和吃火锅的要求不尽相同，火锅客人的满意不可能完全用标准化的流程和制度所达到。比如有的人可能要标准的调料，有的人喜欢自己调；有的人口味重，需要两份调料，有的人连半份都用不了；有的人可能喜欢自己涮，有的人喜欢服务员给他涮。

有人不喜欢免费的酸梅汤和豆浆，能不能送他一碗鸡蛋羹？尽管鸡蛋羹是收费的，但如果能让牙口不好的老人吃一碗免费鸡蛋羹，他可能会记一辈子！

一个客人想吃冰激凌，服务员能不能到外边给他买？

一份点多了的蔬菜，能不能退？

既然是半成品，客人可不可以点半份，多吃几样？

一个喜欢海底捞小围裙的顾客，想要一件拿回家给小孩用，给不给？

碰到这些流程和制度没有规定的问题，大多数餐馆当然是按制度和流程办——不行；在海底捞，服务员的大脑就需要创造了——为什么不行？

上海三店姚晓曼说："有一次，雅间 11 号坐的是回头客邬阿姨。她女儿点菜时问，撒尿牛肉丸一份有几个？我马上意识到，她怕数量少不够吃，便回问一句：姐，你们一共几位？她说 10 位。我立马告诉她，一份本来是 8 个。我去跟厨房说一下，为您做 10 个。她很惊讶地抬头看了我一眼，说：小姑娘，你们领导不会说你吧？我说，您放心，只要说明原因，领导都会理解。"

"还有一天中午，雅间5号的客人有8个，点了很多菜，而且要求五花八门。我当时正同时接待两个包间，有点忙乱。他们的菜上齐了好久，我对单时突然发现一份羊羔肉还没上。我害怕他们说我。后来，我想到一个办法，我轻轻跟那位请客的赵哥说：哥，还有一份羊羔肉，您还上吗？他说：哦，我点的肉还没上？我抱歉地说：那肉是冰鲜肉，上来要马上吃，看你们聊得这么开心，还有很多素菜没吃呢，我特意没让厨房上。如果您还要，两分钟就给您上来。他一听马上转怒为喜，说：你这丫头真聪明，拿笔来我给你写奖状！"

上海三店张耀兰说："星期六晚上生意特别好，7点半3号包房上来一家姓徐的客人，年纪大的徐叔叔，又高又大，很腼腆不爱说话；年轻的徐叔叔个子也很高，戴副眼镜，性格开朗，又说又笑；徐妈妈个子不高，很和蔼，也爱说话。他们点了一份鹌鹑蛋，我把鹌鹑蛋给他们下锅时，发现徐妈妈把上面的萝卜丝夹到碗里吃。"

"我感觉她一定很喜欢吃萝卜，于是立即打电话给上菜房，让他们上一盘萝卜丝，然后我拿萝卜丝去调料台放上几味调料。当我把拌好的萝卜丝到桌上时，他们很惊讶，说我们没有点萝卜丝呀？我说：我估计阿姨爱吃萝卜丝，特意拌了一盘送给阿姨吃，不知道你们喜不喜欢？徐阿姨说：你怎么知道我喜欢吃萝卜丝？我说是我猜的。""他们当然非常高兴，边吃边夸我，还问这萝卜丝是怎么拌的。最后许叔叔要来一碗米饭，把萝卜丝盘子里的汤拌到饭里吃了，说这是他吃过的最香的饭。接下来一个月，他们连来了3次，还把他们姓蔡和姓杨的朋友介绍来吃饭。看，一盘萝卜丝多神奇，帮我'抓'了这么多客人！"

北京五店的李小梅说："一个大姐来用餐，看等座的人很多，要了号后问我，这附近哪有理发店，她要去洗个头。我就把大姐送过去了。可是回来后，不久就下起雨，我想到她没带雨伞回来一定会淋雨，就又跑过去给她送了一把伞。后来，那个大姐来我们店很多次，有一次还带来一件新衣服，说是她女儿买的，穿着不合适，非要给我。"

海底捞的客人就是这样一桌一桌抓的！

从福特到海底捞，反映了企业人力资源管理的新变化。

第二节　早期人力资源管理思想

工业革命催生了机器大工业，使企业成为创造社会财富最活跃的主体。伴随着企业的大发展，20世纪初期崛起的古典管理理论，使越来越多的人逐渐意识到管理对于提升企业效率的巨大作用。而人作为管理的施与者、参与者与接收者，始终是决定管理有效性的最重要因素。从古典管理理论时期将人视为与机器类似的成本，到行为科学理论时期提出人的社会人属性假设，一直到"人力资源"概念的提出，如果把人比作一个整体的影像，那么，管理理论在这一阶段的发展过程中，展现出这个影像由模糊到显现再到清晰并进一步放大的景象，人力资源管理的理念逐渐成为共识。随着全球经济的发展，支撑宏观经济发展的微观企业之间的竞争日趋激烈，从20世纪80年代开始，组织管理研究越来越关注作为组织最重要资源的人对提高组织绩效的影响，人力资源管理作为一个独立的研究领域受到越来越多的关注，相关研究也逐渐走向深入，涌现出大量的研究成果和基于此产生的新观念、新思路、新构念，人力资源管理研究呈现出生机勃勃、日新月异的景象。

以泰罗的科学管理理论诞生为标志，管理学逐渐成为一门独立的学科。以此为起点，管理研究进入快速发展的轨道。早期的管理研究，以组织的生存发展为目标，聚焦于工作情境中的人的管理经历了由人力成本观到人力资源观的变化过程。

一、古典管理理论时期的人力成本观

科学管理理论的奠基者泰罗指出，科学管理的中心问题是提高员工的劳动生产率，要提高员工的劳动生产率就要用科学管理代替经验管理，通过时间动作研究，增加员工单位时间内的产出，并用差别的计件工资制刺激员工尽可能多地产出。因此，泰罗对人的管理的观点是基于人力成本观，将人视为与机器相仿的成本，认为通过经济刺激增加人的产出来降低实际的人力成本，是提高企业管理有效性的关键。

泰罗的人力成本观产生于机器大工业刚刚兴起的物质匮乏时代，对于当时的工厂来说，竞争的关键是生产，谁能够最大限度地满足社会对产品的爆发式需求，谁就能够占得市场的先机。正是基于这样的社会需求，泰罗提出的以提高员工的劳动生产率为主要目的的科学管理理论，将千差万别的员工视为同机器一样的标准化对象，通过时间动作研究消除员工的无效劳动、简化工作内容，使员工甚至不必经过思维就可以机械式地在流水线上熟练从事简单劳动，员工的工作效率得到前所未有的提高，同时以差别的计件工资制作为激励手段，将员工所能释放的最大产能充分开发出来。通过提高产量节约劳动力，降低人力成本，提高产品的价格竞争力。在当时的社会需求条件下，泰罗的人力成本观无疑直接有效。20世纪一二十年代的福特汽车公司正是基于这种人力成本观最大限度地降低了汽车的价格，使汽车走入家庭，开启了美国汽车工业大发展的时代。

以人力成本观为指导所形成的流水线生产作业模式，成为工业经济时代企业生产组织模式的典范。时至今日，这种模式已成为生产制造企业尤其是劳动密集型企业的制胜法宝。通过大规模制造降低人力成本，以产品的价格优势赢得市场，无论是理论上还是实践中都显然行之有效。不过，一个容易被曲解的问题是，在福特公司T型车的全盛时期，尽管汽车价格一降再降，但并不意味着福特是在不断压低员工的工资，相反，在T型车上市的早期，还大幅度提高了员工的工资。这种模式之所以可以持续，是因为人力成本的降低并不是依赖低工资，而是依靠劳动生产率的提高所实现的人力成本节约。然而，尽管这种模式被广为认可，但高生产率所带来的高产出，却是以员工的机械式、枯燥乏味的简单劳动和流水线永不停转、员工不时需要加班为代价的，这种将员工看作机器，只注重人力成本，不注重员工身心健康的生产作业模式，很难长期持续下去。发生在中国富士康公司的员工跳楼事件，就是例证。行为科学理论正是因为关注到了工作情境中人的精神和情绪因素，因而在古典管理理论之后迅速崛起。

二、行为科学理论时期的社会人假设

梅奥提出的人际关系学说，第一次将古典管理论时期的经济人假设用社会人假设替代，认为人是社会人，人在情感上会受周围人的影响，不是只受经济利益的刺激，决定员工工作绩效的是员工的士气和态度，而士气和态度又来自员工的家庭、社会生活和工作中的人群关系，因此，管理的重点是通过给予员工工作中和工作外的关怀，让员工感知到来自周边环境的轻松快乐氛围，培养员工良好的工作态度和士气。如为员工设计一些能够调剂日常工作的文体活动、常常与员工交流、适时疏导员工工作中的不良情绪等，使员工在枯燥的工作情境中，能够有效缓解倦怠情绪、精神压力，或其他任何可能导致身心疲惫的负面反应，以饱满的热情和旺盛的士气投入工作，这是工作绩效的根本来源。

以梅奥的人际关系学说为开端，心理学家对工作中的员工心理进行了深入探索，提出了多种以激励员工工作动机为目的的激励理论。如马斯洛的需要层次理论、赫茨伯格的双因素理论、麦克利兰的成就需要理论等，主要研究员工需求的内容，认为员工有来自外在和自身内在的各种需求、满足员工的这些需求就可以激发员工的工作动机；这些理论被统称为内容型激励理论；还有如弗鲁姆的期望理论、亚当斯的公平理论，认为员工工作的积极性来自员工对付出之后能得到多少预期结果的评估过程，评估过程中员工会考虑预期结果的价值大小、得到预期结果的可能性、自己的收入付出比与相关他人的对比结果，员工的努力程度取决于于对这些情况的认知与判断；这些理论被称为过程型激励理论。此外，斯金纳的强化理论和海德的归因理论则是从行为产生的直接原因出发，认为员工行为的积极程度来源于在做出某种行为之后所受到的外界强化的大小，以及对行为的归因；因为这两种理论强调的是行为发生之后对其直接原因的分析结果对后续行为的影响，故被称为行为改造型理论。

行为科学理论的社会人假设，相对于人力成本观仅仅关注对员工的经济利益刺激而不关注心理和情感因素而言，对于理解工作情境中的员工需求更为全面、深入，对于指导组织根据员工的需求、心理活动过程和行为表现来激励员工的工作动机，更具针对性和适用性。然而，无论是人力成本观还是社会人假设，都是将员工当作与工作任务匹配的劳动要素来看待，没有发掘员工与其他要素相比的独特价值，因而对员工工作积极性的激励也仅限于人事管理的范畴，着眼于人事匹配。直到 1954 年，德鲁克在其著作《管理的实践》中首次提出"人力资源"的概念，人相对于其他要素的独特性通过被赋予"核心"地位而确定下来。

三、"人力资源"概念的提出与人力资源管理研究的兴起

德鲁克提出，和其他资源相比，人力资源的独特性在于他是人；人力资源是所有资源中最具生产力、最具自主性的资源；人力资源的开发必须依靠内在动力而无法靠外在驱使。人力资源管理与传统人事管理的主要区别在于，员工被视为有自主需求的独立的人，他们与组织的关系不是雇员与老板或下属与上司的关系，而是互相合作的关系。组织应通过为员工提供能够满足他们需求的各种条件，与这些具有不同潜能的员工合作，最大限度地开发出员工的专业能力，而不是仅限于完成职责范围内的工作任务。要做到这些，传统的工作任务分工、绩效考核、薪酬刺激等人事管理手段已远远不够，组织更需要的是在未来发展的战略框架下，谋求组织事业与员工需求之间的良性互动，不是把人管住，而是把人盘活，使员工在组织提供的平台上充分发掘自身潜力，全身心地投入，将组织使命融入个人事业，使组织在员工的共同努力中绽放出生机和活力。

人力资源管理以人为中心的理念，因其契合于企业竞争对创新的需求，到了 20 世纪 80 年代，逐渐成为管理学界一个独立的研究领域。

随着 20 世纪 80 年代到 21 世纪知识经济时代的到来，将人力资源管理当作管理的一个职能在企业实践中越来越显现出其局限性，如何使人力资源管理与组织绩效紧密关联，成为企业提升绩效的关键；基于此，出现了人力资源管理的第一个研究分支，即组织视角下的战略人力资源管理研究。同时，服务于提升组织绩效的战略人力资源管理，从根本上来说，是使组织的人力资源管理适应员工的需求，通过员工的自我驱动实现组织目标，因此，研究员工的心理变化和情感因素以及与此相关的态度和行为，成为人力资源管理研究的第二个分支，即个体视角下的员工态度与行为研究。

第三节　人力资源管理研究的组织视角——战略人力资源管理研究

战略人力资源管理的观点大多以资源基础观为理论基础。资源基础观认为，组织的持续竞争优势来源于拥有竞争对手所难以掌握的资源和能力，这种资源和能力具有四个特征：价值增值性、不可替代和不可模仿性、稀缺性、具有将资源组织起来为我所用的能力。而人力资源作为组织的无形资产，静态上具有能够为组织寻求外部环境中的机会或规避威胁从而实现组织价值增值的特点，动态上在组织内部的人力资源管理实践也是实现组织价值增值的资源；同时，人力资源有智力、有潜能，天然具有不可替代和不可模仿性，而且组织对人力资源的开发和利用也有本组织独特的方式，这种路径依赖性及其与组织绩效之间难以说清的因果关系，也具有竞争对手难以模仿的特性和无法用其他资源替代的特性；当然，有价值的人力资源也总是稀缺的；此外，任何一个能够使人力资源发挥应有价值的组织都是有能力使人力资源为我所用的组织。因此，按照资源基础观，人力资源是组织获得持续竞争优势的来源，通过人力资源管理使组织在与竞争对手的竞争中持续保有优势，即为战略人力资源管理。那么，如何才能达成这一目标？

一、战略人力资源管理的三种观点

基于资源基础观对人力资源管理使组织获得持续竞争优势的前提，学者们试图找到以什么样的人力资源管理实践提升组织绩效的路径，因此，出现了战略人力资源管理的三种观点。

（一）普适观

普适观认为在人力资源管理实践与组织绩效之间应当存在一种普适性的相关关系，通过找到一种有利于组织绩效的最佳人力资源管理实践，可以提高组织绩效，这种实践被称为战略人力资源管理实践。德利瑞和多蒂（Delery & Doty, 1996）通过综合学者们的研究结论总结出七种战略人力资源管理实践：内部职业机会，正式培训系统，考核措施，利润分享，就业保障，建言机制，工作定义。具体来说，内部职业机会是指当有空缺岗位时，组织能更多考虑从内部选拔；正式培训系统是指组织能提供广泛的正式培训或者通过对员工的选拔或社会化支持员工获得技能；考核措施包括两种考核方式：行为导向的考核与结果导向的考核，前者依据员工有效执行工作任务的行为，后者是依据行为之后的结果，后者有利于组织绩效的提升；利润分享是指将工资与绩效挂钩，被认为是战略人力资源管理的必须措施；就业保障即组织在多大程度上能保障员工不被辞退，就业保障越高，组织绩效越高；建言机制是指组织有正式的申诉系统以及员工参与决策，这是战略人力资源管理的关键因素；工作定义是指工作内容是被狭窄地定义在有限的范围内，员工只需完成这个范围内的工作还是被较为宽泛地定义，员工的实际工作内容不仅仅限于定义范围内的，工作定义宽泛更有利于组织绩效的提升。

（二）权变观

权变观认为人力资源管理实践与组织绩效之间的关系不是简单的线性相关关系，而是受到组织战略的影响，人力资源管理实践与组织战略的互动影响组织绩效。因为组织战略的实施离不开员工的行为，而人力资源管理实践可以激励或控制员工表现出与组织战略相一致的行为；而且，对于企业来说，战略定位是企业参与竞争的前提，与企业的战略定位相匹配的员工行为来源于企业的人力资源管理原则、政策和实践，与此相对应的岗位设置以及员工招聘、培训、考核等措施自然指向企业战略目标的实现；因此，权变观认为，对所有组织来说，不存在普遍适用的人力资源管理实践，人力资源管理实践对组织绩效的促进作用会因组织战略的不同而不同。

（三）构型观（组态观）

构型观（组态观）比前两个观点更为复杂，德利瑞和多蒂（1996）通过引用整体探究原则，试图找出适用于特定组织的一种最有效的由一些人力资源管理实践构成的构型（或称组态）（Configutartion）。构型不同于结构，它是由一些要素之间的高阶互动所构成的，对结果的影响是一种协同效应，各单个要素对结果的影响无法用传统的二分法呈现，例如，传统二分法表现的自变量对因变量的影响是假设所有自变量之间是独立的，单个自变量对因变量的影响是一种二分净效应，即控制了其他自变量的影响外，该自变量对因变量是一种正向（或负向）影响。若是正向影响，则只有两种结果，自变量大，因变量也大；自变量小，因变量也小；若是负向的，结果相反。而构型中的自变量对因变量的影响不以自变量之间独立为假设，相反，认为彼此之间存在互动，单个自变量对因变量的影响不是简单的正向或负向，而是与其他自变量的组合互动导致因变量的变化，因此，构型意味着构型内的要素组合是一个整体，不能单独来看单个要素对结果的净影响。

权变观与普适观相比，共同点是也需要找到一种人力资源管理实践的组合，但不认为存在着适合任何组织的最佳实践；而构型观与权变观相比，共同点是认为人力资源管理实践应当与组织战略相匹配；但构型观与前两者的不同点是，普适观与权变观都强调的是构成人力资源管理实践的各个要素对组织绩效的影响，而构型观是将人力资源管理实践各要素的组合当作一个整体、一个系统、一套模式，各要素共同构成的这套模式不能一个一个要素拆开来看对组织绩效的影响，而是作为一个要素间相互作用的独特系统通过与组织战略的匹配影响组织绩效，即特定的人力资源管理系统与特定的战略类型相匹配，才能产生组织的高绩效。由人力资源管理实践彼此之间的互动所构成的系统内匹配被称为"横向匹配"，人力资源管理系统与组织战略的匹配被称为"纵向匹配"。如何通过人力资源管理系统的横向匹配与纵向匹配达成组织绩效目标，由此成为战略人力资源管理研究的主要议题。

宏微观人力资源管理相通探索

二、高绩效人力资源管理系统

以提高组织绩效为目标的人力资源管理系统应包含哪些内容，如何才能设计一套适用的人力资源管理系统为组织的战略目标服务，围绕这些问题的研究至今尚无定论。因为这些研究的出发点都是提高组织绩效，所以将这方面的研究统称为高绩效人力资源管理系统研究。

（一）高绩效人力资源管理系统的理论内涵

高绩效人力资源管理系统，即指以提高组织绩效为目标的人力资源管理系统，因其指向整个组织工作的绩效目标，也称为高绩效工作系统。那么，高绩效人力资源管理系统的理论内涵是什么，里面包括哪些内容，就成为战略人力资源管理研究的基础问题。

关于高绩效人力资源管理系统理论内涵的研究成果很多，但确切的界定和内容构成仍未达成共识。其中，用 AMO 模型来界定高绩效工作系统是被研究人员普遍认可的一种方式，认为能力 A（Ability）、动机 M（Motivation）、机会（Opportunity to Participate）是形成高绩效工作系统的决定因素。也就是说，相对于传统的人力资源管理实践来说，组织的人力资源管理实践能够使员工增加或提高其工作技能，能够使员工受到充分的激励，且能够为员工提供参与工作决策或工作场所问题解决的机会，由这些条件所决定的由一组彼此互为促进的措施所构成的工作系统可称为高绩效人力资源管理系统或高绩效工作系统。然而，由此所形成的高绩效人力资源管理系统应包含哪些具体措施，却因组织具体情境的不同而难以定论。如前文提到的德利瑞和多蒂（1996）提出的战略人力资源管理的七种实践：①内部职业机会，即相对于更多从外部招聘的组织来说，此类组织更多采用内部职业阶梯给予员工工作和晋升机会；②正式培训系统，即组织为员工提供更多的正式培训；③考核措施更多的以结果为导向而不是以行为为导向；④员工的薪酬体系有利润分享机制；⑤就业保障程度大，即组织为员工提供相对安全的就业保障，不轻易解雇员工；⑥有较好的建言机制，即员工可以向组织的主管部门建言献策，组织有引导和激励员工建言献策的政策和制度等；⑦工作定义宽泛；即组织对员工工作职责的定义不仅仅局限于当前工作说明书的内容，而是以宽泛模糊的定义充分调动员工工作的主动性。这七种实践与 AMO 模型完全匹配，七种实践的实施有利于提高员工技能和能力、调动员工主动性与积极性以及为员工提供参与管理的机会，但是不是对所有组织来说都是高绩效人力资源管理系统呢？很显然，只有当这些实践与组织战略相匹配，对特定组织来说是适合其战略目标的，且每种实践之间能彼此促进，构成一个相互作用的系统才是真正的高绩效人力资源管理系统。

从现有研究来看，大多数研究对高绩效人力资源管理系统的界定都是以 AMO 模型为基础，构成系统的实践活动也大致在上述七种实践活动中，实证研究中对高绩效人力资源管理系统的测量也基本上以七种实践活动为基准，有增有减，但大多以提高员工技能和能力、给予员工所需的激励和提供参与管理的机会为原则。

以高绩效人力资源管理系统的上述内涵为基础，研究其与组织绩效的关系，无论是理论研究还是实证研究，目前基本上都支持二者之间的正向相关关系。但对具体组织来说，只有对二者之间关系的发生机制有深刻的认识和理解，才能从根本上了解通过提高人力资源管理的有效性提高组织绩效的路径。因此，随着研究的不断深入，对高绩效人力资源管理系统的

人力资源管理

研究逐渐进入对组织绩效作用机制研究的阶段。这一阶段的研究有三个分支，一个是侧重于社会性中介机制的研究，第二个是侧重于员工个体反应的中介机制研究，第三个是对二者之间关系的调节机制研究。

（二）高绩效人力资源管理系统对组织绩效的社会性中介机制研究

人力资源管理系统对组织绩效的影响通过何种机制发生？社会性中介机制视角认为，人力资源管理系统是一套设计好的工作实践，可以通过组织内的三条路径促进组织绩效的提升，如图 20 – 1 所示。

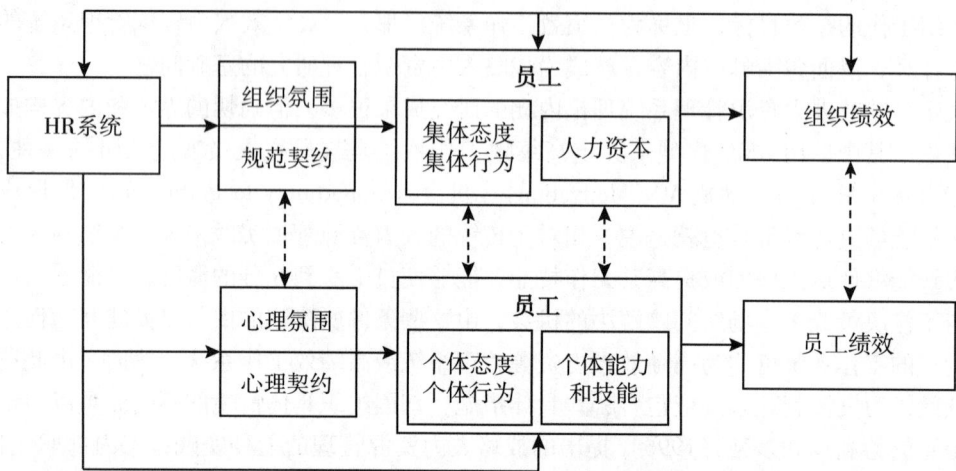

图 20 – 1　人力资源管理系统影响组织绩效的多层模型

说明：图中实线表示同层次变量间的因果关系，虚线表示个体层次与组织层次变量间的因果关系；文中仅描述了图中所反映的多条因果路径中的关键路径，未详述全部路径。

资料来源：Ostroff C. , Bowen D. E. Moving HR to a higher level: HR practices and organizational effectiveness [J]. 2000.

第一条，人力资源管理系统通过影响组织员工整体的特征，从而使员工的态度和行为朝着有利于组织目标的方向发展，因此促进组织绩效的提升。具体来说，组织通过招募、培训、薪酬制度设计、绩效管理等具体的人力资源管理方式，一是影响员工对组织的评价，员工会对组织形成一种这是一个什么样的组织的感知，即员工个体的心理氛围；二是影响员工对组织与其之间交换关系的期望，即员工个体的心理契约。当来自员工个体的心理氛围和心理契约在组织中累积为共同的组织特征时，就会在组织内形成一种社会化氛围，即员工总体上对组织有较好的心理感知（组织氛围），对组织与员工间的关系有较高的评估（规范契约），由此形成对组织的正向回馈，表现出诸如对组织的认同，对工作的满意和富有活力的工作行为，通过与组织目标期望一致的态度和行为最终促进组织绩效的提升。

第二条，人力资源管理实践通过影响员工的人力资本积累，从而形成企业的竞争优势，获得企业绩效的提升。组织通过招聘、培训、薪酬制度设计、绩效管理等政策和制度的引导，使员工对组织所需的知识和技能要求有明晰的方向，并通过正式的培训途径以及其他的管理措施激励员工朝着组织期望的方向更新和积累自己的知识和技能，使组织整体的人力资本逐渐累积为一种为其他企业难以模仿和超越的竞争优势，促进组织绩效的提升。

第三条，人力资源管理实践直接影响组织氛围和规范契约，经组织内的社会化影响员工集体的态度和行为，促进组织绩效的提升。人力资源管理系统作为组织管理系统的一个子系统，要与组织战略保持在同一轨道内，为实现组织的战略意图而设计，通过人力资源管理实践，向员工传递组织在战略上的倾向性或工作重心，影响组织氛围和规范契约的形成。例如，组织为了促成学习导向的组织氛围，会将人力资源管理的工作重心聚焦于正式的员工培训、职业发展与提升等方面的实践或政策；或放在基于技能的薪酬系统、以技能开发为导向的绩效考评，工作丰富化等方面的实践或政策上。同时，在人力资源管理实践影响下，员工集体与组织间的相互期望即规范契约也会更为明确，当这种促进学习导向氛围的招募、遴选和薪酬制度设计向员工传递了明确的信号，使他们相信通过自己的主动学习和提升可以换取即时的薪酬回馈（交易契约）和未来的职业机会或更长远的利益满足（关系契约）时，员工会在规范契约激励下，主动提高个人的人力资本，并表现出对组织的认同、忠诚和对待工作的积极性以及由此所引致的组织公民行为和与工作绩效相关的行为，进而促进组织绩效的提升。

（三）高绩效人力资源管理系统对组织绩效的员工个体反应中介机制研究

已有研究表明，人力资源管理系统对组织绩效的影响是一个由近到远的因果链条，在这个链条的近端是来自员工个体的反应，员工的反应表现为具体的情感、态度和行为。员工在情感上的直接反应，决定了其对组织环境的评价，对组织环境的评价结果影响员工对待企业的态度，态度又影响员工的行为以及与行为相关的工作绩效；员工的工作绩效在组织情境下，会聚合为组织绩效，组织绩效可以是组织整体的生产率，也可以是组织的利润。在这个过程中，员工个体的情感、态度和行为是近端变量，由此引起的组织层次变量是远端变量。因此，来自员工个体反应的中介机制主要强调人力资源管理系统对员工个体绩效的直接影响如何间接影响组织绩效。

具体来说，当组织通过招聘和甄选政策向员工传递组织需要高技能员工的信号，同时也给予员工持续培训和开发的机会以提高员工的技能，会使员工感觉自己置身于一个到处都是对工作胜任有加的同事的工作场所，因而创造了一个免受周围同事带来麻烦而能够使他们专注于自己工作的良好工作环境。组织通过绩效管理制度和激励措施来激发员工追求高绩效，则员工可以更直接地看到他们的行为和取得的结果之间的关系，这也营造了一个让员工感到自己的努力能够得到公平公正回报的积极的工作环境。组织通过采用开放的沟通和高参与度的工作系统，能够使员工对企业的竞争优势有所了解并参与到让企业更好地发展的过程中，也使员工感受到这是一个能够被倾听、被尊重的工作环境。由这些人力资源管理实践所创建的工作环境由于是被员工认可的，员工因此不太可能想要离开这里，他们会认同这个组织，并希望看到它成功。员工的这些表现可以用一个态度变量——员工对组织的承诺（组织承诺）来表征。组织承诺高的员工，因为对组织具有稳定的忠诚度和信念，因而会在工作环境中表现出更高质量的角色内绩效，并主动承担更多的角色外绩效。当组织中的员工表现出超越于其他组织员工更高的组织承诺时，因为员工在工作中的更好表现，会使本组织产生超越于其他组织的更高的生产率，并因为高效率所带来的低费用，使组织利润增加。这就是由员工对高绩效人力资源管理系统的直接反应所带来的对组织绩效的影响。

高绩效人力资源管理系统通过影响员工个体的态度和行为影响组织绩效，现有研究所揭示的，除了上文所阐述的以组织承诺为中介变量的中介机制以外，还有以工作满意度、程序公平和内在激励为中介的研究结果。具体的作用过程与组织承诺的中介作用类似，不再赘述。

（四）高绩效人力资源管理系统对组织绩效作用关系的调节机制研究

高绩效人力资源管理系统因提升员工的能力、激励员工的工作积极性和赋予员工参与管理的机会，大多数研究都认为与组织绩效间存在着正向因果关系；但也有部分研究认为高绩效人力资源管理系统与工作紧张感和薪酬不满意相关，为员工提供参与管理的机会也会增大员工的工作压力和工作强度，且对员工的工作努力程度有较高的要求，因而对员工的工作满意度有负面影响，进而削弱组织绩效。因此，高绩效人力资源管理系统与组织绩效之间并不是简单的正向或负向关系，而且，即使在大多数存在正向作用关系的研究中，所揭示的关系强弱也有差异。只有对二者之间关系可能存在的调节机制有所了解，才能真正理解二者之间关系的本质。从现有研究来看，调节机制主要存在于国家和组织两个层面。

首先是国家文化的调节效应。霍弗斯坦德（1993）提出，管理中存在文化的局限性，在一种文化下适用的制度和政策在另一种文化下可能不适用。国家文化对于工作情境中的员工来说是一个处于中心地位的变量，影响到员工对工作和工作方式的理解，以及对组织如何对待自己的期望的认识；当员工的理解或认识与组织的期望一致时，管理实践才会收到理想的效果；当二者不一致时，员工就可能对组织的管理实践因持有的文化价值观不同而产生不满、不认同，并表现为绩效欠佳。高绩效人力资源管理系统对组织绩效的影响，传统观点认为，因为高绩效人力资源管理系统以提高员工的技能、激励员工积极性和给予员工参与管理的机会为目的，因此与低权力距离、低集体主义和高绩效导向的国家文化相匹配，在这种国家文化下，二者之间的正向关系会更强。但拉伯尔等（Rabl et al.，2014）通过元分析得出的结论却更为复杂，与传统观点相反，在高权力距离、高集体主义和低绩效导向的国家，二者之间的正向关系反而更强，这可能与当前国际化的外部环境有关，在与自己本国文化不相匹配的国家，实施高绩效人力资源管理系统是对国际化背景下外部竞争需求的回应，即使与本国文化不相配，但在国际竞争压力下，有些企业还是想要实施先进的人力资源管理系统并尽可能使之奏效，因此，当它们采用这套系统时，按照自己组织的特定需求去推行而不是寻求与本国文化的匹配或适应本国文化就成为管理的首要策略，组织内部的强力推行，可能是导致在与本国文化不相匹配的组织中实施这一套系统仍然取得高绩效的原因。同时，研究还指出，除了按照霍弗斯坦德的文化模型来对国家文化划分类型以外，事实上，每个组织都是能动的，组织可能会通过管理手段与国家文化有所疏离，无论是在哪种国家文化类型下，当国家文化所形成的规范不清晰、不强烈，当国民违背这些规范也不会受到多少惩罚时，国家文化对组织的约束就不大，国家文化对组织管理行为的调节效应也就无法显现。因此，还可以按照国家文化是紧张型（国家文化所形成的规范清晰、强烈、偏离规范的允许空间小、违背规范代价大）还是松散型（与紧张型相反）来考虑具体情况。在紧张型文化下，相对于高权力距离、高集体主义、低绩效导向的国家，在低权力距离、低集体主义、高绩效导向的国家，高绩效人力资源管理系统对组织绩效的正向影响更强。此外，与松紧文化对组织行为存在约束具有相似性的另一个文化特征——国家制度的灵活性（政府监管制度、企业用工制度和工资决定等方面的灵活程度）是否对上述二者之间的关系存在调节效应？该研究的预期结论也未得到数据的支持，即制度的灵活程度对二者之间的关系没有显著的调节作用。研究认为，制度的灵活性与文化的松紧相比，制度更具有强制性，违反制度要受到法律的制裁与违反文化规范可能要付出代价的性质不同，所以在制度的灵活性较差的国家，如果高绩效人力资源管理系统与本国文化不匹配，组织为了免受制度惩罚就不会采用这套系统；而对于坚决致力于使用这套系统的组织来说，可能也有足够的能力去实施这套系统里最核心的工作实践来获得积极的效果。因此，无论制度的灵活性强弱，在高权力距离、高集体主义、低绩效导向的国家和在有相反文化特征的国家，采用高绩效人力资源管理系统都会给组织绩效带来正向影响，且影响的强度也看不出差异。

另外，国家宏观经济制度的差异也可能影响企业采用高绩效人力资源管理系统的具体实践和程度，如吉尔曼和雷比（Gilman & Raby）（2013）的研究比较了英国和法国，因为英国是自由市场经济国家，政府对企业的约束小；而法国是协调型市场经济国家，政府对企业的规制较多，因此，在政府的制度压力下，法国的中小企业较多采用以提高员工工作满意度、奖励性薪酬、更多的内部晋升机会等促进雇佣保障的措施，因而企业的绩效较高；相比之下，英国的中小企业仍然采用传统的自上而下的人力资源管理措施，更加重视考核员工的流动率和缺勤，而不怎么关注整个企业的集体员工关系和员工承诺，因而企业绩效不高。

其次是组织层次上的调节效应。奥斯特罗夫和伯恩（Ostroff & Bowen）（2000）提出，组织人力资源管理的强度对高绩效人力资源管理系统影响组织绩效存在调节效应。他们认为，同样采用高绩效人力资源管理系统的组织，其实施的政策措施的强度不同，绩效结果也不同。那么，如何界定人力资源管理的强度？该研究提出强度是一些特征的函数，这些特征包括政策措施的可见性、清晰度和可接受程度，管理的一致性、有效性和适切性以及人力资源管理系统的密集度。具体来说，可见性是指组织实施的人力资源管理措施及其实施结果能够被所覆盖的人群所共享，例如，采用薪酬保密制度的组织就因失去了薪酬激励的传播作用而使薪酬制度的作用难以被最大限度发挥出来；清晰度是指人力资源管理实践的可得可见信息能够被员工充分理解，例如，有些组织的福利计划常常难以被应该得到的员工们所理解，因而无法得到他们的足够响应；可接受程度是指员工愿意贡献自己的时间和信息等去设计和履行人力资源管理实践并将其结果用于影响自己的态度和行为的程度，例如，在360度考核当中人力资源管理措施的可接受程度对考核的成功与否起关键作用，可接受程度高的措施，更容易被员工当作考核之后持续改进自己的激励措施。管理的一致性是指政策措施应用于不同员工和不同时间的一致性，例如，组织在招募和甄选人员时对所有参与者是否采用统一的标准，是否向应聘者传递了组织需要什么样的人的一致信息，是否有助于员工形成对组织在程序公平上的一致认知，管理的一致性可以促进员工形成对组织的承诺、满意度和公民行为；有效性是指人力资源管理政策和措施起到了设计该起到的作用，适切性是有效性的第一要素，例如，人员甄选工具在多大程度上筛选到了具有预期知识、技能、能力的人？对于人力资本提升的贡献有多大？通过在劳动力队伍中增加具有某种技能的员工，向员工传递了怎样的有关哪些知识、技能和能力对组织最有价值的信号？这些都是评估人力资源管理政策措施适切性的问题；有效性的第二个要素是人力资源管理人员对于人力资源管理政策和措施的实施经验，有时好的政策措施会因为不好的施行而影响效果；还有人力资源管理系统内部各项政策措施的一致性即所有的政策措施是否都指向某种行为，也是影响实施效果的因素。人力资源管理系统的密集度是指构成人力资源管理系统的各项政策措施的多少、实施范围大小和政策措施所影响到的人数多少，例如，仅仅通过工作保障和基于组织绩效的薪酬制度来提高员工对组织的认同的系统与全方位地通过多种政策措施促进员工参与决策，增加工作的灵活性，形成内在激励以及鼓励和促进员工提高人力资本的系统相比，前者的密集度低于后者，效果自然也低于后者。

那么，该研究所提出的组织人力资源管理系统的强度对高绩效人力资源管理系统与组织绩效间关系的调节作用是如何发生的？研究指出，当组织人力资源管理强度高时，与强度低相比，在组织情境下，会在员工个体对组织人力资源管理政策制度作出反应后，更有利于在组织层次上形成共同特征，即组织氛围和规范契约的形成，由组织氛围和规范契约带来更高的组织绩效。

三、组织双元视角下的战略人力资源管理与组织绩效

战略人力资源管理以组织竞争优势为导向，以组织绩效为直接目标；然而，绩效是多维度的，一个绩效的改进可能意味着另一个绩效的降低，例如，一个组织试图获得运营效率以便为顾客提供低成本的产品或服务，却可能带来顾客服务质量方面的问题。正是因为绩效维度之间这种天然存在的悖论，才使人们在研究战略人力资源管理对组织绩效的影响问题时，产生了一个新的问题，即如何通过战略人力资源管理解决组织绩效中的悖论问题，使组织通过人力资源管理实现两种矛盾绩效之间的平衡？在组织管理研究中出现的双元理论为研究这一问题提供了思路。

（一）组织双元与组织绩效

组织双元是指组织在探索活动（探索新的竞争力）和利用活动（利用已有竞争力）两个方面的能力。通常情况下，一个组织想要实现创新绩效，在成本和风险的双重约束下，聚焦于长期绩效的突破性创新和以短期绩效为保障的渐进式创新都是必要的。组织既需要探索活动以保持长期竞争优势，又需要利用活动以实现现有资源的效益最大化。然而，在组织管理实践中，这两种活动既相互关联又存在矛盾。探索活动追求的是经由组织从无到有的探索、实验以及必要的试错所能达到的持续创新，需要组织具有较高的柔性和不以结果为导向的过程性引导，成本和效率要求相对淡化，变革和动态是组织氛围的主旋律；而利用活动与此相反，是要在稳定的环境中追求组织利用现有资源的效率，谋求组织在短期内的回报。很显然，虽然二者在组织发展中各具功用且互为促进，但对组织管理的要求却截然不同，在一个组织框架内，甚至存在冲突或彼此制约，追求对未来的探索则疏于对当前绩效的保障，强调利用活动则使组织失去对创新的敏锐度和主动性，二者之间的这种张力若不能在组织框架内得以有效协调，可能会对组织绩效的产出带来负面影响。

较早的研究主要强调双元之间的竞争，主张对两种能力的分化管理，但很显然，分化管理会使两种能力在组织中被人为割裂，丧失了由彼此之间的互动所带来的长期绩效与短期绩效的协调和促进。因此，之后的研究主张双元之间的平衡，即互为补充，协调发展，在不同的组织发展阶段，以某一种活动为主；或者在同一个时期由员工自行分配用在两种活动上的时间；但简单的平衡难以充分发挥双元各自的优势，且二者之间的冲突被人为抑制后，无论是空间上的分化还是时间上的避免冲突，都无法使冲突可能带来的潜在优势得以显现；而且

过分回避冲突，不仅不会使冲突消失，反而会使被暂时抑制的冲突一旦爆发难以控制。因此，近几年来对组织双元的研究引入了悖论理论，主张通过动态管理，将悖论双方引入良性循环，实现双元在动态中的互相增强和螺旋式上升。悖论理论认为，构成悖论的两种要素间既不是有你没我的竞争关系，也不是一分为二的辩证关系，而是既相互联系又相互矛盾的关系，两种要素间的冲突所产生的张力，既可能使系统崩溃，也可能在互相促进的基础上使双方在新的平衡点上达成一致，并进一步出现新的冲突，再平衡，进而进入持续增强的良性循环。例如，组织在探索活动的实施过程中，对未来市场机会、产品研发等不确定事项的投入，会消耗大量的人力物力资源，在组织资源有限的约束下，一定会挤占利用活动所需要的资源，如果由此冲突导致员工疲于应付，财务捉襟见肘，供应链难以为继等，则组织就因对两种活动的冲突管理无效而导致混乱乃至经营失败；相反，如果在两种活动争夺组织有限的资源而致冲突时，组织早已充分认识到探索和利用活动之间天然存在的悖论，通过组织文化的长期引导，员工已具备了在关键时刻只能一往无前应对压力的意志和能力，则由冲突所引发的紧张，反而会激发起员工的斗志，众志成城共迎挑战会使企业在共同努力下突破资源限制，进入一个新的发展阶段；相对于没有冲突刺激的平常时期，冲突所产生的张力成为使组织实现阶段性跃迁的重要因素。在企业经营实践中，像苹果、华为、格力、腾讯、阿里等高科技企业一边不断探索新机会一边持续利用现有能力实现双元互补所创造出的杰出绩效，得益于对双元的有效管理，他们在双元互相增强共同提高方面的做法都是对悖论管理有效性的注解。

综上所述，无论是理论研究还是企业实践，都揭示了既互相矛盾又互相关联的双元能力如何在一个组织框架内实现共同提高，关键在于对双元的有效管理，其中，尤为重要的是人力资源管理。如何通过以组织绩效为指向的战略人力资源管理来实现双元互补和彼此增强，使战略人力资源管理与组织双元之间的关系成为人力资源管理研究的新议题。

（二）战略人力资源管理与组织双元的关系

战略人力资源管理与组织双元的关系，本质上是如何通过战略人力资源管理实现组织双元的问题。与上述对双元之间关系的研究路径相对应，对这一问题的研究也经过了三个阶段。

第一阶段，承接双元之间是竞争性关系的观点，认为要使二者在组织中共存，需要分别设立对应于探索活动和利用活动的业务单元，在两个单元各自设置适合本单元的差异化人力资源管理系统，称为结构双元，见表 20－1。按照 AMO 模型，探索活动业务单元建立由下列实践活动构成的人力资源管理系统：甄选具有开拓进取心和有创造力潜质的员工并重点培养员工创造能力，更多采用内在激励手段激发员工工作的主动性、创造性，给予员工高度的自主性和更多的建言机会；利用活动业务单元则建立与此完全不同的人力资源管理系统：甄选具有某方面专业技能的员工并持续提升员工的工作效率，更多采用外在激励的方式激励员工完成角色内任务绩效，给予员工更多的监督和约束。双元之间的协调则由组织高层管理者承担，通过使高层管理团队建立对组织双元的认知和认同，根据组织战略有效分配不同单元所需的资源和工作任务，并使双元在不同子单元之间得到平衡；中下层管理者和普通员工则不必了解有关组织双元的内容，只需按照自己所在单元的需要完成工作事项。

表 20 - 1　　　　　　　　　　　结构双元的差异化战略人力资源管理

结构双元	能力（A）	动机（M）	机会（O）
探索活动业务单元	甄选有开拓性和创造力潜质的员工；培养员工的创造力	内在激励为主，激发员工工作的主动性和创造性	给予员工高度的自主性和更多的建言机会
利用活动业务单元	甄选有专业技能的员工；提升员工的工作效率	外在激励为主，激励员工完成角色内的任务绩效	给予员工基于工作流程和任务的监督和约束
双元管理	高层管理团队建立对双元的认知和认同，根据组织战略协调双元关系在组织内的平衡		

　　第二阶段，对应于双元之间是互补关系的观点，认为不应分别设立不同的子单元对双元进行人为割裂，应当使二者在一个组织框架内有序并存，因为双元之间的互相促进作用只有在包括结构设置和人员动员上实现全覆盖才能充分发挥出来。通过整合型人力资源管理系统营造双元型组织氛围使员工在两种活动中自然切换，实现两种能力互为补充、整合平衡、协调发展，称为情境双元，见表 20 - 2。在 AMO 框架下，人力资源管理系统旨在依据组织战略营造双元氛围（通过组织支持）并培养人员成为双元型员工（通过绩效管理），通过双元型员工自由分配工作中用于探索活动和利用活动的时间，实现双元在空间上的统一和在时间上的分离，故情境双元也称为时间双元。人力资源管理系统的主要工作实践包括：组织层次上通过招聘、正式的组织培训、激励措施、控制措施以及给予员工高度自治的工作环境等措施，向员工传递组织致力于营造双元氛围的信号，即组织需要具有双元能力的员工，并给予员工在实施和完成双元任务上的充分激励和保障，同时也对员工当前的岗位工作效率有必要的控制；个体层次上通过中下层管理人员对所辖员工的绩效管理具体地落实组织层次上的管理实践，使之更好的在实际工作中付诸行动。与结构双元相比，情境双元要在组织和个体两个层次上同步进行双元管理，组织层次主要依靠组织支持，个体层次主要通过中下层管理者对员工的绩效管理来实现全员双元，而不是依靠高层管理团队。

表 20 - 2　　　　　　　　　　　情境双元的整合型战略人力资源管理

情境双元	能力（A）	动机（M）	机会（O）
组织层的双元氛围	组织甄选有专业技能且具创造力潜质的员工；培养员工的创造力和对效率负责的能力	内在激励与外在激励同步，激发员工工作的主动性、创造性，并对岗位工作绩效给予激励和约束	给予员工高度自治的工作环境，并对工作效率予以控制
个体层的双元型员工	培育员工的双元能力	激励员工自发完成双元任务，并对任务完成情况给予考核	给予员工自由分配双元任务时间的权力，并对绩效结果予以控制
双元管理	组织层次	组织支持：建设双元氛围和对双元行为给予支持和鼓励	
	个体层次	绩效管理：中下层管理者按双元所需对各自的下属员工进行培育和管理	

　　第三阶段，与双元之间是悖论关系的观点相对应，认为前两种无论是对两种活动在组织结构上的分离还是在时间上的分离，本质上都是为了回避两种活动之间的正面冲突，而悖论理论认为冲突本身既有负面影响，也有潜在价值，由冲突双方之间的张力所带来的两种活动

之间互相争夺组织资源以及对员工能力的不同要求若得以有效管控，则会在解决冲突的过程中由一次次的间断性平衡来消解冲突的负面影响，并带来因平衡而实现的对冲突的突破，在间断性平衡和冲突的持续性动态循环中，使组织不断突破冲突困境，实现组织绩效的阶段性跃升或螺旋式上升。因此，通过冲突整合与跨越交替的战略人力资源管理，实现两种活动的动态平衡，称为动态双元。动态双元的人力资源管理系统与前两种相比的独特之处在于系统的动态性和循环增益性，如果将循环中的一个周期按照冲突的发生到平衡过程分为分化期、冲突整合期和平衡期，那么，对应的 AMO 措施与第二个阶段基本一致，不同之处在于，在分化期，根据组织战略的需要，以双元中的一元为主另一元为辅，对员工相应的能力要求和培养、激励措施和机会向为主的一元倾斜；当双元之间不对称的关系发展到进入冲突整合期，即占主导地位的活动越来越多地挤占另一种活动的资源，双方之间的冲突需要组织和员工利用两种活动各自的优势，这时对员工的管理在 AMO 三方面都变为非常时期的特殊要求，即组织对员工的两种活动都有考核要求，同时也给员工充分的自由度来自我缓解两种活动之间的资源困境，并对员工的自我加压给予组织支持；当员工对非常时期的组织动员在认同、接受和努力完成任务的过程中实现了预定目标后，组织就进入了一个暂时的平衡期。平衡期相对于冲突解决之前的分化期来看，通过对冲突的整合，利用了两种活动之间冲突所带来的张力，使组织在资源约束的紧迫压力下，依靠员工的韧性实现对现阶段冲突的跨越，既未向哪一方有所妥协，也没有回避冲突，而是通过跨越冲突困境，进入到一个新的境界和又一个双元发展的周期，组织也正是在这样的不断孕育冲突、利用冲突和突破冲突的过程中通过激发员工的智慧和动力实现跨越式发展的。

基于悖论理论的整合与跨越交替型战略人力资源管理与前两种相比，要实现双元的整合与跨越，需要组织通过持续建设的企业文化使员工具备双元意识和能力，并能认同和接受双元任务，实现与组织战略相适应的双元能力的同步发展。

第四节　人力资源管理研究的个体视角——员工工作绩效及其影响因素研究

组织视角下的战略人力资源管理，以组织绩效为目标，期望通过设计符合组织战略的人力资源管理体系实现组织目标。但从个体视角来看，人力资源管理体系的实施有赖于员工对此的反应，适应员工需求的政策和制度，是员工工作绩效的来源，员工工作绩效是组织绩效的源泉。然而，千差万别的员工，有个性、有感情、会思考，要使人力资源管理政策和制度的作用最大化，除了考虑政策制度本身，还应考虑与人相关的因素，如何影响员工的情感、态度和行为并进而影响员工的工作绩效。因此，个体视角的人力资源管理研究，主要研究以工作绩效为目标的员工的心理变化和情感因素以及与此相关的态度和行为。从现有研究来看，基于员工心理和情感因素的人力资源管理研究，因涉及心理学、社会学、人类学等领域的复杂机制，故呈现出了由认知到情感、由情感到行为过程多个环节研究结果丰富多彩的景象。

一、员工工作绩效概念及其测量

对员工进行工作绩效评估，是企业人力资源管理的主要内容之一，员工工作绩效是增强组织有效性、获取竞争优势的源泉。大量组织管理研究也以工作绩效作为结果变量。对员工进行绩效评估，按照绩效评估结果进行人力资源管理的一般决策，如晋升、培训和淘汰，使企业的人力资源管理系统逐步优化，达到以人力资源优势获取竞争优势的目的，是绩效评估最主要的功能。但要达到这一目的，主要取决于绩效评估所依赖的标准，即如何来定义绩效，以什么标准来评估绩效。

对员工工作绩效（Job Performance）的定义，大致上可分为绩效结果观、绩效行为观和绩效特质观三种。

（一）绩效结果观

绩效结果观认为绩效是工作的结果，应按照员工的工作结果进行绩效评估，如员工的劳动生产率、产量、废次品率、销售人员的销售量、部门主管的部门财务绩效等都可以作为绩效指标来衡量员工的工作结果，据此所做的绩效评估是一种基于工作结果的客观评估，具有不受主观干扰达成绩效评估公平公正性的好处；然而，在人力资源管理实践中，一则不是所有工作都能够以客观的绩效指标来衡量，如知识性工作、支持性工作和工作结果为群体努力的结果却需要对其中的个人绩效进行评估的工作；再则，因工作属性和要求的不同，客观的绩效指标在针对不同属性的岗位工作绩效进行对比评估时难以形成可比性；此外，不是所有的工作结果都是员工可控的，一些不在员工可控范围内的因素对工作结果的影响会使绩效评估出现偏差，因此，形成了以员工行为为评估依据的绩效行为观。

（二）绩效行为观

将工作绩效作为多维度行为变量来源于卡茨和卡恩（Katz & Kahn）（1978）对工作绩效的三分法：①加入并留在该组织；②满足或超过组织角色任务规定的标准；③创新性地或自发地超越规定的角色任务去实施诸如与同事合作、保护组织免受伤害、为改进组织提建议、进行自我发展、向外人愉悦地展示组织等行为。其中，后两种是组织角色任务未规定的绩效，也是评估员工工作绩效的必要组成部分，且实证检验证明角色任务规定的和规定之外的这些行为对绩效评价同等重要。由此引发了对绩效结构的角色内与角色外行为的探索，将工作绩效中属于角色任务所规定的行为与角色任务之外的行为区分开来，作为评估员工工作绩效的两个维度，成为工作绩效维度划分的主要依据。

坎贝尔（Campbell，1990）提出："员工工作绩效被定义为组织整体所有人的被认为对完成组织目标很重要的行为和活动"，同时，认为员工工作绩效不是以一个属性、一个产出、一个因素为标签的单维概念，而应是一个多维度的结构化概念，并按照特定工作的任务标准和组织标准两个维度对美国军队初级职位人员绩效进行测量：根据特定工作所包含的任务内容，采用工作分析法和关键事件法所做的以工作任务为标准的测量，主要衡量人员对所从事的岗位工作的贡献；根据组织（军队）所期望的人员行为标准所做的测量则是评估人员对岗位工作以外的整个组织的贡献。坎贝尔的维度划分标准开启了员工工作绩效评估的角色内行为（In-Role Behaviors，IRB）与角色外行为（Extra-Role Behaviors，ERB）的结构化探索；之后，威廉姆斯和安德森（Williams & Anderson，1991）提出角色内行为与角色外行为——组织公民行为（Organizational Citizenship Behaviors，OCB）的员工工作绩效评估标准，并采用史密斯（Smith，1983）等提出的OCB分类法将OCB分为针对组织的OCB-O和针对组织内他人的 OCB - I；博尔曼和莫托维德罗（Borman & Motowidlo）（1993，1997）则将员工工作绩效结构化为任务绩效（Task Performance，TP）与关系绩效（Context Performance，CP），任务绩效为角色内绩效，将关系绩效分为 OCB 与亲社会组织行为（Prosocial Organizational Behaviors，POB）两类；这些有关员工工作绩效的概念维度在任务绩效或角色内绩效的界定上基本达成共识，但任务绩效之外的多种绩效概念（OCB，ERB，OCB - O，OCB - I，CP，POB）可能在内涵上有所重叠以及它们与任务绩效之间是否彼此独立的问题，成为争议的焦点，为此，首次提出工作绩效应包括公民行为、并正式提出 OCB 概念且将其界定为角色外绩效的 Organ 重新修改了其之前对角色外绩效的定义，指出 OCB 不仅仅是角色外行为，应按照博尔曼和莫托维德罗所提出的 TP 的思路，将 OCB 与 TP 统一为一个概念，即员工工作绩效应按照任务绩效与组织公民行为形成构念，前者是角色内绩效，为工作导向，后者为角色外绩效，为组织导向；但二者之间不是绝对独立的关系，任务绩效为工作职责所迫的绩效，组织公民行为是保持和促进社会与心理关系以支持任务绩效的绩效，因此前者为直接绩效，后者为间接绩效。至此，绩效行为观形成了目前受到普遍认可的工作绩效构念——任务绩效与组织公民行为。此后，又有学者在此基础上提出将适应性绩效、学习性绩效和创新性绩效作为反映员工对组织未来发展的适应性行为加入到员工工作绩效构念中。在组织发展环境多变、压力越来越大的未来发展环境下，这些新的绩效维度的提出使组织对员工工作绩效的评估超越了以往的结构观和历史行为观，开始面向未来，但这些新的绩效维度目前仍未得到普遍的实证检验。

（三）绩效特质观

绩效特质观认为个人特质虽然是绩效评估中最弱的一项标准，但在组织中却被广泛采用，如员工的责任感、自我效能感、自尊、积极性、主动性等，都常常被组织作为员工工作绩效评估时的标准，已有文献也证明了这些人格特质因素与员工工作绩效行为或结果之间存在着较强的正相关关系。

三种绩效观相比，采用绩效行为观作为员工工作绩效变量测量标准的最多，因为绩效行为观所针对的员工行为评估较之于结果评估有更广的适用性且易于实施，同时绩效行为观中的任务绩效所包含的测量项目也能够部分地涵盖绩效结果观中的测量内容；绩效行为观较特质观则更为客观和直接。此外，结果评估所采用的客观测量（如测量员工的生产率）与行为评估所采用的主观判断（如采用主管人员打分）对员工工作绩效的评估结果，也有文献经实证检验后证明，二者几乎没有明显差异，可以互为替代，且主观判断比客观测量的评估内容所涉及的范围更广，因此，当前大多数研究采用可比性较强的主观行为测量。其中，以任务绩效与组织公民行为的结构化测量最为普遍。

二、影响员工工作绩效的因素研究

影响员工工作绩效的因素可分为个体人格特质因素、组织因素以及将个体特征、组织因素与员工工作绩效连接起来的情感与态度因素。

（一）人格特质因素

来自个体的人格特质因素主要包括大五人格特质五因素与核心自我评价。研究指出，在大五人格特质五因素（外向性、情绪稳定性、宜人性、责任心和对经验的开放性）中，责任心（Conscientiousness）对不同类型员工的工作绩效都具有稳定的预测作用，其他几个因素在对不同类型人员的工作绩效预测上表现不同；也有研究指出，大五人格五因素共同正向影响员工工作绩效；还有一些研究认为大五人格特质的五个因素独立的对员工工作绩效产生影响导致其整体对员工工作绩效的预测效度不高，因为人格特质作为一个独立的概念，其中的构成要素若仅仅是个别地、独立地预测员工工作绩效，则个体人格特质的整体特征对员工工作绩效的预测效度会降低。核心自我评价是贾奇（Judge）等（1997）为了解释工作满意度的气质型原因而提出的又一个人格特质概念，他们将核心自我评价定义为个体所持有的对自我的基本结论或基础性评价，并用四个指标进行衡量，分别为自尊、控制点、情绪稳定性（或用负面概念"神经质"表示）和一般自我效能，在研究了核心自我评价作为一种气质型特质对工作满意度的影响之后，贾奇（Judge）和波诺（Bono）（2001）进一步通过元分析探讨并检验了核心自我评价四个指标与员工工作绩效的相关关系，得出自尊、内控点、情绪稳定性、一般自我效能与员工工作绩效的相关系数分别为 0.26、0.22、0.19 和 0.23 的结论，并指出这些特质指标是对工作满意度和工作绩效最好的气质型预测因素。因为四种特质指标都是对个体的基本评价，因此艾雷兹（Erez）和贾奇提出了核心自我评价与绩效相关的假设，并研究得出在核心自我评价四个指标背后存在一个高阶特质，这一高阶特质与工作绩效之间存在中高度相关关系。学者们因而在其后的研究中，对于核心自我评价的研究一直采用间接测量的方法（将独立测量四种特质指标的题项进行单因子抽取来测量其高阶构念——核心自我评价），针对这种测量方法可能带来的测量效度不高问题，贾奇等（2003）又开发了独立的核心自我评价量表（CSES），并指出采用 CSES 测量的核心自我评价与工作绩效也呈现显著相关。

关于大五人格特质与核心自我评价的关系，贾奇和波诺（2001）指出，核心自我评价中的四个特质与员工工作绩效的相关系数和大五人格特质中的责任心与员工工作绩效的相关系数相比，除情绪稳定性以外，其余三个的相关系数前者都大于或等于后者，近年来，有关核心自我评价作为人格特质对员工任务绩效存在正向影响，也有实证研究对此进行了验证。因此，可以认为核心自我评价的四个特质中至少有一个可以作为预测工作绩效的人格特质变量。

（二）组织因素及情感和态度因素

影响员工工作绩效的组织因素除了人力资源管理实践，还包括：员工感知的主管支持、组织支持、员工参与决策、组织公平、组织文化等。将个体特征、组织因素与员工工作绩效连接起来，起解释运行机制作用的员工工作绩效预测因素为与工作和组织相关的态度与情感因素，如工作满意度、工作投入度、工作敬业度、组织承诺、情绪智力等因素。

工作满意度与工作绩效之间的因果关系是绩效管理研究中被研究最多的主题，且被描述为行业与组织心理学中的"圣杯"，然而满意度与工作绩效间的因果关系也备受质疑。如，鲍林（Bowling，2007）通过元分析指出，在控制了某些一般人格特质因素之后，二者之间的因果关系受到削弱；在控制了基于组织的自尊这一人格特质因素之后，二者之间的路径系数减少为 0.09，接近无关，因此，认为工作满意度与工作绩效间的相关关系可能源于它们都受到人格特质因素的潜在影响。工作投入度、组织承诺则分别从对工作的认知（将工作与生活作为一个整体）与对组织的态度（归属感、忠诚度）方面来解释个体工作绩效的差异。然而，无论是满意度，还是投入度、组织承诺以及其他各种态度与情感概念，都是从一个方面解释个体工作绩效差异的机制，因此，卡恩（Kahn，1990）提出的工作敬业度成为一个被认为能够更全面地解释工作绩效的概念，因为强调员工全身心（生理、认知和情感）地投入到角色绩效中，所以比其他众所周知的概念（如满意度、内在激励、投入度）的作用机制更全面。周小曼等（2019）研究得出的酒店员工的工作绩效会经由对其进行指导的师傅的敬业度的传递而得到提升，是将组织因素与员工工作绩效经敬业度连接起来的最新成果之一；心理资本工作敬业度也被作为调节变量，对组织层次因素与员工工作绩效之间的跨层次关系起调节作用。

综上可见，个体视角研究所关注的对员工情感、态度和行为的探究，为人们展现出一幅多构念、多维度、深层次、多姿多彩的研究图景，也显现出人力资源管理研究逐渐走向深化细化的趋势和未来研究的极大潜力。

综上所述，人力资源管理研究的进展伴随着人力资源管理实践的发展，从最初的人力成本观到之后的人力资源观，从服务于组织绩效的战略人力资源管理研究到以员工绩效为导向的员工态度与行为研究，伴随着企业实践中人力资源管理越来越深化细化的趋势。本章基于管理理论的历史发展，以早期管理理论中由人力成本观到人力资源观的变化趋势为起点，梳理了人力资源管理研究着眼于如何开发人力资源潜力的研究进展。组织视角的研究以战略人力资源管理为焦点，通用观、权变观和构型观分别对应于组织管理实践中对人力资源管理的三种观点。通用观认为存在一套具有普适性的人力资源管理最佳实践；权变观认为不存在适用于所有组织的最佳实践，对具体组织来说，与组织战略相匹配的人力资源管理实践才是最有效的；构型观则认为构成人力资源管理实践的各项具体措施是一个整体，整体内各要素之间存在相互关联交织的特性，因此，一个组织的人力资源管理实践除了应与组织战略相匹配以外，内部的各项措施也应当互相匹配，这样的人力资源管理实践构成的人力资源管理系统才是最有效的。三种观点的提出，尤其是构型观中系统思维的提出，直接促发了对高绩效人力资源管理系统的研究，着眼于组织高绩效的人力资源管理系统应包括哪些要素，系统影响组织绩效的路径有哪些，以及哪些因素对二者之间的关系具有调节效用，构成了组织视角下的战略人力资源管理研究的主要议题；个体视角的研究则以员工工作绩效的提升为导向，在对工作绩效评价的三种观点中，当前研究以绩效行为观进行绩效测量和评价的最多，基于此，研究对员工工作绩效具有预测作用的员工个人特质因素、组织因素以及员工态度和情感因素，构成了个体视角下人力资源管理研究的主要内容。

伴随着人力资源管理研究进展的组织管理实践也同样以组织绩效和员工绩效为目标，企业只有以人力资源观不断完善人力资源管理的政策、制度和措施，构建有助于吸引有能力的人、激励和开发人的潜力、给予员工充分的尊重和授权的人力资源管理体系，才能使企业绩效进入持续稳定提升的轨道；企业只有营造支持员工的组织氛围，给予员工一定的工作自主权，致力于员工满意度、组织承诺和工作敬业度的提升，才能充分调动员工的工作热情，收获员工工作绩效的不断提升。本章开篇案例中福特公司一次次人力资源管理政策的变化，正是对员工需求不断回应的过程，也是对员工潜力不断开发的过程；海底捞公司给予顾客的超值体验正是来自员工对企业高度的认可和回报，而这些则植根于企业给予员工的家人一般的关怀、爱护和支持以及对员工足够的信任和授权。两个公司的人力资源管理实践反映了企业管理从忽视人的因素，到关注人力成本，再到重视人力资源开发，一直到致力于通过人力资源管理的深化和细化实现组织绩效与员工工作绩效提升的人力资源管理理念的变迁过程。

思考题：

1. 人力资源管理研究的发展历程是怎样的？
2. 什么是高绩效人力资源管理系统？如何影响组织绩效？
3. 员工工作绩效的测量有哪几种观点？员工工作绩效受哪些因素的影响？影响机制是怎样的？
4. 阅读有关资源管理研究人力的最新文献，试评述人力资源管理研究的未来发展趋势。

案例分析

昔日王者，荣耀回归——人力资源双翼合力，
助微软战略成功转型①

进入 2018 年以来，微软公司的业绩频频吸引人的眼球。在 2018 年 1 月，微软的股票价格冲破了 100 美金，相比于 2014 年 2 月史蒂夫·鲍尔默（Steve Ballmer）卸任 CEO 时的股票价格已经翻番。2018 年 5 月，据《财富》杂志网站的报道，微软以 7500 亿美元的市值超越谷歌，仅以微弱差距落后于市值 7800 亿美元的亚马逊，在全球最有价值的公司中位列第三名。

在微软的所有产品中，云服务 Azure 表现非常亮眼——仅仅四年，Azure 已经占据了大约 13% 的云服务市场份额，成为了世界第二大云服务提供商。在 2018 年第一季度，Azure 的增长率大约为 100%，获得的利润大约为 19 亿美金。

可是，就在 4 年前，微软在许多人看来已经毫无希望，并且在一天天地走向没落。2014 年 2 月 7 日，鲍尔默宣布卸任。这一天，微软的股价最终停在了 36.89 美元。在 1999 年微软的股票价格达到 58.38 美元——一个历史最高点后，在 2000～2014 年，微软的股票价格一直在 20～30 美元之间徘徊不前。与此同时，其他的互联网科技公司却在一路高歌猛进，尽情享受着自己的"黄金时代"。从股票市场来看，苹果的股价已从 2000 年的 2.77 美元涨到了 87.86 美元；2004 年才上市的谷歌，更是从 79.98 美元，疯涨到了 570.84 美元；与微软一样坐落在西雅图的亚马逊，股价从 2000 年的 44.07 美元，在 2014 年涨到了 327.29 美元。许多改变人类生活的科技产品也是在这一时期走进了大众的视野。2004 年，谷歌推出了储存量是同期其他邮箱产品百倍的 Gmail，惊艳了市场；2007 年，身着黑 T 恤的史蒂夫·乔布斯（Steve Jobs）发布了第一代 iPhone，开启了一个新的手机时代；同年 11 月，亚马逊发布了搭载墨水屏的第一代 Kindle，迅速获得了消费者的青睐。在这一时期，在新产品上屡战屡败的微软却似乎陷入了一段"失去的十五年"。在搜索业务上，微软重金投入的 Bing 搜

① 廖卉. 昔日王者，荣耀回归——人力资源双翼合力，助微软战略成功转型 [J]. 清华管理评论, 2018, 65 (10): 29–38. （有删节）

索引擎在谷歌面前早已望尘莫及；在手机业务上，希望能与 iPhone 一决高下的 Windows Phone 也在市场上屡屡受挫。在 2013 年，微软豪掷数十亿美金收购诺基亚之举，更被誉为高科技史上最失败的交易之一。

　　这个昔日王者，在苹果、亚马逊和谷歌等"后辈"面前，就像一只迷路的大象，显得笨拙且毫无还手之力。如此艰难的处境下，微软是如何做到仅花费 4 年时间就以霸气的姿态王者归来，重新活跃于互联网科技公司的竞争中呢？

　　2014 年鲍尔默的卸任，也意味着微软的第三任 CEO——萨提亚·纳德拉（Satya Nadella）正式成为微软的掌舵者。纳德拉意识到，微软作为一家高科技公司，其使命和义不容辞的责任，是通过科技，赋能他人，让别人更自由、更高效。从这个意义上说，微软的工作是超越商业的，是社会的一部分。但纳德拉并没有将自己对于微软使命的理解自上而下地强行灌输给员工，而是带领全公司进行了一次"灵魂的搜索"（Soul Searching）。

　　2014 年 2 月 4 日，在上任第一天的 CEO 演讲里，纳德拉问了微软所有人一个简单而直接的问题："我们为什么存在——如果微软消失了，世界会失去什么？"微软早期的愿景是让每一个家庭、每一张桌子上都有一台个人电脑。到纳德拉上任时，这个目标已经基本在发达国家中实现。个人计算机市场在经历了几十年的发展后，现在已经日趋饱和。个人计算机的销量增长缓慢，在移动与搜索业务上远不如近年兴起的智能手机和平板电脑。在发给员工的第一封邮件里，纳德拉提道："我们是唯一的能够利用软件的力量，并通过可以真正赋能每一个个体与组织的设备与服务将这种力量传递出去的公司。我们是唯一的有着悠久历史，并将持续搭建能够创造广泛机会的平台与生态系统的公司。"在接下来的几个月里，他和公司数百名来自不同层级和部门的员工进行了直接交谈，还设立了焦点小组，让员工得以匿名分享自己对于微软究竟为什么而存在的意见。员工的回答与纳德拉的看法不谋而合：是为了打造可以赋能他人的产品。在当年 7 月，纳德拉再次给全体员工发送了类似宣言的邮件，正式提出了微软的使命与存在的意义："我们将重塑生产力，赋能全球每一个个体与组织以成就不凡。"全球员工深受鼓舞，热烈回应。

　　一场没有硝烟的"云"战争已经在互联网三大巨头公司中展开。但是，纳德拉却说："我们的目标，是在 2018 财务年内将 Azure 达到 200 亿美元的规模"。在如此艰难的环境下，微软如何凭借着"移动为先，云为先"的战略走出失落的十五年，而且提前一年达到了这 200 亿美元的目标？

　　在一场重要的战略变革中，"人"往往是起决定性作用的关键因素——人才造就伟大的公司。战略不能够落地成功，往往是因为执行不力，人心不齐。要想成功利用"人"这个关键因素撬动成功的战略落地，支点就是一个高效的战略人力资源管理系统。战略人力资源管理是从企业的使命出发，综合考虑内外部环境、需求与资源，通过搭建高绩效的人力资源系统，促进战略落地并提高公司绩效的过程。

　　战略人力资源管理系统的起点是企业的使命与价值观，也就是一个企业为什么要存在于这个世界上的根本问题。这个使命，可能需要一个企业几年、十几年甚至上百年来完成微软花了近 40 年的时间就实现了"让每一张书桌上都有一台个人计算机"的使命。而对于埃隆·马斯克和他的 SpaceX 而言，他们发展私营航天事业的使命则需要更长久的时间。使命确定后，公司才能够确定清晰的长期目标、中期目标和短期目标。战略的最终落脚点都将是"人"。战略的制定，给员工的 KSAOs（知识、技术、能力以及其他）、态度以及行为都提出

战略制定

外部分析
- 机会（O）
- 威胁（T）
- 需求（N）

目标 ★战略

内部分析
- 强处（S）
- 弱处（W）

使命/价值观

人力资源需求
- KSAOs
- 态度
- 行为

战略执行

人力资源管理系统
- 招聘选拔
- 人员配置
- 培训与发展
- 绩效标准与考评
- 奖励机制
- 企业文化
- 其他

能力（A）
动力（M）
机会（O）

员工/团队
- 行为
- 结果

★公司绩效

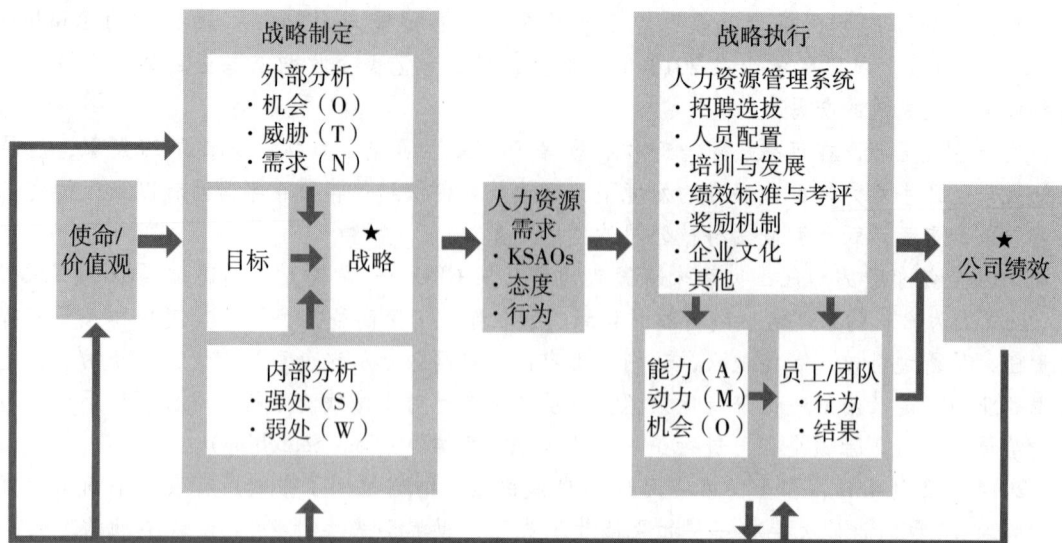

图20-2　人力资源管理系统是促进战略执行的有效手段

了新的要求。为了应对这些需求，人力资源管理系统的多个板块，例如，招聘、培训、员工发展、绩效管理以及企业文化等，需要共同发力来提高员工的能力、激发内心的动力并提供必要的机会，进而通过影响个体与团队的行为，来获得理想的结果。这样全员一心，才能够将战略真正落地，并且反映在公司绩效上。虽然纳德拉从加入微软起就服务于微软的业务部门，但是他一直在公司里以关心"人"而著名。在微软内部负责人力资源分析的商业洞察团队的现任经理道恩·科林霍夫尔（Dawn Klinghoffer）在接受我的采访中说道："在纳德拉出任我们的CEO之前，他就表现出了对于人才发展的极大关注。"

人力资源管理改革——双翼合力

文化重塑：成长型思维

新的战略要求微软进入新的领域，新的领域就需要新的学习。在纳德拉上任以前，微软以冷酷无情的氛围、经理的辱虐以及员工的过度劳累而闻名。这样的组织氛围恰恰是学习的桎梏，这个根源可以追溯到在比尔·盖茨担任微软CEO时。关于比尔·盖茨，在他大慈善家的光环下，如今已鲜少有人注意到年轻的盖茨也曾是一名令员工时刻如坐针毡的领导。盖茨在微软最经典的名句就是"这是我听过的有史以来最蠢的话"。早期的微软员工曾在离职后接受《智族GQ》杂志的访谈回忆到："盖茨标准的行事方式是不断问你一个比一个困难的问题，直到你承认你并不知道答案。然后他就可以顺理成章的向你大吼，指责你准备不充分。"这种必须"全知全能"的文化给当时的微软员工造成了非常大的压力。在这样日新月异的世界，要让员工知道一切已经几乎是不可能完成的任务——就连微软的Bing搜索，也无法保证可以搜索到关于这个世界的每一个角落的每一个细节的所有信息。就是这样的文化，给微软的员工造成了非常大的伤害。员工害怕失败，担心任何纰漏都会表明自己能力的不足，贬低自己的价值；他们视挑战为恐惧的源泉，因而很快进入瓶颈期；他们视别人的成功为对自己的威胁，因而拒绝团队合作。作为为微软服务了20多年的老员工，纳德拉当然深知这样的文化所带来的危害。为了帮助微软摆脱这种文化，工程师出身的纳德拉再次将目光投向了科学——由斯坦福大学的心理学教授卡罗尔·德伟克提出的成长型思维，就是他为微软选择的新的企业文化的核心内涵。与以往的"全知全能"（know it all）的固定型思维不同，成长型思维强调的是学习与成长（learn it all）：人们可以通过自己的努力学习，从自己的失败学习，通过他人的经验学习，从而发现正确的发展路径并获得快速的前进。纳德拉说："卡罗尔·德伟克的观点简单来说，就好比有两个人，一个认为他们可以通过不断地学习加深对世界的认识，一个认为他们必须已经知道所有的知识。前者在长期的发展中一定会超越后者，即使在最开始的时候他/她的天资更差……我希望微软的员工每天傍晚走出办公室时，都在想'今天我在什么地方太固定型思维了？我有没有展现出正确的成长型思维？'这样就证明我们正走在成长型思维道路上。"在这场变革中，纳德拉也在亲力亲为地展示着如何做到成长型思维。纳德拉是分布式计算系统的专家，应该很了解云。但因为云现在要访问的设备大多是手机而不是台式电脑，所以他也需要新的学习。纳德拉用了3年时间学习云相关知识，比如，基础设施压力测试、运营和经济学。上任后，纳德拉每个月都会以发布短视频等方式，与微软员工分享自己在上个月学习到的新知识。道恩·科林霍夫尔（Dawn Klinghoffer）在接受我的采访中说道："成长性思维就是我们文化的基础。纳德拉每年都会不断地提到并强化这个概念。他在这方面巨大的支持和引领让我们感到成长性思维是我们文化重塑的核心。"而现任CHRO凯瑟琳·霍根（Katherine Hogan）也曾说："在微软，只有当你没能从一个失败中学习时，这个失败才算是失败。"为了支持成长性思维这一文化内核的落地，微软采取了丰富的手段与之配合，比如"创新黑客节"。"创新黑客节"是纳德拉上任后推行的每年一度的"微软一周"中的一部分。在这几天里，微软员工们可以放下手上的工作，自由组队，去自由地尝试创新的想法、解决他们认为重要的问题。这不仅是跨部门合作和学习的好机会，也提供了一个安全的场合让员工冒险和试错。道恩说："员工可以选择去攻克任何题目。有趣的是，每年在黑客节上，许多其他部门的员工对于解决咱们人力资源管理上的问题都特别有热情。"在2016年的黑客节上，分布在74个国家（地区）的微软员工总共完成了3800个项目。紧接着，微软员工会对这些项目进行投票，前10名将会获得机会在高管面前展示自己的项目。在这其中，高管会评出前三甲并进行后续的支持。除了创新黑客节外，其他的配套手段还包括提供免费线上课程与线下指导，邀请外来嘉宾进行演讲，并且将代表成长型思维和公司使命的标语嵌入公司环境的每一个细节中。比如，在我拜访微软时，我就发现随手拿起的一个纸杯上也写着："让科技简单，让科技人性，让科技赋能"。

绩效重塑：促进合作、帮助成长、奖励价值。

在以往，除了令人窒息的"全知全能"的文化，微软另一个广受诟病的就是它"强制分级排名"的员工绩效考核体系。员工分级排名指的是每个商业单元的管理团队对自己管理的所有员工进行绩效考核，并按照固定的比例，将员工放入高绩效员工、平均绩效员工以及低绩效员工等不同的等级中。这种绩效体系着似能够激发员工不断的努力，来避免在考核中被评为低绩效员工，但实际上却有一个难以避免的漏洞——员工们总是在和自己同一个团队的同事竞争。同事之间相互提防，互相猜疑，与新的战略所需的开放与合作背道而驰。这样的强制分级排名体系还有失公平，因为所有的排名都只是一个相对值而不是一个绝对值。例如，在一个高绩效团队中，绩效最差的员工可能也会比一些低绩效团队的高绩效员工表现更好。但是，因为这名员工处在高绩效的团队中，他/她就会被打上"低绩效"的标签，影响升职加薪甚至被劝退。纳德拉正式就任的前一年就开始积极参与对这种绩效考核体系的改革。微软的现任人力资源部绩效与发展组的经理利兹·弗里德曼（Liz Friedman）在访谈中告诉我，当时在公司大会上大力支持并为绩效管理变革站台的两位业务高管，一位是纳德拉，另一位是凯瑟琳·霍根（Katherine Hogan）。纳德拉成为 CEO 后不久，凯瑟琳成为 HR 部门负责人，与纳德拉并肩作战，继续深化绩效和文化变革。微软新的绩效体系有三大特征与目标：促进合作、帮助成长、奖励价值。

首先，新的绩效体系的根本是要打造所有微软员工通力合作的"一个微软"（One Microsoft）。所有的绩效考核，都以"影响力"为原则，围绕三个维度展开：

（1）你是否整合、利用了前人的工作成果？

（2）你是否为他人的成功做出了贡献？

（3）你自己的贡献是什么？

所以，新的绩效体系将通过合作所产生的影响正式纳入了考核中，而不是光看个人产生的影响。如果有人凭借一己之力完成了交付，却没有在这个过程中有效地借力他人和助力他人，这代表着错过了本可以产生更大价值的机会。因而，要想在影响方面获得好的评价，三个方面都需发力。这样的指导思想极大地促进了微软员工的通力合作，并获得了显著的成效。现在，微软的产品，是不同团队的聪明人之间全面合作的结果。员工们也开始意识到并接受：群体智慧比个人智慧能创造更高的价值。利兹·弗里德曼与我分享的数据显示，管理者对于合作的满意度由绩效变革前的 33% 上升至变革后的 70%，不满意度由 49% 下降至 3%；同时，员工对于合作的满意度由绩效变革前的 38% 上升至变革后的 58%，不满意度由 42% 下降至 5%。可见，新的绩效考核方法消除了员工之间的、上下级之间的障碍，帮助人们更好的像团队一样工作这种开放的心态，甚至逐渐地渗透到了微软的业务上，造成了一个崭新的局面：从封闭到开源。比如说，一位微软员工告诉我，以往在微软的员工餐厅里，电子支付手段只支持 Windows Phone 自带的支付软件。但是在纳德拉上任后，突然有一天，员工却意外地发现：居然也可以用苹果手表上的 Apple Pay 进行支付了。在技术上，微软也开始放下身段，从过去只使用微软的技术与平台进行开发，变成了在微软的平台上用其他技术也可以进行开发。这种对开源技术的支持，帮助吸引更广泛的开发商与开发者加入他们的阵营。这种改变，在过去自成一体的微软是难以想象的。

与此同时，与强调成长型思维的文化相一致，新的绩效系统取消了评分，关注点不再是给员工贴上一个又一个标签，而是帮助他们成长——在分数被抛弃后，取而代之的是频繁的有关员工学习、发展和创造价值的指导性对话。微软的指导性对话，相比与有固定频率（例如：一年一次/两次）和固定时间的领导—员工绩效考评对话更加灵活。这样，领导就能够根据工作自然的周期和进度更为及时地提供反馈，以帮助员工进行反思，促进员工进步。一般来说，对话主要围绕以下四个话题：

（1）你产生了多大的影响力？

（2）有哪些方面你可以做得更好？

（3）你优先考虑的事情是什么？

（4）你想要学习什么？

在与团队领导讨论之前，员工需要书面写下对于这些问题简明扼要的回答。这本身就是一个反思与展望的过程，不仅有助于阶段性地记录和梳理工作心得与计划，也有助于系统地培养员工的成长型思维。

最终，在这个新的绩效体系下，员工只要为业务真正创造了价值就能够得到奖励。至于如何衡量价值，利兹·弗里德曼（Liz Friedman）说："这不是关于你有多忙，参加了多少次会议，而是关于你对业务产生什么样的影响。我们希望让业务向前发展，所以提供价值就是做与提升我们的业务相一致的事情。"同时，如前所述，价值是如何产生的，即这个过程中除了个人贡献外，是否也有效地整合和促进了他人的贡献，也会被考虑在内。在根据价值论功行赏时，经理们在拿到奖金预算后有很大的自由度对奖金池在团队成员中进行划分。但是，为了增加团队内部的区分度以及团队之间的可比性，微软会组织"校准会"，经理们各自推荐和描述自己认为具有高影响力、产生了高价值的员工，进而通过讨论与比较来确定相对一致的衡量标准。总体而言，新的绩效管理体系下，员工看到了助力他人并借力他人能产生更大的影响，因此对帮助团队成功产生了更大的动力，而管理者也更容易将员工贡献的价值与他们获得的奖励相挂钩。

（资料来源：廖卉·昔日王者，荣耀回归——人力资源双翼合力，助微软战略成功转型[J]. 清华管理评论，2018，65（10）：29 – 38.）

案例思考题：

1. 微软的战略人力资源管理是如何与战略匹配的？内部的各项人力资源管理措施是如何形成系统的？

2. 微软的人力资源管理是如何促进组织绩效提升的？如何促进员工工作的积极性和主动性提高的？

参考文献

[1] 彼得·德鲁克. 管理的实践 [M]. 北京：机械工业出版社，2009.

[2] 杰伊·巴尼等. 战略管理（中国版）[M]. 北京：机械工业出版社，2010.

[3] Delery J. E., Doty D. H. Modes of Theorizing in Strategic Human Resource Management：Tests of Universalistic, Contingency, And Configurational Performance Predictions [J]. Academy of Management Journal, 1996, 39（4）：802 – 835.

[4] Posthuma R. A., Campion M. C., Masimova M., et al. A High Performance Work Practices Taxonomy：Integrating the Literature and Directing Future Research. [J]. Journal of Management, 2013, 39（5）：1184 – 1220.

[5] Appelbaum E., Bailey T., Berg P., et al. Do High Performance Work Systems Pay Off? [J]. D_Research in the Sociology of Work, 2001, 10（1）：85 – 107.

[6] Ostroff C., Bowen D. E. Moving HR to a Higher Level：HR Practices and Organizational Effectiveness [J]. 2000.

[7] Dyer L., Reeves T. Human Resource Strategies and Firm Performance：What Do We Know and Where Do We Need To Go? [J]. The International Journal of Human Resource Management, 1995, 6（3）：656 – 670.

[8] Wright P. M., Gardner T. M., Moynihan L. M. The Impact of HR Practices on the Performance of Business Units [J]. Human Resource Management Journal, 2003, 13（3）：21 – 36.

[9] García – Chas, Romina, Neira – Fontela E., Castro – Casal C. High-performance Work System and Intention to Leave：a Mediation Model [J]. The International Journal of Human Resource Management, 2014, 25（3）：367 – 389.

［10］Ramsay H. , Scholarios D. , Harley B. Employees and High – Performance Work Systems：Testing in-side the Black Box ［J］. British Journal of Industrial Relations, 2000, 38 (4)：501 – 531.

［11］Green F. Demanding Work：The Paradox of Job Quality in the Affluent Economy ［J］. Industrial and La-bor Relations Review, 2006, 33 (4)：498 – 500.

［12］Hofstede G. Cultural Constraints in Management Theories ［J］. The Executive, 1993, 7 (1)：81 – 94.

［13］Newman K. L. , Nollen S. D. Culture and Congruence：The Fit Between Management Practices and Na-tional Culture ［J］. Journal of International Business Studies, 1996, 27 (4)：753 – 779.

［14］Rabl T. , Jayasinghe M. , Gerhart B. , et al. A Meta-analysis of Country Differences in the High-per-formance Work System-business Performance Relationship：the Roles of National Culture and Managerial Discretion ［J］. Journal of Applied Psychology, 2014, 99 (6)：1011 – 1041.

［15］Gilman M. , Raby S. National Context as a Predictor of High-performance Work System Effectiveness in Small-to-medium-sized Enterprises (SMEs)：a UK – French Comparative Analysis ［J］. The International Journal of Human Resource Management, 2013, 24 (2)：372 – 390.

［16］Wang C. L. , Rafiq M. Ambidextrous Organizational Culture, Contextual Ambidexterity and New Product Innovation：A Comparative Study of UK and Chinese High-tech Firms ［J］. British Journal of Management, 2014, 25 (1)：58 – 76.

［17］Smith W. K. Dynamic Decision Making：A Model of Senior Leaders Managing Strategic Paradoxes ［J］. The Academy of Management Journal, 2014, 57 (6)：1592 – 1623.

［18］Tushman M. L. , O'Reilly Iii C. A. Ambidextrous Organizations：Managing Evolutionary and Revolutiona-ry Change ［J］. California Management Review, 1996, 38 (4)：8 – 30.

［19］Benner M. J. , Tushman M. L. Exploitation, Exploration, and Process Management：The Productivity Dilemma Revisited. ［J］. Academy of Management Review, 2003, 28 (2)：238 – 256.

［20］Birkinshaw G. J. The Antecedents, Consequences, and Mediating Role of Organizational Ambidexterity ［J］. The Academy of Management Journal, 2004, 47 (2)：209 – 226.

［21］Johanim J. , Yahya K. K. Linking Organizational Structure, Job Characteristics, and Job Performance Constructs：a Proposed Framework ［J］. International Journal of Business & Management, 2009, 4 (3)：145 – 152.

［22］斯蒂芬·罗宾斯著. 孙健敏，李原译. 组织行为学 ［M］. 北京：中国人民大学出版社, 2005, 544.

［23］李宝元. 战略性激励——现代企业人力资源管理精要 ［M］. 北京：经济科学出版社, 2002, 179.

［24］Motowidlo S. J. , Van Scotter J. R. Evidence That Task Performance Should Be Distinguished From Con-textual Performance ［J］. Journal of Applied Psychology, 1994, 79 (4)：475 – 480.

［25］Orr J. M. , Sackett P. R. , Mercer M. The Role of Prescribed and Non-prescribed Behaviors in Estimating the Dollar Value of Performance ［J］. Journal of Applied Psychology, 1989, 74 (1)：34 – 40.

［26］Campbell Charlotte H. , Ford Patrick, Rumsey Michael G. , et al. Development of Multiple Job Perform-ance Measures in A Representative Sample of Jobs ［J］. Personnel Psychology, 1990, 43 (2)：277 – 300.

［27］Smith C. A. , Organ D. W. , Near J. P. "Organizational Citizenship Behavior：Its Nature and Anteced-ents" ［J］. Journal of Applied Psychology, 1983, 68 (4)：653 – 663.

［28］Williams L. J. , Anderson S. E. Job Satisfaction and Organizational Commitment as Predictors of Organiza-tional Citizenship and In – Role Behaviors ［J］. Journal of Management, 1991, 17 (3)：601 – 617.

［29］Borman W. C. , Motowidlo S. M. Expanding the Criterion Domain to Include Elements of Contextual Per-formance. Chapter in N. Schmitt and W. C. Borman (Eds.). Personnel Selection in Organizations ［M］. San Francisco: Jossey - Bass, 1993: 71 - 98.

［30］Borman W. C., Motowidlo S. M. Task Performance and Contextual Performance: The Meaning for Personnel Selection Research ［J］. Human Performance, 1997, 10 (2): 99 - 109.

［31］Organ Dennis W. Organizational Citizenship Behavior: It's Construct Clean - Up Time ［J］. Human Performance, 1997, 10 (2): 85 - 97.

［32］Hesketh B., Neal A. Technology and Performance ［M］. in: Ilgen DR, Pulakos D E (Eds.). The Changing Nature of Performance: Implication for Staffing, Motivation and Development. San Francisco: Jossey - Bass, 1999: 21 - 55.

［33］London M., Mone E. M. Contimuous Learning ［M］. In: Ilgen D. R. Pulakos D. E. (Eds.). The Changing Nature of Performance Implications for Staffing, Motivation, and Development ［M］. San Francisco: Jossey - Bass, 1999: 21 - 55.

［34］Janssen O., Yperen N. W. V. Employees' Goal Orientations, The Quality of Leader - Member Exchange, and the Outcomes of Job Performance and Job Satisfaction ［J］. Academy of Management Journal, 2004, 47: 368 - 384.

［35］Locher A. H., Teel K. S. Appraisal Trends ［J］. Personnel Journal, 1988 (9): 139 - 145.

［36］Judge T. A., Bono J. E. Relationship of Core Self-evaluations Traits—Self-esteem, Generalized Self-efficacy, Locus of Control, and Emotional Stability—with Job Satisfaction and Job Performance: A Meta-analysis ［J］. Journal of Applied Psychology, 2001, 86 (1): 80 - 92.

［37］Dalal Reeshad S., Baysinger Michael, Brummel Bradley J., et al. The Relative Importance of Employee Engagement, Other Job Attitudes, and Trait Affect as Predictors of Job Performance ［J］. Journal of Applied Social Psychology, 2012, 42 (Supplement S1): E295 - E325.

［38］Wall Toby D., Michie Jonathan, Patterson Malcolm, Et Al. On The Validity of Subjective Measures of Company Performance ［J］. Personnel Psychology, 2004, 57 (1): 95 - 118.

［39］Bommer W. H., Johnson J. L., Rich G. A., et al. On the Interchangeability of Objective and Subjective Measures of Employee Performance: A meta-analysis ［J］. Personnel Psychology, 1995, 48 (3): 587 - 605.

［40］Barrick M. R., Mount M. K. The Big Five Personality Dimensions and Job Performance: A Meta-Analysis ［J］. Personnel Psychology, 1991, 44 (1): 1 - 26.

［41］Thoresen C. J., Bradley J. C., Bliese P. D., et al. The Big Five Personality Traits and Individual Job Performance Growth Trajectories in Maintenance and Transitional Job Stages ［J］. Journal of Applied Psychology, 2004, 89 (5): 835 - 853.

［42］Bhatti M. A., Battour M. M., Ismail A. R., et al. Effects of Personality Traits (Big Five) on Expatriates Adjustment and Job Performance ［J］. Equality Diversity & Inclusion An International Journal, 2014, 33 (1): 73 - 96 (24).

［43］Hurtz G. M., Donovan J. J. Personality and Job Performance: The Big Five Revisited ［J］. Journal Apllied Psychology, 2000, 85 (6): 869 - 879.

［44］Erez A., Judge T. A. Relationship of Core Self-evaluations to Goal Setting, Motivation, and Performance. ［J］. Journal of Applied Psychology, 2001, 86 (6): 1270 - 1279.

［45］Judge T. A., Erez A., Bono J. E., et al. The Core Self-evaluations Scale: Development of A Measure ［J］. Personnel Psychology, 2003, 56 (2): 303 - 331.

［46］Judge T. A., Bono J. E. Relationship of Core Self-evaluations Traits—Self-esteem, Generalized self-efficacy, Locus Of Control, and Emotional Stability—with Job Satisfaction and Job Performance: A Meta-analysis ［J］. Journal of Applied Psychology, 2001, 86 (1): 80 - 92.

［47］Vivian Chen, Chun - Hsi, Yuan, Mei - Ling, Cheng, Jen - Wei, et al. Linking Transformational

Leadership and Core Self-evaluation to Job Performance：The Mediating Role of Felt Accountability ［J］. North American Journal of Economics & Finance, 2016, 35：234 – 246.

［48］ Alfes, Rees, Gatenby M. Linking Perceived Supervisor Support, Perceived HRM Practices and Individual Performance：The Mediating Role of Employee Engagement ［J］. Human Resource Management, 2013, 52：839 – 859.

［49］ 陈志霞，陈传红. 组织支持感及支持性人力资源管理对员工工作绩效的影响 ［J］. 数理统计与管理, 2010, 34 (4)：719 – 727.

［50］ Lam S. S. K., Chen X. P., Schaubroeck J. Participative Decision Making and Employee Performance in Different Cultures：The Moderating Effects of Allocentrism/Idiocentrism and Efficacy ［J］. Academy of Management Journal, 2002, 45 (5)：905 – 914.

［51］ Abdelaziz Swalhi, Saloua Zgoulli, Mahrane Hofaidhllaoui. The Influence of Organizational Justice on Job Performance：The Mediating Effect of Affective Commitment ［J］. Journal of Management Development, 2017, 36 (4)：542 – 559.

［52］ Syauta J. H., Troena E. A., Setiawan M., Solimun. The Influence of Organizational Culture, Organizational Commitment to Job Satisfaction and Employee Performance (Study at Municipal Waterworks of Jayapura, Papua Indonesia) ［J］. International Journal of Business and Management Invention, 2012, 1 (9)：69 – 76.

［53］ Fakhar Shahzad. Impact of Organizational Culture on Employees Job Performance ［J］. International Journal of Commerce & Management, 2014, 24 (3)：219 – 227.

［54］ Ismiyarto I., Suwitri S., Warella Y., et al. Organizational Culture, Motivation, Job Satisfaction and Performance of Employees toward the Implementation of Internal Bureaucracy Reform in the Ministry for the Empowerment of State Apparatus and Bureaucracy Reform (The Ministry of Panrb) ［J］. Journal of Management & Sustainability, 2015, 5 (1)：192 – 199.

［55］ Judge T. A., Thoresen C. J., Bono J. E., et al. The Job Satisfaction – Job Performance Relationship ［J］. Psychological Bulletin, 2001, 127：376 – 407.

［56］ Bowling N. A. Is the Job Satisfaction – Job Performance Relationship Spurious？A Meta-analytic Examination ［J］. Journal of Vocational Behavior, 2007, 71 (2)：167 – 185.

［57］ Chughtai A. A. Impact of Job Involvement on In – Role Job Performance and Organizational Citizenship Behaviour ［J］. Journal of Behavioural & Applied Management, 2008, 9 (1)：169 – 183.

［58］ Mohsan F., Nawaz M. M., Khan M. S., et al. Impact of Job Involvement on Organizational Citizenship Behavior (OCB) and In – Role Job Performance：A Study on Banking Sector of Pakistan ［J］. European Journal of Social Sciences, 2011, 24 (4)：494 – 502.

［59］ 李永周，王月，阳静宁. 自我效能感、工作投入对高新技术企业研发人员工作绩效的影响研究 ［J］. 科学学与科学技术管理, 2015, 36 (2)：173 – 180.

［60］ Rich B. L., Crawford E. R. Job Engagement：Antecedents and Effects on Job Performance ［J］. Academy of Management Journal, 2010, 53 (3)：617 – 635.

［61］ Owens B. P., Baker W. E., Sumpter D., et al. Relational Energy at Work：Implications for Job Engagement and Job Performance. ［J］. Journal of Applied Psychology, 2015.

［62］ Chughtai A. A. Impact of Job Involvement on In – Role Job Performance and Organizational Citizenship Behaviour ［J］. Journal of Behavioural & Applied Management, 2008, 9 (1)：169 – 183.

［63］ Law K. S., Wong C. S., Huang G. H., et al. The Effects of Emotional Intelligence on Job Performance and Life Satisfaction for the Research and Development Scientists in China ［J］. Asia Pacific Journal of Management, 2008, 25 (1)：51 – 69.

［64］ Farh C. I., Seo M. G., Tesluk P. E. Emotional Intelligence, Teamwork Effectiveness, and Job Performance：the Moderating Role of Job Context ［J］. Journal of Applied Psychology，2012，97（4）：890 – 900.

［65］ Bowling N. A. Is the Job Satisfaction – Job Performance Relationship Spurious? A Meta-analytic Examination ［J］. Journal of Vocational Behavior，2007，71（2）：167 – 185.

［66］ Kahn W. A. Psychological Conditions of Personal Engagement and Disengagement at Work Psychological Conditions of Personal Engagement and Disengagement at Work ［J］. Academy of Management Journal，1990，（4）：692 – 724.

［67］ Rich B. L. ，Crawford E. R. Job engagement：Antecedents and Effects on Job Performance ［J］. Academy of Management Journal，2010，53（3）：617 – 635.

［68］ 周小曼，温碧燕，陈小芳，等. 酒店员工正面心理资本、敬业度与工作绩效的关系研究——基于师徒制的视角 ［J］. 旅游学刊，2019（9）：57 – 69.

［69］ Sooyeol Kim，Youngah Park，Lucille Headrick. Daily Micro – Breaks and Job Performance：General Work Engagement as a Cross – Level Moderator ［J］. Journal of Applied Psychology，2018，103（7）：772 – 786.

［70］ Judge T. A. ，Locke E. A. ，Durham C. C. ，et al. The Dispositional Causes of Job Satisfaction：A Core Evaluations Approach ［J］. Research in Organizational Behavior，1997，19（1）：151 – 188.

第二十一章　人力资源管理未来展望

伴随互联网、物联网，人工智能，大数据发展，人类社会进入信息化、智能化时代，呼唤新的人力资源管理方式与新的人力资源管理理论。鉴于此，我们需对未来人力资源管理做一展望。

第一节　人力资源管理面临的新的时代背景

目前，人力资源管理面临着新的时代背景，如人工智能技术的运用，致使机器学习的能力和速度都将远远超过人类，机器完成工作的速度和质量都在提升，这将给人力资源管理带来新一轮的冲击。同时，自 2012 年以来，"大数据"这一概念在商业和企业管理领域迅速兴起，各行各业都已成为大数据的应用场景，人力资源大数据或基于大数据的人力资源管理也成为人力资源圈子里的热门话题。由此可见，由于大数据与人工智能的介入，未来势必继续在人力资源部门产生更多的震荡。

另外，共享经济也成为现如今特别火的名词，各行各业在此大背景下衍生出许多经济平台，而在人力资源管理的角度去考虑的雇佣问题是极其重要的，即共享经济平台与劳动者是否存在雇佣关系？目前这一议题在学术界也存在着巨大的争议。同时，越来越多的自由职业者进入劳动大军一员。未来将有越来越多的人利用空闲时间提供产品与服务，从而获得一定的报酬；越来越多的人才将成为非合同制的"独立员工"，也意味着零工经济时代的来临。

一、人工智能

人工智能取代人工的效应现在已经初见端倪。人工智能未来将深入医疗、金融、教育、公共安全、零售、商业服务、制造等行业中，将会涌现出大量的人工智能场景应用。未来，机器是否取代人类工人？人类又该如何自处？

全球顶级商业咨询公司麦肯锡 2016 年发布的报告《机器的崛起：中国高管眼中的人工智能》显示，随着人工智能的兴起，人类 50% 的工作职责会在 2055 年消失，最早在 2035 年，最迟在 2075 年……麦肯锡公司对于中国企业在人工智能方面的发展评估更优于全球平均水平，它预计中国的人工智能应用市场将以 50% 的增速逐年增长，远远超过全球市场 20% 的复合年增长率。

当机器人进入人力资源管理领域，在这场人与机器的赛跑中，一部分处于价值链底端的人力资源管理者将面临失业，并被迫向价值链附加值更高的工作转型。

对机器人的划分也呈现出了劳动力划分的特点，从应用环境和领域来看，大致分为工业机器人、服务机器人、特种机器人三大类。其中工业机器人指的是制造业企业领域应用的多关节和多自由度的机械设备。目前已经成为重要的柔性制造系统（FMS）、自动化工厂（FA）、计算机集成制造系统（CIMS）的重要工具，应用范围相对广泛，最具有代表性，因此，工业机器人对劳动力市场的冲击最为直观。目前机器人在资金技术密集型和劳动密集型两类产业中都有应用。汽车制造是机器人应用最为广泛的行业，几乎占整个工业机器人应用的一半以上。在劳动密集型产业中，食品加工、日用消费品如木材家具加工，以及电子产品加工、非金属加工等行业的工业机器人快速增长。塑料与橡胶行业已经处于如果没有合适的工业机器人就无法完成操作的阶段。

工业机器人目前应用较多的国家主要有日本、德国、韩国、意大利等。工业机器人在一些发达国家应用水平较高，一方面是机器人代表着先进生产力的高水平发展，另一方面也是一个国家再工业化的一大动力。英国《金融时报》2015 年 2 月 10 日报道，未来几年工业机器人或将在东南亚出现极大增长。我国的情况与东南亚相似，同样是劳动力密集型产业较多，也是工业机器人增长的地区。在我国出现的一些"用工荒"的问题，市场短期内是等不到劳动力的补充，那么"机器换人"是一条可行的途径。

我国的工业机器人发展较晚，但发展速度很快，2010 年至今，国内不少企业相继引入工业机器人，应用主要是在汽车、电子电气、工程机械等行业。

机器人应用的影响，一般都看到其进步的一面，如麦肯锡咨询公司将机器人列入影响未来的 12 项颠覆性技术之一，称机器人颠覆制造业。也有持不同见解的，如特斯拉首席执行官埃隆·马斯克称人工智能是人类文明的威胁。暂且不说人类文明，工业机器人的大量使用是市场不断机械化、自动化、智能化的过程，在这个过程中体现了对人工劳动力的取代。替代的主要是人不愿意、干不了或者干不好的事情。从这个角度来看，人工智能的替代对人类是一大威胁。

2018 年 4 月 24 日，全球首个无人驾驶清洁车在上海松江亮相。每天凌晨两点，低速行驶在启迪漕河泾（中山）科技园区内进行试运行。每天凌晨，车队会自动苏醒作业，从停车位缓慢出发进行清扫。由于车头、车身装有许多传感器，车辆在运行过程中能够感知自己所在位置，识别红绿灯，并在遇到障碍物、路人时自动绕开。车辆转弯时，会采用相对安全的方式，贴着道路边缘走直角线。上海仙途智能科技有限公司联合创始人、首席架构师叶青表示，清洁车所有传感器的总成本仅为 30 万元人民币，整套系统采用了一种传感器支架方案，方便对多种车型进行改造，可以逐步进行批量生产最终实现商业化。如果无人驾驶清洁车的商业化模式形成，就会有大量的清洁工面临失业，而这些清洁工大多属于农村剩余劳动力，那么就算前文说到了我国存在大量的剩余劳动力，劳动力供给还是多的，但是劳动力需求却在下降。大多数劳动密集型的企业都会通过智能化的手段去完善企业的配置和管理，由于机器人不需要激励、不需要休息、没有情绪等优点，在企业中能够起到事半功倍的效果，这就加快了我国智能化企业发展的进程。

人工智能虽然会在一定程度上形成对劳动力的替代，但是人工智能毕竟是机器，人还是社会的主力，人们在使用人工智能的同时也对其产生的副作用进行了规避处理。例如，对使用机器人的企业进行税收政策的约束，来保障人在企业中的地位。正如美国微软公司创始人比尔·盖茨认为，如果机器大范围替代人类的工作，那么它也要为之付出代价。这样，人力资源管理的内容将会更加细致，针对性更强，在企业中占据重要的地位。

二、大数据

目前大数据时代大背景下，大数据分析以及数据爆炸的兴起彻底地改变了我们商业分析的行为，我们的商业智能（Business Intelligence）已经将大数据运用得淋漓尽致，在运营管理、市场营销以及财务金融等领域利用大数据进行分析已经大范围地运用，并且已经取得了很大的成果和成绩，但是对于人力资源部门，大数据分析似乎还处于初始阶段，在这个人才是企业核心竞争力的时代，人才是一个企业最重要的资源，所以大数据时代为我们的人力资源部门向数据分析转型提供了前所未有的机遇，所以在未来的研究过程当中需要大力发展数据分析，顺应大数据时代潮流，促进人力资源管理的现代化和实践性，提高企业的核心竞争力以及长期发展的优势。

从人力分析（数据搜集、数据整合和清理、数据分析、数据洞见的呈现）、人力资源管理部门（规划、招聘、绩效、留任、员工问题）和组织（人力资源部门的角色、组织架构、组织文化）三个层面建立大数据人力资源管理的理论框架。

首先，大数据技术使人力资源从经验和直觉驱动向数据驱动转型（McAfee & Brynjolfsson，2012）。其次，大数据技术提升了人力分析的预测能力，使人力资源管理从被动处理问题转型为主动发现潜在问题和提升商业价值的机会，并采取行动。最后，人力资源管理的主要职能可从周期性工作转变为实时连续跟踪，做到立即处理、立即反馈（Barman，2015）。人力资源管理的敏捷性和快速反应能力得到了质的提升。

在过去，我们传统的人力资源管理从员工规划、招聘、绩效、留任到员工的心理、生理评估，在很大程度上与人力资源管理者主观因素有着很大的联系和影响，不利于企业更好的发展。而在大数据时代，我们人力资源管理应该更多地利用数据分析为我们带来的便利，例如，在过去的人才招聘方面，主要是企业人事部发布招聘信息，企业处于被动搜寻的一方，而在大数据的时代下，未来企业完全可以扭转自己被动的地位，企业可以进行主动搜寻人才。因为在数字化时代，求职者一定会在网络中留下"数字足迹"，这些足迹线索会为企业主动定位匹配、适当的人才提供依据。

大数据时代将人力资源管理与大数据结合，将企业的信息数据化，通过数据折射出来的信息进行人力资源的管理，这种与以往的人力资源有很大的差别，对人力资源的转变是一大挑战。大数据在人力资源管理中的应用是管理的进步，能够极大地提高管理效率，但同时用数据引导的人力资源决策是一种绝对化的倾向，不符合人力资源管理的人本理念，因此，未来的人力资源管理要着重人本思想的构建和企业文化的塑造，体现人的价值和必要性。具体可从以下方面进行研究：

（1）围绕个人隐私问题的研究。企业中人员的数据如果存在安全风险，对于企业的管理和人员的判断都会出现失误，个人隐私问题作为制约人力资源大数据发展的最大瓶颈和潜在风险，需要在将来从多个不同的层面深入研究，这是人力资源大数据管理能够实施的前提。首先，从技术的角度，研究能够帮助人力分析部门构建最大限度地挖掘人力资源大数据的商业价值、同时减少对个人隐私的窥探的风险之定制化的大数据分析系统是解决这一问题的根本出路。例如，通过数据脱敏减少数据中个人敏感身份信息的暴露，开发自动化的数据处理技术，使得人力分析从原始数据到结果反馈的过程在黑箱中运行以减少个人隐私泄露的机会。

其次，开展关于人力资源大数据相关的法律法规和行业规范的研究，明晰其应用的边界和运行的规范性。个人隐私保护的制度设计既要给人力资源大数据的进一步发展留有余地，也要明确个人隐私保护的底线，这是将来人力资源大数据研究的一个重要方向。

最后，开展人力资源大数据的产权研究。例如，个人在社交网站或求职平台上的数字足迹的产权究竟属于个人还是相关平台？平台需要以怎样的方式取得数据授权？平台是否有权或以哪些形式利用这些数据开展商业分析或者将这些数据出售、转让给其他组织？个人是否对于自己产生的其他尾气数据具有完全的产权？在数据产权受到侵犯的时候如何实现权利救济？诸如此类。

（2）探索模块化、可定制的大数据人力资源管理解决方案。项目建设成本高昂、相关人才缺乏是当前人力资源大数据发展缓慢的重要原因。为了解决这一问题，学术界需要从大数据人力资源管理的共同基础和适应于特定行业的特殊需求出发，以模块化和可定制相结合为目标，努力开发出类似于目前 ERP 系统的成熟的大数据人力资源管理技术解决方案。

大数据时代下，未来我们可以从以下几个角度进行研究：

首先，我们要扩大人力资源数据的内容。

其次，我们需要从多个来源去搜集数据。

最后，我们需要改变数据分析方法。

三、共 享 经 济

共享经济平台与劳动者是否存在雇佣关系？目前关于这一议题不仅在学术界存在着巨大的争议，在各国法院对于事故的处理结果中也存在着很大的差别，即并没有明确的定义和规定，认为劳动者和平台存在着传统意义的雇佣关系。有些学者的观点是认为二者存在雇佣关系，而有些学者却有着另一种观点，认为二者并非是传统的雇佣关系，而仅仅是一种业务上的合作与承揽关系。

在未来的人力资源管理的过程中，我们必须对于共享型用工的界定进行研究，我们可以从以下几点进行考虑：

首先，我们需要打破传统的对于劳动关系界定的标准。在共享型经济的大背景下，平台和劳动者之间的关系偏向于灵活化、多元化以及弹性化的特征，所以以传统的界定标准很难确定二者的关系，我们需要对于原有标准进行改进，需要制定适合大背景下的界定标准，以全新的视角考虑共享性用工关系的界定。

其次，共享型用工关系的管理研究。当前各国法院对于平台发生事故的处理结果中也存在着很大的差别，政府和平台对于雇佣关系并没有明确的定义和规定，所以现在的《劳动法》《劳动合同法》等法律法规的管理已经不适用。所以，在未来的人力资源管理的过程中政府和平台首先需要对于用工关系的管理纳入传统的人力资源管理的管理框架中，修改相关的管理标准以及条例。例如，可以将共享经济用工关系的主体业务绩效、风险承担、利益分配权重等管理内容纳入到现有的人力资源管理制度中；还需要注重相关法律法规的配套，在不阻碍共享经济正常发展的前提下，需要构建配套的专门法律法规等政策体系。

总之，共享型用工关系是顺应共享经济模式发展的产物，共享型用工关系的灵活性和多元性决定了管理和规制共享型用工关系的复杂性，劳务提供者、服务需求者和共享平台企业之间新的关系模式与性质对三个主体间的责任划分、风险分担和利益分配提出了新的要求。因此，在共享经济模式下，界定共享型用工关系这一新型的用工关系，确立共享型用工关系性质的认定标准，是解决共享型用工关系矛盾与促使共享用工关系和谐发展的重要研究内容。

而共享经济在此基础上迎合了当今信息化发展的潮流，通过使用网络平台进行使用权的分享，进而给自身带来一定的利益。在共享经济下，一些新型的工作岗位被提供，员工的上下班时点打破传统界限，员工可以自主性地选择上下班以及工作的时间，这使得许多人力资源得到了更好的配置和使用，但是在解决就业的同时，共享经济的新型用工模式也给传统的人力资源管理带来了很大的挑战，平台又应该对大量的、分散化的人力资源如何进行组织和管理，如何在传统的人力资源管理体系下建立更加完善系统、适应共享经济下人力资源的管理体系呢？这些问题都是我们需要考虑和解决的。

对于建立共享经济平台的人力资源管理体系，我们可以从以下几个方面进行研究：

（1）平台人力资源管理体系应该建立线上与线下相结合的管理体系。共享经济平台虽然能够利用互联网在线实现供需的交易和匹配，但是平台的生产和服务过程仍然是在线下得以实现的。所以，平台想要保证自身能够得到源源不断的劳动力，并且实现自身经济效益的最大化，就需要构建线上与线下相结合的人力资源管理体系。

然而目前在我国大多数的共享经济平台的业务管理实施的都是在线管理，而缺乏相应的线下人力资源管理体系的具体措施与之相匹配和适应，所以对于共享经济平台来说是一个需要在未来着重考虑的一点就是建立线上线下相结合的管理模式。所以，在共享经济大背景下，平台应在互联网线上的管理中加入人力资本的管理技术与措施，将传统人力资源管理中的劳动者的绩效考核管理、纪律管理以及沟通协调等管理手段和模式与业务系统相结合和融合。同时，对于以线上管理为主要管理手段的平台来说，线下人力资本的投入与开发是平台未来发展的必然趋势。随着平台业务规模的不断增大，而线下的劳动力资源是有限的，所以如何保证平台可以获得源源不断的劳动力供给将成为影响平台发展的一个关键因素。在这样的背景下，共享经济平台在未来更加应该加快线下的人力资源管理体系的建设，特别注重绩效考核管理、奖惩机制、文化建设以及组织建设等管理体系的构建。线上与线下管理体系的融合将成为共享经济平台发展的趋势。

（2）在共享经济的大热潮下，平台在解决就业的同时，也发生了一些由于雇佣关系不明确所导致的责任承担问题。例如，滴滴事件，承担责任的一方到底是平台还是劳动者，都没有一个确定的界限，所以，在未来人力资源管理的过程中有必要对于用工关系的责任承担和利益分配进行着重研究。在未来研究的重点主要体现在以下几点：对于劳务提供者与服务需求者之间关系的界定研究；劳务提供者、服务需求者与平台企业三者之间的风险承担研究；劳务提供者与共享平台企业责权承担与利益分配研究。共享型用工关系的认定标准确立和性质认定是劳务提供者与共享平台企业之间责权利分配的基础，但在共享经济模式下，服务需求者应被纳入到共享型用工关系主体中。在交易过程中，共享平台企业对劳务提供者的资质负责，却不对劳务提供者的劳动时间、空间和内容进行严格控制，平台最终的收益来自劳务提供者收入的抽成；劳务提供者的收入不由共享平台发放，而由服务需求者直接支付，劳务提供者的劳动时间与劳动内容根据服务需求者的要求设定。从这个角度来说，共享平台企业具备信息交换平台的功能，对劳务提供者进行"雇佣"的是服务需求者。因此，在对共享型用工关系进行责权利比例分配时，服务需求者、共享平台企业与劳务提供者的关系角色确认具有重要意义。

（3）平台应该建立劳动者职业规划体系，同时建立收入安全和未来生活保障机制。职业规划体系的建设对劳动者工作的满意度、积极性以及能否持续为平台工作具有关键作用，将是一个非常重要的影响因素。如果平台对于劳动者没有明确的职业规划体系以及相关的保障机制，那么劳动者在平台的工作永远是临时性的工作。所以在未来，平台首先应该重视劳动者的职业发展，设计明确的职业规划体系，特别是工作的绩效奖惩机制以及晋升体系。在共享经济的大背景下，平台企业不像实体企业一样有着明确的绩效制度、晋升体系，其可以利用互联网对劳动者的业绩进行线上的统计和分析，充分利用劳动者工作的数据，对劳动者的工作经历进行评价和累积，通过对于劳动者累积的工作质量给予一定的物质和精神上的激励和奖惩。其次，平台应该加强对劳动者收入安全和生活保障的意识，建立保障劳动者收入安全和生活保障的规划和制度，对于劳动者来说，拥有一套完整而且稳定的制度机制的保障，自身对于企业的忠诚度以及积极性都会有很大的提高。例如，当劳动者因疾病或年纪退出平台工作时，平台会有一套完整的制度和机制予以保障。

平台组织并非传统组织的对立面，而是在既有组织的基础上，通过自我激活、内部挖潜、持续提升来建设基于个体潜能、群体动力和组织文化，力求更有效、长效地实现组织愿景。但是随着企业实践的深入，越来越多的新问题可能会涌现出来，这需要对平台组织持续的研究与关注。例如：什么样的员工适合新型的组织架构？无论是团队化架构，还是无边界的组织架构，甚至因为收购、并购、外包产生的组织架构变化，都需要员工具备很强的学习能力，能够根据项目的变更及时跟进。员工是自己的首席学习官，选择要学习的内容，选择适合的学习方式，局部担当，全局思维。在组织架构的效能中如何培养员工？会员制顾问公司CEB的调研中发现，员工未来所需的三大能力分别是：合作能力、影响能力、学习能力。因此，组织要帮助员工在新型组织架构中学习发展，让员工可以快速适应新的团队和工作。只有具备这样潜力或特点的员工才能在新型的组织形式下游刃有余。

另外，在这种新型组织架构下，员工的内驱执行变得尤为重要。他们努力工作的目的和动机是什么？因此在对应的考核方式中，要按照其在团队的贡献，而非级别进行考核；要以改善业务为考核的立足点，并且以能够对未来的创新有所激发为考核标准。

由此，未来可以研究这类型员工的幸福感、满意度、工作绩效，与传统类型企业员工的幸福感、满意度、工作绩效有无差别？工作绩效如何考核？考核技术的跟进？

四、零工经济

"零工经济"是指由工作量不多的自由职业者构成的经济领域，利用互联网和移动技术快速匹配供需方。"零工经济"主要包括群体工作和经应用程序接洽的按需工作两种形式。前者通常由一群能够接入互联网的个体在网络平台上完成，包括常规性任务和技术性较强的任务，工作者可能来自世界各地。后者是用户通过手机应用程序搜索寻找提供运输、家政、维修等服务的人员，工作者多是本地居民。

越来越多的自由职业者进入劳动大军一员。未来将有越来越多的人利用空闲时间提供产品与服务，从而获得一定的报酬；越来越多的人才将成为非合同制的"独立员工"，他们业务能力更强、更加专注，而且不需要缴纳各种保险，灵活又高效。

据麦肯锡全球研究院近期发布的报告，到 2025 年，各种在线人才平台有望贡献约 2% 的世界国内生产总值，并创造 7200 万个就业岗位。普华永道会计师事务所预计，到 2020 年，"零工经济"互联网平台及相关服务的市场估值约达 630 亿美元。而在 2014 年，这一数字仅为 100 亿美元。

在我国，滴滴出行 2016 年发布的《移动出行与司机就业报告》显示，截至 2016 年 6 月 22 日，滴滴平台已经有超过 1500 万名司机，覆盖了专快车、出租车、顺风车、代驾等多条业务线。滴滴司机的职业性质就可以概括为：他们是在"打零工"。

滴滴出行聚集了大量的自由职业者，正在打造一个全新的蓝领劳动力市场。《移动出行与司机就业报告》显示，这些司机可以利用闲暇时间"顺路接单、闲时接单"。赚外快补贴家用成为司机就业的最主要目的，超过三成的司机因此加入了网约车行业；有超过两成的司机认为"专职做司机更轻松"；9% 的司机认为在滴滴平台上接单能够"多认识朋友"，出于移动出行的社交属性加入了这个行业。

平台会通过搜索技术，帮助企业匹配最合适、质量最高的人才；获得工作的自由职业者可以在平台上进行协同工作；当自由职业者按时、高质量地完成既定的工作后，才会被支付薪酬。自由职业者的工作时间与工作地点完全可以随心而定，他们自己给自己标价，他们能够同时服务多个企业，而不是被一个雇主给束缚住。

自由职业者的崛起对企业劳动力主体产生了深远的影响。据美国哈佛大学和普林斯顿大学预测，未来企业的劳动力不会完全由全职员工组成。相反，未来的劳动力将由全职员工、顾问、合同工、自由职业者、兼职员工和其他临时员工混合而成，统称"零工经济劳动力"。这样的"混合员工"占劳动力的比重将达到 15.8% ~ 34%。

当组织边界被打破时，工作不再仅由企业内部员工来胜任，而是通过多元化的工作主体和方式来完成。管理者必须意识到领导者的任务不仅是管理内部人才，还要管理外部员工，并保证他们能够按时完成任务；需要引导外部员工以最优化、最高效的方式达成目标；必须提供必要的资源支持和工作协调，善于运用内外部资源。企业的工作任务未来可以交由内部员工、外包公司、人力资源平台、自由工作者、合作伙伴共同完成。

在各种趋势下，未来的工作世界将是怎样的？对于这个问题，海德思哲中国区董事长郭皓早已进行了前瞻思考："自由工作者时代已经来临，自由工作方式成为未来职场大趋势。阻拦自由工作方式的障碍早晚会土崩瓦解，正如昔日的全职工作优势正在逐渐凋零。随着技术的应用和商业组织的变革，一种全新的社会化的、虚拟化的商业协作组织将逐渐形成，封闭于物理空间内的组织形式将逐渐消亡，以知识为中心的服务业的变革会表现得更加强烈。利用移动互联技术，拥有不确定的工作场所、自由的工作时间的工作形式完全可以代替庞杂而低效的传统商业组织，打工的时代将逐渐终结。"

求职者可以凭借自身能力在全球人才平台上获取一份工作。只需要拥有一部电脑，你就可以为全世界任何一家公司工作，你可以选择在家，或者在一家咖啡馆，或者在一个图书馆工作，工作任务已经打破空间、时间的边界。在美国的硅谷，在印度的班加罗尔，在中国的中关村，汇聚了世界顶尖 IT 人才，他们可以为全球雇主提供 IT 服务，却不必走出国门。

在全球化市场中，企业需要把具有多种灵活能力的员工从一个组织或一个任务调动到另一个组织或任务，以应对多元化需求。如何获得全球人才？这需要企业领导者将眼光放之四海，基于全球性人才库去搜寻人才，为企业发掘最优秀的人才。企业将迎来一支多元化的员工队伍，这些员工来自全球不同的国家，而这正是全球化企业想要取得成功所必备的要素之一：来自全球的不同人才能够带来多维的视角，能够帮助企业在全球化的进程中应对各种各样的复杂挑战。

第二节　劳动力供给需求展望

一、劳动力供求变化

人口数量是描述我国劳动力的最直观的数据，宏观来讲，人口数量直接关系着我国的劳动力供给。根据目前的研究，中国劳动力的供给主要集中在两大理论上，即"人口红利"和"刘易斯拐点"。以蔡昉为代表的学者认为劳动力规模是逐渐缩减的，劳动力之间的差距在不断缩小，中国已经进入刘易斯拐点，开放生育政策能够弥补劳动力短缺的问题。这是比较悲观的看法，还有一些学者持有乐观的看法，认为中国的人口红利可以一直持续到2030年，这一观点将农村大量的剩余劳动力作为研究视角，认为在劳动力的供给上还有充足的空间。还有一些学者对人口红利的说法不赞同，指出政府增加人口的政策具有滞后性，这种滞后性在将来会造成比较严重的后果。本书认为劳动力供给在现代社会需要考虑劳动力和市场属性，从主观来说，劳动力的供给是越来越多的，这是由于市场在发展过程中对一些职位的逐渐淘汰造成的，这一种劳动力供给是一种绝对的供给。但是具体到某一行业或者某一职业，劳动力供给就会表现出很大的不平衡性。

刘易斯拐点理论在遭受着各种争议，主流学者在舒尔茨的分析框架下否认剩余劳动力的存在，认为农村家庭的理性选择使得劳动力市场自动出清。马克思主义经济学者则批判刘易斯理论缺乏制度基础，不适用于解释中国情况。本书认为这个理论注意到农村具有大量的剩余劳动力，但是这部分剩余劳动力是否有效构成劳动力供给并不明确。在科技高速发展的今天，农村劳动力的劳动供给是否可以弥补市场的劳动力不足，或者是否与市场需求相背离，还是需要斟酌的，否则宏观上所认为的劳动力供给与市场的需求将会是貌合神离。

我国政府已意识到劳动力短缺的问题，在2011年便开始逐步放开计划生育政策，在2016年全面实施了"二孩政策"。这一政策也引起了学术界的一番热论。一方面认为"二孩政策"能够补充劳动力供给、减轻社会负担、减轻人口老龄化的压力等；但另一方面也有声音认为"二孩政策"的实施会加重社会资源的负担、加大就业压力，在未来十几年内会促使劳动力市场发生大的转变。本书认为，"二孩政策"对劳动力的调节作用是滞后的，在短期内会增加社会资源的需求，加重现有劳动力的压力。长期看来，新生儿转化为劳动力至少需要18年，甚至需要22年的时间。按照乐观学者的观点，我国人口红利可以持续到2030年，那么"二孩政策"催生的新生儿恰好可以适时地进入市场弥补劳动力的短缺。但是新生儿的数量能否达到预计的效果，市场在自我优化和不断的调解过程中会有多大程度的去替换掉劳动力，这是很难预估的。同时，市场对劳动力素质和技能的需求越来越高，那么对数量的需求就会相应的减少。这就要求未来的人力资源培养着重人的素质。宏观人力资源的核心将着重培养人的素质，也就是提高劳动力的质量。这就要求社会对人才的培养与市场的需求配套发展。

二、研究方法

注重对农业劳动力老龄化的实证研究。要在农业劳动力老龄化的成因，以及农业劳动力老龄化对农业农村影响的研究，更多地采用定量的实证研究，以更精确地判定，各种因素对农业劳动力老龄化的影响程度，以及农业劳动力老龄化的影响方向和程度，以便为政策应对提供更精准的参考（赖作莲，2014）。

中国目前的研究一方面缺乏对于建立在国外较为成熟的积极劳动力市场政策的评价方法基础上，对于中国积极劳动力市场政策进行评价的应用研究；另一方面也缺乏与国外积极劳动力市场政策的横向比较研究（赵频，2012）。

第三节　人力资源规划展望

市场竞争环境日益激烈，竞争的态势逐渐转向人力资源间竞争，同时人力资源规划对企业具有至关重要的作用已达成共识。然而，迄今为止，不同学者研究的视角不同，人力资源规划程序的研究参差不齐，大部分集中在对人力资源规划概念的界定、人力资源规划国内外发展历程、具体实施程序上的研究与总结梳理。

一、人力规划研究内容展望

（一）人力资源预测

企业人力资源预测是一个复杂的系统，影响企业人力资源需求和供给的因素有很多方面，如何更科学、更全面地提取出这些影响因素，从而为企业人力资源预测提供帮助是需要进一步深入研究的。要对人力资源进行精确而又有效的预测，必须掌握大量的数据和先进的预测方法。人力资源规划因其预测因素的不确定性，成为人力资源管理研究中的难点之一。建立一个真正精确、有效的人力资源预测模型，是人力资源规划研究的重点，需要我们进一步研究和探索（李晓梅，2003）。做好企业人力资源预测工作，使企业在人才竞争中占得先机，并最终赢取人才大战的胜利，从而保证企业在激烈的竞争环境下处于不败之地是我国企业需要重视的问题。针对企业人力资源预测，还有很多问题需要深入研究和分析，主要表现在以下几个方面：第一，影响企业人力资源需求和供给的因素有很多方面，如何更科学、更全面地提取出这些影响因素，从而为企业人力资源预测提供帮助是我们需要进一步深入研究的。第二，对企业人力资源储备的定量预测和分析有待进一步深入，而且可以针对企业的需求对特种人力资源进行定量预测分析和研究。第三，当今预测方法层出不穷，如何将预测的最新研究成果运用于企业人力资源的预测也是值得深入探讨的。

（二）人力资源规划环节系统化

国内的学者更多关注于对某行业、某企业等的人力资源规划方案的制定与实施，更多关注于对企业的人力资源规划关键环节的设计与预测，并且对于该研究多集中于近年来硕士研究生毕业论文研究，却忽略了对关键环节系统化的阐述与重视。如何将人力资源规划体系进行整体构建，而不仅仅是强调技术、模型与方法，是我们未来要解决的问题及方向。

（三）战略性人力资源规划

由于企业未来将面临更加复杂、不确定性更加显著的内外部经营环境，以及人力资源市场和企业发展变化的周期的大大缩短，今后的人力资源规划将更倾向于制定切实可行且适合组织发展战略的短期计划（詹姆斯·W. 沃克，2001；廖明，2008）。

钟武勇（2010）提出人力资源战略与人力资源规划的融合趋势。战略性人力资源规划研究开拓了人力资源战略与人力资源规划的融合趋势。戴姆斯·W. 沃克（2001）注意并总结了 20 世纪 90 年代的人力资源规划与人力资源战略的融合趋势。不同的人力资源战略制约下的人力资源规划也应该随战略调整而调整（Delery & Doty，1996）。战略性人力资源规划将战略规划与人力资源管理加以整合，以协助组织建立竞争优势（Anthony et al.，1996）。在何种情境下、如何适时及何时进行企业人力资源战略调整将成为未来的研究热点。

在当今知识管理这一大背景下，知识管理与人力资源规划的研究将会成为越来越多学者的关注点。如何管理知识型员工，如何构建人力资本优势，实现合理的人力资源规划，将成为新的研究内容。

（四）经济全球化与跨文化的人力资源规划研究

全球化、多元化的今天，现代企业组织越来越呈现出扁平化、灵活化的趋势，企业管理模式也日益网络化，人力资源规划在这种变革的大环境下呈现超前性、系统性、动态性、扁平化、跨文化性、个性化的发展趋势（孙耀，2012）。在这种背景下，人力资源规划已越来越引起人们的关注。如何评价跨文化人力资源规划对跨国公司的全球化和业绩的作用，值得进行深入探讨。

（五）不同企业人力资源规划的异同及驱动因素研究

人力资源规划是说明与人有关的企业问题的方向性规划，人力资源规划是实现企业战略规划的关键性环节。不同企业的人力资源规划不尽相同，尤其是当企业所属不同行业时，人力资源规划更是千差万别。有些企业的人力资源规划可能是基于相同的战略方向制定出来的，所以人力资源规划会有相似性。那么造成这些人力资源规划异同的驱动因素是什么？影响程度有多大是之后可以进一步研究的问题。

综上，学者们对人力资源规划关于未来趋势的研究相对较少。就目前的研究来看，人力资源规划未来发展趋势主要集中在内容的具体性、可行性以及长远性。未来的研究将人力资源规划的出发点由组织的战略目标逐渐转向兼顾关注员工的利益和发展。在人力资源规划的薪酬计划、接任计划、培训开发计划等方面都将充分体现这一规划理念的转变（廖明，2008）。此外，组织文化对人力资源规划的影响，组织文化与人力资源规划中企业绩效的关系，组织文化与人力资源规划中就业、择业的关系，都值得进行深入研究。知识管理与人力资源规划的研究。如何管理知识型员工，如何构建人力资本优势，实现合理的人力资源规划，将成为新的研究内容。

二、人力资源规划研究方法展望

1. 企业人力资源储备的定量预测和分析有待进一步深入，而且可以针对企业的需求对人力资源进行定量预测分析和研究。

2. 当今预测方法层出不穷，如何将预测的最新研究成果运用于企业人力资源的预测也是值得深入探讨的。

3. 为了保持企业人力资源规划的实用性和有效性，未来将更加关注关键环节的阐述。在短期人力资源规划关注关键环节的数据分析和量化评估，对于长期人力资源规划，倾向于关键环节明确化、细致化（皮卫华，2006；董慧青，2012）。

第四节　工作分析展望

传统工作分析的研究主要集中于工作分析的特征、方法、理论三部分，现如今知识经济时代来临，工作分析面临着巨大的挑战，如工作本身不确定性增加、工作界限模糊、工作信息难以收集、出现更多团队合作等，传统的工作分析方法不再适合当前企业发展的需要，因而目前国内外对于工作分析的研究，主要集中在探讨采用怎样的工作分析方法能够应对知识经济带来的冲击，有利于企业的发展。

一、工作分析研究内容展望

（一）战略性工作分析与未来导向工作分析

战略性工作分析强调的是组织环境的变化，将战略、环境这些宏观因素纳入到微观的工作分析之中来，体现了工作分析的战略地位。在急剧变化的社会环境和组织环境，工作分析不仅应体现大背景下工作内容和性质的发展变化趋势，还应能够与具体组织的特性及组织的发展目标结合起来，换句话说，工作分析应当体现工作的未来发展趋势和组织的战略需求（李文东等，2006）。如何在动态变化的内外部环境中保证组织内部工作分析的动态性与持续跟进，是未来阶段我们有必要进行深入研究的问题。因此，未来的工作分析应重点关注战略性工作分析和未来导向的工作分析，把自上而下的战略性工作分析、未来导向的工作分析和由现实出发自下而上收集信息的传统的工作分析法结合起来。建立起企业的核心竞争力，从而能够更好的为企业人力资源管理服务（李文东等，2006）。要进行战略导向的工作分析，就要将工作分析与人力资源管理战略、企业战略相结合，面向未来发展而进行（杨洋，2011）。

（二）胜任特征与工作分析相结合

刘玲等（2010）将胜任特征定义为能将某一工作（或组织、文化）中有卓越成就者与表现平平者区分开来的个人的潜在特征，它可以是动机、特质、自我形象、态度或价值观、某领域知识、认知或行为技能——任何可以被可靠测量或计数的并能显著区分优秀与一般绩效的个体特征。

胜任特征更侧重从组织战略和未来需求，注重自上而下的分析流程，而传统工作分析能够系统地分析工作要求和任职者要求，从而提供更量化和更具可比性的详尽信息。因此工作分析系统方法与胜任特征模型构建方法的结合，是未来工作分析方法研究的重要发展趋势（李文东等，2006）。另外，工作分析与胜任特征还可应用于知识型员工的工作分析中（宋江平，2011），如通过技术工具的开发进一步揭示工作任务与任职者特征之间的关联，使工作分析更加准确、有效（范飒潇，2017）；还可以通过区分不同绩效水平的个人特征来对工作规范进行进一步的拓展和深化，并利用胜任特征进行建模以实现长期的员工—组织匹配（刘江花，2012）。

总的来说，在未来的工作分析研究领域，如何将基于胜任力的工作分析应用于企业，如何使工作岗位适应组织发展的需要，使组织在人力资源管理方面获取竞争优势以实现可持续发展，是未来阶段专家和学者值得深入研究的重要方向。

（三）O*NET 工作分析系统

O*NET 是 Occupational Information Network 的简写，这是一项由美国劳工部组织发起开发的工作分析系统，吸收了多种工作分析问卷（如 PAQ 等）的优点。O*NET 工作分析系统能够在很大程度上体现社会和组织环境对工作的影响作用，并具有较好的信度。

Hough 和 Oswald 在 2000 年指出，在经济和市场急剧变化的现代社会，O*NET 是工作分析领域体现最新趋势的、能够应对新挑战的一大进展。然而，这一系统虽已在我国进行了初步修订，但在中国现阶段特殊的社会转型期，如何结合现阶段的特点和中国文化特点，开发出基于中国背景的 O*NET 工作分析系统也将成为中国人力资源管理未来研究考虑的重要问题（李文东等，2006）。

（四）知识型员工的工作分析

知识型员工的工作任务和工作结果不易被衡量，同时，在对知识型员工工作分析的发展中，对他们所从事的知识劳动本身的特征进行研究也会成为未来工作分析发展中不可避免的方面。知识工作本质是脑力劳动，对知识员工工作的管理的关键不在数量，而在质量，难度是质量的重要表征指标。何明芮等（2010）建议，可以将工作难度作为基础变量引入对知识员工工作特性的研究中，这样不仅体现出管理科学研究发展的基础，而且可以根据难度的构成提供出一个可以进一步研究知识员工工作特性的框架，从而达到对工作分析的进一步研究。此外，未来工作分析的发展趋势将会更加注重将多种形式相结合，使整体工作分析体系更加丰富多元的同时也不失针对性和专项性。多元化的工作分析会对不易被监督和不易被评价的知识型劳动成果和人员进行更为合理的分析。

人力资源管理

（五）传统型的工作说明书改进成弹性的说明书

组织的扁平化使得相对稳定的职务消失，传统的工作说明书已经无法适应现实中不断变化的岗位，而缩短工作分析的周期、经常更新工作说明书无疑会增加企业成本。因此，为适应组织发展，这就要求弹性工作说明书的出现。袁媛（2009）刘江花（2012）认为弹性工作说明书要将重心转向任职者能力和技术等方面，使组织工作方向在发生变化时保持一定的灵活性。杨洋（2011）提出要结合计算机网络等新型技术，将传统型的工作说明书改进成弹性的说明书，根据企业或职位的要求进行动态调整。

传统的工作分析仅仅将关注点放在职务内的工作行为，在当今社会看来，具有一定的片面性。组织公民行为是指组织成员自觉自愿表现出来的行为，是一种角色外的行为，是一种未被组织正式规范或职务说明书规范的行为，但也是组织所需要的行为（刘江花，2012），把对组织公民行为的分析融入到传统的工作说明书是今后工作分析的必然趋势（袁媛，2009）。

（六）基于大数据模型预测的工作分析

传统的工作分析方法主要是基于人和工作进行分析。但是，随着信息技术和知识经济的迅速发展，创新在工作中越来越重要，人员、职位、组织三者的匹配关系越来越趋向动态化，这就需要有新的工作分析方法来帮助企业获取竞争优势。因此，基于大数据模型预测的工作分析可能成为未来的研究趋势。虽然目前大数据化的工作分析并没有得到充分发展和广泛应用，但随着信息技术不断发展和社会需求的不断变化，未来，将大数据模型预测应用于工作分析必将是人力资源管理重要的研究领域。

（七）以人为核心的工作分析

未来导向工作分析应以人为核心，聚焦人的角色、知识、技能、能力、心理等因素，把人放在首位，尽量让工作来适应人，而不是人去适应工作，这是以人为本思想的体现（刘江花，2012）。工作分析的最终目的是将最终结果应用于实践，如，美国利用工作分析方法对海军、残疾人进行研究，不仅取得了较好的社会效果，而且发展了工作分析方法。因此，如何更好地把工作分析方法应用于其他领域将是未来人力资源管理研究的重点（康廷虎、王耀，2012）。

综上，大多学者是基于战略的视角，认为战略导向的工作分析和未来导向的工作分析是今后工作分析的发展趋势和研究方向；用弹性工作说明书替代传统工作说明书，这些更多是强调组织环境和外部环境的变化。从人的角度出发，把人放在首位，尽量让工作适应人，而不是人去适应工作，认为人的因素是将来工作分析要考虑的重点；也有学者提出在知识经济时期，对他们所从事的知识劳动本身的特征来进行研究也是今后工作分析不可避免的方面；还有学者提出如何应用工作分析，如何将其应用在其他方面也是今后研究的重点。

二、工作分析研究方法展望

未来重要的发展趋势是对工作分析结果影响因素的研究，除个体水平的影响因素外，还可以应用最新的测量理论（例如，概化理论等）并运用系统的观点，采用多水平的方法同时探讨个体因素和组织因素的影响作用（李文东等，2006），此类研究不仅具有重要的理论和方法学意义，而且对管理实践也至关重要（刘玲等，2010）。

未来有关胜任特征与工作分析的研究可以从注重一般情景下的研究转向对在特定情景下的研究，我们须在吸收和借鉴国外研究的基础之上，结合我国的特定国情情景进而展开深入研究，建立符合我国特定背景的研究方法，在未来的研究过程中要注意测评对象与测评方法的统一，以及多种测评方法的综合应用；同时在未来的研究过程中，我们不能够停留在过去的评价标准上，而是要注重于发展变化的过程，对未来进行预期，建立面向未来、符合我国实际的胜任素质的测量模型。

同时，针对具体工作情景，设计个性化的工作分析信息搜集方法和网络，并集成工作分析信息的整合加工，也将仍然是工作分析方法革新和研究的重要领域（康廷虎等，2012）。未来的工作分析会更趋向于多种方法的组合使用，方法的混合共融思路一致，但针对性变得更强（范飒潇，2017）。

未来的研究应该根据企业发展特点，将大数据驱动与知识经济时代的发展趋势相结合，探索出适合企业基于员工发展特征的多种工作分析方法，使其在提高效率的同时更加日趋人性化。

第五节 员工招聘与配置展望

国内外的学者主要聚焦于招聘方法及其有效性与网络招聘两大领域，此外还有少数学者关注了招聘模式设计、招聘心理效应、招聘歧视问题，除了上述问题外，国外学者还重点关注了招聘有效性问题。而国内关注招聘领域研究的学者较少，对招聘的少量研究关注的问题较窄，主要研究了招聘方法与网络招聘的相关问题，虽然有少数国内学者关注了招聘模式、招聘过程中的心理学问题以及招聘歧视等问题，但总体上来说，与国外丰硕的研究成果相比，国内对招聘领域的研究十分不足。因此，我们可以预测，未来的员工招聘与配置的问题研究上，哪些先进的技术可以运用其中？人工智能技术是否可以被研发与利用于面试环节之中？以及先进的技术对员工招聘有效性的影响等等将会是一个未来新的研究方向与趋势。

一、员工招聘与配置研究内容展望

（一）招聘有效性

在招聘研究领域中，国内学者关注度最高的是对招聘方法的研究，如关注新的招聘技术与策略，但除此之外，招聘的有效性也是十分重要的研究问题，而国内很少有学者关注这一问题。通过对国外文献的综述我们发现，影响招聘有效性的因素很多，如工作组织特征、招聘工作人员的行为、求职者对招聘过程的认知、招聘期望、宣传渠道，等等，但国外的研究得出的影响因素不一定适合于中国情境下的组织招聘实践。而国内少数对招聘有效性进行研究的文章，却没有采取实证研究的科学范式，其研究方法与对招聘技术、策略的研究相似。

与研究招聘技术、策略的优劣相比，对招聘有效性的研究应该是更加规范的实证研究，国外很多文献都通过严谨的实证研究验证了不同因素对招聘效果的影响，并探索了这些效应的运行机制以及边界条件。王吉斌、彭盾（2015）认为"互联网＋"时代企业招聘管理的首要目标是吸引和留住有价值的员工，而如何吸引有价值的员工，网络招聘的有效性就值得关注和研究。近年来国内已经有学者运用严谨的实证研究方法探索了影响招聘有效性的因素，如张麟等（2017）基于社会认同理论的视角，构建了一个被调节的中介模型，探讨了企业社会责任对于求职者产生的影响机制及其边界条件。因此，未来的研究应该通过严谨的实证研究范式探索在中国情境下影响招聘有效性的因素，并且可以进一步研究多个因素对招聘有效性的共同作用。

（二）网络招聘

网络招聘成为国内外研究的热点问题与互联网的巨大影响关系密切，随着互联网技术的不断进步以及经济社会的发展，互联网影响着我们生活的方方面面，当今的时代被我们称为"互联网"时代，在新的时代背景下，组织的招聘工作也必然会跟随时代一同发生迅猛变化。国内也有学者开始研究在互联网时代背景下的招聘问题，但文章大都集中发表在《中国人力资源开发》这一专门发表人力资源前沿研究成果的期刊，能够发表影响力更高期刊的招聘领域文章寥寥无几，这体现了国内对这一问题的研究深度还不够。所以未来的研究应该采用科学的研究范式进一步研究互联网时代下的招聘的新问题。

现如今，互联网时代一大热点话题便是人工智能，多个研究领域的学者都开始探讨人工智能的发展可能对人类社会产生的影响，而招聘领域也已经受到了人工智能发展的直接影响，人工智能可能作为一种招聘受到了研究者的关注。杨真等（2017）认为基于人工智能和虚拟现实技术，企业可以尝试设计招聘面试人工智能系统。可以看出国内对这一问题的研究还处在探索阶段，人工智能如何应用于招聘领域还需要企业界与学术界的共同努力，因此，未来的研究可以着眼于人工智能在招聘领域具体应用的途径以及有效性，并且进一步研究人工智能应用于招聘工作之后所可能产生的其他问题。

（三）招聘网站大数据

近年来，随着网络技术的发展，专业招聘网站上的数据越来越丰富，许多学者也利用这一大数据平台进行了多样的研究。移动互联下招聘模式的未来发展趋势，必然离不开大数据这个时代大背景（李佩凌，2015）。一方面，很多学者通过招聘网站信息，关注了如新闻、出版、图书馆、招聘网站等行业对专业人才需求特征。还有学者通过招聘信息的大数据直接研究了整个就业市场对本科生的需求状况。另一方面，很多学者利用招聘网站的大数据优势，对就业问题进行了研究，如孙晨等（2016）基于招聘网数据研究了南京市新增就业空间分布；董倩（2017）认为搜索引擎访问数据为编制失业率提供了可靠的数据基础，用招聘网站的访问活跃度来研究分析了失业行为的趋势与规律；中国人民大学中国就业研究所更是与知名招聘网站智联招聘联合推出了中国就业市场景气指数（CIER），耿林等（2017）的研究结论显示 CIER 指数与宏观经济景气指标具有密切的联动关系，并认为该指数可以作为监测宏观经济景气程度的辅助指标。

上述学者的研究成果都体现了专业招聘网站数据的研究价值，虽然这些学者并没有直接关注招聘领域的问题，但未来学者同样能够利用网络招聘数据的优势，直接研究招聘领域中的热点问题。周翔翼等（2016）通过国内较为常用的招聘网站向北京、上海、广州、深圳、武汉和成都六个城市的高、低阶软件工程师、会计、文秘和市场营销职位投递了男女配对的19130份简历，对招聘过程中的性别歧视问题进行了研究。其研究成果与之前的文献相比，更加深入且说服力更强，这便是利用网络招聘网站大数据进行研究所带来的优势。因此，未来的研究可以利用招聘网站大数据的优势，对招聘领域的热点问题进行研究。

（四）社会化招聘

Caers 与 Castelyns（2011）研究了比利时招聘从业人员如何以及在多大程度上利用 LinkedIn 和 Facebook 进行招聘工作，调查结果显示这两家社交网站都成为了招聘工作者的额外工具。事实上，生活中在微信、微博、贴吧等社交软件中发布员工招聘信息已经屡见不鲜，由于我国互联网诚信体系的不健全及中国传统文化中保守内敛的特征，国外已成功实践的 Linkedin 模式无法在中国应用，再加上传统网络招聘服务模式遭遇了"瓶颈"，中高端人才招聘出现空白，因此社交网络与人才管理相结合逐渐成为主流趋势（何洁，2013）。随着我国市场环境的不断成熟，商务社交网站的盈利模式、服务方式日渐清晰，职场人士会增加对商务社交网站的关注度，而且很可能成为职场人士进行社交活动的重要领域（李直，2013）。通过引入猎头构建了一个多重关系互动的招聘模式，在一定程度上解决了互动、定位与契合的问题，在一定程度上来讲社会化招聘已经是招聘领域发展的一大新趋势（张博、杨婷婷、韩飞，2016）。它虽然无法完全取代原有的招聘模式，却为原有的招聘模式提供了良好的补充，也在某种程度上变革了企业招聘的实践（覃文希，2012）。那么，社交网络平台的员工招聘效用如何发挥到最大化以及如何利用社交平台与娱乐网站进行员工招聘？是否可以打造专门的第三方招聘服务平台并与之合作？都可能是未来的研究走向与趋势，因此我们可以预测，这将会是员工招聘与配置相关问题未来研究的方向之一。

（五）招聘外包

未来随着国内民营企业、私营企业对人力资源管理工作认识的不断加深、人才市场需求的推动以及国内人力资源中介机构的迅速发展，会有越来越多的中小型企业考虑通过第三方的猎头公司、专业测评机构或人力资源服务公司来获得企业所需要的人力资源（许明月，2015）。为了简化企业的招聘流程，为企业争取更多的时间，目前很多企业将人才招聘的工作特意委托给专业的人力资源机构进行初步代招，这种招聘模式越来越受到企业的青睐（宋月霞，2013），一方面减少人才招聘成本，另一方面降低招聘风险。招聘服务外包将是人力资源管理外包的一个新兴发展方向。一些学者也指出，越来越多的猎头公司已经开始利用社交网络平台进行相关人才的招聘（Sawas，2007；Rosen，2009 等）。因此，"猎头"招聘也是值得研究的一个方向（牛晓惠，2016）。

（六）新型招聘方式

在大数据的时代背景下，网络招聘行业细分、专业化趋势以及招聘区域细分趋势愈加明显（李直，2013），社交网络与招聘工作的结合，在很大程度上降低招聘的难度、提高招聘的效果，社会化招聘虽无法取代传统招聘，但作为其补充将会成为网络招聘下一大发展趋势，同时社会化招聘衍生出许多新型招聘方式——采用比赛或游戏的方式招聘；通过创造价值的方式招聘；参与商业任务的方式招聘；通过挖掘人才的方式招聘，而这些新型招聘方式必将引发一场新的人才招聘革命（孙贻文、廖渐帆、陈江，2013）。而当今极为热门的微博、SNS 等 Social 媒体的应用也将为网络招聘带来更多新的渠道（赵清斌、纪汉霖、刘东波，2012）。"微招"的盛行使得传统的现场招聘及网络招聘市场格局面临新的挑战，而"微招聘"作为一种新的尝试，是否能为人力资源招聘开拓一条新的路径，是目前人力资源管理研究争论的热点（丁柯尹，2014）。与此同时，虚拟世界已经开始深刻地影响现实世界的各个方面，杨振芳、孙贻文（2015）认为游戏化招聘在国内的人力资源管理实践中尚处于探索阶段，企业要善于抓住内部制度革新的契机，适时引入游戏化的招聘方式，改变传统重"说"的招聘方式，从人性的角度尝试完善企业人才招聘的方式，从而提高员工招聘的工作效率与效果，最终实现企业目标。

（七）招聘中的心理学

新型经济时代，人力资源部门也渐渐转变为企业战略性策略的重要部门，现代企业开始进行制度创新，尤其是人才选拔阶段，开始引入心理学理论研究如何甄选优质人才，并且很多企业已经取得非常好的效果。另外，将职业测评运用到招聘过程中也可大大提高招聘效率。招聘中存在一些偏差（刻板效应、晕轮效应、首因效应），运用心理学理论可以很好地得到解决，国内有学者研究过招聘中的心理学问题，如：吕洁（2018）认为心理学理论知识可以使招聘人员合理评价自我效能感、有效评估情绪智力、运用心理契约进行合理选拔。而对于将职业测评运用到招聘过程中的问题也有学者研究过，但还可以进一步研究另一些职业测评的技术及方法，如尹樱（2018）提出现代企业人力资源管理工作中，通过工作人员测评可以对员工岗位进行有效匹配，并在此过程中将心理学、管理学知识应用到招聘工作中，提升工作效果。另外，由于 MBTI 职业性格测评的有效应用，可以帮助企业对合适的人才进行选拔，并通过有效方式得出具体的测验值，在确定工作类型的同时，提升员工对企业的满意度，降低后续在员工培训过程中的成本投入。因此，本书建议，未来研究可着眼于心理学理论在招聘过程中的应用，进一步研究招聘中的心理学问题。

二、员工招聘与配置研究方法展望

1. 国内现有研究理论研究较为充盈，实证研究有待成为新方向。一方面，通过之前的文献梳理，我们发现自 2000 年以来，随着我国市场经济的逐步建立和人力资源管理制度的逐步建立与发展，不少学者针对人力资源管理中企业员工招聘与配置的系列问题做出了理论研究，尤其以赵曙明等为代表的学者对这一系列问题进行了较为详细与具体的分析与研究，并根据我国实际情况对员工招聘与配置的部分概念与内容进行了重新界定与发展。同时，我们也不得不承认，我国学者现有的研究多数是承接国外学者的相关研究之后展开的更为具体、细致的研究，但是我国现有的国情能否完全适应国外学者的研究结果尚不可知，而又鲜少有学者根据我国真实的国情在这一领域的相关问题上展开研究，那么国内学者现有的研究对国家和社会产生的现实意义有多大尚值得商榷。

2. 我国学者现有的研究多数集中于理论研究部分，并使这一部分的内容得到了丰富和发展，一些学者甚至已经基于企业组织文化与责任等视角对这问题进行了分析，学者史珍珍（2011）就在国内外研究的基础之上根据我国企业的特点，结合企业组织环境、发展战略以及企业文化等因素展开了研究，并构建了一套企业招聘评估指标体系。此外，国内也有学者采用数据实证分析的方法对相关问题进行了研究，并充分发挥了数据说服性强的特点对其结果进行了验证与分析，使得我国针对员工招聘与配置的现有研究进一步得到了丰富与发展。

因此，我们可以从这一视角出发，大胆预测未来关于这一领域的问题研究将在实证方向上有所发展，学者们可以充分利用现有的先进的数据分析工具与模式，采用多变量分析的方法分析多个因素对招聘有效性产生的变化与影响等，或者运用严谨的实证研究来探讨新型经济时代或经济新常态背景下知识型人才、技术人才及精英人才的招聘与待遇问题，从而使得这一领域内有效性研究更加准确、说服力更强。

第六节　薪酬管理展望

一、薪酬管理研究内容展望

人力资源管理六大模块中，绩效管理与薪酬管理关联性非常大，如何更好地协调两个模块之间的关系以期更好的同时提高员工与组织的绩效及满意度是需要更深入研究的课题。同时，有关薪酬和绩效管理的研究，我们应当结合中国企业的特殊情况，客观分析问题。目前我国在薪酬和绩效管理研究方面还存在着一系列的问题，如何正确地分析问题并解决问题，需要根据我国企业的实际情况，借鉴别国的优秀经验，这依然是一个值得我们去深入研究的课题。

目前，薪酬管理的研究文献很多，但是缺少多层面、综合的分析框架，对于如何构建基于企业发展战略的薪酬管理路径较为缺乏，将薪酬战略与企业战略的匹配研究也较少，需要未来进一步展开深入研究。

在薪酬制度方面，目前国内学者们对薪酬管理制度的研究，大多是基于西方学者的理论观点去分析阐述薪酬管理制度。但是，不可忽视的是，中国和西方发达国家在国情、民情上存在着非常大的差异。因此，未来在薪酬管理制度的研究上，我们既要客观地分析问题，同时也要在结合中国具体历史和国情的基础上去借鉴西方先进的薪酬管理制度理论。

在薪酬公平性方面，现有研究在薪酬管理公平性的构成问题上存在较大的分歧，在薪酬管理公平性的划分上维度不一。虽然现有研究多采用三维、四维结构，但是学术界对这一问题并没有达成一致，因此，未来研究需要通过大范围的调查，探究薪酬管理公平性的结构。其次，薪酬管理公平感测量的指标也比较混乱。国内学者的研究大多是借鉴国外的成熟量表，但是这些量表的开发时间较早，可能已经过时，而且也不一定适用于中国的企业实际。虽然也有少部分研究是国内学者自制的量表，但是其适用性并没有得到大范围的验证。因此，在未来的研究中，针对我国的独特的企业文化背景，开发一个适合我国企业雇员的薪酬管理公平性量表也是一个后续研究任务。

在薪酬沟通方面，对于企业薪酬员工对公平的关注已经开始从关注结果公平转向关注程序公平，即在关注薪酬分配结果的同时，也越来越关注薪酬沟通等这些程序性问题。一般来说，公平包括两部分：一是程序性公平，指企业与员工之间在薪酬管理上应该建立起一个公平、公开和公正的程序，它是指在方案制定和执行过程中的公平问题；另一个是分配公平或者分配结果公平，是相对于员工付出来谈回报的公平性问题，即是指外部公平、内部公平和个人公平。然而，令人遗憾的是，目前仍有许多企业没有给予薪酬沟通等程序性问题以足够的重视，许多员工对自己的薪酬知之甚少。而之所以出现这种情况，与这些企业和经营者观念上的误区有关，他们认为薪酬管理只是管理者的事情，与普通员工无关，还没有认识到其工作的一个很重要的职责就是向员工推销企业的薪酬体系。良好的沟通已经成为有效激励员工的关键要素。

在薪酬种类方面，薪酬管理的研究大体可以分为两类：绩效薪酬与团队薪酬。由于绩效薪酬形式多样，不同形式的绩效薪酬在受到一些共同因素（如组织环境、组织特征等）影响的同时，也受到某些特殊因素（如群体绩效薪酬的内部分配规则）的影响，因此，现有研究涉及的变量较多，关系较为复杂。而团队薪酬在实践中存在很多形式，构成内容也存在很大的差异，这些差异无疑都会影响团队薪酬的激励效果，现有研究多集中于探讨个体、团体、组织层面因素对于绩效薪酬与团队薪酬的影响作用。

赵海霞（2009）认为未来绩效薪酬的方向体现为：（1）绩效薪酬体系与宏观层面因素的匹配研究。企业面对的经营环境越来越复杂多变，企业经营战略也越来越重要，因此，绩效薪酬发挥作用的前提首先应该是与组织环境、组织特征、组织战略的匹配。未来的研究应该更多地关注绩效薪酬体系与组织环境、组织特征以及组织薪酬战略等宏观层面因素的匹配度对其激励效果的影响。（2）绩效薪酬赖以发挥激励作用的心理机制研究。绩效薪酬赖以发挥激励作用的心理机制问题成为探讨如何提高绩效薪酬激励效果时无法回避的重要问题。而个体差异（比如自我控制力、自我效能感、家庭负担等方面的差异）以及组织的人力资源管理实践（如经常裁员、为员工提供培训机会等）可能会对绩效薪酬激励作用的发挥产生调节作用。（3）绩效薪酬占总薪酬的比重对绩效薪酬激励效果的影响。个体都具有规避风险的倾向，对绩效薪酬占总薪酬的比重比较敏感，因此，绩效薪酬的比重可能会影响员工对绩效薪酬的接受程度，进而影响绩效薪酬的激励效果。但已有文献大多忽略了这一因素，今后的研究有必要验证这一问题，并探讨如何合理确定绩效薪酬的比重，以便从绩效薪酬本身的科学性上提高其激励效果。

赵海霞等（2010）认为未来团队薪酬的方向体现为：（1）团队薪酬激励强度与不同层次团队的匹配对团队薪酬激励效果的影响。不同层次的团队具有不同的特点，所适用的团队薪酬激励强度也会有所差异。因此，当团队薪酬激励强度很大时，团队合作和效率可能会因团队规模和信任水平的不同而出现两极分化。未来的研究可对相关问题进行深入探讨。（2）团队薪酬激励作用的心理机制。团队薪酬通过把个体收入和团队绩效联系在一起而使团队成员之间形成利益捆绑关系。当团队成员的收入均依赖于团队绩效时，个体可能会担心由于自己不够努力而影响团队绩效，进而连累他人，使得自己在团队中受到排挤。团队排挤压力会促使个体努力工作进而对团队绩效产生积极影响。与此同时，担心别人偷懒、搭便车致使自己收入减少的心理（"收入风险压力"）会促使个体监督他人，以使他人采取积极的行为。以上两种压力的大小可能会受到团队薪酬分配规则、团队薪酬激励强度等因素的影响。未来的研究有必要对团队薪酬激励作用的心理机制进行理论和实证分析。（3）对薪酬管理进行中国文化背景下的研究。关于薪酬激励效果的研究很多是以西方国家为背景的，那么，相关研究结论在我国文化背景下是否适用呢？如果不适用，原因是什么？我国文化背景下薪酬的激励效果有哪些影响因素？它们之间的关系又是怎样的？比如，关于工会问题，国外（如瑞典）工会的性质及其作用的发挥与我国有很大的区别。在工会制度健全和发达的国家，工会会对企业的薪酬产生很大的影响，而在我国，情况可能会有很大的不同。另外，对于以个体绩效和群体绩效为基础的薪酬，员工的偏好程度可能会因文化的不同而有所不同。这些都需要在我国文化背景下进行研究，并进行跨文化比较。

二、薪酬管理研究方法展望

1. 在薪酬管理理论方法的选择方面，薪酬管理是一个系统的进行信息传递的动态过程，信息论和系统论的理论方法可以在解决薪酬管理的难点问题上大显身手。因此，未来薪酬管理的研究应当避免使用单一理论方法，结合系统论、信息论等相关理论是薪酬管理理论方法的发展方向。

2. 在薪酬管理研究方法的选择方面，薪酬管理领域的实证研究不是很丰富，且大多数的实证研究是采用的横断调研法，而薪酬管理更多地表现为雇员感知到的薪酬设计公平性，雇员的公平感知是处于不断变化的状态之中，因此，未来研究可以更多地使用纵向研究进行探讨，探明雇员公平感知的变化与薪酬管理之间的关系。在条件允许的情况下，还可以结合现场观察法、实验法、案例法等多种方法进行薪酬管理问题的研究。

3. 在薪酬管理实施效果的研究方法上，目前国内薪酬管理的研究大多数是借鉴西方的薪酬理论，较少基于中国本土国情开展深入研究，研究方法较为单一，因此，未来研究应当加强对薪酬研究的数量模型探讨，并借鉴现代计量经济学的理论方法，建立多变量交互影响的横面或时间序列模型，从而提供更多的可操作性研究以及与企业薪酬管理实践相结合的相关研究等。

因此，未来国内薪酬和绩效管理的研究内容应当结合时代背景以及中国本土情境、国内企业文化进行探讨；薪酬和绩效管理研究方法的选择应当更加丰富，需要研究者们结合经济学的相关思想以及计量经济学的相关方法，开发更多的适合薪酬和绩效管理研究的实证方法。

第七节 绩效管理未来展望

一、绩效管理研究内容展望

对于绩效管理的研究主要集中在个人绩效与绩效管理的内涵、影响绩效管理的因素等几方面，由于绩效管理是一个通过提升个体和团队的绩效来改善组织绩效的系统的过程，因此对于绩效管理影响因素的研究最终归结为对绩效的影响因素的分析。学者们将环境因素添加进其中，大体上从胜任力、动机和环境这三种因素对绩效管理的影响进行研究。

纪顺洪等（2016）对绩效管理的未来研究提出了几点建议：

（一）注重情境变量的影响

尤其关注组织文化的培养和组织氛围的营造。在绩效管理中利用实践，创造"绩效氛围"，使员工致力于实现共同的目标。加强人本管理。绩效管理要以个体为中心，充分发挥个体的适应性作用，从而产生适应性绩效，进一步推动个体绩效的提升。不同的边界条件下个体会有不同的绩效表现，未来研究可以着重关注情境变化对绩效的影响。

（二）加强跨文化研究的创新性

虽然西方学者对绩效管理的维度进行了诸多实证研究，但国内基本上还处于介绍西方理论和研究成果的阶段，实证性的研究相对缺乏。西方发达国家无论在经济发展水平还是在文化背景上都与我国存在很大的差异，这些差异势必会影响到企业管理模式及具体措施，国内绩效管理的维度如何？与西方发达国家存在什么差异？很多国内学者关于绩效管理的跨文化研究只是将西方学者的研究结论进行中国本土样本的二次检验，并没有从本质上思考我国绩效管理活动与西方国家的差异。由于组织文化的重要性，未来可以选择中国文化中的特有变量作为研究对象，如："关系维度""威权领导"，分析其在绩效管理中的作用机制。

（三）匹配性研究

未来的研究中需要更加注重绩效管理的匹配性，这其中包含：员工个体行为和动机的匹配研究、绩效层次的匹配关系以及绩效管理过程方法的动态选择。

（四）绩效管理目标的设置

绩效管理是自上而下设置和自下而上反馈的相互沟通共同完成的综合体。通过运用SWOT分析法，从竞争优势、竞争劣势、机会和威胁四个方面对科研状况进行分析，制定管理战略规划，使之与组织总体目标相适应，最终帮助组织实现其战略目标，实现创新发展。但是受官本位的影响，在设置上往往是反映领导的个人意志，绩效管理经历了结果—行为—结果和行为三个阶段。而在日常的实施过程中，往往还停留在结果上，企业家与领导者都忽视了过程的重要性。也缺乏对相关利益者的关注。由此导致了上下部契合的情况。所以在未来的绩效管理中，要注意绩效管理的目标与个人目标的相契合，个人实现绩效的过程中实现组织的绩效，并且在协同作用下，实现 $1+1>2$（董文伟，2016）。

（五）加强对相关利益者的关注

有的绩效周期比较短，有的绩效周期比较长。而在绩效管理时，对周期较长的绩效没有耐心和忽视。而在实现绩效的过程中，也仅仅是关注眼下，忽视了长远利益和周边利益。比如说，企业家在实现产量和利润的过程中，往往忽略了员工的相关利益，更是对生态环境造成了极大的破坏。所以在绩效管理的设置和完成过程中，要不仅要考虑个人和组织的绩效，未来要更加强调对相关利益者的关注，尤其是环境和公共利益的既得（董文伟，2016）。

（六）注意地域文化的影响

由于受我国传统官僚主义文化的影响，"官本位"和"君贵民轻"的思想观念根深蒂固地存在于人们思想中，难以真正把握好以公共责任为代表的绩效管理的核心内涵。因此，原本作为一种推动政府有效履行公共部门责任的管理工具，提高政府绩效和公共服务的能力的绩效管理，在实际运行中却出现了抵制甚至弄虚作假的情况。由于绩效管理涉及绩效考评，考评结果又与官员的各项利益相挂钩，根据"经济人"假设，人们都是利己的，都希望以尽可能少的付出获得最大限度的收获，即使是在公共领域也是如此。"理性"的官员会因为绩效结果考评的好坏威胁到他们的既得利益，所以心理上是不太愿意进行绩效管理工作的。因而在未来的绩效管理研究中，要注意地理区域间的文化对其的影响和制约（董文伟，2016）。

（七）更加注重团队绩效

绩效管理在研究对象上经历了从员工绩效到团队绩效，从一般员工绩效到核心员工、知识型员工、高管绩效的转变。未来组织重组更加关注团队绩效，而非个人绩效，更多的企业开始强调团队绩效和团队合作。在以工作团队为基本单元的生产管理模式下，研究以团队或组织绩效为基础的薪酬管理制度成为一种必然趋势。

（八）构建和实施动态以及虚拟环境下有关企业的业绩评价

在当今社会，由于企业可持续发展的内外部环境都在逐渐动态或是虚拟化，加之关键人才的流动性、可用资源的稀缺性、目标市场定位的改变、终端客户的不确定性、供应商的选择性以及虚拟营商、战略联盟和协同电子商务的出现。总之，以上因素给企业的战略业绩评价无疑带来了不可避免的困难，所以，在不确定性环境下的企业业绩评价是学术界面临的一个难题。那么，构建和实施可以实现动态与实时控制的战略性业绩评价的理论与方法体系，就成为今后理论界研究的一大方向。

（九）个人绩效对团队的双刃剑作用

基于个人的绩效考核对企业的必要性及其对团队合作的潜在负面效应使其在团队中的应用成为一个"两难的困境"。因此，研究如何实施绩效考核以适应团队合作的需要，进而提高团队绩效及组织绩效具有重要的理论和实践意义。现有文献较多研究基于个人的绩效考核如何影响个体对考核的反应，或者研究基于团队的绩效考核如何影响团队合作，较少有实证研究涉及基于个人的绩效考核如何影响团队合作，而这方面的诊断性研究更是缺乏。已有学者提出了这方面研究的急切需求，未来研究需要探索基于个人的绩效考核如何影响团队绩效，从而为基于个人的绩效考核在团队中的应用提供理论和实证基础。

总之，绩效管理是一套有目的的、系统化的管理实践，就必然存在其理论基础。但是考察表明，就绩效管理而言，当前绩效管理文献的基本特征是从管理者的视角出发、以"应当怎样"的知识形式出现，而对绩效管理观念、原则所依赖的理论和实证基础的研究则非常少见。且不同的绩效管理教材在着力阐述绩效管理应当"如何做"的同时，对于绩效管理的理论基础的分析却相当的模糊和不完整。由于可能来自不同领域的各种理论之间通常存在或多或少的联系，因此，未来的研究应当关注不同理论是如何有意义整合在一起，系统地构建起绩效管理的理论基础。

人力资源管理

二、绩效管理研究方法展望

（一）多维度研究

由于绩效管理的维度在发展中不断地演进，因此，在进行绩效管理活动时，如何从多个维度、使用多种方法综合地评价绩效活动，成为未来的研究趋势。从工作绩效到周边绩效再发展至适应性绩效，每一个维度的提出都是对管理现象由表及里的思考。在未来的研究中需要重点关注绩效管理的动态性演进，并且通过不同的方法对研究成果进行对比和验证。

（二）实证数据的选取

学者们较多选取的是截面数据，变量之间的因果关系不能直接被证实，鼓励后续研究做纵向时序的研究。

（三）跨学科的综合研究方法

在企业业绩评价中引入经济学、组织行为学和心理学等学科的研究成果。理论研究已经表明，企业业绩评价涉及委托人和代理人之间的信任关系以及对评价结果公平性的认知问题，企业业绩评价直接涉及人的心理因素。因此，如何融合经济学、组织行为学和心理学等学科的研究成果来推导出可检验的假说，是企业业绩评价后续研究必须考虑的问题。

第八节　福利管理未来展望

一、福利管理研究内容展望

员工福利管理作为公司政策目标的重要工具和载体，多元化、弹性化是其发展趋势所在。丰富的福利制度设计将会在人才竞争中给企业带来无形优势（朱超棣，2015）。在世界500强企业中，很多卓越的公司都已实行弹性福利制度，并作为组织管理中的重要闪光点，为组织在前进道路上发挥光芒。相信未来会有越来越多组织将重视起弹性福利的管理价值。

中国目前关于福利的单独研究还比较少，绝大多数研究只是把福利作为薪酬的一部分进行研究，而且已有的关于弹性福利的研究还仅限于编译介绍国外的弹性福利的文章，以及对弹性福利在国内的实用性和趋势的研究。

1. 弹性福利制。弹性福利制始终贯彻企业利益与员工利益协调发展并使之最大化的双赢思想。在"以人为本"管理思想的推动下，弹性福利制也将成为福利管理发展的新趋势（伍辉延、雷霞飞，2015）。弹性福利制对现有企业福利制度进行的整合与优化，是一种创新式的福利管理模式，其重大突破就在于它深深地印证了"以人为本"的现代管理理念，它让员工拥有了主动权，尊重了员工自我需要的价值（胡阳、夏彩云，2011），而不是被动地接受同一而单调的福利计划（孙悦，2018）。

根据前景研究得知，员工首先想拥有的是生活保障福利，其次是职场发展福利，最后是医疗保障、投资计划福利等，其中弹性工作时间是 80 后的最爱（徐淑妮等，2011）。这表明在不同的层次不同的年龄阶段，员工对福利的需求是多样化，是从基本需求到价值需求的一个阶梯式形态，如文章之前所提到的，基于人口统计变量的区分因素虽然在学术界的研究大热但在企业实践中并未有大规模落实，如果企业忽视了这些因素，最终会导致员工的流失和竞争力的削弱。除了人口统计学的因素，未来可以以我国员工的典型构成或劳动类型分类（如体力劳动型员工、知识型员工）来细化弹性福利计划，探索合适的福利管理规划。

以企业生命周期阶段、行业作为细分情境也是研究的方向，将情境作为横向，将福利细分项目作为纵向形成完整福利管理规划系统，是企业福利管理的现实需求。

可见，弹性福利是未来企业福利管理的一大发展趋势。固定、传统的福利模式已经无法满足当今员工的实际需求了，也就无法对其产生足够的激励作用；而弹性福利作为一种灵活的福利管理模式，不仅仅为员工自身带来福利，同时也满足其家属对福利的需求，使激励效果更加显著。

2. 外包福利。外包福利的一种含义是将福利计划中的一些项目外包给专业的公司来做，这种做法在美国已十分普遍（雷昊，2013）。

傅宇、黄攸立、姚辰松（2007）认为，网络技术和业务外包的飞速发展为弹性福利计划的实施创造了良好的条件，弹性福利外包已成为企业今后员工福利管理发展的主流趋势。随着弹性福利外包市场的不断成熟，在给企业带来诸多利益的同时，要求广大企业从战略的高度来认识弹性福利外包活动，深化对弹性福利外包的优势、风险及其风险防范的系统性认识，从而使企业和外包商之间的合作达到双赢（Win - Win）的目的。

根据价值共创理论（Prahalad，2004），这种将员工、企业、中间商（外包商）和供应商放在同一平台，各方均参与到价值创造流程中的行为就是价值共创，随着平台型企业的发展成熟，价值共创的实践对象正从顾客企业双方向生态系统发展，各方都是生产过程中的积极合作参与者（孙永波等，2018）。

此外还有研究者提出了以下视角：

如朱超棣（2015）、李建新（2017）提出建立多元福利体系的观点，主张从微观经济学的边际效用理论来分析，单一报酬所能给员工带来的边际效用将随着报酬的增长呈现出递减的趋势，而此时提供存量较少新型报酬将给员工带来更大的边际效用增长，从而使得总效用相比单一类型报酬时更高。李婷婷（2015）提出，小组社会工作介入企业员工福利管理也是一种新的视角，这种新的尝试弥补了人力资源管理的缺陷，社会工作在企业福利中的巨大优势在于社会工作以人为本的理念能够深入人心，从员工个人的角度出发关注人的发展，而最终的成果却是增加企业的利润，切实的为企业带来经济效益，从经济学的角度是节约人力成本，提高企业利润，并促进企业长久发展，并保证企业在同行业中的竞争中占有绝对优势。

企业在应用弹性福利制时，需要注意做到平衡，近来也有学者在未来展望时提到平衡型福利。平衡型企业福利即在中国市场经济条件下，为促进国家福利与企业福利形成各司其职、相互强化的补充关系，实现国家福利公平目标与员工福利效率目标协调互动的企业员工福利运行模式。平衡型员工福利作为一种运行模式，探索完成员工福利在项目类型、项目实现形式、员工享受范围等制度内部的平衡是未来研究的方向。

我国职场理论与实践的热点是家庭—工作平衡（丁学娜，2013），家庭与工作的矛盾是职场中十分突出的一对矛盾。由于中年人家庭压力普遍较大，对于中年的员工来说此矛盾更加突出。员工福利应当成为调解此矛盾的途径，而其中很多矛盾无法通过货币福利解决，员工迫切需要非货币形式的福利项目进行家庭—工作矛盾的平衡，而企业提供的非货币福利供给非常缺乏。因而寻找以员工福利为路径的家庭—工作平衡矛盾调解方式是未来研究的一个重要方向。

二、绩效管理研究方法展望

大多停留在定性阶段，在定量化研究方面还尚未有比较深入的进展。

陈秋萍、田芙蓉（2015）通过研究发现，企业福利整体对员工组织承诺有显著的正向影响；福利的激励性、灵活性、透明性对继续承诺具有显著的正向影响，福利的透明性对规范承诺具有显著的正向影响，福利的保障性、激励性、公平性与灵活性对情感承诺具有显著的正向影响。因此，提高福利水平、改善福利沟通、增加福利弹性是提高员工组织承诺的重要途径，也是企业福利的发展趋势。

第九节　员工培训与开发展望

对于员工培训与开发的研究，主要集中在培训与开发的内容、基于的视角、理论基础、新旧培训与开发体系的对比等方面。在培训与开发方面，阐述了培训的主要内容、方法与形式；学者们站在不同的视角对培训与开发进行分析：需求分析的视角、职业生涯管理的视角、战略性的视角、效果评估的视角和胜任力模型的视角等；所涉及到的理论有马斯洛的需求层次理论、人力资本理论、冰山模型等。

一、员工培训与开发研究内容展望

（一）战略性人力资源培训与开发

在战略性人力资源管理的视野下开展员工培训，需要注意以下两个问题：第一，员工培训应当是竞争战略需要什么就培训什么、形成竞争优势缺少什么就培训什么，而不是流行什么就培训什么、有什么就培训什么。这从表面上看来培训工作轰轰烈烈，但实际效果不大。第二，培训要使员工有更多的收获，能够帮助企业形成、巩固竞争优势。一般来说，当员工现有的技能、知识不足以完成工作，业绩不能达到理想水平时，企业的竞争力就会下降（万万等，2004）。

因此，企业如何在自身战略发展的框架下，根据未来发展的需要，使员工受到良好的培训，拥有工作所需知识与技术成为未来研究的趋势。此外，研究如何使员工积极地参与培训，提高员工的培训需求意愿也将成为未来研究的热点。

（二）培训内容多元化

当今世界的培训发展成为一个比较独立的阶段，培训发展呈现出全员性、终生性、多样性、计划性、专业性的趋势（徐翀，2013），培训手段多样化、培训内容多元化的趋势更加显著。翻转课堂模式将课前信息传递、课堂互动、情景案例教学等环节结合起来，通过学习过程场域化，加强互动，从而提高员工的学习效果（唐秋勇，2017）。

培训内容也有一定的变化。研究员工培训内容的学者也不再仅仅关注与工作绩效相关的技能培训上，也逐渐将研究的重点投向心理资本的开发，建立心理资本干预体系，发展心理资本的自我效能感、乐观、希望和韧性四项核心能力，更多地思考如何提升员工的积极情感，促进工作—家庭增益，实现企业与员工的双赢（王隽，2014），这也成为今后研究员工培训学者们关注的热点。

（三）对于领导的培训与开发

领导作为一种特殊的员工，其培训与开发更应该得到特殊的重视。领导是组织的代理人、企业的化身，其一言一行与能力的高低，不仅影响着其下属，而且代表着组织的声誉，因此，对领导的培训同样重要。在组织行为学领域，领导行为成为一个热点话题，并产生许多新的领导行为，比如：道德型领导、共享型领导、谦逊型领导等。大多数研究主要集中在领导行为的有效性，对其前因知之甚少。因此，未来研究中，可以对这些有利于组织的领导行为的前因进行探讨，探究是否可以通过培训使领导的思维、行为发生改变。

（四）培训外包

在市场经济环境下，经济增长方式发生转变，企业培训也必须相应的转变，即从"粗放"到"集约"，将极为有限的培训资源用于最急需的培训项目上。然而，企业的培训可能由于企业内部资源的局限，仅仅依靠企业内部的力量，难以及时有效地对员工进行培训。相反，通过培训外包可以打破这一局限，提高培训绩效，开发人力资源从而实现企业人力资本升值。因此，将员工培训交给外部具有这方面核心能力的供应商完成，成为很多企业的选择。培训外包进一步发展（李旭，2017），而且将成为一个新的热点（王相平、曹嘉晖，2006）。

（五）学习型组织

员工培训不能再简单地采用个体学习方式，在未来组织中团队学习模式更为适用。团队学习可以促进个人成长，由于个体间差异的存在，每个人都可以发现自身的比较优势，团队学习可以有效发挥队员个人的比较优势，来达到团队内部的互动。同时，通过团队学习能使团队智慧融入个人化理念中，以不断适应新形势下开展业务的工作需要，还有利于提高团队核心竞争力。为了促进团队核心竞争力矢量叠加，必须建立"学习型企业"（王相平、曹嘉晖，2006）。实践证明建立"学习型组织"的企业是最具竞争力的，因此，"学习型组织"将成为员工培训与开发体系的战略目标（郑洁，2004）。

（六）电子化学习（E-learning）

传统的 Face to Face（面对面）教育、培训和学习的方式已难以适应新时代的要求，越来越多的企业正在逐步采取基于计算机和互联网技术、以人为中心的 E-learning（电子化学习）的新模式（郑洁，2004）。电子化学习有利于当今时代企业进行培训变革，向电子化培

第六篇　人力资源管理

训转变 E-learning 的发展是与员工培训理论的发展同步进行的，而且 E-learning 的发展将会引发培训变革（徐翀，2013）。

（七）企业大学

有些企业建立了专门的公司大学，专门负责企业的培训工作，甚至还向社会或相关组织提供培训服务（李旭，2017）。过去的企业大学主要从事以教育为核心的培训工作，而现在除了要以培训为核心，更重要的是要关注学习者的学习体验。唐秋勇（2017）在《HR 的未来简史》中也提到未来要将企业大学打造成企业专属的、专注于服务员工的、以员工为中心的知识工厂；而且未来的企业大学要摆脱原有学习方式的约束，更多的是要促进员工"思"，帮助员工将学到的知识落实在大脑里，形成最终的神经网络。但是如何使知识工厂和大脑中的知识网络起作用将成为今后争论的热点。

（八）农村劳动力培训与开发

农村人力资源培训与开发关系到我国全民素质的提高，开发、利用好农村人力资源，对于改善农民就业、提高农民收入具有重要的意义。而目前国内关于农村人力资源开发这一领域仍然缺乏系统的分析，研究现状尚不明确，不能为农村人力资源开发的实践提供明确的指导。未来需要进一步加大对农村劳动力资源培训与开发的关注。

（九）其他视角

目前国内外学者对企业员工培训理论已有的研究大多是集中在基本理论和方法的分析上，很少有学者对具体的培训类型进行深入研究（林森，2012）。因此，未来对培训方面的研究重点可能会放在具体的培训类型上。

国内学者关于人力资源培训对员工情感承诺影响的研究还不多，现阶段的研究仅关注在有无培训、培训环境、是否重视员工培训等培训外部指标对情感承诺的影响，忽视了培训内容、方式等培训内部指标对员工情感承诺的影响（Ahmad & Bakar，2003；宋利等，2006）。因此，从具体的培训内容和培训方式等方面来研究人力资源培训对员工情感承诺的影响可能会成为未来培训方面的研究热点（邓植谊，2011）。

二、员工培训与开发研究方法展望

现有的研究大部分都是从理论的角度论证员工培训开发，缺乏数据支持。对研究文献进行深入分析后发现，对于相关现象的探讨，研究者们基本上停留在问题的描述和对策制定上，并没有经验证据支持，这使得提出的对策很难在实际中应用或收效甚微。因此，亟须研究者们通过实证调查，运用经济计量方法来研究员工的培训与开发的相关问题。

从劳动力供给侧与需求侧两方出发来研究员工的培训与开发问题，详细分析目前和今后中国劳动力市场对人力资源的需求状况。只有这两个方面的结合，才能把握劳动力市场的整体状况，更全面地开发和利用员工的智力资源、体力资源和人格资源。

结合具体的社会组织对员工的培训与开发作出研究，特别是社会组织对员工培训与开发的影响以及两者之间的互动机理方面的研究。另外，从社会组织的关系性维度、结构性维度和认知性维度三个维度来探讨开展员工的知识共享行为，想方设法提高员工培训与开发的效果。

第十节　职业生涯研究展望

一、职业生涯研究内容展望

当前学者们对职业生涯的研究主要分为职业生涯进入、职业生涯发展以及职业生涯结果三大部分，其中，对职业生涯进入的研究较少，对自我职业生涯管理和组织职业生涯管理进行研究的学者居多，还有一些学者基于挑战与变革、人力资本、社会资本和心理资本等视角等对职业生涯发展阶段进行研究，对于职业生涯结果的研究大多集中于职业生涯成功与职业生涯高原两方面。

（一）职业生涯持续学习研究展望

学习是人类与生俱来的行为，这类行为不仅改变了人类和世界的关系以及人们彼此之间的关系，而且推动了学习行为本身的变化。职业生涯持续学习就是伴随着人类步入知识经济及互联网时代而日显重要的学习行为之一，也是我们未来对职业生涯规划所应研究的方向之一（董薇等，2016）。

董薇等建议，未来一方面可更多关注富有"中国特色"和"时代特色"的职业生涯持续学习现象。比如，中国的年轻女性是否会像她们的"前辈"那样，在婚后将更多的时间和精力投入到"相夫教子"之中而减少职业生涯持续学习行为。

另一方面，未来还可进一步探索提升职业生涯持续学习意识、动机及具体行为的有效途径，比如：作为学习者，应如何培养主动、持续的职业学习意识，识别自己的职业知识技能缺口，提升自己在互联网时代的知识搜集、辨别、整合及消化能力；作为组织的领导者或管理者，应如何看待"知识"在未来组织发展中的价值，构建组织与员工在关键知识的获取、储存、转移等过程中的新型互动模式，革新以往的组织培训体系并通过更具前瞻性和吸引力的职业生涯持续学习项目来赢得优秀员工的持久承诺及组织人力资本的积累；作为政府和社会管埋部门，应如何为社会各类职业人群提供普惠性政策及公共服务，增加对普通民众尤其是弱势职业群体职业生涯持续学习的支持等。

（二）职业生涯幸福感研究展望

随着经济的发展，人们对职业的追求已不仅仅满足于解决基本的生活需要，从职业中获得成就感、实现个人价值、达成职业与生活之间的平衡等逐步成为人们追求的主要目标。这种转变的一个最直接体现是人们越来越重视职业生涯幸福感（翁清雄等，2014）。

因此，翁清雄等建议，未来关于职业生涯幸福感的研究应更加突出特殊性，更多地从个体纵向职业发展的角度来思考，尤其要考察个体的工作经历、职业态度和行为等与其职业生涯幸福感之间的联系。同时，除了个体、岗位、职业和组织等层面因素之外，未来可对社会层面因素对个体的职业生涯幸福感是否产生影响进行更加深入的探讨，如随着社会的发展，个体所从事的职业在社会中所拥有的声望、地位的改变是否会引起个体职业生涯幸福感的波动等。

（三）创业者职业生涯研究展望

近年来，创业者职业生涯问题的理论研究受到了研究者的广泛关注。与一般职业生涯问题研究关注组织背景下个人在职业发展过程中碰到的问题与冲突解决，或者研究个人如何随着职业生涯的发展在组织中的晋升不同，创业者从一开始就处于其所创建组织的最高层职位，创业者的职业生涯问题研究在研究的范式内容和方法上都有其特殊性（赵晓东等，2008）。

赵晓东等建议，由于不同类型的创业者其创业背景不同、所创企业的性质、类型各不相同，未来研究应当区别不同类型创业者在职业生涯问题上哪些是一致的，哪些是存在差异的。此外，虽然中国改革开放的时间不长，整体经济尚处于快速增长时期，真正意义上的企业家阶段才刚开始形成，但由于中国整体经济大环境越来越开放，越来越多的人选择了自我创业的职业发展道路，因而未来还可对中国本土创业者的职业生涯问题进行深入研究。

（四）职业生涯高原研究展望

一方面，未来应加强职业生涯高原对消极行为的整合研究（如探讨对反生产行为的影响机制），这可为治理职业生涯高原负效应提供理论依据，同时职业生涯高原不仅对自身产生不良影响，而且它的消极作用还具有一定的传递性，由于领导在团队中具有特殊地位，那么其职业生涯高原可能会产生纵向的传递效应，因此，未来研究可分析职业生涯高原是否会从领导传递至团队或团队成员，以及其背后的理论基础和传递机制。另一方面，职业生涯高原影响效果的光明面也需要在未来的研究中得到重视，如导致工作—家庭平衡的正外部性，但这一结论可能严重地依赖于情境，应关注在何种条件下职业生涯高原会带来积极的影响效果（王忠军，2015）。

（五）个人—组织职业生涯管理契合研究展望

随着生活水平的不断提高和医疗保健条件的不断改善，人们的平均寿命也不断延长，大多数达到法定离退休年龄的人员仍保持着良好的身体健康状态。其中有一部分掌握专门知识技术，具备高级工、技师和高级技师等资质的知识型员工，是组织中不可多得的人才，不仅能为组织直接创造价值，而且能起到传帮带作用、间接创造价值。

在人口老龄化社会，如何看待这部分处于职业衰退期的员工，如何发挥其作用，使个人—组织有效契合，是组织人力资源管理的重要课题，也是政府乃至全社会都应重视的现实问题，因此，未来可探究职业衰退期影响个人—组织职业生涯管理契合的因素，有效发挥处于职业衰退期员工的作用（郭文臣等，2014）。

（六）工作—家庭平衡研究展望

家庭支持是帮助个体层面应对工作和生活领域的多重角色需求，维持工作—家庭平衡的关键资源。对于工作—家庭平衡点的研究，是整个人力资源管理过程中的一个重要方向。目前，人力资源管理的研究主要是家庭和工作的满意度对于员工工作质量和水平的影响，通过降低工作和家庭的矛盾，提高二者的和谐度。伴随着研究工作的进一步展开，如若想要实现工作与家庭的平衡发展，就要实现工作与家庭角色中精力的科学分配，只有实现了工作—家庭冲突之间的平衡，才能达到产生积极效应的目的。在未来工作—家庭平衡的研究过程中，我们注重从以下几点进行研究：

1. 从注重个体层面的研究转向对家庭、组织以及社会层面的研究：目前对于工作—家庭平衡的研究过程中强调的是个体层面对其的影响，但是在实际的研究过程中，我们会发现，对于工作—家庭平衡冲突还会受到家庭、组织以及社会层面的影响，例如：家庭的方方面面会影响到个人的心情以及情绪，进而会影响到个体的工作质量和水平；而组织、社会的环境会影响到个体的心理，个体可能会将此情绪带入到家庭当中去，影响家庭。所以在未来的研究过程中我们需要加大研究的范围。

2. 从静态横面研究转向动态纵向研究：现今的研究方法倾向于静态，而定量分析采用横截面数据分析。但是工作与家庭的冲突实际上是一种不断变化的现象，是会随着经济社会时代的变化而不断变化的，因此，在未来的研究中需要采取动态的纵向数据分析方法，这也是未来在研究方法上需要实现的突破。

（七）职业成功研究展望

从以往的研究中可以看出，虽然有客观成功和主观成功的划分，但李永鑫（2009）等认为，大多数经典的职业成功的研究关注的是客观成功，而薪酬和晋升被作为衡量职业成功的最有效的指标，成为人们普遍追求和认同的职业成功标准。虽然主观职业成功也逐渐被引入到了关于职业成功的研究中，但主观职业成功大多数时候被操作化成为工作或职业满意度，并没有揭示主观职业成功所包含的真正内容，因此，未来对主观职业成功的测量指标还有待进一步深入探索。

余琛（2012）认为，与职业成功密切相关的个体特征就是个性，大量研究均表明某些个性特征与职业成功之间呈现正相关。但其实，职业生涯管理是一个比较复杂的、涉及一系列行为策略的动态过程，其成功不仅取决于员工自身的个性，其能力、价值观、态度等个人因素也会起到不同程度的作用，同时还会受到来自于家庭、组织和社会的多种外部因素的影响。根据系统论的观点，职业成功的因素是内部因素和外部因素有机的结合。因此，更加广泛地关注职业成功影响因素是未来研究的方向。

当今知识经济时代，员工职业生涯发展的目标发生了变化。梁宇颂（2005）认为，随着知识经济的来临和信息技术的发展，员工与企业的心理契约关系发生了变化，人们认识到企业不可能提供长期稳定的工作，个人追求的应当是自身技能的发展和能力的提高，以提高自身的受雇佣能力。在这样的背景下，职业成功的影响因素等问题均发生了巨变。

目前，绝大部分的研究仅仅局限在简单地探讨职业成功与各种影响变量之间的关系，而很少有研究者去深入探讨这种关系背后的作用机制，也很少有研究者探讨职业成功的产生或发生机制。因此，为了深入地探讨发生和作用机制，提升研究的理论和实际应用价值，未来的研究应该加强职业成功过程的动态跟踪性研究。

但是，目前国内在职业成功方面的实践和研究还处于探索阶段，由于中国企业在规模、外部环境、员工素质和管理水平等方面都与西方国家有着较大的差异。因此，在中国社会文化的管理情境之下进行研究，将西方管理理论与中国企业管理实践相结合显得尤为重要。

近来很多学者将研究的关注点从组织对女性的故意排斥转向了所谓"第二代性别障碍",即考察工作场所结构及其安排、组织性别价值观和文化,以及不经意间眷顾男性的组织行为和工作互动等组织实践对女性职业生涯及职业成功的影响(Ely & Meyerson,2000;Kolb & McGinn,2009;Calas & Smirchich,2009;Ely et al.,2011)。

肖薇等(2013)认为,关注相关组织实践的转变(包括组织结构调整、组织规范重塑和组织文化变革)对女性职业生涯及职业成功的影响这一方向的研究,能够为未来女性职业生涯发展与职业成功研究提供丰硕的成果。

1. 未来的研究应该更多的在探索不同的组织结构与女性职业成功的关系方面做出努力,例如,探索并验证提供多种职业发展机会和路径的组织将拥有女性管理者更高的组织承诺,向女性提供在组织内部证明其创造力的机会将拥有较低的女性离职率,能够识别并利用女性不同职业生涯阶段才能的组织将成为女性长远的选择等命题。

2. 未来的研究有必要更好地探讨这些组织公平问题,并且为构建更多有利于女性职业发展的组织规范提供理论指导,比如,探索并验证系统地提供正式和非正式导师、社会网络支持的组织会将更多的女性纳入高层次人才培养计划;进行系统公平性评估的组织将能发现组织规范对不同性别员工的影响差异,从而能够及时做出必要的调整,以便将这些规范的非预期不良后果最小化等命题。

3. 未来的研究应该更多的在挖掘不同的组织价值观和文化与女性职业成功的关系方面做出努力,比如,探索并验证组织如果拥有积极支持工作—家庭福利政策的高层领导,则将收获女性管理者更高水平的组织承诺、组织公民行为和满意度;那些提供管理支持和角色模范以及完整生活友好型组织文化的组织将能够吸引并留住优秀的女性员工等命题。

二、职业生涯研究方法研究展望

1. 开发本土化职业生涯持续学习测量工具。董薇等(2016)建议,未来的研究可以参照罗登和史密斯(London & Smither,1999)的职业生涯持续学习构念模型,在广泛的职业群体中开展访谈和调查,开发本土化测量工具,并以此考察和比较处于不同职业生涯发展阶段的多种职业群体的职业生涯持续学习特征。

2. 开发专门测量职业生涯幸福感的量表。目前为止,还没有人专门根据职业生涯幸福感的概念属性开发出相应的测量工具。翁清雄等(2014)建议,未来的研究可在基德(Kidd,2008)对职业生涯幸福感的概念模型基础上通过实证研究开发出一套信度、效度较高的职业生涯幸福感量表。同时,职业生涯幸福感研究侧重于个体不同职业经历的影响,因此,横截面数据难以奏效,无法推断变量之间的因果关系,因此,未来可采用纵向研究的方法。

此外,职业生涯幸福感并不稳定,容易受到每天的工作与生活经历的影响并产生波动,因此,建议未来的研究采用多波次观测,以探析个体心理的短期波动及其原因。例如,可以采用这种方法分析个体的工作压力变化、人际冲突状况对其职业生涯幸福感波动的影响。

3. 未来还应加强对职业生涯高原的影响因素的研究,特别是对组织因素的实证研究。一方面,这可以拓展影响因素研究的多层次视角;另一方面,也有助于提炼职业生涯高原的组织管理策略（王忠军等，2015）。

未来可尝试在目标管理理论、社会学习理论、期望理论等动机及行为理论的基础之上，构建整合的职业生涯持续学习作用模型，并考察职业生涯持续学习与关键前因及后果变量间的关系。

例如，从目标管理理论和社会学习理论的角度看，个体的职业生涯持续学习行为是否会受到自身职业生涯发展目标、职场或组织发展的客观要求等一系列内外在目标的引导；在经由职业生涯持续学习达成上述目标的过程中，个体是否具有有利于学习的人格或价值观、是否拥有良好的自主学习能力以及高水平的持续学习动机、能否获得优质的学习资源以及有经验的指导和训练、能否处于有助于学习的环境氛围等，会如何影响个体的职业生涯持续学习表现等（董薇等，2016）。

4. 对于职业成功的研究，周文霞（2007）认为，先前的研究大多采用定量研究的方法。定量研究十分强调研究程序的标准化、系统化和操作化，注重现象之间的相关性，能够有效地建立起变量之间的联系，但是在解释变量之间联系的原因时会显得有些不足；而定性研究则能够帮助解释变量之间的联系。定量研究一般都是从研究者事先设定的假设出发，通过收集数据对其进行验证；而定性研究强调从被研究者的视角理解他们行为的意义和对事物的看法，这种方法非常适合对职业成功观的研究。未来的研究可以把两种方法结合起来，拓展职业成功研究的深度和广度。

另外，在进行职业成功的研究中，大多数学者采用的是员工自我报告的方式搜集数据，李永鑫（2009）等建议，在未来的研究中可以考虑采用多种方式收集数据，这样可以有效地消除某一种方式搜集数据带来的偏差，这样衡量的结果也就接近客观和事实。关于研究样本，在未来的研究中可以在非营利组织中采集样本，然后与营利组织的研究结果进行对比，找出它们之间在职业成功概念的解释、职业成功标准的选择等方面的共同点和差异之处，建立一个职业成功的预测模型。此外，组织可采取什么干预措施来促使员工的职业成功也应当在未来研究中加以思考和实践。

贝尔和斯托（Bell & Staw，1989）指出，多学科的研究方法对于职业生涯的研究非常适用，因为职业生涯这个概念不仅可以从各个学科的角度来考虑，同时也需要从各个领域来研究，职业成功也是如此。因为职业成功这个概念很难单独被任何一个学科所概括，职业成功观的多元化特征需要从多个角度得到解释。未来可通过多方面的探究，让我们对职业成功的认识将更加全面。比如：从心理学角度关注个人特征对职业成功的影响，到社会学从家庭、职业、组织和社会环境角度对职业成功观差异的解释，以及经济学角度有关人力资本对职业成功的影响等。

另外，周文霞（2007）还认为未来的研究应当对职业成功的主观标准与职业成功感作出区分，以往的研究经常把二者混为一谈，但其实，二者的内涵是不一样的。主观职业成功标准反映的是一个人的职业成功价值观，而职业成功感是对自己职业发展符合职业成功标准的主观体验。

基于社会比较的理论，人们会采用与自己的职业目标相关的标准来对职业成功进行概念化和评价，达成了自己设定的某一个目标，就会感受到自己的成功，此外，人们还会采用与他人比较的方式评价和感受职业成功。而职业成功的感受会随着比较基础的不同而发生不同的变化，因此未来的研究需对此加以区分。

第十一节　劳动关系研究展望

一、劳动关系研究内容展望

在全球化的驱使下，我国劳动关系出现了很多的新变化，尤其是在互联网技术、云计算以及大数据迅猛发展的时代，我国劳动关系从基础理论到具体法律制度建构都面临着根本性的调整与变化，这构成了当代劳动关系法律面临的基本问题，也引起了学者们的研究兴趣。有学者针对网络环境下的劳动关系变化进行了实证研究，从就业人数、就业工资与工作时间等方面入手，进行了充分的对比分析（纪雯雯等，2016）；也有学者对新型的用工模式的特征和变化历程进行了介绍，并阐述了其与传统劳动关系的区别（王天玉，2016）。

在传统劳动关系模式中，劳资冲突之所以发生，其根源主要在于劳资之间所产生的利益冲突，而在"互联网＋"的共享经济背景下，员工获取经济利益的途径已不再局限于企业内部，其能够获取的利益空间主要取决于自身的人力资本价值，而不再受制于资方的意志（陈微波，2016）。

因此，企业与员工之间的关系可以由以往的劳资雇佣模式，转变为基于价值基础的合作模式。对于员工或劳动主体而言，合作关系为其提供了更自由的发展空间，能够最大限度地发挥创造力，挖掘自身的人力资本潜力（苏永杰，2009）。

同时，在数字经济下，未来的工作呈现出多层次、多类型并存的状态，对这些多样化的工作方式缺乏清晰的劳动关系界定。劳动争议成为劳动人事关系处理中比较棘手且复杂的问题。在未来组织的界限越来越模糊，人们对组织的依赖会减弱，组织间的关系更加紧密，劳动关系的管理会变得更加复杂。

具体来说，未来合作型劳动关系研究将呈现出以下趋势：

1. 合作型劳动关系质量的评价。从已有的研究成果来看，对合作型劳动关系质量的衡量标准和检测指标的系统研究还不充分，但这是合作型劳动关系理论与实践的重点问题，需要未来通过系统的验证形成相应的研究成果。从实践方面看，以往对于合作伙伴关系成功与否的评价通常来自于组织的经验，也来自于组织内各主体或相关机构对于伙伴关系实施结果的主观评价，尚未形成被一致认可的有关实施效果的检测指标及成功与否的衡量标准，学者们在这个问题上也没有形成一致的看法，这一点与企业管理层的想法有些类似（张立富等，2016）。

企业对于实施合作型劳动关系也有着不同的目的与评价标准。例如，有的企业仅仅是为了缓和劳资的冲突与对立状态，改善劳动关系氛围，而对于绩效及成本问题没有太多考虑。而有的企业更多的是为了提高雇员参与水平及企业的创新能力，目的是提高绩效及企业的市场竞争力（Films et al.，1999），未来也需要对合作型劳动关系的目的与评价标准进行详细研究。

2. 中国情境下的合作型劳动关系。合作型劳动关系的研究与实践兴起于欧美，各国也存在较大的差异（Wells et al.，1996）。不仅在劳动关系的运作模式及工会组织的构成与运作模式上存在较大的差异，在企业和政府组织的合作型劳动关系实践方面也存在较大差异。

当前中国情境下的合作型劳动关系研究还处于起步阶段，但该领域将成为国内学者的研究重点。中国劳动关系的发展历程与发展模式并不同于英美国家产业工会模式、日本企业内部工会模式及欧洲大陆工会社会化模式，但这些国家在工会治理、劳资谈判与集体协议等方面的理论和实践经验仍然值得借鉴（张士富等，2016）。涂永前等（2018）认为，对西方合作型劳动关系运行模式的借鉴既可以采取理论与模式的选择与修正来制定具体方案，也可以通过跨国公司的管理输出或合作型劳动关系运行模式的"溢出"来实现。

例如，一些英美企业成功的将北欧的合作型劳动关系模式植入到了本企业，使紧张对立的劳资关系得到了缓和并提高了当地企业的运转效率和利润率（Rolfsen et al.，2013）。合作型劳动关系也是企业经营管理系统的一部分，跨国企业的国际化经营往往携带着含有母国文化价值的经营管理模式（Deakin et al.，2009）。因此，在华跨国企业合作型劳动关系模式等的迁移问题在未来的研究中也应得到关注。

另外，随着我国近年来科学技术水平的不断提高，共享经济也越来越成熟，从而衍生出了共享平台行业。共享行业的出现对我国经济的发展起到了促进作用，但在共享经济的大背景下的劳动关系问题频发。所以，我们不能够以传统的人力资源管理中的劳动关系作为研究视角，要转移到共享经济的大背景下，以共享经济的研究视角去研究劳动关系。

在未来的人力资源管理研究的过程中，我们必须对于共享型用工的界定进行研究，我们可以从以下几点进行考虑：

1. 共享型用工关系的管理研究。当前各国法院对于平台发生事故的处理结果中也存在着很大的差别，政府和平台对于雇佣关系并没有明确的定义和规定，所以现在的《劳动法》《劳动合同法》等法律法规的管理已经不能够适用。所以，在未来的人力资源管理的过程中政府和平台首先需要将用工关系的管理纳入传统的人力资源管理的管理框架中，修改相关的管理标准以及条例。例如，可以将共享经济用工关系的主体业务绩效、风险承担、利益分配权重等管理内容纳入到现有的人力资源管理制度中；其次还需要注重相关法律法规的配套，在不阻碍共享经济正常发展的前提下，需要构建配套的专门法律法规等政策体系。

2. 研究对象从个别劳动关系转移到集体劳动关系。现有法律体系主要是针对个别劳动关系来进行制度设计，虽然相关立法对工会以及工会主导下的集体协商进行了较为原则的规定，但中国的集体协商制度与其他国家和地区的集体谈判制度存在本质区别。集体谈判制度是劳资双方长期斗争的结果，是劳资力量平衡后的平等对话机制，集体协商制度不是由市场自然生成，而是由国家自上而下推行。中国推行集体协商制度的目的并非是要建立集体劳动关系制度，而是为了更好地调整个别劳动关系，从某种意义讲，集体协商制度就是国家干预个别劳动关系的一种手段。正因为如此，我国劳动法律体系并不是一个既自成一体又动态发展的体系，在这个体系里，个别劳动合同制度与集体劳动合同制度之间缺乏必要的互助，导致劳动者与用人单位、工会之间很难实现互动。所以，在未来的研究过程中，需要对集体劳动关系多加重视。

3. 传统劳动关系体系不适应共享经济平台的就业模式。从调研结果看，签订劳动合同或协议的劳动者比例较低。尽管共享经济平台与传统企业相比，劳动者的自由程度较高，但劳动者依然要接受平台运营公司一定程度的管理。现阶段各平台为劳动者提供的保障差别较大，运营较好的平台为劳动者提供了相应保障，但大部分平台劳动者认为劳动者与平台之间的权利义务分配不平衡，劳动权益缺乏保障。所以，在未来的研究过程中需要对于劳动关系的权利保障方面多加研究，要从根本上解决劳动关系双方的真正权益。

4. 以多元化的视角对劳动关系展开研究。当前劳动关系研究理论与实践之间存在一定差距，要想实现研究目标，必须要建立新的研究方向，结合多元化发展模式以崭新的视角对雇佣关系展开研究。当前，我国企业的劳动关系与国外企业存在一定差异，应以跨文化劳动关系为起点，将理论研究运用到实践当中，以实现由研究探索时段向实践理论结合时段的过渡。在未来的研究过程中，要着重结合跨文化的大背景，以全新的视角研究劳动关系。在跨文化的背景下，对于外来的劳动者，我们需要结合多元化的视角进一步研究该类劳动关系，不能够以传统的视角去界定劳动关系。

5. 着重研究劳动关系的责益分配。在共享经济的大热潮下，平台在解决就业的同时，也发生了一些由于雇佣关系不明确所导致的责任承担问题。例如，发生的滴滴事件，承担责任的一方到底是平台还是劳动者，都没有一个确定的界限，所以，在未来人力资源管理的过程中有必要对于用工关系的责任承担和利益分配进行着重研究。

在未来研究的重点主要体现在以下几点：对于劳务提供者与服务需求者之间关系的界定研究；劳务提供者、服务需求者与平台企业三者之间的风险承担研究；劳务提供者与共享平台企业责权承担与利益分配研究。共享型用工关系的认定标准确立和性质认定是劳务提供者与共享平台企业之间责权利分配的基础，但在共享经济模式下，服务需求者应被纳入到共享型用工关系主体中。在交易过程中，共享平台企业对劳务提供者的资质负责，却不对劳务提供者的劳动时间、空间和内容进行严格控制，平台最终的收益来自劳务提供者收入的抽成；劳务提供者的收入不由共享平台发放，而由服务需求者直接支付，劳务提供者的劳动时间与劳动内容根据服务需求者的要求设定。从这个角度来说，共享平台企业具备信息交换平台的功能，对劳务提供者进行"雇佣"的是服务需求者。因此，在对共享型用工关系进行责权利比例分配时，服务需求者、共享平台企业与劳务提供者的关系角色确认具有重要意义。

二、劳动关系研究方法展望

我国劳动关系的研究还存在一些不足的地方：总体来说微观研究重视不够；多学科跨领域研究以及系统性研究明显不足；区域及行业间的比较研究有所欠缺；量化方法使用不充分等。

在西方，合作型劳动关系研究的规范分析取得了大量研究成果，但与管理学的其他研究领域相比，该领域的数量分析及实证研究仍然较为薄弱。埃文斯（Evans，2012）认为，当前的研究仍然大多停留在对合作型劳动关系内涵与意义的定性分析上。学术上的多元论者可能会发现合作型劳动关系的结果是"众所周知的难以数量化"（Johnstone et al.，2009），定量分析和模型推演较少，未来的研究应增加定量分析与实证研究，提高研究的可信度和实际应用价值。

未来的实证研究要从更为广阔的视角展开，并对现有的理论与方法进行整合。张立富等（2016）认为，合作型劳动关系的实证研究要涉及自变量、因变量与中介变量的选择与确定问题，由于研究视角和出发点不同，学者们对这些变量的筛选与确定可能会存在较大的差异。

以自变量为例，部分学者们是基于传统的劳资合作和劳动关系的视角，比较重视对工会的分析（Badigannavar et al. , 2005；Eaton et al. , 2008；Harrisson et al. , 2011），未来的研究将会更加重视对管理者、雇员、股东及利益相关者的分析。一些学者已经开始重视对某一主体的深入研究，如从雇员的角度出发，从压力感知水平、工作满意度、雇佣保障等方面提出相关的因变量（Rubin et al. , 2007）。也有的研究则从劳动关系与组织绩效产出等方面归纳了合作型劳动关系的因变量（Oliver et al. , 1997；Masters et al. , 2006）。这些都预示着未来合作型劳动关系实证研究的发展趋势。

当前对劳动关系是从多个视角研究的，例如，多元主义视角、一元主义视角、新多元主义和新一元主义视角等，但学者们对合作型劳动关系概念及范围和界定仍然很不清晰，大多数学者只界定了合作型劳动关系的部分特征，还有部分学者将合作型劳动关系等同于或近似于劳资合作，对二者不进行实质的区分（张立富等，2016）。

多元化的研究视角使学者们对合作型劳动关系的认识不统一，未来的研究首先应完善合作型劳动关系的基础理论研究，在伙伴关系的基本概念与范围界定、基本特征及与其他相关领域的关系等问题上取得共识。另外，未来的研究将逐渐形成被普遍认可的衡量标准，尽管可能不仅仅局限在某一个标准或量表。测量指标的选取及权重的确定是合作型劳动关系质量研究的关键问题（Alexander et al. , 2011）。

第十二节　团队管理研究展望

一、团队管理研究内容展望

受个体理性局限、任务复杂、竞争激烈和市场不确定性等因素的影响，团队逐渐成为人们工作与学习的基本单元，并在生产实践活动中发挥着重要的作用，成为理论界研究的热点（斯蒂芬·P. 罗宾斯等，2003）。团队管理研究从存在过程跨越时间长度划分为时点研究或横向研究、时期研究或纵向研究。

当前团队管理研究以选取团队截面的横向研究为主，包括项目团队、科研团队、策划团队、销售团队、创业团队、高层管理团队、虚拟团队等，其中以科研团队、高层管理团队、虚拟团队、创业团队的研究最为集中；而纵向研究的成果较少，大致经历了小型团队发展阶段模型、团队的业绩曲线、团队发展"间断—平衡"模型、我国团队代际演进模型四个阶段。一些专家学者通过加入时间维度对团队演化发展中出现的问题进行动态解析，并界定了处于团队不同发展阶段的一些特征。

团队管理研究的特点为：国别内研究多，国别间比较研究少；静态研究多，动态研究少；定量研究多，定性研究少。未来研究的趋势是向着比较研究、动态研究、定性研究的方向发展。具体到不同类型的团队管理来看，在研究中还存在很大的进步空间。

1. 高层管理团队管理。高层管理团队（TMT）是由在组织中主要承担战略决策职责的高层管理者所组成的团队，是决定组织发展和影响组织绩效的核心群体。因此，高管团队对于组织绩效与未来发展具有重要影响。为了能够给高管创新实践提供可操作化理论指导，未来高管团队管理研究对于异质性导致的多元高管团队类型，高管团队交互记忆系统，以及高管团队管理在团队创新绩效中的边界机制研究可做进一步深度剖析。

2. 虚拟团队管理。国内外针对虚拟团队的研究相对较少，大部分研究集中于虚拟团队管理中的信任机制、冲突机制与现有管理的拟合机制研究。因此，针对虚拟团队管理以及虚拟团队创造性绩效的研究还有极大的可拓展领域，如，关于虚拟团队沟通机制研究、创造性绩效的影响因素、影响机理、虚拟团队特质与绩效间的传导与边界的研究。针对当前存在的不同类型的虚拟团队管理的创新机制研究，虚拟团队的适用性需要大样本实证研究做进一步验证，虚拟团队管理内部机制剖析需要基于扎根理论的质性研究进一步深入（张豆，2018）。与此同时，随着共享经济成为主流，新的人力资源变革带来的组织制度的变化日趋明显，虚拟团队管理更应置身时代潮流，在重塑组织经营管理模式中焕发新的活力。因此，共享经济时代虚拟团队的价值再创造、信任建立、权利义务交换、运营模式转换是值得进一步关注的问题。

3. 创业团队管理。未来应该加强基于动态视角的特定环境条件和创业项目下的创业团队内部互动研究，探讨如何采用关系治理与契约治理手段来引入良性的竞合机制（Blatt，2009），让作为新创企业所有者和管理者的创业团队成员在不同的职能岗位和发展阶段都能有效地发挥各自的创业能力、专用性人力资本或社会心理优势，从根本上提高创业团队的决策质量和决策实施效果，从而改善团队创业绩效并促进新创企业成长。尽管团队创业和创业团队已成为创业研究的重要主题，但创业团队理论与应用研究仍有许多问题亟待解决，包括如何准确定义创业团队，如何确定创业团队研究的概念框架，创业团队有何类型与特征，创业团队如何演进，演进过程中团队成员如何互动，包括如何"好聚"（创业团队组建）、"好处"（创业团队发展）与"好散"（创业团队解体），等等都是值得进一步深入研究的课题（朱仁宏，2012）。

4. 科研团队管理。科研团队是组织整合有限资源以创造创新性成果的有效组织形式，是组织实现重大科技创新攻关的重要载体，是培养科技领军人才的重要科研平台。因此，科研团队是以实现前瞻性研究为目标，稳定从事理论基础与应用基础研究、关键技术攻关和新领域新方向技术研究等科研活动的多层次、多方向和多领域创新性研究团体。如何激发团队成员的个人活力、增强团队合作力，提升团队创造力是值得研究的问题。多学科背景下由于团队成员异质性导致的团队冲突调解，科研团队异质性知识池的开发利用对于科研团队的长足发展具有重要作用。同时，科研团队管理研究也可以从提升团队成员的"主观幸福感"方面，"情绪智力"对团队绩效的调节机制方面，以及"心理契约"在科研团队管理中的调节机制方面进行深入研究。针对既具有科研团队一般特征，又具有特殊组织特征的高效科研团队管理研究，应突破传统团队研究，赋予高校科研团队管理更多情境化研究。

5. 多团队管理。虽然目前国外的 MTS 研究在 MTS 领导效能、复杂情境下的 MTS 运作以及以跨组织大型新产品研发为代表的 MTS 应用性研究等方面取得了可喜的成果。但是，作为一个新的研究领域，MTS 的许多方面都值得研究，如 MTS 决策机制、MTS 内部运作模式以及 MTS 团队间关系范畴等。虽然现有研究在这些方面已有涉及，但相关问题并未得到研究者持续的关注，未来多团队管理研究应该纵向研究方面加强。同时，由于多团队管理在操作中常涉及规模的庞大性和地域的分散性问题，现实工作中大多数 MTS 都是基于互联网而虚拟运作的。又由于 MTS 自身的复杂性以及所涉及团队的广泛性，多数 MTS 并不能在一个完全开放的真实面对面交流平台上运作，各团队往往以分散的形式存在，团队间需要借助信息系统进行交流与沟通。因此，有必要就 MTS 的分布与虚拟沟通如何影响 MTS 运作进行研究。在 MTS 研究方法创新方面，马科斯（Marks，2004）曾建议用计算机模拟实验的方法来研究 MTS，这主要是因为现实中 MTS 的构成非常复杂，取样较为困难，采用计算机模拟实验的方法一方面能克服这一难题，另一方面也方便研究人员深入观察 MTS 的运作，并能模仿 MTS 的循环性、阶段性特征。但 MTS 是一种动态开放系统，某一时点的状态并不能反映其真实情况，因此有必要设计一些纵向研究。

二、团队管理研究方法展望

1. 本土化研究。已有团队管理研究主要集中在成熟的市场经济国家，缺少不同文化背景下的比较研究。TMT、虚拟团队研究主要在国外，缺少对经济转型发展中新兴市场中存在的团队异质性研究，而转型经济中的多数企业因功利性强而权力性、公平性弱，其行为不同于成熟经济体中的企业行为（牛冲槐等，2009）。国内团队管理研究应该在已有研究的基础上，增加对本土情境下虚拟团队、临时团队、多团队管理的关注。特别是基于国情的团队创新绩效提升机制研究，进而进行国别间的比较研究，从而发现真正适合我国本土组织科学可持续发展的团队管理办法。

2. 过程演进研究。已有文献中科研团队、TMT、虚拟团队的研究采用的是横断面的静态研究和团队的结构、异质性与团队绩效关系的动态研究，将横向研究与纵向的团队演化结合起来进行分析的还不多。未来团队理论研究将是加入时间维度，动态的对团队的多构面影响团队绩效的作用机制进行复杂性研究，深入解析团队管理的输入、过程、输出在团队演化的不同阶段所表现出的异质性。

3. 传导机制研究。研究主要集中在"输入"对"输出"的影响上，作为中间变量或缓冲变量的"过程"没有得到足够的重视。过程变量对"输出"的影响的独立性作用如何目前尚不清楚，此外，当期的"输出"对下一期的"输入"的影响目前很少涉及。团队重构将成为未来组织重构的趋势之一，重构能更好地发挥成员的聪明才智，更灵活地面对环境变化的挑战。

4. 动态因子研究。团队理论的研究重管理、轻开发。当人才占到一定比例的时候，集权式下科技资源支配权明显专有的管理模式将成为制约人才涌现和成果产出的因素，实现专有资源配置权向共享资源支配权的过渡及管理模式由集权专制向民主参与的过渡是突破人才涌现和科技创新瓶颈的必由之路。加入团队成员的成长发展等动态因子对团队演化及"输出"的影响作用机理解析的复杂研究可能是未来团队研究的一大难题。

5. 定性与定量研究的深入发展。近年来团队管理理论的研究中的数量化研究程度明显提高，但是学者已经注意到实证研究发现机理解析能力具有一定的局限，单纯地用数据检验各构念之间的关系并不能对团队管理实践提供切实可行的对策和建议。在数学建模，抽象情境，操作化变量的同时，应该深入团队管理实践探索，进行内容更丰富的定性研究。

将传统团队管理与新兴学科进行有效结合，以激活团队管理研究的新动力成为团队管理研究必要趋势，如神经管理学、量子管理学、行为经济学等新兴发展起来的学科的多元学科交融对团队管理创新视角的启发。基于行为经济学的公平偏好的激励机制对团队绩效的影响，神经管理学为团队管理研究对象提供了生理原理层面的细致区分与解释（田志龙，

2018），量子管理学催生了将物理学原理应用于团队管理变革机制研究中。为了更好地解决团队管理多维度、多进程问题，未来的团队管理研究需要借助生物学、物理学、行为经济学和实验经济学等更多非管理学科的力量。

第十三节　人力资源管理未来研究趋势

前面各节我们就人力资源管理的各个模块的未来研究趋势进行了展望。下面我们概括一下未来人力资源管理的研究趋势，我们认为：

对于人力资源管理实践的研究，持两种观点：一种是针对单个或多个实践活动进行研究，另一种是针对整个人力资源管理系统进行整体的研究分析。

在明确了系统结构之后，研究者还需要明确人力资源管理的测量层次。正如蒋等（Jiang et al.，2012）所指出的，人力资源管理系统是一个多层次构念。组织层面的人力资源管理是为了实现整个组织目标而实施的，它能被用于组织内的所有团队或分支机构；团队层面的人力资源管理则是针对在同一个团队或分支机构内工作的员工展开的，其目的是为了实现某个团队的目标；个体层面的人力资源管理则是指员工个体实际感知到的人力资源管理实践（Jiang et al.，2013）。基于此，我们有理由认为人力资源管理系统也应该是一个包括组织层、团队层和个体层的多层次构念。这意味着，在对人力资源管理进行测量时，首先要明确在哪一层面进行。当研究需要测量组织层面的人力资源管理时，应收集组织管理者的报告或将组织成员的报告进行聚合；在对团队或分支机构等的人力资源管理进行测量时，则应收集团队管理者的报告，或将团队成员的报告进行聚合；在考察员工感知的人力资源管理时，则应集中于员工个人的看法。

作为一种全新的人力资源管理实践，人力资源管理能为个体、团队、组织带来积极结果。未来的研究应对这一课题给予更多的关注，并将其应用于组织管理活动中，科学、有效地发挥其实践价值。

一、研究趋势

（一）人力资源管理与组织行为学的结合

目前，人力资源管理越来越多地借助组织行为的相关研究成果来更好地实现组织目标。在人力资源管理活动中，管理层普遍希望激发员工们的创新潜能和活力，从而贡献于企业发展。

以员工建言行为为例。一个普遍的认识是，员工建言有助于改进组织的工作现状，是一种有利于组织发展的积极行为。正因如此，学者们开展了一系列的研究来探索哪些因素可以促进员工建言行为的产生。

值得一提的是，中国学者们在这一研究领域中做出了相当卓越的贡献，诞生了一批高水平的研究成果。

面对全球化的竞争压力和持续动荡的外部环境，企业人力资源管理需要以汇聚员工智慧对市场变化做出有针对性快速反应。人力资源管理需要激发每个成员的参与，需要每位成员敞开心扉，勇于讲出自己的观点和看法。

但这一要求在现实中却远非如此，大多数的员工在工作中倾向于保持沉默而不是把自己的观点讲出来。员工保持沉默不仅仅是因为他们害怕触犯领导，同时他们也通过沉默维护同事关系，避免伤害同事。

针对这种困境，未来需要越来越多的学者关注于员工建言，探讨企业如何进行有效的团队建言管理，从而打破团队内的沉默，促进企业人力资源更健康的发展。

另外，对于组织层面的胜任素质来讲，目前虽然对此研究不多，但是我们在未来的研究探讨过程中需要对于组织层面的胜任素质有一个更高水平、更为广阔的视角去审视，着重去研究组织的胜任素质即组织的核心竞争力以及优势，在未来的研究过程中，我们有必要将个体的胜任素质与组织的核心竞争力结合在一起，在研究分析个体的胜任素质的时候，要充分考虑到组织的环境、文化以及组织情景的影响，避免因为注重个体的胜任素质而忽视对组织整体的核心胜任素质的理解和认识。

（二）人力资源管理与知识管理相结合

随着科学技术的不断发展，知识要素逐渐取代土地、要素等物质要素，成为现代企业发展的重要资源，人力资源作为企业发展过程中的核心要素，如何结合企业知识资源，优化企业的资源配置，提升企业竞争力是现代企业面临的重要问题。

社会人才冗余，高学历人才比重节节攀升，很多企业由生产性转为创新性企业，人才和知识资源成为主要动力。

现有的研究方向主要有：基于知识管理的人力资源规划职能、基于知识管理的招聘职能、基于知识管理的培训职能、基于知识管理的激励制度，现有的研究内容还包括：企业知识管理内涵、运作环境、实施战略、模型框架、具体运作。

根据知识管理的研究方向的分析，可以看出知识管理研究中还存在着很多没有被解决的研究领域。知识管理还没有形成一个统一规范的定义，对于研究的思路也存在着不同，一条思路是从信息技术角度进行研究，另一条思路是从人力资源的角度进行分析，而将两者有效地结合在一起的知识管理研究还不多。

最后，对于知识管理的模型框架还没有完善的结果，可操作性也有待验证。

（三）人力资源管理与劳动法结合的角度（循证）

战略性人力资源管理的时代背景下仍然存在着人力资源管理者的决策习惯于依靠直觉、经验或是模仿所谓"最佳实现"，忽视对科学证据的利用的现象。

这样会使科学研究难以触及管理实践而失去其价值，也无法证明人力资源管理活动对于组织的战略和经营目标实现所做的实际贡献，结果导致人力资源在企业中处于一种比较尴尬的境地。

因而人力资源管理将面临着：如何利用科学证据来提升决策的科学性、证明人力资源管理职能对于企业战略的贡献。在这样的背景下，循证人力资源管理成为一种前沿趋势。

循证管理来源于医学中任何决策都应该依据最佳证据的思想。有证据表明：那些使用证据作出的决策质量更高，能够更好的与目标匹配。循证人力资源管理的核心所在，即运用数据、事实、分析方法、科学手段、有针对性的评价以及准确的评价性研究或案例研究，为自己提出的人力资源管理方面的建议、决策、实践以及结论提供支持。简单地讲，循证人力资源管理就是审慎的将可以得到的最好证据运用于与某种人力资源管理实践有关的决策过程之中。这些证据可能来自实际所做的衡量，也可能来自已有的数据。此外，这些数据还有可能来自公开发表的评估性科学研究。

因而未来一方面应使企业的人力资源管理活动得到各类实证研究成果的支撑，另一方面要掌握相关研究方法和工具，加强对企业内部各项人力资源管理活动的实证研究，使循证人力资源管理的思想、文化在企业中形成，同时也在组织中建立科学、规范的人力资源决策程序。

（四）结合各国的文化背景，进行跨文化研究

全球化已经不再是一个陌生的词语了，如今全球化依然在快速发展，跨文化管理研究工作也在此背景下兴起，由于每一个国家的文化特征和人性思维的不同，劳动力出现国际化分流，传统意义上的人力资源管理工作方法以及模式已经不能够满足现状，这就给人力资源管理增加了很大的难度，使得如何解决好跨文化人力资源管理成为了企业亟待解决的问题。

对于从事跨国经营发展的企业来说，我们需要克服跨文化短板，化解文化冲突，提升跨文化人力资源管理能力，采取恰当的跨文化人力资源管理战略，与时俱进，跟上时代发展的步伐，真正实现人力资源管理目标，只有企业具备了跨文化管理的能力以及思想，企业所拥有的人力物力财力才可能转化为自身的核心竞争力。

在未来的人力资源管理的过程中，我们可以从以下几点进行完善和研究：创造人力资源管理的新方法和思路、跨文化培训和开发、跨文化学习与职业生涯计划。

首先，我们需要对于传统的人力资源管理进行改进，在一些人力资源管理的工作细节中需要进行新的调整，例如，在员工招聘方式、培训方法、激励和绩效考核以及对于员工的职业生涯规划等人力资源管理的工作方面，都需要适应跨文化大背景进行调整。

其次，跨文化培训和开发不仅仅是预防和解决文化差异的有效手段，同时还可以帮助不同文化的员工去了解和适应其他的文化，以此加强不同文化员工之间的沟通交流，有助于实施跨文化人力资源管理，同时提高企业所有员工的跨文化能力，培养跨文化人才。人力资源部门可以通过例如互换性角色扮演、文化知识大竞赛等活动，来打破来自不同文化背景下的员工的心理障碍，使得所有员工可以进行零距离交流和接触。通过跨文化培训和开发，可以培养员工的适应异质文化和处理文化冲突的能力，同时为企业打造一支多元文化的队伍，进而形成企业的核心竞争力。

最后，对于跨文化，在团队管理的过程中，对于团队管理的管理者来说，本身就需要对本土文化有着很深的了解和认识，只有这样，在其管理的过程中才可以带动其他文化的成员更好地适应我们的本土文化，使得团队对于不同文化的成员来说具有更好的归属感。例如，首先管理者要熟悉地了解本土文化的传统习俗、礼节禁忌、宗教文化、法律法规以及处事风格等等，同时管理者在此基础上可以对于不同文化的成员进行文化培训，让他们更好地了解文化，适应文化，避免产生文化冲突。作为管理者来说，要在团队管理的过程中重视文化的整合，不能够只宣传和夸赞我们自己的文化，我们要和来自不同文化的成员进行文化交流，加强不同文化成员之间的交流和沟通，同时还可以学习和借鉴其他文化的管理经验，提高来

自不同文化成员对于工作的积极主动性，进而提高我们的团队管理效率。

（五）本土情境下的人力资源管理研究

对于国内的人力资源管理研究者来说，人力资源管理研究还面临着需要本土化的问题。现有创业人力资源管理研究主要是在西方文化背景下进行的，现代管理理论大多是西方学者特别是美国学者的研究成果，是依托美国文化和管理实践，以美国员工为基础得出的结论。随着我国市场经济的不断完善和企业的发展，迫切需要以我国情境为基础总结和探索适合我国企业的管理理论。人力资源管理理论作为企业管理理论的一个分支，同样需要与我国的具体情境进行对接，这是我国企业管理者和理论研究者应当充分重视的问题。卡沃等（Khavul et al.，2010）提出人力资源管理受到社会、经济、文化等因素的影响。我国是典型的新兴市场与转型经济国家之一，同时，我国文化具有一定的独特性。具体而言，在我国特定的文化背景下，员工对权力距离、不确定性、模糊性等的容忍程度比较高，更加重视外部资源。长远取向是霍弗斯特德和邦德（Hofstede & Bond，1988）在我国文化背景下发现的一个独特的文化价值维度，长远取向包括节俭和忍耐，短期取向包括尊重传统和爱面子。因此，西方有关创业与人力资源管理的研究结论和管理实践对我国不一定适用，在消化和吸收国外相关研究的基础上，有必要开展我国本土化的创业人力资源管理研究，用于指导我国的创业人力资源管理实践。

我们应该继续发扬中国传统文化的"人本主义"思想，建立一套以人为本的人力资源管理体系。传统文化注重"人"的唯一性，将"人"放在管理的核心位置。儒家思想认为人性使人组成社会，人的本性就是"仁"，所以"仁者爱人""爱人者仁"。企业中最重要的资源是人才，而管理的中心是人的管理。

人是现在甚至以后是企业最重要的资源和核心，目前越来越多的企业还是回归到员工，开始注意到以人为本的重要性，因为人才是提高企业核心竞争力、知识生产力的重要条件，即提高企业知识创新能力、适应国际化经营、支撑长期持续发展的重要条件。目前，几乎所有的企业都注重以人为本的思想，把员工看作是一种资源，具有主观能动性，但是在实践的过程中存在着许多的不足，这就需要我们在未来的研究中不断地探索、来弥补不足。

二、人力资源管理研究方法趋势

目前，在研究人力资源管理时，研究者们普遍在三个层面展开研究，即组织、团队、个体层面，对人力资源管理的测量层次也在这三个层面展开。组织层面的人力资源管理是为了实现整个组织目标而实施的，它能被用于组织内的所有团队或分支机构；团队层面的人力资源管理则是针对在同一个团队或分支机构内工作的员工展开的，其目的是为了实现某个团队的目标；个体层面的人力资源管理则是指员工个体实际感知到的人力资源管理实践（Jiang et al.，2013）。可见，人力资源管理系统是一个包括组织层团队层和个体层的多层次构念（Jiang et al.，2012）。这意味着，在对人力资源管理进行测量时，首先要明确在哪一层面进行。当研究需要测量组织层面的人力资源管理时，应收集组织管理者的报告或将组织成员的报告进行聚合；在对团队或分支机构等的人力资源管理进行测量时，则应收集团队管理者的报告，或将团队成员的报告进行聚合；在考察员工感知的人力资源管理时，则应集中于员工个体层面。

在研究和分析人力资源管理方面，人力资源管理学界还是过度依赖定量方法与实证思维（Suddahyetal，2015；Miller，2011；VandeVen & Pulley，1992；Aldrich，1992），在未来我们可以结合案例分析、构建结构方程、定性比较研究方法等思想进行分析和研究。

（一）比较研究方法

比较研究方法就是对物与物之间和人与人之间的相似性或相异程度的研究与判断的方法。比较研究方法可以理解为是根据一定的标准，对两个或两个以上有联系的事物进行考察，寻找其异同，探求普遍规律与特殊规律的方法。

在未来的人力资源管理的研究过程中，我们可以注重开展中国与美国、日本等发达国家人力资源管理的比较研究。中国式、日本式、美国式人力资源管理学之间有差异，但也有共性。它们之间的差异是由于国家情境不同而导致的。通过比较研究，可以更容易结合自身的国情和特定的情景，通过对比研究，吸收精华发展人力资源管理。总的来说，在企业管理过程中，人力资源管理与企业的发展之间有着很密切的关系。但是，对于企业的发展来说，也应当对别国人事管理中的优点加以借鉴，通过先进理念的融合，使得我国的人力资源管理更加完善。因此，我们可以通过比较研究，通过营造机制、改革体质、增强忧患意识等将员工的紧迫感与使命感激发出来，从而更好地完善企业的人力资源管理，促进企业的发展。

对企业人力资源管理的比较研究中，人力资源管理比较研究的内容很广，未来可以从不同国家、不同行业、不同发展阶段、不同所有制等角度进行企业人力资源管理的比较研究，比较的内容可以是人力资源管理的模式、特点、行为、绩效等。然而从现有的文献中，不难发现研究的不足：①重视企业人力资源管理的实践比较，忽视企业人力资源管理理论基础的比较；②现有研究中研究对象显得片面、零碎，有时仅局限在一个或几个企业之间，这样得出的结论让人质疑，研究方法上缺乏严密的逻辑论证体系和主观手段的相对不足；③现有的比较研究中，企业人力资源管理差异的区分度不高，不能全面厘清比较对象的相同和相异之处。

随着经济全球化和网络时代的到来，企业人力资源管理的比较研究将更加深入。有理由预测，企业人力资源管理的比较研究未来将向以下方面发展：①在企业内部各个部门、各个员工之间的人力资源管理的差异将会更加明显，如研发部门、营销部门、生产部门的人力资源管理应该有明显的区别，这些将成为我们比较的一个重要视角。②随着全球经济一体化的加速，跨国公司、母公司、本土企业的人力资源管理比较应该成为我们关注的一个重点，应该充分考虑到跨国公司人力资源管理在科学化和本土化之间寻求平衡。③由于影响企业人力资源管理的外部和内部因素很多，因而对其进行比较时应该严格控制外控变量，确保其比较的科学性和真实性。④知识经济时代，在知识密集型、技术密集型、劳动密集型企业人力资源管理比较中，知识密集型企业的人力资源管理将逐步成为我们关注的焦点。

（二）案例研究方法

案例研究是一种研究策略，其焦点在于理解某种单一情境下的动态过程。案例研究是一种非常完整的研究方法，同时包含了特有的设计逻辑，特定的数据搜集及独特的数据分析方法。

案例研究方法是实地研究的一种。案例研究分析法，包括单一案例、多案例以及跨案例等分析方法。目前对于案例研究分析方法的主要代表人物有陈春花、欧阳桃花、许晖、韵江、魏江等。

案例研究方法更多地偏向于定性，包括依赖多重证据来源，不同资料证据必须能在三角检验的方式下收敛，并得到相同结论；通常有事先发展的理论命题或问题界定，相对于其他研究方法，能够对案例进行厚实的描述和系统的理解，对动态的相互作用过程与所处的情境脉络加以掌握，可以获得一个较全面与整体的观点。未来研究人力资源管理可以采用案例分析的方法，通过对于案例的分析和整合，动态性地研究人力资源管理。

目前我们在对于人力资源管理的案例研究和分析的过程中，我们更多的在关注和研究如海尔、华为、阿里巴巴以及百度等大型企业相关的人力资源管理机制和模式，很少将研究的注意力集中在中小企业，而在未来，企业还是以中小企业为主，所以我们可以把焦点转移到中小企业人力资源管理的发展中来，挖掘中小企业的人力资源管理的案例研究热点，毕竟大型企业是固定的少数，而中小企业在未来的发展具有很广阔的前景，这样的研究会更加具有代表性和可推广性。

更深入分析人力资源管理的行业特征，采用案例对比的手法进行研究。如山西梁汾醋业，这家企业作为一个日用快销品企业就与众不同，一般的快销品企业将更多的企业人员放在了销售渠道建设，如销售网络的建立、促销人员的培训管理、绩效考核等方面，而这家仅100 多员工的企业却有 60 多位在搞研发，10 名左右在销售。一般地讲，只有高科技行业的人力资源架构是多数员工在搞研发，少数在搞销售。而且，这家制造业企业员工学历层次要求也不同于一般的制造业企业，一般的制造业企业员工尤其是基层员工高中学历就可以，这家企业要求较高，基层员工学历也是本科及以上。未来研究可以更多挖掘这类独特性企业的人力资源管理模式。

（三）定性比较研究方法

定性比较分析是一种人力资源管理的新方法，作为一种案例导向的研究方法，这种方法在最近的二十多年中在社会科学研究领域得到普及和应用。能够对于多个案例比较的研究数据进行有效、系统的分析和处理，超越了传统的个案分析，从研究的效用来看，定性比较研究方法至少可以有五种不同的研究目的。第一，进行数据分析，通过绘制真值表对案例进行综合式描述，也可以用于数据的合成以及类型学构建等目的。第二，该方法可检验一系列给定的案例中关于相关性或因果条件一致性的分析，通过发现所谓"矛盾性"，能够让研究者发现诠释性模型的异常。第三，该方法可以对现有理论进行评估，是理论检验中比较有效的一项工具。第四，它被用来评估研究者提出来的新理念、新方案，并用于数据的挖掘。第五，定性比较分析法使新的理论得以细化完善，例如，既可以对研究中不同的案例进行深度检验，也可以引导研究者对现有理论进一步扩展或者完善，进而提出新理论。

综合了定量研究与定性研究两种主流研究方法的优势来处理社会现象中普遍存在的因果复杂问题；既适合于小案例数的研究，中等规模样本，也适合超过 100 个案例数的大样本；大大提升了理论的实践切题性，使组态比较分析在社会学、政治学理学、传播学、营销学等社会科学研究领域具有广泛的应用前景。

（四）动态研究

如今的研究方法倾向于静态，定量分析采用横截面数据分析。但是人力资源管理实际上是在进行不断变化的，所以在未来的研究焦点需要注意，因此，在未来的研究中需要采取动态的纵向数据分析方法，这也是未来在研究方法上需要实现的突破。（邬宗稳，2016）

我们应该实现对人力资源的动态性管理，因为当前国际经济全球化大背景下，各方面的因素都存在极大的不确定性，只有实现对人力资源的动态化管理，才能保证人力资源的发展能够始终具有应对各方条件变化的能力（于宁宁，2015）。

我们应该实现对人力资源的动态、灵活性管理，由于在当前国际大背景下出现了高度动态性、复杂性以及不确定性的人力资源形态，因此一定要持续提高人力资源应对各方条件变化的能力，只有这样才能实现对人力资源的动态化和理性化管理。（杨扬，2015）

在我们现在的调查和研究的过程中，我们更多获得的是截面数据，是对于某一企业在某一时点上的研究，而在未来我们需要更多地进行对某一类企业甚至行业在人力资源管理以及管理战略模式的追踪性研究和分析。例如，我们可以按照时间序列，对其进行时序分析，这样可以更加全面展现企业人力资源管理发展的时间脉络、阶段性发展特点。通过对于某一企业的追踪性研究分析，更深入地挖掘和研究分析企业在过去某时点为什么采用某一人力资源管理战略，更加有利于企业逐步实现人力资源的动态化管理来顺应时代的变化。

（五）理论研究

理论研究指从更高抽象层次的公理、定律、法则或学说出发，运用逻辑推理（包括数学计算）得出支持或否定假设的结果。一般会从公理出发演绎支持假设的结论；或从现有知识出发构建理论模型，据以支持研究假设；或提出现有理论的悖论。

基于权变理论和战略人力资源管理理论，我们认为人力资源管理实践必须与战略理论相匹配，才能真正提高人力资源管理的有效性和实践性，达到希望的更好的效果。目前在人力资源的理论研究过程中存在以下几点不足：第一，是我们关于人力资源管理的理论在许多方面都有所欠缺，在这个智能化以及数字化时代，我们的理论研究和建立需要紧跟时代潮流以及经济发展的变化，这样子才能够做到理论指导实践；第二，是理论的建立，必须用来指导实践，做到实践依赖理论。只有当理论与实践相匹配，才能够发挥出更好的效果。

（1）建立适应于人力资源大数据的人力资源管理理论。对于人力资源大数据管理，过去的人力资源理论已经不能完全解释其在人力资源管理中的应用，目前有许多人力资源管理的实践问题本质上在理论真空中运行。例如：谷歌公司通过大数据分析发现，基于过去的人才测评理论设计的面试问题与员工入职后的绩效相关性很低，真正能够预测员工入职表现的是一些以往理论认为无关紧要的问题，但这种不能被理论解释的相关性却能够很好地提升招聘绩效。

所以，未来对于建立适应于人力资源大数据管理的新理论是十分重要而必要的，人力资源大数据带来的人力资源管理实践的变革、创新以及全新的数据搜集手段，也为人力资源理论的拓展创造了得天独厚的条件。

（2）德鲁克曾经阐述："管理是一种实践，其本质不在于知，而在于行；其验证不在于逻辑，而在于成果；其唯一的权威性就是成就。"管理理论来源于实践，如果没有中国企业的人力资源管理实践的成效，人们就无法真正获得有竞争力的中国式人力资源管理经验和理论。任何一种管理模式都必须和它所处的社会制度、文化背景、经济发展水平相适应。对于正处在探寻中国式人力资源管理模式的研究者来说，如果不了解当今中国企业人力资源管理的现状以及所面对的问题和挑战，是无法完成"人力资源管理中国化"研究的。因此，必须扎根于中国企业，观察中国企业的人力资源管理实践与当今社会制度、文化背景、经济发展水平是否相适应，思考西方的管理方法与技术在中国为什么"水土不服"，在不断反思和实践中形成与中国情境相适应的中国式人力资源管理理论（知识）体系，构建与中国情境相适应的中国式人力资源管理实践模式。中国式人力资源管理理论（知识）体系与实践模式是在不断反思和实践中得以建立并发展的。（李芝山，2017）

参考文献

[1] 姚凯，桂弘诣. 大数据人力资源管理：变革与挑战劳动经济与劳动关系，2018，9.

[2] 郭晗，任保平. 人口红利变化与中国经济发展方式转变 [J]. 当代财经，2014（3）：5－13.

[3] 蔡万焕. 论刘易斯拐点理论对中国经济的适用性 [J]. 马克思主义经济研究，2012（3）：54－62.

[4] 赖作莲. 我国农业劳动力老龄化问题研究综述 [J]. 山东农业大学学报（社会科学版），2014，16（3）：7－13.

[5] 赵频. 积极劳动力市场政策研究综述 [J]. 商业研究，2012（11）：48－54.

[6] 李晓梅. 人力资源规划综述 [J]. 西北人口，2003（4）.

[7] 廖明. 建立分层分类的人力资源规划体系 [J]. 中国人力资源开发，2008（2）.

[8] 钟武勇. 战略性人力资源规划理论综述 [J]. 企业家天地，2010（1）.

[9] 戴姆斯·W. 沃克，人力资源战略 [M]. 北京：中国人民大学出版社，2001.

[10] Delery J. E. and Doty D. H. Modes of Theorizing in Strategic Human Resource Management：Tests of Universalistic，Contingency，and Configurational Performance Predictions [J]. The Academy of Management Journal，1996，39（4）：802－835.

[11] Anthony W. P.，Perrewe P. L. and Kacmar K. M. Strategic Human Resource Management（2nd ed）[M]. Fort Worth：Dryden Press，1996.

[12] 孙耀. 基于企业战略管理层面的人力资源规划研究 [D]. 河南：河南大学，2012.

[13] 皮卫华. 基于企业战略的人力资源规划研究——以 AC 公司为例 [D]. 南京：东南大学，2006.

[14] 董慧青. 关于企业人力资源规划的重要认识 [J]. 科技与企业，2012（12）.

[15] 宋江平. 工作分析面临的挑战与对策 [J]. 人力资源管理，2011.

[16] 范飒潇. 工作分析在当代人力资源管理中的发展趋势「J]. 人力资源管理，2017.

[17] 何明芮，李永建. 知识经济时期工作分析的综述及思考 [J]. 科技情报开发与经济，2010（3）.

[18] 袁媛. 工作分析发展动态研究 [J]. 商场现代化，2009 年 1 月.

[19] 杨洋. 工作分析并未过时 [J]. 人力资源，2011，643：106－107.

[20] 刘江花. 知识经济时代工作分析发展趋势综述及思考 [J]. 科技与管理，2012（3）.

[21] 康廷虎，王耀. 工作分析方法的进展分析及启示 [J]. 中国人力资源开发，2012（12）

[22] 李文东，时勘. 工作分析研究的新趋势 [J]. 心里科学进展，2006，14（3）.

[22] 刘玲，燕良轼. 工作分析发展动态研究 [J]. 社会心理科学，2010（3）.

[23] 康廷虎，王耀. 工作分析方法的进展分析及启示 [J]. 开发技术，2012.

[24] 张麟，王夏阳，陈宏辉，陈良升. 企业承担社会责任对求职者会产生吸引力吗——一项基于实验的实证研究 [J]. 南开管理评论，2017，20（5）：116－130.

[25] 杨真，陈建安. 招聘面试人工智能系统的框架与模块研究 [J]. 江苏大学学报（社会科学版），

2017, 19 (6)：73 – 80 + 92.

[26] 李佩凌. 移动互联背景下招聘模式创新和效能提升研究 [D]. 武汉：华中科技大学, 2015.

[27] 孙晨, 甄峰, 常恩予, 曹阳. 基于招聘网数据的南京市新增就业空间分布 [J]. 经济地理, 2016, 36 (6)：83 – 90.

[28] 董倩. 基于招聘网站访问活跃度的失业率变化趋势 [J]. 调研世界, 2017, (2)：40 – 43.

[29] 耿林, 毛宇飞. 中国就业景气指数的构建、预测及就业形势判断——基于网络招聘大数据的研究 [J]. 中国人民大学学报, 2017, 31 (6)：24 – 35.

[30] 周翔翼, 宋雪涛. 招聘市场上的性别歧视——来自中国 19130 份简历的证据 [J]. 中国工业经济, 2016(8)：145 – 160.

[31] Caers, R. and V. Castelyns. "LinkedIn and Facebook in Belgium：The Influences and Biases of Social Network Sites in Recruitment and Selection Procedures." Social Science Computer Review, 2011, 29 (4)：437 – 448.

[32] 李直. 我国网络招聘行业发展概述 [J]. 中国高新技术企业, 2013 (36)：8 – 11.

[33] 张博, 杨婷婷, 韩飞. 互联网时代下多重互动式社会化网络招聘模式研究——以猎聘网为案例 [J]. 中国人力资源开发, 2016：20 – 25.

[34] 覃文希. 社会化招聘的实践与展望 [J]. 现代商业, 2012 (8).

[35] 孙贻文, 廖渐帆, 陈江. 企业招聘的未来发展趋势——从说到做 [J]. 中国人力资源开发, 2013 (9).

[36] 赵清斌, 纪汉霖, 刘东波. 我国网络招聘产业：发展现状、趋势与策略 [J]. 商业研究, 2012：43 – 49.

[37] 丁柯尹. 浅谈"微招聘" [J]. 牡丹江大学学报, 2014 (1).

[38] 杨振芳, 孙贻文. 游戏化招聘：人才选拔的新途径 [J]. 中国人力资源开发, 2015 (24).

[39] 吕洁. 探究心理学在人才招聘中的应用 [J]. 企业管理, 2018 (10).

[40] 尹樱. MBTI 职业性格测评在人力资源招聘工作中的应用研究 [J]. 管理科学, 2018 (12)：107.

[41] 赵海霞. 国外可变薪酬激励效果及其影响因素研究述评 [J]. 外国经济与管理, 2009, 31 (4).

[42] 赵海霞, 龙立荣. 团队薪酬激励效果影响因素研究现状剖析与未来展望 [J]. 外国经济与管理, 2010, 32 (4).

[43] 纪顺洪, 陈兴淋. 绩效管理相关研究演进综述 [J]. 内蒙古农业大学学报 (社会科学版), 2016 (6).

[44] 董文伟, 朱李根. 我国绩效管理研究综述 [J]. 法制博览, 2016 (8).

[45] 刘霄. 浅析员工弹性福利管理 [J]. 人力资源管理, 2016.

[46] 伍辉延, 雷霄飞. 马斯洛需要理论视角下知识型新生代员工弹性福利体系设计——以 CI 公司为例 [J]. 广西经济管理干部学院学报, 2015 (1)：54 – 59.

[47] Films M. Troubled Partnerships：When Labor and Management Can't Make It Work. Labor Studies Journal, 1999, 24 (3)：79 – 81.

[48] 胡阳, 夏彩云. 弹性福利——当代企业员工福利的创新 [J]. 企业发展论坛, 2011 (6)：160 – 162.

[49] 孙悦. 弹性福利计划对构建企业福利制度的启示 [J]. 唯实·现代管理, 2018 (4).

[50] 徐淑妮. 员工福利与幸福感的邂逅——"最受欢迎的员工福利"调查报告 [J]. 就业与保障, 2011, 12：46 – 47.

[51] 雷昊, 孙洁. 美国弹性福利制度对完善我国员工福利计划的启示与思考 [J]. 西安财经学院学报, 2013, 7：117 – 120.

[52] 傅宇, 黄攸立, 姚辰松. 弹性福利外包：企业员工福利管理的发展趋势 [J]. 科技管理研究,

2007（5）.

[53] 张立富，陈浩. 劳资伙伴关系的最新研究进展与趋势分析 [J]. 中国人力资源开发，2016（15）：97-102.

[54] 孙永波，丁沂昕，王勇. 价值共创互动行为对品牌权益的作用研究 [J]. 外国经济与管理，2018（4）：125-139.

[55] 朱超棣. 员工福利制度，向左走，向右走？ [J]. 论道，2015（5）.

[56] 李建新. 福利多元：一个推动包容性社会发展的路径 [D]. 新疆大学，2017.

[57] 李婷婷. 社会工作介入企业员工福利管理研究 [J]. 商场现代化，2015（29）.

[58] 丁学娜. 职业福利补充功能的定位——基于中国企业职业福利转型视角的研究 [D]. 南京大学，2013：70-72.

[59] 陈秋萍，田芙蓉. 企业福利对员工组织承诺的影响研究 [J]. 经济问题探索，2015（12）.

[60] 万万，杨凤春. 战略性人力资源管理视野下的员工培训 [J]. 审计与经济研究，2004，19（6）：54-56.

[61] 李旭. 关于现代企业员工培训的探讨 [J]. 企业论坛，2017（17）.

[62] 王相平，曹嘉晖. 企业员工培训的发展趋势研究 [J]. 商场现代化，2006（3）.

[63] 涂永前. 新时代中国特色社会主义和谐劳动关系构建研究：现状、问题与对策 [J]. 社会科学家，2018（1）：119-125.

[64] 郑洁. 组织变革下人力资源管理策略的研究 [D]. 天津：天津工业大学，2004.

[65] 徐翀. RX 公司员工培训管理优化研究 [D]. 湖南：湘潭大学，2013.

[66] 唐秋勇. HR 的未来简史 [M]. 北京：电子工业出版社，2017.

[67] 林森. 国内外员工培训理论研究综述 [J]. 对外经贸，2012（3）.

[68] Ahmad, K. Z. , and Bakar, R. A. 'The Association between Training and Organizational Commitment among White-collar Workers in Malaysia', International Journal of Training and Development, 2003（7）：3, 166-185.

[69] 宋利，古继宝，杨力. 人力资源实践对员工组织支持感和组织承诺的影响实证研究 [J]. 科技管理研究，2006（7）.

[70] 邓植谊. 人力资源培训对员工情感承诺影响研究综述 [J]. 商场现代化，2011（7）.

[71] 赵晓东，吴道友. 创业者职业生涯理论研究进展 [J]. 科研管理，2008（29）.

[72] 郭文臣，孙琦. 个人—组织职业生涯管理契合：概念、结构和动态模型 [J]. 管理评论，2014（9）.

[73] 余琛. 职业成功内外和谐动力的研究综述 [J]. 中国商贸，2010.

[74] 梁宇颂. 知识经济背景下企业的职业生涯管理 [J]. 武汉理工大学学报（信息与管理工程版），2005（3）：240-243.

[75] 肖薇，罗瑾琏. 女性职业成功的特征及评价标准构建问题研究回顾与展望 [J]. 外国经济与管理，2013（6）.

[76] 董薇，秦启文，干益富，王馥芸. 职业生涯持续学习研究述评与展望 [J]. 外国经济与管理，2016（1）.

[77] 翁清雄，陈银龄. 职业生涯幸福感概念介绍、理论框架构建与未来展望 [J]. 外国经济与管理，2014（12）.

[78] 王忠军，龙立荣，刘丽丹，黄小华，贾文文，李璐，马红宇. 仕途"天花板"：公务员职业生涯高原结构、测量与效果 [J]. 心理学报，2015，47（11）：1379-1394.

[79] 周文霞. 基于知识经济背景的职业成功研究 [J]. 中国人民大学学报，2007（4）.

[80] 李永鑫. 职业成功研究述评 [J]. 宁波大学学报（人文科学版），2009（3）.

［81］王天玉. 基于互联网平台提供劳务的劳动关系认定——以"代驾"在京、沪、穗三地法院的判决为切入点［J］. 法学，2016 (6).

［82］陈微波. 共享经济背景下劳动关系模式的发展演变——基于人力资本特征变化的视角［J］. 现代经济探讨，2016 (9)：35－39.

［83］苏永杰. 超边界组织：提升人力资本环境适应力的助推器［J］. 中国人力资源开发，2009 (9).

［84］张立富，陈浩. 劳资伙伴关系的最新研究进展与趋势分析［J］. 中国人力资源开发，2016 (15)：97－102.

［85］Wells J. C. Conflictive Partnership：a Strategy for Real World Labor-management Cooperation. Labor Law Journal，1996，47 (8)：484－492.

［86］Deakin Sand Kou Kiadaki A. Governance Processes，Labor-management Partnership and Employee Voice in the Construction of Heathrow Terminal 5. Industrial Law Journal，2009，38 (4)：365－389.

［87］Evans C.，Harvey G.，and Turnbull P. When Partnerships don't Match-up：a Nevaluation of Labor-management Partnerships in the Automotive Components and Civilaviation Industries. Human Resource Management Journal，2012，22 (1)：60－75.

［88］Johnstone，S.，Ackers，P. and Wilkinson，A. The British Partnership Phenomenon：a Ten Year Review. Human Resource Management Journal，2009，19：3，260－279.

［89］张立富，陈浩. 劳资伙伴关系的最新研究进展与趋势分析［J］. 中国人力资源开发，2016 (15)：97－102.

［90］Badigannavar V. and Kelly J. Labor-management Partnership in the Nonunion Retail Sector. The International Journal of Human Resource Management，2005，16 (8)：1529－1544.

［91］Eaton A. E.，Rubinstein S. A. and Kochan T. A. Balancing Acts：Dynamics of a Union Coalition in a Labor Management Partnership. Industrial Relations，2008，47 (1)：10－35.

［92］Harrisson D.，Roy M. and Haines V. Ⅲ. Union Representatives in Labor-management Partnerships：Roles and Identities in Flux. British Journal of Industrial Relations，2011，49 (3)：411－435.

［93］Rubin B. and Rubin R. Service Contracting and Labor-management Partnerships：Transforming the Public Sector. Public Administration Quarterly，2007，31 (2)：192－217.

［94］Oliver C. The Influence of Institutional and Task Environment Relationships on Organizational Performance：the Canadian Construction Industry. Journal of Management Studies，1997，34 (1)：99－124.

［95］Masters M. F.，Albright R. R. and Eplion D. What Did Partnerships Do? Evidence From the Federal Sector. Industrial and Labor Relations Review，2006，59 (3)：367－385.

［96］Alexander C. and Goldberg M. Lifelong Learning Through Labor-management Cooperation：Building the Workforce of the Future. Adult Learning，2011，22 (1)：6－11.

［97］斯蒂芬·P. 罗宾斯，玛丽·库尔特. 管理学［M］. 北京：中国人民大学出版社，2003.

［98］Blatt R. Tough Love：How Communal Schemas and Contracting Practices Build Relational Capital in Entreneurial Teams［J］. Academy of Management Review，2009，34 (3)：533－551.

［99］朱仁宏，曾楚宏，代吉林. 创业团队研究述评与展望［J］. 外国经济与管理，2012，34 (11)：11－18.

［100］牛冲槐，林枭，郭英坤. 团队管理研究综述［J］. 山东工商学院学报，2009，23 (6)：60－65.

［101］田志龙，钟文峰. 中国本土管理学发展：理论发展、实践挑战和待研究问题［J］. 管理学报，2018，15 (7)：957－961.

［102］Khavul，S.，Benson，G. S.，and Datta，D. K. Is Internationalization Associated with Investments in HRM? A Study of Entrepreneurial Firms in Emerging Markets［J］. Human Resource Management，2010，49 (4)：693－713.

[103] Quinn, R. E. Paradox and Transformation：Toward a Framework of Change in Organization and Management [M]. Cambridge, Mass：Ballinger, 1988.

[104] 纪雯雯, 赖德胜. 网络平台就业对劳动关系的影响机制与实践分析 [J]. 中国劳动关系学院学报, 2016 (7).

[105] 张豆. 国内外虚拟团队创新绩效研究综述 [J]. 城市建设理论研究, 2018 (17)：197.

[106] Rolfsen M. Transfer of Labor-management Partnership Inmultinational Companies. Industrial Relations Journal, 2013, 44 (3)：316 – 331.

后　记

　　2016 年山西财经大学立项了一批研究生课程建设项目，企业管理与人力管资源管理专业开设的核心课程人力资源管理有幸获立项。立项后，项目负责人杨俊青召集项目组主要成员薛继东、于慧萍、王红芳、杨菊兰、梁彦清等多次研讨人力资源管理课程建设内容、方法、教案与杨俊青 2009 年 12 月在经济科学出版社出版的《人力资源管理——宏微观人力资源管理相通探索》的不足。本书是在研讨基础上对原书的修订与完善，是立项的人力资源课程建设的主要研究成果之一，也是山西省高等学校人文社科重点研究基地项目——山西企业激励创新型人力资源管理模式构建与实现研究的阶段性成果。

　　其写作分工是：杨俊青（第一、二、三、四、五、六、十五、十六章）；王淑娟、杨俊青（第七、八、十、十一章）；梁彦清（第九章）陈虹（第十二章）；习燕萍（第十三章）；李娜娜（第十四章）；王红芳（第十七章）；于慧萍（第十八章）；薛继东（第十九章）；杨菊兰（第二十章）；杨金风（第二十一章）。

　　全书初稿完成后，由杨俊青同志进行了统稿工作。

　　本书在写作过程中企业管理博士研究生靳伟泽、王玉博协助杨俊青老师分别撰写了第三章和第六、十六章，人力资源管理硕士研究生马杰、要静如、胡文静、孟志美、王娜，教育经济管理硕士研究生史小非、高佳琪、杨浩天、高婷婷、闫冰、崔雅琪等为本书撰写收集了大量资料，人力资源管理硕士研究生许相颖对本书进行了排版。

　　在本书编写过程中参考了许多多年从事人力资源管理研究的资深专家学者的研究成果，他们的成果给了我们许多启迪与帮助！在出版过程中，得到山西省工商管理优势攀升学科经费资助以及经济科学出版社的大力支持，在此一并表示衷心感谢！

　　不妥之处，恳请批评指正！

杨俊青

2020 年 3 月 6 日